NIBELUNGENLIED UND KUDRUN

WEGE DER FORSCHUNG

BAND LIV

1976

WISSENSCHAFTLICHE BUCHGESELLSCHAFT

DARMSTADT

NIBELUNGENLIED UND KUDRUN

Herausgegeben von
HEINZ RUPP

1976

WISSENSCHAFTLICHE BUCHGESELLSCHAFT

DARMSTADT

CIP-Kurztitelaufnahme der Deutschen Bibliothek

Nibelungenlied und Kudrun / hrsg. von Heinz
Rupp. — Darmstadt: Wissenschaftliche Buchgesell-
schaft. 1976.
  (Wege der Forschung; Bd. 54)
  ISBN 3-534-02808-2

NE: Rupp, Heinz [Hrsg.]

ⓦ Bestellnummer 2808-2

© 1976 by Wissenschaftliche Buchgesellschaft, Darmstadt
Satz: Maschinensetzerei Janß, Pfungstadt
Druck und Einband: Wissenschaftliche Buchgesellschaft, Darmstadt
Printed in Germany
Schrift: Linotype Garamond, 9/11

ISBN 3-534-02808-2

INHALT

B. Kudrun

VORWORT

Dieser Band ist zu begründen. Ich tue dies in der Form eines — heute würde man sagen „vorwissenschaftlichen" — Essays.

Das ›Nibelungenlied‹ war ein Publikumserfolg — die Zahl der Handschriften spricht dafür —, obwohl die zeitgenössischen „höfischen" Dichter — mit Ausnahme Wolframs — es totgeschwiegen haben. Man konnte sich gegenseitig befehden; das anonyme ›Nibelungenlied‹ war einer Fehde nicht wert, weil nicht im selben gesellschaftlichen Rang stehend.

600 Jahre später war diesem ›Nibelungenlied‹ ein erneuter Publikumserfolg beschieden. War es für Friedrich den Großen noch „elendes Zeug", so für die romantisch-nationale Frühgermanistik „Volksdichtung", *das* Volksepos der deutschen Literatur, Zeugnis für das Fortleben germanischer Vorstellungen und Tugenden im hohen Mittelalter — der Schritt zum ›Nibelungenlied‹ als dem Nationalepos der Deutschen war nicht mehr weit; heldisches Vorbild sollte es sein; das Schlagwort von der Nibelungentreue geisterte herum; die Dichtung gehörte in den Tornister des Soldaten zusammen mit dem ›Faust‹, dem ›Zarathustra‹, vielleicht noch der Bibel.

Die Forschung folgte treu der allgemeinen Einschätzung. Im Vordergrund standen die germanischen Quellen des Nibelungenlieds und der Weg von diesen Quellen zur Dichtung des hohen Mittelalters, die nun nicht als Dichtung dieser Zeit zu sehen war, sondern als erratischer Block, gefüllt mit germanischem Erbe, das der letzte Dichter leider nicht rein und ungeschmälert erhalten konnte, sondern da und dort „verhunzt" hatte.

So hörte ich es noch in den dreißiger Jahren in der Schule, so las ich es nach dem 2. Weltkrieg als Student — zum Glück hörte ich es nicht mehr so vom Katheder.

Ich meine, wir müssen — soweit es nicht schon geschehen ist — hier gründlich umdenken. Das ›Nibelungenlied‹ so zu betrachten ist unhistorisch, widerspricht den literarischen, sozialen und kulturellen

Gegebenheiten des Mittelalters. Der Dichter des ›Nibelungenlieds‹ wußte von den Germanen weit weniger als wir, wahrscheinlich gar nichts — und sein Publikum genausowenig. Im Vordergrund muß also heute die Frage stehen: Wie war das ›Nibelungenlied‹ um 1200, und auch um 1300, um 1400 zu verstehen, wie hat man es verstanden, in welchem Publikumskontext und d. h. in welchem gesellschaftlichen Kontext hat es gestanden? (Die Frage, wie wir es heute verstehen, ist nicht unwichtig, muß aber zurücktreten.)

Zuerst eine Behauptung: Das ›Nibelungenlied‹ ist eine der bedeutendsten, erschütterndsten Dichtungen des Mittelalters, ja der Weltliteratur, sicher aber die zeitgemäßeste, zeitnaheste, politischste Dichtung um 1200. Wolframs Dichtungen mögen problemgeladener, Hartmanns idealer, Gottfrieds ›Tristan‹ revolutionärer sein. An ihnen konnte man sich erbauen, erregen, bessern. Ich kann mir aber vorstellen, daß der Hörer des ›Nibelungenlieds‹ zutiefst betroffen und erschüttert wurde — oder sich erregt begeisterte —, da die in dieser Dichtung dargestellten Geschehnisse keinen, nie zu erreichenden, Idealzustand anvisierten, keine tiefsten und meist auch keine fernen religiösen Probleme aufzeigten, sondern Geschehnisse, die in der Zeit, in der persönlichen und gesellschaftlichen Situation real vorhanden waren; in ähnlicher Gestalt manchen der Zuhörer schon betroffen hatten und jeden betreffen konnten; Geschehnisse, die hautnah waren und sich nicht in ferne ideale oder religiöse Welten verflüchtigten.

Das ›Nibelungenlied‹ steht im Kontext einer feudal adligen Gesellschaft. Der Staat, ein Feudalstaat, basierend auf dem Lehenswesen mit seinen diesem Lehenswesen angepaßten Werten, *tugenden*. Voran steht die *triuwe*, die wechselseitige Verpflichtung des Lehensmannes an den Lehensherrn und des Lehensherrn an den Lehensmann. Die *triuwe* kann nur dauern, wenn sie auf der *êre* ruhen kann. Andererseits gibt es *êre*, Ansehen, nur dort, wo *triuwe* funktioniert. Die ethisch-rechtliche *triuwe*-Bindung muß ihrerseits materiell abgesichert sein — Gehälter gab es noch nicht — durch *milte*, Freigebigkeit des jeweiligen Lehensherrn. Finanzstärke, rechtlich-ethische Verträge und neben der *triuwe* Tugenden wie Tapferkeit, *mâze* und wie sie alle heißen, machen den Lehensherrn mächtig und bringen ihm *êre*. Der Lehensmann, der einem solchen Herrn treu dient, erwirbt seinerseits *êre* — und Geld. So wirkt die *fides-triuwe* vom kleinsten Ritter bis zum Kaiser — und zu Gott; *honos-êre* ebenfalls von unten bis zum *honos imperii* — und zum *honos dei,* man denke an Anselm und die Kreuzzüge.

Das sind vereinfacht die Grundlagen der politischen Wirklichkeit, und das sind die Grundlagen des ›Nibelungenlieds‹.

Da ist Siegfried, ein junger, tapferer Prinz, mit oft überschäumendem jugendlichem Temperament, ein zuchtvoller Liebhaber und später ein liebender Gatte, ein treuer Helfer seinen Freunden (vor allem Gunther), ein erstaunlich vernünftiger Politiker (Sachsenkrieg) und gleichzeitig ein oft unüberlegt fahrlässig Handelnder, der nicht daran zu denken scheint, daß er nicht als Privatmann handeln kann, sondern sein Handeln immer politische Wirkungen hat (Brünhild, Weggabe von Ring und Gürtel), und der gar nicht zu begreifen scheint, was er mit seinem Leichtsinn anrichtet.

Dann Gunther, ein schwacher Fürst, immer bestrebt, seinen *honos,* der nicht aus ihm selbst kommt, zu wahren und zu mehren: mit Hilfe Siegfrieds, durch die ihm ungemäße Heirat, durch Hagen (Gunther ist eine Marke nicht unähnliche Gestalt).

Brünhild, durch ihre Hochzeit in eine „Verwirrung der Gefühle" gestürzt, die verheerende menschliche und politische Folgen zeitigt. Spätestens in der Hochzeitsnacht, wenn nicht schon in Isenstein (Siegfried ein Lehensmann?), muß sie mißtrauisch werden. Ihr ganzes Verhalten und Handeln geht folgerichtig dahin, Klarheit zu gewinnen. Als sie alles weiß, ist mit dem Wissen ihre *êre* als Frau und Königin dahin (sie erfährt es ja in der Öffentlichkeit). Rache für angetanes *leit* ist die einzige Forderung; nur Rache = Strafe kann die *êre* wiederherstellen. Das ist zutiefst unchristlich, entspricht aber ganz der Realität des Mittelalters. Blutrache hat es bekanntlich bis ins 16. Jahrhundert gegeben, und selbst der so christliche Wolfram erlaubt Rache, wenn einem *herzeleit* angetan wurde. (Auch hier müssen wir uns von Idealvorstellungen vom Mittelalter und von heutigen Tatbeständen freimachen.)

Dann Hagen, der Lehensmann, Krieger und Politiker. Eine gewaltige Gestalt, die das Pech hat, Lehensmann eines schwachen Herrschers zu sein; ein Mann, der *êre* haben muß, sie aber nur bewahren kann, wenn der *honos imperii,* die *êre des rîche,* intakt ist.

Durch Brünhilds *leit* ist dieser *honos* in Frage gestellt, solange Siegfried lebt. Politisch konsequent bietet er sich Brünhild als Rächer an, nicht zuerst, um ihr *leit* zu rächen, sondern um den *honos imperii* wieder zu sichern — und damit seine *ère*. Er sieht erneut Gefahr für diese Ehre, als Kriemhild beginnt, durch *milte* Anhänger zu werben. Politisch konsequent und rücksichtslos nimmt er ihr ihre finanziellen Mittel. Er wehrt sich mit aller Macht dagegen, daß Kriemhild Etzels Werbung annimmt (die Brüder sind froh, wenn sie die lästige, ihr Gewissen belastende Schwester los sind). Hagen weiß genau, was die Einladung Kriemhilds bedeutet — er rät vom Besuch ab. Er unterliegt, und jetzt handelt er nur noch als treuer, seine *ère* bewahrender Lehensmann, der die Katastrophe voraussieht, keinen Versuch mehr unternimmt, sie zu vermeiden, im Gegenteil alles tut, um sie ihrem Höhepunkt zuzutreiben, wobei seine menschlichen Qualitäten mitten in der Katastrophe im Schildtausch mit Rüdiger aufleuchten, wie vorher nie. Also ein auf seine *ère* bedachter Lehensmann, ein vorausschauender, klug, aber meist brutal handelnder Politiker: das ist Hagen.

Schließlich Kriemhild, das schöne Mädchen, die liebende Frau, die gegenüber Brünhild ihren Gatten herausstreicht, ohne auch nur zu ahnen, was sie damit anrichtet; die, von Siegfried für ihr Schwatzen bestraft, in unwahrscheinlich unpolitischer Vertrauensseligkeit Beihilfe zum Mord an Siegfried leistet. Und dann der totale Umschlag: das ihr von Hagen angetane *leit,* der Mord an Siegfried, fordert Rache. Kriemhild als liebende Gattin ist zutiefst verletzt — selbst als Gattin Etzels steht dieses *leit* im Vordergrund —, und sie wird zur Politikerin, um ihr persönliches *leit* rächen zu können, denn nur auf diesem Weg ist die Rache möglich. Sie wirbt Anhänger, Hagen nimmt ihr dazu rasch jede Möglichkeit. Sie erhält Etzels Werbung, sie zögert: Bringt ihr diese Heirat wirklich Macht, ist es wert, daß sie es auf sich nimmt, einen Heiden zu heiraten? (Das ist gar kein sinnloses Motiv, wie immer behauptet wird — man denke nur, daß es selbst heute noch nicht unproblematisch ist, wenn eine christliche Mitteleuropäerin einen mohammedanischen Scheich heiratet.) Erst als ihr Rüdiger eidlich Macht zusichert, willigt sie ein.

Als Gattin Etzels wartet sie 12 Jahre, sie scheint ihre Rachegedanken vergessen zu haben. Das Gegenteil ist der Fall; 12 Jahre lang baut sie ihre Machtstellung aus, um dann im 13. sicher und mit Aussicht auf Erfolg zuschlagen zu können. Dabei meint sie immer noch, nur Hagen treffen zu können, und sieht — hier denkt sie wieder unpolitisch wie früher — nicht, daß dies unmöglich ist, daß ihre Privatrache zu einem gnadenlosen Kampf aller gegen alle führen *muß*, gerade weil *triuwe* und *êre* auf beiden Seiten Geltung haben. So wird aus der beleidigten Frau die *vâlandinne*, die mit ihrem Streben nach Rache für angetanes *leit* alle in die Katastrophe hineinreißt — alle noch bestehenden menschlichen und politischen Ordnungen zerstört. Ist es unwichtig oder doch wesentlich, daß am Schluß der Lehensmann Hildebrand die Königin Kriemhild erschlägt?

Das sind die Hauptgestalten. Allen geht es um *êre* und *triuwe*, um Rache für angetanes *leit*, also um Wiederherstellung der *êre* im menschlichen und politischen Bereich. Siegfried ist treu, aber er gefährdet mit seinem Leichtsinn eine politische Ordnung; alle seine Treue hilft nichts — er muß fallen. Gunther ist treu, aber schwach. Seine *êre* ruht auf dem politisch konsequenten Handeln Hagens. Hagens Treue richtet sich ganz auf den *ordo*, dem er zugehört. Hier eine vollkommene *triuwe*. *Untriuwe* ist er nur anderen *ordines* gegenüber, die seinen *ordo* gefährden. Kriemhild ist Siegfried absolut treu, ihre Treue zu Siegfried lebt fort in der Treue zu ihrem Rachestreben.

Alle sind treu, alle haben *êre*, aber die einzelnen Ordnungen und deren menschliche Repräsentanten stoßen sich und zerstören sich schließlich. Siegfried gefährdet durch seinen Leichtsinn den *ordo* des Burgunderreichs; um diesen *ordo* zu retten, muß Hagen den menschlichen *ordo* der Ehe Siegfried—Kriemhild zerstören. Kriemhild muß sich an Hagen rächen, da ihn niemand sonst bestraft. Hagen muß das aus persönlichen und politischen Gründen verhindern und Kriemhild die Macht zur Rache nehmen. Kriemhild ist eine machtlose Witwe, die politische Ordnung des Burgunderreichs scheint gerettet. Etzels Werbung stellt alles wieder in Frage. Kriemhild erhält neue Macht und kann sich jetzt an Hagen rächen. Das ist aber nur möglich in Etzels Herrschaftsbereich. Da Hagen sicher nicht allein kommt, muß sie die Brüder miteinladen. Und hier liegt der folgenschwerste Irrtum Kriemhilds: Rache an Hagen allein ist unmöglich. So zieht sie alles hinein und vernichtet alle Ordnungen, die des Burgunderreiches und in der Substanz wohl auch die des Hunnenreiches.

Gut und böse gibt es im ›Nibelungenlied‹ nicht. Der Mord an Siegfried ist wohl *untriuwe* gegenüber Siegfried, aber konsequente *triuwe* des burgundischen Lehensmannes. Weil es gut und böse nicht gibt, wie es sie im politischen Kontext nie eindeutig gibt, *deshalb* ist das ›Nibelungenlied‹ so erschütternd, und deshalb wird es auch die Menschen des Mittelalters erschüttert haben, als eine Dichtung, in der tua res agitur.

Und Gott? Im ›Nibelungenlied‹, so liest man, gäbe es nur ein formales Christentum, und die Menschen handelten im Grund unchristlich. Ich meine, auch hier muß man umdenken. Lassen wir den ›Tristan‹ beiseite, in dem das Christliche noch fragwürdiger als im ›Nibelungenlied‹ ist. Ich meine, dieses „formale" Christentum, das das ›Nibelungenlied‹ zeigt, dieses Gott-Anrufen, zur Messe gehen, kirchliche Pflichten erfüllen, war wohl im Mittelalter das Christentum der meisten (und ist es heute soviel anders?). Die Menschen im 12. und 13. Jahrhundert mußten sich mit dem Tag herumschlagen, waren als Adlige fast immer im Kriegsdienst, von Etappenzeiten an Höfen unterbrochen, Verletzungen, Verwundungen, Krankheiten ausgesetzt. Das Leben im Mittelalter war nicht so schön, wie uns die höfischen Dichtungen weismachen wollen. Der Tag war zu bewältigen — und Gott war fern. Man erfüllt ihm gegenüber seine Pflicht, im übrigen hat man zu sorgen und zu handeln, um zu überleben.

Und so werden auch die Zuhörer das ›Nibelungenlied‹ verstanden haben. Ein tief christlich denkender Zuhörer wird sorgenvoll gedacht haben, daß menschliches und politisches Handeln, wie es im ›Nibelungenlied‹ geschieht, zur Katastrophe führen muß und daß nur ein Um-Denken die Zustände in der Welt ändern kann. Andere werden im ›Nibelungenlied‹ ihre eigenen Lebenserfahrungen bestätigt gefunden und mit Fatalismus an die Zukunft gedacht haben. Andere — und es wird immer so sein — werden sich am Heldischen begeistert haben und mehr denn je bereit gewesen sein, ihr Leben für politische Ziele, fragwürdiger und weniger fragwürdiger Art, einzusetzen.

Die Welt, der wir uns in der Kudrundichtung gegenübersehen, ist anders als die des ›Nibelungenlieds‹. Man hat die Kudrundichtung ein Anti-Nibelungenlied und Kudrun selbst eine Anti-Kriemhild genannt; mit Recht, wie ich meine. Auch in der ›Kudrun‹ werden politische Ordnungen aufs höchste gefährdet, und in diesen politischen Ordnungen handeln und leiden Menschen, und auch hier geht es um *triuwe* und *êre*. Aber diese Menschen handeln meist anders als die des ›Nibelungenlieds‹.

Das zeigt sich schon in der Hilde-Vorgeschichte: der Kampf zwischen Hagen und Hetel endet nicht in der Katastrophe, sondern im Kompromiß zwischen Rache und *êre*. Erst recht aber in der eigentlichen Kudrungeschichte. Kudrun ist eine vollkommene Gegengestalt zu Kriemhild. Auch Kudrun wird wie Kriemhild schwerstes *leit* angetan; aber ihre *êre* will sie nicht durch Rache wiederherstellen, sondern durch königliches Dulden bewahren. Wie Kriemhild erst im 13. Jahr sich mächtig genug für die Rache fühlt, so erduldet Kudrun ihr Leid 13 Jahre lang, bis endlich Rettung naht.

Und doch scheint mir in diesen Kontrasten nicht das Wesentliche der ›Kudrun‹ zu liegen. Kennzeichnender ist anderes. In der ›Kudrun‹ gibt es gut und böse, und Gott spielt eine etwas gewichtigere Rolle. Die Niederlage der Hegelinge ist die Strafe Gottes für die Untat Wates an den Pilgern; zur Sühne baut er ein Kloster; und Gerlind ist als absolut böse Frau gezeichnet und vom Dichter auch so bezeichnet. Das ist das eine, und dies zeigt schon, daß in der ›Kudrun‹ das Politische hinter dem Menschlichen zurücktritt. Wichtiger scheint mir noch ein anderes: im Zentrum steht ein Generationenproblem. Eine ältere Generation: Hetel, Hilde, Wate auf der einen, Ludwig, Gerlind auf der anderen Seite, steht einer jüngeren Generation gegenüber: Kudrun, Herwig, Ortwin einerseits, Hartmut und seine Schwester andrerseits. Und es ist wohl kein Zufall, daß Hartmut, der Entführer Kudruns, die Lieblingsgestalt des Dichters ist.

Die Alten vertreten den alten Rachegeist, Wate und Gerlind vor allem, sie würden ins ›Nibelungenlied‹ passen; die Jungen gehören einer neuen Zeit an. Wohl kämpfen auch sie bis aufs letzte, aber nicht Rache, sondern Versöhnung und Verzeihen stehen in ihrem Denken obenan. Im Verlauf der Geschehnisse schafft sich die alte

Generation sozusagen selbst aus der Welt: Hetel wird von Ludwig getötet, Gerlind von Wate, und nur Ludwig fällt durch die Hand Herwigs. Wate verschwindet aus dem Gesichtsfeld, nur Hilde bleibt, aber sie ordnet sich dem Neuen unter. Das neue Denken und Verhalten siegt vollkommen, und der etwas operettenhafte Schluß ist nur die logische Konsequenz aus der Konzeption des Dichters: indem die Jungen beider Lager mit der Ehe neue menschliche Ordnungen gründen, bringen sie gleichzeitig die politischen Ordnungen und deren Zusammenspiel wieder in Ordnung. Alt und jung, alte und neue Zeit, altes und neues Denken, nun nicht in Schwarzweißmanier so verteilt, daß auf seiten der Kudrun das Neue, auf seiten Gerlinds das Alte steht, sondern auf beiden Seiten gut verteilt; und schließlich der Sieg einer neuen Zeit über die alte: dies scheint mir der Kern der Aussage des Kudrun-Dichters zu sein.

Das sind einige Gedanken zu den beiden Dichtungen, um die es in diesem Band geht. Der Kenner wird leicht merken, was ich in diesen Gedanken der vorliegenden Forschung verdanke. Zweck dieses Essays ist ja nicht zuerst, eine eigene Interpretation zu geben, sondern zu begründen, daß ein Band über das ›Nibelungenlied‹ und die ›Kudrun‹, in dem sich Beiträge zur Interpretation finden, wünschbar und sinnvoll ist; und er soll schließlich an die Probleme heranführen, die in den folgenden Beiträgen behandelt werden.

Über die Auswahl wird man, wie immer, streiten können.* Als Entlastung für mich will ich nur anführen: Die Beiträge wurden nicht danach ausgesucht, ob ich mit den angewandten Methoden und den erzielten Ergebnissen einverstanden bin. Ich wollte im Gegenteil ein sehr breites Spektrum von Methoden und Ansichten dem Leser vorstellen. Er selbst soll prüfen, weiterdenken und vielleicht Lust bekommen, sich selbst mit diesen beiden Dichtungen genauer zu befassen.

Heinz Rupp

---

* Getroffen wurde die Auswahl vor Jahren; hätte ich sie heute zu treffen (Sept. 1975), wären Ergänzungen dieser Auswahl notwendig.

A

NIBELUNGENLIED

Euphorion 45, 1950, S. 305—336.

NIBELUNGENLIED UND HÖFISCHER ROMAN

Von Bodo Mergell

Frau Marga Heyer zum Gedächtnis

Die Frage, von welcher Seite aus sich das Verhältnis des
›Nibelungenliedes‹ zum höfischen Roman bestimmen lasse — ob
der Geist eines Veldeke und Hartmann, eines Gottfried und Wolfram stark genug war, auch den Bereich des südostdeutschen Heldenepos zu durchdringen, oder ob umgekehrt bairisch-österreichische,
strophisch gegliederte Langzeilenepik den Willen und die Kraft
besaß, sich solcher Durchdringung von seiten der höfisch-ritterlichen,
paarweis gereimten Kurzversepik zu widersetzen: ob wir also für
den Umkreis der mittelhochdeutschen ritterlichen Epik mit einer im
wesentlichen einheitlichen oder wesentlich zweigeteilten geistigen
Landschaft zu rechnen haben —, diese für die Geschichte des deutschen Geistes und der deutschen Bildung im Hochmittelalter entscheidende Frage ist in der Vergangenheit zwar mehrfach gestellt,
aber nicht abschließend beantwortet worden.[1]

Es erklärt sich dies in erster Linie aus der Geschichte der Nibelungenforschung, die das Phänomen des ›Nibelungenliedes‹ zunächst
aus dem in germanisch-deutsche Vergangenheit zurückreichenden
Erbe der Nibelungensage abzuleiten suchte, indem sie die Schichtenbildung der Brünhild- und Burgundensage Zweig um Zweig, Stufe
um Stufe nachzuzeichnen oder zu rekonstruieren unternahm. Dies
Verfahren fand in Heuslers Nibelungenbuch eine umfassende
Darstellung, richtungweisend noch da, wo neuere Forschungen

---

[1] Über das Verhältnis von Westen und Südosten innerhalb der bilden-
den Kunst des deutschen Hochmittelalters vgl. W. Pinder: Die Kunst der
deutschen Kaiserzeit bis zum Ende der staufischen Klassik, Leipzig 1937,
S. 236. 274.

das von Heusler entworfene Bild zu erweitern und zu besichtigen streben.[2]

Auch Heusler hatte sein Augenmerk bereits auf die Vorgänger und Zeitgenossen unseres Nibelungendichters, auf Veldeke und die Spielmannspoesie, auf Hartmann von Aue und Wolfram von Eschenbach, auf den Minnesang und Walther von der Vogelweide gerichtet. Aber es lag ihm doch fern, das Werk des Nibelungendichters am zentralen Anliegen höfischer Epik — ihrem Streben nach dichterischer Vollendung eines Ausgleichs von Gott und Welt — messen zu wollen. In dieser Hinsicht hat erst Schwietering die gesamte geistesgeschichtliche Landschaft um 1200 ins Auge gefaßt und die Eigenart des ›Nibelungenliedes‹ an den ragenden Gipfeln deutscher Dichtung der beginnenden Gotik zu messen gesucht.[3] Auf diese Weise rückten einzelne Nibelungenepisoden in neues Licht (Kriemhilds Witwentrauer, die Rüdegerepisode); zugleich aber bestätigte sich die alte Erfahrung, daß das ›Nibelungenlied‹ nicht einseitig nach Maßstäben des höfischen Romans beurteilt werden dürfe: daß es vielmehr, aus volkstümlicher Sagenüberlieferung erwachsen und geprägt durch die Kraft eines einzelnen, an höfisch-ritterlicher Epik geschulten Dichters, mit dem Zusammenschluß seiner beiden Teile ein höchst eigentümliches, nur mit sich selbst vergleichbares Gebilde darstelle (vgl. H. Hempels Anzeige der Literaturgeschichte Schwieterings, D. L. Z. 63, 1942, Sp. 820 bis 826).

---

[2] A. Heusler: Nibelungensage und Nibelungenlied, Dortmund 1921. 1923. 1929; H. Hempel: Nibelungenstudien I.: Nibelungenlied, Thidrekssaga und Balladen, Heidelberg 1926; dazu H. de Boor: Zs. f. d. Ph. 52, 1927, S. 473—478; D. v. Kralik: Die Sigfridtrilogie im Nibelungenlied und in der Thidrekssaga, I. Teil, Halle 1941; dazu W. Mohr: Dichtung und Volkstum 42, 1942, S. 83—123; H. Naumann: Das Nibelungenlied eine staufische Elegie oder ein deutsches Nationalepos?, ebda. S. 41—59; Fr. Panzer: Studien zum Nibelungenliede, Frankfurt 1945; dazu H. Hempel: Anz. f. d. A. 64, 1948, S. 28—37. H. Schneider: Germanische Heldensage Bd. I, Berlin 1928, S. 73—210; ders., Die deutschen Lieder von Siegfrieds Tod, Weimar 1947.

[3] J. Schwietering: Die deutsche Dichtung des Mittelalters, Potsdam o. J., S. 194—209.

Wie im 19. Jahrhundert ist also auch die neueste Nibelungenforschung durch ein Nebeneinander und Gegeneinander zweier vorwaltender Gesichtspunkte gekennzeichnet: eines mehr sagengeschichtlich (gleichsam geologisch-morphologisch) orientierten, der von rückwärts her ansetzt und von unten her aufbaut, und eines mehr literaturgeschichtlich (sozusagen topographisch-klimatologisch) ausgerichteten, der mehr „von oben her" von den atmosphärischen Gegebenheiten, insbesondere den religiösen Bedingtheiten der hochmittelalterlichen Gegenwart aus urteilt. Für den Gewinn, der aus glücklicher Kombination dieser beiden Fragestellungen erwachsen kann, gibt Fr. Rankes jüngste Darstellung des ›Nibelungenliedes‹ ein ansprechendes Beispiel — mit feinsinniger Charakteristik der Rächerin Kriemhild und des Heldensinns der sterbenden Burgunden, aber auch Rüdegers von Bechelaren, der in der weicheren Luft der neuen Zeit lebe und in dessen Gestalt viel von der eigenen empfindungsreichen Seele des Nibelungendichters übergegangen sei, desselben Dichters, der auf der anderen Seite die übermächtigen Gestalten der alten Sage so überzeugend nachzuschaffen vermocht habe, daß er an ihnen über sich selbst und seine Zeit hinausgewachsen sei (Fr. Ranke, ›Die höfisch-ritterliche Dichtung‹, in: ›Deutsche Literaturgeschichte in Grundzügen‹, hrsg. von B. Boesch, Bern 1946, S. 50—53).

Angesichts dieser Forschungslage darf eine neuere, durch H. de Boor angeregte Arbeit von Nelly Dürrenmatt (›Das Nibelungenlied im Kreis der höfischen Dichtung‹, Diss. Bern 1945) besondere Aufmerksamkeit beanspruchen. Auf Grund vergleichender Untersuchung der Formen höfischen Lebens, insbesondere des höfischen Zeremoniells, kommt sie zum Ergebnis, daß das ›Nibelungenlied‹ unbedingt als höfische Dichtung anzusprechen sei: „Der Nibelungendichter muß — entgegen der von Heusler noch verfochtenen und durch ihn lebendig gehaltenen Lehre vom spielmännischen Dichter des ›Nibelungenliedes‹ — ein *Ritter* gewesen sein, der nicht nur ritterlich-höfisches Milieu darzustellen wußte, sondern aus innerer Teilhaberschaft an ritterlichem und höfischem Denken sein Werk schuf" (S. 293). Hinter dieser Beweisführung tritt die Betrachtung der tragenden dichterischen Gestalten verhältnismäßig zurück (Rüdeger und Dietrich werden sogar mit auffallender Kürze behandelt), vor allem aber läßt die Schlußbetrachtung ein feiner abwägendes Urteil über die Eigenart des ›Nibelungenliedes‹ im Verhältnis zur höfischen Ritterepik vermissen. Die Behauptung der Verfasserin, im ›Nibelungenlied‹ sei der Tod des Helden „seine letzte Geburt" (S. 300), läßt sich, im Unterschied etwa zum deutschen ›Rolandslied‹ (Wesle 5263 ff.), aus dem Text des Nibelungenepos nicht belegen; hier tritt ein modernes (wenn ich recht vermute, aus Rilkes ›Erster Duineser Elegie‹ entlehntes) Schlagwort verdeckend vor die literar-geschichtliche Wirklichkeit der alten Dichtung. Im ganzen läßt sich gegen N. Dürrenmatts Auffassung von höfischer Dichtkunst einwenden, daß Darstellung höfischer Lebensformen allein noch keinen Maßstab für die Beurteilung ihrer tieferen Gehalte abgibt: daß sie allenfalls ornamentale, nicht aber wesenhafte Bedeutung hat. In diesem Punkte bedürfte unsere Gesamtanschauung vom Wesen „höfischer Dichtung" einer ernsthaften Überprüfung.

Die vorliegende Untersuchung unternimmt einen ersten Schritt in dieser Richtung, indem sie einzelne Grundbegriffe aus sich selbst erklärt und von der höfischen Epik her beleuchtet, einzelnen Gestalten oder Episoden zu ihrem Recht verhilft und schließlich ein Gesamtbild des ›Nibelungenliedes‹ anzubahnen sucht, das sowohl der Leistung seines Dichters gerecht wird als auch die Wirkungen kennzeichnet, die von ihm ausgingen.[4]

Noch vor seiner Einführung bei Hofe und vor der Schwertleite zu Xanten wird Siegfried bei der ersten Nennung seines Namens, zu Anfang der 2. Aventüre, mit kräftig zupackender, weit voraus-

---

[4] Zum folgenden vgl. B. Mergell: Wolfram von Eschenbach und seine französischen Quellen I. Teil: Wolframs Willehalm, II. Teil: Wolframs Parzival, Münster in Westf. 1936 und 1943; ders., Tristan und Isolde. Ursprung und Entwicklung der Tristansage des Mittelalters, Mainz am Rhein 1949; dazu A. Moret: Études Germaniques 5, 1950, S. 188. — Der auf der Ersten Deutschen Germanistentagung September 1950 in München gehaltene Vortrag des Verfassers zur Entstehungsgeschichte der Sage und Dichtung vom Gral erscheint demnächst ebendort im Druck; eine ergänzende Quellenuntersuchung (Der Gral in Wolframs Parzival. Entstehung und Ausbildung der Gralsage im Hochmittelalter) ist für den nächsten Jahrgang, Band 73, der Paul-Braune-Beiträge vorgesehen.

weisender Strophe gezeichnet: *er versuochte vil der rîche durch ellenthaften muot. durh sînes lîbes sterke er reit in menegiu lant* (21, 2 f.). *Versuochen* bezieht sich hier auf kriegerische Bewährung im Ernstkampf, nicht etwa bloß auf ritterlich-höfische Unternehmung wie in Hartmanns ›Iwein‹, der denselben Begriff bei Kalogreants Bericht von seinem schmählich mißglückten Brunnenabenteuer verwendet: *dô ich daz becke hangen vant, dô gedâht ich des zehant sît ich nâch âventiure reit, ez wære ein unmanheit obe ich daz verbære ichn versuochte* [5] *waz daz wære* (629 ff.). Gegenüber der heiteren Selbstironie dieser Szene — *und riet mir mîn unwîser muot, der mir vil dicke schaden tuot, daz ich gôz ûf den stein* (635 ff.) — nimmt sich der Erzklang der Nibelungenaventüre wesentlich anders aus: Ritterliche Abenteuersuche [6] erscheint zu ernsthafter Bewährung vertieft, der Märchenwald von Breziljan wird zur Vielzahl streitbar durchmessener Länder, *unwîser muot* des schmählich Besiegten zum *ellenthaften muot* des *snellen degen guot* gewandelt. Es scheint, daß Siegfried nicht nur als Kontrast, sondern geradezu als Protest gegen eine landläufige Auffassung vom Artusrittertum gemeint ist, für unsern Nibelungendichter im bairisch-österreichischen Südosten nicht mehr die unbedingte vorbildhafte Gültigkeit besaß wie kurze Zeit vorher noch für den Schwaben Hartmann von Aue. Der Dichter des ›Nibelungenliedes‹ fühlt sich gedrängt, Siegfrieds heldische Art zu betonen, noch bevor dessen höfische Erziehung begonnen hat. Naturanlage scheint ihm in höherem Grade wesentlich als höfisches Detail, dem er sich anschließend zuwendet. Er steht somit mehr auf seiten Wolframs als Hartmanns, denn auch Wolfram hatte — mit scherzhaft-ironischer Wendung gegen Herrn Hartmann von Aue (Parz. 143, 21 ff.) — für Parzivals Jugendgeschichte ähnlich geurteilt, bevor der junge Waleis zu höheren Formen einer Synthese von Naturanlage und

---

[5] Dasselbe Verbum in der Bedeutung „tentare, probare, versuchen, prüfen" mit Bezug auf Gott Milst. Gen. 40, 6 *Got Abraham versuohte, ob er got wolde minnen.*

[6] *Aler querant avantures* (Chrest. Yvain 177); *requerre chevalerie et les estranges avantures* (Chrest. Percev. 6226 f.); *âventiur suochen* (Wolfr. Parz. 435, 11); im ›Nibelungenlied‹ bezeichnet *suochen* im wesentlichen die Kampfbegegnung.

höfischer Erziehung, von Welt- und Gotterfahrung heranwuchs. Gegenüber den Begegnungen des jungen Parzival mit Jeschute und Sigune, mit Cunneware und Liaze sowie endlich mit Condwiramurs mutet jedoch Siegfrieds Entschluß, um Gunthers Schwester zu werben: *sô wil ich Kriemhilde nemen* (48, 4), beinahe grobschlächtig und fast vorgestrig an. Kriemhild, die erste Frau, die in Siegfrieds Gesichtskreis tritt, soll, noch bevor er sie leibhaft zu Gesicht bekommen, auch die endgültige Erwählte werden und bleiben. Absichtlich übertreibend bedient sich der Dichter einer Formel aus spielmännisch-volkstümlicher Sphäre[7] mit um so stärkerer Wirkung, als Siegfrieds Umgebung unmittelbar vorher zu *stæter minne* geraten, sich also der feinen höfisch-konventionellen Redeweise befleißigt hatte, von welcher Siegfrieds kraftvoll originale Sprechweise sich abhebt. Eben dies gehört zur Kunstabsicht des Nibelungendichters, der hier den Schlüssel bereithält zum Verständnis für Siegfrieds erstes Auftreten am Wormser Hofe. Diese Szene der Ankunft in Worms bildet recht eigentlich die Mitte und Wende der ersten Fünferrêihe („Pentade") von Aventüren, die die Exposition der Siegfried-Kriemhild-Handlung enthalten.

Schon in Xanten ist, angesichts der Warnung König Siegmunds vor Gunther und Hagen, Siegfrieds Entschluß gefaßt: *ich trouwe an im erdwingen beidiu liut unde lant* (55, 4); *dâ mit ich solde ertwingen die vil hêrlichen meit* (58, 4); *si mac wol sus erwerben dâ mîn eines hant* (59, 1). Dasselbe Stichwort *ertwingen* klingt beim Eintreffen zu Worms wieder auf (110, 3. 115, 2) und wird in der anschließenden Herausforderung abermals gesteigert:

113 ,I'ne wil es niht erwinden', sprach aber der küene man.
      ,ez enmüge von dînen ellen dîn lant den fride hân,
      ich wil es alles walden und ouch diu erbe mîn,
      erwirbest du'z mit sterke, diu sulen dir undertænec sîn.'

Wesentlich ist, daß der Held von Niederland den Burgundenherrscher nicht um Gewinnes willen herausfordert, daß er vielmehr über

---

[7] Rother 27 *ein wîp nemen* (dazu de Vries zur Stelle); auch *über sê* (Nib. 326, 1) erinnert an Rother 65 *(oster) ouer se* (dazu ebda. 199. 317; s. de Vries zu 65). Zu den Berührungen zwischen ›Nibelungenlied‹ und ›König Rother‹ vgl. W. Mohr a. a. O. S. 113—116.

ein eigenes Königserbe verfügt, welches er seinerseits als Kampf-
preis setzt. Durch dies Bewußtsein königlichen Geblüts und ange-
stammten Besitzes bleibt Siegfrieds Handeln gleich weit entfernt
von barbarischer Roheit, selbstischer Machtgier und zügelloser Un-
beherrschtheit. Auch ist Siegfrieds Forderung keineswegs nur die
Eingebung eines flüchtigen Augenblicks, sie ist auch nicht bloß im
Hinblick auf die Erwerbung Kriemhilds ausgesprochen. Sondern es
geht Siegfried um die Herstellung eines echten Einklangs von
Sache und Person, von Herrschaft und Besitz. Dem *ellen* des Lan-
desherrn soll, nach seinem Willen, der Landes*fride* verdankt werden. Mit dieser Auffassung ist Siegfried der vollendete Gegenspieler
zum Burgundenhof, wo ein altüberlieferter, in herkömmlichen
Formen erstarrter Kulturzustand erreicht ist, der den ursprünglich
personhaften Bezug aller Dinge fast hat vergessen lassen. Mit Siegfrieds Ankunft aber wird — nicht erst durch sein Handeln, sondern
allein schon durch sein Dasein — ein latenter Zwiespalt von Tradition und Tatgesinnung, von Statik und Dynamik, von Mangel und
Überfluß (oder wie immer man diesen Gegensatz begrifflich zu
fassen sucht) offenbar. Diesen Gegensatz empfindet unser Dichter
als ein Problem des Lebens selbst, als Ausdruck des Lebensgefühls
seiner Zeit, nicht anders als Wolfram im ›Parzival‹, wo ebenfalls
mit dem Aufbruch des Helden alte Hüllen gesprengt werden, bevor — in Schuld und unter Schmerzen — neue *mâze* erreicht wird
und neue Reife, Einsicht und Welterfahrung sich vollendet.

Gleich Wolfram sieht der Nibelungendichter hier nicht nur den
Widerstreit und Gegensatz, sondern zugleich eine echte, sich ebensowohl anziehende wie abstoßende Polarität. Auch der Burgundenhof bedarf, wie bei Gunthers Brautwerbung in der 6. Aventüre
offenbar wird, des Helden, wie anderseits Siegfried zur eignen
Vollendung der minniglichen, in höfischer Form vollzogenen Werbung um Kriemhilde bedarf. Auf eigentümlich dialektische Weise
sind Siegfried und Gunther — Ankömmling wie Empfangende —
wechselseitig aufeinander angewiesen. Annäherung und Ausgleich,
Freundschaft und Werbung vollziehen sich denn auch Schritt für
Schritt in sorgfältig aufeinander abgestimmten Formen, deren Abfolge, was den verhaltenen, fast zögernden Fortgang der Minne-
handlung betrifft, die bekannten Liebesgeschichten in den Romanen

Hartmanns, Gottfrieds und Wolframs fast in den Schatten stellt. Ihre epische Notwendigkeit ergibt sich einmal aus dem Übermaß des jugendlich streitbaren Helden, das der Bändigung bedarf, zum andern aus der wechselseitigen Verknüpfung der Kriemhild- und Brünhildhandlung, um die es dem Dichter zu tun ist. Strenger als etwa Wolfram von Eschenbach enthält sich der Nibelungendichter des eigenen Urteils; er tritt hinter dem objektiven Geschehen ganz zurück und bewährt darin eine Distanzhaltung, die zum besten Erbe altüberlieferter Erzählkunst gehört.

Gewiß ist unser Dichter weit entfernt, Siegfrieds Verhalten bei seinem ersten Auftreten in Worms als schlechthin vorbildlich anzusehen, sowenig er sich anderseits bereit findet, seinen Helden zu verleugnen oder gar zu verurteilen. Dazu ist, auf der Gegenseite, die Begrenztheit und Unzulänglichkeit des Burgundenhofes viel zu offenkundig: jener Antagonismus der Generationen, des Lebensgefühls, der Weltauffassung, der bei der Wormser Begegnung in Erscheinung tritt, gilt ihm, wie gesagt, als Ausdruck eines echten, das ganze Leben spiegelnden Spiels der Kräfte. Er ist, literarhistorisch gesehen, nicht einfach als Reflex früherer, in das ›Nibelungenlied‹ hineinragender Kulturzustände abzutun und auch nicht bloß als Überbleibsel aus dieser oder jener Sagenquelle zu deuten.

Gewiß ist unser Dichter auch nicht taub für den hybriden, übertrieben ichhaften Klang in Siegfrieds Herausforderung: *ich wil es alles walden* (113, 3); *gewaldec sîn* (122, 4); *dem sol ez allez dienen* (114, 3). In dieser einseitig ichbezogenen Selbstüberhebung wird eine tiefe, von innen aufbrechende Gefährdung ritterlich-höfischen Wesens offenbar. Diese Wirkung wird noch unterstrichen durch die Wahl des Wortes *walden,* das im Mittelhochdeutschen zwar auch für weltliche Herrschaft gebraucht wird (*landes unde liutes alles du sîn waltest.* Milst.Gen. 86, 14), häufiger aber das göttliche Walten bezeichnet (*er bat, sîn got walten* ebda. 55, 12), angefangen vom *waltant got* des ›Hildebrandsliedes‹ (49; dazu Braune, Ahd. Gramm. § 236 Anm. 1) über den *waldand-god* des ›Heliand‹ bis hin zum *waldindinger got* des ›König Rother‹ (214; s. de Vries zur Stelle; noch Wolfram gebraucht das Wort im ›Parzival‹ vom Walten der *starken* Minne 283, 18). Wenn also Siegfried allein und ausschließlich über alles gebieten, *es alles walden* will, so liegt darin

für mittelalterliches Empfinden etwas Usurpatorisches, fast Luzi-
ferisches, das ritterliche Art geradezu ins Dämonische zu verwandeln droht: *Eritis sicut Deus.* Das *an im* (d. i. Gunther) *erdwingen*
des Nibelungenliedes nähert sich einer Sphäre, die Wolframs Begriff
des *ab erzürnens* (das nun unmittelbar gegen Gott selbst sich richtet)
negativ wie positiv als Stufen für Parzivals Weg zum Gral um-
schreibt (*irn megt im ab erzürnen niht* 463, 1; *sît ir ab got erzürnet
hât* 798, 3; dazu B. Mergell a. a. O. II. Teil, S. 340. Anm. 11).

Daß ritterlich-heldische Grundbegriffe des ›Nibelungenliedes‹ an
Religiöses anklingen (nicht sowohl an die positive Wertskala des
ritterlichen Tugendsystems als vielmehr an seine von Gott abge-
wandte dämonische Hemisphäre), gilt auch für Hagens *hôhverte*
sowie für den *nît* der beiden königlichen Frauen (54, 2. 53, 4. 6, 4),
hinter denen die Urgewalt von Superbia und Invidia sich abzeichnet. Bereits in der 1. und 3. Aventüre werden diese Leidenschaften
als Triebkräfte der Nibelungendichtung genannt, und diese Sicht
wirkt um so eindrucksvoller, als der Begriff des *nîdes* seit je in
germanisch-deutscher Heldendichtung beheimatet war (Hildebr. 18
Otachres nid), im Hochmittelalter aber zugleich auch ins Meta-
physisch-Christliche überhöht wird: *jâ hêr, wâ nâmen si* (d. h. die
von Gott abgefallenen Geister) *den nît* (Parz. 463, 7).

Im Hinblick auf das doppelseitig gemeinsame Ziel der Gewinnung Brünhilds und Kriemhildes vereinigen sich Gunther und Siegfried — ohne daß der anfängliche Antagonismus zu vollem Austrag
käme — in Freundschaft. Ein Zeitablauf von zehn Jahren sowie die
räumliche Trennung beider Paare nach der Hochzeit scheint den
ursprünglichen Widerstreit gegenstandslos zu machen, ja völlig in
Vergessenheit geraten zu lassen —: da bricht er im Frauenzank zu
Worms aufs neue auf, nachdem die eine Voraussetzung der räumlichen Trennung aufgehoben, die andere aber (das Ziel gemeinsamer
Brautwerbung) nicht mehr wirksam ist, so daß nunmehr zu unheil-
bar-tragischem Austrag gelangt, was früher mehr beschwichtigt als
eigentlich geschlichtet war. Nach Jahr und Tag verdichtet sich jener
Rest ungelöster Spannung zu neuer Ballung, die unerbittlich zur
Entladung drängt (14. Aventüre).

Diese über viele Aventüren hin sich erstreckende Motivierung ist
ein Meisterstück unseres Dichters und um so wirkungsvoller, als zu-

nächst nicht Haß, sondern Liebe das Wort führt: die ahnungslos hingebungsvolle Liebe Kriemhilds, deren Worte — ihr selber unbewußt — das Kernwort jener früheren, scheinbar längst vergessenen Herausforderung Siegfrieds — über „alles" zu walten; *dem sol ez allez dienen* — kaum merklich, aber gleichwohl unverkennbar wieder anklingen lassen: *ich hân einen man, daz elliu disiu rîche zuo sînen handen solden stân* (815, 4). Hatte Siegfried die Wendung *undertænic sîn* einst mit Bezug auf sein eigenes Erbe gebraucht, so wirkt sie jetzt, von Brünhild auf Gunthers Besitz bezogen (*undertân* 816, 3), mit einer Bitterkeit, die der früheren Szene fern gelegen hatte.

An diesen Worten also entzündet sich der Streit — *daz muoz et nu geschehen* —: es geht jetzt um die Frage, ob Siegfried *eigenman* sein oder über allen Königen stehen soll, ob Kriemhild als *eigendiwe* oder *adelvrî*, Brünhild als *kebse* oder *küneges wîp* gelten sollen. Alle scheinen betroffen, und es gibt kein Zurück. Im tiefsten Grunde aber geht es nicht um Rang und Würden im höfischen Sinne, sondern um ihrer aller Existenz, die sich in der Beziehung zum Dasein Siegfrieds entscheidet und sich entzweit am Geheimnis seiner Individuation — daß er ist, der er ist (817, 1 ff.) —, nicht etwa nur an seinem (wie auch immer) schuldhaften Handeln (680, 1 ff. 845, 4), auch nicht etwa an irgendeiner aus früheren Sagenstufen überkommen oder übernommenen „Vorverlobung" (683, 1 ff. 850, 3; 624, 1. 635, 4). Vordergründige Motivierung umkreist den Kernpunkt der Auseinandersetzung mehr, als daß sie ihn eindeutig ins Wort fassen wollte oder könnte. War das Streitgespräch zunächst mehr eine Funktion der früheren Episoden (Siegfrieds Herausforderung zu Worms, Brünhilds Weinen beim Anblick Siegfrieds an der Seite Kriemhildes 618, 3), so nimmt es alsbald, durch untergründig hineinspielende eifersüchtige Liebe zu leidenschaftlicher Glut entfacht, seinen eigenen unaufhaltsamen Gang, als Kriemhild sich mitsamt ihrem Gefolge den Durchgang durchs Domportal vor Gunthers Gemahlin ertrotzt und der tief Betroffenen später, vor allem Volke, den Ring und Gürtel vorweist, den Siegfried ihr gegeben (843, 1 ff., 847, 1 ff., 850, 1 ff.).

Mit großer Kunst der Andeutung hat der Dichter auch das Geschehen im Innern des Münsters in diesen dramatisch gespannten

Handlungsablauf mit einbezogen (844, 1 ff.). Die heilige Handlung
der Meßfeier, der beide Königinnen beiwohnen, wird für Brünhild
gegenstandslos und unwesentlich angesichts des neuen, aus der Tiefe
ihres Herzens leidenschaftlich hervorbrechenden Grolls. Ihn handelnd zu vollziehen, bietet Hagen den Arm: Hagen, der vorher
schon zur Stelle war, der Siegfrieds erstes Auftreten zu Worms mit-
erlebt hatte (114, 4. 121, 1 ff.) und jetzt, entschieden und entscheidend, in den Vordergrund tritt, indem er auch Kriemhild durch das
aufgenähte Kreuzeszeichen — ihr selber unbewußt und ohne ihren
Willen — zur Mitschuldigen macht. Des treuergebenen Dienstman-
nes *hôhverte* schließt — *nîdes genuoc* — die an Siegfried zu be-
gehende *untriuwe* in sich ein.

Was nun folgt, wirkt um so tragischer, als Siegfried die früheren
Reifestufen seines Daseins und Handelns nicht nur äußerlich, sondern wesenhaft längst hinter sich gelassen hat. Als er, durch Hagens
Speer rücklings getroffen, mit dem Tode ringt und ein letztes Mal
in Liebe und Sorge der Gattin und ihres unmündigen Sohnes gedenkt, geschieht es selbstlos, ohne die Spur eines Wunsches nach
Rache oder Vergeltung. Mehr Klage als Anklage, geben Siegfrieds
Worte das Geschick des Sohnes ganz dem *erbarmen* Gottes anheim,
und sein Bekenntnis rein bewahrter, unverletzter *triuwe* spricht nur
aus, was auch Gunther hatte bezeugen müssen (989, 3. 868, 4). Von
Kriemhild aber spricht Siegfried zuletzt nur mehr als von der
Schwester Gunthers, ein letztes Wort des Scheidenden endlich gedenkt des Vaters und seiner Mannen. Alles dies läßt erkennen, wie
sehr die unvergeßliche Gestalt des „lichten" Siegfried aus dem Ethos
gotischen Weltgefühls geschaffen und Wolframschen Gestalten
wesensverwandt ist; wie umgekehrt die letzten Worte des sterbenden Vivianz einen (vertieften) Nachklang von Siegfrieds Scheide-
gruß zu enthalten scheinen: *ich was iuch ie getriuwe* (Nib. 989, 3);
*mîn wille in den gebæren was, daz ich triwe gein iu hielt, die nie
kein wanc von mir gespielt* (Wh. 66, 4 ff.; dazu B. Mergell a. a. O.
I. Teil S. 42). Dagegen bringt Hagens trotzig aufbegehrendes
rüemen schon durch diese, vom sterbenden Siegfried gebrandmarkte
Beziehung zur vana gloria die dämonische Natur seines Wider-
streites gegen den Held von Niederland zum Ausdruck: *grôze übermüete* und *eislîche râche* des Tronjers sind gleicherweise Ausdruck

seines Leidens an Siegfried, das nur in der Vernichtung des Gegners
Befriedigung findet:

> 993 Dô sprach der grimme Hagene: ‚jane weiz ich waz ir kleit.
>   ez hât nu allez ende unser sorge unt unser leit:
>   wir vinden ir vil wênic, die getürren uns bestân.
>   wol mich deich sîner hêrschaft hân ze râte getân.'

Kein Zufall, daß Hagens *rüemen* denselben Begriff des *leides* wieder
aufnimmt, der einst bei der ersten Begegnung zu Worms zweimal
aufgeklungen war (*uns mac wol wesen leit* 121, 1; *im heten mîne
herren sölher leide niht getân* 121, 4). Dieser Zusammenhang der
Aventüren 3 und 16 ist um so deutlicher, als Hagen damals an der
durch Gernot eingeleiteten, durch Gunther vollzogenen Annäherung
und Versöhnung keinen Anteil genommen hatte (331, 1 ff.).

War der Rachegedanke aus Siegfrieds Sterbeszene noch gänzlich
ferngehalten, so blitzt er in Kriemhilds Herzen ein erstes Mal auf,
noch bevor diese, durch Mitschuld hellsichtig geworden, des Toten
ansichtig wird (1010, 3 f. 1012, 4. 1033, 1 ff.) Kaum gedacht, frißt
dieser Wunsch sich ein in den tiefsten Herzgrund ihrer Frömmigkeit:
‚nu lâze ez got errechen noch sîner vriunde hant' (1046, 2. 1034, 4.
1042, 4). Opfer, Seelenmessen und fromme Stiftungen zu Siegfrieds
Gedächtnis werden ihr (wie vorher die heilige Handlung der
Münsterszene für Brünhild) wesenlos angesichts dieses einen, unwiderstehlich wachsenden und alles überschattenden Wunsches. Kein
Gedanke daran, daß Kriemhilds Klage und Witwentrauer in eine
„weiße" und in eine „schwarze" Hälfte (nach Hartmanns und
Wolframs bekannter Unterscheidung) unterteilt werden könnte: in
eine anfänglich rachefreie und in eine erst später von Rachegedanken durchsetzte Sphäre. Beide Gefühlsbereiche der Trauer und der
Vergeltung haben von Anbeginn Raum und Macht in ihrem Herzen, nicht anders als Licht und Dunkel in der Brust des Ritters
Parzival. In dieser Verschränkung, in dieser Mischung und Durchdringung der Gegensätze beruht die Kunst und Größe der Men-
schenschilderung unseres Nibelungendichters. So gipfelt der I. Teil
des ›Nibelungenliedes‹ in einem tief ergreifenden Seelengemälde:
aus der Zurückgezogenheit jungfräulichen Lebens heraustretend,
wandelt sich Kriemhild zur liebenden Gattin und Mutter und

wächst schließlich zur leidenschaftlich Fühlenden und Handelnden empor, die an der Wende zum II. Teil des ›Nibelungenliedes‹ in der einsamen Größe ihrer Trauer Hagen gegenübersteht, in einer Haltung, die durch leidenschaftlich bewegtes Gedenken an die Vergangenheit bestimmt ist, zugleich aber in heimlich bohrendem Groll — durch die ihrem *vîent* Hagen vorenthaltene Verzeihung — bereits auf Künftiges weist: *unz ez sich baz gefüege* (1033, 2. 1106, 4. 1115, 3). — Ihr gegenüber Hagen, den der Eingang des ›Nibelungenliedes‹ auf der Höhe der Macht- und Verantwortungsfülle des obersten Vasallen gesehen hatte, der aber nun, durch *meinrât* und Mord hindurchgegangen (der Dichter betont den Frevel der gebrochenen *triuwe*), für das Gefühl des Hörers und Lesers tief unter Kriemhild steht — erst recht nach der Versenkung des Hortes in den Rhein, womit er Kriemhild treffen will, wo sich aber zugleich der spätere Umschwung der inneren Handlung heimlich vorbereitet, als Hagen sich bereit findet, die Schuld auf sich zu nehmen und zu tragen: *lât mich den schuldigen sîn* (1131, 4). An dieser Stelle ist, noch vor dem Abschluß der ersten Hälfte des ›Nibelungenliedes‹, die eindrucksvolle Gegenüberstellung Kriemhilds und Hagens vorweggenommen, die dann in der 39. Aventüre des II. Teils das Gesamtwerk beschließt. Noch aber gehört das innerste Gefühl des Dichters wie des Hörers Kriemhild und ihrer in der Trauer sich bewährenden Gatten*triuwe*. Erst am Schluß des Epos tritt auch in dieser Hinsicht ein völliger Umschwung ein, sofern dann Kriemhild von ihrer einstmals behaupteten Höhe durch Schuld und Schicksal zur Dämonin abgesunken und zur *vâlandinne* erstarrt ist, wohingegen Hagens Triumph — noch im Untergang — in jenen berühmten Versen gipfelt, die die Krönung seines Heldenlebens bedeuten und ihn zu gleichsam mythischer, ins Metaphysische erhöhter Größe emporwachsen lassen (2371, 1—4). Dieser dialektisch gespannte, gegenläufig sich entwickelnde Verlauf der Kriemhild- und Hagenhandlung läßt sich, in der vom Anfang über die Mitte zum Ende der Nibelungendichtung sich erstreckenden Polarität seiner Bewegung und Gegenbewegung, für die beiden Teile des Epos etwa folgendermaßen veranschaulichen:

Das Nibelungenlied

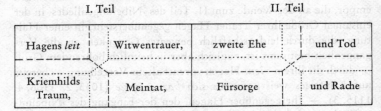

I. Teil   II. Teil

| Hagens *leit* | Witwentrauer, | zweite Ehe | und Tod |
| Kriemhilds Traum, | Meintat, | Fürsorge | und Rache |

Siegfrieds Ankunft
  und Werbung,
   Hochzeit
    und Ermordung;

Rüdegers Werbung
  und Gastfreundschaft,
   Aristie
    und Ende.

1.   20.   39.
Aventüre.

Stehen Kriemhild und Hagen am Schluß des I. Teils einander in kaum verhohlener Feindschaft gegenüber, so erreicht ihre Gegnerschaft am Schluß des Gesamtwerks ihren Gipfel, als Kriemhild dem Gegner in der kalten Glut ihres Hasses ein letztes Mal Auge in Auge gegenübersteht. Die durchgehend gesteigerte, stufenweise einander übersteigende Entwicklung der beiden Teile des Nibelungenepos zu diesem letzten Höhepunkte hin ist im I. Teil mehr menschlich motiviert, im II. Teil zugleich auch ins Religiöse gehoben und zuletzt metaphysisch erweitert und vertieft. Nicht Nebenordnung beider Teile, sondern Überordnung des zweiten über den ersten spricht sich darin als Kunstabsicht des mittelhochdeutschen Dichters aus. Dies Formprinzip seines Bildens und Bauens aber ist nicht nur sui generis, sondern, wie sich zeigen wird, zugleich auch der epischen Zweiteiligkeit („Doppelung") der großen Entwicklungsromane des deutschen Hochmittelalters — dem ›Iwein‹, ›Tristan‹ und ›Parzival‹ — abgelauscht. Die Form der durchgehend gestaffelten Steigerung bewährt sich etwa auch in der Wiederaufnahme des Gedankens an den von Siegfried nach Worms überführten, von Hagen *ze Lôche* in den Rhein versenkten Nibelungenhort, von dem Hagen einst hatte hoffen dürfen, er werde ihn nach Jahr und Tag noch „nutzen" können (*niezen* 1137, 4), bis ihm am Ende alles Geschehens die Er-

kenntnis heranreift — und er selbst zwingt die Entscheidung darüber herbei —, daß dieser Hort in alle Ewigkeit versenkt und un-
erreichbar werde bleiben müssen: *den hiezen mîne herren senken in
den Rîn: dâ muoz er wærlîche unz an daz jungeste sîn* (1742, 3 f.;
vgl. den Reimanklang 2371, 3 f. sowie 2370, 3 f. und 1743, 1 f.).

Das Schmähwort *vâlandinne* („Teufelin"), mit dem Hagen die
verhaßte, alles Menschlichen bare Gegnerin am Höhepunkt der
letzten Aventüre trifft, dies Wort, das noch im Untergang seinen
Triumph vollendet, ist nicht etwa nur flüchtige, sozusagen transito-
rische Schelte, sondern es wächst und reift in der epischen Entwicklung des II. Teils allmählich heran, von dem Augenblick an, da
— trotz *suone* und Freundschaftskuß — der Racheplan der Hun-
nenkönigin Gestalt annimmt. Der Dichter hat diese Wendung durch
das Motiv von Kriemhilds Traumgesicht von Giselher (23. Aventüre) genau bezeichnet, sowohl durch dessen poetische Gegenbezie-
hung zu Kriemhilds erstem Traum in der Eingangsaventüre als auch
durch sein eigenes unverhohlenes Urteil: *ich wæn' der übel vâlant
Kriemhilde daz geriet* (1394, 1ff.). Von jetzt an ist das Geschehen
im II. Teil des Epos nicht mehr nur inner- und zwischenmenschliches
Ereignis, sondern es steht zugleich, für das Gefühl des Dichters
ebensowohl wie für die nachschaffende Phantasie des Hörers und
Lesers, im Schatten der Dämonen.

Diese Wendung, die der Nibelungendichter dem II. Teil seines
Epos gegeben, hat etwas vom hohen metaphysischen Ernst, mit dem
Wolfram im ›Parzival‹ von Lucifers Urfehde gegen Gott berichtet
und auch das Gralgeschehen (durch die Beziehung zum Schicksal der
neutralen Engel) in diesen metaphysischen Aspekt mit einbezieht.
Im ›Nibelungenlied‹ wirkt der Gedanke an den *übel vâlant* um so
gewichtiger, als auch Dietrich von Bern, ungeachtet seiner überlegenen Beherrschtheit und seines Lehnsverhältnisses zur Hunnen-
königin, sich die leidenschaftliche Schmähung der *vâlandinne* zu
eigen macht (1748, 4). Dies in der 28. Aventüre ausgesprochene
Schmähwort bedeutet eine abermalige Ausweitung der Nibelungenhandlung ins Hintergründig-Dämonische (leichter wiegen 1744, 1.
1993, 4. 2001, 1; schwerer dagegen 2230, 3). Die volle Abgrundtiefe
aber, mehr zu ahnen als auszuloten, tut sich auf, als dem zur Wehrlosigkeit verdammten Hagen nach dem, was er durchlebt und

durchlitten, eine letzte, umfassende, ihn selbst einschließende und
unendlich übertreffende Einheit der menschlichen und ewigen Dinge
zur metaphysischen Gewißheit wird und er — im Bewußtsein dieser
Einheit von Gott und Welt, von Ritterlichem und Religiösem — ein
letztes Mal seiner toten Herren gedenkt, wobei dann umgekehrt
auch Kriemhilds Verworfenheit in gleichsam überweltlichem Lichte
erscheint:

> 2371 ,Nu ist von Burgonden der edel künec tôt,
>   Gîselher der junge, und ouch her Gêrnôt.
>   den scaz den weiz nu niemen wan got unde mîn:
>   der sol dich, vâlandinne, immer wol verholen sîn.'

Diese berühmte Strophe vollendet das Gegenbild zur 17. Aventüre,
da (kurz vor dem Schluß des I. Teils) Kriemhild in der Not ihres
Herzens Gott den Herrn als Vollstrecker ihrer Rache hatte anrufen
dürfen, nachdem das *michel wunder* des aus Hartmanns ›Iwein‹
herübergenommenen oder von dorther beeinflußten Gottesurteils
ihrer Klage erhöhte Resonanz verliehen hatte. Nun aber sind, dank
der meisterlichen Handlungsführung unseres Dichters, die Rollen
gleichsam vertauscht: nicht nur das menschliche Mitgefühl, auch das
religiöse Empfinden des Hörers und Lesers steht jetzt durchaus
auf seiten Hagens und der im Tod vollendeten Burgunden; Hagen
ist es, der sterbend den Gedanken auf Gott richten, den Namen
Gottes nennen darf, während Kriemhild umgekehrt vor Gott und
Menschen als Verdammte erscheint. Der menschliche Gegensatz der
letzten Aventüre erscheint zugleich einbezogen in die allumfassende
Polarität der transzendenten Welt; die leidenschaftlichen Empfindungen von Liebe und Haß gewinnen, ins Übermenschliche gesteigert und vom Schauer des Überweltlichen durchweht, in Hagens
Worten *got unde mîn*, in seiner Wendung gegen *dich vâlandinne*
sowie in Kriemhilds letzter Antwort, da eine letzte Erinnerung un-
vergessener Siegfriedliebe meteorisch aufglüht, eine zugleich reale
und sinnbildhafte Wirklichkeit. Die Szene wird nicht nur, um mit
Schiller zu sprechen, zum Tribunal, sondern — sub specie aeterni —
zum metaphysischen Schauplatz, da Gott und Teufel gegenwärtig
scheinen, Himmel und Hölle sich auftun und Menschliches zugleich
ins Überirdische und Unterweltliche hinübergreift, ja beide Dimen-

sionen in sich einbeschließt — nicht anders als dies für das Menschen- und Weltbild Wolframs von Eschenbach gilt. Hier wie dort erscheint Menschliches gegenüber jenen Mächten nicht entmachtet, sondern findet im Einklang und Widerstreit mit ihnen eine tief irdische Erfüllung, die gleichwohl mehr als nur von dieser Welt ist.

Angesichts dieser zunächst aus der dichterischen Welt des Nibelungenepos zu deutenden Fülle der Bezüge wirkt der vielberufene Anklang des mittelhochdeutschen Textes an die bekannten Trutzworte Gunnars im ›Alten Atlilied‹ (Akv. 26, 5—27, 4; Thule Bd. I Nr. 4, Str. 21—28) minder bedeutsam. Denn die nordische Quelle läßt jenen Einklang des Menschlichen und Göttlichen, des Heldischen und Religiösen, der das Wesen des hochmittelalterlichen Nibelungenepos ausmacht und gleichsam sein Herzstück bildet, vermissen. Bei aller stofflichen Berührung sind eddisches Lied und mittelhochdeutsches Epos in diesem entscheidenden Punkt voneinander unterschieden:

26,5 ›Er und einom mér ǫll um fólgin
hodd Niflunga: lifira nú Hǫgni!
Ey var mér týia, meðan vit tveir lifðom,
nú er mér engi, er ek einn lifik!
Rín skal ráða rógmálmi skatna,
á svinn, áskunnna arfi Niflunga
— í veltanda vatni lýsaz valbaugar! —
heldr en á hǫndom gull skíni Húna bǫrnom!‹
27 ›Einzig bei mir ist allverhohlen
der Hort der Niblunge: nicht lebt mehr Högni!
Immer war mir Zweifel, da wir zwei lebten:
aus ist er nun, da nur ich lebe.
Nun hüte der Rhein der Recken Zwisthort,
der schnelle, den göttlichen Schatz der Niblunge!
Im wogenden Wasser das Welschgold leuchte,
doch nimmer an den Händen der Hunnensöhne!‹

Im nordischen ›Atlilied‹ spricht, nach Heuslers Formulierung, der heroisch einzelne mit der „ungebrochenen Stimme des Heldenzeitalters"; auch der Hagen des ›Nibelungenliedes‹ spricht, wie dargestellt, aus heldischer Erfahrung und Bewältigung letzter Einsam-

keit, zugleich aber im Angesicht des Todes — und darin geht das
›Nibelungenlied‹ über die nordische Vorform hinaus — aus jenem
innig-unauflöslichen Einklang mit dem Weltganzen, der gerade
durch die Verschmelzung heldischen und christlichen Geistes das
Geheimnis des mittelhochdeutschen ›Nibelungenliedes‹ ausmacht. Es
hat dann bis auf Richard Wagner und Friedrich Hebbel nichts von
seiner wirkenden Kraft eingebüßt und darf, literar- und geistesgeschichtlich gesehen, als Nachklang mehr des mittelalterlichen Epos
als der nordischen Lied- und Sagaquellen gelten, wenngleich auch
die ›Atlakvida‹, mit Bezug auf den Nibelungenhort, durch das
Adjektiv *ás-kunnr* (s. oben 27, 7) eine Erinnerung an die Götterwelt
mit einfließen läßt.

Die große Synthese, in welcher der Abschluß des ›Nibelungenliedes‹ gipfelt, ist keineswegs bloß Eingebung eines flüchtigen Augenblicks. Sondern sie reift, als köstlichste Frucht der Dichtung, im Vollzug ihres Geschehens allmählich heran: eben diese Annäherung und
Durchdringung der Bereiche des Heldischen und Religiösen bildet
einen ihrer Leitgedanken; auch dies wiederum in organischer Entgegensetzung zum I. Teil, wo leidenschaftliche Aufwallung menschlicher Affekte in Liebe und Haß über die Formen religiösen
Zeremoniells hinwegbrandet (Brünhild im Münster zu Worms;
Kriemhilds Totenklage an Siegfrieds Leiche), bis der II. Teil die
Gegenbewegung einleitet und Menschliches auch in religiöser For-
mensprache neu sich aussprechen läßt: von jenem Augenblick an, da
Hagen am Donauufer von den Wasserfrauen den unabwendbaren
Untergang der Burgunden erfuhr und er den *gotes armen priester*
— den einzig Überlebenden — über Bord wirft: *wir enkomen
nimmer widere in der Burgonden lant* (1587, 4). Von jetzt an ist
Hagen, für das Gefühl des mittelalterlichen Hörers und Lesers, verantwortlich nicht bloß für das irdische Geschick, sondern auch für
das Seelenheil der ihm, ihrem *helflichen trôst,* anvertrauten Schar
(die Begriffe Burgunden und Nibelungen wachsen von jetzt an zusammen). Die 31. Aventüre *Wie si zu kirchen giengen* bezeichnet
eine weitere Stufe in dieser Entwicklung, wenn Hagen nach der
Schildwacht den Seinen rät, statt höfischen Kopfputzes die lichten
Helme, statt seidener Festgewänder die harten Panzer, statt der
Rosen die Waffen und statt der Mäntel die mächtigen Schilde zu

tragen, wenn er zugleich aber auch der anderen Mahnung Raum gibt:

> 1855 ,Mîne vil lieben herren, dar zuo mâge und man,
> ir sult vil willeclîchen zuo der kirchen gân,
> und klaget gotem dem rîchen sorge und iuwer nôt,
> und wizzet sicherlîchen daz uns nâhet der tôt.
> Ir'n sult ouch niht vergezzen, swaz ir habet getân,
> und sult vil vlîzeclîche dâ gein gote stân.
> des wil ich iuch warnen, recken vil hêr.
> ez enwelle got von himele, ir vernemet messe nimmer mêr.'

Bei der Erklärung dieser Stelle war Heusler bemüht zu zeigen, daß Hagen nicht aus „Frömmigkeit" so rede und handle, daß sein Verhalten vielmehr durch die tragische Zuspitzung der Lage bedingt sei: die „Rolle" präge den „Kopf" (S. 143). Nun, zur Rolle Hagens gehört nach der Absicht des mittelalterlichen Dichters auch dieser im menschlichen Schicksal sich spiegelnde Einklang mit dem Weltganzen, wie er am Schluß des Gesamtwerks allumfassend offenbar wird. Unnötig zu betonen, daß Hagen über dieser Mahnung die heldischen Pflichten nicht im geringsten außer acht läßt (1857, 1 ff.). Insbesondere gegenüber der zum Kampfe treibenden Kriemhild bleibt Hagen unerbittlich. Anderseits aber kommt es dem Dichter, vor allem durch die geniale Fügung der Aventüren 31, 32 und 33, darauf an, den Endkampf nicht als Anstiftung eines einzelnen (sei er Hunne oder Burgunder, Heide oder Christ, König oder Mann), sondern mit der zwingenden Gewalt des Naturereignisses hereinbrechen zu lassen, das Hagen alsdann — wissend und durchschauend, überlegen und zum Letzten entschlossen — handelnd vollzieht (1960, 1 ff.; Heusler S. 211), bis mit der 35. Aventüre die letzte Pentade der Einzelkämpfe beginnt.

Dank der Forschung eines Jahrhunderts ist es heute möglich, in der Reihe dieser Einzelkämpfe ältere und jüngere Schicht, „Urgestein" und hochmittelalterliche Zutat verhältnismäßig genau zu unterscheiden, darüber hinaus aber auch die Überlegungen nachzuvollziehen, denen unser Dichter bei Anordnung seiner Kämpferpaare gefolgt ist. Wiederum nimmt der im vorigen aufgewiesene Grundgedanke einer wechselseitigen Annäherung und Durchdringung des Heroischen und Religiösen eine beherrschende Stellung

ein, abermals nicht im Sinne äußerlicher Amalgamierung, sondern
wesenhafter Verschmelzung beider Hemisphären. Diese findet,
nächst dem Geschehen um Hagen und Kriemhild, in der *Rüdegerepisode* ihren bedeutendsten Ausdruck, welch letztere darum im
Mittelpunkt der letzten Fünferreihe der Nibelungenaventüren steht.

Die tief ergreifende Seelennot des Markgrafen beruht auf seiner
doppelten Bindung an seinen Lehnsherrn Etzel und an den Eid,
den er Kriemhild geschworen, sowie anderseits auf seinem nicht
bloß freundschaftlichen, sondern durch die Verlobung zu Bechelaren
auch rechtlich begründeten Verhältnis zu den Burgunden. Der hieraus erwachsende Zwiespalt ist so ungeheuer, daß Armut und *ellende*
Befreiung und Erlösung bedeuten würden. Mehr noch — seiner
Seele Seligkeit ist in Gefahr; wie immer Rüdeger sich entscheidet, er
kann der Schuld nicht entgehen: *sêle unde lîp* scheinen auf immerdar
verwirkt. Rüdegers Gottesanruf (2153, 1 ff.), seine Anrufungen
König Etzels (2165, 1), Gunthers (2177, 1) und Gernots (2184, 1)
vermögen keinen Ausweg zu eröffnen; ein *sterben* in Verzweiflung
scheint einzig gewiß (2163, 4. 2192, 1). Und dennoch geschieht das
Wunder, daß der Ruf seines gequälten Herzens: *nu ruoche mich
bewîsen der mir ze lebenne geriet* (2154, 4) Erhörung findet.
Hagen ist es, der dieses Wunder wirkt durch seine Bitte um des
Markgrafen Schild, da ihm — Hagen — der seinige (den ihm einst
Frau Gotelind gegeben) von Hunnenhand zerschroten sei (2192, 4.
2193, 1 ff.):

> 2195 ,Daz des got von himele ruochen wolde,
>   daz ich schilt sô guoten noch tragen solde
>   sô den du hâst vor hende, vil edel Rüedegêr!
>   so bedorfte ich in den sturmen deheiner halsperge mêr.'

Was hier zwischen Hagen und Rüdeger mit der Übergabe des
Schildes sich ereignet, zeugt nicht nur für die intakt gebliebene zwi-
schenmenschliche Bindung (die sich als stark genug erweist, auch die
unheilbare Entzweiung der streitenden Parteien zu überbrücken),
sondern empfängt eine tiefere Bedeutung sowohl aus dem einleitenden Gottesanruf Hagens als auch aus der Verheißung des Lohnes,
den er an diese Gabe knüpft. Dieser Lohn ist nach Hagens Wort
zunächst von irdischer Art, dann aber und in erster Linie ist er auch

Gotteslohn: Wunsch und Verheißung himmlischer Vergeltung. Diese Doppelheit der Bedeutung kommt in Hagens Dankesworten auf eigentümliche Weise zum Ausdruck:

> 2199 ‚Nu lône iu got von himele, vil edel Rüedegêr‘ —
> 2201 ‚Nu lôn’ ich iu der gâbe, vil edel Rüedegêr‘ —

Im ersten Falle steht *lônen* im Optativ, im zweiten Falle ist es als Indikativ (mit futurischem Sinn) gebraucht: beide Bedeutungen ergänzen einander. Die Kunst des Nibelungendichters besteht darin, zwischen der Verheißung himmlischen und der Gewährung irdischen Lohnes jenen eigentümlichen Einklang hergestellt zu haben, der zum Wesen dieser Episode, ihrer Verwicklung und Lösung, gehört.

Hagens Versprechen bei Rüdegers Schildübergabe: daß er dem Markgrafen in dem nunmehr folgenden Kampfe ausweichen werde — ‚*ob ir si alle slüeget die von Burgonden lant*‘ —, dies Versprechen ist überglänzt von jener erstgenannten Verheißung des Gotteslohns. Mit Wort und Tat steht Hagen — *jâ erbarmet in diu gâbe* — gleichsam stellvertretend vor Gott; ritterliche Handlung nimmt, in eben dieser Eigenschaft, zugleich auch eine fast sakrale Bedeutung an, die, vom Jenseitigen her bestimmt, im Irdischen sich dahin auswirkt, daß mit Hagen auch Volker der Spielmann dem so gestifteten *fride* beitritt (2203, 2). Der Konflikt der Pflichten erscheint im Aufblick zu Gott sowohl überhöht als gelöst, obwohl der Kampf im Irdischen noch auszufechten bleibt. Das zwischen Hagen, Rüdeger und Volker neu gestiftete *fride*-Verhältnis bleibt also, aufs Ganze gesehen, nur Teil eines weit umfassenderen, unabsehbaren und unauflöslichen kriegerischen Geschehens; als solches aber strahlt es eine Leuchtkraft aus, die alles Geschehen wärmend durchdringt wie ein Sonnenblick den nebligen Oktobermorgen. Aus dieser, Geist und Gemüt, Herz und Sinn gleichermaßen durchhellenden Erfahrung nun gewinnt Rüdeger eine neue, unendliche Freiheit, wenn er nach Hagen auch Volker den Spielmann mit letztem Gottesanruf grüßt und dabei der goldenen Ringe gedenkt, die dieser einst zu Bechelaren von der Markgräfin empfangen:

> 2205 ‚Daz wolde got von himele‘, sprach dô Rüedegêr,
> ‚daz iu diu marcgrâvinne noch solde geben mêr!

> diu mære sage ich gerne der triutinne mîn,
> gesihe ich si gesunde: des sult ir âne zwîvel sîn.'

Ane zwîvel sîn — diese Mahnung spiegelt auch Rüdegers eigenen
Seelenzustand, der dank jener durch Hagen gewirkten Wandlung
des früheren Zwiespaltes enthoben ist und, komme was wolle, sich
schlechthin und unbedingt in Gottes Huld geborgen und unter Menschen neu beheimatet weiß, wenn auch ohne bleibende Statt. Denn
unaufhaltsam und unwiderstehlich drängt der Dichter jetzt Rüdegers letztem Aufbruch entgegen:

> 2206 Als er im daz gelobete, den schilt huop Rüedegêr:
> des muotes er ertobete, done beit er dâ niht mêr,
> er lief zuo den gesten eim' degene gelîch.
> manegen slac vil swinden sluoc der marcgrâve rîch.

So jäh und plötzlich, so kampfgeisttrunken ist diese Wendung zu
Rüdegers letztem Gefecht, daß der Dichter sich nicht einmal Zeit
nimmt, genau zu motivieren, welchen Schild denn eigentlich Rüdeger bei diesem entscheidungsvollen Gang in Händen hält. Hagens
Schild, den ihm dieser etwa im Austausch überlassen (der dem
Tronjer aber doch, nach dessen Wort, *zerhouwen war vor der hant*
2194, 3)? Oder einen beliebigen anderen Schild, den Rüdeger etwa
von einem der am Boden liegenden Toten aufgerafft hätte? — Solche
Fragen erscheinen müßig, da es dem Dichter hier wesentlich auf die
innere Handlung ankommt: auf Rüdegers gewandelte seelische Einstellung zum Kampfgeschehen. Wie er als innerlich Gewandelter
vor uns steht, so geht er auch äußerlich neu gewaffnet, mit einem
Schilde versehen in den Kampf. Sein *ertoben* ist Ausdruck dieser
neuen Einheit von innen und außen. Es hat nichts gemein mit dem
Berserkertum nordgermanischer Helden; eher ließe sich vielleicht an
den altgriechischen ἐνθουσιασμός denken, der hier aus mittelalterlich-christlichem Weltgefühl in heldisch-religiösem Geist wieder-
geboren scheint — so überzeugend, daß es der Frage nach dem jenseitigen Schicksal der Seele im Grunde nicht mehr bedarf, da auch
sie in Hagens letzten Worten mit enthalten und gelöst ist, wo Hel-
denpreis und Fürbitte, Rühmung und Gebet auf eigentümlich verinnerlicht ritterliche Weise in eins geschlossen sind, wenn er vom
Markgrafen sagt, daß seinesgleichen nicht mehr werde gefunden

werden: ‚*ez wirt iwer gelîche deheiner nimmer mêr* ... *got sol daz gebieten daz iuwer tugend immer lebe*‘ (2199, 2 ff.). Auch hier erscheint der ritterliche Tugendbegriff vergeistigt und vertieft wie eine mittelalterlich-christliche Erfüllung antiker ἀρετή und virtus: „Die alten ewigen Gesänge, die Odyssee — die Nibelungen“, sagt Theodor Storm.

Nimmt die Rüdegerepisode innerhalb des ›Nibelungenliedes‹ eine Sonderstellung ein, so darf doch nicht übersehen werden, daß sie ihre eigenste Bedeutung erst aus dem Gesamtzusammenhang des II. Teiles empfängt. Insbesondere ist der Übergang zur anschließenden (38.) Dietrichaventüre nicht nur äußerlich, sondern ebenfalls von der inneren Handlung her motiviert.

Wenn die poetische Konzeption der Rüdegeraristie zu neuer Erfahrung der Einheit von Gott und Welt hinführt und dem Wissen um die Geborgenheit des christlichen Ritters in Gott neuen Ausdruck verleiht, so verlangt dieser Gedanke, wenn die Gefahr einer Verflachung oder Veräußerlichung des christlichen Gottesbegriffs vermieden werden soll, eine erneute Betonung gerade der transzendenten Dimension dieses Gottesgedankens. Dies eben geschieht in der auf Rüdegers Tod folgenden 38. Aventüre, da Dietrich den Tod aller seiner Mannen erfährt und beklagt und in der Einsamkeit des einzig Überlebenden den Blick auf Gott richtet: *er sprach: ‚und sint erstorben alle mîne man, sô hât mîn got vergezzen, ich armer Dietrîch. ich was ein künec hêre, vil gewaltic unde rîch*‘ (2319, 2 ff.).

Im Gegensatz zum Einklang der Rüdegerepisode scheint nun umgekehrt die Spannung des Verhältnisses zwischen Gott und Mensch so unausdenkbar, so zwiespältig, daß Dietrich sich geradezu als gottverlassen, als von Gott „vergessen“ wähnen kann. Nach dem Verlust aller irdischen Güter scheint ihm auch das höchste Gut abhanden gekommen, oder umgekehrt scheint er aus der göttlichen Ordnung des Seins herausgefallen: in äußerster, antithetisch gespannter Entgegensetzung zum Ausklang der Rüdegeraristie. Doch nur für kürzeste Zeit wird dieser dissonante Klang beibehalten. Dann leitet die Antwort des greisen Waffenmeisters Hildebrand die Gegenbewegung ein in schlicht-einfacher Beteuerungsformel ‚*daz weiz got*‘ (2321, 3; vgl. 2342, 1), die die Gott-Mensch-Beziehung wiederherstellt und alles irdische Geschehen der Weisheit des Allwaltenden zuordnet. Die Übergewalt subjektiver Leiderfahrung, der Dietrich von Bern fast hatte erliegen wollen, wird damit, im Sinne des Mittelalters, auf das objektive, ihr zukommende Maß zurückgeführt. Die Antwort des greisen Waffenmeisters erfüllt also eine ähnliche Funktion wie etwa die Antwort Bernharts von Brabant auf Willehalms Klage am Ende der zweiten Schlacht von Alischanz, auch sie gipfelnd im Aufblick zu Gott (Wh. 457, 1 ff. 459, 19 f.; vgl. auch Trevrizents Antwort Parz. 1 ff.). Es zeugt für das Künstlertum des Nibelungendichters, daß er das schlichte, volkstümlich fromme „Weiß Gott" des alten Waffenmeisters auch in der unmittelbar folgenden letzten (39.) Aventüre anklingen läßt, in Hildebrands Zwiesprache mit dem Tronjer: ‚got weiz, her Hagene' (2342, 1).

Diese Wendung scheint wie ein Vorklang der grandiosen Schlußworte Hagens, die denselben Gedanken wiederaufnehmen, ihm nun aber eine ganz persönliche und zugleich überpersönliche Prägung verleihen: ‚den scaz den weiz nu niemen wan got unde mîn' (2371, 3). Auch unter diesem Gesichtspunkt betrachtet ist Hagens Triumph nicht nur singuläre Eingebung des einzelnen Augenblicks, sondern wiederum aus dem Gesamtgeschehen (insbesondere der letzten Pentade) erwachsen in gleichsam symphonischer Entwicklung, die den höchsten Ausdruck dieses Leitgedankens der Nibelungendichtung dem letzten Gipfel vorbehält.

Auch dieses ‚got weiz' des Waffenmeisters Hildebrand ist zunächst ganz aus dem Gefüge der Nibelungendichtung zu verstehen; zugleich aber erinnert der poetische Gebrauch dieser Beteuerungsformel — im Wortlaut wie in seiner nachmaligen Verdichtung — wiederum an Wolframs ›Parzival‹, wo der junge Ritter bei Gurnemanz sich ebenfalls solch schlichter Formel bedient: ‚got weiz . . .' (166, 8), bis abermals in der zweiten Hälfte der Dichtung, vom IX. Buche ab, das Wissen um Gottes Allwissenheit (dem aller kumber bekannt ist) in bedeutsameren Wendungen ausgesprochen wird: von der Klausnerin Sigune sowie vom Einsiedler Trevrizent (442, 10. 466, 29 f.), bis endlich auch für diesen Bereich das XVI. Buch die letzte, endgültige Formulierung findet: wer gesaz ie an sînen rât, ode wer weiz ende sîner kraft? (797, 24 f.; zur analogen Erweiterung und

Vertiefung der Beteuerungsformel *ruocht es got* vgl. ebda. 128, 11. 435, 12. 466, 28. 733, 7. 744, 14). Gegenüber den weitgespannten Bögen einer poetischen Motivierung, die vom III. über das IX. zum XVI. Parzivalbuch sich erstreckt, wirkt Hildebrands *got weiz,* Hagens *weiz nu niemen* ... *wan got unde mîn* vergleichsweise gedrungener, naiver und herber, aber auch kraftvoll stolzer. Ebenso wirkt die Verfluchung der *vâlandinne* erdennäher als Wolframs grüblerisches Nachsinnen über die ewig verdammten neutralen Geister (IX. und XVI. Buch). Gemeinsamkeit und Unterschiede des hochhöfischen Ritterromans auf der einen, des hochmittelalterlichen Heldenepos auf der anderen Seite werden hier beispielhaft sichtbar, Wolframs Hochgotik hebt sich ab von einer mehr altertümlichen Haltung des ›Nibelungenliedes‹. Auch dieses aber bleibt frei von hybrider, im Sinne des Mittelalters unzulässiger Gleichsetzung von Gott und Mensch. Die Formel *got unde mîn* ist wohl im theologischen Sinne der Zeit zu deuten, wonach die Kreatur keinen realen Bestandteil Gottes bildet, sondern *aliquid Dei* ist: als Auswirkung seiner Schöpferkraft an ihm teilnehmend (R. Egenter, ›Gottesfreundschaft. Die Lehre von der Gottesfreundschaft in der Scholastik und Mystik des 12. und 13. Jahrhunderts‹, Augsburg 1928, S. 151).

Ist also gleich Wolframs ›Parzival‹ auch der Abschluß des ›Nibelungenliedes‹ von den geistig-theologischen Grundlagen des hochmittelalterlichen Weltbildes aus zu verstehen, so scheint doch in der Art und Weise, wie das Geschehen des Burgundenuntergangs am Etzelhof zum Theatrum mundi mit Ausblick auf Gott und Teufel ausgeweitet wird, ein Grundanliegen auch der germanisch-deutschen Heldendichtung zu eigenem Ausdruck zu kommen. Schon das althochdeutsche ›Hildebrandslied‹ führt vom Ausblick auf *al irmindeot* (13) über den (zum Zeugen angerufenen) *irmingot* (30) hin zum Anruf des Allwaltenden: *‚welaga nu, waltant got (quad Hiltibrant), wewurt skihit'* (49), der zugleich den Auftakt zu Hildebrands Lebensbericht bildet: *‚ih wallota sumaro enti wintro sehstic ur lante, dar man mih eo scerita in folc sceotantero ...'* (50 ff.). Stehen im ›Hildebrandslied‹ Gottesanruf und Lebensrückschau des Helden zwei getrennten Satzgebilden parataktisch nebeneinander, so erscheinen sie in der *got-unde-mîn*-Formel des ›Nibelungenliedes‹

zu engster unauflöslicher Einheit verschmolzen: erst das Hochmittelalter vollendet eine Durchdringung des Heldischen und Religiösen, die im alten ›Hildebrandslied‹ vorweggenommen und noch im jüngeren ›Hildebrandslied‹ gewahrt ist.

Ist gegenüber Hagens letztem, ins Transzendente erhöhten Triumph Kriemhild in die Rolle der Gegenspielerin gedrängt, so hat der Dichter dennoch die poetische Gerechtigkeit gewahrt und auch das Schicksal der Verworfenen noch nachzufühlen und menschlich zu durchwärmen vermocht, als Kriemhild beim Anblick von Siegfrieds Schwert ein letztes Mal überwältigt wird von der Erinnerung an den unvergessenen Geliebten, der es einst getragen: *,daz truoc mîn holder vriedel, do ich in jungest sach, an dem mir herzeleide, von iuwern sculden geschah'* (2372, 3 f.). In diesen Worten ist nicht nur die Erinnerung an den Mord im Odenwald beschworen; das Kosewort *vriedel* erinnert auch noch einmal an die entscheidende Szene des Frauenzanks der 14. Aventüre (847, 3 f.), nur daß das Leid, das Brünhild einst getroffen: *nie gelebte Prünhilt deheinen leideren tac* (847, 4), nunmehr mit der vollen Wucht der Vergeltung als *herzeleide* auf Kriemhild zurückgefallen ist. Anfang und Ende des ›Nibelungenliedes‹ erscheinen sinnbildhaft in eins gewoben. In wenigen Worten vollendet sich Hagens und Kriemhilds Geschick, und wortkarg nur deutet der Dichter die *inneclîche Klage* der Überlebenden an; seine maßvoll dämpfende, höfisch distanzierte Wendung: *als ie diu liebe leide z'aller jungeste gît* (2378, 4) wirkt wohltuend nach dem Übermaß des Erlebten und erinnert zugleich an die Eingangsaventüre (17, 3; Heusler S. 256); dasselbe gilt von der letzten Selbstaussage des Dichters (2379, 1. 1, 1.4. 8, 1). Auf jegliche Weise rundet sich das Werk zum Ganzen.

Diese Geschlossenheit des ›Nibelungenliedes‹ erlaubt nicht nur, sondern fordert den Versuch, nunmehr auch die ganze Dichtung als einheitliches Kunstgebilde ins Auge zu fassen. Der innere Zusammenhang einzelner Fünferreihen — Pentaden — von Aventüren wurde im vorigen bereits mehrfach sichtbar. Daß innerhalb dieser Gruppen die ungeradzahligen Stücke jeweils erhöhte Bedeutung haben, erklärt sich wohl aus dem mündlichen Vortrag: die erste Aventüre einer solchen fünffach gegliederten Vortragsreihe gibt jeweils den kräftigen Grundakkord, die dritte ihre Mitte und Wende, die fünfte endlich den (einstweiligen) Beschluß, mit der Wirkung gleichsam einer Fermate. Dies gilt, wie dargestellt, für die erste wie für die letzte Pentade: Burgundenhof in Worms — Siegfrieds Ankunft — Erster Anblick Kriemhildes; Beginn der Einzelkämpfe am Etzelhof — Rüdegers Aristie — Gunthers und Hagens Ende. Eine ähnliche Gesetzmäßigkeit bestimmt die zweite Pentade: Islandfahrt — Siegfrieds Fahrt zu den Nibelungen — Brünhilds Empfang zu Worms. Der Schwerpunkt der dritten Pentade scheint mehr auf deren zweite Hälfte verlagert (Frauenzank, Verrat), doch läßt sich das oben umschriebene „Gesetz" (falls dieser Ausdruck nicht als zu starr empfunden wird) auch hier wie in der vierten Pentade erkennen: Mord im Odenwald — Siegmunds Heimkehr — Kriemhilds Trauer. Die für die einzelnen Erzähleinheiten beobachtete Dreigliedrigkeit in der Betonung des jeweiligen Anfangs-, Mittel- und Endpunktes gilt auch für die Struktur der Nibelungendichtung im Großen. Inmitten ihrer beiden Teile nimmt die 20. Aventüre eine eigentümliche Mittelstellung ein: janusartig nach rückwärts wie nach vorwärts gewandt, bezeichnet sie ebensowohl den Abschluß des Alten wie den Beginn eines Neuen — *Wie künic Etzel ze Burgonden nâch Kriemhilde sande.*

In dieser Stellung bildet die 20. Aventüre zugleich den Angel- und Ausgangspunkt für die Pentaden des II. Teiles: Etzels Werbung — Hochzeit — Ladung der Gäste. Schon innerhalb dieser ersten Fünferreihe des II. Teils vollzieht sich mit der 23. Aventüre der entscheidende Umschwung der inneren Handlung, bezeichnenderweise an einer im Vordergrundgeschehen minder betonten Stelle: hierin liegt eine besondere Feinheit in der Verteilung der epischen Gewichte. Die zweite Pentade setzt dann die äußere Handlung fort und vertieft sie zugleich: Aufbruch der Burgunden zur Fahrt ins Hunnenland — Einkehr in Bechelaren — bis hin zum dröhnenden Klang der 29. Aventüre, da Spieler und Gegenspieler zum ersten Male einander schroff gegenübertreten: *Wie er niht gên ir ûf stuont.* Was zwischen diesem Augenblick und den letzten Einzelkämpfen sich ereignet, ist in der vorletzten Pentade zusammengefaßt: Schildwacht — Tötung der Knechte — Hagens Hohn und Volkers Spott. Die Handlungsführung der vorletzten Pentaden beider Teile ähnelt einander insofern, als hier wie dort der jeweils vierten Aventüre besondere Bedeutung zukommt: dort dem Frauenzank, hier dem Minnetrinken. Wie diese Episoden jeweils aus dem gesamten früheren Geschehen herauswachsen, wurde für den Frauenzank im vorigen dargestellt und ist für das Minnetrinken von Heusler in meisterhafter Interpretation gezeigt worden (S. 211 zu 1960, 1—4). Die Kampfgemeinschaft von Hagen und Volker in der 34. Aventüre wirkt wie ein Vorklang ihrer Gemeinsamkeit innerhalb der Rüdegeraristie. Das jeweilige Retardieren des Spannungshöhepunktes gegen Ende der vorletzten Pentaden beider Teile steigert die raumhaltige Tiefe in der Entfaltung der jeweils letzten Fünferreihen (Aventüre 16—20, 35—39). In dieser Ballung und Entladung der epischen Spannung scheint ein generationenaltes Erbe volkhaftepischen Gestaltens zu vollkommener Kunstgestalt emporgeläutert, die zwar an die weiträumigen Entwicklungen der höfischen Romane erinnert, diese aber durch die blockhaft gefügten, mächtig aufeinander getürmten Aventüren übertrifft (wie etwa die Urgewalt der symphonischen Steigerungen Anton Bruckners hinausgreift über die Formen der klassischen Symphonie Mozarts oder Beethovens). Als Ganzes gesehen, läßt sich das geistig-künstlerische Gefüge des ›Nibelungenliedes‹ etwa folgendermaßen verdeutlichen:

Das Nibelungenlied
(Aufbau und Gliederung der Aventüren)

			24	29	34	39
			23	28	33	38
			22	27	32	37
			21	26	31	36
5	10	15	20	25	30	35
4	9	14	19			
3	8	13	18			
2	7	12	17			
1	6	11	16			

             I. Teil   II. Teil

Auf Grund der vorstehenden Betrachtung läßt sich die *Kunstgestalt* des ›Nibelungenliedes‹ nunmehr auch literarhistorisch als einheitliches Ganzes würdigen: sowohl im Hinblick auf die überkommene Sagenüberlieferung als auch hinsichtlich der einmalig-individuellen Leistung seines Schöpfers, von dessen Künstlertum schon Heusler einen hohen Begriff hatte: „Der Mann gehört nicht zur Menschenklasse der Bearbeiter, er war Dichter" (S. 172).

Diese grundsätzliche Anerkennung seines Dichtertums, wie Heusler sie ausgesprochen, verdient um so mehr hervorgehoben zu werden, als Heuslers Forschungen dann auf der anderen Seite einer Forschungsrichtung Vorschub geleistet haben, die das mittelhochdeutsche ›Nibelungenlied‹ nicht in erster Linie um seiner selbst willen betrachtete, sondern in ihm den „Schmelztiegel" sah für die „wechselnde Mischung älterer und jüngerer Dichtergedanken", ein Gebilde also, das die Spuren früherer Sagenstufen noch mehr oder minder deutlich erkennen lasse und (wie D. v. Kralik es ausdrückt) den „Schlüssel" darbiete, „der bisher verschlossene Türen zu der ursprünglichen Heldendichtung aufzusperren vermag" (S. 22); bei dem man infolgedessen mehr von „Kompilationen und Kombinationen" sprach (D. v. Kralik ebda.) als von einheitlich vollendeter Dichtung.

So bedeutend der Gewinn zu veranschlagen ist, welcher der Forschung aus dieser methodischen Einstellung erwuchs, er wurde doch weitgehend auf Kosten der ästhetischen Würdigung des ›Nibelungenliedes‹ gewonnen. Er verleitete dazu, daß einzelne Kritiker mehr bei einzelnen (teils vorhandenen, teils gemutmaßten) Widersprüchen und Unstimmigkeiten, Bruch- und Nahtstellen, „Versteinerungen" und „Verwachsungen", Überbleibseln oder Überlebseln (oder wie immer man es nannte) verweilten, anstatt das Ganze unbefangen auf sich wirken zu lassen — als Wortkunstwerk der mittelhochdeutschen Dichtersprache, geschaffen aus dem Geist der hochmittelalterlichen Zeit in der Absicht, zu ergreifen und zu erheben.

Hinzu kommt, daß die „rauhe Fügung" des ›Nibelungenliedes‹: die epische, durch Zäsur gegliederte Langzeile, die stark rhythmisch betonte Strophenform, die in sich gerundeten Erzähleinheiten der Aventüren und Aventürenreihen (Pentaden) es schon von sich aus nahelegten, einzelne Motive mehr isoliert als innerhalb ihres Werkzusammenhangs zu betrachten. Hinzu kam weiterhin die Gunst der nordischen Überlieferung in Edda und Saga, die zur vergleichenden Betrachtung aufforderte. Kurz, es wirkte alles zusammen, im Nibelungendichter mehr den Erben und Sachwalter der Vergangenheit als den Sohn und Meister der hochmittelalterlichen Gegenwart zu sehen.

Das Hauptverdienst unseres Dichters erblickte Heusler in der einheitlichen Zusammenfassung der bislang getrennten Zweige der Brünhild- und Burgundensage. Angleichung und Ausgleich des Verschiedenartigen, Anreicherung und Hebung der Gestalten, „Aufschwellung" und „Verfeinerung" (im Sinne einer Anpassung an höfisches Denken und Fühlen), „Vertiefung" und (gelegentlich) „Erweichung": dies schienen ihm die wesentlichen Merkmale seiner Leistung. „Nach der Masse genommen" (sagt Heusler S. 172) hat kein Früherer soviel zum „Hort der Nibelungendichtung" hinzugetan wie unser Dichter — glücklicherweise aber ohne die Substanz der alten Fabel anzutasten. Diese spricht Heusler im wesentlichen als Gut der älteren und ältesten germanisch-deutschen Sagenstufe an; sie sei auch beim Durchgang durch jüngeres spielmännisches und ritterliches Milieu im wesentlichen unversehrt geblieben. Im Gegenteil: der letzte ritterlich-höfische Dichter habe weder den Wunsch noch den Willen besessen, hier zu ändern, da gerade er — nach Heusler — aus echter Geistes- und Seelenverwandtschaft mit der alten Sage geschaffen habe, so daß deren übermächtige Gestalten ihn über sich selbst und seine Zeit hätten hinauswachsen lassen (Fr. Ranke: s. oben S. 306 f.). Das ›Nibelungenlied‹ wäre also, nach dieser Auffassung, im wesentlichen ein Stück germanischer Heldenpoesie, spielmännisch aufgeputzt und höfisch verbrämt, aber in der Hauptsache doch aus altem Schrot und Korn: mittelalterlich-christliche Gewandung hätte die ursprüngliche, altüberkommene Grundgestalt nicht wesentlich verändern können.

Die höfische Ritterepik um 1200 — die Artus- und Legendendichtung Hartmanns von Aue, die damals abgeschlossen vorlag; Gottfrieds ›Tristan‹, der im Entstehen war; Wolframs ›Parzival‹, dessen erste Redaktion dem Nibelungendichter nachweislich bekannt war, wie umgekehrt auch Wolfram Anregungen des Nibelungendichters in sein Werk aufnahm (vielleicht sind beide Dichter einander persönlich begegnet) —: diese Werke waren (nach Heusler) für den Nibelungendichter nur insofern wichtig, als sie ihn in seiner Absicht bestärkten, ein Werk de longue haleine zu schaffen in einer

Gestalt, der die Nibelungensage unter dem Einfluß der Spielmannsepik der zweiten Hälfte des 12. Jahrhunderts ohnehin schon zu-
strebte. —

Sosehr, wie gesagt, diese Auffassung Heuslers und seiner Schule
sich innerhalb der Geschichte der Nibelungenforschung bewährt hat
und so fruchtbar sie insbesondere für die Erhellung der Vor- und
Frühgeschichte der germanisch-deutschen Nibelungensage geworden
ist — literarhistorisch gesehen wird sie zum mindesten zwei für die
geistesgeschichtliche Beurteilung des ›Nibelungenliedes‹ ausschlag-
gebenden Faktoren nicht vollauf gerecht: seiner Verwurzelung in
der zeitgeschichtlichen Situation hochmittelalterlicher Gegenwart
und seinem Verhältnis zur höfischen Ritterdichtung dieser Zeit.

Insbesondere scheint die Zusammenfassung der beiden Teile des
›Nibelungenliedes‹ nicht in erster Linie ein Ergebnis der Sagenentwicklung des 12. Jahrhunderts, sondern unter dem Einfluß und
auf Anregung der großen Ritterromane des deutschen Hochmittelalters — des ›Iwein‹, ›Tristan‹ und ›Parzival‹ — vollzogen worden
zu sein. Deren dichterische Struktur beruht wesentlich auf kontrastierender Zweiteilung der epischen Handlung, auf einer Doppelung, die nicht allein als Kunstmittel der äußeren Handlungsführung zu werten ist, sondern ein Abbild der auf verschiedenen Stufen
der Dichtung verschieden sich darstellenden Transparenz des Göttlichen ist, das innere wie äußere Handlung dieser Werke wesenhaft
durchdringt.[8]

[8] Zu Hartmanns ›Erec‹ und ›Iwein‹ sowie zur Analyse ihrer französischen Quellen vgl. Verf., Tristan und Isolde a. a. O., Tafel III und VII;
zu Gottfrieds ›Tristan‹ ebda. Tafel XII; zu Wolframs ›Parzival‹ und
›Willehalm‹ die oben S. 6, Anm. 4 genannten Untersuchungen. —
Iweins Entwicklung wird, nach der auch die physische Existenz des
Helden in ihren Grundfesten erschütternden Krisis des I. Teils, in der
zweiten Hälfte der Dichtung infolge der Entführung Ginovers und der
daraus sowohl für den Artushof als auch für das persönliche Geschick des
Löwenritters sich ergebenden Verwicklungen in neue Weite und Höhe
geführt. Im ›Tristan‹ wird eine analoge Erweiterung und Vertiefung der
inneren und äußeren Handlung durch Tristans „Neugeburt" bewirkt, die
der Entwicklung des Helden zugleich auch religiös-sittliche Bedeutung verleiht. Wie auch in Wolframs ›Parzival‹ eine solche Wendung zu einem

Der Nibelungendichter nun hat die Synthese des Abschlusses seiner Dichtung, da Gott und Teufel, Himmel und Hölle in der menschlichen, ritterlich-heldischen Tragik des Burgundenunterganges gegenwärtig erscheinen und gleichsam mitbeteiligt sind (Rüdegers Aristie, Dietrich und der Waffenmeister Hildebrand, Hagens und Kriemhilds Ende), auf seine Weise verwirklicht: nicht in sklavischer Nachahmung jener höfischen Romane, sondern in genuiner Neuschöpfung aus heimatlicher Sagenüberlieferung, deren Erbe ihm wohl von Kindesbeinen an vertraut war, deren Gestaltung aber jenen großen Vorbildern des Westens folgt — in Richtung auf epische Verwirklichung eines Einklangs von Gott und Mensch und Welt, der hier wie dort das Ziel bildet.

Jahrhundertelang hat man im deutschen Volke von Siegfried und Kriemhilde, von Brünhild und den Nibelungen gesungen und gesagt, ohne daß das Bedürfnis nach einheitlichem Zusammenschluß dieser Sagenkreise fühlbar geworden wäre. Wenn es jetzt, in den entscheidenden Jahren nach 1200, als die Umrisse der großen, ihr Menschenbild zum Weltbild weitenden ritterlich-höfischen Epen sich abzeichnen, neu empfunden wird, so ist die Folgerung unabweislich, daß eben sie auch das Vorbild abgegeben haben für den großen, namenlosen Dichter im bairisch-österreichischen Südosten, der in geistesverwandtem Bemühen danach strebte, jenen großen Werken des fränkischen und alemannischen Westens ein donauländisches Gegenbild zur Seite zu stellen: nicht anders als die bildende Kunst der Donaulande im 13. Jahrhundert sich im Gefolge der

,Neuen' mit dem IX. Buche anhebt, als Gott (vor Parzivals dritter Einkehr bei Sigune und vor der Begegnung mit Trevrizent) des jungen, Abenteuer suchenden Helden sich annimmt: *sîn wolte got dô ruochen* (435, 12); dazu oben S. 6, Anm. 4 und S. 27). Sosehr die Peripetie der inneren Handlung in allen genannten Dichtungen einen Neueinsatz bedeutet, so sind doch auch die Querverbindungen zum ersten Hauptteil dieser Romane und Epen so deutlich, daß sie sich sogar graphisch darstellen lassen. Sie bestätigen eine Kunstabsicht Hartmanns, Gottfrieds und Wolframs, nicht etwa ein paralleles Nebeneinander, sondern ein gestaffeltes, gleichsam kontrapunktisch gesteigertes Nacheinander und Übereinander beider Teile zu gestalten, das im „Endgipfel" einer vollen Harmonie der inneren und äußeren Handlung seinen krönenden Abschluß findet.

großen Vorbilder an Rhein und Main aus eigenem Bemühen entwickelt.

Indem der Nibelungendichter die beiden Teile seines Werkes —
die Sagenkreise von Kriemhilds erster und zweiter Ehe — zum einheitlichen Ganzen fügt, bleiben diese nicht, was sie ursprünglich
(als Brünhild- und Burgundensage) waren. Sie rücken vielmehr in
einen neu konzipierten und umfassenden welthaften Zusammenhang, der die überkommenen Gestalten von sich aus wandelt und
prägt, nicht im Sinne einer einzelnen „Heldenrolle", sondern als
Funktion der das ganze Epos durchwaltenden, letztlich religiös
fundierten Spannungen und Entwicklungen. Diese lassen im I. Teil
der Dichtung die tragenden Gestalten — Siegfried und Kriemhild,
Brünhild und Hagen — durch eignes Handeln in Liebe und Haß
allmählich zu sich selber kommen. Ihre Individualität verwirklicht
sich um den Preis einer Durchbrechung, ja Entwertung überkomme-
ner traditioneller Formen humaner, sozialer und religiöser Konvention: Brünhild im Münster, Hagens *meinrât* und *untriuwe*, Kriemhilds Klage und Witwentrauer. Im II. Teil des ›Nibelungenliedes‹
wächst die so zerbrochene Einheit des Menschlichen und Religiösen,
in neuem Steigen und Fallen, auf vorher ungeahnte Weise wieder
neu zusammen: Hagens Heldenrolle gewinnt durch die Weite und
Tiefe menschlicher und sittlicher Pflichten erhöhte, religiös ge-
stimmte Bedeutung, ja sie erscheint zuletzt gleichsam in transzen-
dentem Licht, das sich auch über die Rüdeger- und Dietrichepisoden
breitet, um schließlich bei letzter Apologie der Helden im Gegen-
spiel zu der in Finsternis versinkenden *vâlandinne* zu höchstem
Glanze zu erglühen. Ist der I. Teil der Dichtung gekennzeichnet
durch ein mehr extensives Nebeneinander der handelnden Gestalten
(Goethe: „mehr Prunk"), so zeichnet sich der II. Teil durch deren
mehr intensives Miteinander und Gegeneinander aus, durch eine
Vertiefung und Verinnerlichung des Geschehens, die zugleich religiöse Überhöhung bedeutet (Goethe: „mehr Kraft"; vgl. Wolfr.
Parz. 470, 20 *des grâles kraft*; Goethe, ›Faust‹ I. Teil, 1233 „Im
Anfang war die Kraft"!).

Die wechselseitig aufeinander abgestimmte Spannung und Entgegensetzung der äußeren und inneren Handlung des ›Nibelungenliedes‹ darf mit der um Wolframs Gralidee doppelseitig, in steigen-

der und fallender Bewegung zentrierten Handlungsführung —
Parzivals Weg durch die Tiefe des *zwîvels* aufwärts zum Gral, ihm
gegenüber das von Stufe zu Stufe deutlicher abwärts weisende
Schicksal der neutralen Engel — sehr wohl verglichen werden. Auch
Hagens Weg ist, gleich der Verstrickung Parzivals in menschliche
und metaphysische Schuld, ein Weg durch *meinrât* und *untriuwe,*
durch Schuld und Sühne, die im Menschlichen sich ereignet und
menschlich durchlitten wird, um sich im Angesichte Gottes zu vollenden; wie umgekehrt Kriemhilds Weg, nach der erreichten Höhe
am Ende des I. Teiles, am Schluß des Gesamtwerks in Abgrund und
Finsternis endet.

Die Wesensverwandtschaft von ›Nibelungenlied‹ und ›Parzival‹
erkennen (beide Dichtungen scheinen, aufs Wesentliche gesehen, einander näherzustehen als Wolframs ›Parzival‹ und Gottfrieds
›Tristan‹) heißt nicht Maßstäbe des höfischen Romans einseitig auf
das ›Nibelungenlied‹ übertragen, sondern heißt beide Dichtungen
nach den hier wie dort verbindlichen geschichtlichen Maßen der
Zeit messen, sie so sehen, wie das Hochmittelalter selbst sie verstanden hat: als Abbild und Sinnbild des Kosmos der Weltschöp-
fung. Der Nibelungendichter hat die Intentionen Wolframs tiefer
zu erfühlen und eigenständiger nachzuschaffen gewußt als irgendeiner seiner Zeitgenossen im Bereich der hochmittelalterlichen Ritterepik, und dies zu einem Zeitpunkt, da Wolframs Werk selbst erst
im Entstehen war. Dabei scheint beim Nibelungendichter eine gewisse Abneigung gegen den traditionellen Artusroman Hartmann-
scher Prägung mit im Spiel gewesen zu sein, mehr als bei Wolfram
von Eschenbach, der diesem Gegensatz eine scherzhaft-humorvolle
Wendung gibt (s. oben S. 6—9).

Wenn von den bekannten Urteilen Goethes und A. W. Schlegels
über das ›Nibelungenlied‹ das eine dessen *grundheidnische* Substanz,
das andere seinen *mittelalterlich-christlichen* Geist hervorhebt, so
zeigt sich nunmehr, daß beide Urteile nicht in Gegensatz und Widerspruch zueinander stehen, daß sie vielmehr einander bedingen und
ergänzen und zusammengenommen erst die volle Wirklichkeit des
›Nibelungenliedes‹ als eines hochmittelalterlichen Ritterepos an-
deutend umschreiben. Wie auch Wolframs ›Parzival‹, von hoch-
mittelalterlich-christlichem Standpunkt aus, den weiteren und wei-

testen Umkreis der Weltreiche des Heidentums ins Weltbild seiner Dichtung mit einbezieht, um auch sie dem obersten Bereich der Gralwirklichkeit zuzuordnen und unterzuordnen.

Andererseits sind auch die Unterschiede zwischen ›Nibelungenlied‹ und höfischem Roman, zwischen Heldenepos und Ritterepos nicht zu verkennen. Hartmanns Artusdichtung, Gottfrieds ›Tristan‹, Wolframs ›Parzival‹ sind wesentlich Ideendichtung, von einem beherrschenden Grund- und Leitgedanken aus konzipiert, der sich, mit normativer Auffassung eines idealistischen Welt- und Menschenbildes, auch die dichterische Formgebung folgerichtig unterwirft. Seine gültige Verwirklichung hat dieser Geist in den tragenden Gestalten dieser Dichtungen: in Erec und Enite, Iwein und Laudine, Tristan und Isolde, Parzival und Condwiramurs, sowie in den Konzeptionen des Artushofes, der Minnegrotte, des Gralgedankens gefunden.

Der überkommene Nibelungenstoff nun hat sich, wie es scheint, solch normativer Auffassung nicht so leicht und jedenfalls nicht widerspruchslos fügen wollen. Gleichwohl hat auch der Nibelungenhort eine der Minnegrottensymbolik und dem Gralsgedanken analoge Funktion empfangen: nicht sowohl als episches Motiv als vielmehr in der poetischen Beziehung zu Gott, die sich — nach Hortüberbringung, Hortversenkung und Horterfragung — in Hagens letzter Hortverweigerung eindrucksvoll kundtut, wenn dieser sein Wissen um das in der Tiefe des Rheines schlummernde Gold einzig und allein mit Gott dem Allwissenden teilt (2371, 3 f.). An dieser Stelle bringt Hagens Triumph — *got unde mîn* — eine Unmittelbarkeit des Menschlichen zu Gott zum Ausdruck, die, kraft ihrer Einbeziehung des Heldischen ins Religiöse, an Kühnheit und Prägnanz alles übertrifft, was der Roman des Hochmittelalters in dieser Hinsicht geschaffen.

Dasselbe gilt auch für Hagens Abschiedsgruß an Rüdeger: *got sol daz gebieten   daz iuwer tugent immer lebe* (2199, 4; s. oben S. 25) oder für seine Mahnung an die Burgunden, *vil vlîzeclîche ... gein gote* zu stehn (1856, 2), was sich etwa von der verhaltenen Klage der Klausnerin Sigune um Schionatulander: *er ist iedoch vor gote mîn man* (440, 8) oder von Parzivals Anbetung des Höchsten (795, 24 ff.) auf bezeichnende Weise unterscheidet. Dasselbe gilt umge-

kehrt für Kriemhilds Verwerfung als *vâlandinne*. Überall spricht
sich derselbe Unterschied zwischen Heldenepos und Ritterroman
aus. Der höfische Roman schafft, in Analogie zu religiösem Dichten
und Denken, objektive Gestalten und Symbole (Minnegrotte;
Gralsymbol), im ›Nibelungenlied‹ aber werden menschliches Tun
und Erleiden, heldisches Leben und Sterben, werden Tat und Tod
unmittelbar zur Spiegelung und zum Abbild des göttlichen Waltens.
Wie heroische Leidenschaft schuldig werden läßt, so wird umgekehrt
menschliche und heldische Bewährung zugleich zur Stufe einer Ent-
sühnung vor Gott und Menschen.

In dieser Hinsicht darf man sagen, daß die Armut des bairisch-
österreichischen Südostens die Ursache für seinen größten Reichtum
wurde. Denn dort fehlten der epischen Dichtung zunächst große
poetische Symbole, wie sie dem alemannischen und fränkischen
Westen an Rhein und Main von Frankreich und England, von Chre-
stien und Thomas her zugewachsen waren. Aus dieser Tatsache aber
schöpfte der Nibelungendichter die Kraft, nun seinerseits das
Menschliche der überkommenen Heldenfabel selbst zum Mittelpunkt der Dichtung zu machen und zum Abglanz des Göttlichen zu
erheben, in einer Synthese, deren Unmittelbarkeit hinausgeht über
das, was der Westen bis dahin geschaffen hatte. Die Wirkung des
›Nibelungenliedes‹ auf die epische (und lyrische) Dichtung seiner
Zeit war denn auch sehr bedeutend: das Spätwerk Wolframs von
Eschenbach, ›Willehalm‹ und ›Titurel‹, die ›Elegie‹ Walthers von der
Vogelweide, ›Klage‹ und ›Kudrun‹ stehen in seinem Zeichen und
sind Zeugen schöpferischer Auseinandersetzung mit Geist und Kunst
des Nibelungendichters. Jedenfalls darf, wenn von „Nibelungenlied
und höfischem Roman" die Rede ist, der Nibelungendichter nicht
nur in der Rolle des Empfangenden, er muß auch als Gebender gesehen werden: wenn nicht als einer der ganz großen Vollender, so
doch als einer der entscheidenden Anreger und Vermittler.

So ist es denn an der Zeit, das ›Nibelungenlied‹ aus der isolierten
Stellung, die es in der Geschichte der deutschen Dichtung im Hochmittelalter bisher einnahm, herauszulösen: es nicht mehr nur zu
verstehen im Hinblick auf die Sagengeschichte des germanisch-
deutschen Altertums und Spielmannszeitalters, es auch nicht nur
mehr äußerlich dem Umkreis höfisch-ritterlicher Dichtung zuzuord-

nen oder in Hinsicht auf sein Fortwirken in der jüngeren Helden-
epik zu würdigen, sondern es hineinzustellen in den großen Strom
der schöpferischen, bewegenden Kunstgedanken der hochmittelalterlichen Gegenwart. Die andere Seite unserer Frage — die Wirkungen des ›Nibelungenliedes‹ auf die Dichtung seiner Zeit — war
hier nur anzudeuten; sie verlangt, ebenso wie das Problem der
Wiederaufnahme und Weiterbildung der Nibelungensage im 19.
und 20. Jahrhundert, eine eigene Darstellung. Diese wird, mit dem
Höfisch-Gemeinsamen, auch die Eigenständigkeit des ›Nibelungenliedes‹ als einer heldenepischen Schöpfung des bairisch-österreichischen Südostens in neuem Lichte erkennen lassen.

Friedrich Maurer: Dichtung und Sprache des Mittelalters. Gesammelte Aufsätze. Bern, München: Francke Verlag 1963, S. 70—79.

ÜBER DIE FORMKUNST DES DICHTERS UNSERES NIBELUNGENLIEDS

Von FRIEDRICH MAURER

Lange Zeit hat die Untersuchung der Stoffgeschichte im Mittelpunkt der Nibelungenforschung gestanden. Andreas Heusler hatte zwar bereits die Frage nach der künstlerischen Leistung des letzten Dichters gestellt und in verschiedener Hinsicht beantwortet. Aber die anregende und weitertreibende Kraft seines bekannten Buchs wurde vorwiegend in anderen Erörterungen der Stoff- und Entwicklungsgeschichte und der Quellenprobleme fruchtbar. Als man dann weiter zur Erörterung der gehaltlichen Probleme schritt, standen die Ergebnisse der Heuslerischen Entwicklungstheorie im Hintergrund; sie gaben zugleich erwünschte Deutungsmöglichkeit für die, wie es schien, widersprüchliche und vielschichtige Grundhaltung des Lieds. Vom Stoff und von der Haltung früher Formungen „beeinflußt" oder bezwungen, nahm der letzte Dichter von 1203 Gedanken und Züge in sein Werk auf, die seinen eigenen Ideen nicht entsprachen, ja ihnen geradezu widersprechen konnten. Auf diesem Weg suchte man sich das gehaltliche Verständnis zu erschließen, Schwierigkeiten zu überwinden, die bei bestimmten Deutungen auftraten.

Bei früherer Gelegenheit habe ich betont, daß man einem Künstler vom Rang unseres Nibelungendichters bitteres Unrecht tut, wenn ihm zur Stützung gewisser Deutungen die Fähigkeit abgesprochen wird, das, was er sagen wollte, eindeutig und widerspruchsfrei auch sagen zu können. Wenn er ein echter und großer Dichter war, dann hat er sich nicht von seinem Stoff in den entscheidenden Gestalten und Problemen Züge aufzwingen lassen, die seiner eigenen Auffassung widersprachen oder sie störten.[1] Deshalb scheint es mir notwendig, noch mehr als es bisher geschehen ist, über die Gehaltsinterpretation hinaus auch auf die Formkunst des Dichters zu achten

[1] ›Leid‹, Bern, München ²1961, S. 15.

und die große formale Kraft darzutun, die der Nibelungendichter in seinem Werk zeigt. An zwei Gesichtspunkten soll hier versucht werden, den Nibelungendichter als großen Meister der Wort- und Formkunst zu erweisen. Der eine ist mehr negativer und abwehrender Art. Er versucht einen scheinbaren Mangel in der Gestaltung der Figuren als zu Unrecht angenommen zu erklären. Der andere sucht zu zeigen, wie groß die Kunst des Dichters war, die Strophen zu bauen und die Aventiuren harmonisch zu gliedern, so daß bei einer solchen Meisterschaft in der formellen Bewältigung und Beherrschung des Wortes und der Strophenkunst unbestritten sein muß, daß er das, was er sagen wollte, jederzeit uneingeschränkt auch sagen und darstellen konnte.

I

Mein erster Gesichtspunkt soll den Dichter von einer zu geringen Einschätzung und Wertung frei machen. Man hat vielfach darüber gesprochen und nicht recht verstanden, warum die Vorzeithelden des ›Nibelungenlieds‹ Züge der höfischen Welt des 13. Jahrhunderts tragen. Man glaubte daraus schließen zu müssen, daß der Dichter des ›Nibelungenlieds‹ die Absicht gehabt habe, eine höfische Beispielerzählung zu schaffen, die Vorzeithelden zu idealen höfischen Rittern zu machen. Da das aber offensichtlich nicht das endgültige Ergebnis der Dichtung ist, da vielmehr die Figuren trotz ihrer äußerlich höfisch-ritterlichen Gewandung und trotz höfischen Zeremoniells und anderer höfischer Züge im Grunde unhöfisch und unritterlich, eben als Menschen der Heldenzeit denken und handeln, schloß man, der Dichter sei nicht imstande gewesen, jene seine augenblickliche Absicht völlig durchzuführen. Man hat so „Schichten der Ethik" in den Figuren des ›Nibelungenlieds‹, innere Widersprüchlichkeit entdeckt. Mit all dem sind natürlich die Qualitäten der Dichtung und die dichterischen Fähigkeiten ihres Autors nicht gerade hoch eingeschätzt. Tatsächlich ist, glaube ich, jene höfische Einkleidung aber anders zu verstehen.

Man muß dazu wissen und in Betracht ziehen, wie das Mittelalter überhaupt sich älteren Überlieferungen gegenüber verhalten, sich ältere Traditionen angeeignet hat. Deutlicher als bei der Auf-

nahme altheimischer Vorzeitgeschichten wird der Vorgang bei der
Übernahme von Stoffen aus der Antike. Wir kennen heute den eigen-
artigen Prozeß der christlich-mittelalterlichen Antikenrezeption. Die
antike Kultur, ihre Stoffe, Gestalten, Ideen werden in diesem Vorgang umgeformt, in die christlich-mittelalterliche Welt umgeschmol-
zen und von ihr durchdrungen, zu einem Neuen gestaltet. Es zeigt
sich dabei, daß das Mittelalter der anderen, früheren Kultur, hier
der antiken, naiver und unbefangener, „unhistorisch" gegenübersteht.

Ganz ähnlich erklärt sich, meine ich, jene vermeintliche widersprüchliche, unvollkommene, nicht recht gelungene Höfisierung der
Vorzeitgeschichten. Es ist ein Irrtum, zu meinen, der Nibelungendichter habe eine höfische Beispielerzählung schaffen wollen. Diese
Absicht hatte er gar nicht; er wollte gar nicht bewußt und grundsätzlich alles in höfisch-ritterlich-christlichen Geist umsetzen. Sondern unbewußt und naiv sieht der Dichter seine Vorzeitmenschen in
zeitgenössischem Gewand, gibt er etwa Hagen und Siegfried ritterliche Züge, erscheint äußerlich das Bild einer höfischen, christlich-
ritterlichen Gesellschaft. Den ideellen Kern braucht diese Einkleidung nicht zu berühren. Sieht man das ein, so kann natürlich von
einer mangelnden Fähigkeit des Dichters, von seiner Abhängigkeit
keine Rede sein; vielmehr tritt im Gegenteil die Freiheit und
Souveränität heraus, mit denen er wie die Künstler seiner Zeit sich
das Überlieferte angeeignet hat.

                                        II

Die große künstlerische Formkraft des Nibelungendichters läßt
sich besonders aber auch positiv aufzeigen, und zwar an der großen
Meisterschaft, mit der er seine Aventiuren harmonisch gestaltet
und ausgewogen hat. Die Betrachtung des Aufbaues des gesamten
Lieds hat ja bereits ergeben, wie hier aus ganz verschiedenartigen
Voraussetzungen zwei nach Umfang und Gewicht ziemlich gleich-
artige Hälften gestaltet und zusammengebunden worden sind. Auch
die Analyse des Baues einzelner Aventiuren zeigt, wie sehr es dem
Dichter auf Harmonie und rechte Proportionen im Verhältnis der
Teile zueinander ankam und wie er bis in Einzelheiten hinein es
verstanden hat, hier künstlerisch zu wirken und zu gestalten.

Ich wähle als erstes Beispiel die großartige Aventiure 37, *Wie Rüedeger erslagen wart.* Unschwer läßt sich erkennen, daß sie in drei großen Hauptteilen aufgebaut ist: Der erste Teil gibt die Auseinandersetzung mit Kriemhild und Etzel; der zweite die Auseinandersetzung mit den Burgonden; der dritte Teil Rüedegers Tod und die Klage. Jeder dieser Hauptteile umfaßt 29 Strophen; vorausgeschickt sind 3 einleitende Strophen.

Zwischen Teil I und II steht ein Zwischenstück von 10 Strophen. Darüber hinaus sind aber die drei großen Teile weiter und ganz gleichartig gegliedert in Stücke von 13 und 16 Strophen. Im ersten Teil umfaßt die Begegnung mit dem Heunen und die Reaktion Kriemhildens und Etzels 13 Strophen; es folgt Rüedegers Versuch, seinem Schicksal zu entrinnen, in 16 Strophen dargestellt; und zwar entwickelt sich diese Auseinandersetzung mit Kriemhild und Etzel in drei Ansätzen zu 5, 6 und 5 Strophen. Im zweiten Hauptteil gelten wieder 16 Strophen den Gesprächen mit den Burgonden, wieder in drei Teilgesprächen mit Gunther (5), mit Gernot (6) und mit Giselher (5 Strophen) gegliedert. 13 weitere Strophen gelten der Schildszene und Gesprächen mit Hagen und Volker. Im dritten Hauptteil schließlich füllen wieder 16 Strophen die Kämpfe: Kampfbeginn 5, Kampf im Saal 5, Kampf mit Gernot 6 Strophen. 13 Strophen gelten dann der Klage.

Nicht einfügen läßt sich in diese Gliederung das Zwischenstück (Strophen 2167 bis 2176), das zwischen dem ersten und dem zweiten Hauptteil steht. Es wird am Schluß noch einmal darüber zu sprechen sein. Hier zunächst eine schematische Übersicht und Zusammenfassung des Gesagten:

Aventiure 37

Einleitung: 3 Strophen 2135—2137

I. Hauptteil: Die Auseinandersetzung mit
  Kriemhild und Etzel 29 Strophen 2138—2166
  1. Die Begegnung mit dem Heunen
    und die Reaktion des Königspaars 13 Strophen 2138—2150
    a) Rüedeger und der Heune 7 Strophen
    b) Die Reaktion Kriemhildens
      und Etzels 6 Strophen

Es ist wohl deutlich, wie bis in die Einzelheiten hinein hier eine bewußte Baukunst an der Arbeit war.

Als zweites Beispiel analysiere ich eine andere große Aventiure, die sechzehnte: *Wie Sîvrit erslagen wart.* Ganz ähnliche Bauprinzipien lassen sich hier erkennen. Wieder herrscht die Dreiteiligkeit. Diesmal sind es Stücke zu 28, 26 und 28 Strophen. Einleitend und abschließend treten je 2 Strophen hinzu. Die aus 28 Strophen bestehenden Partien lassen sich ihrerseits wieder in Stücke zu 8 und 7 und 7 und 6 Strophen gliedern, und zwar ganz parallel in den beiden Teilen; das Mittelstück teilt sich in 5 und 7 und 5 und 9 Strophen.

Es ergibt sich also das folgende Baugerippe:

Aventiure 16

Einleitung:	2 Strophen	916—917
I. Hauptteil: Die Jagd	28 Strophen	918—945
a) Abschied von Kriemhild	8 Strophen ⎫	
b) Aufbruch zur Jagd	7 Strophen ⎭	15
c) Sîvrit der Jäger	7 Strophen ⎫	
d) Jagdende	6 Strophen ⎭	13
II. Mittelteil: Der heitere Kontrast	26 Strophen	946—971
1. Sîvrits Scherz mit dem Bären	17 Strophen	
a) Sîvrit fängt den Bären	5 Strophen	
b) Sîvrits glänzende Gestalt	7 Strophen	
c) Sîvrit läßt den Bären los	5 Strophen	
2. Das Mahl (die Überleitung zum III. Teil)	9 Strophen	
III. Hauptteil: Der Mord	28 Strophen	972—999
1. Unterteil		
a) Der Wettlauf	8 Strophen ⎫	
b) Der Mord	7 Strophen ⎭	15
2. Unterteil		
c) Sîvrits Tod: die Vorwürfe	7 Strophen ⎫	
d) Sîvrits Tod: die Sorgen	6 Strophen ⎭	13
Schluß:	2 Strophen	1000—1001
unter Umständen	3 Strophen	1000—1002

Auch hier ist die große und bewußte Baukunst nicht verkennbar, ebensowenig auch die Parallelen zur Bauweise der Rüedeger-Aventiure. Das gleiche Prinzip der Dreigliederung mit harmonischer Ausgewogenheit der Teile, wobei mit Vorliebe das Mittelstück ein wenig kürzer gefaßt wird, scheint sich in anderen Aventiuren erkennen zu lassen.

III

Die 7. Aventiure, *Wie Gunther Prünhilde gewan,* stellt sich so dar:
Der erste Teil, die Ankunft in Isenstein enthaltend, umfaßt 30 Strophen, die sich in Glieder von 5 und 10 und 5 und 10 Strophen
unterteilen; das Mittelstück, die Begrüßung und Rüstung darstellend, umfaßt 33 Strophen (von denen die letzten 3 wieder eine Art
von Zwischenstück bilden). Dieses Mittelstück (in Glieder von 9
und 5 und 9 und 7 Strophen geteilt) bringt den Höhepunkt: Sîvrit
gibt sich als *man* Gunthers aus. Der Schlußteil umfaßt wieder 30
Strophen, Kampf und Sieg darstellend, in 4 und 10 und 4 und 12
Strophen unterteilt. In der Aventiure 17, *Wie Kriemhilt ir man
klagte und wie er begraben wart,* gelten 23 Strophen dem ersten
Teil: 2 der Einleitung (Strophen 1003 und 1004; 1002 gehört vielleicht noch zur Aventiure 16); 9 Strophen schildern die Auffindung;
12 Strophen die Verständigung Sigmunts. 24 Strophen bilden das
Mittelstück: 12 sind dem Rachegespräche und 12 der Aufbahrung
im Münster gewidmet. Den dritten Teil bilden wieder zwei Gruppen aus 12 (Einsargung, Totenwache, Opfer) und 9 (Bestattung)
Strophen, zu denen wieder 2 Schlußstrophen treten. Die ganze
Aventiure gliedert sich also völlig harmonisch so:

I. Teil	1003—1004	Einleitung	2	⎫
	1005—1013	Auffindung Sîvrits	9	⎬ 23 Strophen
	1014—1025	Sigmunt	12	⎭
II. Mittelstück	1026—1037	Rachegespräche	12	⎫ 24 Strophen
	1038—1049	Aufbahrung	12	⎭
III. Teil	1050—1061	Einsargung, Toten- wache, Opfer	12	⎫
	1062—1070	Bestattung	9	⎬ 23 Strophen
	1071—1072	Schluß	2	⎭

Die 18. Aventiure, *Wie Sigemunt wider ze lande fuor,* ist wesentlich kürzer, aber ebenso schön ausgewogen:

I. Teil	1073—1076	Aufbruch	4	
	1077—1083	Gespräch Kriemhildens mit den Brüdern	7	11 Strophen
II. Mittelstück	1084—1090	Gespräch Kriemhildens mit Sigmunt		7 Strophen
III. Teil	1091—1097	Der Abschied	7	
	1098—1100	Das Geleit	3	10 Strophen

Oder die Aventiure 19, *Wie der Nibelunge hort ze Wormez brâht wart:*

I. Teil	1101—1105	Kriemhildens Trauer	5	
	1106—1115	Versöhnung mit Gunther	10	15 Strophen
II. Mittelstück	1116—1127	Die Hortholung		12 Strophen
III. Teil	1128—1137	Die neue Beleidigung	10	
	1138—1142	Kriemhildens Trauer	5	15 Strophen

Ähnlich scheinen sich andere Aventiuren zu gliedern. So lassen sich in der Aventiure 3 wieder Gruppen von 27 Strophen erkennen, die entsprechend untergliedert sind; die 5 Strophen 71 bis 75 fallen dabei als Zwischenstück heraus, ähnlich wie das in der Rüedeger-Aventiure die Strophen 2167 bis 2176 tun. Die Aventiure 5 gliedert sich in drei Gruppen von je 20 Strophen; die Aventiure 6 in drei Teile: Gunthers Beschluß (21 Strophen), die Zurüstung zur Fahrt (22 Strophen), der Abschied (21 Strophen). In der 9. Aventiure ebenso: Sîvrit als Bote (15 Strophen), Empfang in Worms (19 Strophen); Vorbereitung für Brünhildens Begrüßung (16 Strophen).

IV

Deutlich werden neben dem Dreiteilungsprinzip gelegentlich auch andere Bauweisen. So scheint sich etwa die umfangreiche Aventiure 4, *Wie er mit den Sahsen streit,* in fünf große Teile zu zerlegen, die harmonisch gegliedert sind:

Für diese Möglichkeit gebe ich noch ein Beispiel, die Bauweise der
35. Aventiure, *Wie Irinc erslagen wart*. Sie scheint in fünf Teilen
gebaut zu sein, die sich in 9, 12, 9, 12 und 9 Strophen folgen. Die
ersten 9 Strophen geben die Einleitung, aus Gesprächen mit Hagen
und Volker und der Bitte Irings um den Einzelkampf bestehend; die
erste Zwölfergruppe bringt die ersten Kämpfe: mit Hagen und
Volker, mit Gunther, Gernot und Giselher; die 9 Strophen der
Mitte bringen einen erneuten Kampf mit Hagen und eine Ruhe-
pause; die zweite Zwölfergruppe bringt den Schlußkampf mit
Hagen und Irings Tod; die 9 Strophen des Schlusses gelten dem
Rachekampf Hawarts und Irnfrits.

So scheint mir auch diese Aventiure sehr schön ausgewogen. Sie
gliedert sich folgendermaßen:

Aventiure 35

Einleitungsteil:	9 Strophen 2028—2036
1. Gespräche mit Hagen und Volker	7 Strophen 2028—2034
2. Bitte Irings	2 Strophen 2035—2036
I. Hauptteil:	12 Strophen 2037—2048
Die ersten Kämpfe	
1. mit Hagen und Volker	5 Strophen 2037—2041
2. mit den Burgonden	7 Strophen 2042—2048
Mittelteil:	9 Strophen 2049—2057
Rückzug und Pause	
1. Rückzugskampf mit Hagen	5 Strophen 2049—2053
2. Pause und Reizrede Hagens	4 Strophen 2054—2057
II. Hauptteil:	12 Strophen 2058—2069
Der zweite Kampf und Irings Tod	
1. der neue Kampf mit Hagen	7 Strophen 2058—2064
2. Irings Tod	5 Strophen 2065—2069

Schluß: 9 Strophen 2070—2078 (dazu die Strophen 2079—2080?)
Der Rachekampf Irnfrits und Hawarts

Ob die beiden abschließenden Strophen 2079 und 2080 noch zu der 35. oder schon zur 36. Aventiure zu ziehen sind, möchte ich offenlassen. Sie würden sich gut zur Strophe 2081 fügen, mit der ja etwas abrupt die neue Aventiure einsetzt. Aber selbst wenn man die beiden Strophen noch zum Schluß der Aventiure 35 zieht, wird damit die Harmonie des Ganzen nicht aufgelöst; denn es braucht ja wohl kaum betont zu werden, daß es nicht auf eine genaue zahlenmäßige Entsprechung ankommt und daß eine Verschiebung um eine Strophe die Grundtendenz, die Bemühung des Dichters um eine ausgewogene Gliederung seiner Aventiuren, nicht aufheben würde. Anderseits aber scheint mir auch sehr wohl die Frage zu prüfen, ob die Strophe 1002, mit der die Aventiure 17 beginnt, mit den beiden vorausgehenden Strophen zusammengehört und den Schluß der Aventiure 16 *(Wie Sîvrit erslagen wart)* bildet.

Auch die Aventiure 10, *Wie Prünhilt ze Wormez empfangen wart,* scheint sich in fünf gegeneinander ausgewogene Teile zu gliedern, denen noch Einleitungs- und Schlußstrophen beigegeben sind:

Natürlich könnte man auch aus dieser Gliederung in vielen Gruppen wieder eine höhere in drei Gruppen entwickeln: Teil 1 und 2, Teil 3 bis 5, Teil 6 und 7 umfassend (28 und 56 und 27 Strophen). In ähnlicher Weise können die Aventiuren 21 (9, 10, 8, 10, 9 Strophen); 2 (12, 8, 11, 8, 12 Strophen), 24 (8, 14; 13, 3, 13; 15, 8 Strophen), 26 (10, 9; 11, 4, 11; 9, 10 Strophen) in ihrer Bauweise verstanden werden.

V

Kürzere Aventiuren lassen zwar nicht das so erkannte Prinzip der drei oder vier Hauptglieder erkennen; aber auch sie sind doch deutlich harmonisch oder gar symmetrisch gegliedert, in ihren Teilen gegeneinander abgewogen. So zeigt etwa die erste Aventiure das folgende Bild, das ganz symmetrisch ausgewogen ist, wenn man auf die erste, deutlich spätere Strophe verzichtet:

2 Strophen (2—3)	Kriemhild
5 Strophen (4—8)	Die drei Könige
4 Strophen (9—12)	Das Gefolge

5 Strophen (13—17)   Kriemhilds Traum
2 Strophen (18—19)   Kriemhild

Hier ist zwar nicht wie in anderen Fällen die symmetrisch eingeschlossene Mitte zugleich der gedankliche Höhepunkt; es sind dies die beiden Kriemhildpartien (auch die je 5 Strophen vor und nach der Mitte beziehen sich auf sie), durch jene 4 Strophen der Mitte getrennt.

Ähnlich ist in der 2. Aventiure eine mehr äußerlich harmonische Gliederung, bei der die einzelnen Glieder gedanklich nicht genau so, ihren formalen Plätzen entsprechend, aufeinander bezogen sind:

4 Strophen (20—23)   Vorstellung Sîvrits
3 Strophen (24—26)   Der Jüngling Sîvrit
2 Strophen (27—28)   Ankündigung der Schwertleite
3 Strophen (29—31)   Allgemeines über die Pracht des Festes
2 Strophen (32—33)   Der Gottesdienst
3 Strophen (34—36)   Das Turnier
3 Strophen (37—39)   Mahl; Belehnung
4 Strophen (40—43)   Der Abschluß

Auch in dieser Aventiure ließe sich zugleich das früher beobachtete Prinzip der symmetrischen Dreiteilung erkennen: 7 und 10 und 7, wobei jedoch das Fest über die Teile II und III reicht; eher könnte man von einer Zweiteilung sprechen: I. Vorstellung Sîvrits und Vorbereitung des Festes; II. das Fest selbst.

Andere kurze Aventiuren zeigen trotzdem die Dreigliederung: Aventiure 11 (12 und 10 und 12 Strophen); Aventiure 23 (13 und 9 und 13 Strophen). Aventiure 15 dagegen scheint sich eher in zwei Teile zu gliedern, die ebenfalls harmonisch ausgewogen sind (5 und 10 und 4 und 10 Strophen).

Es ist unmöglich, an dieser Stelle die genaue Kennzeichnung der erwähnten Gliederungen anzuführen, auch unmöglich, die noch nicht hier erwähnten Aventiuren zu besprechen. Aber auch nach dem Gesagten scheint mir das eine deutlich: Hier war eine bewußte Gliederungskunst am Werk: die Kunst eines Baumeisters, der bewußt und mit völliger Beherrschung der sprachlichen und strophischen Mittel seine harmonische und ausgewogene Bauweise geplant und ausgeführt hat. Es war ein großer Künstler, der das in dieser vollkommenen Weise vermochte. Ihm stand die Sprache so zur Verfügung, daß er das, was er sagen wollte, in einer vollkommenen Form auch dichterisch gestalten konnte. Diesen Mann wird man sich nicht als „vom Stoff überwältigt" oder vom Stoff zu der oder jener Inkonsequenz gezwungen vorstellen dürfen.

Es ist wohl unnötig, noch einmal zu betonen, daß es bei den Analysen nicht darauf ankommt, ob der oder jener Abschnitt um eine Strophe länger oder kürzer wird. Die harmonische Ausgewogenheit, die gewollte und erreichte Harmonie der Glieder bleibt, auch wenn sich Gruppen von 27 und 28, von 20 und 21 Strophen entsprechen.

Und noch ein Letztes: Vielleicht gibt das nun erkannte Prinzip der Bauweise ein Mittel in die Hand, um noch einmal zwei Fragen zu stellen; die eine: Liegen die Einschnitte der Aventiuren in der Überlieferung und in unseren Ausgaben in allen Fällen noch da, so wie sie sich der Dichter dachte? Und die andere Frage: Ist in der Überlieferung der Handschrift B nicht doch vielleicht hier oder dort die eine oder andere Zusatzstrophe enthalten?

Zeitschrift für deutsches Altertum und deutsche Literatur LXXXV, 1954, S. 137—149.

ZUM AUFBAU DES NIBELUNGENLIEDS *
UND DES KUDRUNLIEDS

Von Jean Fourqet

Die allgemein bekannte Einteilung des NL in Aventiuren ist nicht das Werk moderner Herausgeber: sie ist schon in den ältesten und besten Handschriften da. Ist diese Gliederung aber das Werk des Dichters selbst? [1] Die Handschriftenvergleichung sichert sie nur für den *Archetypus;* sie könnte von einem mittelalterlichen Kopisten herrühren und im Original noch gefehlt haben. Erst literarische Erwägungen, die vom Werden des Gedichts unter der Hand des Dichters, von der Gestaltung des Stoffes ausgehen, könnnen uns hier weiterführen. Zu diesen literarischen Erwägungen gehört die Beobachtung, daß das NL sich ungezwungen in Einheiten gliedern läßt, die 4, 8, 12, 16, 20 Aventiuren — also immer *Vielfache von vier Aventiuren* — umfassen. Ist ein solches Zahlenspiel wirklich nachweisbar, so haben wir den Beweis, daß die Aventiure schon für den Dichter als Grundeinheit bedeutsam war, eine Einheit, die er selbst dem Aufbau seines Gedichtes zugrunde legte. Zu gleicher Zeit liegt hier ein bisher nicht beachtetes Problem vor, das, wie aus dem Fol-

---

* [In diesem Beitrag abgekürzt: NL.]

[1] In der Anwendung der in Frankreich herkömmlichen Methoden der literarischen Exegese und der Textgliederung ist Ernest Tonnelat mein verehrter Meister gewesen. Er hat dem NL immer wieder seine Aufmerksamkeit zugewandt: La chanson des Nibelungen, étude sur la composition et la formation du poème épique, Paris 1926; La légende des Nibelungen en Allemagne au XIXe siècle, Paris 1952 (aus dem Nachlaß); dazu eine französische Übersetzung, Paris 1945. — Anderseits ist Heuslers Werk, Nibelungensage und Nibelungenlied, dem Verf. bei jeder Zeile gegenwärtig gewesen. Dieser Aufsatz setzt seinen Inhalt als bekannt voraus. Die Benennung der Teile des Gedichts, die Form der Eigennamen sind grundsätzlich den Heuslerschen genähert.

genden hervorgeht, dem NL, dem Ur-NL und dem Kudrunlied gemeinsam ist.

1. *Zum Aufbau des NL.* Etwas bürgt dafür, daß unsere Gliederung des NL nach Vielfachen von vier Aventiuren kein Zurecht-
schneiden des Stoffes nach einer vorgefaßten Hypothese darstellt:
das Aufbauschema lag fertig da — der Zweck war, Studenten den
Inhalt des NL in den Sinn zu prägen —, als wir erst bemerkten, daß
in allen Aventiurengruppen, bis auf eine, die Zahl der Aventiuren
durch vier teilbar war. Die literarischen Erwägungen, die uns zur
Aufstellung dieses Schemas geführt hatten, lassen sich wie folgt zusammenfassen.

Innerhalb des NL läßt sich eine Einheit von merkwürdiger Geschlossenheit leicht abgrenzen: nämlich die Tragödie, die sich in
Gran innnerhalb dreier Tage abspielt. Nach 13 Jahren stehen die
alten Feinde, Kriemhild und Hagen, wieder einander gegenüber
(Av. XXVIII). Jene hat auf diesen Augenblick gewartet, um das
ihr angetane *leit* zu rächen. Dieser weiß, daß kein Burgunde lebend
von Gran zurückkommen wird; er ist aber um so fester entschlossen, bis zum letzten Atem dem Willen des Weibes seinen männlichen
Willen entgegenzusetzen. Der Zusammenprall beider Willen reißt
ganze Völker in den Untergang, bis schließlich die zwei Haupt-
gegner, Protagonisten im vollsten Sinnne des Wortes, gleichsam aneinander zugrunde gehen (Av. XXXIX). Alle anderen Gestalten
sind den Protagonisten in kunstreicher Abstufung untergeordnet: in
die vom Willen der beiden geleitete Handlung greifen sie bald als
dienende, bald als widerstrebende Kräfte ein; das Zusammenspiel
dieser Kräfte bestimmt aber nur die Windungen einer Bahn, über
die die Handlung dem unabwendbaren tragischen Ende zustrebt.
Die 12 letzten Aventiuren des NL stehen sozusagen unter einem
einzigen weiten Bogen.

In inniger Verbindung mit der Einheit der Handlung stehen die
Einheit des Ortes und die Einheit der Zeit. Alle Gebäude kann man
sich um einen großen Hof vereinigt denken, an dessen einem,
offenen Ende das Buhurtgelände liegt. Die Handlung erstreckt sich
ohne Pause über 48 Stunden — etwa von einem Samstagmittag bis
zum Montagmittag; denn die Nächte sind ebenso ereignisvoll wie
die Tage.

Diesen 12 Aventiuren gehen 27 voraus. Sie betreffen Ereignisse, die sich über 37 Jahre (1 + 10 + 13 + 13) erstrecken, wenn wir uns auf die Angaben des Dichters verlassen. Im Gegensatz zur dramatischen Dichte der 12 letzten Aventiuren herrscht hier vielfach epische Breite vor. Wir finden allerlei retardierende Motive, unter anderm Beschreibungen von Hoffesten, Empfängen, Reisen, die ohne Schaden für das Verständnis des äußeren und inneren Zusammenhangs auf ein paar Zeilen reduziert werden könnten. Jedoch steht der 'tatenhafte' Inhalt der 27 ersten Aventiuren zur Tragödie in Gran in einem Verhältnis zweckbedingter Unterordnung; er ist deutlich nicht um seinetwillen da, sondern um der Tragödie willen, die am Ende der Kette steht. Z. B. würde Aventiure XXXVII mit Rüdegers tragischem Tod uns rätselhaft bleiben und ihre Wirkung verfehlen, wüßten wir nicht um den Eid, den er in Worms seiner künftigen Königin geleistet hat (Av. XX), und um das, was bei dem Empfang in Pechlarn (Av. XXVII) geschehen ist.

Deshalb scheint es uns zweckmäßig, bei der Gliederung der 27 ersten Aventiuren rückwärts zu schreiten, d. h. von der Tragödie in Gran auszugehen. Die *erste Gruppe* ist durch die Fülle der *österreichischen* Motive charakterisiert: Donaureisen, Empfänge beim Bischof Pilgerin in Passau, Kämpfe gegen räuberische Bayern. Diese Gruppe beginnt mit Rüdegers Werbefahrt nach Worms (Av. XX) und endet bei der letzten Etappe der Burgunden vor Gran (Av. XXVII), das sind 8 Aventiuren. Zusammen mit den 12 Aventiuren der Tragödie in Gran bilden sie eine höhere Einheit von 20 Aventiuren. Es ist der Teil, den Heusler als Bearbeitung der 'Urnôt', eines Gedichts vom Burgundenuntergang, auffaßt.

Zwischen Av. XX, wo Kriemhilds Entschluß, Etzel zu heiraten, das Schicksal der Burgunden besiegelt, und Av. XIX, mit der Hortversenkung, liegt eine nicht genau bestimmte, doch gewiß lange Pause. Av. XX spielt nach der Angabe des NL-Dichters dreizehn Jahre nach Sigfrids Tod (Str. 1142). Nun ist dreieinhalb Jahre nach Sigfrids Tod eine Versöhnung zustande gekommen. Kriemhild hat darauf den Hort nach Worms bringen lassen, und Hagen ist ihrem Versuch, Recken zu werben, durch die Hortversenkung zuvorgekommen. Schätzt man die Dauer der Hortepisode auf ein halbes Jahr, so bleiben neun Jahre.

Ein weiteres Kettenglied läßt sich unter den 19 restlichen Aventiuren abgrenzen: es ist die Geschichte vom *leit*, das Kriemhild angetan wird; eine Pause von zehn Jahren trennt diese Ereignisse von dem Vorhergehenden. Dieses Glied fängt mit der Einladung nach Worms an, die den Königinnenstreit zur Folge hat, und endet mit der Hortversenkung: Av. XII bis XIX, wieder 8 Aventiuren. — Der 'tatenhafte' Inhalt dieses Glieds hängt mit der Geschichte des Burgundenuntergangs in 20 Aventiuren eng zusammen. Was für Kriemhilds Haltung bestimmend ist, ist die *Art* des *leit,* das ihr angetan wurde; sie büßt für eine Schuld, deren sie sich nicht bewußt ist, und Hagen hat ihr heiligstes Gefühl, ihre Liebe zu Sigfrid, mißbraucht, um ihr das Geheimnis der verwundbaren Stelle abzulocken. Die 28 letzten Aventiuren, unter dem Titel '*leit* und *râche*', als Urkern des Gedichtes hinzustellen, wäre ebenso berechtigt, wie die 12, oder die 20 letzten abzutrennen. — Jedoch ist anderseits der Inhalt der 'Sigfridtragödie' ebenso eng verknüpft mit dem Inhalt der 11 Aventiuren, die noch bleiben. Denn der gute Glaube der beiden Frauen beim Königinnenstreit, die ungeheure Gefahr, die das ausgeplauderte Geheimnis für die Dynastie bedeutet *(suln wir gouche ziehen?),* dies alles entginge uns, wenn uns der Betrug an Brünhild, und die unglücklichen Hochzeitsnächte nicht schon in allen Einzelheiten bekannt wären.

Umgekehrt ist klar, daß Brünhilds Rolle planvoll auf das beschränkt worden ist, was zur Begründung des Königinnenstreits und des Mords aus Staatsräson nötig war. Wer die eddischen Brünhildlieder kennt, dem tut es leid, daß hier einer großartigen Brünhildtragödie die Flügel rücksichtslos beschnitten sind, wie Heusler dargetan hat.

Der Dichter selbst scheint innerhalb der 11 ersten Aventiuren die drei ersten durch einen merkwürdigen Einschnitt abgetrennt zu haben: ein ganzes Jahr verstreicht, bevor Sigfrid Kriemhild zu Gesicht bekommt (Str. 138, die letzte der Av. III). Erst der Sachsenkrieg bringt eine Handlung ins Rollen, die über den Handel 'Kriemhild um Sigfrids Hilfe bei der Islandfahrt' zur doppelten Hochzeit führt. Da haben wir wieder eine fest verkettete Handlung in 8 Aventiuren (IV—XI). Was bleibt, ist eine Art Vorspiel: in den Aventiuren I—III tritt Sigfrid in den Kreis der noch ahnungslosen Kriemhild, und das Nötige über Sigfrids Vorleben wird berichtet.

	1 Jahr	10 Jahre	9 Jahre	
3 (I-III)	8 (IV-XI)	8 (XII-XIX)	8 (XX-XXVII)	12 (XXVIII-
Vorspiel	Brünhild,	Streit,	Werbung,	XXXIX)
	Hochzeit	Mord	Reise	Tragödie in Gran

Burgundenuntergang (Heusler) 20 Av.

leit und *râche* 28 Av.

Damit sind jedoch die Beobachtungen über die Teilbarkeit durch vier nicht erschöpft. Versuchen wir, ob die Tragödie in Gran sich auch gliedern läßt. Hier gibt es keinen bedeutenden Zeiteinschnitt mehr, doch gibt es einen entscheidenden Wendepunkt, Blödels Überfall auf die Knechte. Er leitet den *heißen Krieg* ein, nach dem *kalten Krieg,* der gleich bei der Ankunft in Gran begonnen hat. Nun füllt der kalte Krieg genau 4 Aventiuren (XXVIII—XXXI). Auch der heiße Krieg ließe sich, wenn auch weniger deutlich, in 4 + 4 teilen. Nach den 4 ersten Aventiuren (XXXII—XXXV) ist die Kraft der Burgunden noch ungebrochen. Erst mit dem Saalbrand (Av. XXXVI) beginnt für sie die *nôt* im engsten Sinne; hier wird Kriemhild erst zur *vâlandinne.* — Zum Schluß gelangen wir zu einer Formel, die sich auf jeden Fall durch ihre mnemotechnische Brauchbarkeit empfiehlt:

3 Aventiuren als Vorspiel   3
3 Achter als Vorbereitung $3 \times 8 = 24$
3 Vierer als Hauptteil $3 \times 4 = 12$
                                              39

Jede Einheit, mit Ausnahme der ersten, fängt mit einer Aventiure an, deren Nummer durch vier teilbar ist: IV, XII, XX für die Achter, XXVIII, XXXII, XXXVI für die Vierer.

Gegen diese Darstellung kann aber ein Haupteinwand erhoben werden, den wir bisher nicht erwähnt haben: sie läßt einen Zeiteinschnitt unberücksichtigt, und zwar den bedeutendsten: zwischen Av. XXII und XXIII liegt ein Abstand von 13 Jahren: solange

hat Kriemhild gewartet, um ihrer Rache sicherer zu sein. Dadurch
wird der dritte Achter in zwei ungleiche Teile geteilt, 3 und 5 Aventiuren. — An Bedeutung ist nur ein anderer Einschnitt zu vergleichen: die 10 Jahre, nach denen Brünhild Sigfrid und Kriemhild nach
Worms einladen läßt. Von diesen Einschnitten ausgehend kommen
wir zu einer ganz anderen Auffassung des Aufbaus:

	10 Jahre	13 Jahre
Vor-Vorgeschichte	Vorgeschichte	Hauptgeschichte
11 Av. (I—XI)	11 Av. (XII—XXII)	17 Av. (XXIII—XXXIX)
Kriemhilds Glück	Verwitwung und	Burgundenuntergang
	zweite Ehe	

Zwei gleiche pedes und eine cauda — das erinnert an die Minnesangstrophe!
    Das Verhältnis der einen Gliederung zur andern erhellt aus fol-
gendem Schema:

	10 Jahre		13 Jahre
I—XI		XII—XXII		XXIII—XXXIX
11 Av.	↓	11 Av.	↓	17 Av.

I—III	↑	IV—XI	↑	XII—XIX	↑	XX—XXVII	↑	XXVIII—XXXIX
3 Av.		8 Av.		8 Av.		8 Av.		12 Av.

1 Jahr   10 Jahre   13 Jahre

    Wer kann sagen, daß die eine Gliederung besser, treffender ist
als die andere? Wir werden dem Gegebenen erst gerecht, wenn wir
beide sozusagen übereinanderlegen. Das legt die Vermutung nahe,
daß es sich um zwei Schichten handelt, deren eine der Arbeit des
'letzten Epikers', deren andere aber dem Werk seines Vorgängers,
dem Ur-NL, entspricht.
    2. *Zum Aufbau des Ur-NL.* Der letzten Schicht gehören aller
Wahrscheinlichkeit nach die österreichischen Motive des dritten
Achters (XX—XXVII). Drei Aventiuren sind besonders verdächtig,
Einschiebsel des 'letzten Epikers', als eines Österreichers, zu sein:
XXI und XXII mit der Donaureise Kriemhilds, XXVI mit den
Kämpfen gegen räuberische Bayern und einem Empfang der Bur-
gunden bei Pilgerin. Av. XXVI ist nicht einmal einheitlich, sondern

zerfällt in zwei Motive; lassen wir sie weg, so haben wir nach der Pause von dreizehn Jahren nur noch *vier* Aventiuren, alle vier mit 'tatenhaftem' Inhalt, der mit der Tragödie in Gran im engsten Zusammenhang steht: Einladung, Annahme trotz Hagens Warnung, Prophezeiung der Wasserfrauen, Empfang bei Rüdeger. Sie bilden eine zweckmäßige Vorbereitung auf die Tragödie in Gran, von der sie durch keinen Zeiteinschnitt getrennt sind. Das Ganze bildet einen abgeschlossenen Teil, der erst recht den Namen 'Gedicht vom Burgundenuntergang' verdient.

Allerdings ist er nicht in dem Sinne abgeschlossen, daß das Drama eine Exposition entbehren könnnte. Ohne Av. XX mit Rüdegers Werbefahrt und unvorsichtigem Eid entgeht uns das Verständnis von Av. XXVII, Empfang in Pechlarn, und Av. XXXVII, Rüdegers Tod. Lassen wir aber Av. XXI und XXII, Donaureise Kriemhilds, als typische Einschiebsel des Österreichers weg, so bliebe Av. XX allein da, wenn wir mit Heusler die Aventiuren I—XIX dem 'letzten Epiker' zuerkennen. Dies könnnte man verstehen, wenn Av. XX einer Exposition gleichkäme, die das Nötige über Hagens Taten: Betrug an Kriemhild, Mord, Hortversenkung, enthielte. Das ist aber nicht der Fall. Die Bedeutung, die Heusler dem Einschnitt zwischen XIX und XX bemessen hat, ist vom Standpunkt des inneren Zusammenhangs kaum zu rechtfertigen.

a) Entweder läßt man die Urnôt mit Kriemhilds Einladung beginnen: dann hat man ein einheitliches Drama, ohne Pause, von dem aus sich ein Ur-Lied rekonstruieren läßt; oder man nimmt an, daß dem Ur-Buchepos vom Burgundenuntergang ein einleitender Teil vorausgeschickt war: dann hat es keinen Sinn, nur den Inhalt von Aventiure XX diesem Drama anzufügen. Die Hortversenkung als Gegenstück zur Horterfragung ist ebenso unentbehrlich, und erst recht die ganze Rolle Hagens als Mörder.

b) Das Bedeutende an Av. XX ist nicht so sehr, daß Kriemhild in die Heirat mit Etzel einwilligt, als daß ein Krieger ersten Ranges, Rüdeger, sich in ihren persönlichen Dienst stellt, sich durch einen Eid an sie bindet. Indem sie in die Heirat einwilligt, erkauft sie durch Preisgabe ihrer Person, was sie mit dem Hort zu erkaufen hoffte: einen ihr ganz ergebenen Recken, was in dieser kriegerischen Welt die Vorbedingung zur Vergeltung des ihr angetanen Leids ist. Hat

Hagen gewährt, durch Versenkung des Horts ihr die allerletzte Waffe aus der Hand zu schlagen, so setzt dieser Gegenzug ihn matt! Aventiure XX ist kein Anfang, sondern der Abschluß *der ersten Partie* eines tödlichen Spiels, dessen zweite Partie in Gran gespielt wird. Sie kann, als Gegenzug zur Hortversenkung, von dieser nicht getrennt werden; ja, Zug und Gegenzug müßten *in kurzer Zeit* aufeinander folgen.

c) Sehen wir aber näher zu, so stimmt etwas an der Chronologie des 'letzten Epikers' nicht. Nach dreieinhalb Jahren kommt eine Versöhnung zustande, worauf Kriemhild den Hort nach Worms kommen läßt und ihn verliert. Anstatt diese Chronologie weiterzuführen, knüpft der Dichter in der letzten Strophe der Av. XIX wieder an Sigfrids Tod an: so lange hat Kriemhild um Sigfrid getrauert. — Es ist verlockend, anzunehmen, daß diese dreizehnjährige Trauer von dem letzten Epiker, zum Teil aus höfischen Rücksichten, geschaffen worden ist. Das paßt zum Kontext, einem Lob der Witwentreue der Heldin. Unser höfischer Dichter hat aber dabei nicht bedacht, daß er Kriemhild um beinahe zehn Jahre älter machte. Hat sie Sigfrid mit 17 Jahren geheiratet, so ist sie nach 10 + $3^1/_2$ Jahren noch eine blühende Frau von dreißig Jahren, für Etzel begehrenswert, für Rüdeger blendend. Anders 10 Jahre später. Er hat darüber auch die angefangene Zeitrechnung offen gelassen. Die Zahl von 13 Jahren könnte ein Gegenstück zu den 13 Jahren zwischen Av. XXII und XXIII sein.

Fällt die Pause zwischen Av. XIX und XX weg, so sind wir frei, uns zum Drama vom Burgundenuntergang einen einleitenden Teil zu denken, der das Wesentliche vom *leit*-Teil: Königinnenstreit, Sigfrids Ermordung infolge von Hagens Betrug an Kriemhild, Hortversenkung und Gegenzug (Rüdegers Eid), enthalten hätte. Wir denken uns diese vier Motive als Inhalt einer weiteren Gruppe von vier Aventiuren, sozusagen durch Extrapolation der Technik der 16 unverdächtigen letzten Aventiuren: 4 + (4 + 4 + 4). Diese vier Aventiuren ließen sich verhältnismäßig leicht aus der Gruppe von elf Aventiuren (XII— XXII) herausschälen, die den zweiten pes oder 'Stollen' in unserem zweiten Aufbauschema ausmacht. Av. XII und XIII, Einladung nach Worms und Reise nach Worms sind typische Einschiebsel, um der höfischen Szenen willen. Die lang ausgesponnene Jagdszene vor Sigfrids Tod zerreißt eine einheitliche Handlung und bringt sie um ihre Wirkung: durch seinen Betrug macht Hagen Kriemhild zum Werkzeug des Mords: das ist das Unsühnbare, das macht den *schaden* zum *leit*! Vor Sigfrids Leiche versteht Kriemhild blitzartig Hagens Betrug. Es bedarf wahrlich der Wiederholung der Aufbahrungsszene aus Hartmanns Iwein nicht, um sie zu überzeugen. Av. XVII mit diesem Motiv und den Trauerszenen könnte wegfallen. Ebenso Av. XVIII, Sigemunds Rückkehr. Von den österreichischen Einschiebseln, Av. XXI und XXII, war schon die Rede.

Die Vorgeschichte aus vier Aventiuren, die wir für das Urgedicht ansetzen, schafft aber die Schwierigkeit nicht weg, die sich unerbittlich aus der strengen Verkettung ergibt, die das NL kennzeichnet. Der gute Glaube der beiden Frauen beim Königinnenstreit, die Gründe, die Sigfrids Tod zum Imperativ der burgundischen Staatsräson machen, dies alles entginge uns, wenn uns der Betrug an Brünhild auf der Islandfahrt und die unglücklichen Hochzeitsnächte nicht bis in die Einzelheiten bekannt wären. So bleibt nichts übrig, als versuchsweise einen weiteren Vierer anzusetzen, der die Vorlage für den ersten 'Stollen', die 11 ersten Aventiuren, gewesen wäre. Eine Vorgeschichte Sigfrids, mit Hort und Lindenblatt, die Islandfahrt, die Hochzeitsnacht, das sind die *technisch*, im Sinne der Schaffung eines festen Handlungsgefüges, unentbehrlichen Elemente. Als Viertes denken wir uns die herkömmliche Vorstellung der Heldin und ihrer Sippe: *ez wuohs in Burgonden   ein vil edel magedîn* (ursprünglich die 1. Zeile des Gedichts, wie Heusler klarmacht). Auch hier ist es nicht allzu schwer, manche tatenarme Aventiure oder retardierende Stelle abzutragen, um zum tatenhaften Kern zu gelangen. Av. IX und XI *(wie Sîfrit zu Wormez gesant wart; wie Sîfrit ze lande mit sînem wîbe fuor)* sind typisch höfische Einschiebsel. Die minnesängerische Färbung der Av. V, die den unüberwindlichen Sigfrid in einen zaghaften Liebhaber verwandelt, fällt ganz aus dem Ton. Der Sachsenkrieg ist eine entbehrliche schwerfällige Hilfskonstruktion. Aventiure VII, die das Drama auf Island unterbricht, ist ein Fremdkörper, das mit den Nibelungen als Fabelwesen eine unheilvolle Verwirrung angerichtet hat. So kommen wir zu diesem Bild des Ur-NL: ein Drama vom Burgundenuntergang aus 16 Aventiuren, mit einer Vorgeschichte aus 4, und einer Vor-Vorgeschichte aus 4, im ganzen 24 Aventiuren. Damit hätten wir den Schlüssel zur Dreiteilung des NL im Sinne unseres zweiten Schemas: sie wäre dadurch entstanden, daß die zwei einleitenden Vierer der Vorlage durch höfische Einschiebsel und unterhaltsame Ausspinnungen maßlos angeschwellt wurden, wogegen der Kernteil dieser Ausweitung weit besser widerstand.

Ur-NL	4	4	16
NL 11 (I—XI)		11 (XII—XXII)	17 (XXIII—XXXIX)
		10 Jahre	13 Jahre

Im Urgedicht blieb der einleitende Teil aus 8 Av. dem Hauptteil deutlich untergeordnet. Das geht zusammen mit der *dramatischen* Anlage des Gedichts. Erst durch die Aufschwellung des einleitenden Teils entsteht das Verhältnis, das uns an pedes und cauda, Aufgesang und Abgesang erinnerte. Daraus entsteht auch eine gewisse Selbständigkeit der Motive in der ersten Hälfte, die an eine *epische* Anlage erinnert. Aber die epische Breite, das behäbige Tempo, die höfische Färbung des Aufgesangs stehen in einem störenden Gegensatz zu der dramatischen Dichte, dem atemlosen Fortschreiten, der finstren Härte des Abgesangs. Hinter Heuslers Auffassung steht ein sicherer Geschmack, der es ihm unmöglich machte, Aufgesang und Abgesang einem Dichter zuzuerkennen. Es kommt aber auf dasselbe hinaus, wenn der 'letzte Epiker' im Verhältnis 7/11 für den 'Aufgesang' verantwortlich ist. Wir behalten dabei die Möglichkeit, der *Unzerreißbarkeit* des Handlungsgefüges, der *zweckbedingten Unterordnung* des Inhalts der ersten Hälfte, die in die Augen stechen, Rechnung zu tragen. Sie gehören sozusagen zu den 4/11, die vom Dichter des Ur-NL herrühren.

Die Dreiteilung mit den zwei Hauptpausen stellt also das vom Ur-NL ererbte 'Grundnetz' dar. Wie ist aber das daraufgelegte andere Netz, mit den Vielfachen von vier (s. unser erstes Aufbauschema) hinzugekommen? Der letzte Epiker wird doch versucht haben, von der Vierer-Technik seines Vorgängers, als einem Kennzeichnen der Gattung, und einem schätzbaren Schmuck, etwas hinüberzuretten. Bei der Ausweitung der ersten Hälfte konnte das aber nur geschehen, wenn die Vierer zu Achtern wurden. Doch die Ausweitung ging noch darüber hinaus.

a) Von den 11 Aventiuren, zu denen der erste Vierer aufgeschwollen war, wurden drei, als Vorspiel, von den acht anderen abgetrennt, indem Av. IV durch Av. III durch eine Pause von einem Jahr abgetrennt wurde. Diese Pause kann keinen anderen Zweck gehabt haben, denn sie ist vom Standpunkt der Handlung *widersinnig*. Sie entbehrt auf vorhöfischer wie auf höfischer Stufe jeder Wahrscheinlichkeit.

b) Die neugeschaffene Pause von etwa 9 Jahren zwischen XIX und XX, nach der Hortversenkung, trennt die 8 ersten Aventiuren des zweiten 'Stollen' ab, und schlägt die drei restlichen zu einem dritten Achter, der nun der Tragödie in Gran als Einleitung dient.

Als letzte Schicht ist diese Gliederung 3-8-8-8-12 das erste, was wir erblicken; eben weil sie obenauf liegt; sie ist bei weitem nicht so im Inhalt verankert, wie die Dreiteilung. Sie ist diesem Inhalt mit wohlfeilen Mitteln angefügt, die dem künstlerischen Wert des Ganzen Eintrag tun. Es handelt sich hier um das Herübernehmen einer *äußeren* Form (die für die Gattung kennzeichnend war), ohne entsprechende innere Gliederung.

Der vorsichtige Schluß dieser Reihe von Erwägungen wäre: die Vielfachen von vier hatten sozusagen einen heuristischen Wert, indem sie uns zu einer Analyse des NL unter einem neuen Beleuchtungswinkel führten, die zur hypothetischen Trennung der Schichten im NL doch einen Beitrag geliefert hat. Denn diese Analyse macht etwas wahrscheinlicher, daß der Brünhild-Sigfrid Teil des NL die höfische Ausweitung eines einleitenden Teils sein kann, der schon im Urgedicht bestanden hätte. Wir würden hinzufügen: die Zahl von genau 24 Aventiuren für das Ur-NL können wir selbstverständlich nicht als sicher hinstellen. Sie hat nur Beispielswert; sie macht unsere Auffassung des Verhältnisses zwischen Urgedicht und NL faßlicher und lenkt die Aufmerksamkeit auf das Problem des Zahlenspiels; wie könnte man aber eine solche Hypothese auf eine entscheidende Probe stellen? Nun, eine solche Probe gibt es doch; sie ist uns durch das Kudrunlied geboten.

3. *Zum Aufbau des Kudrunlieds.* Erst nachdem wir das Vorhergehende schon unter eine ziemlich feste Form gebracht hatten,

kamen wir auf den Gedanken: wie das Kudrunlied der Strophenform nach vom NL abhängig ist, so muß es, wenn unsere Auffassung der Vierer-Technik einigermaßen richtig ist, eine Gliederung
nach Vielfachen von vier aufweisen, möglicherweise in ausgeweiteter
Form — entsprechend dem Verhältnis der Kudrunstrophe zur
Nibelungenstrophe. Die Bestätigung übertrifft jede vernünftige
Erwartung. Schon äußerlich: das eigentliche Kudrunlied besteht aus
24 Aventiuren; ihm ist eine Vorgeschichte angehängt, die aus
8 Aventiuren besteht, und zwar zerfällt diese auf den ersten Blick
in 4 + 4, eine Vorgeschichte und eine Vor-Vorgeschichte, Hilde
(5—8) und Hagen (1—4).

Den Kern des eigentlichen Kudrunlieds bildet die Geschichte von
Kudruns Gefangennahme am Wülpensand und Befreiung. Die
Schlacht am Wülpensand beginnt mit Av. 17. Damit beginnt ein
Hauptteil aus 16 Aventiuren. Ihm gehen 8 Aventiuren voraus; sie
zerfallen in zwei Teile: Werbungen um Kudrun (4 Av., 9—12) und
Kämpfe zwischen den Bewerbern (13—16). Die Befreiung Kudruns
ist durch das bekannte Motiv eingeleitet, daß sie am Strand Kleider
waschen muß: dieses Motiv taucht in Av. 21 auf. Die Geschichte der
Befreiung, mit glücklichem Ausgang, nimmt also 12 Aventiuren ein
(21—32), der einleitende Teil: Schlacht, Gefangennnahme, Weigerung und Mißhandlung, 4 Aventiuren (17—20). Man bedenke, daß
der Parallelismus nicht durch den Inhalt bedingt sein kann. Der
Stoff ist grundverschieden, nicht nur wegen des glücklichen Endes,
sondern der ganzen Anlage nach. Deshalb ist bei der Gleichheit des
Aufbauschemas die funktionelle Verknüpfung der Teile eine ganz
andere. Es handelt sich also um eine Übernahme der Form, der
äußeren Zeichen der Gattung. Das Kudrunschema bietet sich als
eine Erweiterung des Aufbauschemas des Ur-NL um eine Stufe:

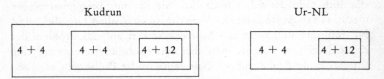

Das erinnert an die Erweiterung der NL-Strophe durch Wandlung
der zwei letzten Zeilen, anstatt einer: 7-7-8-10, statt 7-7-7-8 Takte.

Dies setzt aber voraus, *daß das Kudrunlied nicht vom überlieferten NL, sondern vom Ur-NL abhängig ist.* Diese Hypothese scheint uns nun einer ernsthaften Erwägung wert. Es ist ohne weitere Untersuchung klar, daß der tatenhafte Inhalt der Aventiuren im Kudrunlied weit gleichmäßiger ist als im NL. Die Erzählung schreitet von Anfang an geradliniger fort, ohne höfische Einschiebsel. So denken wir uns eben das Ur-NL: es könnte annähernd wiedergewonnen werden durch eine Rückübersetzung des NL in die Art des Kudrunliedes — mutatis mutandis und unbeschadet des unvergleichlich höheren Wertes des Inhalts des NL.

Der Umweg über NL und Ur-NL wäre schließlich nicht nötig gewesen, um das Problem der Vierer im Kudrunlied ins Licht zu rücken. Ein solches Zahlenspiel ist für die Zeit kein Unikum. Man denke an die Rolle, die bemerkenswerte Zahlen, 8, 10, 12, 20, 30, 36, 40 in der Minnesangstrophe spielen, nicht nur was die Zahl der Zeilen, sondern auch was die Zahl der Takte betrifft, wie man jetzt immer klarer erkennt.[2] Vielleicht ist es kein Zufall, wenn zum Bindeglied zwischen Minnesang und Heldenepos, das die Kürenberger-Strophe darstellte, noch dieses, das Spiel mit bemerkenswerten Zahlen, hinzutritt.

4. Schlußbetrachtungen. Was wir oben ausgeführt haben, scheint uns wert, als Arbeitshypothese einer neuen Untersuchung zugrunde gelegt zu werden, die ins einzelne ginge, und alle schon gekannten Daten und Indizien, Quellenvergleichung, sprachliche und literarische Analyse, benützte. Fern bleibt der Gedanke, die Hypothese dadurch auf die Probe zu stellen, daß wir von den 39 Aventiuren des NL 15 als Einschiebsel erklärten, und die restlichen 24 als 'echt' hinstellten. Wir haben es nicht so leicht wie Lachmann, der mit dem Postulat aneinandergereihter Lieder, wie ebensoviel autonomer Einheiten, arbeitete!

[2] Vgl. J. A. Huisman, Neue Wege zur dichterischen und musikalischen Technik Walthers von der Vogelweide. Mit einem Exkurs über die symmetrische Zahlenkomposition im Mittelalter, Utrecht 1950. — E. T. Hatto, Of Beauty of Numbers in Wolfram's Dawn Song, Modern Language Review, XLV 2, 1950. — R. J. Taylor, A Song by Prince Wizlav of Rügen, ibid. XLVI, 1951, und von beiden: Recent work on the arithmetical principle, in: Medieval poetry, ibid. XLVI, 1951.

Es ist ein Gesetz der 'höfischen Bearbeitung', wie wir sie an Gedichten mit bekannter Vorlage (›Iwein‹, ›Tristan‹) beobachten, daß nicht eine Zeile in der Urform erhalten bleibt. Die Umdichtung des *Textes* geht zusammen mit der Übertragung ins Höfische, teils durch Umfärbung der Erzählung, teils durch Zutaten. Von dem Urgedicht könnten wir bestenfalls durch unendlich sorgfältiges Wägen eine Inhaltsangabe erschließen: ungefähr das, was die nordische Epitome (Tristrams Saga) zum ›Tristan‹ des Thomas de Bretagne ist. Doch das wäre schon viel. Man bedenke, was alles Gottfried zugetraut worden wäre, wenn wir diesen Zeugen des verlorenen ›Tristan‹ von Thomas nicht hätten!

Sollte unser Bild des Ur-NL aus 24 Aventiuren die Probe bestehen, so dürfte das Urteil über den letzten Epiker, den Bearbeiter und Ausweiter, nicht sehr günstig ausfallen. Sein Anteil bestünde vor allem in der Aufschwellung der beiden einleitenden Vierer, zum größten Teil mit wohlfeilen Mitteln, wie dem Einschieben ganzer Aventiuren mit höfischen Motiven um der höfischen Szenen willen; in einer Ausspinnung ergötzlicher Motive (der Bär in der Küche!), die ans Spielmannsmäßige erinnert, in der höfischen Verschleierung genialer Züge des Vorgängers. Seine Bearbeitung ist nicht zu vergleichen mit der eines Hartmann, Gottfried oder Wolfram, die den Stoff der Vorlage von innen heraus umbildet, umfärbt, umdeutet, und ein neues Werk mit einer neuen, einheitlichen inneren Form schafft.

Um so größer wird vor unserem Blick die Gestalt des Urdichters. Wir staunen über die Fülle seiner Initiativen: er schuf mit der vierzeiligen Strophe, zu der jetzt die Vierer-Technik kommen würde, aus einer Art schöpferischer Willkür die äußeren Merkmale einer Gattung. Diese Gattung ist letzten Endes eine dramatische Abart der großen Schöpfung des europäischen Mittelalters, des Romans: einer Erzählung großen Ausmaßes mit festem inneren Gefüge, einer Estoire mit einer schönen 'conjointure'.

Der Übergang vom *Lied* zum *Buchepos*, wie ihn Heusler faßt, ist der Übergang von einem Werk, das einen Höhepunkt aus einem bekannten Sagenstoff herausgreift und wirkungsvoll gestaltet, zu einem, das einen weit umfangreicheren Teil zur Estoire zu gestalten versucht (*et tret d'un conte d'avanture une mout bele conjointure*

Crestien, Erec 13—14. Das besagt, daß der Dichter dem Erzählungsstoff ein Handlungsgefüge 'abgewinnt'). Das letztere verlangt eine anspruchsvollere Technik, die eine Hierarchie der Höhepunkte schafft, und auf lange Sicht Motive vorzubereiten und Taten zu begründen weiß. Die beiden Möglichkeiten bestehen, als *lai* und *estoire* (Marie de France und Thomas de Bretagne) nebeneinander im romanischen Raum.

In der deutschen Literatur des XII. Jahrhunderts, die immer mehr ihre Formen fertig vom romanischen Raum bezieht, ist die Schöpfung des Dichters des Ur-NL eine glänzende Ausnahme. Sie läßt sich jedoch in eine Gesamtperspektive einordnen: in die gewaltige Tätigkeit einer Zeit, wo Gattungen entstehen, die voneinander so verschieden sein können, wie die großen Heiligenleben, die Artusromane und das ›Nibelungenlied‹, aber als Vorformen des biographischen und des dramatischen Romans unserer Zeiten Eines gemeinsam haben, die 'conjointure', den festen inneren Zusammenhang, die hohe Rationalität des Aufbaus.

In solchen Zeiten ist sozusagen alles flüssig. Ein Neuland wird erschlossen, in dem für eine Zeit gewaltige Abenteuer der literarischen Schöpfung möglich sind. Das strophische Epos, mit dem Ur-NL als erstem Vertreter, scheint uns dafür zu zeugen. Es ist kein kleines Verdienst Heuslers, daß er das Problem klar erkannte, das der Übergang von der Stufe des 'Lieds' auf das des 'Buchepos' bedeutet. Nun hat der Nibelungenstoff zwischen beiden Stufen einen sprunghaften Wandel — eine Art Mutation, im Sinne der Biologen — erlitten: aus der sippentreuen Rächerin der Brüder an Etzel ist die sippenfeindliche Rächerin Sigfrids an den Brüdern geworden. Welche Umwandlung und Umwertung der Einzelmotive das nach sich zieht, ersieht man an der Horterfragung: nicht mehr Etzel fordert, sondern Kriemhild; nicht Goldgier ist der Grund, sondern psychologischer Sieg über den Gegner.[3] Heuslers Bemühungen gingen dahin, den Sprung in eine Reihe von Schritten aufzulösen: daher eine eigens dazu geschaffene bairische Zwischenstufe. Er ging, wie

[3] Wenn Rankes Auffassung richtig ist, stellt uns der romanische ›Tristan‹ von Anfang an (Estoire) vor dasselbe Rätsel. Der keltische Tristan erdrückt sterbend die Frau, die ihn durch eine *geis* gezwungen

es scheint, vom unausgesprochenen Postulat aus, daß die Umwandlung noch auf der Stufe der mündlichen Sage und der begleitenden Einzellieder geschehen sei. Er nahm — mit einigem Recht — an, daß auf dieser Stufe der Wandel sozusagen lamarckisch, durch die Einwirkung der Umgebung, zu erklären sei, und eine etzelfreundliche bairische Umgebung schien ihm die Lösung zu bringen. Heuslers Postulat sollte aber als solches, d. h. als unbewiesener Satz, erkannt werden.

Können wir es nicht mit einer anderen Hypothese versuchen, nämlich daß der Wandel mit dem Übergang von der Liedstufe zur Buchstufe zusammenfiele? Die eddischen Lieder zeugen noch von einer Stufe, wo der Brünhild-Sigfrid-Kreis mit dem Burgundenkreis nur durch Personalunion — in der Person Gudruns — zusammenhängt; eine lose Personalunion, die sich noch über den Swanhild-Ermenich-Kreis erstreckt. Das Ergebnis ist, daß Gudrun die Brüder treu warnt und rächt, die ihr den geliebten Gatten ermordet haben. Sie müßte das Gedächtnis verloren haben. Die erste Bedingung für das Entstehen einer festgefügten, psychologisch motivierten Handlung war hier, daß der Burgundenuntergang zur Folge des Mords an Sigfrid wurde. Warum könnte man die Erfüllung der Bedingung nicht dem zuschreiben, der das nötig hatte, nach dem Grundsatz: is fecit cui prodest? Hieße das einem Dichter zuviel zutrauen, der Mannes genug war, eine literarische Gattung zu schaffen, die einzig dasteht, und der sich das feste Gefüge, die 'conjointure', ganz besonders angelegen sein ließ?

Nachtrag

Was den Aufbau des Kudrunlieds betrifft, sei hier auf die Arbeit von Jean Charles verwiesen: ›Le poème de Kûdrûn, étude de sa matière‹, Paris, 1963.

hat, sie zu entführen und gegen seinen Herrn zu kämpfen. In der Estoire wird daraus das bekannte Liebespaar mit dem erbaulichen Liebestod. Die Motive des blanken Schwerts und des kühnen Wassers sind entsprechend verwandelt.

Die in den Text der Ambraser Hs. eingestreuten Nibelungen-strophen könnten einer Urfassung entnommen worden sein, deren Hauptzüge sich mit Hilfe dieser Strophen rekonstruieren ließen.

Eine Aufbauformel 4-4-16, mit strafferer Verkettung des Geschehens, also gleich der des von uns angesetzten Ur-NL's ist u. E. nicht unwahrscheinlich.

Zeitschrift für deutsches Altertum und deutsche Literatur 87, 1956/57, S. 253—262
(= Auszug).

ZUM SANGLICHEN VORTRAG
MHD. STROPHISCHER EPEN

Von Karl H. Bertau und Rudolf Stephan

Sanglicher Vortrag von epischer Dichtung im Mittelalter war keine Unmöglichkeit. Dafür zeugen sowohl die Neumen zu Vortragsabschnitten antiker Epen wie ›Aeneis‹ und ›Thebais‹,[1] als auch die afrz. chansons de geste[2]. Speziell für die deutschen Verhältnisse wäre, sieht man von den wohl St. Gallischen Neumen in der Otfrid-Hs. P ab,[3] zunächst an die in der mhd. Dichtung hie und da anzutreffenden Hinweise auf gesungene Erzähldichtung zu erinnern. Unter diesen läßt die vielzitierte ›Marner‹-Stelle (ed. Strauch XV, 14, 261), in welcher dieser *diu liet* anführt, die er *den liuten* singt, mit einer Wendung wie *der sibende wolde eteswaz Heimen* wohl an Vortragsabschnitte aus einer umfangreicheren Dichtung denken. In Handschriften des 15. und 16. Jh.s wird gelegentlich *singen* oder *singære* der älteren Vorlage in *sprechen* oder *sprecher* abgeändert (vgl. etwa ›Orendel‹ ed. Berger 20 und ›Laurin‹ A ed. Holz 1031 ff.). Um dieselbe Zeit werden im ›Laurin‹ (auf A 1202 folgend) und ›Salman und Morolf‹ (nach 451 an Stelle von 521, 4 und nach 768 an Stelle von 616, 3—5) Erwähnungen des Vorlesers eingefügt. Hier las man also, was man früher gesungen hatte.[4] Da aber Bal-

---

[1] Vgl. J. Combarieu, Fragments de l'Enéide en musique, 1898; F. Ludwig in: G. Adler, Hdb. d. Musikgesch. ²1930, 160, hier die Aufzählung der bisher bekannten Quellen: die Hss. aus dem 9.—12. Jh., die Neumen z. T. später, aber nicht nach dem 12. Jh.; H. Spanke in Studi medievali N. S. 15, 1942, 114.

[2] Vgl. F. Gennrich, Der musikalische Vortrag der altfranzösischen Chansons de Geste, 1923 und ders. in MGG 2, 1081 ff.

[3] Vgl. dazu R. Stephan im Bericht über den internationalen musikwissenschaftlichen Kongreß Hamburg 1956, 1957, 225—229.

[4] Vielleicht deutet schon eine Äußerung Hugos von Trimberg *der wil*

laden auch weiterhin gesungen wurden, dürften an den ursprünglichen Stellen wohl gesungene Epen gemeint gewesen sein. Ebenso läßt die Tatsache, daß in gesungener lyrischer und dramatischer Dichtung sowie in den sog. Volksballaden immer wieder Epenstrophen begegnen, darauf schließen, daß die Epen, aus denen solche Strophen genommen sind, auch vorgesungen und nicht ausschließlich vorgelesen wurden. Glücklicherweise ist zu einem dieser Epen, dem ›Jüngeren Titurel‹ Albrechts von Scharfenberg, die Strophenmelodie mitüberliefert. Von dieser Melodie und Strophe soll noch im folgenden die Rede sein. An die Seite zu stellen wäre dem Strophenepos vielleicht noch eine in Strophen gedichtete Reimchronik Michael Beheims, das ›Buch von den Wienern‹, wovon uns im Autograph außer der Strophenmelodie auch noch die ausdrückliche Anweisung des Verfassers *das man es lesen mag als ainen spruch, oder singen als ein liet*[5] erhalten ist. Nach all diesem möchten wir, entgegen der besonders von Heusler vertretenen Auffassung von einer prinzipiellen Unsanglichkeit des Epos,[6] die Annahme für naheliegend halten, daß jedenfalls die mhd. strophischen Epen ihre Strophenform nicht nur dem sangbaren Lied verdanken, sondern daß sie sich ihrer nur deshalb bedienten, weil sie gesungen werden sollten.

singen, der wil sagen (Renner, ed. Ehrismann 16 205) im Zusammenhang mit der Aufzählung von gesungenen Erzählstoffen sowie Albrechts von Scharfenberg *der iz sage oder in dem done singe* (Jüngerer Titurel, ed. Wolf 6031, nach Reallex. d. dt. Lit.-Gesch.[2] 1, 239) auf einen entsprechenden Wandel im Geschmack des Zuhörerpublikums hin. Daß man aber noch in der 2. Hälfte des 15. Jh.s sanglichen neben Lesevortrag für zumutbar halten konnte, bezeugt die unten zitierte Beheim-Stelle.

[5] Michael Beheims Buch von den Wienern, ed. Th. v. Karajan, [2]1867, 1. Ein Faksimile der ersten Seite des Beheimschen Autographs, wo Melodie und Vorbemerkung stehen, in Geschichte der Stadt Wien III, 1, 1907, Taf. VIII a.

[6] Vgl. besonders Lied und Epos, 1905, 22; Nibelungensage und Nibelungenlied [4]1944, 11.12.38.56; weiterwirkend auch noch bei de Boor, Gesch. d. dt. Lit. I (1949), 253.

I

Mit der einen Ausnahme des ›Jüngeren Titurel‹ sind die mhd. strophischen Epen ohne die zugehörige Melodie überliefert.[7] Sicher gesungene Epenstrophen finden sich für die ältere Zeit u. a. mehrfach in liturgischen Spielen. Die Wahrscheinlichkeit, daß Epenmelodien in ursprünglicher Gestalt bewahrt wurden, ist hier größer als etwa bei Volksliedern und -balladen. So schließt das ›Zehnjungfrauenspiel‹[8] mit einem Klagegesang der törichten Jungfrauen in 11 Walther-Hildegund-Strophen. Sanglicher Vortrag steht auf Grund lateinischer Szenenbemerkungen wie *Tertia fatua cantet* u. ä. außer Zweifel, doch sind die Strophen hier ohne Melodie aufgezeichnet. Mit Melodie dagegen begegnet eine Epenstrophe in der ›Trierer Marienklage‹[9] und, parallel, im ›Alsfelder Passionsspiel‹[10] (s. Abb.). Es ist eine Strophe vom Schema des ›Jüngeren Hildebrandsliedes‹. Das Verdienst, auf die Trierer Strophe zuerst nachdrücklich hingewiesen zu haben, kommt A. Geering zu, wenngleich schon W. Lipphardt u. a. (vgl. ›Das Musikleben‹ 1, 1948, 151) vorher davon gewußt zu haben scheinen. A. Geering[11] nahm die Trierer Strophe für eine Nibelungenstrophe und ihre Melodie für die eines „älteren Nibelungenliedes". Abgesehen davon, daß seine Argumen-

---

[7] Bedenkt man, daß jeder, der einmal eine oder gar mehrere Aventiuren vortragen hörte, die Melodie, wenn er nicht gerade völlig unmusikalisch war, im Ohr haben mußte, so ist es durchaus verständlich, daß im allgemeinen eine solche Melodie als bekannt vorausgesetzt und daher nicht eigens zum Text aufgeschrieben wurde.

[8] Das Spiel von den zehn Jungfrauen, hrsg. v. O. Beckers, German. Abhandl. 24, 1905.

[9] Hs. Trier, Stadtbibl. 1973/63 (alt: CM LXXV), Text bei Hoffmann, Fundgruben 2, 259—83 u. Wackernagel, Kirchenlied 2, 347—353 (Nr. 510), Musik bei P. Bohn, Monatshefte f. Musikgesch. 9, 1877, 1—2 u. 17—24. Die Hs. war uns leider nicht zugänglich. Wir entnehmen den Notentext der unten zitierten Abhandlung Geerings [Faksimile jetzt in: MGG 8, 1960, 1042].

[10] Hs. Landesbibl. Kassel Poet. 2⁰ 18, fol. 69ᵛ.; Text hrsg. v. C. W. M. Grein, 1874.

[11] In Kongreß-Bericht, Internat. Ges. f. Musikwiss., Basel 1949, 118 bis 121.

tation, auf die wir weiter unten zurückgreifen, wohl zweckmäßiger
bei der Frage nach dem Verhältnis von Trierer Melodie und Strophe
zum › Jüngeren Hildebrandslied‹ — denn dessen Strophenform liegt
ja nun einmal tatsächlich vor — eingesetzt hätte, versäumte Geering
leider, die Alsfeld-Kasseler Parallelüberlieferung heranzuziehen.
Wir greifen die Fragen, die uns die Trier-Alsfelder Melodie stellt,
daher noch einmal auf und fassen zunächst das mögliche Verhältnis
zum › Jüngeren Hildebrandslied‹ ins Auge.

   Dies › Jüngere Hildebrandslied‹, zuerst in einer Hs. des 15. Jh.s
überliefert, wird noch im 13. Jh. entstanden sein. H. Beckers Konstruktion eines „mittleren Hildebrandsliedes um 1200" ist mit
guten Gründen zurückgewiesen worden (vgl. Verf.-Lex. 5, 415).
Auch die Strophenform des Hildebrandstones wird also noch dem
13. Jh. angehören. Heusler, Versgeschichte § 740, denkt sie aus der
Nibelungenstrophe entstanden, deren Besonderheit, die „Steigerung
der Strophenkadenz", sich für die weitere Entwicklung als „nicht
lebensfähig" erwies. Die Trier-Alsfelder Melodie nun wird mit
Geering a. a. O. 119 noch ins 12. Jh. zu datieren sein. Sie ist ihrem
ganzen Charakter nach den Melodien der Spervogelsprüche vergleichbar und ist ganz das, was man sich unter einer Epenmelodie
vorstellen möchte: sie hält sich im wesentlichen an die Rezitations-
töne und zeigt nur in der Kadenz eine lebhaftere Bewegung. Gehörte sie dem › Jüngeren Hildebrandslied‹, so müßte dieses die ältere
Melodie bereits übernommen haben, entsprechend der Heuslerschen
Ansicht über die Entstehung des Hildebrandstones, vielleicht aus
der Nibelungenstrophe. Nun hat aber das uns überlieferte › Jüngere
Hildebrandslied‹ bereits seine eigene Melodie (›Deutsche Volks-
lieder‹, ed. J. Meier, 1, 1), und sie ist von der Trier-Alsfelder völlig
verschieden. Auch sie ist möglicherweise älter als der Balladentext.
Das hat W. Lipphardts Versuch (›Die Singgemeinde‹ 9, 1933,
185 ff.), aus der zersungenen Volksmelodie eine ältere Fassung zu
gewinnen, gezeigt. Theoretisch könnnte also auch diese Melodie
ursprünglich der Nibelungenstrophe gehört haben. Eine Entscheidung müßte offenbleiben, käme nicht ein glücklicher Zufall in der
Überlieferung zu Hilfe. Wir finden die erste Zeile der Trier-Alsfelder Strophe *Nu hebyd sych groeß weynen vnde schryen vmmerme*
im ›Zehnjungfrauenspiel‹ V. 503 als *Nu hebit sich groz schrigen und*

weinen ummerme! Sie steht dort gleichfalls als erste Langzeile einer
Epenstrophe und diese — sie geht den 11 Walther-Hildegundstrophen vorauf — ist ihrem Bau nach eine Nibelungenstrophe.
Man wird kein Bedenken tragen, die Trier-Alsfelder Melodie der
leider ohne Noten, aber durch die Vorbemerkung *Prima cantet* als
gesungen bezeugten Strophe des ›Zehnjungfrauenspiels‹ zuzuordnen, zumal sich diese zwanglos darauf singen läßt. Damit aber wird
auch die Möglichkeit, daß uns in der Trier-Alsfelder Melodie die
Weise des ›Nibelungenliedes‹ erhalten ist, in Betracht gezogen werden müssen.

Hier nun wird Geerings Argumentation wieder einsetzen können, der, ohne die textliche Beziehung der Trier-Alsfelder Strophe
zu der Nibelungenstrophe des ›Zehnjungfrauenspiels‹ heranzuziehen, im Hinblick auf das Verhältnis von Trierer Melodie und Nibelungenstrophe meinte (a. a. O. 119 f.): „Für den Gesangsvortrag,
nicht des Nibelungenepos, wohl aber seiner Vorlagen, spricht die
strophische Anlage des Epos. Wenn aber eine Melodie zum Gesang
der Lieder von den Nibelungen vorhanden war, so ist kaum anzunehmen, daß die gesungenen Nibelungenlieder einmal die Weise
gewechselt haben. Der Versuch zeigt, daß sich auch die erweiterte
Strophe (d. h. als Nibelungenstrophe) auf die Trierer Melodie singen läßt. Das Argument, das gegen die Zugehörigkeit unserer Melodie zur Nibelungenstrophe erhoben werden kann, daß die Weise in
ihrer Form der Dichtung nicht folgt und die verlängerte vierte
Langzeile im Musikalischen kein Abbild erhält, fällt somit dahin.
Wie wenig triftig für den Minnesang ein solcher Einwand ist, zeigt
ein Blick in die Jenaer Liederhandschrift, wo wir z. B. bei Spervogel Verse verschiedenster Füllungen und Kadenzierungen bei
gleicher melodischer Bildung finden." So würde auch verständlich,
warum die Abversneuerung, mit Heusler zu reden, „nicht lebensfähig" war, warum die Nibelungenstrophe (vgl. die Hss. des Nibelungenliedes) eine beständige Neigung zeigt, zur 'Hildebrandstrophe' zu werden: weil die metrische Besonderheit des letzten Abverses nicht auch in der Melodie verankert war.[12] Aber dieser Umstand

---

[12] Das vermutet auch W. Mohr in: Reallexikon d. dt. Lit.-Gesch.[2] 1,
240[b].

deutet darauf, daß bereits der 'Abversneuerer' auf älteres Material zurückgriff. Welcher Art dies ältere Material war, erweist die Aufbauanalyse der Melodie. Das Schema ist:

$$
\begin{array}{cccc}
\alpha & \beta & \gamma & \delta \\
3x\,\smile & 3a & 3x\,\smile & 3a
\end{array}
$$

$$
\begin{array}{cccc}
\alpha & \beta & \gamma & \delta \\
3x\,\smile & 3a & 3x\,\smile & 3b \text{ bzw. } 4b
\end{array}
$$

d. h. die Melodie der Langzeilen 1 ($\alpha + \beta$) und 2 ($\gamma + \delta$) ist gleich der Melodie der Langzeilen 3 ($\alpha + \beta$) und 4 ($\gamma + \delta$). Nach dieser Melodie zu urteilen, wäre die Nibelungenstrophe, wie man das bisher auch ohnedies annahm, aus der Doppelsetzung einer älteren Zweilangzeilenstrophe entstanden. Einen solchen Zweilangzeiler erschloß bereits Heusler, ›Versgeschichte‹ § 732 aus der nordischen Balladenstrophe für das ältere deutsche Heldenlied.[13] Auch der Melodie des ›Jüngeren Hildebrandsliedes‹ liegt nach W. Lipphardt a. a. O. ursprünglich eine verdoppelte Zweilangzeilermelodie zugrunde.[14] Wie in diesen beiden Fällen, so wird man auch sonst — wir denken namentlich an die frühe donauländische Minnelyrik und an

---

[13] Heusler a. a. O. § 735 dachte sich allerdings die Melodie dieser Heldenliedstrophe als Wiederholung einer einzigen Zeilenmelodie: „Das einfache Langzeilenpaar war zweiteilig: A = B." Das aber ist auch theoretisch ganz unwahrscheinlich, denn was hätte dann die Einheit einer Strophe konstituiert? Nur durch die Verschiedenheit beider Melodiezeilen bekam die Strophe einen Zusammenhalt und eine Grenze gegen die folgende.

[14] Angesichts dieses Nebeneinanders von Nibelungen- und Hildebrandsweise wird man, im Gegensatz zu W. Mohr Reallex.[2] 1, 240[b], der hier Heusler folgt, nicht annehmen können, daß es die Nibelungenstrophe war, die in die jüngeren Heldenepen überging und daß der Hildebrandston (als Strophenform des ›Jüngeren Hildebrandsliedes‹) „das Endergebnis" gewesen sei. Vielmehr scheint das Zerfallsprodukt der Nibelungenstrophe nur deshalb mit dem Strophentyp „jüngere Hildebrandsstrophe" metrisch identisch zu sein, weil in beiden Fällen ältere Zweilangzeiler mit jeweils verschiedener Melodie, aber von gleichem metrischem Bau die Elemente der Strophenbildung waren. Die Hildebrandsstrophe repräsentiert dann also kein Endergebnis, sondern eine unentwickelte Additionsform,

Walthers Elegie[15] — auf solche älteren Strophenformen zurück-
gegriffen haben.

Es ist wahrscheinlich, daß die zweite Kürnberger- und die
Nibelungenstrophe, die am metrischen Bau des doppelten Zwei-
langzeilers die gleiche Veränderung aufweisen, auch auf dieselbe
Melodie gesungen wurden. Zur Tatsache der Zweiteiligkeit der
Trier-Alsfelder Melodie stimmen die Beobachtungen Ingeborg
Ibsens (Beitr. 57, 322 ff.) über die beim Kürnberger vorherrschende
Form der „Flügelstrophe", die sich „syntaktisch-inhaltlich in 2 plus
2" gliedert. Ihrem Urteil nach spricht die ganze „Abgrenzungstech-
nik" eher gegen eine Dreiteiligkeit der Kürnbergerstrophe, wie sie
etwa von Heusler a. a. O. § 735 angenommen wurde,[16] als dafür.

sozusagen dem Stadium der Nibelungenstrophe vor der Abversneuerung
entsprechend.

[15] Bei den für die sog. Elegie jetzt ziemlich allgemein (vgl. zuletzt
D. Kralik, Die Elegie Walthers v. d. Vogelweide, Sitzungsber. d. Österr.
Akad. d. Wiss., phil.-hist. Kl. 228, 1, Wien 1952) angenommenen Nibelungenversen liegt metrisch nur die Addition von solchen altepischen
Zweilangzeilern vor. Darauf könnten auch die Paarreime deuten. Von
„Nibelungenversen" zu sprechen, solange die Melodie unbekannt ist, ist
schon zuviel. Es könnte ja theoretisch etwa auch die ursprüngliche Melodie
des Hildebrandtones benutzt worden sein. — Was die Kadenz der Anzeile
angeht, die Kralik a. a. O. 105 wie in der Elegie so auch in der Nibelungenstrophe als leichtklingend auffassen möchte, so widerspricht dem
jedenfalls für das ›Nibelungenlied‹ dessen mutmaßliche Melodie. Wenn
man annimmt, daß Walther sich in der Elegie an epische Metrik und
Melodik angelehnt hat, wird man auch dort leichtklingenden Anversaus-
gang für nicht wahrscheinlich halten.

[16] Melodiegleichheit beider Langzeilen in der alten Heldenliedstrophe
fälschlich (vgl. S. 75, Anm. 13) voraussetzend, hatte Heusler die metrische
Form der Nibelungen-Kürnbergerstrophe als aus 2 Stollen (Langzeile 1
und Langzeile 2) und einem vom zweiten Zeilenpaar gebildeten Abgesang
(A: ‖ ∼ B) bestehend angesehen. Von dieser metrischen Interpretation her
nahm er dann auch eine Melodie an, „die nun kunsthafte Dreiteiligkeit
hatte" (a. a. O. § 727). Abgesehen davon, daß nicht recht einsichtig ist,
inwiefern die metrische Veränderung am letzten Abvers die beiden schlie-
ßenden Langzeilen fester als die beiden vorhergehenden zusammenbindet
(nach Heuslers eigenen Voraussetzungen hätte sich eigentlich ein Aufbau
AAAB ergeben müssen), so ist ein solcher Schluß vom metrischen auf den

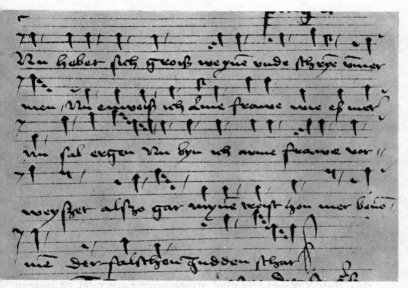

Abb: Kassel, Landesbibliothek, Poet. 2⁰ 18, fol. 69ᵛ (Ausschnitt).

Auch was die Nibelungenstrophe gegenüber der des Kürnbergers an stilistischen Besonderheiten aufweist, scheint zu dieser Melodie zu passen. Heusler, allerdings von der Vorstellung einer prinzipiellen Unsanglichkeit breit erzählender und schriftlich fixierter „Buchepen" ausgehend, charakterisierte den metrischen Stil des ›Nibelungenliedes‹ a. a. O. § 597: „Bogenstil im Strophenbau zeigt uns das Nibelungenlied. Die Vierlangzeilenstrophen, die der Kürnberger noch ziemlich im strengen Zeilenstil sang, gliedert unser Epiker freier, und sogar Strophensprung ... erlaubt er sich zuweilen. Man merkt, das ist von keiner Melodie mehr gezügelt." Doch gerade in diesen Zügen möchten wir einen Hinweis darauf sehen, daß auch die Nibelungenstrophe gesungen wurde. Was den Übergang von

musikalischen Bau, an sich schon problematisch, bei metrisch mehrdeutigen Formen prinzipiell nicht möglich. Zum Grundsätzlichen vgl. Gennrich, Formenlehre des mittelalterlichen Liedes, 1932, 18 ff.

einer Strophe in die nächste betrifft, so ist er von dem Übergang aus Langzeile 2 in Langzeile 3 melodisch nicht verschieden. Rein metrisch wirkt er viel härter und störender als zu einer Melodie gesungen, die hier nur mildert. Der Zeilensprung, namentlich zwischen Langzeile 2 und 3, wird die formale Funktion haben, die Nahtstelle der Melodie durch den Text zu verwischen. Aber all diese Stimmigkeiten zwischen Trier-Alsfelder Melodie und Nibelungen-Kürnberger-Strophe sind doch nur so, wie sie sich auch bei jeder anderen gedoppelten Zweilangzeiler-Melodie ergeben würden. Wenn jedoch, wie im folgenden die Kritik der Musiküberlieferung zeigen wird, die Alsfelder Melodiefassung an der Stelle, wo im Text der Nibelungenstrophe die metrische Abversneuerung stattgefunden hatte, eine charakteristische Zersingeerscheinung aufweist, so scheint uns das die Zugehörigkeit dieser Trier-Alsfelder Melodie zur Nibelungen-Kürnberger-Strophe zu bestätigen. Anders als Geering meinen wir aber, daß nach dieser Melodie das ›Nibelungenlied‹ in der uns vorliegenden Form und nicht eine seiner Vorstufen gesungen wurde, zumal prinzipiell die Möglichkeit sanglichen Vortrags von mhd. strophischen Epen nicht zu leugnen ist. An dieser Stelle sei nur noch darauf hingewiesen, daß wir um 1300 bei dem Schweizer Hadlaub die Nibelungenstrophe, und zwar mit Zäsurreimen, in einem gesungenen Minnelied (Schweizer MS Nr. 32; nur Hs.C, also ohne Noten) finden. Es ist ein kleines, anspruchsloses Stück, ein früher Versuch vielleicht, und man könnte annehmen, daß er nach der Melodie des bekannten Epos unternommen wurde und somit zugleich Sanglichkeit und Verbreitung des ›Nibelungenlieds‹, und zwar des uns vorliegenden mit den Zäsurreimstrophen, wahrscheinlich macht.

Ehe schließlich der Trier-Alsfelder Melodie eine Nibelungenstrophe unterlegt wird, sei eine Kritik der Notenüberlieferung versucht. Außer der Parallelüberlieferung von Trier und Alsfeld bieten die in beiden Fassungen ausgeschriebenen Wiederholungen der Melodiezeilen 1 und 2 in den Zeilen 3 und 4 Möglichkeiten für eine Kontrolle des Notentextes. In beiden Handschriften steht die Melodie im 6. Ton (= hypolydisch) und, da wahrscheinlich das h zum b erniedrigt werden muß, wie das schon Geering annahm, ergibt sich ein transponiertes hypoionisch (nach Glareans späterer Terminologie),

d. h. einfaches F-Dur.[17] — In der Notation des ersten und dritten Anverses stimmt die Trierer Überlieferung in sich und auch mit der Alsfelder überein. Bei Abvers 1 und 3 widerspricht sich Trier an zwei Stellen:

1. Abvers 1:   *schry-en*   gegen Abvers 3:   *(ver-) wey-set*

Die Alsfelder Überlieferung hat in beiden Fällen g—f—e, bestätigt also die Lesart der zweiten Trierer Stelle.

2. Bei der Kadenz des ersten Abverses weicht die Art der Textunterlegung von der Parallelstelle im dritten Abvers ab:

Abvers 1:   *vm - mer me-*   gegen Abvers 3:   *al - so gar___*

Auch hier findet eine Verbesserung der ersten nach der zweiten Stelle ihre Bestätigung durch die Alsfelder Überlieferung. In der Notierung des doppelten Abversauftaktes von Zeile 1 stehen Trier und Alsfeld gegeneinander:

Trier: *vn-de*   Alsfeld: *vn-de*

Eine Regulierung innerhalb beider Einzelüberlieferungen ist nicht möglich, da der parallele dritte Abvers nur einfachen Auftakt hat, der von beiden Handschriften übereinstimmend mit f notiert wird. Doch zeigt der Vergleich mit der Behandlung des doppelten Auftaktes in Zeile 2 und 4, daß, da beide Überlieferungen dort übereinstimmend den Auftaktton[18] doppelt setzen — auch wohl für Zeile 1 diese Praxis anzunehmen und Alsfeld nach Trier zu korrigieren sein wird.

[17] Die Bezeichnung F-Dur darf nicht mißverstanden werden. Es handelt sich einfach um den transponierten c-Modus. J. Handschin, Der Toncharakter, 1948, 258 f. u. 265, ferner MGG 3, 977 stellte schon fest, daß bereits im Bereich des Chorals, sei er „gregorianisch", „gallikanisch" oder „mittelalterlich", der c-Modus auf f nicht selten anzutreffen sei.

[18] Für eventuelle Auftaktsilben steht in Langzeile 1 und 3 die Finalis f, in 2 und 4 die Confinalis c zur Verfügung.

In der Melodieüberlieferung von Anvers 2 und 4 widerspricht sich Trier:

Anvers 2: 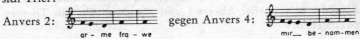 gegen Anvers 4:

Die Doppelsetzung des e in Anvers 4 scheint unmotiviert, immerhin steht sie an späterer Stelle. Denn bisher hatte sich gezeigt, daß Trier an früherer Stelle wohl gelegentlich eine Note fortläßt, in der späteren Parallelstelle aber stets richtig notiert. Es hatte sich aber auch gezeigt, daß es den Text nachlässig unterlegt. Vielleicht ist dies auch hier der Fall, so daß

Anvers 4: 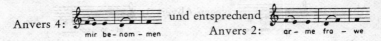 und entsprechend Anvers 2:

zu lesen wäre. Vergleichen wir nun aber Alsfeld, so stimmt es in beiden Fällen zur zweiten, nicht zur vierten Trierer Zeile. Dennoch werden wir uns hier gegen die Alsfelder Überlieferung entscheiden. Der Alsfelder Text zeichnet sich durch Übereinstimmung seiner Parallelstellen aus, doch das vermochte ein konsequenter Schreiber wohl auch schon zu regulieren. Dagegen notierte Alsfeld an einer Stelle fehlerhaft e—f statt f—f. Notenverschreibungen aber begegnen in Trier überhaupt nicht. Außer dieser Erwägung ist es nicht nur die lectio difficilior, die für die Trierer Lesart spricht. Vergleichen wir nämlich die aus der Trierer Überlieferung erschlossene Lesart mit der Zäsurkadenz von Langzeile 1 bzw. Langzeile 3,

die übereinstimmend 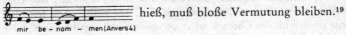 lautet, so fällt die

strukturelle Entsprechung der Kadenztakte ins Auge. Die vorgeschlagene Besserung gewinnt damit an Wahrscheinlichkeit. Daß es darüber hinaus ursprünglich vielleicht auch bei Zeile 2 und 4

hieß, muß bloße Vermutung bleiben.[19]

[19] Daß der Trier-Alsfelder Text nicht ursprünglich zur Melodie gehörte, erhellt auch daraus, daß die von der Melodie geforderte klingende

Als letztes bleibt noch die Divergenz in der Strophenkadenz, wo Trier und Alsfeld, jedes in sich übereinstimmend, gegeneinander stehen:

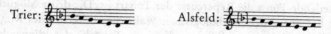

Wir entscheiden uns für die Trierer Fassung, weil uns eine Übereinstimmung dort vertrauenswürdiger erscheint als in der Alsfelder Überlieferung.

Bei der Unterlegung eines Kürnberger- oder Nibelungentextes unter die Melodie wird für den zusätzlichen Takt des vierten Abverses keine Veränderung vorgenommen werden dürfen, die sich in der Melodie nachhaltig auswirkt, weil wir ja annehmen müssen, daß der 'Abversneuerer' dies auch nicht getan hat. Die Melodie gibt u. E. drei Möglichkeiten an die Hand:

1. den Plustakt gewissermaßen als 'Vortakt' zu fassen und mit dem Auftaktton c zu bestreiten:

2. die Melodie an der Stelle durch Teilung eines Tones zu erweitern, an der sie zu knapp wird:

3. in der Strophenkadenz durch ein 'Ritardando' einen weiteren Takt zu gewinnen:

Kadenz des Anverses von einem Wort wie 'benommen' in mhd. Zeit (als *be-no-men*) metrisch nicht geleistet werden konnte. Das wurde erst durch die Schließung der offenen Kürze möglich. Der Text des ›Zehnjungfrauenspiels‹ steht mit Anverskadenzen wie *schrígèn, vorvlúchìt, erzórnìt, erbármè* in allen Fällen der Melodie schon besser an.

Die erste Möglichkeit würde in der Art der Melodieführung eine gewisse Parallelität zur Melodie des ersten Anverses zeigen. Für die zweite Möglichkeit, die Geering wählte, könnte sprechen, daß der zu teilende Ton a die Repercussa der Tonart ist. Die dritte Möglichkeit hat außer der psychologischen Wahrscheinlichkeit eines Ritardando am Strophenschluß vor allem die Tatsache der klingenden Abverse, die beim Kürnberger und im ›Nibelungenlied‹ durch 'Kadenzentausch' entstehen, für sich. Wir messen sie im ›Nibelungenlied‹ — sie stehen in 'alten' Strophen — mit de Boor (Einl. zur Ausgabe des NL XXXXII) vierhebig: *stárk scœn und wíldè* (NL 13, 2), ebenso beim Kürnberger mit Heusler a. a. O. § 649: *mũezèn uns schéidèn* (MF 9, 16). Sie stehen nicht nur in zweiten Abversen, sondern auch in den ungeraden zum Melodiestück β, z. B. *mít mínem schíldè* NL 2196, 1, *sprách dó Hágenè* NL 1557, 1. Das sind Zeugen von Möglichkeiten, die einst jede Zeile hatte. Doch nur für den Strophenschluß wurde diese Möglichkeit dann feste Regel. (Nunmehr wird auch die falsche Textunterlegung bei *vmmerme* in der Trierer Fassung verständlich.) Für diese dritte Möglichkeit spricht außerdem, daß die Kadenzmelodie der Anverse ähnlich behandelt ist, und schließlich erklärt sich dann auch die Alsfelder Schlußversion als Zersingeerscheinung:

Aus diesen Gründen entscheiden wir uns bei der Textunterlegung für die dritte Möglichkeit:

[. . .]

Nachtrag 1970

Jüngere Literatur zum hier bezeichneten Fragenkomplex findet sich bei Volker Mertens, Zur Titurelstrophe 'Iamer ist mir entsprungen', in: Wolfram-Studien, ed. Werner Schröder, Berlin 1970, 219—239; dort Seite 229 Anmerkung 45 auch zur Neuausgabe ›Das Eisenacher Zehnjungfrauenspiel‹, ed. Karin Schneider, Texte des späten Mittelalters 17, Berlin 1964.

Die beim ersten Abdruck unterlaufenen Fehler in den Notenbeispielen sind hier entsprechend unserer Notiz ZfdA 88, 1957/58, S. 160 korrigiert worden.

Modern Language Review LV, 1960, pp. 200—212. Originaltitel: ›The Message of the 'Nibelungenlied'‹. Aus dem Englischen übersetzt von Ruth Krawschak.

DER SINN DES NIBELUNGENLIEDS

Von J. K. Bostock

Knappheit und Objektivität, die die Darstellung des Geschehens auszeichnen, lassen das Anliegen, um das es dem Dichter des ›Nibelungenliedes‹ geht, nur schwer erkennen. Die Meinung des Autors wird nur selten abstrahiert und allgemein formuliert. Für gewöhnlich läßt sie sich nur aus der Erzählung selbst ableiten, was dazu führte, daß der Sinn dieser Dichtung auf sehr verschiedene Weise verstanden wurde.[1] So konnte F. Maurer behaupten: „So ist der letzte Sinn des ›Nibelungenliedes‹ nicht deutlich, jedenfalls nicht deutlich ausgesprochen." Das ist nicht zu leugnen, aber Maurer übertreibt, wenn er fortfährt: „... es fehlt jede Beurteilung; es fehlt jede Stellungnahme des Dichters." [2]

Die unpersönlich wirkende Zurückhaltung des Dichters ist Wolframs ständiger persönlicher Einmischung in die Erzählung diametral entgegengesetzt. Der Erzählstil selbst ist oft sehr knapp und bündig, nahezu lapidar, so z. B. bei der Schilderung von der Entscheidung, um Brünhild zu werben (Nib. 325—34), bei der Beschreibung des Streits zwischen den Königinnen und des Entschlusses, Siegfried zu töten (Av. 14), des weiteren bei der Darstellung

---

[1] Siehe hierzu z. B. F. Maurer, Leid. Studien zur Bedeutungs- und Problemgeschichte, besonders in den großen Epen der Staufischen Zeit, Bern, München 1951; W. J. Schröder, Das Nibelungenlied. Versuch einer Deutung, PBB LXXVI, 1955, S. 56—143; W. Fechter, Siegfrieds Schuld und das Weltbild des Nibelungenliedes, Hamburg 1948; S. Beyschlag, Das Motiv der Macht bei Siegfrieds Tod, GRM XXXIII, 1952, S. 95—108; N. Dürrenmatt, Das Nibelungenlied im Kreis der höfischen Dichtung, Bern 1945; J. Hashagen in ›Dichtung und Volkstum‹, Euphorion XLII, 1942, I, S. 47—53; H. Naumann, ibid., IV, S. 41—59; D. von Kralik, Die Sigfridtrilogie im Nibelungenlied und in der Thidrekssaga, Halle 1941.

[2] Op. cit., S. 37.

der Ankunft der Burgunden in Gran und ihrer Begegnung mit Dietrich und Kriemhild und bei der Wiedergabe von Etzels Erinnerungen an die Zeit, zu der Hagen als Etzels Geisel festgehalten wurde (Av. 28). Dennoch fügt er manchmal einen bedeutungsvollen, wenn auch kurzen Kommentar in die Darstellung ein, so z. B. folgenden:

i'ne weiz ob er daz tæte durch sînen hôchen muot,

als Siegfried, nachdem er Brünhild, wie verabredet, zum Zeichen, daß das Ziel des Kampfes erreicht ist, den Gürtel abgenommen hat, auch noch ihren Ring entwendet und leichtsinnigerweise beide Dinge für sich behält.[3]

Manchmal deutet der Dichter seine eigene Meinung durch die Aussage einer seiner Gestalten an, so wenn Kriemhild Hagen gegenüber die Befürchtung äußert, daß Siegfried sich durch seinen Übermut in Gefahr bringen werde.[4]

Wir werden uns bemühen, im folgenden darzulegen, welche Absicht der Dichter verfolgte oder zumindest, was seine Zeitgenossen darunter verstanden haben müssen. Unsere Ergebnisse stützen sich dabei auf den Text, wie er im Ms. B vorliegt. Die Frage nach dem „Alter" oder der „Echtheit" einzelner Strophen soll uns in diesem Zusammenhang nicht beschäftigen. Obwohl einige der Ansichten, die wir im folgenden äußern, nicht neu sind und auch in einem oder mehreren der Artikel, die wir in der ersten Anmerkung zitieren, anzutreffen sind, so enthalten diese Aufsätze jedoch auch Meinungen, die wir zurückweisen müssen. Außerdem liegt eine eingehende Untersuchung der Frage nach der Absicht des Dichters, wie wir sie hier unternehmen, unseres Wissens bisher nicht vor.

Die Eingangsstrophe (in B nicht enthalten) kann als Vorwort zum ganzen Werk angesehen werden. Es verspricht Geschichten von althergebrachten Abenteuern, die in *alten mæren* überliefert worden sind (und naturgemäß nicht aus modernen, französischen höfischen Quellen stammen), Geschichten von ungewöhnlichen Heldentaten und heroischem Leiden, durchsetzt mit fröhlichen Festen und Lustbarkeiten. Der Dichter war offensichtlich darum bemüht, seinen

---

[3] Nib., 680, 2.
[4] Nib., 896.

archaischen, zum großen Teil in Vergessenheit geratenen Stoff so
weit zu modernisieren, daß er nicht gegen den Geschmack von *diu
liute,* seinem äußerst kultivierten und verwöhnten Publikum, ver-
stieß. Nur in diesem Sinne kann man sagen, daß er „germanisch"
war. Die Notwendigkeit, gewisse traditionelle Elemente beizubehalten, während er andere modernisierte, führte manchmal zu Dis-
harmonie und Unstimmigkeiten in der Erzählung. Das störte ihn
jedoch nicht so sehr wie den modernen Leser, denn ihm ging es in
erster Linie um die Moral und die Form und ganz besonders um
die Wahrung des Gleichgewichts zwischen den beiden Teilen des
Epos angesichts der großen Anzahl von Episoden und Charakteren.

Da sein Publikum mit dem Thema des „Minnedienstes" vertraut war und es davon zu lesen erwartete, kündigte er neben der
altiu mære und *wunder* auch die bekannten Themen

an.   wie liebe mit leide ze jungest lônen kan.[5]

Und am Ende des Werkes klagt er

mit leide was verendet des küneges hôchgezît,
als ie diu liebe leide ze aller jungeste gît.[6]

Liebe ist hier in der weiteren Bedeutung von „Lust" zu verstehen,
so daß das Thema damit erweitert und die Vergänglichkeit menschlichen Glücks ganz allgemein miteingeschlossen wird. Diese pessimistische Einstellung — oder, wie manche sagen würden, in rechter
Weise demütige und fromme Haltung — verleiht dem Werk einen
Anflug von Fatalismus, der durch die häufigen Hinweise auf dro-
hendes Unheil noch verstärkt wird. Maurer macht wiederholt auf
die *Unabwendbarkeit* der Katastrophe aufmerksam: „Klar ist soviel, glaube ich, daß das furchtbare Leid dargestellt werden soll,
das *schicksalhaft* über den Menschen in der Welt kommt"[7], und
weiter: „Also letzten Endes: *schicksalhafte* Auswirkungen der
Liebe" als Begründung für Siegfrieds Verhalten in Worms[8] oder:

---

[5] Nib., 17, 3.
[6] Nib., 2378, 4.
[7] Hervorhebungen hier und im folgenden von mir.
[8] Op. cit., S. 17. Vgl. den Hinweis auf H. von Veldeke auf S. 110.

„Wie es scheint *schicksalhaft, wie im ›Nibelungenlied‹,* fällt Parzival in Leid." [9] Maurer vergleicht Rüdiger mit Trevrizent und sieht eine Verbindung zwischen der Situation Parzivals, als er von Kundrie verurteilt wird und seinen Glauben an Gott verworfen hat, weil er nicht mehr an seine Gerechtigkeit glaubt, und der Situation gewisser Charaktere des ›Nibelungenlieds‹: „Die Nähe zum Leid-Begriff des ›Nibelungenliedes‹ ist hier am größten; das *schicksalhafte* über den Menschen kommende, *von außen angetane* Leid . . ." [10] „Das tragische Erleiden *nicht verschuldeten* Leides . . . das ist der Gedanke, den Wolframs Werk bis zu dieser Stelle *mit dem ›Nibelungenlied‹ gemeinsam* zu haben scheint." [11]

„Der Mensch *unter dem leidvollen Schicksal* ist der Gegenstand der Dichtung";[12] das stimmt zwar, aber das ist nur die halbe Wahrheit, denn es ist *nicht* wahr, daß das Leid, zumindest nicht das der Hauptpersonen des ›Nibelungenliedes‹, unverschuldet ist. Oder gar Aussagen wie „Zusammenhänge zwischen Schuld und Leid werden kaum deutlich" [13] oder „Es wird veranschaulicht, wie Sigfrid . . . *ganz schuldlos* den Tod erleiden muß" [14] treffen nicht zu.

Einige Kritiker haben das ›Nibelungenlied‹ unter besonderem Hinweis auf die fatalistischen Elemente germanisch oder heidnisch genannt. Dieser Fatalismus, der sich vom ganz gewöhnlichen Aberglauben unterscheidet, ist aber Ausdruck der christlichen Vorstellung, daß Sünde unweigerlich nach Sühne verlangt. Gedanken dieser Art äußert Maurer auch tatsächlich in seiner eigenen Arbeit.

Es kann nicht bestritten werden, daß der Dichter vom Leser erwartete, daß er Siegfrieds feine Art, seine Gewandtheit als Jäger und als Krieger bewundern würde (obwohl die unfair erscheinende Unverwundbarkeit ein unbequemes Problem darstellte, mit welchem sich auseinanderzusetzen der Dichter vermied), ebenso wie seine *milte,* seine (konventionelle) Klugheit, die ihn Gunther raten

---

[9] Ibid., S. 115.
[10] Ibid., S. 120.
[11] Op. cit., S. 121—2.
[12] Ibid., S. 13.
[13] Op. cit., S. 33.
[14] D. von Kralik, op. cit., S. 47. Für ihn ist die Problematik des ›Nibelungenlieds‹ von „verhältnismäßig banaler und kleinlicher Art"!

läßt, Lüdegast und Lüdeger zu vergeben und ewigen Frieden und ewige Freundschaft mit ihnen zu schließen. Er erwartete jedoch vor allem, daß der Leser seine *triuwe* den Freunden gegenüber bewundern würde und daß ihn die *untriuwe* Gunthers, der den brutalen Mord geschehen läßt, deshalb besonders erschüttern würde. Des weiteren wird von uns erwartet, daß uns die *triuwe* Kriemhilds zu Siegfried und die Hagens zum Herrscherhaus mit Bewunderung erfüllt, daß wir von dem heroischen Widerstand der Burgunder bis zum Schluß begeistert sind und daß uns die Art und Weise, wie Hagen getötet wird, mit Abscheu erfüllt. *Diu liute* haben sicherlich am realistischen Detail von Siegfrieds Heerführung im Krieg gegen die Sachsen und Hagens Organisation der Fahrt nach Gran Gefallen gefunden. Die Schilderung vom letzten Widerstand mag einen an ähnliche Vorfälle oder Berichte von Feuersbrunst, Gemetzel und Rachgier in Outremer erinnern. Man hat jedoch klar erkannt, daß der Dichter das Verhalten und die Taten seiner Charaktere nicht billigt.[15] Und wir sind der Meinung, daß er eine ganz bestimmte didaktische Absicht verfolgte: Sein Gedicht sollte eine Warnung vor der Sünde des Hochmuts sein, und es sollte veranschaulichen, wie der Hang zur Sünde die menschlichen Tugenden untergräbt. Maurer bezeichnet das Verhalten der Charaktere des Epos als „unchristlich", und auf dieses unchristliche Verhalten wollte der Dichter gerade aufmerksam machen. Das ganze Werk enthält indirekt die Aussage, daß eine Gemeinschaft sich selbst zerstören muß, die Gott vergißt. Da der Dichter ein Katholik des 13. Jahrhunderts war, schuf er das ›Nibelungenlied‹. Hätte er im 20. Jahrhundert gelebt, so hätte er etwas verfaßt, um damit das „Versagen des Liberalismus im 19. Jahrhundert" zu demonstrieren. Er akzeptierte, wie dies alle Menschen seiner Denkungsart tun mußten, das grundlegende Prinzip, daß der Mensch nicht von Natur aus gut ist, sondern der Führung durch Gott, und das heißt durch die Kirche, bedarf. Da die Anschauungen jedes Menschen durch seine eigenen persönlichen Umstände geprägt sind, kann es keine absoluten Maßstäbe menschlichen Verhaltens geben und daher auch keine Aussicht auf uneingeschränkte Vervollkommnung

[15] Siehe S. Beyschlag, op. cit., S. 106.

des Menschen. Lediglich die Unterwerfung der eigenen Person unter Gott kann dem natürlichen Hang zur Sünde entgegenwirken, deren Sold der Tod ist.[16] Deshalb ist jeder Versuch, das Leben allein nach den menschlichen Tugenden auszurichten, mit der Sünde des Hochmuts verbunden. Jede selbstgefällige Tat führt unweigerlich zur nächsten, bis der Sünder schließlich von den Folgen seiner persönlichen Eitelkeit erdrückt wird. Dieses Schicksal durchzieht das ›Nibelungenlied‹ und verleiht ihm den trügerischen Schein des Heidnischen, das einige Kritiker dazu verführt hat, darin das Wiederaufleben des germanischen Geistes zu sehen.[17] „Das Schicksalhafte", das Maurer mit Recht herausstreicht, ist im christlichen Sinne zu verstehen. Trotz des märchenhaften Elements, das in den Gestalten der *merwîp* enthalten ist, ist es doch der Gott der Christen, dem Hagen, symbolisch gesehen, trotzt, wenn er den Kaplan über Bord wirft.[18] Obwohl die Helden und Heldinnen regelmäßig zur Messe gehen, fehlt ihren Herzen die Demut, und damit ist der nicht zu bestreitende Wert ihrer *triuwe* nur begrenzt. Ihre Vorstellung vom Guten bewegt sich nur im engen Kreise ihrer eigenen Interessen und Freundschaften. Selbst die unbedeutenderen Charaktere, die, wie Maurer mit Recht herausgestellt hat, Opfer der Umstände werden, sind gottlos. Das ganze Epos ist eine einzige Parade unterschiedlicher Typen von Egoisten. Diese Tatsache hatte

---

[16] Römer, VI, 23.

[17] Siehe J. Hashagen, op. cit., S. 51: „Auch der Dichter des ›Nibelungenliedes‹, der Siegfried- und Burgundensage so kunstvoll verkoppelte, bot seinem aufgeschlossenen höfischen Publikum starke Kost, indem er sein ganzes Epos in den Dienst des völlig unchristlichen und antichristlichen Rachegedankens stellte."

[18] Nib., 1533 ff. Unabhängig davon, ob der Dichter das Faktum, daß der Geistliche über Bord geworfen und daß der Fährmann umgebracht wurde, seiner Quelle entnahm oder nicht, ist die seltsame Vorstellung W. Richters (ZfdA, LXXII, 1935, S. 37), daß Hagen sich seiner Tat schämte und daher den Mord vor Gunther verbarg, unbegründet. Als erfahrener Krieger vermeidet es Hagen, die Gemüter seiner Männer oder das Gemüt seines Heerführers mit unnötigen Dingen zu belästigen, damit sie nicht zu jammern anfangen. Besser als viele seiner Kritiker wußte der Dichter selbst, wie er seine Geschichte erzählen sollte.

H. Naumann dazu veranlaßt, die „Zeichnung der Menschen" als „ganz unmittelalterlich, weil sie alles aus dem Charakter, der Gesinnung, der Leidenschaft herausholt", anzusehen. Seine Äußerung ist ein unfreiwillig ironischer Kommentar zu seiner eigenen Annahme, daß das deutsche Nationalepos, das noch zu schreiben wäre, vielleicht Anregungen vom autoritären Dritten Reich erhalten könnte.[19]

Die didaktische Absicht, die sich hinter der Schilderung von Siegfrieds Taten verbirgt, ist unverkennbar. Wir haben bereits darauf hingewiesen, daß der Dichter selbst den Hinweis gibt, daß es *hôher muot*, Hochmut, bestenfalls aber „leichtsinniger Übermut" war, der Siegfried dazu verführte, Brünhild Ring und Gürtel zu entreißen. Das Loslassen des Bären auf die Köche geschah

> durch sinen hôhen muot
> ze einer kurzewîle.

Es war nicht die Tat eines edlen Prinzen. Die Gesellschaft stellte heimlich fest,

> er wære ein kreftic man,

und der Dichter fügt nicht bei, daß der Vorfall Gunther amüsierte.[20]

Der Hochmut, *übermuot,* Siegfrieds und seiner Männer wird besonders hervorgehoben, als sie nach Worms reiten:

> lebt iemen übermüeter, des enwas niht nôt,[21]

Wir hatten bereits festgestellt, daß Kriemhild befürchtet, daß Siegfrieds *übermuot* im Kampf schwere Folgen haben könnte.

Der Siegfried des ›Nibelungenlieds‹ sollte den Typ des ichbezogenen jungen Mannes darstellen, der nicht erwachsen wird. Obwohl er ein für das höfische Epos typischer Prinz ist — er ist stattlich, großzügig, geschickt und erfolgreich bei der Jagd, im Krieg und in der Liebe —, bleibt er doch ein statischer Charakter. Anders als

[19] Op. cit., IV, 45 und 59.
[20] Nib., 950, 958, 963.
[21] Nib., 68, 2.

Parzival, der aus der Erfahrung lernt und eine Entwicklung durchmacht, zeigt Siegfried kein eigenes Seelenleben. Der Entschluß, um eine unbekannte Dame, die er wegen ihres hohen Ansehens zu besitzen verlangt, zu werben und sie zu heiraten, so als ob er einen angesehenen Ritter herausfordern würde, stand in Einklang mit den Konventionen des vorhöfischen Epos und des frühen Minnesangs. Aber man darf nicht übersehen, daß die Liebe als gefährlich und als mögliche Quelle der Sünde angesehen wurde, wenn man auch einräumte, daß sie den Liebenden dazu anhielt, sich zur Selbstzucht zu erziehen.[22] Wenn Siegfried, entgegen dem Rat seiner Eltern, darauf bestand, um Kriemhild zu werben, dann beging er den typischen Fehler jugendlichen Eigensinns. Ebenso entsprach es den Konventionen, wie sie für den alten Typ des Epos galten, daß er die Ratschläge seines Vaters verwarf, zunächst Boten zu senden, die über die Heirat verhandeln sollten, und erst dann, wenn man seinen Antrag abgelehnt hätte, eine Auseinandersetzung im Kampf zu suchen. Aber es widersprach in grotesker Weise der Würde eines Prinzen der damaligen Zeit, sich nach *recken wîse* aufzumachen. So erscheint Siegfried am Anfang als *ein selpwahsen kint,* das sich vom jungen Helmbrecht nur dem Rang und der Erziehung nach unterscheidet, wenn er den Wünschen seines Vaters keine Beachtung schenkt und sich später in ähnlicher Weise über die Befürchtungen Kriemhilds hinwegsetzt, als diese ihn bittet, der Jagd mit den Burgundern fernzubleiben. Obwohl der langwierige Kampf zwischen Kriemhild und Hagen im Mittelpunkt der Erzählung steht, so löst doch Siegfried die eigentliche Tragödie aus. Denn hätte er die Torheit, den Rat seines Vaters zu mißachten, nicht begangen, wäre nichts geschehen und das ›Nibelungenlied‹ wäre nie verfaßt worden. Wie die Dinge nun einmal sind, macht er sich auf, geht in die Welt und verläßt sich völlig auf seine eigene Kraft und sein eigenes Urteil, ohne sich menschlicher oder göttlicher Führung anzuvertrauen. Wir müssen daher W. J. Schröders Ansicht: „ ... so ist mit Sivrits *übermuot* gar nichts erklärt"[23] verwerfen.

---

[22] Siehe Andreas Capellanus passim. ›Minnesangs Frühling‹, 46, 17; 88, 35. Nib., 17, 2—3; 2378, 4.

[23] Op. cit., S. 62.

Siegfrieds gewagte Herausforderung an Gunther, dem Gewinner möge alles gehören, war eine großartige, theatralische Geste. Er selbst war sich aber der Ungeheuerlichkeit seines Vorschlags nicht bewußt, der bedeutete, daß die Existenz eines anderen Menschen völlig ausgelöscht werden sollte. Und er zog auch nicht die Möglichkeit in Erwägung — von der er im Augenblick sicherlich weit entfernt war —, daß seine eigene Existenz ausgelöscht werden könnte, wie das später durch Hagen in letzter Konsequenz geschieht. Der Dichter stellt denn auch die Verwunderung und die Bestürzung des Hofes deutlich heraus. Die zeitgenössischen Leser fühlten sich sicher an die Verwegenheit und das katastrophale Ende des Helden aus dem ›Alexanderlied‹ erinnert. (Hätte der Dichter auf diesen Umstand selbst aufmerksam gemacht, dann hätten moderne Kritiker und vielleicht auch die alten die schwerfällig wirkende didaktische Absicht beklagt. Im Gegensatz zum Kunden hat der Künstler niemals recht.) Siegfrieds Herausforderung, obwohl romantischer, ist Hagens späterem Hinweis gegenüber Gunther vergleichbar, daß Siegfrieds Tod den Burgunden mehr territorialen Besitz bringen würde.[24] Moralisch gesehen gibt es da keinen Unterschied. Wenn man jedoch anführt, daß Hagen Siegfried unmittelbar nach der Versöhnung und nach den Freundschaftsbeteuerungen ermordet und so einen Akt der *untriuwe* begeht, dann ist dem entgegenzuhalten, daß Siegfried zu diesem Zeitpunkt ein weiteres Vergehen begangen hat, indem er nämlich Gunthers Geheimnis verriet und sich so als schlechter Freund erwiesen hat. Genau dies Argument, daß nämlich ein weiteres Vergehen vorliegt, wird später angeführt, um Kriemhilds Rache nach ihrer Versöhnung mit Gunther zu entschuldigen.

Nachdem durch das diplomatische Geschick Gernots die Herausforderung Siegfrieds umgangen werden konnte — er verbietet seinen Männern in *übermüete* zu sprechen, so wie Dietrich später Wolfhart verbietet, die Nibelungen zu provozieren — und Siegfried über Gunthers Rüge hinweggesehen hat, die das Angebot der Gastfreundschaft durch die Bedingung, daß sie *mit êren*[25] akzep-

[24] Nib., 870.
[25] Nib., 124, 127.

tiert werden müsse, enthält, schwört Siegfried Freundschaft und verhält sich den Burgunden gegenüber absolut loyal. In seiner etwas schwerfälligen Art kommt es ihm nicht in den Sinn, daß seine ständige Anwesenheit am Hof, durch die die gesamte königliche Familie in den Schatten gestellt wird, eine unzumutbare Beleidigung für die ganze Gesellschaft bedeutet. Der Dichter hat dieses Faktum etwas verschleiert, denn der Zorn, den Siegfrieds anmaßendes Verhalten entfacht, verfliegt ganz plötzlich (das steht in Einklang mit dem Erzählstil des Dichters), *man bôt im michel êre*,[26] und er erfreut sich bald allgemeiner Beliebtheit, besonders bei den Damen. Der etwas doppeldeutige Satz:

> daz het versolt sîn ellen.[27]

enthält jedoch zumindest eine Andeutung, daß die Männer sich dem Zwang fügten. Diesen Umstand näher auszuführen, hätte der Erzähltechnik des Dichters widersprochen; aber es ist wohl ganz eindeutig, welche Schlußfolgerung daraus zu ziehen ist: Eine solche Schlußfolgerung wird dann später tatsächlich offen ausgesprochen, wenn Brünhild über Siegfrieds mangelnde Ehrenbezeigung nachdenkt:

> wie treit also hôhe vrou Kriemhilt den lip?
> nu ist doch unser eigen Sîfrit ir man.
> er hat uns nu vil lange lützel dienste getân.

Und auch Kriemhild macht ähnliche Äußerungen zu Beginn des Streites:

> ich hân einen man,
> daz elliu disiu rîche ze sinen handen solden stân,

desgleichen Hagen, als die anderen ihm nach dem Mord an Siegfried Vorwürfe machen:

> ja neweiz ich waz ir kleit,
> ez hât nu allez ende unser sorge und unser leit.[28]

Gernots diplomatisches Geschick wäre vergeblich gewesen, hätte sich Siegfried nicht an die *herlîchen meit* erinnert. Kriemhild hat

---

[26] Nib., 116—21; 129, 1.
[27] Nib., 129, 3. Siehe S. Beyschlag, op. cit., S. 100 f., was die Siegfried feindliche Partei in Worms betrifft.
[28] Nib., 724, 1—4; 815, 3—4; 993, 1—2.

so, ohne eigenes Zutun, die Versöhnung bewirkt. Für eine Prinzessin der damaligen Zeit wäre es unmöglich gewesen, sich von dem Mann entführen zu lassen oder ihn gar zu heiraten, der ihre Brüder entehrt oder sogar getötet hat, und so mußte sich Siegfried einfach beschwichtigen lassen. Gunthers spätere *untriuwe* wird besonders herausgestellt, so daß Siegfrieds Schuld, der ja die unerträgliche Situation selbst heraufbeschworen hat, verschleiert wird. Siegfried besiegte die Sachsen und Dänen, wie Lüdegast wehmütig bemerkt, aus Liebe zu Kriemhild, und seine Unterstützung bei der Werbung um Brünhild war keineswegs „uneigennützig", wie Beyschlag behauptet.[29]

Der etwas einfältige Siegfried kannte keine Vorbehalte in seiner *triuwe* zu seinen neuen Freunden, solange er nur an Kriemhild dachte oder von anderen an sie erinnert wurde. Wenn er sich erniedrigt, indem er vorgibt, Gunthers Vasall zu sein, und sich, nachdem er es zunächst abgelehnt hatte, als Bote mit der Siegesnachricht[30] nach Worms schicken läßt — ein solches Ansinnen wäre unter normalen Umständen eine grobe Beleidigung gewesen —, dann demütigt er sich selbst im Dienst seiner *vrouwe* nach der traditionellen Art des Minnedienstes. Das zeitgenössische Publikum fühlte sich sicher an die allgemein verbreitete Meinung erinnert, daß die Liebe selbst Menschen wie Aristoteles und Salomon zum Narren macht. Ähnliches gilt auch für Blödelins Annahme von Kriemhilds Bestechung, die H. Schneider mit zu den Beispielen zählt, die er als „standeswidrige unhöfische Entgleisungen des Nibelungenliedes"[31] betrachtet. Es handelt sich hierbei jedoch nicht um eine Entgleisung des Dichters, sondern um ein Fehlverhalten Blödelins. Ähnlich hatte sich Paris verhalten, als er sich von Venus bestechen ließ.

Siegfrieds *triuwe* und seine Liebe zu Kriemhild (d. h. Tugend gepaart mit Eigennutz) veranlassen ihn gerade, Gunther wider sein besseres Wissen dabei zu unterstützen, Brünhild zu gewinnen. Da er ein unreligiöser Mensch ist, dessen Geist noch dazu durch die

---

[29] Op. cit., S. 106 f.
[30] Nib., 534—6, 556—7.
[31] Nib., 1906—8. H. Schneider, Deutsche Heldensage, I, S. 101.

Liebe getrübt ist, fehlt ihm die nötige Selbstzucht, um zur Erreichung seiner Ziele auf unehrenhafte Mittel verzichten zu können. Die Grenzen seiner *triuwe* zeigen sich besonders in seiner Unfähigkeit zu begreifen, daß er sich Brünhild gegenüber schäbig benommen hat. Brünhild hatte zwar selbst den körperlichen Wettstreit heraufbeschworen, aber die vorsätzliche Täuschung war schließlich gemeinsames Werk Siegfrieds und Gunthers. Obwohl Gunther wirklich die Person war, die zu sein er vorgab, war er doch nicht der stärkste Mann der Welt, wie man Brünhild glauben machte. Brünhild hätte daher wegen Vortäuschung falscher Tatsachen und wegen Nötigung auf einer Annullierung der Ehe bestehen können. Siegfried hatte zu einer groben Verletzung kirchlicher Gesetze angestiftet, und Gunther hatte seine Zustimmung dazu gegeben. Man muß zugeben, daß der Dichter diese Dinge nicht offen ausspricht, wie es Wolfram wahrscheinlich getan hätte, sondern es den Lesern überläßt, ihre eigenen Schlüsse daraus zu ziehen. Seine Erzähltechnik gestattet eine solche Kommentierung nicht.

Brünhilds Gefühle oder ihre Rechte als Mensch kümmern Siegfried nicht, denn sie gehört nicht zu dem Kreis der Freunde, denen er *triuwe* geschworen hat. Außerdem mag er diesen Typ Frau nicht. Er warnt Gunther vor ihrem *übermuot* und ihrer *freislîche sit*. Man kann annehmen, daß der Dichter die Befriedigung Siegfrieds teilt, die dieser angesichts der Niederlage Brünhilds empfindet:

> so wol mich disiu mære
> daz iuwer hôhverte ist also gelegen.[32]

Im Gegensatz zur Meinung Fechters hat diese Genugtuung nichts mit einem Gefühl der Erleichterung zu tun, das Siegfried empfindet, weil er sich nun vom Zwang frei fühlt, sein Geschick mit der heldenhaften Brünhild teilen zu müssen, und sich nun für die sanfte und menschlichere Kriemhild entscheiden kann.[33] Sie ist ganz einfach Ausdruck der allgemein verbreiteten Vorstellung, daß Frauen weiblich und fügsam sein sollen.

Hagen und Dankwart betrachten *der starken vrouwen übermuot*

---

[32] Nib., 340, 2—3; 474, 1—2.
[33] Op. cit., S. 20.

als einen Verstoß gegen die Natur und verübeln ihr den *übermuot* ihrer Männer.[34] Fechter stellt ganz richtig fest, daß die Beschreibung ihrer Muskelkraft komisch sein soll, aber er mißversteht die Absicht des Dichters, wenn er hinzufügt, daß dies „eine der Waffen" war, „mit denen das Mittelalter sich gegen das Grauen vor den Dämonen zu wehren suchte".[35] Der Dichter konnte von seinem Publikum nicht erwarten, daß es an die Existenz solcher Frauen glaubte oder sie anders als mit Abscheu betrachtete. Da er jedoch auf die Tradition dieser Gestalt nicht verzichten konnte, versuchte er sie durch Komik erträglich zu machen. Eine Brünhild, die ihre Ärmel hochkrempelt, war nichts anderes als Herlint, die ihre Röcke hochraffte, um mit ihrer Liebesbotschaft davonzueilen, oder eine Antikonie, die schwere Schachfiguren gegen die eindringenden Bürger schleuderte.[36] Nachdem Brünhild einmal besiegt worden war, benahm sie sich in jeder Hinsicht wie eine normale Königin.

Nachdem Siegfried den verhängnisvollen Fehler begangen hatte, Gunther bei seiner Werbung um Brünhild zu unterstützen, zwangen ihn die Umstände, die er selbst herbeigeführt hatte, Gunther erneut zu helfen. Hätte er ihm jetzt seinen Beistand versagt, so hätte es einen unerhörten Skandal gegeben. Auch jetzt ist er noch nicht gewarnt, sondern entreißt der Königin in höchster Erregung die Symbole der Jungfräulichkeit und ehelichen Treue. Damit verspielt er die letzte Chance, die Folgen seines ersten Fehlers, der darin bestand, daß er den Rat seines Vaters nicht befolgte, durch seine kluge Umsicht noch aufzuhalten. Damit nicht genug, schenkt er beide Gegenstände seiner eigenen Frau und fügt damit der Königin eine unerträgliche Schmach zu, die nur mit Blut wieder reingewaschen werden kann. Die Tragik liegt darin, daß er, wie Maurer feststellt, für ein Vergehen mit dem Tode bestraft wird, das er eigentlich nicht begangen hat[37] — jedenfalls scheint es so —, an dem er aber nicht ganz unschuldig ist, weil er sein Schicksal durch seine eigene Torheit und Ichbezogenheit selbst herbeigeführt hat.

---

[34] Nib., 443—4; 446, 4; cf. 45, 4.
[35] Op. cit., S. 19, Anm. 6.
[36] Nib., 451. König Rother, 2089—93. Parzival, 408, 19 ff.
[37] Nib., 866—8; 869, 4.

Obwohl es der Autor des ›Nibelungenlieds‹ offensichtlich darauf
anlegte, daß der Leser mit Siegfried sympathisierte [38] und in ihm
einen anziehenden jungen Mann sah, der zu bedauern war und dem
man übel mitgespielt hat — was zweifellos stimmte —, konnte
doch keiner seiner Zeitgenossen umhin, das Ausmaß seiner Torheit
zu erkennen, die einem unüberwindlichen Egoismus entsprang, und
vor ihr zurückzuschrecken und darin die Todsünde der Hoffart zu
erblicken. Und so ist auch die Andeutung in ›Diu Klage‹ zu verstehen:

> si hêten ouch âne wân
> eine swester wol getân
> diu nam sider einen man
> dâ von sich prüeven began
> vil maneges guoten recken nôt,
> unt daz er selbe den tôt
> gewan von sîner übermuot.

Der grausame Hagen ist ganz offensichtlich als unangenehmer
Gegenpart zum charmanten Siegfried zu verstehen. Seine *triuwe*
ist jedoch von einer besseren Art als die Siegfrieds, denn sie ist
idealistischer und freier von Eigennutz. Hagen repräsentiert den
Typ des verantwortungsvollen Staatsmannes, der das tun muß, was
er für notwendig hält, selbst wenn es gegen die öffentliche Meinung oder gegen den schwachen Herrscher geschieht. Nelly Dürrenmatt bezeichnet ihn als den „völlig bedenkenlose[n] Realpolitiki-
ker" [39]. Seine Treue zu Gunther und später zu Brünhild, als diese
Königin geworden ist, ist nach politischen Maßstäben untadelig.[40] Er
lehnt es voller Entrüstung ab, Kriemhilds Gefolgsmann zu werden.

Es gibt keine Beweise dafür, daß Hagen von den vorgetäuschten
Wettkämpfen wußte oder ahnte, daß es Gunther nicht gelungen
war, Brünhild zu besiegen; es ist müßig, Spekulationen darüber
anzustellen, wie er reagiert hätte, wenn er davon gewußt hätte.
Kriemhilds entsetzlich taktlose Enthüllung des Geheimnisses, das
nur Siegfried und Gunther kannten, löste einen öffentlichen Skandal aus, der nur nach außen hin durch Siegfrieds Eid und Kriem-

---

[38] E.g. Nib., 977, 1; 978; 980, 1; 988, 4; 991.

[39] Op. cit., S. 264. Siehe auch S. Beyschlag passim.

[40] Nib., 864; 867, 3—4; 873; 1001, 3—4; 1789—90.

hilds Bestrafung beendet wurde. Siegfried hatte zugestandenermaßen Gunther wertvolle private und dem Staat militärische Dienste erwiesen. Politisch gesehen, hätte er ein wertvoller Verbündeter sein können. Daher widerstrebte dem schwachen Gunther, dem zum Kompromiß bereiten Diplomaten Gernot und dem sentimentalen Giselher der Gedanke, ihn zu ermorden. Dennoch konnte man über die Beleidigung nicht einfach hinweggehen, zumal das Herrscherhaus Siegfrieds Existenz wegen seiner größeren Macht als eine Schmach und eine potentielle Bedrohung für den Staat empfinden mußte. Als verantwortungsbewußter Staatsmann tat Hagen das einzige, was er tun konnte: er liquidierte Siegfried. Aber diese unbestreitbar menschliche Klugheit widersprach der christlichen Demut. Folglich mußte das „Schicksal" oder besser „die Vergeltung", die Siegfried den Tod brachte, auch Hagen und seine Herren ereilen.

Die Darstellung Hagens ist realistisch. Obwohl sein politisches Urteil frei von Tadel war und seine Treue zum Herrscherhaus frei von Eigennutz, so war er, was ganz natürlich ist, nicht frei von menschlicher Eitelkeit, wenn seine *êre* herausgefordert wurde. Der seltsame Gedanke, daß er daran dachte, den Schatz für sich selbst zu gewinnen, als er ihn im Rhein versenkte, widerspricht seinem Charakter, obwohl die Feststellung, daß „sie", bevor er ihn versenkte, geschworen hatten, er sollte verborgen bleiben, solange einer von ihnen am Leben war, einen solchen Gedanken zu unterstützen scheint. Der C-Text hat dieses Moment zu einem Angriff auf Hagen erweitert. Es scheint in den Texten der einzelnen Manuskripte etwas durcheinanderzugehen.[41]

Hagens Wertmaßstäbe sind interessant und realistisch. Während er mit Volker bei den schlafenden Nibelungen in Gran Wache hält, hindert er diesen daran, den Schutz des Gebäudes zu verlassen, um einige Hunnen anzugreifen, die sie provoziert haben. Hagen will vermeiden, daß er Volker, wenn dieser sich auf einen Kampf einläßt, bei dem die anderen in der Überzahl sind, zu Hilfe eilen muß und damit seine Verwandten gefährdet.

daz ich iu müese helfen, wærez aller mîner mâge tôt.

[41] Nib., 1134—40.

Die Verpflichtung, seinem Kameraden zu Hilfe zu eilen, könnte Vorrang vor der Pflicht dem König gegenüber haben.[42] Obwohl er gute Gründe genannt hat, warum er erst gegen die Heirat von Kriemhild und Etzel und dann gegen die Annahme der Einladung nach Gran ist, so unterstützt er keineswegs Utes dringende Bitte, ihre Träume mögen ihnen eine Warnung sein. Wir sehen uns wahrscheinlich gezwungen, Hagen zuzustimmen, daß keine Regierung Bestand haben kann, die sich durch die Träume von Frauen beeinflussen läßt. Wenn wir auch insgeheim mit ihm sympathisieren mögen, so müssen wir doch feststellen, daß er schwach und eitel ist, wenn er sich vom Spott Gernots (den der Dichter als *ungevuoge* verdammt) reizen läßt und sein eigenes Urteil umstößt.[43]

Obwohl wir subjektiv gesehen Hagens hohe Auffassung von *êre* bewundern mögen, können wir objektiv gesehen doch nicht leugnen, daß Rumolds Rat vernünftig und seine Beurteilung der Situation realistisch, sachlich und klar ist.

Die endgültige Katastrophe schreibt der Dichter ganz offen Hagens *übermuot* zu und der Rache, die er damit herausfordert:

> von grôzer übermüete muget ir hœren sagen
> und von eislicher râche,

als er Siegfrieds Leiche vor Kriemhilds Tür aufbahren läßt.[44] *Starker übermuot* Hagens und Kriemhilds machen eine Intervention Etzels von vornherein unmöglich:

> Swie grimme und swie starke si in vîent wære,
> het iemen gesaget Etzeln diu rehten mære,
> er het wol understanden daz doch sît dâ geschach,
> durch ir vil starken übermuot ir deheiner im's verjach.[45]

Dieser Vorwurf wurde vom Autor des Gedichts ›Diu Klage‹ aufgegriffen. Dort macht Rumold in einer langen Klage Hagens Hochmut für das Unheil verantwortlich:

---

[42] Nib., 1842—4.
[43] Nib., 1509—13.
[44] Nib., 1003, 1—2, cf. 1549, 1; 1783, 1; 2009, 3.
[45] Nib., 1865.

> mine herren, die hân ich verlorn
> niuwan von Hagenen übermuot,
> diu dicke grôzen schaden tuot.[46]

Man war bisher der Meinung, daß die Veränderung des Motivs für Kriemhilds Rache, die sich darin äußerte, daß die Bindungen an die Familie vor der Treue zum ermordeten Mann zurückstehen mußten, auf den Einfluß des Christentums zurückzuführen ist. Es ging dem Dichter jedoch nicht um ein spezifisch christliches Prinzip, denn die Treue einer Frau oder einer Witwe, so löblich sie auch sein mag, ist nur einer der Gründe für Kriemhilds Verlangen nach Rache. Das Anliegen des Dichters war vielmehr, die unchristliche Gesinnung einer stolzen Frau aufzudecken, in deren Leben Siegfried nur eine Episode und Hagen lediglich einen Faktor darstellte.

Kriemhild wird uns zunächst als junges Mädchen gezeigt, das die Liebe verschmäht und (in eitler Verblendung, als die Mutter sie warnt) glaubt, daß sie weiser als andere Frauen sein wird — eine Geisteshaltung, die bereits Anzeichen von Arroganz enthält. Später erscheint sie als die stolze und unnahbare Hofschönheit, ihre *scoene* ist *unmâzen* und ihr *hochgemüete* allgemein bekannt.[47] Die glücklich verheiratete junge Frau, wenn auch charmant, prahlt gern in ziemlich taktloser Weise mit ihrem Mann. Sie kann kein Geheimnis für sich behalten, reagiert heftig, wenn ihr widersprochen wird, und beschwört schließlich durch ihre Taktlosigkeit und Unbesonnenheit einen Skandal herauf, der den Thron ins Wanken bringt. Maurer übertreibt, wenn er Kriemhilds Haltung im Streit mit Brünhild für berechtigt hält, denn keine herrschende Königin konnte eine solche Herausforderung von einem (angeblichen) Untergebenen hinnehmen.[48] So wird Kriemhilds maßloser Hochmut zur eigentlichen Ursache für die Ermordung Siegfrieds, da er sie veranlaßt, den wahren Sachverhalt aufzudecken, der ein Ergebnis von Siegfrieds blindem und eigennützigem Stolz war. Die Vorstellung von der weiblichen Unfähigkeit, Geheimnisse für sich zu be-

---

[46] Diu Klage, 4017—77, cf. 3521—6.
[47] Nib., 45, 1—3.
[48] Leid, S. 19.

halten, war ein Gemeingut didaktischer Literatur. Und es war Siegfrieds eigene Schuld, daß er ihr das Geheimnis anvertraut hatte.[49]

In der Auseinandersetzung wirft Kriemhild — in diesem Stadium vielleicht sogar mit einiger Berechtigung — Brünhild vor, daß sie hochmütig ist, und der Dichter beschreibt dann mit seinen eigenen Worten die stolze Genugtuung, die Brünhild über den Kummer ihrer Rivalin empfindet.[50]

An dem Streit, so sagt Rumold in ›Diu Klage‹, war beider *tumpheit* schuld, und man hätte versuchen sollen, ihn beizulegen.

Im zweiten Teil des Werkes geht es im Grunde um den Konflikt der beiden Charaktere Kriemhild und Hagen, der sich aus dem Zusammenstoß von persönlichem Hochmut und politischer Notwendigkeit ergibt, wie ihn der erste Teil beschrieben hat. Politische Erwägungen führen zu einer neuen Auseinandersetzung. Als verantwortungsbewußter Staatsmann fädelt Hagen, in der Hoffnung, den Besitz des Landes zu vermehren, eine Versöhnung zwischen Kriemhild und Gunther ein, wodurch er die Überführung des Horts nach Worms zu erreichen hofft. Schon zu Siegfrieds Lebzeiten hatte er ein Auge darauf geworfen.[51] Man konnte wohl kaum erwarten, daß der Dichter sich auf eine lange Erörterung der öffentlichen Finanzen und der Goldreserven der Königlichen Bank Burgunds einläßt; er stellt jedoch den eigentlichen Zweck der Verhandlungen deutlich heraus. Kriemhild hingegen versteht es, sich selbst zu einer unerträglichen Bedrohung werden zu lassen. Sie verwendet ihre Mittel dazu, eine politische Partei zu gründen. Hagen begreift, daß

ez in ze leide mües ergân.[52]

Da die Führer des Reiches unentschlossen sind, tut Hagen wieder das einzige, was er tun kann: er liquidiert Kriemhilds Partei, indem er sich ihrer finanziellen Mittel bemächtigt. Die Beschreibung dieser gewaltsamen Besitzergreifung bleibt etwas unklar. Das liegt jedoch nicht an der mangelnden Darstellungskraft des Dichters, sondern

---

[49] Siehe J. K. Bostock, MLR L, 1955, S. 319—20.
[50] Nib., 825, 4; 842, 1; 1100.
[51] Nib., 774, 4.
[52] Nib., 1107—28.

entspricht seiner Absicht, mit der ihm eigenen Knappheit unter
Ausschaltung jeden persönlichen Kommentars die konfusen Be-
schlüsse der Führung und das schwierige und verworrene Problem
der Gerechtigkeit anzudeuten. Das entsprach seiner Vorstellung von
realistischer dichterischer Darstellung.[53]

So wird Kriemhild ein zweites Mal schwere Schmach angetan,
woran sie z. T. selbst schuld ist. Man hat sie bereits zur Witwe
gemacht und sie so von der Pracht einer Königin zu einer bedeu-
tungslosen Figur degradiert. Nun hat man sie der Armut preis-
gegeben, und unmittelbar darauf wird sie, mit einer lächerlichen
Mitgift ausgestattet, als *armez wîp* Etzel zur Frau gegeben. Deshalb und auch wegen der Ermordung ihres Mannes fordert sie un-
christlicherweise Rache ohne Rücksicht auf die voraufgegangene
Versöhnung mit Gunther. Die zweite Schmach, die man ihr zufügt,
und deren Vergeltung bilden das Gegenstück zu Siegfrieds zweitem
Vergehen und seiner darauffolgenden Ermordung.[54]

In Gran stehen sich Kriemhild und Hagen als Vertreter weiblichen und männlichen Hochmuts, wie er sich in den mittleren Jahren
zeigt, feindlich gegenüber. Ihr Tod, in den sie viele andere mit-
reißen, ist als Vergeltung für ihre Taten anzusehen. Einem Katholiken des Mittelalters wäre die Vorstellung von der „Größe in der
Sünde", wie sie das ausgehende 19. Jahrhundert kennt, oder Varia-
tionen davon, wie sie das 20. Jahrhundert hervorgebracht hat:

> Gott haßt seine Engel, indessen
> Liebt er den Mann, der zu sündigen wagt,[55]

als völlig gottloses Zeug erschienen. Der Dichter billigte Kriemhilds Verhalten durchaus nicht. Nicht nur Hagen, sondern auch
Dietrich, der die Meinung des Dichters vertritt, bezeichnet sie als
vâlandinne.[56] W. Richter stellte fest, daß die wenn auch nur halb-
herzigen Versuche Giselhers und Gernots, Kriemhild zu beschützen,
Kriemhilds wütende Rachsucht unterstreichen, wenn sich ihr 25

---

[53] Nib., 1129—40.

[54] Siehe H. Kuhn, Kriemhilds Hort und Rache, in: Festschrift P. Kluckhohn und H. Schneider, Tübingen, 1948, S. 84—100.

[55] Franz Werfel, Spiegelmensch, Erster Teil, S. 43—4.

[56] Nib., 2371, 4; 1748, 4.

Jahre später die Gelegenheit bietet, diese Rache auszukosten. Aber seine Schlußfolgerung, „daß der Dichter des Hochmittelalters dies durchaus gewollt habe, wird man *nicht* annehmen", ist völlig falsch.[57] Er mag mit der Ansicht recht haben, daß diese „Entlastung" Gernots und Giselhers, nachdem sie in der ›Nôt‹ eine Rolle gespielt hatte, auch von „unser[em] letzte[n] Meister" beibehalten wurde. Aber der eigentliche Grund war, daß die weitreichenden bösen Folgen der Gottlosigkeit dadurch unterstrichen werden sollten. Er erwartete von den Lesern, daß sie über Kriemhilds gottlose *unmâze* entsetzt wären. Wenn ihr von Hildebrand in einem Ausbruch von Abscheu, den sogar Etzel teilt, der Kopf abgehauen wird, dann ist das ein klarer Hinweis auf die Meinung des Autors, obwohl Hildebrand selbst genausowenig von religiösen Motiven der Reue bewegt wird wie irgendeine andere Gestalt der Dichtung. Er ist das physische Werkzeug der Vergeltung und des göttlichen Urteils.[58]

Auch die Nebenfiguren machen sich alle auf verschiedene Weise und in unterschiedlichem Grade der Sünde des Hochmuts schuldig. Sie verkörpern einzelne Aspekte ihrer Oberhäupter, und ihr Schicksal zeigt, wie die Sünden der Führer auf das Volk übergreifen. Wir sahen, wie Blödelin sich von Kriemhild bestechen und dazu verleiten ließ, das Gesetz der Gastfreundschaft auf hinterhältige Weise zu brechen und die Gäste, ohne vom König dazu bevollmächtigt zu sein, anzugreifen. Iring, ein kleiner Siegfried, kämpft aus Begeisterung für den Wettkampf und um die Bewunderung der Damen zu erringen. Andere dagegen, und dazu gehört auch Etzel, werden ganz offensichtlich Opfer des Geschehens, in das sie hineingezogen werden. Alle, die am Kampf beteiligt sind, die Dänen und Sachsen, die Thüringer und auch die Burgunden, sie alle spornt der Stolz an.[59]

Selbst Rüdeger ist nicht ganz frei von Schuld, wenn er auch in dem Widerstreit zwischen den einzelnen Treueverpflichtungen ein

---

[57] ZfdA LXXII, 1935, S. 35—6.

[58] Siehe auch H. Kuhn, Kriemhilds und Brunhilds Tod, ZfdA LXXXII, 1950, S. 191.

[59] Nib., 1792, 4; 1034, 1; 1506, 2; 1762, 2; 1882, 4; 1891, 4; 167, 4; 240, 1; 254, 4; 2076, 1.

Opfer der tragischen Umstände wird. Obwohl er zugeben muß,
daß er geschworen hat,

> daz ich durch iuch wâgte êre unde ouch den lîp,

weist er darauf hin,

> daz ich die sêle vliese, des enhân ich niht gesworn,

und bittet

> nu ruoche mich bewîsen der mir ze lebene geriet.

Doch letzten Endes akzeptiert er die menschlichen Maßstäbe und
zieht in den Kampf, um seine êre zu retten. Ihn als „germanisch" zu
bezeichnen, bedeutet, den Sachverhalt verschleiern.[60]

Selbst Etzel ist nicht ganz frei von der Sünde halsstarrigen Stolzes. Ihm wird in der Tat grausam Unrecht getan, wenn er erst von
seiner Frau skrupellos hintergangen und dann von seinen Gästen
schlecht behandelt wird. Hagens widerliche und verletzende Bemerkung, daß Ortlieb so aussieht, als würde er nicht lange leben,
betrübt Etzel, so daß er Hagen, nach den Worten N. Dürrenmatts,
mit „de[m] christlichen Dulderblick" betrachtet.[61] Der Dichter
macht sehr geschickt deutlich, wie der wohlmeinende gute Wille
Etzels von dem erbarmungslosen Entschluß verdrängt wird, all
diejenigen zu vernichten, die seinen Hof und sein Glück zerstört
haben.[62]

Es gab eine literarische Konvention, die sicherlich auf Erfahrung
basiert, daß vor dem endgültigen Entschluß zum Kampf um Leben
und Tod noch einmal eine Aufforderung zur Versöhnung ergehen
sollte, um damit die Götter in ihrem Mißfallen über die menschliche Hybris zu beschwichtigen. Deshalb appellieren die Nibelungen
noch einmal an Etzel und weisen darauf hin, daß sie in friedlicher
Absicht gekommen sind und ihm nichts Böses wollen und daß die
Wunden, die sie ihm zugefügt haben, in Selbstverteidigung ge-

---

[60] Nib., 2150, 2154. Siehe N. Dürrenmatt, op. cit., S. 291: „Rüedeger
stirbt den *germanischen Tod*, ohne Aufblick zu Gott, wie die Nibelungen-
helden." Siehe auch Maurer, Leid, S. 35.

[61] Op. cit., S. 289. Nib., 1919.

[62] Nib., 2000—2; 2086, 4.

schlagen wurden. Oberflächlich gesehen, stimmt das; aber sie verschweigen, daß das ganze Blutbad hätte vermieden werden können, wenn sie getan hätten, was sie hätten tun sollen, nämlich sich seinem Schutz anvertrauen, anstatt auf Provokationen mit Gewalttätigkeiten zu antworten.[63] Der Dichter läßt uns nicht darüber im Zweifel, daß Etzel den Nibelungen nicht nur wohlgesinnt ist, sondern daß er auch Kriemhilds Pläne vereitelt hätte, hätte er früh genug davon erfahren.[64] *Starker übermuot* seiner Gäste hinderte sie daran, ihn über den wahren Sachverhalt zu informieren. So griff er tatsächlich ein, um Gewalttätigkeiten zu verhindern, die sie, selbst gegen den Willen Gunthers, absichtlich provozierten.[65] Am Ende ist Etzel nicht mehr zur Versöhnung bereit. Es mag unsere persönliche Meinung sein, daß man nichts anderes hätte erwarten können, aber objektiv gesehen, gibt auch er letzten Endes dem Stolz nach. Man kann ihn als Repräsentanten der Masse von friedfertigen Bürgern betrachten: Wenn sie erst einmal durch erlittene Gewalttätigkeiten aufgerüttelt worden sind, kennen sie kein Erbarmen in ihrer Entschlossenheit, den Feind um jeden Preis zu vernichten. Das ist gewiß verständlich, widerspricht aber der christlichen Lehre.

Nur Rumold und Dietrich geraten nicht in den Teufelskreis von Sünde und Vergeltung. Der erste stellt den skeptischen weltlichen Philosophen dar, der persönlichen und politischen Streit aus der Distanz betrachtet. Rumold ist, trotz Wolframs höhnischer Bemerkungen,[66] kein Schwächling. Er hatte sich bereits als Rumolt, *der küene, ein üzerwelter degen, küene und getriuwe, ein helt ze hant* erwiesen, und als sie von den Sachsen und Dänen angegriffen wurden, kämpfte er wie die übrigen Männer Gunthers, aber er hielt nichts von unnötigen Abenteuern und unterstützte Hagen mit seinem Rat, daß die Einladung nach Gran abgelehnt werden sollte. Alle sollten lieber zu Hause bleiben, sich ihres Besitzes erfreuen und den Verpflichtungen ihren Frauen gegenüber nachkommen, als

---

[63] Nib., 2088—95.
[64] Nib., 1813—14; 1861—2.
[65] Nib., 1865, 1894; 1887, 1891, 1895.
[66] Parzival, 420, 15—421, 12.

ihr Leben wie junge Leute aufs Spiel zu setzen. Als sie dann nach
Gran ziehen, wird er zurückgelassen und die königliche Familie und
das Land werden seiner Obhut anvertraut.[67] In ›Diu Klage‹ läßt
man ihn als Regenten für Gunthers Sohn zurück, der das Durcheinander, so gut er kann, in Ordnung bringen soll.

Dietrichs Rolle ist komplizierter als die Rumolds, denn obwohl
Rumold ein unparteiischer und skeptischer Beobachter menschlicher Torheiten ist, ist er doch ein Untertan, während Dietrich ein
freier Mann ist, wenn auch Etzels Gast und als Geflüchteter bis zu
einem gewissen Grad abhängig von ihm. Er hat als einziger kein
persönliches Interesse an dem Streit zwischen Kriemhild und den
Nibelungen. Wie Rumold sieht er den Ausbruch von Gewalttätigkeiten voraus und versucht, sie abzuwenden. Er erinnert die Nibelungen daran, daß Kriemhild noch immer um Siegfried trauert,
und er bedauert den Besuch in Gran. Er verurteilt den Mord an
Siegfried. Er stellt Kriemhild zweimal zur Rede und weist sie zu-
recht: das erstemal, als er sie als *vâlandinne* bezeichnet, als sie sich
über seine Warnung beschwert, und das zweitemal, als sie ihn nachdrücklich bittet, für sie zu kämpfen. Außerdem hält er seine un-
gestümen Gefolgsleute zurück.[68] Er wendet das Blutbad von Etzel
und Kriemhild ab, indem er sie aus der Halle begleitet. Und wenn
er zum Schluß eingreift, dann bemüht er sich, das Niedermetzeln
von Gunther und Hagen zu verhindern, indem er gelobt, sie aus
dem Reich Etzels hinauszubegleiten, wenn sie sich ihm ergeben.
Seine Anstrengungen werden durch ihren Hochmut zunichte gemacht. Wenn er Kriemhild seine Gefangenen übergibt (gefesselt, da
sie sich weigerten, sich ihm anzuvertrauen), dann ermahnt er sie zur
Nachsicht, obwohl er sie nicht daran erinnert, daß sie ihm ihr Leben verdankt, was er sehr wohl hätte tun können.

Dietrich fungiert die ganze Zeit als (allerdings erfolgloser)
Friedensstifter und als Richter (H. de Boor nennt ihn den „höheren
Richter").[69] Er allein zeigt keine Anzeichen von *hochvart* oder
übermuot, und er ist ein konsequenter Verfechter von Frieden und

---

[67] Nib., 235, 2; 10, 1; 1517, 2; 1518, 1; 1465—9; 1517—19.

[68] Nib., 1724—30; 1718, 3; 1726; 1748; 1901—2; 1993; 2345.

[69] In der Einleitung zu seiner Ausgabe, S. XVII.

Gnade. Warum gibt er aber dann am Schluß seine Neutralität auf, und warum liefert er seine Gefangenen einem Schicksal aus, das nichts anderes als der Tod sein konnte, wie ihm bekannt sein mußte? Das hängt damit zusammen, daß selbst er nicht völlig frei handeln konnte, sondern durch die Konventionen gebunden war, und auch damit, daß er drei verschiedene Funktionen erfüllt. Es ist wichtig, daß wir uns auf den Text des ›Nibelungenlieds‹ beschränken und keine Einzelheiten aus anderen vorhandenen oder fiktiven Texten in ihn hineinlegen. Es ist völlig irrelevant, daß Dietrich andernorts als Schwächling oder bestenfalls als jemand, der sich nur ungern zum Kampf entschließt, dargestellt wird. Eine solche traditionelle Gestalt mag den Absichten des Autors genehm gewesen sein, aber kein Dichter vom Rang des Nibelungenliedautors ließe sich davon beeinflussen und bestimmen, wenn es ihm um die Aussage geht, die er der Welt mitteilen will. Im ›Nibelungenlied‹ ist Dietrich als Mann verpflichtet, Vergeltung für den Tod seines Freundes und Wohltäters Rüdeger zu verlangen; als Fürst mußte er ebenso auch den Tod seiner Gefolgsleute rächen, und als Symbol des Richtergottes war er gezwungen, die Menschen den Folgen ihrer Verbrechen auszuliefern, nachdem sie sich geweigert hatten, sich seinem Richterspruch und seiner Gnade zu unterwerfen. Gott kann dem unbußfertigen Sünder nicht verzeihen. Deshalb müssen die Nibelungen und Kriemhild sterben, während Etzel in all seinem Elend am Leben bleibt.

Die Frage nach der Schuld im Verhältnis der Nibelungen zu Dietrichs Gefolgsleuten ist genauso verwickelt wie die zwischen Siegfried, den Burgunden und Kriemhild. Der Dichter stellt diesen Sachverhalt mit der üblichen Prägnanz dar, die er mit realistischem Detail verbindet. Dietrich schickte Hildebrand mit der strengen Anweisung, den Frieden zu wahren, auf Erkundung nach dem Schicksal Rüdegers aus. Hildebrand bat Gunther um die Erlaubnis für die Herausgabe des Leichnams. Gunther gab eine versöhnliche Antwort, die erwarten ließ, daß er seine Einwilligung geben würde. Darauf wiederholte Wolfhart, den Dietrich nicht als seinen Boten schicken wollte, Hildebrands Bitte mit etwas schrofferen Worten. Volker antwortete mit einer Herausforderung, und es kam, trotz Hildebrands Anstrengungen, Wolfhart zurückzuhalten, zum

Kampf. Nun hinderten Hildebrand, nachdem er die Gewalt über seine Männer verloren hatte, seine Führerpflichten, sein Ehrgefühl und sein Naturell daran, sich herauszuhalten. Der Streit entwikkelte sich also stufenweise, genau wie der Streit zwischen Kriemhild und Brünhild. Hildebrand sagte die reine Wahrheit, wenn er Dietrich berichtete, daß die Nibelungen ihnen die Herausgabe des Leichnams verweigert hatten. Aber es stimmte ebenfalls, daß die Männer gegen Dietrichs und gegen seine eigenen Befehle eigenmächtig zu Taten geschritten waren. Hagens Ausrede, daß man Dietrich falsch unterrichtet hatte, entbehrt nicht einer gewissen Grundlage, ebensowenig wie die Äußerung

> ez giengen zuo disem hûse iuwer degene
> gewâfent wol ze flîze,

um dort Streit zu suchen. Gunther leugnet nicht, daß ihre Bitte abgelehnt worden ist; aber er beansprucht für sich, daß die Ablehnung durch die Feindseligkeit gegenüber Etzel, nicht aber gegenüber Dietrich begründet war.

> unz daz Wolfhart darumbe schelten began.[70]

Die Wahrheit ist, daß beide Seiten lieber kämpfen wollten, und die Frage, wer den ersten Schlag tat oder letztlich die Beleidigung aussprach, ist moralisch gesehen völlig unbedeutend. Erneut wird uns die kumulierende Wirkung böser Taten gezeigt und, daß es unmöglich ist, eine der beiden Parteien freizusprechen. Die menschliche Gerechtigkeit steht vor einem unlöslichen Problem genau wie im Fall von Goethes Orest. Wenn die Argumentation richtig ist, daß die Taten aller Charaktere dieses Epos, mit Ausnahme Rumolds, die kumulierende Wirkung von *hochvart* und *übermuot* symbolisieren, die den Menschen veranlassen, Gott zu vergessen, dann ist Dietrich nicht ein Symbol für Christus den Erlöser, sondern für Gott den Weltrichter, dessen unparteiische Gerechtigkeit für den Menschen oft schwer zu begreifen ist. Diese letzte Schlußfolgerung wird in ›Diu Klage‹ nicht gezogen. Dort reitet Dietrich lediglich von dannen und läßt Etzel darniederliegend zurück.

---

[70] Nib., 2264 ff., bes. 2273—4, 2313, 2333—5.

Welcher *ordenunge* der Autor auch immer angehörte — ob er nun Ritter war, der, wie Trevrizent, zugunsten der Meditation auf Abenteuer verzichtete, oder ein skeptischer *spileman* oder ein Geistlicher, der über Erfahrungen mit dem Krieg verfügte und daran Gefallen fand — er nahm den Standpunkt des orthodoxen Christen und des Geistlichen ein. Sein Gedicht war als die Tragödie gottlosen Eigensinns zu verstehen, der die Wurzel aller menschlichen Sünde ist. Das Epos als eine Wiederbelebung des heidnischen germanischen Geistes in einem hochentwickelten Zeitalter zu betrachten, ist absurd.

Das ›Nibelungenlied‹ ist in seinem Kern völlig verneinend. Das 13. Jahrhundert stellte ihm die positive ›Kudrun‹ an die Seite. Der Autor des späteren Epos war entschlossen, seinen Vorgänger zu überbieten, nicht nur in technischer Hinsicht, sondern auch in moralischer.[71] Eine christliche Frau bleibt ihrem Ehemann treu und erträgt demütig Jahre des Elends in Gefangenschaft. Nicht ein *merwîp* verkündet eine verhängnisvolle Botschaft, sondern ein Engel erscheint und verheißt Befreiung. Als die Retter an Land gehen, kommt es zu Kampf und Gemetzel. Die böse Frau, Ursache von Kudruns Drangsal, wird erschlagen, aber sobald Kudrun über die wilden Männer die Herrschaft gewonnen hat, führt sie die Versöhnung herbei und stiftet eine Serie von Eheschließungen zwischen den verfeindeten Parteien. Das entsprach der Vorstellung dieses Dichters von der christlichen Pflicht. Friede wurde durch ertragenes Leid erkauft. Der Autor des ›Nibelungenlieds‹ hätte diese Theorie sicher akzeptiert, obwohl er nicht erwartet hätte, daß sie sich verwirklichen ließe.

[71] Siehe S. Beyschlag, op. cit., S. 108, Anm. 38.

Germanisch-Romanische Monatsschrift 41, 1960, S. 370—385.

ÜBER DEN ERZÄHLER
IM NIBELUNGENLIED[1]
UND SEINE KÜNSTLERISCHE FUNKTION

Von HANSJÜRGEN LINKE

I

Die ältere Forschung ging weitgehend darauf aus, das ›Nibelungenlied‹ „als Gewordenes nachzuerleben"[2]. Dazu suchte sie den Prozeß seines Werdens zu rekonstruieren, indem sie in ihm zeitliche und stoffliche Schichten aufdeckte. Friedrich Neumann hat vor der in dieser Betrachtungsweise liegenden Gefahr gewarnt, das ›Nibelungenlied‹ in seine entstehungsgeschichtlichen Einzelteile aufzulösen und damit die Dichtung nur als literar*historisches* und nicht als *künstlerisches* Dokument aufzufassen.[3] Demgegenüber definierte er die neue Aufgabe der Nibelungenforschung als den Versuch, das Werk als ein in sich geschlossenes Ganzes und als Kosmos eigener Ordnung zu begreifen.[4] Tatsächlich faßt es die neuere Forschung

[1] Zitiert wird nach der Ausgabe von Bartsch-de Boor, 14. Aufl. 1957. — Sperrungen stammen stets von mir.

[2] So noch Andreas Heusler in der 3. Auflage (1929) seines Buches ›Nibelungensage und Nibelungenlied‹, die hier nach einem neueren Nachdruck (5. Aufl., 1955) zitiert ist: S. 121.

[3] Das Nibelungenlied in der gegenwärtigen Forschung. DVjs 5, 1927, S. 143 und, in ähnlichem Sinne, S. 163.

[4] A. a. O. S. 163. — So neuerdings wieder Bodo Mergell: Nibelungenlied und höfischer Roman. Euphorion 45, 1950, S. 327 [vgl. in diesem Band S. 28]. — Friedrich Maurer (Leid. 1951) fordert in der grundsätzlichen Anmerkung 13 zu S. 15 nachdrücklich eine Betrachtung des ›Nibelungenliedes‹, die nicht von seiner stofflich-literarischen Vorgeschichte, sondern von seiner künstlerischen Einheit und seiner vorliegenden konkreten Gestalt ausgeht.

denn auch weitgehend als eine Einheit auf und versucht, seine Einheitlichkeit nachzuweisen,[5] ohne deswegen faktisch vorhandene Unstimmigkeiten im einzelnen wegleugnen zu wollen.

Aus den in diese Richtung zielenden Bemühungen hebt sich der Aufsatz von Siegfried Beyschlag über ›Die Funktion der epischen Vorausdeutung im Aufbau des Nibelungenliedes‹[6] deshalb so bedeutsam heraus, weil seine Untersuchungen nicht nur, wie meist, die gedankliche, sondern sehr wesentlich auch die kompositorische und formale Einheit unserer Dichtung erweisen.[7] Damit ist etwas Entscheidendes geschehen. Während die zum Teil noch heute vertretene These der älteren Forschung von der Uneinheitlichkeit und Widersprüchlichkeit des ›Nibelungenliedes‹ unausgesprochen eine Vorstellung von seinem Verfasser voraussetzt, nach der man ihm nur eine mäßige, ja im Grunde erbärmliche dichterische Fähigkeit zutraut, wird hier der Autor als besonnen planender und bauender Architekt verstanden.[8]

Indessen ist der Dichter unseres ›Nibelungenliedes‹ nicht bloß

[5] Freilich entgeht sie dabei nicht immer der Gefahr, die Charaktere modern psychologisierend zu deuten — so beispielsweise Ernest Tonnelat: La chanson des Nibelungen. 1926 — und überhaupt neuzeitliche Maßstäbe in das Mittelalter hineinzutragen: Vgl. Josef Körner: Das Nibelungenlied. 1921. Siehe dazu Anm. 12.

[6] PBB 76, 1955, S. 38—55. — Bloße Sammlungen von Beispielen für epische Vorausdeutungen gaben schon in der älteren Forschung Georg Radke: Die epische Formel im Nibelungenliede. 1890, S. 47/48, und J. Stuhrmann: Die Idee und die Hauptcharaktere der Nibelungen. 4. Aufl. 1919, S. 11, besonders S. 13—15. Die ästhetischen Funktionen der Vorausdeutungen werden von diesen Autoren gar nicht oder nur innerhalb sehr eng gezogener Grenzen erfaßt.

[7] Die strukturelle Bedeutsamkeit der epischen Vorausdeutungen für den Zusammenhalt und die kompositorische Einheit des ›Nibelungenliedes‹ behaupteten bereits Stuhrmann (a. a. O. S. 11, 13—15) in der älteren und Adrien Bonjour (Anticipations et prophéties dans le Nibelungenlied. Etudes Germaniques 7, 1952, p. 243 f., 251) in der neueren Forschung, blieben jedoch einen so exakten und überzeugenden Nachweis dafür, wie ihn erst Beyschlag erbrachte, schuldig.

[8] Friedrich Panzer (Das Nibelungenlied. 1955) nennt ihn bezeichnend den „immer wachen Baumeister der Handlung" (S. 229).

dieser einer gedanklichen und formalen Komposition mächtige
Architekt, als den ihn uns die Studien Siegfried Beyschlags und —
unter einem anderen Gesichtswinkel — Friedrich Maurers und Jean
Fourquets zeigen,[9] sondern ein Künstler in weitaus umfassenderem Sinne. Sein dichterisches Vermögen erschöpft sich keineswegs in
der Konzeption und Durchführung eines in sich geschlossenen, von
einem einheitlichen Gestaltungswillen und Gestaltungsvermögen
durchformten Baugedankens. Indem wir im folgenden zunächst
Beyschlags Aufsatz über die epischen Vorausdeutungen, der ihre
konstruktive Funktion aufzeigte, nach der Seite ihrer ästhetischen
Funktion,[10] d. h. ihrer vom Dichter beabsichtigten Wirkung auf das
Publikum, hin ergänzen, möchten wir daher gleichzeitig über das
Konstruktiv-Architektonische hinaus das umfassende Künstlertum
des Verfassers sichtbar werden lassen.

II

Die augenscheinlichste Wirkung der epischen Vorausdeutungen
ist die Aufhebung jeglicher dramatischen Spannung.[11] Damit
ist den Versuchen älterer wie neuerer Forschung, das ›Nibelungenlied‹ als Drama zu verstehen,[12] faktisch der Boden entzo-

[9] Friedrich Maurer: Über die Formkunst des Dichters unseres Nibelun-
genliedes. Der Deutschunterricht 6, 1954, H. 5, S. 80—82 [vgl. in diesem
Band S. 40—52]. — Ders.: Über den Bau der Aventiuren des Nibelungen-
liedes. Festschrift für Dietrich Kralik. 1954, S. 93—98. — Jean Fourquet:
Zum Aufbau des Nibelungenlieds und des Kudrunlieds. ZfdA 85, 1954/55,
S. 137—149 [vgl. in diesem Band S. 53—69].

[10] Beyschlag (a. a. O. S. 40, 44, 47) streift sie nur beiläufig.

[11] So auch Walter Johannes Schröder: Das Nibelungenlied. PBB 76,
1955, S. 123.

[12] Vgl. Johannes Meyer: Das Nibelungenlied, als Drama gewertet.
ZfdtU 33, 1919, S. 312—318. Noch Bert Nagel (Die künstlerische Eigenleistung des Nibelungenlieddichters. Wolfram-Jahrbuch 1953, S. 23—47)
sieht allzu prononciert das ›Nibelungenlied‹ nahezu als ein Drama in nicht
recht gemäßer epischer Form an. Josef Körner (a. a. O. S. 91 ff.) gar baut
das angebliche Drama des ›Nibelungenliedes‹ — der Begriff wird sehr

gen.[13] Dem Publikum wird die erst künftige letzte Konsequenz eines gegenwärtigen Geschehens mit diesem zugleich vor Augen gerückt. Auf diese Weise sind Ausgangspunkt und Ziel der Handlung eindeutig bezeichnet; der Weg aber, auf dem dieses von jenem her erreicht wird, bleibt zunächst und mitunter für lange Zeit im Dunkel der Ungewißheit, weil sich die Entwicklung des Geschehens von freudiger und scheinbar harmloser Gegenwart hin zu leidvoller Zukunft bei der großen Diskrepanz dieser Pole der Vorstellung des Publikums entzieht. Das Verbindungsglied zwischen ihnen bildet fürs erste nur das ungewisse und unheimliche Ahnen noch verborgenen Unheils.

Hierin offenbart sich schon eine zweite Absicht, die der Dichter mit den epischen Vorausdeutungen verbindet, nämlich die, eine ganz bestimmte Stimmung zu schaffen. Indem er das schlimme Ende ständig vergegenwärtigt, umdüstert er die heitere Gegenwart.[14] Ihren nachhaltigen Eindruck auf das Publikum gewinnt die zwielichtige Stimmung jedoch nicht so sehr durch diese, Gegenwart und Zukunft kurzschließende Denkoperation, als vielmehr durch den ebenso genialen wie einfachen Kunstgriff des Verfassers, die Vor-

strapaziert — unhistorisch nach der klassischen Dramentheorie Gustav Freytags auf (u. a. Vergleich mit der „Doppeltragödie" des ›Wallenstein‹) und mißt es an ihr. — Wesentlich vorsichtiger schließt Hugo Kuhn (Die Klassik des Rittertums in der Stauferzeit 1170—1220. Annalen der deutschen Literatur. 1952) vornehmlich aus der Tatsache der Szenenregie — vgl. dazu seinen Aufsatz ›Über nordische und deutsche Szenenregie in der Nibelungendichtung‹. Edda, Skalden, Saga. Festschrift zum 70. Geburtstag von Felix Genzmer. 1952, S. 279—306 — zwar auf die *latente* Dramatik des ›Nibelungenliedes‹ (S. 156/157), hebt aber ausdrücklich hervor, daß der Dichter nicht dieses latente Drama, sondern eben das Epos künstlerisch verwirklicht habe (S. 157).

[13] Zur weiteren Begründung vgl. unten S. 118 f. Siehe ferner S. 132 und Anm. 65.

[14] Ähnlich Helmut de Boor (Die höfische Literatur. 3. Aufl. 1957), S. 167, und Friedrich Panzer (a. a. O. S. 120). Vgl. ferner Adrien Bonjour (a. a. O. S. 245 f., 251), Alfred Gerz (Rolle und Funktion der epischen Vorausdeutung im mhd. Epos. 1930), S. 32/33, Josef Körner (a. a. O. S. 93/94) und Bert Nagel (a. a. O. S. 31).

ausdeutungen gemeinhin in die letzte Zeile einer Strophe zu setzen.[15]

Die Strophe ist die kleinste in sich gerundete Einheit des ›Nibe-

[15] Beyschlag (a. a. O. S. 50) und de Boor (a. a. O. S. 167) weisen nur beiläufig darauf hin.

Am Schluß seines Aufsatzes stellt Beyschlag in einer Tabelle 105 epische Vorausdeutungen im ›Nibelungenliede‹ zusammen (a. a. O. S. 53—55), denen noch die Stellen 19, 2/3. 209, 4. 526, 4. 803, 4. 812, 2. 877, 4. 971, 4. 1328, 1. 1514, 4. 1696, 2. 1865, 2—4. 1889, 2. 2202, 4 und vielleicht auch 246, 4 hinzuzufügen sind (auch noch 631, 3/4?). Von diesen insgesamt 116 Vorausdeutungen (ohne die unsicheren) stehen 102 oder 88 % jeweils in der 4. Zeile einer Strophe.

Es hat lange gedauert, bis man darin eine bewußte künstlerische Absicht unseres Dichters erkannt und anerkannt hat. Früher sah man in den epischen Vorausdeutungen dieser Zeilen größtenteils Flickverse, aus Versnot bei der Füllung der vierzeiligen Langzeilenstrophe geboren: so Emil Kettner (Die österreichische Nibelungendichtung. 1897, S. 259, 265, 284) und noch Andreas Heusler (a. a. O. S. 53), der sie nicht eben stilvoll als „Unkenrufe" bezeichnet. Über der Ähnlichkeit oder Gleichheit ihrer sprachlichen Formulierung vernachlässigte man ihren Stellenwert, warf sie mit anderen sich öfter wiederholenden und von der Forschung ebenso schnöde behandelten Wendungen (z. B. den Quellenberufungen) zusammen und tat das alles als „Formeln" ab (noch bis zu Gustav Ehrismann: Geschichte der deutschen Literatur bis zum Ausgang des Mittelalters. II. Teil: Die mittelhochdeutsche Literatur. Schlußband. 1934, S. 141). Georg Radke, der sie bereits 1890 ästhetisch würdigte (a. a. O. S. 19), bildet eine Ausnahme; doch ist auch sein Verständnis für den künstlerischen Wert dieser Wendungen noch sehr begrenzt (a. a. O. S. 15), wie er ja auch (vgl. den Titel seiner Arbeit!) am Begriff der Formel festhält. Aber noch dieses Wenige an künstlerischem Verständnis wurde von der zeitgenössischen Kritik als Verführung zu „ziemlich gegenstandslosen ästhetischen raisonnements" streng gerügt (Emil Kettner: [Über] G. Radke, die epische formel im Nibelungenliede. ZdPh 24, 1892, S. 134)! — Erst in den letzten 20 Jahren hat man nicht nur die äußere Form der wiederkehrenden Wendungen, sondern auch ihre Funktion und Stellung im Text- und Handlungszusammenhang beachtet. So gewann man die Erkenntnis, daß der Nibelungendichter im Formelschatz der Spielleute vorgefundene Prägungen mit künstlerisch berechneter Wirkung einsetzt, und schränkte demzufolge bei der Charakterisierung seines Stils den Begriff der Formel

lungenliedes‹.[16] Ihrer Schlußzeile kommt also ein gewisses abschließendes Gewicht zu, und das um so mehr, als sie sich vor allen anderen, stumpf oder allenfalls klingend endenden Versen der Strophe durch die volle Kadenz ihres Abverses auszeichnet.[17] Inwieweit der in ihr gemachten Aussage neben der sprachlich vollständigen Erfüllung des vierhebigen Metrums, die sonst in der Strophe fehlt, auch eine Verringerung der Sprechgeschwindigkeit Nachdruck verleiht, vermag nur eine eingehende metrische Analyse der betreffenden Verse zu klären. Jedenfalls aber spricht der Dichter mit der Vorausdeutung nicht allein den Intellekt seines Publikums, sondern vermöge der Besonderheit ihres metrischen Ausdrucks auf dem Wege über den veränderten Rhythmus gerade auch sein Gefühl nachdrücklich an — was natürlich ihre stimmungschaffende Wirkung außerordentlich vertieft.

Rationale und emotionale Ansprache des Publikums verquicken sich miteinander da, wo der Dichter an wichtigen Stellen seines Werkes die Spannung zwischen erzählter Gegenwart und vorausgedeuteter Zukunft aufs äußerste steigert und die so unmittelbar nebeneinander gerückten Gegensätze in einer tragischen Dissonanz auseinanderbrechen.[18] So im ersten Teil des ›Nibelungenliedes‹, wenn Siegfrieds Liebe zu Kriemhild zur Ursache seines Todes wird

---

entweder sehr stark ein (Panzer, a. a. O. S. 130) oder ließ ihn, da mißverständlich, überhaupt beiseite (Julius Schwietering: Die deutsche Dichtung des Mittelalters. 1941, S. 201).

[16] Das erhärtet das überaus seltene Auftreten des Strophensprunges. Bei 2379 Strophen zeigen ihn nur knapp 2 %. — Hierzu vgl. Siegfried Beyschlag: Zeilen- und Hakenstil. PBB 56, 1932, S. 225—313, insbesondere S. 255/256 und 312/313.

[17] Das metrische Gewicht der Vorausdeutungen im ›Nibelungenlied‹ betont Friedrich Maurer (Die Einheit des Nibelungenlieds nach Idee und Form. Der Deutschunterricht 1953, H. 2, S. 27—42), jedoch ohne auf ihre Stimmungsfunktion einzugehen.

[18] Über die Verwendung von Kontrasten und Antithesen als Stilmittel des ›Nibelungenliedes‹ im allgemeinen vgl. Kettner (a. a. O. S. 28/29, 254, 261), Friedrich Knorr (Der künstlerische Aufbau des Nibelungenliedes. ZfDtk 52, 1938, S. 73—87), Körner (a. a. O. S. 102) und Stuhrmann (a. a. O. S. 18 f.).

(324, 2—4) und Kriemhild, indem sie den Gatten zu retten wähnt, ungewußt und ungewollt gerade seinem Mörder Vorschub leistet (903, 4). Im zweiten Teil ergeben die fröhliche Ahnungslosigkeit, mit der die burgondischen Mannen zum Hofe Etzels aufbrechen, und das tödliche Schicksal, das sie dort erwartet (1473, 4/1474, 1); ihr hochgemuter und liebevoller Abschied von den Zurückbleibenden und deren zukünftiges Trauern und Wehklagen über ihre Niewiederkehr (1520, 2—4); ferner Gotelinds Freude über Rüdigers Schwertgabe an Gernot, die dem Geber den Tod eintragen wird (1696, 1—4), und Rüdigers bis zur Sippenbindung vertiefte Gastfreundschaft gegenüber seinen burgondischen Gästen, die er dennoch später bis auf den Tod bekämpfen muß (1704, 1—4); dazu Blödels Hoffnung, Sieg und Lohn an Land und Liebe zu erringen, und ihre in Niederlage und Verlust, selbst seines Lebens, umschlagende Verwirklichung (1908, 3/4); die Ahnungslosigkeit der Gefolgsleute Rüdigers gegenüber ihrem eigenen baldigen Tode (1709, 2b—4) und endlich diejenige Etzels gegenüber dem seiner Mannen (1754, 2—4) — ergeben, sage ich, diese Gegenüberstellungen solche schneidenden Mißklänge, die mitunter des Beiklangs einer grimmigen Ironie nicht entbehren.

Eine besondere Rolle spielt bei alledem das Fest. Es erweist sich nicht nur in seinem Verlauf als „exemplum für den Leitsatz des Werkes, daß alle Freude zuletzt Leid gebiert" (de Boor, a. a. O., S. 161), sondern wird vom Verfasser bereits vordeutend und geradezu leitmotivisch als solches eingesetzt.[19] Was als sinnliche Verkörperung der aufs höchste gesteigerten Lebensfreude beginnt, endet mit Jammer und Wehklagen; hoher Mut schlägt in Kummer und Not, Geselligkeit in Parteiung, Freundschaft in Gegnerschaft, erwartungsvolle Vorfreude in Blut und Wunden, Schmerz und Tod um.

Diese tragischen Dissonanzen von Lust und Leid, die den allgemein formulierten Leitsatz des Werkes — daß nämlich

ie diu liebe leide   z'aller jungeste gît[20] —

---

[19] 779, 2—4. 1422, 3/4. 1709, 2b—4. Vgl. 2378, 3.
[20] 2378, 4, fast wörtlich aufgenommen in 17, 3.

mit der Wirklichkeitsschwere konkreter Beispiele füllen, lassen sich auf drei Bauprinzipien zurückführen. Die durch das Mittel der epischen Vorausdeutung zusammengezwungenen Gegensätze verhalten sich zueinander wie Absicht und Verwirklichung,[21] Vorstellung und Wirklichkeit,[22] Erwartung und Erfüllung[23]. Welche dieser drei Bauformeln man auch in die Verhältnisgleichung für die Relation Lust — Leid einsetzen mag, die Wirklichkeit steht immer auf der Seite des letzteren.

Der Gegensatz von Lust und Leid ist mithin, ontologisch gefaßt, ein solcher von Schein und Sein, und daraus erklärt sich der Eindruck von der Doppelbödigkeit des Geschehens. Jede Gegenwart wird auf dem Untergrund einer unheilschwangeren Zukunft gesehen, die hinter ihr lauert und unversehens hervorbrechen kann. Auf diese Weise gewinnt sie für Hörer und Leser der Dichtung eine gewissermaßen seelische Tiefendimension.

Die vorstehenden Bemerkungen deuten schon an, daß der Gegensatz Lust — Leid weiter auch zeitlich gefaßt wird, nämlich — wie in der Mehrzahl der Fälle bereits die sprachliche Formulierung der epischen Vorausdeutungen erkennen läßt[24] — als derjenige von Gegenwart und Zukunft. Von diesem übernimmt er die nicht umkehrbare Reihenfolge; der Weltprozeß nimmt demnach seinen Verlauf von Lust zu Leid unausweichlich und unwiderruflich. Indessen besteht ein Unterschied zum Zeitprozeß insofern, als zwar die Zukunft unbegrenzt, das Leid aber das absolute Ende jedes Geschehens in der Welt ist. Das zeitliche Verhältnis von Lust und Leid ist daher genauer als das von Vorläufigkeit und Endgültigkeit zu formulieren.

Es ergeben sich folglich die zwei Gleichungen

$$\text{Lust} = \text{Vorläufigkeit} = \text{Schein},$$
$$\text{Leid} = \text{Endgültigkeit} = \text{Sein}.$$

---

[21] 903, 4. 1422, 3/4.

[22] 1473, 4/1474, 1. 1520, 2—4. 1754, 2—4.

[23] 779, 2—4. 1709, 2b—4. 1908, 3/4.

[24] 80 von 116 Stellen, d. h. nahezu Dreiviertel aller Fälle, formulieren die epische Vorausdeutung sprachlich mit Hilfe von *sît* (65), *sider* (9) und *sint* (6).

Die Geltung der letzten wird künstlerisch sehr fein durch das
metrische Vollgewicht der epischen Vorausdeutungen, die ja
ausschließlich auf das im Letzten immer leidvolle Ende allen Geschehens vorausweisen, und durch ihre Stellung am Strophenende unterstrichen, die ihnen Wucht und Gepräge des Abschließenden gibt (s.
S. 114—116 f.). Die wesenhafte Substanz der Welt ist also in letzter
Konsequenz tragisch. Zu dieser Weltauffassung gesellt sich der aus
der Unabwendbarkeit des Leides erwachsende Eindruck von Un-
entrinnbarkeit und Schicksalhaftigkeit der Vorgänge. Auf diese
Weise vermittelt die Stimmungskunst der epischen Vorausdeutungen im ›Nibelungenliede‹ über das Atmosphärische hinaus einem
Publikum, das nach Ausweis der zeitgenössischen höfischen Romane
einem durchaus untragischen Denken anhing, im tiefsten das Lebensgefühl einer tragischen Geschichtsauffassung und stimmt es auf
den unhöfischen Grundton eines von schicksalhafter Leidensgewiß-
heit bestimmten tragischen Weltgefühls ein, das die Dichtung durch-
waltet.

III

In Verbindung mit dem übrigen Text stellen die epischen Vorausdeutungen eine Zusammenschau von Gegenwart und Zukunft
dar. Diese ständige Synopse setzt ein bereits abgeschlossenes Geschehen voraus. Das Verhältnis des Erzählers zu seiner Erzählung
kennzeichnet also eine zeitliche Distanz. Der Dichter erzählt aus der
Rückschau, erzählt, wie es gleich zu Beginn heißt, *altiu mære* (1, 1).
    Zum zeitlichen tritt ein innerer Abstand des Dichters gegenüber
seinem Stoff hinzu,[25] sofern man darunter das Fehlen einer Anteilnahme versteht, die sich in einer dramatisch bewegten Ausformung

---

[25] „Strenger als etwa Wolfram von Eschenbach enthält sich der Nibe-
lungendichter des eigenen Urteils; er tritt hinter dem objektiven Gesche-
hen ganz zurück und bewährt darin eine Distanzhaltung, die zum besten
Erbe altüberlieferter Erzählkunst gehört" (Mergell, a. a. O. S. 310 [vgl. in
diesem Band, S. 10]). Diese Bemerkung, die sich auf die Beurteilung von
Siegfrieds erst allmählich gebändigtem Ungestüm bei der Ankunft in
Worms bezieht, besteht auch in umfassenderem Sinne zu Recht (vgl.
S. 128/129 f. und besonders 130 ff., ferner auch S. 123 f.).

der Handlungsführung niederschlägt. Seine epische Ruhe,[26] an sich schon durch die liebevoll breite Entfaltung alles Höfisch-Zuständlichen im ersten Teil des Epos (z. B. in den sog. Schneiderstrophen) und durchgängig durch die mittels der Vorausdeutung bewirkte Spannungsbrechung dokumentiert, verdeutlichen solche Stellen, die unmittelbar vorwegnehmend den Abschluß oder gar das Ergebnis einzelner, zum Teil sogar hochdramatischer Szenen berichten und erst dann ihren im einzelnen geschilderten Verlauf, der zu diesem Ende führt, nachholen.[27]

Solche Beobachtungen machen den Rückschluß vom Werk auf seinen Urheber möglich. Der Verfasser des ›Nibelungenliedes‹ wird so zwar nicht als historische Gestalt, wohl aber als künstlerische Persönlichkeit greifbar, die, wie die voraufgegangenen Untersuchungen über die ästhetischen Funktionen der epischen Vorausdeutungen gezeigt haben, über reiche poetische Mittel verfügt und diese überlegt und mit großer Kunst einzusetzen versteht. Unter diesem Gesichtswinkel gewinnt das Vorhaben großen Reiz, der Rolle des Erzählers nachzuspüren, der in den epischen Vorausdeutungen bisher immer schon insgeheim gegenwärtig war, nun aber auch persönlich hervortritt.[28] Liegt doch die Vermutung nahe,

---

[26] Auf sie weist u. a. Beyschlag (a. a. O. S. 52) hin, während Körner (a. a. O. S. 93) die Ansicht vertritt, der Verfasser habe epische Ruhe überhaupt nicht beabsichtigt.

[27] 291, 4 Begrüßung Siegfrieds durch Kriemhild (ausgeführt 292, 3 bis 297, 4). [1606, 4 Kampf Burgonden-Baiern (findet 1608, 1—1616, 4 statt).] 1641, 2—4 Botschaft von der Ankunft der Burgonden an Rüdiger (überbracht, ausgerichtet und von Rüdiger freudig aufgenommen 1642, 1 bis 1648, 4). 1903, 2/3 Kriemhild verspricht Blödel Nudungs Mark (ausgeführt 1907, 1—4). 2202, 4 Tod Rüdigers (ausgeführt 2206, 1—2221, 3). 2365, 3—2366, 3 Kriemhilds Rache an Gunther und Hagen (ausgeführt 2367, 1—2373, 3).

[28] Das Hervortreten des Erzählers ist zwar mehfach bemerkt worden; doch beschränken sich diese Bemerkungen gemeinhin auf das Registrieren einiger dafür bezeichnender Textstellen, ohne daß den künstlerischen Zwecken und Zielen dieses Verfahrens nachgegangen würde. Vgl. Körner (a. a. O. S. 100/101), Panzer (a. a. O. S. 211—215, bisher am ergiebigsten) und Radke (a. a. O. S. 14/15, 46/47).

daß sich unter seiner Maske der Dichter selbst in sein Werk eingeführt hat — eine Vermutung freilich, die später zu korrigieren sein wird (s. S. 129/130 f.).

Von der ersten Strophe an ist der Erzähler, anfangs allerdings verborgen, in der Dichtung zugegen.

> 1,3 von fröuden, hôchgezîten, von weinen und von klagen,
> von küener recken strîten muget ir nu wunder hœren sagen.

Hier wendet sich der Dichter, wie später noch überaus oft,[29] in direkter Anrede an sein Publikum. Indem er ihm als Funktion das *hœren* zuweist,[30] bestimmt er es genauer als Hörerschaft. Er selbst bleibt vorerst anonym und erscheint seinerseits nur als Funktion, als *sagen*.[31] Doch ist damit wie durch die Wendung ad auditores schon seine künftige Rolle im ›Nibelungenliede‹ festgelegt: er wird als Erzähler auftreten. Das alles läßt auf einen — zumindest ursprünglich — mündlichen Vortrag des Werkes schließen.[32]

Nun setzt Anrede einen Anredenden voraus, und so erscheint der Erzähler sprachlich wenig später nicht bloß als Funktion, sondern auch als Person (8, 1b). Aber obgleich er von nun an mit seinem Ich häufig hervortritt, setzt er es nur verhältnismäßig selten den angeredeten Hörern unmittelbar gegenüber.[33] Das hat seinen Grund darin, daß er eine auffällige Neigung zeigt, sich einer Gemeinschaft

---

[29] Wie 1, 4b auch 12, 4. 129, 2, 3b. 140, 1a. 183, 1a. 363, 4a. 419, 2a. 439, 1a. 441, 1b. 575, 4. 581, 1a. 606, 3a. 630, 1a, 2a. 646, 2b. 956, 1. 1003, 1b. 1036, 1. 1122, 1. 1290, 1b. 1382, 3a. 1477, 1b. 1597, 1b. 1706, 2b. 1723, 2a. 1936, 1. 2155, 4a. 2379, 1a.

[30] Wie 1, 4b auch 363, 4a. 419, 2a. 441, 1b. 581, 1a. 630, 2a. 1003, 1b. 1122, 1. 1597, 1b. 1706, 2b. 1723, 2a. 1936, 1. 2155, 4a. — 439, 1a vernemt.

[31] Wie 1, 4b auch 363, 4b. 441, 1b. 571, 2b. 1003, 1b. 1122, 1. 1706, 2b. 1936, 1.

[32] Vgl. Gerz (a. a. O. S. 96) und Werner Richter: Beiträge zur Deutung des Mittelteils des Nibelungenliedes, ZfdA 72, 1935, S. 15.

[33] 129, 2. 140, 1a. 183, 1a. 630, 1a. 956, 1. 1597, 1b. 2379, 1a.

einzubinden. Er äußert sich oft und gern als Teil eines „wir"[34]; wo er aber als „ich" hervortritt, tut er das nicht ohne künstlerische Notwendigkeit.

Das Personalpronomen der 1. Person Pluralis taucht an einigen Stellen auf, an denen der Erzähler seinem Bericht mit Beginn einer neuen Strophe auch eine neue Richtung gibt. Er wendet sich dem neuen Thema zu, indem er diese Wendung in die Form der ihn selbst einschließenden Aufforderung an sein Publikum kleidet, sie zu vollführen.[35] Auf diese Weise eint er sein Publikum mit sich und lenkt dessen Aufmerksamkeit nach seinem Willen.

Umgekehrt vereinigt er sich mit seiner Hörerschaft bei der Rezeption der Dichtung. Von zwei Ausnahmen abgesehen[36] heißt es immer, „wir" erfahren, daß dies oder jenes sich zugetragen habe.[37] Der Dichter beruft sich damit — und das erhärtet der Wortlaut gerade der Ausnahmen (s. Anm. 36) — für seine Erzählung auf eine Vorlage[38] und erklärt sich selbst zum bloßen Mittler zwischen seinem Stoff und den Zuhörern, eben zum Erzähler.

Um so erstaunlicher ist es, daß er, der sich so bescheiden als bloßes Medium zurückhält, die Handlungen seiner Personen offen billigend oder mißbilligend beurteilt. Sein Lob spricht er dabei in allen Fällen geradezu aus.[39] Nicht so seinen Tadel,[40] mit dem er Gunther

---

[34] Dieses „wir" darf mithin nicht als pluralis majestatis mißverstanden werden. Vgl. dazu S. 130 und Anm. 61.

[35] 778, 1. 1506, 1. 1655, 1.

[36] 198, 2b: *daz hân ich sît vernomen.* 1507, 2b: *als ich vernomen hân.*

[37] 1, 1. 382, 1b. 394, 4b. 402, 2a. 437, 1b. 764, 1b. 1059, 1b. 1877, 2b.

[38] Die Quellenberufung erwähnt in der älteren Forschung Radke (a. a. O. S. 14/15, 45/46).

[39] 152, 3b: *daz was wol getân.* 1398, 2b: *daz was vil wol getân.* 1599, 4b: *daz was vil wîslîch getân.* 1722, 1b: *daz was michel reht.*

[40] Folgende Stellen, die häufig als Urteile des Dichters zitiert werden, geben in Wirklichkeit nur einen tatsächlichen Sachverhalt wieder: nämlich 869, 4 die Unbegründetheit des Mordrats; 970, 4 den 'Meinrat' des Wettlaufs zum Brunnen; 906, 2—4 den Verrat Hagens an Kriemhild; 911, 4 und 971, 4 den Treubruch Hagens an Siegfried; 887, 3 Heuchelei und Untreue, 978, 4b den Undank Gunthers; 988, 3/4 die Untreue der Mörder Siegfrieds überhaupt; und schließlich 1399, 4, 1737, 1/2 und 1754, 2—4 Heuchelei und Hinterlist Kriemhilds gegenüber den Burgonden. — In

und Hagen (wegen Siegfrieds Ermordung und den Vorbereitungen
dazu) und Kriemhild (wegen ihrer Vertrauensseligkeit gegenüber
Hagen und ihrer Rache an den Burgonden) trifft. Unverhüllt tritt
er nur viermal hervor;[41] zweimal erscheint er indirekt und damit
abgeschwächt, und zwar entweder durch den Irrealis in Verbindung
mit der Verneinung einer positiven Aussage ausgedrückt[42] oder
aus dem Wortgebrauch erschließbar;[43] ebenfalls zweimal ist er
schließlich überhaupt nur latent vorhanden und allein durch die
Emphase des Sprechers als Unterton herauszuhören.[44] Es zeugt für
den künstlerischen Takt des Verfassers, wenn er den Erzähler gerade die tadelnden, die moralischen Urteile, die seine höfische
Hörerschaft aus ihren Vorstellungen von Rittertum und ritterlichem Verhalten heraus fordern mochte, mit solch betonter Vorsicht und Zurückhaltung abgeben läßt und dadurch das Publikum
auf das ganz anders geartete Rechtsempfinden seiner heroischen
Dichtung hinweist.

In allen Fällen von Lob sowohl als auch von Tadel ist die sprachliche Formulierung ganz unpersönlich gehalten; nirgends macht sich
das Ich des Erzählers geltend. Verbindet man diese Beobachtung
mit der oben festgestellten Tatsache, daß nur das Lob in jedem Falle
unumwunden ausgesprochen wird, und vergegenwärtigt man sich
ferner, daß eben dieses Lob mit einer Ausnahme, da es der mili-
tärischen Umsicht Hagens gilt (1599, 4b), vorbildlich höfischem
Verhalten gezollt wird, so liegt der Schluß nahe, daß der Erzähler
mit der Bewertung der Handlungen nur scheinbar seine persönliche
Ansicht, in Wahrheit dagegen die Meinung seines ritterlich-höfi-

allen diesen Stellen eines „objektiven Befunds" vermag ich — ausgenommen allenfalls 906, 2—4 — das Mitschwingen auch nur eines tadelnden
Untertons nicht zu vernehmen.

[41] 876, 1. 915, 4. 981, 4. 1002, 2.

[42] 964, 3/4: *heten si* [Gunther und Hagen] *dar under niht sô valschen
muot, / sô wæren wol die recken vor allen schanden behuot.*

[43] 2086, 1: *Z'einen sunewenden der grôze m o r t geschach, / . . .* Gemeint ist Kriemhilds Rache an den Burgonden durch die Hunnen.

[44] 397, 4: *alsô diente im Sîfrit des er* [Gunther] *d o c h sît vil gar
vergaz.* — 898, 4: *si* [Kriemhild] *sagt' im* [Hagen] *kundiu mære* [von
Siegfrieds verwundbarer Stelle], *diu b e z z e r wæren verlân.*

schen Publikums ausdrückt. Die Absicht, sich zu dessen Sprachrohr zu machen, stimmt vollkommen mit seiner schon früher dargelegten Neigung überein, sich nach Möglichkeit als Glied einer Gemeinschaft zu äußern.

An einer einzigen Stelle nur spricht der Erzähler einen Tadel als sein ganz persönliches Urteil aus; doch stellt sie einen Sonderfall dar.

> 1394,1 Ich wæne der übel vâlant Kriemhilde daz geriet,
> daz si sich mit friuntschefte von Gunthere schiet,
> den sie durch suone kuste in Burgonden lant.

Diesen Versen liegt die Auffassung von der Verwerflichkeit der Rache zugrunde, die Kriemhild an ihren Blutsverwandten nimmt. Höfischer Gesittung und ritterlichem Denken mußte der Bruch eines Versöhnungseides, obendrein zwischen Geschwistern, höchst tadelnswert erscheinen. Aber größer noch als die Mißbilligung war die Unbegreiflichkeit eines solchen Verhaltens. An dieser Stelle mag den Hörern des ›Nibelungenliedes‹ eine Ahnung von der grundsätzlichen Andersartigkeit seiner heroischen Menschen aufgedämmert sein. Jedenfalls war ihnen die Reaktion einer heroischen Figur wie Kriemhild so unverständlich, daß sie nach einer Erklärung verlangten. Die gibt ihnen der Erzähler mit seinem Kommentar, die Handlungsweise Kriemhilds müsse einer Eingebung des Teufels entspringen. Dabei wirkt das Gefühl von der Fremdheit der Gestalt in ihm jedoch so stark, daß er die Deutung ihrer Handlungsweise nur als Vermutung äußert: *ich wæne* [45]. Das Hervortreten

[45] Gestützt auf die Beobachtung, daß der sprachbewußte Nibelungendichter in ererbten, inzwischen abgeblaßten und erstarrten Formeln (wie z. B. den epischen Vorausdeutungen oder den Berufungen auf eine Quelle etc.) ursprünglichen Sinn wiedererweckt, indem er ihnen eine künstlerische Funktion zuweist und sie so, unter Beibehaltung ihres formelhaft-uniformen Äußeren zwar, doch von innen heraus mit frischem Leben durchwärmt, glaube ich, das als höfliche Floskel der Unaufdringlichkeit zum gesellschaftlichen Ton höfischer Sprache gehörige *ich wæne* in seiner ungeschwächten Wortbedeutung fassen zu dürfen, zumal sich die auf der Grundlage dieser These erzielten Ergebnisse dem Gesamtbild der in diesem Aufsatz gewonnenen Erkenntnisse (epische Distanz des Erzählers, Wirklichkeitsanspruch u. a. m.) vortrefflich einfügen.

des erzählerischen Ich erfüllt damit an dieser Stelle wie auch später
den künstlerischen Zweck, die psychologische Erklärung, die der
Dichter den Menschen um 1200 schuldig zu sein glaubt, als seine
private, subjektive Meinung auszudrücken und so den objektiven
Tatbestand der *alten mære* nicht anzutasten. In letzter Konsequenz ist es also ein Teil jener schon erwähnten Rolle des Erzählers,
zwischen altheroischem Stoff und modern-höfischem Publikum zu
vermitteln. Darüber wird in den zitierten Versen die ursprüngliche
moralische Verurteilung von dem Versuch einer psychologischen
Motivierung zwar nicht geradezu verdrängt, doch aber in den
Hintergrund gedrängt.

Ihre Formulierung als bloße Vermutung gründet sich außer auf
die Fremdartigkeit der Gestalt und ihres Verhaltens wesentlich auch
auf das Bewußtsein des Erzählers, den Menschen nicht in die Seele
schauen und ihre Handlungsantriebe nicht mit letzter Sicherheit
bestimmen zu können.[46] Diese Behauptung wird durch die Beobachtung bewiesen, daß der Erzähler Aussagen über Motive und
innere Zustände der Menschen gerne mit *ich wæne* einleitet. So,
wenn er Hagen, als der in der berühmten Szene *als er niht gên ir
ûf stuont* Siegfrieds Schwert über seine Knie legt, die Absicht
unterschiebt, Kriemhild zu verletzen:

1784,3   ez mante si ir leide: weinen si began.
          ich wæne ez hete dar umbe   der küene Hagene getân.

So ferner, wenn er Hagens Gefühle für den Baiernherzog Gelfrat
beschreibt, nachdem der ihn eben vom Pferde gestoßen hat (1610,

---

[46] Vgl. 680, 1/2: *Dar zuo nam er* [Siegfried] *ir* [Brünhilds] *gürtel, daz
was ein porte guot.* / *i n e   w e i z   ob er daz tæte   durh sînen hôhen
muot.* — Hierzu vgl. (mit abweichender Deutung) A. T. Hatto: *,Ine
weiz . . .'* Diplomatic Ignorance on the Part of Medieval German Poets.
In: German Studies. Presented to Leonard Ashley Willoughby . . . Oxford
1952, pp. 99/100. — Bei der für seine Zeit außerordentlich weitgehenden
Einsicht unseres Dichters in das Wesen heroischer Dichtung — seine innere
Nähe zu Tragik und Heroentum der altgermanischen Heldensage hebt
besonders Schwietering (a. a. O. S. 200) hervor — möchte man in der
Vorsicht gegenüber seelischer Motivierung der handelnden Personen nicht
allein den psychologischen Agnostizismus des Erzählers erkennen, sondern

4); und so schließlich, wenn er in mehreren, sprachlich fast gleich-
lautenden Versen, die in den Bereich der epischen Vorausdeutung
gehören, einen Blick in das Herz — das ist sein Terminus für die
Innerlichkeit — seiner Menschen tut und darin die Vorahnung
künftigen Unglücks zu finden meint.[47] Auffällig ist hierbei, daß mit
einer Ausnahme (1016, 3) gerade Abschiedsszenen den Erzähler zur
vorsichtigen Entfaltung solcher ahnungsvollen Gefühle veranlassen
und er diese aus dem Weinen seiner Personen herausliest.

Diesen Beispielen einer nur vermutungsweise dargestellten seelischen Wirklichkeit, die nicht mit absoluter Klarheit zu erkennen
und — wie wir später noch sehen werden (S. 126/127) — im Grunde
durch die Sprache auch gar nicht wiederzugeben ist, schließt sich
eine zweite, recht umfangreiche Gruppe von Versen an, die alle die
Form des folgenden Beispiels haben:

> ich wæne man ez gesten   noch nie sô güetlîch erbôt.[48]

Der Vorbehalt, der hier in dem *ich wæne* liegt, gibt ihm den Sinn
eines in seiner absoluten Geltung relativierten Superlativs: „Noch
nie wurden Gäste so entgegenkommend behandelt. Jedenfalls weiß
ich nichts davon." Und wirklich taucht er auch zweimal in dieser
Formulierung auf:

> 707,1 Ist iemen baz enpfangen,   daz ist mir umbekant,
> 952,1 Von bezzerm pirsgewæte   gehôrt' ich nie gesagen.

In allen Versen dieser Gruppe bezieht sich der Superlativ auf ein
Stück außerseelischer Wirklichkeit. Wenn ihn der Erzähler mit
einem *ich wæne* einschränkt, so tut er das daher nicht, wie bei den
Beispielen der ersten Gruppe, wegen der prinzipiellen und generel-
len Unzulänglichkeit des menschlichen Erkenntnisvermögens gegenüber allem Seelischen, sondern wegen der speziellen Unzulänglichkeit seiner persönlichen, nämlich begrenzten Kenntnis von der

---

auch das Empfinden des Dichters für das Exemplarische seiner Charaktere,
das Individualpsychologie ausschließt.

[47] 70, 2. 373, 1. 1016, 3. 1711, 3.

[48] 791, 4. Ebenso 41, 4. 669, 4. 906, 2/3. 1367, 2. 1661, 4. 2111, 4.
2118, 4. Dazu auch 606, 4.

Wirklichkeit. Ähnlich verhält es sich mit einer letzten, recht kleinen Gruppe von Stellen, in denen er Einzelheiten von Vorgängen, die ihm nicht genau bekannt sind, in der Form eigener Vermutungen in die Erzählung einflicht.[49]

Das in jedem vorerwähnten „ich glaube" implizierte „aber ich weiß es nicht", das in den Beispielen dieser letzten Gruppe schon vernehmlich mitklingt, wird denn auch vom Erzähler in einer ganzen Reihe von Stellen ausgesprochen. Mit Ausnahme eines Falles, in dem es sich um eine fehlende psychologische Motivierung handelt (s. Anm. 46), beziehen sie sich alle auf faktische Einzelzüge, von denen der Erzähler in einem *ine weiz, daz enkan ich niht gesagen* oder einer ähnlichen Wendung gestehen muß, daß er sie nicht kennt.[50] Diese Unkenntnis wird — einzig Vers 2379, 1 ausgenommen — freilich nur vorgegeben, um den Autor des Berichts unwesentlicher Einzelheiten zu entheben.

Er tut aber noch einen Schritt über diese bloße Stilform hinaus. Er erklärt nämlich, nicht nur teilweise unwissend, sondern sogar teilweise unfähig zu sein. Doch enthüllt er damit nicht etwa ein persönliches dichterisches Unvermögen, wie es anfangs (nach Vers 129, 2) scheinen könnte, sondern ein allgemeines Versagen der Sprachkünstler, ja der Sprache überhaupt, wie die Formulierung

1036,1 Iu enkunde niemen   daz wunder volsagen,

die sich so oder in leichten Abwandlungen wiederholt,[51] in ihrer Grundsätzlichkeit deutlich macht. Es erklärt sich daraus, daß die Sprache bei manchen Bereichen der Wirklichkeit kein Äquivalent für ihre auch nur annähernd adaequate Wiedergabe bereithält.

2233,2 ez enkunde ein schrîber   gebrieven noch gesagen
die manegen ungebære   von wîbe und ouch von man,
diu sich von herzen jâmer   aldâ zeigen began.[52]

---

[49] 1051, 2. 1363, 4/1364, 1. Dazu auch 1368, 1, 2.

[50] 1099, 1. 1321, 1. 1358, 1. 1427, 4. 1429, 2. 1611, 1. 1627, 1. 1837, 1. 2379, 1.

[51] Vgl. 12, 4. (129, 2.) 229, 2. 575, 4. 1036, 1. 1382, 3. 2233, 2.

[52] 2233, 2—4. — Vgl. auch 129, 1/2: *Man bôt im* [Siegfried] *michel êre dar nâch ze manegen tagen, / tûsent stunden mêre dann' ich iu kan gesagen.*

Solcher gewissermaßen transsprachlicher Bereiche kennt der Erzähler im wesentlichen zwei: höfisches [53] und seelisches Leben [54]. Dieses ist für ihn, wie schon früher (S. 124 f.) besprochen, nicht nur nicht wirklich erkennbar, sondern, wie er hier an Beispielen von Trauer und Klage zeigt, auch nicht darstellbar, weil einerseits Jammern und Weinen selbst schon ein nach außen projizierter Wiederhall des eigentlichen Gefühls sind, andererseits die optische Schmerzgebärde sich kaum ins Sprachliche übersetzen läßt. Jenes entzieht sich, ungeachtet seiner breiten Entfaltung im ersten Teil der Dichtung, letzten Endes doch sprachlichem Ausdruck, weil es sich zu einem großen Teil im Vollzug und in hauptsächlich mit den Augen wahrnehmbarer Repräsentation ereignet, seine sprachliche Wiedergabe also nie Darstellung, sondern bestenfalls Umschreibung sein kann.

Trotz der Verschiedenheit der Zusammenhänge, in denen der Erzähler persönlich hervortritt, dient das Herausstellen seines Ich immer nur einer Absicht, nämlich der, den anderwärts durch Orts- und Zeitangaben erhobenen Wirklichkeitsanspruch der Dichtung zu bestätigen. Indem er es mit einem Verb des Meinens und Glaubens verbindet — neben dem am häufigsten (nämlich 18mal) auftretenden *wænen* (vgl. Anm. 47—49) kommen auch *dunken* (597, 2) und *gelouben* [55] vor —, sichert er seinen Aussagen nur die Geltung subjektiver Annahmen und Auslegungen und räumt damit die Möglichkeit ein, daß sich die Sache objektiv auch anders verhalten könne. Mit dieser Konzession aber stellt er praktisch die Behauptung auf, eine „wahre Geschichte" zu erzählen, eine, die sich wirklich zugetragen hat.

Zurückhaltung in der Ausdeutung seelischer, Vorsicht in der Wiedergabe handlungsmäßiger Vorgänge, vorgebliche Unwissenheit bezüglich einer Reihe von Tatsachen und endlich Unvermögen des Erzählers auf gewissen Gebieten der Wirklichkeit infolge von Sprachinsuffizienz machen ferner das Publikum glauben, daß die

---

[53] 12, 1—4. 129, 1/2. 575, 1—577, 3. 1382, 3.
[54] 1036, 1/2. 2233, 1—4.
[55] 294, 3. 606, 4. 1368, 2.

dem Epos zugrundeliegende Wirklichkeit umfassender ist als ihre
Darstellung in ihm. Zwangsläufig erscheint umgekehrt das Werk
als verkürzte und künstlerisch verdichtete Wiedergabe tatsächlicher
Begebenheiten.[56]

Endlich stellt das in ihm gestaltete Schicksal auch einen Ausschnitt aus dem Lebens- und Geschichts*ganzen* dar, wie dieses sich in
heroischer Weltsicht ausnimmt. Aus dem kompositionellen Geflecht
der epischen Vorausdeutungen hängen einige Verweise auf Zukünftiges, die später nicht wieder aufgenommen werden, wie unver-
nähte Fäden heraus. Diese scheinbare Unachtsamkeit des Dichters
ist in Wahrheit jedoch sehr wohl bedacht. Es ist ganz allgemein das
Los der Hinterbliebenen, das auf diese Weise angedeutet,[57] aber,
weil vom Kerngeschehen wegführend, nicht mehr ausgeführt wird:
die Trauer der in Worms zurückgebliebenen Burgonden (1507, 4),
namentlich der Frauen (1520, 4), die der Hinterbliebenen Rüdigers
und seiner Mannen in Bechelaren (1710, 4) und die der Frauen und
Mädchen um den von Volker während des Turniers ermordeten
Hunnen (1889, 4). Insbesondere das junge Leben der verwaisten
Söhne Siegfrieds (780, 3/4) und Gunthers (719, 4) erscheint von
hier aus leidvoll beschwert und umdüstert. Durch den Tod der
Väter sind sie ja nicht allein zur Rache verbunden, sondern ob ihrer
wehrlosen Jugend auch von außen in ihren Thron- und Herrscher-
rechten bedroht. Der Dichter spricht beides nicht mehr aus; doch
kann nach dem Verhalten Kriemhilds ebenso wie dem Siegmunds
und der Niederländer über die Rachepflicht, nach dem ersten Auftreten Siegfrieds am Hofe zu Worms (Landforderung) und nach
Hagens Machtgier (z. B. 870, 1—4) über die usurpatorischen Ge-
lüste der Umwelt kein Zweifel bestehen. Darüber belehrt uns im
übrigen auch die Episode des Sachsenkrieges. Sie ist in diesem Zusammenhang sogar besonders wichtig, weil hier nicht — wie in den
bisherigen Beispielen — Personen von den Burgonden in den Untergang hineingerissen werden, die am Rande der eigentlichen, sich

---

[56] Der hier aus künstlerischen Gründen erhobene Wirklichkeitsanspruch
darf natürlich nicht so mißverstanden werden, als sage er etwas über das
Vorhandensein oder Nichtvorhandensein historischer Ereignisse als Grundlage des ›Nibelungenliedes‹ aus.

[57] Schlüsselwort ist *beweinen*: 200, 4. 1507, 4. 1520, 4. 1710, 4. 1889, 4.

über Siegfrieds Ermordung hin zu Kriemhilds Rache entwickelnden Handlung stehen, sondern weil umgekehrt Kampf und Not von außen an die Burgonden herangetragen werden. Das ihnen hier zugedachte Schicksal aber unterscheidet sich wesensmäßig nicht von dem, das später sie selbst, die Baiern und die Hunnen nebst ihren Gefolgsleuten erleiden: Kampf, Wunden und Tod. An seinem Ende werden sächsische Frauen ebenso teure Tote beweinen (200, 4), wie an anderer Stelle die neuvermählte Frau des Donaufergen und die Hinterbliebenen der erschlagenen Baiern, von deren Schicksalen der Dichter gar nicht mehr spricht, weil sie sich in der von ihm geschilderten Welt von selbst verstehen. Denn das Weltgeschehen nimmt — das zeigen die vorstehenden Erörterungen ebenso wie die Gestalten Rüdigers, Hildebrands und Dietrichs, die unabhängig von ihrer Rolle in der Nibelungenhandlung von ähnlichen persönlichen Schicksalen beladen sind [58] — auch außerhalb der im ›Nibelungenlied‹ erzählten Ereignisse einen gleichen Verlauf. Das bedeutet: Das ›Nibelungenlied‹ bietet nicht nur einen verkürzten und künstlerisch verdichteten, sondern auch einen repräsentativen Wirklichkeitsausschnitt.

Obgleich in das Ich des Erzählers, das uns in der Dichtung so oft begegnet,[59] manches von demjenigen ihres Verfassers eingegangen scheint, wird es doch nicht völlig mit diesem identisch.[60] Vielmehr bleibt es ein Rollen-Ich, dem innerhalb der Ökonomie des Ganzen vom Dichter bestimmte, in diesem Aufsatz nachgewiesene Aufgaben übertragen sind. Es drängt sich also weder als Ausdruck eines kraftvollen Selbstgefühls noch als Zeichen souveräner Verfügungs-

[58] „Vor allem brachten Rüedeger und Dietrich gleich schon ihr Schicksal mit und ihre gerundete Persönlichkeit. Sie lenkten den Blick über den Rahmen des gegenwärtigen Gedichts hinaus" (Heusler, a. a. O. S. 79).

[59] Es tritt in 46 Fällen rein als *ich* (oder flektiert), in 14 Fällen impliziert in einem *wir* (oder einer flektierten Form) und in 15 Fällen in der Anrede an die Hörer verborgen auf.

[60] Bei der Erwähnung, die das Hervortreten des Erzählers in der Nibelungenliteratur findet, wird stets das Ich des Erzählers unerlaubt mit dem Dichter gleichgesetzt: vgl. Körner (a. a. O. S. 100/101), Panzer (a. a. O. S. 211—215) und Radke (a. a. O. S. 14/15).

gewalt des Autors über seinen Stoff hervor — bezeichnenderweise
bleiben ihm die Machtfülle des pluralis majestatis [61] und eigene
Autorität [62] vorenthalten —, sondern fügt sich im Gegenteil die-
nend der Gesamtkomposition ein. Die historische — nicht die künstlerische! — Persönlichkeit des Dichters (vgl. S. 119), der wohl
nicht zufällig anonym geblieben ist, bleibt hinter seinem Werk und
dem darin vorgeschobenen Erzähler unerkennbar verborgen.

Seine Krönung findet dieses Verhalten im Schlußteil des ›Nibelungenliedes‹. Schon vorher hatte es ganze Handlungsstrecken gegeben, in denen der Erzähler — wenn wir von seiner indirekten
und anonymen Gegenwart in den epischen Vorausdeutungen ab-
sehen — überhaupt nicht in Erscheinung trat, und immer waren es
solche, denen für das Ganze der Handlung besondere Bedeutung
zukam, wie Zank der Königinnen, Mordrat, Kriegslist und Siegfrieds Ermordung, Hortraub, Beratung der Burgonden über ihre
Reise an den Etzelhof und Donauübergang.

Nun aber tritt der Erzähler Schritt für Schritt und vollkommen
hinter das erzählte Geschehen zurück. Die sorgfältig berechnete
Stufenfolge dieses Zurückweichens verrät ein sicheres Empfinden
für die künstlerische Wirkung dieses Verfahrens, das im ›Nibelungenlied‹ seinesgleichen nicht hat.[63]

[61] Die drei Fälle, in denen wir es scheinbar mit einem pluralis majestatis
zu tun haben, lassen sich sehr wohl auch anders erklären. In den Versen
1290, 1b *(wir soln iu tuon bekant)* und 1627, 1 *(Wir kunnen niht bescheiden . . .)* scheint mir unser Erzähler zugleich im Namen seiner Quelle zu
sprechen — eine Deutung, die bei seiner bekannten Neigung, sich anderen
anzuschließen und aus der Gemeinschaft heraus zu sprechen oder sich auf
eine Quelle zu berufen (vgl. S. 120/121), ohne weiteres naheliegt. Vers
583, 3b *(des wir wol mügen jehen)* gehört zur Gruppe der relativierten
Superlative (vgl. S. 124 und Anm. 48 dazu). Hier bezieht der Erzähler
wahrscheinlich sein Publikum (kaum seine Vorlage) in das *wir* ein.

[62] Einzig Vers 129, 3b macht hierin eine Ausnahme. Mit seinem *ir sult
gelouben daz* wird Siegfrieds in seinen Jugendtaten bewährte, aber wegen
des weitgehenden Verzichts auf Wiedergabe seiner Vorgeschichte bis zu
dieser Stelle in der Dichtung nicht vor Augen geführte Kühnheit als eine
Gegebenheit gesetzt.

[63] Lediglich ein erster Ansatz dazu findet sich ein einziges Mal, allerdings an wichtiger Stelle, nämlich in der Einleitung zum Kampfspiel zwi-

Nach Vers 1837, 1 erwähnt der Erzähler nicht mehr, daß er diese oder jene Einzelheit der wirklichen Ereignisse nicht kenne. (Das wird er erst, dann freilich die bloße Stilform sprengend und dem Satze den vollen, wörtlichen Sinn seiner Aussage beilegend, in der letzten Strophe wieder tun —:

2379,1 *Ine kan iu niht bescheiden, waz sider dâ geschach —,*

um das Vorgefallene als bloßen Ausschnitt einer größeren Weltwirklichkeit zu kennzeichnen.) Der Verzicht auf solche Details kommt der Großlinigkeit der Darstellung zugute und sichert so die Monumentalität der abschließenden Handlung. Außerdem läßt er vorübergehend vergessen, daß es noch eine andere Wirklichkeit außerhalb der in der Dichtung wiedergegebenen gibt (vgl. dazu das umgekehrte Verfahren S. 125/126, 127 f.).

Nach Vers 1877, 2 gibt es in Fortführung dieser Tendenz keine Berufung des Erzählers auf seine Quelle,

nach Vers 1936, 1 — mit einer vereinzelten Ausnahme (2155, 4), die immerhin noch vor dem Kampfe Rüdigers steht — auch keine Wendung ad auditores mehr. Dadurch, daß hier der Dichter mit der Quelle ein Medium, mit Erzähler und Zuhörern distanzierte Zuschauer der Handlung ausschaltet, gerät die literarisch reproduzierte Natur der Ereignisse in Vergessenheit, und sie selbst gewinnen an Unmittelbarkeit.

Indessen werden sie doch noch nicht vollkommen selbständig. Obgleich die Darstellungen von letztem Kirchgang, Knappenkampf und -tod schon ganz auf den Erzähler verzichteten, muß sich die Szene des Saalbrandes als letzte noch einmal drei Eingriffe von ihm gefallen lassen. Sie ist nämlich in ihrer schaurigen Großartigkeit so überwältigend, daß sie nicht mehr zu überbieten scheint.

schen Brünhild und Gunther-Siegfried. In Vers 437, 1 spricht der Erzähler noch persönlich, wenn auch aus der Gemeinschaft mit seinen Hörern heraus als „wir"; aus den Versen 439, 1 und 441, 1 ist er dann als Person verbannt, bleibt aber noch als anonyme und verborgene Instanz in der Anrede an sein Publikum gegenwärtig. Mit Beginn des Kampfspiels schwindet jedoch auch diese letzte schwache Spur des Erzählers.

Der Dichter *will* aber noch weiter steigern. Deshalb beraubt er sie
ihres eigentlichen dramatischen Charakters, indem er den Erzähler
Kriemhilds Rache an ihren Verwandten und Landsleuten, wenn
auch auf sehr verhüllte Weise, tadeln (2086, 1—3) und ihn ferner
zweimal mit einem *ich wæne* kommentierend aus der Szene heraustreten [64] und damit ihren Ablauf aufhalten läßt [65]. Auf diese
Weise spart sich der Dichter die volle Unmittelbarkeit der Vorgänge und ihre aufs höchste gesteigerte Dramatik und Dynamik
für die Begegnungen der Einzelkämpfer auf, denen er so das größte
Gewicht verleiht.

Nach Vers 2086, 3 nämlich fehlt jede 'Zensur', d. h. jede Bewertung einer
                     Handlung als gut oder böse, und
nach Vers 2118, 4 jede subjektive Meinungsäußerung des Erzählers mit
                     ich wæne. In der Folge bleiben daher der Untergang
                     Rüdigers, der Amelungen, der Burgonden und ihrer
                     Könige mitsamt Hagen, sowie der Tod Kriemhilds von
                     moralischer Beurteilung durch den Erzähler und damit
                     (vgl. S. 123/124) durch das Publikum frei. Nachdem
                     der Erzähler
in Vers 2133, 1   vollends mit den Worten
                           Waz mac ich sagen mêre?
                     vor der Wirklichkeit resigniert hat, spricht das Ge-
                     schehen von nun an allein durch sich selbst. Auch die
                     epischen Vorausdeutungen, die noch das Schicksal Rü-
                     digers begleitet hatten, verstummen nämlich nach sei-
                     nem Tode bis kurz vor Ende der Dichtung (2221 bis
                     2364). Damit ist auch die letzte Spur des — hier ohne-
                     hin schon anonymen und entpersönlichten — Erzählers
                     getilgt.

Fast genau 300 Strophen (1837, 1—2133, 1) bilden jene Über-
gangszone, in der sich der Erzähler allmählich hinter die Erzählung
zurückzieht. Sie beginnt unmittelbar vor dem offenen Ausbruch des

[64] 2111, 4 und 2118, 4.
[65] Auf die gleiche Art hatte der Erzähler bereits früher die Dramatik
der Szene, in der Siegfried in der Hochzeitsnacht Brünhild für Gunther
überwältigt, mit seinem aus der Handlung heraustretenden Kommentar
absichtlich zerstört (669, 4).

Rachekampfes, und sie endet kurz vor dem Anfang der Rüdiger-Aventiure (2135 ff.). Die anschließende Darstellung des Burgondenuntergangs ist reiner, unpersönlicher Bericht. Kein Erzähler, keine epische Ruhe mildert mehr die Härte, hemmt mehr Gewalt und Wucht der Ereignisse, die sich hier ein einziges Mal in ihrer vollen Dramatik entfalten können.

Euphorion 54, 1960, S. 380—410.

RÜDIGERS SCHILD

Zur 37. Aventiure des ›Nibelungenliedes‹

Von Peter Wapnewski

"δῶρα δ᾿ ἄγ᾿ ἀλλήλοισι περικλυτὰ δώομεν ἄμφω,
ὄφρα τις ὧδ᾿ εἴπῃσιν ᾿Αχαιῶν τε Τρώων τε·
῾ἠμὲν ἐμαρνάσθην ἔριδος πέρι θυμοβόροιο,
ἠδ᾿ αὖτ᾿ ἐν φιλότητι διέτμαγεν ἀρθμήσαντε.᾿"
῍Ως ἄρα φωνήσας δῶκε ξίφος ἀργυρόηλον,
σὺν κολεῷ τε φέρων καὶ ἐϋτμήτῳ τελαμῶνι·
Αἴας δὲ ζωστῆρα δίδου φοίνικι φαεινόν.
(›Ilias‹ VII, 299—305.) *

Goethe am 10. Juli 1817 in einem Brief an Büsching: „Mir
scheint es auf alle Fälle sehr bedeutend: dasjenige was in Bezug auf
geistliche Bücher und Bilder schon gethan ist, auch für das Rechtliche, Bürgerliche und Politische zu leisten“.[1] Er meint damit das
Verstehen der graphischen Gestik in den ›Sachsenspiegel‹-Hand-
schriften. Hier soll etwas Entsprechendes versucht werden: das Verstehen eines durch das Wort gezeichneten Gestus für das *Rechtliche*
und *Politische*. Es geht um die berühmteste Szene des berühmtesten
mittelalterlichen Heldenepos. Unsere Studie versucht, das Verstehen des Auftritts zu fördern mit Hilfe dreier Ansätze. Zum

---

* Johann Heinrich Voß: „Laß uns jetzt auch einander mit rühmlichen
Gaben beschenken; / Daß man sage hinfort bei Troern und bei Achaiern: /
Seht, sie kämpften den Kampf der geistverzehrenden Zwietracht, / Und
dann schieden sie Beid' in Freundschaft wieder versöhnet. / Jener sprach's,
und reicht' ihm das Schwert voll silberner Buckeln / Sammt der Scheid in
die Hand, und dem schöngezierten Gehenke. / Ajas schenkt' ihm dagegen
den Leibgurt, schimmernd von Purpur.“

[1] WA, 4. Abt., Bd. 28, S. 179.

einen will sie Rüdigers Entscheidung erklären, die in der bisherigen Betrachtung hinter dem Mitleiden seines Seelenkampfes zurücktrat. Zum andern will sie die Schildbitte und damit die Haltung Hagens begreifen, die bisher im Schatten der Schildgabe Rüdigers stand. Deuten wir sie richtig, dann erscheint uns auch die Leistung des Dichters in anderem Licht, denn nunmehr können wir ihn entlasten von dem Vorwurf, sich kompositionstechnisch vertan zu haben — der er sich doch die Rüge gefallen lassen muß, unmittelbar vor dem heroisch-furchtbaren Ende seiner Burgundenhelden eine Neben-figur mit allem Licht angestrahlt zu haben, die alles Interesse und alles Mitgefühl auf sich sammelt, ja die in der schimmernden Rein-heit ihres Lebens und Sterbens geradezu verstanden werden könnte als Kontrastfigur zu der heillosen Düsternis eines schicksal- und verhängnisverfallenen Geschlechtes, seines Abgangs in grausiger Furchtbarkeit. Wenn wir recht sehen, ist nicht Rüdiger der Held seiner Szene; sondern Hagen. Und in Hagen als der Inkorporation des Nibelungenschicksals: das ganze Haus der Burgunden. Die hier, vor ihrem Tode, noch einmal aufgerufen werden zu anderer als kriegerischer Tat, und sich höchst königlich bewähren. — Schließlich will unsere Darstellung die Funktion der Szene in ihrem Verhältnis zur Dichtung und Lebenswirklichkeit ihrer Zeit verstehen.

I. Der inhaltliche Zusammenhang

Es ist der dritte Tag an Etzels Hof. Am zweiten war der Kampf ausgebrochen, beim Mahl in der Festhalle, als Dankwart blut-bespritzt hereinstürzt und verkündet, daß seine Knappen in ihrer Wehrlosigkeit niedergemetzelt worden sind von Etzels Bruder Bloedel und tausend Hunnenkriegern. In der Nacht dann hat Kriemhild die Halle anzünden lassen — aber die 600 Burgunden überleben: wie durch ein Wunder, meinen ihre Feinde, aber das Wunder hat Hagen vollbracht, der ihnen riet, den quälenden Durst zu stillen mit dem Blut der Erschlagenen, sich an die Wände zu stellen und die herabstürzenden Brände aufzufangen mit den Schil-den. Der neue Morgen bringt neuen Kampf — und nun tritt Rü-diger auf, Etzels mächtigster und tüchtigster Vasall. Bei ihm sind

die Burgunden und ihr Heer eingekehrt, letzte Station der Heiter-
keit, höfischer Freude, herzlichen Lebensgenusses vor dem Untergang. Vier Tage hat er sie in fürstlicher Großzügigkeit beherbergt,
er und seine Frau Gotelind; und seine Tochter hat er mit dem jüng-
sten der drei Burgundenkönige verlobt, mit Giselher. Auch die
anderen beschenkt er beim Abschied: Gunther erhält ein *wâfenlîch
gewant*, also eine Rüstung (1695, 3; oder einen Waffenrock?),
Gernot ein Schwert, Dankwart kostbare Kleider. Hagen zögert zuerst [2] — dann aber bittet er, von Gotelind ermuntert, in bezeichnender Formulierung auch sich eine Gabe aus: *Alles des ich ie gesach . . .*, „Wenn überhaupt . . .". Er bittet um jenen Schild an der
Wand; der hat Gotelinds Sohn Nudung gehört, und die Mutter
weint in der Erinnerung an seinen Tod: *den wolde ich gerne vüeren
in daz Etzelen lant* (1698, 4). Die Formulierung sagt deutlich, warum Hagen, der Wissende, anfänglich zögert: es bedarf keiner Geschenke mehr an die Todgeweihten. Aber wie die Weigerung erst,
so verweist auch das spätere Annehmen in das Düstere der Zukunft: er wählt Schutz gegen den Tod. — Dann, nach vier Tagen,
hat Rüdiger der Gastgeber, Rüdiger der Schenkende sich in den
Geleitgebenden verwandelt: *ich wil iuch selbe leiten* (1708, 2), und
sie an Etzels Hof geführt. Nun also tritt er auf, am Morgen des
zweiten Tages, dessen Abend nicht er, nicht seine Freunde erleben
werden. Er muß gegen sie kämpfen.

II. Die Rechtssphäre

Man hat festgestellt, daß in keiner Szene des ›Nibelungenlieds‹
der Name Gottes so oft angerufen wird, wie in dieser.[3] Aber schon
das ›Hildebrandslied‹ lehrt uns, daß Anrufung Gottes nicht ohne

---

[2] So jedenfalls fasse ich mit de Boors Übersetzung, Bremen o. J. [1960]
(Sammlung Dieterich, Bd. 250), das *doch widerredete er iz sît* 1697, 4, auf.
— Quellenzitate nach der Ausgabe von Bartsch—de Boor, Wiesbaden
[14]1957.

[3] Bert Nagel, Heidnisches und Christliches im Nibelungenlied, Ruperto
Carola, X. Jg., Bd. 24, 1958, S. 64.

weiteres auf christliche Gesinnung des Rufenden, christliche Stimmung der Szene schließen läßt. Wir wenden unser Augenmerk auf ein anderes Moment, das zu übersehen schwerfallen sollte.

Der Kern nämlich dieses Auftrittes, die innere Auseinandersetzung Rüdigers mit sich selbst, seine Auseinandersetzung mit Etzel und Kriemhild, schließlich die mit den Burgunden, *ist geladen mit Termini technici aus dem Bereich des Rechtes.* Wir verzeichnen z. B.: *aller mîner êren der muoz ich a b e s t â n*[4] (2153, 2); *er hete dem künege vil gerne v e r s e i t*[5], *und ouch der küneginne . . .* (2156, 2/3); *daz lant mit den bürgen: des sol mir niht b e s t â n*[6] (2157, 3); *deheinen mînen dienest hân ich in w i d e r s a g e t*[7] (2160, 2); *dô muoz er sînen friunden versagen*[8] *dienest . . .* (2174, 4); *Ir widersagt*[9] *uns nû ze spâte . . .* (2179, 1).

Es wäre jedoch müßig, hier zu zählen, um die Beweiskraft der Belege durch eine Statistik zu erhärten. Denn um 1200 sind Umgangssprache, Sprache der Dichtung und Sprache des Rechts keine säuberlich voneinander ablösbaren Idiome, und es wird nicht oft mit Sicherheit zu bestimmen sein, ob ein Wort ausschließlich oder

---

[4] *abstehen:*   DRWb I, Sp. 288—90:
           III, 1. abtreten, zurücktreten von Amt oder Dienst:
           des rîches abe gestân (13. Jh.); *von meiner prelatur abzustehen und dieselben zu resigniren* (1565); *abgestandner churfürst von Cöln* (1591); *Der schuldiger wird nicht befreyet, wenn er gleich von seinen güter abstehet* (1583).

[5] *versagen:*   Trübner VII, 538[b]:
           Swer sich verseit und ein herre spricht, er sî sîn eigen unde er habe sich im zu eigene gegeben (›Schwabenspiegel‹, Landrecht 291).

[6] *bestehen:*   DRWb II, 188—191:
           II, 1. fortbestehen, gelten, in Kraft sein:
           also besteit de besettinghe (1294).

[7] *widersagen:* Lexer III, Sp. 851:
           aufkündigen:
           daz man im eigen und lehen widersage, Helbl. 4, 822;
           = *adversari, diffidare,* DFG 14[b]; 181[a].

[8] *versagen:*   s. o. Anm. 5 zur Str. 2156, 2.

[9] *widersagen:* s. o. Anm. 7 zu Str. 2160, 2.

vornehmlich oder nur okkasionell zur Bezeichnung eines spezifischen Sachbereichs dient. Von den angeführten Belegen wird man indes sagen dürfen, daß sie bestimmte Rechtstermini sind oder zumindest vorzüglich der Rechtssphäre angehören. Ihnen stehen in unserem Abschnitt andere zur Seite, die jedenfalls in diesem Kontext unzweifelhaft gleichfalls rechtliche Sachverhalte und Gedankengänge markieren, Bindungen des gesellschaftlichen Gefüges, wie sie bestimmt werden durch Vertrag, Schwur, Versprechen, Tradition und Gewohnheit. Dazu gehören: *ich wil ûf mînen füezen in daz e l l e n d e* [10] *gân* (2157, 4); (die Bindung *per cibum et potum:*) *t r i n k e n u n d e s p î s e ich in güetlîchen bôt* (2159, 3); *ez muoz hiute g e l t e n* [11] *der Rüedegêres lîp* (2163,2); *mîne bürge und mîniu lant / iu müezen l e d e c* [12] *werden* . . . (2164,1/2); *ich muoz iu l e i s t e n als ich g e l o b e t hân* (2166,3); *an uns wil d i e n e n Rüedegêr s î n e b ü r g e und sîniu lant* (2173,4); *der triuwen wil ich ledec* [13] *sîn* (2175,4); *ich muoz mit iu strîten, wande ihz g e l o b t hân* (2178,2); *der hêrlîchen gâbe, dô i r u n s b r â h t e t h e r / in Etzeln lant mit triuwen, des gedenket, edel Rüedegêr* (2180,3/4: bindende Kraft von Gabe und Geleit); *lât die juncvrouwen niht e n g e l t e n* [14] *mîn* (2190,3); *sît mîn geselle Hagene den f r i d e h â t g e t â n* . . . (2203,2).

[10] *Elend:*   DRWb II, 1511/2:
             III. Verbannung: *sol geschickt werden in daz ellend* (1502)
[11] *gelten:*   DRWb IV, 26—35:
             I. schuldige Leistung (Zahlung) entrichten . . .:
             ist daz sie [einen Übeltäter] . . . *entlaufen lassen, sie sollen den ubeltheter gelden . . . also theuer, als er wert ist* (14. Jh.); Zins, Steuer zahlen, zinspflichtig sein: *zvei vischlehen diu geltent 160 bant vische* (1288).
[12] *ledig:*   DWB VI, 497—504:
             7) ledig, von lehen, die erledigt, offen sind:
             begibt aber sich ein man, der zu sînen jâren komen ist, her hât sich von lantrechte und von lênrechte geleget, und sîne lêne sint von ime ledic (Sachsenspiegel 1, 25, 3); *ein lediger fall, feudum apertum* (Frisch I, 593[b]).
[13] *ledig:*   s. o. Anm. 12 zu Str. 2164, 1/2.
[14] *gelten:*   s. o. Anm. 11 zu Str. 2163, 2.

Eine auffällige Häufung also von Termini und Begriffen, die Rechtsverhältnisse und -verhalten bezeichnen. Jedoch verliert dieser Befund sein Auffallendes, sobald man der elementaren Tatsache gedenkt, daß es hier um einen prinzipiell rechtlichen Konflikt geht.

Des getreuen Rüdiger grausamer Seelenkampf hat die Seelen der Leser des ›Nibelungenliedes‹ immer wieder gerührt. Es scheint, daß er zerbricht unter dem verzweifelten Flehen des Königspaars, das ihn, den Lehnsmann, in den Kampf gegen die Freunde zu treiben versucht: *Swelhez ich nu lâze unt daz ander begân, / sô hân ich bœslîche und vil übele getân . . .* (2154, 1/2). Man hat diesen furchtbaren Konflikt im Bereich des Tragischen angesiedelt. Er ist furchtbar — doch wird man gut tun, einen dem Mittelalter nicht gemäßen und mannigfache hierher nicht gehörige Assoziationen auslösenden Begriff aus der Diskussion zu lassen. Rüdiger jedenfalls „läßt das eine" und *begât* das andere. Er stellt sich also auf die Seite einer der beiden Konfliktmächte. Man hat das schlicht festgestellt: Rüdiger entscheidet sich für die Mannen-, gegen die Freundestreue. Aber gerade unsere Ergriffenheit durch Rüdigers Seelenschmerz muß uns doch zwingen, das Ungeheuerliche dieser Entscheidung zu spüren. Wir können sie nicht als im Vergleich mit der sittlichen Auseinandersetzung sekundär hinnehmen, sondern müssen uns eben deshalb weil wir die Aporie des guten Menschen so intensiv miterleben und verstehen, wundern und nach Aufklärung suchen des erstaunlichen Falls, der darin besteht, daß Rüdiger nun doch den *einen* Weg geht.

Wir fragen also nach der Begründung, nach den Motiven dieser Entscheidung, die den Seelenkampf beendet zugunsten des Waffenkampfes für die eine Partei. Die *sêle* sagt uns nicht, warum sie sich entschieden hat. Wir müssen ihren Entschluß aus der Faktizität des Geschehens zu verstehen versuchen.

III. Lehnsrecht

Nieman ist sô hêre
sô daz reht zwâre
(›Vom Rechte‹ 1 f. u. ö.)

Wir begreifen die elementare Verbindlichkeit des Rechts im Mittelalter nicht, wenn wir von modernen Verhältnissen ausgehen. Heute stellt das Recht im Bewußtsein der Allgemeinheit einen zwar wichtigen und respektierten, aber doch isolierbaren und isolierten Teil des öffentlichen Lebens dar. Seine Handhabung und Verwaltung liegt in den Händen einer eigens dafür ausgebildeten Kaste; man begegnet ihr selten und ungern. Anders im Mittelalter: „Dem Germanen ... war das Recht nicht *eine* unter mehreren sozialen Ordnungen, sondern die Ordnung des sozialen Kosmos schlechthin. *Die germanische Welt ist eine Welt des Rechts.* Diese Auffassung beherrscht noch das Mittelalter." [15] Der mittelalterliche Rechtsbegriff kann nur aus dem Ganzen des mittelalterlichen Weltbildes gewonnen werden. Das Recht ist in Gott gegründet und mit Gerechtigkeit und Billigkeit identisch.[16] Daß die Wissenschaft der Deutschen Philologie auch der Poesie im Recht,[17] dem Recht in der Dichtung [18] ihre Aufmerksamkeit zuzuwenden Grund hat, ist ihr bereits durch ihren Gründer Jacob Grimm gezeigt worden. „Eine

[15] Heinrich Mitteis, Der Staat des Hohen Mittelalters, Weimar ⁴1953, S. 19.

[16] Otto Brunner, Land und Herrschaft, Grundfragen der territorialen Verfassungsgeschichte Südostdeutschlands im Mittelalter, VÖIG, Bd. 1, 1939, S. 158 f. Aus der weiten Literatur zu diesem großen Komplex erwähne ich hier nur noch den Aufsatz von Fritz Kern, Recht und Verfassung im Mittelalter, HZ 120, 1919, S. 1—79 (sep. Neudruck 1952).

[17] Jacob Grimm, Von der poesie im recht (1815). Kleinere Schriften, Bd. 6, Berlin 1882, S. 152—191.

[18] Dies der Titel des 2. Bandes von Hans Fehrs großem Werk ›Kunst und Recht‹: Bd. I Das Recht im Bilde, Erlenbach-Zürich ²1926, Bd. II Das Recht in der Dichtung, Bern ²1933, Bd. III Die Dichtung im Recht, Bern 1936. Zum ›Nibelungenlied‹: Bd. II, S. 107—124. — Zu dem ganzen Komplex „Literatur und Recht" s. jetzt den informativen Artikel von Klaus Kanzog, Reallexikon, Bd. I, Berlin ²1959, S. 164—195.

uns unvorstellbar gewordene Einheit des Lebensgrundgefühls zwang im Mittelalter Kunst und Recht zusammen; das Recht lebte noch in aller Bewußtsein, und kein Dichter hätte wagen können, es zu verfälschen."[19]

Diese Einheit von Recht und Leben ist es, die das Rüdigerschicksal, die Rüdigerszene bestimmt.

Markgraf Rüdiger von Bechlaren ist Lehnsmann, ist Vasall des Königs Etzel (s. Strr. 2138—2140; 2146; 2157; 2163/64; 2166; 2173; 2228/9; 2231). Es kann nicht meine Sache sein, das Lehnswesen und sein Recht darzustellen. Jedoch muß ich versuchen, mit ein paar Strichen seine Elemente zu skizzieren. Es handelt sich bei ihm um ein ebenso kompliziertes wie fruchtbares Forschungsgebiet, an dessen Erschließung Historiker, Rechtshistoriker und Verfassungsrechtler seit geraumer Zeit mit- und gegeneinander arbeiten und dem gerade in den letzten Jahren wichtige Publikationen gewidmet worden sind.[20]

Das Mittelalter, dem aus seiner Herrschafts- und Verwaltungsstruktur heraus eine Unterteilung in Öffentliches und Privates Recht fremd sein mußte,[21] kannte naturgemäß keinen unwandel-

[19] Heinrich Mitteis, Rechtsprobleme im Nibelungenlied, Jurist. Blätter 74, 1952, S. 240.

[20] Ich nenne außer den bereits zitierten Arbeiten von Mitteis und Brunner nur: Heinrich Mitteis, Lehnsrecht und Staatsgewalt. Untersuchung zur mittelalterlichen Verfassungsgeschichte, Weimar 1933; Marc Bloch, La société féodale, 2 Bde., Paris 1939 u. 1940 (Wiederabdruck 1949); F. L. Ganshof, Qu'est-ce que la féodalité?, Brüssel [3]1957; Robert Boutruche, Seigneurie et féodalité, Bd. I, Paris 1959; zuletzt: Studien zum mittelalterlichen Lehnswesen, Lindau-Vorträge 1956, Lindau 1960 (Vorträge und Forschungen, hrsg. v. Th. Mayer, H. 5); alle fünf Werke mit reichen Literaturangaben.

[21] Walter Schlesinger, Herrschaft und Gefolgschaft in der germanisch-deutschen Verfassungsgeschichte, HZ 176, 1953, S. 225—275; ergänzte Fassung in dem Sammelband Herrschaft und Staat im Mittelalter, hrsg. v. Hellmut Kämpf, 1956, S. 135—190 (Wege der Forschung, Bd. 2); der zitierte Gedankengang hier S. 185; Karl S. Bader, Deutsches Recht, in Deutsche Philologie im Aufriß, hrsg. v. Wolfgang Stammler, Bd. III, Berlin 1957, Sp. 1407—1485, dort Sp. 1431. Ich möchte an dieser Stelle

baren Kodex des Lehnsrechtes [22]. Oft genug war „allein der Erfolg
gewaltsamer Tat die Grundlage rechtlicher Gestaltung" (es wirkte
sich also aus, was man die 'normative Kraft des Faktischen' genannt hat) — aber „die Idee einer umfassenden Rechtsordnung"
ist dabei nie aufgegeben worden.[23]

Innerhalb dieser Ordnung nun stellt das Lehnsrecht „die hervor-
ragendste und zugleich eigentümlichste Rechtsschöpfung des abendländischen Mittelalters" dar, nach einem Wort von Mitteis die
„idealtypische Formung einer ganzen Kulturepoche" [24], und so
kann man den mittelalterlichen Staat gemäß dem in seiner Verfassung vorwiegenden Einfluß des Lehnswesens schlechthin als „Lehns-
staat" bezeichnen.[25] Das Rechtsbewußtsein des Lehnsherrn und des
Lehnsmannes wird in solchem Sinne mit ihrem Lebensbewußtsein
identisch sein können — auch das des Lehnsmannes Rüdiger. Man
mag im einzelnen auch Einzelnes im Lehnswesen und seiner Geschichte unterschiedlich beurteilen, wie es — wohl aus der Verbindung des Systems der gallo-romanischen Vasallität mit dem germanischen Treuebegriff — im Frankenreich entstanden ist, dem
germanischen Gefolgschaftswesen seine Verdinglichung und Realisierung gebend durch das *beneficium,* das Lehen [26]: so herrscht doch
Übereinstimmung in der Beurteilung seiner wesentlichen Elemente.

Lehensbindung ist gegenseitige Bindung, wechselweise Bedingtheit, ist mutuell: Bloch spricht von der « réciprocité » des Kon-
traktes,[27] Ganshof nennt ihn einen « contrat synallagmatique » [28].

Herrn Bader dafür danken, daß er das Ms. dieser Arbeit vom Gesichtspunkt des Rechtshistorikers her geprüft und es durch Korrekturen und
Hinweise bereichert hat.

[22] Mitteis, Staat, S. 20.
[23] Schlesinger, S. 172.
[24] Schlesinger, ebda.
[25] Mitteis, Staat, S. 424.
[26] S. Mitteis, S. 19 u. ö.; K. Bosl, Gesellschaft und Wirtschaft im
deutschen Mittelalter, in: Gebhardts Handbuch der Deutschen Geschichte, hrsg. v. H. Grundmann, Stuttgart [8]1954, S. 606; Schlesinger,
S. 173.
[27] I, S. 350.
[28] S. 111.

Entsprechend solcher Bedingtheit komplementieren sich Rechte und Pflichten. Als klassisches Zeugnis für das Wesen des « contrat vasallique » gilt der oft zitierte Brief Fulberts, Erzbischofs von Chartres, den er 1020 an Wilhelm V., Herzog von Aquitanien, geschrieben hat [29]: ... *Qui domino suo fidelitatem iurat, ista sex in memoria semper habere debet: incolume, tutum, honestum, utile, facile, possibile.* Und es folgt nach scholastischer Methode eine *explicatio* dieser sechs Begriffe in Hinsicht auf das Verhältnis des Vasallen zu seinem *seigneur,* die hinausläuft auf die Feststellung: *Restat ergo ut in eisdem sex supradictis consilium et auxilium domino suo fideliter praestet, si benificio dignus videri velit et salvus esse de fidelitate quam iuravit.* In der durch die erwähnten sechs Begriffe gekennzeichneten Haltung soll der Lehnsmann seinem Herrn *consilium et auxilium* leisten.[30] — Unter *auxilium* aber ist natürlich vor allem das *servitium militare, servitium militis* zu verstehen.[31] — Der Entsprechungscharakter des Lehnsverhältnisses wird höchst eindrucksvoll durch Fulbert dadurch markiert, daß er nach der erwähnten Aufzählung der Vasallenpflichten die des Herrn gar nicht mehr zu erwähnen braucht. Er begnügt sich mit der lapidaren Feststellung: *Dominus quoque fideli suo in his omnibus vicem reddere debet.* Die Verpflichtung auf seiten des Herrn also « présente un parallélisme très marqué avec l'objet de l'obligation du vassal » [32]. Dabei geht es vor allem einmal um die Treue, zum andern um bestimmte Leistungen. Treue, das meint « une obligation de ne pas commettre certaines actions exposant la vie, l'honneur, les biens » des anderen, sei's des Herrn, sei's des Vasallen. Und was die Leistungen anbetrifft, so schuldet der Herr dem Lehnträger « protection et entretien » [33], Schutz, Verteidigung und Unterhalt — Garantien mithin,

---

[29] Zitiert nach Ganshof, S. 112.
[30] Hier also liegt der Ursprung unserer in mittelhochdeutscher Dichtung so häufigen Doppelformel *helfe und rât,* wie zuletzt W. Mohr sie für den ›Parzival‹ untersucht hat, Trier-Festschrift, Meisenheim/Glan 1954, S. 178.
[31] Ganshof, S. 116—123.
[32] Ganshof, S. 125.
[33] Ganshof, S. 125.

die sich ihrerseits gleichfalls der fundamentalen Doppelformel des *auxilium et consilium* subsumieren lassen.

Es wird sich zeigen, wie exakt diese Rechte und Pflichten verteilt sind auf Etzel und Rüdiger und beider Bindung mithin demonstrieren. Und es wird sich die Innigkeit dieser Bindung zeigen gerade angesichts des Versuches, sie zu lösen.

Die Lehnsbindung — das ergibt sich aus ihrem Wesen — war grundsätzlich nicht zu sprengen, es sei denn dank Mißbrauch der Rechte, Vernachlässigung der Pflichten. So konnte ein Vasall nicht von sich aus 'absagen' aus freien Stücken. Das galt bis zum Anfang noch des XI. Jahrhunderts, « tout au moins dans certaines parties de l'Allemagne » [34]. Indessen räumte man seit dem Beginn des XII. Jahrhunderts in Frankreich und in Westdeutschland (Lothringen) ein, daß ein Vasall sein Lehnsverhältnis lösen könne « à condition de faire connaître sa décision solennellement et de renoncer à son fief » [35]. Ursprünglich wirkte dabei der Glaube an die magische Funktion des Schwuraktes so tief nach, daß man meinte, seinen Folgen nur mit einer Art von « contre-formalisme » entkommen zu können (man warf z. B. einen zerbrochenen Zweig zu Boden). Später « préféra-t-on de plus en plus un simple défi — au sens étymologique du terme, c'est-à-dire refus de foi — par lettres ou par hérault » [36]. Solches Aufsagen hieß *renunciare, diffiduciare*, die Aufsage selbst *diffidentia, diffiduciatio, d i f f i d a t i o*.[37] Es liegt auf der Hand, daß es gegen eine solche Aufsage kein Mittel gab — mit Ausnahme der ultima ratio der kriegerischen Auseinandersetzung; andere Sanktionen blieben praktisch wirkungslos.[38] „Verletzte der Vasall Dienst- und Treuepflicht, so war nach deutscher Auffassung Entziehung des Lehns die härteste Maßregel, die ihn treffen konnte." [39] Auf eben das Lehen aber verzichtet die *diffidatio*, das ist ihr Wesen.[40]

[34] Ganshof, S. 130.
[35] Ganshof, S. 131.
[36] Bloch I, S. 351.
[37] Ganshof, S. 131.
[38] Ganshof, S. 131—134.
[39] Mitteis, Staat, S. 339.
[40] Von durchaus anderen Methoden der Aufsage zeugt z. B. der ›Sach-

Nun beobachtet man seit der Mitte des XI. Jahrhunderts eine solcher Aufweichung und Lockerung des Lehnsbegriffes entgegen-arbeitende Tendenz, die von Frankreich ausgeht. In kirchlichen Ur-kunden taucht damals ein neues Rechtswort auf, der Vasall wird bezeichnet als *homo ligius*. Das Wort ist vermutlich entstanden aus älterem * *lidgius* < * *liticus* und bezeichnet ursprünglich den Liten, den Minderfreien, der zu striktem Gehorsam verpflichtet ist, und soll urverwandt sein mit dem deutschen „ledig".[41]

Wiederum kann es hier nicht um eine Erörterung von Problemen gehen, die für die Verfassungsgeschichte und die Geschichtswissen-schaft noch weithin im Dunkeln liegen. Indessen ist festzuhalten, daß diese Institution der *Ligesse* einen Rückgriff darstellt auf die « condition quasi-servile » des alten Vasallen, „der ja schon im Na-men die Erinnerung an alte Unfreiheit mit sich herumträgt . . . Der *homo ligius* soll dem *dominus ligius* . . . dienen *contra omnes homi-nes, contra omnem creaturam qui possit vivere aut mori*." [42] Diese neue Form strenger Treuebindung, die geeignet war, die zentri-fugalen Tendenzen einer immer lockerer werdenden Lehnsbindung einzudämmen, strahlt von Mittelfrankreich nach „England, West-deutschland und Italien aus"; sie hat — und darin liegt die Bedeu-tung dieses Instituts — „die Abschwächung, Verdinglichung, Ent-seelung der alten strengen Vasallenpflichten um zwei Jahrhunderte hinausgeschoben." [43] Den Umstand, daß im deutschen — und mit-hin im italienischen — Lehnsrecht dieser Begriff keine wesentliche Rolle zu spielen scheint, bringt man in Zusammenhang mit dem dort etwa gleichzeitig entstehenden Rechtsinstitut der Ministeriali-tät, das in seinen Konsequenzen — der unbedingten Gehorsams-bindung — der *fidelitas ligia* verglichen werden kann, nicht aber in

senspiegel«. Dort kündigt einmal der Herr seinem Mann dadurch auf, daß er Brand anlegt an dessen Haus (Lehnrecht 20, § 4, J. Eberhard Frh. v. Künßberg, Der Sachsenspiegel, Bilder aus der Heidelberger Handschrift, Leipzig o. J., S. 21 und Bild 261).

[41] Mitteis, Staat, S. 173; Walter Kienast, Untertaneneid und Treu-vorbehalt in England und Frankreich, Weimar 1952, S. 8; Ganshof, S. 137.

[42] Mitteis, Staat, S. 173.

[43] W. Kienast, S. 9.

seinem Wesen: denn auch die ligische Treue war Resultat einer freien Übereinkunft zwischen freien Partnern, während der Ministeriale unfrei ist.[44]

Natürlich aber war eine auf das Fundament sittlicher Überzeugung gegründete Lehnsbindung nicht ausschließlich beschränkt auf den Bereich der ligischen Treueregion. Sieht man die Lehnsherrschaft des Mittelalters als Umgestaltung der germanischen Gefolgsherrschaft, „die auf diese Weise verdinglicht wurde"[45], so ist einerseits die Lösung dieses Verhältnisses nach freier Übereinkunft erklärlich, ist anderseits aber auch selbstverständlich, daß es wie im alten Gefolgschaftswesen „dem Gebot der Ehre widersprochen [hätte], den Herrn vor dem Kampf oder im Unglück zu verlassen"[46].

IV. Rüdiger der Lehnsmann

Die Rüdiger-Aventiure setzt sogleich ein mit juristisch-schiedsrichterlichen Erwägungen: Rüdiger wünscht zu *vriden* (2136, 3),

---

[44] Mitteis, Staat, S. 174.

[45] Schlesinger, S. 173.

[46] Schlesinger, S. 149. — Nicht nur war die ligische Bindung allgemein dazu angetan, einer Relativierung und Auflockerung der Lehnsbindung Einhalt zu gebieten. Sie richtete sich auch gegen die schon seit Ende der Karolingerzeit zu beobachtenden doppelten und mehrfachen vasallitischen Verhältnisse. Treue, ihrem Wesen nach unteilbar, wurde um des äußeren Vorteils willen mehrfach verkauft. Der Pflichtenkollision, die entstehen mußte, wenn sich die Lehnsherren des einen Lehnsmannes bekämpften, entging der Vasall praktisch dadurch am einfachsten, daß er keinem half, sondern neutral blieb. Solche Doppel- und Mehrfach-Vasallität konnte nicht grundsätzlich getilgt werden. Indes reinigte man das System von der Gefahr einer totalen Pervertierung des Treuebegriffs durch das Institut des Treuvorbehalts, das sogar in die *fidelitas ligia* aufgenommen werden konnte. Der Vasall huldigte dem Herrn *contra omnes salvo* ... (*rege* o. ä.), unter dem Vorbehalt, daß er nicht gegen den König (oder welchen anderen, die Priorität habenden Lehnsherrn) zu Felde ziehen müsse. Dazu: Mitteis, Staat, S. 172; Bosl, S. 632 f.; grundsätzlich: W. Kienast, passim.

verzagt indes gegenüber den Chancen eines von ihm ausgehenden Schlichtungsversuchs und wendet sich an Dietrich (2137), der jedoch gleichfalls resigniert: *wer möht' iz understân?* [47] (wieder ein alter Rechtsterminus). Etzel ist nicht verhandlungswillig. Aber Rüdiger hat versucht, *consilium* zu leisten. Sein eigener Fall bahnt sich an durch den Fall des *Hiunen recke*, dessen Worte auf des Markgrafen Vasallen- und Dankpflicht anspielen und ihn der Feigheit zeihen (2138—2140). Er büßt es mit dem Tode, Rüdiger erschlägt ihn mit der Faust.

Es ist nun wichtig und bemerkenswert, daß Rüdiger inmitten der spontanen Aufwallung seines wütenden und wörtlich mörderischen Zorns sich dennoch mit einem rational-juristischen Argument gegen diese Vorwürfe verteidigt: er habe den Burgunden das Geleit hierher gegeben (2144, 2). Ja er versteigt sich sogar zu der Behauptung: andernfalls hätte er sie längst bekämpft (2143/44)! Er vermeidet also vorerst jegliche Betonung des Freundschaftsbundes, der ja emotionalen Charakters ist und nicht in juristischen Formen faßbar. Rüdiger steht im Recht und handelt im Recht — das ist und bleibt seine Position. Die Zusicherung und Übernahme des Geleits ist ein Rechtsakt, der als privatrechtlicher Vertrag zwischen zwei Partnern zu werten ist. [48]

Nun greifen Etzel und Kriemhild mit dem ganzen Gewicht ihrer Position wie ihrer Gefühle ein. Kriemhild erinnert Rüdiger an seine Lehnspflicht — freilich in höchst merkwürdiger Formulierung: Er habe versprochen, um des Herrscherpaares willen zu *wâgen die êre und ouch daz leben* (2148, 3). Das Leben gewiß — aber wir sahen, daß die Lehnsbindung grundsätzlich lösbar ist, wenn sie Verstöße gegen die Ehre forderte. Rüdiger jedoch bestätigt diese Bestandteile des Schwurs — um so merkwürdiger, als er wenig später gerade die *êre* anführt als Indiz für die Ausweglosigkeit seiner

---

[47] Dietrich kann es sich leisten, neutral zu bleiben, denn er ist souveräner (wenn auch exilierter) Herr und Gast. Bezeichnend, daß Kriemhild also, als sie ihn um *rât und helfe* ersucht, zugleich *genâde* erbittet: die Vasallitätspflichten-Formel plus der Bitte, da sie hier nicht zu befehlen hat (Str. 1899).

[48] Zum *Geleit* s. DRWb III, Sp. 1581 ff.

Situation: eben sie verbiete es ihm, neutral zu bleiben: *lâze aber ich si beide, mich schiltet elliu diet* (2154, 3; ebenso in 2156, 4); da meint er also, sie n i c h t *wâgen* zu können, weder um der einen noch um der anderen Macht willen.

Kriemhild nun in der maßlosen Ichbefangenheit ihres Rachetriebes empfindet subjektiv die ihr geschworenen Eide als stärkere Bindung noch denn Lehnsmannenpflicht; die Eide des Brautwerbers, deren Zweideutigkeit dieser so gerade denkende Mann nicht hatte durchschauen können, deren Verbindlichkeit er auf künftiges Geschehen hatte beziehen müssen, während Kriemhild unter dem *ergetzen* (1255) nur die Rache für Geschehenes verstanden hatte (s. Str. 1259). Wieder beruft Rüdiger sich auf das Recht: *zuo dirre hôhgezîte brâht' ich die fürsten wol geborn* (2150). Dabei trennt er in der Ablehnung von Kriemhilds Ansinnen sehr merkwürdig *êre* und *sêle*, ohne daß künftighin diese Scheidung von Gewicht wäre.[49] — Kriemhild steigert ihre Flehrede, Rüdiger wieder an die fragwürdigen Eide erinnernd. Daß sie hier so leidenschaftlich zitiert werden, hat die Forschung gelegentlich glauben lassen, die Bindung an sie sei schließlich in stärkerem Maße für Rüdigers Handeln bestimmend gewesen denn seine Vasallenbindung. Sehr entschieden vertritt z. B. Friedrich Panzer diese Position:[50] Rüdiger wird demnach „zum Kampf gegen die Burgunden ... am stärksten doch durch die Eide gezwungen, die er Kriemhild geschworen hat", und es erwachse mithin „die Tragik, der Rüdiger erliegt, letzten Endes aus einer tragischen Schuld". Soviel Verstrickung gibt der Text nicht her. Denn Rüdigers Reaktionen in den Strophen 2150 und 2151 sind doch wohl als Ablehnung des Eidanspruchs aufzufassen. Diese Verpflichtung ende, wo die Seele gefährdet wird, sagt er in 2150; und das karge *ich hân iu selten iht verseit* in 2151 kann schwerlich anders verstanden werden als: „Im Rahmen des menschlich Möglichen und sittlich Erlaubten habe ich mich keiner meiner

---

[49] Darauf hat Fr. Maurer hingewiesen, Leid, Bern u. München 1951, S. 33 ff., der diese Distinktionen gewiß mit Recht auf christlichen Einfluß zurückführt.

[50] Das Nibelungenlied, Entstehung und Gestalt, Stuttgart u. Köln 1955, S. 260.

Verpflichtungen Euch gegenüber jemals entzogen" — und das involviert: „noch würde ich es je tun". Gewiß ist in das Verhältnis Rüdiger—Kriemhild auch das höfische Element des Frauendienstes mit hineinzudenken.[51] Daß indes Rüdigers persönliches Engagement gegenüber seiner Herrin eine Grenze hat, machen m. E. diese Antworten deutlich, die eine verklausulierte Absage sind. Rüdiger hält die haftungsbegründenden Eide des Vasallen, nicht die offenbar als minder verbindlich angesehenen Schwüre des Brautwerbers, wenn er in den Kampf geht. Indirekt bestätigen die Burgunden diesen Befund: sie verstehen Rüdigers Entscheidung durchgängig von seiner Lehnsbindung her — so z. B. in den Strophen 2173 und 2231.[52]

Nun stürzt das Herrscherpaar sich in die tiefste Demütigung: Sie fallen ihrem Diener zu Füßen. Der Fußfall als alte in den Rechtsbereich gehörige Geste[53] meint die Bitte um Erbarmen, um Gnade; hier deutet der Dichter mit der Macht seiner Gebärdensprache geradezu eine Umkehrung der Lehnsverhältnisse an: die rîche[n] knieen vor ihrem man (2152), nehmen die Haltung des Lehnsmanns beim Zeremoniell der Belehnung an, der oftmals kniend seine Hände in die des Herrn legt, kniend die Embleme seiner Gewalt empfängt, der geistliche Vasall das Szepter, der weltliche die Fahne.[54] Sie geben ihrem Diener Rüdiger als dem Herrn über ihr Schicksal sich ganz anheim. Da bricht Rüdiger aus in die erschütternde Klage dessen, der keinen Ausweg zu sehen meint — und der dennoch wenige Augenblicke später seinen Weg geht. Zuvor aber versucht er den letzten verzweifelten Schritt:

[51] Wenn der Dichter dem Hofe Attilas die Farben seines eignen höfischen Kulturbereichs verleiht, so entspricht er damit insofern der Historie, als Attila ja „einen ganz in germanischem Stile geführten Hofhalt mit gotischer Kultur" hatte, Mitteis, Jurist. Blätter 74, S. 241.

[52] Daß es freilich Kriemhild ist, die vor allem auf dieser Lehnsbindung insistiert und ihre Lösung verhindert, sie also als seine eigentliche „Auftraggeberin" erscheint (s. z. B. Str. 2178 oder 2231), ist eine andere Sache.

[53] Fußfall als Rechtsgeste: s. DRWb III, Sp. 1111. — Man denke auch an Barbarossas Fußfall vor Heinrich dem Löwen: Bitte um Hilfe.

[54] S. Bild 63 in Künßbergs Ausgabe der Heidelberger ›Sachsenspiegel‹-Bilder; Fehr, Bd. I, Bilder 158, 159, 162, 163; s. auch Friedrich Panzer, Das Nibelungenlied, S. 178.

2157   Dô sprach zuo dem künege   der vil küene man:
        „her künec, nu nemt hin widere   al daz ich von iu hân,
        daz lant mit den bürgen: des sol mir niht bestân.
        ich wil ûf mînen füezen   in daz ellende gân".

Auf die juristische Nomenklatur in dieser Strophe weisen wir schon
hin *(bestân; ellende)*; nun aber wissen wir nach den voraufgegangenen Darlegungen auch, daß es sich bei diesem Ausbruch um den
Akt der *diffidatio,* der Absage handelt. Rüdiger kündigt Lehen und
Lehnspflicht und Lehnsrecht auf! Formaljuristisch hat Etzel keine
Möglichkeit, diesen Kündigungsakt und seine Folge ungeschehen zu
machen. Wofern also in dieser Welt Recht und Sittlichkeit trennbar
wären, hätte der König verspielt. Aber er entläßt den Gefolgsmann
sittlich nicht, und Rüdiger weiß, daß er letztlich keine Chance hat,
die Lösung in der Stunde der höchsten Not zu vollziehen. Damit
ist sein Schicksal besiegelt, es gibt keinen anderen Entscheid mehr,
was folgt, ist nurmehr ein rührender und hilfloser Versuch, den
Weg zu diesem unbarmherzig und unerbittlich sich aufzwingenden
Ende zu längen. Rüdiger ist gebunden. Wieder ist es bezeichnend,
daß er sich erneut beruft auf rechtliche Vorstellungen und Verhältnisse und nicht von seinem Gefühl spricht und von Freundschaft.
Er verweist auf die Unantastbarkeit des Gastes, die „bindende
Kraft von Gastung und Gabe" [55] — dann erst erwähnt er — ad-
ditiv *ouch* — die Freundschaft und die Verschwägerung mit den
Burgunden über die Verlobung seiner Tochter und Giselhers
(2160/61). Kriemhild aber setzt Gefühlen noch leidenschaftlichere
Gefühle entgegen und fleht um Erbarmen: denn die er da soeben
als seine Freunde rühmte, sie sind ihnen *leide geste* (2162). Rüdiger
jedoch hat sein Geschick schon gefunden, und seine Worte zeigen
klar, daß er es als das Geschick des Lehnsmannes empfindet, denn
Lehnsrecht wirkt stärker denn Geleitrecht und das Recht der Gast-
geberschaft: heute wird er *gelten,* was er von seinem Herrn empfangen hat, und die Burgunden werden tun, was Etzel zu tun sich
nicht hat entschließen können: sein Lehen *ledec* machen (2163/64).
So geht er, befiehlt seinen 500 Mann, sich zu wappnen, und zieht
gegen die Freunde. Denn das Band, das ihn an seinen Lehnsherrn

---

[55] de Boor im Kommentar zu Str. 2159.

bindet, ist untrennbar: *ich muoz iu leisten   als ich gelobet hân*
(2166, 3). Sein Schicksal, sein Amt, seine Person sind eins.

V. Rüdiger der Freund

Man wird bemerkt haben, daß diese Darstellung es nicht mit
jenen hielt, die den Konflikt glauben in seiner Furchtbarkeit dadurch steigern zu können, daß sie in ihm von Tragik sprechen. Er
ist furchtbar — aber Rüdiger ist letztlich nicht im Zweifel, welchen
Weg er, gestellt zwischen Freundestreue und Lehnsmannenpflicht,
zu gehen hat: *ich muoz leisten als ich gelobet hân*. Seine ursprüngliche Hoffnung, sich aus dem Kampf heraushalten zu können,
wurde nicht vereitelt durch Etzel, sondern durch die Unbarmherzigkeit der Auseinandersetzung selber. Lediglich Versöhnung hätte
ihm erlaubt, die neutrale Haltung des ersten Kampftages beizubehalten. Nicht zuletzt deswegen strebt er sie so nachdrücklich an.
Nun der Streit immer furchtbarer anschwillt, ist letztlich nicht
zweifelhaft, wohin Rüdiger gehört, wem er *auxilium* zu leisten hat.
Bezeichnend genug steht ein Eingreifen zugunsten der Freunde
überhaupt nicht ernsthaft zur Debatte! Aus der Unbeirrbarkeit
solchen Gebundenseins heraus erklärt es sich ja auch, daß alle Mannen Rüdigers sich wortlos ihm anschließen und gegen die Burgunden kämpfen, mit denen sie eben noch vier Tage lang freundschaft-
lich gefeiert haben: sie sind, ungeachtet ihrer Gefühle, über ihren
Zwischenherrn als Untervasallen an ihren König gebunden (sofern
sie nicht überhaupt Unfreie sind).

Rüdiger ist, wie man richtig beobachtet hat, ein Meister des Zeremoniells und Protokolls [56] — er ist es nicht als Höfling, sondern
aus der schlichten Sicherheit eines im Sittlichen geborgenen Urteils
heraus (s. Strr. 1348; 1652 und 1665 bis 1668). Die gleiche Sicherheit beherrscht ihn auch in Fragen der rechtlichen Wertordnung,
gegenüber den diese Werte verkörpernden Personen. Daß der
Schmerz ihn ob der aus solcher Sicherheit getroffenen Entscheidung
zu zerbrechen droht, ändert nichts an dieser Sicherheit.

---

[56] Panzer, S. 257; de Boor, Komment. zu Str. 1652.

Unsere Untersuchung strebt nicht an, *Rüdigers Seelenleid zu mindern.* Es geht ihr darum, *Rüdigers Handeln zu verstehen.*

Was bindet ihn an die Burgunden? Alte und sich in den mythischen Fernen der Erinnerung verlierende Freundschaft mit Hagen (s. Strr. 1180, 1657, 3); neue Freundschaft mit den Königen; die Verpflichtung dessen, der beherbergt und schenkt. Der auch seine Tochter geschenkt hat, an Giselher. Aber eine Sippenverwandtschaft der beiden Familien ist damit ja nicht eingetreten. Die Tochter, die mit dem Verlöbnis unter die *munt* des Mannes tritt, kann allenfalls zwei Sippen befrieden und näher verbinden (weshalb sie im Norden dann auch *friðu-sibb* heißt).[57] Indes bliebe sogar in einem Falle von Sippenverwandtschaft die Frage, inwieweit sie familienrechtlich im Mittelalter noch von Belang sein könnte, da ihre Bedeutung damals dank Staatsgewalt und Verfahrensregelung wesentlich eingeschränkt war.[58] Gewohnheitsrechtlich (und das komplizierte mittelalterliche Feudalrecht ist ja nichts anderes als eine Sammlung von „Fällen", empfängt mithin seine Normen aus der Gewohnheit) scheint freilich ein Lehnsträger von seiner Gefolgschaftspflicht dispensiert gewesen zu sein, wenn sie ihn in einen *Angriffskrieg* gegen Verwandte hineingetrieben hätte.[59] Deshalb ist die Feststellung wichtig, daß die Burgunden nicht Verwandte Rüdigers sind; und daß überdies in diesem Stadium des Kampfes Etzel zumindest subjektiv davon überzeugt ist, einen *Verteidigungskampf* zu führen (daher er denn nicht mehr verhandlungswillig ist, s. Str. 2137): die Tötung des kleinen Prinzen war faktisch ein unmittelbar gegen seinen Vater, den Lehnsherrn, gerichteter Gewaltakt, den zu rächen die Vasallen gehalten sind (selbst an Verwandten).[60]

---

[57] Wilhelm Grönbech, Kultur und Religion der Germanen, 2 Bde., Darmstadt ⁵1954, Bd. II, S. 55.

[58] S. Claudius Frhr. von Schwerin, Germanische Rechtsgeschichte, Berlin 1936, S. 170 f.

[59] Ich danke den Hinweis K. H. Bender, dem Verf. einer Heidelberger romanistischen Diss. über ›Das Verhältnis von König und Vasall im Spiegel der Chanson de Geste des XII. Jahrhunderts‹ (masch.schr., 1960).

[60] Mochte auch Hagen den Schlag vor allem die Mutter zu verwunden geführt haben.

Auch wenn man einmal davon absieht, daß Nibelungen und Rüdiger nicht verwandt, sondern lediglich verschwägert sind, und wenn man — wie z. B. Mitteis [61] — eine Art von Fortbestand der Sippenverfassung im Adel jener Zeit für möglich hält, wird man in dieser Frage schließlich die Haltung des ›Nibelungenliedes‹ selbst für ausschlaggebend ansehen müssen, das in seiner letzten Form geradezu ein Gegengesang wider das Sippenband ist: Wie man oft festgestellt hat, ist im Laufe der Stoffgeschichte aus der Sippenrache (für die Blutsverwandten an dem Gatten Etzel, so repräsentiert durch das ›Alte Atlilied‹) eine Adelsfehde geworden (Rache an den Blutsverwandten für den Gatten Siegfried).[62]

Die Verschwägerung zwischen Rüdiger und den Burgunden ist also allererst die Manifestation der Freundschaftsbindung: als Mitgift hat Rüdiger seine *triuwe* gegeben (1681/82), denn Land hat er nicht zu verschenken, er herrscht über Lehen! — Endlich kommt zu diesen Rüdiger an die Burgunden fesselnden Bindungen noch die Verpflichtung, die aus dem *Geleit* erwächst. Eine Verpflichtung wiederum des Gefühls, denn die rechtlichen Wirkungen der Geleitleistung sind längst beendet (die sich doch, wie auch Rüdiger Str. 1708 formuliert, nur auf den Weg erstreckt.)

Dies alles sind seelisch-sittliche Bindungen, und sie sind wahrlich nicht leicht zu nehmen. Aber dagegen steht die rechtliche Bindung

[61] Land und Herrschaft, HZ 163, 1941, zit. nach dem Abdruck in dem Sammelband ›Herrschaft und Staat im Mittelalter‹, hrsg. von Hellmut Kämpf, 1956, S. 27.

[62] S. auch Str. 2191: was Rüdiger und die Burgunden verknüpft, ist *stætiu vriuntschaft* (über die Verlobung). Sie kann „geschieden" werden und ist bewußt gegenübergestellt der Bindung an die *mâgen*. — Man vergleiche auch Hagens ironische Worte zu der *verren sippe* zwischen Etzel und Siegfried (2023). — Laut Fehr ist übrigens für den Germanen der Konflikt zwischen Gefolgschafts- und Sippentreue u. U. „tragisch", die Entscheidung jedoch nicht zweifelhaft: Wenn der Held „zwischen der Treue gegen die Familie und gegen den Herrn zu wählen hat, muß er sich stets für den Herrn entscheiden". Und also: „Das Gefolgschaftswesen zielt auf Ehelosigkeit hin". So dachte schließlich noch Friedrich der Große, der verheiratete Offiziere nicht liebte. Wie man bei Thomas Mann nachlesen kann, war im Jahre 1778 „unter den vierundsiebzig Offizieren eines Dragonerregiments nicht einer verheiratet" (Friedrich und die große Koalition, Ges. Werke, Bd. XI, Berlin 1956, S. 82).

an Etzel — und außerhalb des Rechts ist keine sittliche Bindung möglich. Verletzt Rüdiger seine Lehenspflicht, so steht er außerhalb des Rechts.

Als der todgeweihte Freund nun gegen die todgeweihten Freunde zieht, da ist es der Kindskopf Giselher, der glauben kann, er komme ihnen zur Hilfe (2172). Volker aber, der nicht nur ein Held ist, sondern ein Sänger und der Freund Hagens, und der also weiter sieht, erkennt sofort: *an uns wil dienen Rüedegêr sîne bürge und sîniu lant* (2173), er weiß, daß nicht der Freund der Burgunden kommen darf, sondern der Lehnsmann der Hunnen kommen muß. Parallel nun der *diffidatio* an Etzel, die scheiterte, proklamiert Rüdiger jetzt feierlich die Absage an die Freunde, die nicht verweigert werden kann: *ê do wâren wir friunde: der triuwen wil ich ledec sîn* (2175, 4; und das *ledec* korrespondiert dem von Str. 2164: Rüdiger entledigt sich der Treueverpflichtung gegenüber den Burgunden, diese werden ihn seines Lehnsbesitzes entledigen).

Nun folgt wieder eine Bittszene, parallel der Kriemhilds und Etzels, aber maßvoller, inniger, von Liebe gezeichnet und nicht von Rache und Haß. Gunther spricht von der Freundschaft zwischen ihnen (2177).[63] Darauf mahnt er (2180), von der emotionalen zur rechtlichen Ebene übergehend, höchst taktvoll und nobel in indirekter Manier an die aus dem Geleit erwachsende Verpflichtung (auf die zuvor schon Rüdiger sich ebenso verzweifelt wie vergeblich berufen hatte). Dann spricht Gernot, dann Giselher. Höchst kunstvoll hat der Dichter ihre Aussagen gesteigert. (1:) Gunther droht nicht, erinnert nur leise an die Gesetze des Geleits. (2:) Gernot erinnert an die bindende Kraft des Geschenks — aber er prophezeit Rüdiger den Tod durch diese seine Gastgabe (2182—2186).

---

[63] Str. 2179 fasse ich anders auf als die Kommentare: *Ir widersagt uns nu ze spâte* meint schwerlich einen Protest Gunthers gegen die einseitige Lösung der *triuwe*, die als Faktum ja hingenommen werden muß. Vielmehr liegt die Betonung des 2. Verses auf *got,* und der Sinn ist dann: „Eure Aufkündigung kommt zu spät — zu spät nämlich, als daß wir Euch Eure Liebe danken und vergelten könnten. Nun kann nur Gott noch lohnen — es sei denn, daß Ihr es doch noch gütlich ausgehen lassen wolltet." Die nächste Strophe bestätigt diese Auffassung: „Wenn [nämlich] Ihr uns am Leben laßt, werden wir abgelten, was Ihr uns geschenkt habt."

Eine geringe Not, verglichen mit der der Seele — und so ist denn auch die Antwort Rüdigers von unermeßlicher Ergebung: er *will* ja sterben, und es beglückt ihn der Gedanke, die Burgunden als die Lebenden würden sich seiner Familie annehmen (2187). (Daß Gernot Rüdiger töten wird, töten muß, ist die grausame Anwendung des *entgelten*-Motivs in der Grausamkeit dieser Situation. Der Dank des Beschenkten wird die Tötung des Schenkenden sein. In Gernots Worten bricht dieses Motiv klar heraus: *iuwer gâbe wirt verdienet so ich aller hôheste kan*: „So hoch ich irgend kann, will ich das Geschenk lohnen" — als Lebender mit dem Leben, als zum Tode Bestimmter mit dem Tod.) —

Auf der dritten Stufe spricht Giselher.[64] Vorwurfsvoll ruft er Rüdiger an, enttäuscht in dem Vertrauen, das der Schwiegersohn in den Schwiegervater setzt (2188/89). Aber Rüdiger ist erhaben und schon entrückt, sein Schicksal ist besiegelt, er bedarf keiner Rechtfertigung mehr, verzichtet (wie schon gegenüber Gunther und Gernot) auf jegliche Rechtfertigung und bittet lediglich, es möge der Überlebende die Tochter nicht die Sünden des Vaters büßen lassen (2190). Vorbei ist für ihn die Phase des kasuistischen Diskutierens, der zerstörerischen Qual — *ich muoz mit iu strîten wande ihz gelobt hân* (2178).

Da geschieht etwas Schlimmes: Giselher *daz kint* tut, in jugendlicher Impulsivität, was weder Gunther noch Gernot getan haben: Er kündigt nun von seiten der Burgunden das *triuwe*-Verhältnis zu Rüdiger, indem er Blutsverwandtschaft über Verschwägerung und Freundschaft stellt:

> 2191,2 die hôhen mînen mâge,   die noch hier inne sint,
> suln die von iu ersterben[65],   so muoz gescheiden sîn
> diu vil stæte vriuntschaft   zuo dir und ouch der tohter dîn.

Darauf gibt es keine Antwort mehr, Menschenkraft ist hier überspannt, Menschenmaß gesprengt — nur Gott kann noch helfen (2192).

Da aber hilft Hagen.

[64] Jedenfalls in der Fassung des letzten Dichters, und nur von seiner künstlerischen Leistung ist hier die Rede.

[65] Dies ist ja nur der syntaktischen Form nach ein Conditionalis, dem Sinne nach Causalis.

VI. Hagens Schildbitte

> ... hat er eine von der Bühne abtretende
> Gesellschaft noch einmal geschildert
> in den Eigenschaften ihrer Vollendung,
> darin daß sie alles, auch das Höchste,
> Seelenhafte, durch die Gebärde und nicht
> durch Dialektik ausdrückte ...
> (Carl J. Burckhardt, ›Erinnerungen an
> Hofmannsthal‹, München 1948, S. 35 f.)

Hagen bittet den zum Kampf antretenden Gegner um dessen
Schild: Der seine, den ihm *vrou Gotelind* geschenkt, ist ihm von
den Hunnen zerhauen worden (2194). Da senkt sich noch einmal
der Hauch inniger Vertrautheit über die alten Freunde: Hagen
redet Rüdiger mit „Du" an, in dieser einen Strophe 2195 [66]:

> Daz des got von himele   ruochen wolde
> daz ich schilt sô guoten   noch tragen solde
> sô den du hâst vor hende,   vil edel Rüedegêr!
> so bedorfte ich in den stürmen   deheiner halsperge mêr.

Und in dieser einen Strophe (2196) redet Rüdiger Hagen mit 'Du'
an:

> doch nim du in hin, Hagene,   unt trag' in an der hant.
> hey soldest du in füeren   in der Burgonden lant!

Wenn Hagen ausruft: „Andren Schutzes bedarf ich dann nicht
mehr" (2195), so meint das natürlich nicht nur den materiellen
Rüstungsschutz, sondern ein Getrost- und Geschütztsein in der er-
neuerten Freundschaft. Denn so hat uns Hans Naumann in seinem
schönen Aufsatz zur ›Höfischen Symbolik‹ diese Szene verstehen
gelehrt: [67] „Hagen läßt sich Rüdegers Schild geben und damit gibt

---

[66] Zur „Ihr"- und „Du"-Anrede im ›Nibelungenlied‹ s. G. Ehrismann,
Duzen und Ihrzen im Mittelalter, III: ZfdWortf. 4, 1903, S. 217; zuletzt
Panzer, S. 182 f.; schon Lachmann wies auf u. a. diese beiden Strophen hin
als Zeugnis dafür, daß „der dichter nicht selten bei heftigerem affect die
redenden aus dem durchaus herschenden ihr in das du übergehen läßt",
›Anmerkungen zu den Nibelungen‹, Berlin 1836, S. 255.

[67] Rüdegers Tod, DVjS 10, 1932, S. 387—403, unter dem großen
Augustin-Motto *Res tantum cognoscitur quantum diligitur.*

er ihm die Freundestreue zurück ... Rüdeger gibt ihm den Schild, Hagen gibt ihm die Ehre wieder." [68] Und so verhilft ihm Hagen dazu, „daß er mit der *stæte* seine Einfügung in die göttliche Weltordnung wieder findet, und er verhilft ihm aus Dämonie und Freundschaft dazu" [69]. Dies alles ist gewiß richtig. Aber wäre es allein richtig und allein wichtig, dann erübrigten sich diese Ausführungen, die zeigen wollen, daß die Schildhergabe wenig aussagt über den Charakter Rüdigers, die Schildbitte aber viel aussagt über den Charakter Hagens.

Auch diese Schildbitte indes werden wir allererst aus Rechtstradition und alter Sitte zu verstehen suchen, bevor wir sie als 'höfisch' oder 'christlich' interpretieren.

Naumann meint, Rüdiger beweise mit dieser Geste, „daß er trotz allem auch die Gabe der Freundschaft noch hat ... Völliger kann der Verdacht des Verrats nicht getilgt werden als durch so klaren Beweis solch reinen Adels der Seele ..." [70]. Ob es für seine Gegner-Freunde wirklich dieses Beweises bedurfte? Verdacht des Verrats — ob diese Könige das Wesen der Lehnsbindung so gering schätzten? Man darf die Schildhingabe ja nicht simpel als eine Unterstützung des Gegners sehen — genug Schilde von Gefallenen liegen herum, mit denen Hagen sich schützen konnte. Eben darin, daß Hagen diese Bitte wagt, erweist sich doch sein, ihr aller Wissen von Rüdigers Adel und Reinheit. Rüdiger bestätige „noch im letzten Augenblick seines Lebens in der rührendsten Weise seine schrankenlose *milte*", meint Panzer. [71] Seine Güte trete „im letzten Augenblick dieses reinen Lebens so erschütternd hervor, daß selbst Hagens rauh-rohe Natur davon überwältigt wird" [72]. Das ist gewiß falsch gesehen und vermag sich nicht von dem durch des Liedes ersten Teil geprägten Hagen-Klischee zu lösen, mit dem der *trôst der Nibelunge* des zweiten wenig zu tun hat. [73]

[68] Naumann, S. 393.
[69] Naumann, S. 394.
[70] Naumann, S. 393.
[71] S. 257.
[72] Ebda., S. 205.
[73] Ein Klischee, das sich jüngst noch befremdlich niederschlug in Felix Genzmers Vorwort zu seiner Nibelungen-Übersetzung, Stuttgart 1955

Rüdigers *milte* wie Güte wird von keinem der Burgunden ernstlich bezweifelt — Hagens Verdienst ist es, daß er ihm Gelegenheit gibt, sie noch einmal zu beweisen. Des Markgrafen Seelengröße braucht sich nicht eigens zu bewähren, sie bewährt sich schon darin, daß er, dem Gesetz seines *gradus* gehorchend, den Kampf gegen die Freunde aufnimmt. Was vielmehr sich in diesem Akt und an ihm bewährt, ist die Seelengröße der Burgunden, wie sie sichtbar wird in Hagen. Er erlaubt Rüdiger, ihm noch einmal eine Freundestat zu erweisen — das meint: er versteht, er verzeiht. Rüdiger ist hier ein passiver Held, Heros des Leidens, ein von der Notwendigkeit Getriebener, der zwar gemäß dem Gesetz handelt und mithin 'richtig', der indes an seinem richtigen Handeln zu zerbrechen droht. Da bewirkt Hagen, bewirkt der Verzeihensakt der Burgunden die *restitutio in integrum*.

Rüdigers Verdienst in dieser Szene ist, daß er den Akt versteht, die Hand annimmt, den Schild übergibt, sich offen bekennt. Solches Erlöstsein führt zu dem scheinbaren Paradoxon, daß er dann frei kämpft und wild (durchaus nicht etwa höfisch-ritterlich).

Nach mittelalterlicher Anschauung entspricht aller Wahrheit ihre Verwirklichung in der Form. Rüdiger hat Freundschaft — aber die Form seines Verhaltens scheint dieser Wahrheit ihre Wirklichkeit zu nehmen. So muß also Hagen ihn zu einem offenen Akt der Freundschaft zwingen. Die Freundschaft der Burgunden bedurfte eines solchen Beweisgestus nicht: Als der mörderische Kampf aus-

(Reclam 642—654), wo man lesen kann, daß Dietrich und Rüdiger ein Vorwurf aus ihrer Freundschaft mit Hagen zu machen sei: „Beide erscheinen als vornehm denkende und großherzige Fürsten. Hagen ist dagegen ein Schurke", und er benimmt sich „von Anfang bis zum Schluß als ein Verbrecher". Es stelle indes den „Höhepunkt der unberechtigten Wertschätzung Hagens ... dar, als Hildebrand Kriemhild, seine Königin, erschlägt, weil er Hagen rächen wollte, und daß weder Dietrich noch Etzel etwas gegen Hildebrand unternehmen". — Den Gestalten einer Dichtung vorzuhalten, daß ihre gegenseitige Wertschätzung nicht den Maßstäben eines späteren Lesers entspreche, stellt gewiß keinen Höhepunkt philologisch-historischer Forschung dar. — Man vergleiche dagegen die nüchterne Analyse der Rechtslage durch Hans Fehr, Bd. II, S. 112—113, die keine Schuld an Hagens Rachetat findet.

brach in der Halle, da gewährten sie Rüdiger und seinen fünfhundert Mann freien Abzug von der Tenne des Ares, denn er ist *triuwen stæte* (1997, 3; der Dichter kann sich nicht enthalten hinzuzufügen, daß von ihnen *der künec Gunther schaden grôzen sît gewan,* 1998, 4). Damit haben sie wiedergeschenkt, was er ihnen an Liebe geschenkt hatte, und man möchte meinen, daß sie ihn durch diese Freigabe (die ihm gewiß das Leben rettete) zu künftiger Neutralität verpflichteten.

Hagen hat also das Unmögliche möglich gemacht: den Feindeskampf zu akzeptieren und die Freundestreue zu halten, im Feindeskampf die Freundestreue zu bestätigen. Das konnte er am Wasgenstein noch nicht (aber seine Haltung dort, die den Lehnseid, den er Guntharius geschworen, über die Freundschaft zu Waltharius stellt, macht verstehen, warum vor allen *er* den treuen Rüdiger begreift[74]). Die Miterlebenden erkennen den Wert der Gabe und des Vorgangs sehr genau, ihre Tränen besiegeln ihn. Dann stürzt Rüdiger sich in den Kampf: *des muotes er ertobete* (2206, 2), und in der Technik der *widerkêre* zieht er blutige Furchen in die Tanzbahn des Todes (2213) — zu seinem Ende so wenig ein christlicher Ritter wie am Anfang dieses Tages, da er den höhnenden Hunnen mit der Faust umrannte. Bis er fällt, von Gernot und dem eigenen Schwert erschlagen, und Gernot mitnehmend in den Tod.

Als die Waffen schweigen, mit Rüdiger alle seine Mannen gefallen sind, erwacht erneut Kriemhilds Mißtrauen: die Ruhe bedeute,

---

[74] Und natürlich nicht nur seine Haltung dort, sondern sein Schicksal überhaupt, das ihn zu dem Repräsentanten des Prinzips der Vasallentreue bestimmt hat. — Der Nibelungendichter hat den ›Waltharius‹ gekannt und benutzt, s. Panzer, S. 421. Die eindrucksvolle Geste indes der demonstrativen Nichtbeteiligung stammt vom Nibelungendichter: Hagen sitzt auf seinem Schilde (Str. 2344). Überhaupt liebt der Dichter die symbolische Handhabung des Schildes, s. Panzer, S. 178. — Zum Schild als altem Rechtssymbol s. Fehr, Bd. III, S. 60. — Übrigens ist es die Rücksicht auf die *êre,* die Hagen schließlich den Kampf gegen den Freund aufnehmen läßt: ... *replicabat honorem / Virtutis propriae, qui fors vitesceret inde, / Si quocumque modo in rebus sibi parceret istis* (V. 1094—1096 nach der Ausg. von K. Strecker, Berlin 1947). Das erinnert an Rüdigers Berufung auf die Reaktion der Welt in Strr. 2154 und 2156.

argwöhnt sie, daß der Lehnsmann nicht gemäß seiner Pflicht gehandelt und der Rache den Frieden vorgezogen habe (2228/29). Da gibt ihr Volker die Antwort, der sogleich gewußt hatte, daß der Vasall in den Kampf zog und nicht der Freund: bis in den Tod sei er treu gewesen und habe ausgeführt *daz im der künec gebôt* (2231). Gebietende freilich, das waren die Burgunden nicht; aber sie waren Wissende und Verzeihende — anders als Etzel. So waren sie im äußeren Leben die schwächere Macht, und der gegnerische König obsiegte, der Vasall gehorchte. Und starb; der Freund aber lebte in dem ewigen Leben seiner *tugent* (2199, 4).

VII. Das Geschenk

Wir haben einen entscheidenden Zug der Episode ausgespart. Hagen erklärt, nachdem er den Schild erhalten, daß er Rüdiger nicht anrühren wolle im Kampf. Volker folgt dem Freunde. Ausdrücklich begründet Hagen diese Enthaltung, die sich gewiß mörderisch auswirkt auf die Burgunden und ihre Kampfkraft, mit dem Schildgeschenk:

> 2201   Nu lôn ich iu der gâbe,   vil edel Rüedegêr,
> swie halt gein iu gebâren   dise recken hêr,
> daz nimmer iuch gerüeret   in strîte hie mîn hant,
> ob ir si alle slüeget   die von Burgonden lant.

Das ist eine erschütternde und ungeheuerlich zu vernehmende Kündigung: Hagen, Inkarnation des Prinzips Gefolgschaftstreue, erklärt hier mit kargen Worten, er sei gesonnen, seine Herren nicht zu verteidigen — mögen sie auch fallen. Und man darf vermuten, daß diese Haltung am Tode seines Herrn Gernot ihren Anteil hat. Dieser Augenblick einer bestürzenden Verzichtproklamation ist ein Augenblick großer Kunst. Der Dichter hat den Ausgleich geschaffen, die Gewichte wieder ins Lot gebracht und die gestörte Ordnung wieder eingerichtet. Rüdiger, Inbild der Freundschaft, Güte, der zart beschenkenden Liebe, läßt seine Freunde im Stich, um die Lehnstreue zu halten. Hagen, Inbild der Vasallität, der in der unbarmherzigen Härte seines Lehnsmannenbegriffs selbst den Mord nicht gescheut hatte, läßt seine Herren im Stich, um die Freundestreue zu halten. Dieser Rollentausch ist wahrlich ein wunderbares und großartiges Symbol der Aussöhnbarkeit des im Leben gegründeten Widerspruchs. Diese Helden, jeder der Vertreter eines Treueprinzips, bekunden in ihrer kontrafaktischen Bezogenheit das Prinzip Treue schlechthin.

Hagen ist nicht ohne weiteres befugt zu diesem gewaltigen Gestus. Er bedarf der mitwissenden, mitverstehenden Helfer. Das sind die Burgundenkönige — und Rüdiger. Rüdiger der Lehnsmann war gescheitert an dem Wall von Haß, den seine Herren gegen die Feinde bauten. Er wurde nicht freigegeben. Hagen aber weiß, daß die Burgundenkönige nicht sind wie die *vâlandinne* Kriemhild und der schwache Etzel. Sie haben ihn schon freigegeben, bevor er fragte, und den Spielmann dazu. Ihre Haltung ist nicht minder adlig als die Hagens. In der Bewährung seiner Freundestreue bewährt sich die ihre, ob sie gleich kämpfen müssen und töten. So vollbringen sie das Wunder, Rüdiger als dem Freunde ihre Liebe zu zeigen und ihn als den Feind zu fällen. Aber es bedurfte des unmittelbaren Anlasses zur Demonstration solcher Haltung. Ihre Freundesgesinnung hatten die Nibelungen deutlich genug werden lassen, als sie Rüdiger unversehrt aus dem Hallenbau entließen. Um die Doppelseitigkeit der Freundschaftsbindung zu bezeugen, mußte Hagen erneut Bindung herstellen.

Eine zentrale Rolle in den Beziehungen der Menschen untereinander spielt bei den Germanen die *Gabe,* das *Geschenk.* Die Lust, ja Gier nach Gold nimmt für den späten Betrachter der alten Geschichten und Sagen oft beklemmende, ja groteske Züge an. Man würde den Wert der Gabe jedoch verkennen, wenn man ihn lediglich im Materiellen sähe. Die Schenkung hat magische Wirkung. Sie bindet den Mann, den Gebenden wie den Nehmenden, sie schafft insbesondere für den, der sie empfängt, eine Verpflichtung: „der Empfänger ist in der Gewalt des Gebers" [75].
Schenken, das bedeutet Friede und Bündnis; Gabe und Freund-

---

[75] Dies und das Folgende nach Grönbech, Bd. II, S. 7 ff.; s. a. Gustav Neckel, Kultur der alten Germanen, in: Handbuch der Kulturgeschichte, Potsdam 1939, S. 31.

schaft sind identisch. Bei einer solchen Übertragung aber „geschieht mehr als die bloße Übereignung eines äußeren Besitzes". Das Geschenk hat eine „Seele", trägt ein Teil dessen in sich, der es besaß, und wird diese Seele offenbaren.[76] Die Gabe „stiftet zwischen dem Gebenden und dem Empfangenden ein innigeres Verhältnis, das gegenseitig verpflichtet"[77]. Diese Verbindung vertieft sich und wird offenbar in der „Übertragung der Wesenhaftigkeit des Besitzers", die sich mit der Übertragung des Gegenstandes vollzieht.[78] Die dem geschenkten Gegenstand innewohnende Kraft wie seine friedenstiftende Wirkung wird im Mittelalter noch unvermindert stark empfunden, wie die Literatur allerwärts zeigt (und nicht nur die Heldendichtung mit ihrer Lust an goldenen Armreifen).

Hagen hat von *vrou Gotelind* zunächst kein Geschenk nehmen wollen. Dann aber erbittet er sich Nudungs Schild, an dem früher Tod haftet. Der Schild wird zerhauen.[79] Da bittet Hagen noch einmal, in spiegelnder Gestik die Erneuerung des rituellen Schenkaktes provozierend. Damit provoziert er zugleich die dem Beschenkten allein geziemende Haltung, die *vride unde suone* heißt. So muß man Hagens Handeln allererst verstehen. Nicht als Anlaß, Rüdigers Seelengröße sichtbar zu machen. Nicht auch vornehmlich als einen das freundschaftliche Verzeihen demonstrierenden Akt. Das überlegene Wiederherstellen des verletzten Sittengesetzes, die Heilung des versehrten Rüdiger, ist gewiß auch Teil der Symbolhandlung, doch es folgert erst aus ihrer primären Bedeutung. Die aber heißt: *Hagen will nicht gegen den Freund kämpfen*. Er will hier, darf hier die Freundestreue über die Gefolgschaftstreue stellen. Er, der den Freund Siegfried um der Gefolgschaftstreue willen verriet, verläßt jetzt seine Gefolgsherren um der Treue zu seinem Freund Rüdiger willen. Der Hagen des I. Teils wird durch den Hagen des II. Teils dementiert. Entscheidend ist freilich, daß er diesen

---

[76] Grönbech, S. 18.

[77] Jan de Vries, Die geistige Welt der Germanen, Halle [2]1945, S. 59.

[78] de Vries, S. 60.

[79] So wird das Erbe des unglücklichen Rüdiger-Sohns verteilt, Hagen erhält die Schutzwaffe, und Kriemhild verspricht Bloedel Braut und Lehen des Gefallenen (Strr. 1903 ff.), damit er gegen die Burgunden kämpfe. Bedingungsfreies Geschenk hier, Bestechung dort.

tiefsinnigen, das Pendel der Weltzeit wieder gleichmäßig schwingen machenden Akt nur durchführen kann dank der Nobilitas derer, die von ihm betroffen werden und schweigend die Handlung des Gefühls zu einer auch des Rechts steigern. So erhebt sich die Passivität verzeihenden Verstehens, die sich in der Schildbitte und -annahme bekundete, zu der das Handeln Rüdigers komplementierenden Handlung: Verzicht, den Freund anzurühren. (Hier ist Verzicht natürlich ein Handeln.) Den Riß, der die Weltordnung verwundete, da blind das Gesetz die Freundschaft verwundete, heilt versöhnend die Freundschaft, die das Gesetz aufhebt. Rechtens aufhebt: denn da Rüdiger der Lehnsmann nicht freigegeben wurde, wird Hagen der Lehnsmann freigegeben. Nun sind es die Burgunden, die ihren Schild opfern, ihre Waffen schwächen, um damit die Kraft der Gewichte sittlicher Weltordnung zu retten. Da Rüdiger die Freunde um der Lehnstreue willen bekämpfen muß, so muß Hagen die Lehnsherren um der Freundestreue willen allein lassen.[80] Die Zeit ist wieder in den Fugen. Das Leben zwar ist verspielt, aber die sich töten, werden sich hier nicht als Mörder töten noch als Feinde, und sie werden ihre Menschlichkeit über den Tod hinaus retten, in der sie Recht und Gesetz erfüllt und vor der Erstarrung zur Chimäre der Ideologie bewahrt haben.

Das also scheint uns das Wesen dieses Symbols und dieses Symbolaktes zu sein. Wir suchten erstlich zu verstehen, *warum* Rüdiger kämpfen muß, *daß* er kämpfen muß. Dann sahen wir, daß inmitten dieser Kampfesnot und durch sie einen Atemzug lang Friede entstehen kann und die Stille der Freundschaft — bevor der Strudel der Vernichtung alle in den Abgrund reißt aus Feuer und Blut und unstillbarem Haß des Menschen auf den Menschen, des Nächsten auf den Nächsten. In diesem kurzen Atemzug aber des menschengeschaffenen Friedens ist mehr Macht als in dem Finale des großen Untergangs.

---

[80] Daß Hagens und Volkers *vride* nur Rüdiger, nicht seinen Leuten gilt, ist zwar technisch-praktisch von Bedeutung, rührt aber nicht an das Grundsätzliche des moralischen Konflikts und seiner Lösung und verschiebt nicht die Kräfte des inneren Spannungsgefüges. Was nicht handelnde Hauptperson ist in diesem Liede, wird nur als (notwendige) Staffage verwandt und verschlissen als Material.

Dieses Symbol und dieser Symbolvorgang wurzeln in dem germanischen Sittenbereich der Gabe und des Gabentausches, d. h. dem Bereich der Friedensstiftung, mithin dem Rechtsbereich. Gerade im Recht eignet der Symbolsprache eine gewaltige Kraft bis auf den heutigen Tag — und ihre Magie war naturgemäß allererst gebunden an Waffen und Kriegsgerät: das Schwert, die Lanze, die Fahne oder den Schild.[81] Auch an Rüdigers Schild.

VIII. Der Dichter, sein Stoff und seine Zeit

Diese Szene verstehen heißt auch, nach ihrem Alter fragen. Naumann meinte, es sei die Schildepisode „in ihrer symbolisch tiefen Bedeutung um 1160 noch nicht möglich" gewesen,[82] und es könne eine Blüte wie die „Hochherzigkeit der Schildhingabe" wohl erst „auf dem ritterlichen Boden um 1200 gewachsen" sein[83]. Er spricht von einem „ungemein höfischen Augenblick in diesem germanischen Stoff"[84], stellt indes anderseits die germanische Grundfärbung dieses Aktes fest: denn daß die „Entscheidung des Seelenkonfliktes noch mit so großer Sicherheit zugunsten der Gefolgstreue ausfällt", erscheint ihm als germanisch, nicht anders die unchristlich-heidnische Art des Sterbens.[85] „Die Stilsicherheit, mit der im ›Nibelungenlied‹, und selbst also in unserer Aventiure, der heidnische Charakter des Todes getroffen wurde, muß als durchaus rätselhaft bezeichnet werden."[86]

Nicht nur der Tod ist es, der uns im ›Nibelungenlied‹ heidnischgermanisch entgegentritt. Wenn man sieht, daß dort auch im Bereich des Lebens, des Denkens, Fühlens, Handelns sehr Vieles und sehr Wesentliches noch in germanischem Boden verwurzelt ist (zu

---

[81] S. Bader, Sp. 1434, Sp. 1453; Fehr, Bd. II, S. 527/28 u. ö.; Jacob Grimm, Deutsche Rechtsalterthümer, 2 Bde., Leipzig ⁴1899, Bd. I, Cap. IV, S. 109—207.

[82] S. 397.

[83] S. 399.

[84] S. 402.

[85] S. 402 f.

[86] Naumann, S. 403.

schweigen von dem historischen Substrat), dann verliert das Rätsel manches von seiner Dunkelheit, jedenfalls von seiner Einzigartigkeit und mündet ein in die große und oft erörterte Frage, wie überhaupt eine Kontinuität zu erklären sei, die spätgermanische Lebenselemente ins hohe Mittelalter (und spätere Zeit) trug. Auch in der Rüdiger-Szene ist also nicht nur der Tod heidnisch: Die Lösung des Konfliktes wie die Haltung und Handlung Hagens sind zu verstehen nur vor dem Hintergrund germanischer Rechtselemente (wie sie in das mittelalterliche Rechtsbewußtsein eingegangen sind).[87]

Das ist eine weder erstaunliche noch gewalttätige Feststellung. Zum einen weiß man, daß unser ›Nibelungenlied‹ im Gerüst des Stoffs wie in einer Fülle von Einzelheiten ein germanisches Denkmal 'grundheidnischen' Charakters ist. Des weiteren sind *eines* die Elemente, Denkformen, Anschauungsmodelle, ein *anderes* die Verwendung und Abstimmung solcher Muster.

Wir glauben, gerade mit unserer Analyse einen Fall subtiler und nur in der Epoche eines differenzierten Denk- und Kompositionsstils möglicher Poetisierung des alten Stoffes aufgedeckt zu haben, indem wir zeigten, wie die starre und unbarmherzige Entscheidung *hier* aufgehoben wurde durch die humane und seelenvolle Entscheidung *dort*, wie die beiden Entschlüsse in Begegnung und Entsprechung aufeinander bezogen und nur als komplementäre Vorgänge verstehbar sind; indem wir erkannten, wie in einem Akt wunderbar ausspielender Gerechtigkeit der gütig-zarte Rüdiger zum Exponen-

---

[87] Allerdings ziele ich, wenn ich die Rüdiger-Entscheidung als 'germanisch' charakterisiere, nicht wie Naumann (S. 402) direkt auf die „Gefolgschaftstreue", von der im Mittelalter zu reden ja mißverständlich ist, sondern ich meine — wie aus den Abschnitten oben II—IV hervorgeht — den Rechtsbegriff, dessen sakraler Absolutheitsanspruch aus dem germanischen Bereich beherrschend auf das mittelalterliche Rechtsgefühl eingewirkt hat (s. o. S. 382 ff.). Daß die Praxis freilich allem Rechtsempfinden — auch im Bereich des Lehnsrechts — oft Hohn sprach, ist bekannt: der als solcher empfundene und registrierte Rechtsbruch bestätigt indes das Recht wie der Sünder Gott. — In solchem Sinne also kann ein Akt der Lehnstreue im Mittelalter als 'germanisch' verstanden werden, ohne daß die Vasallitätsethik deshalb durchweg als Reflex germanischer Gefolgschaftstreue gedeutet werden muß.

ten eines grausam einseitigen Rechtssatzes wird und der unbeugsam harte Hagen zu dem einer versöhnenden Vergebung in Frieden. Eine Gesinnung, die solchen Rollentausch erlaubt und Bilder auf solche Weise aufeinander abstimmt, wird man christlich nennen und auch höfisch. Das Material zwar der Szene ist das Material des ganzen Blocks, ist germanisch. Daß jedoch der Lehnsmann Rüdiger der Eindeutigkeit der Rechtslage zum Trotz in den zermarternden Seelenkampf hineingerissen wird, ist gewiß dem Einwirken christlichen Fühlens zuzuschreiben, einer Kraft, die das Freund-Feind-System annulliert, da sie beide lieben heißt, die das Ganze eines Lebensgefühls aufdifferenziert hat zu einzelnen Saiten, die in- und die gegeneinander schwingen; einer Macht, die solche Regungen registriert und das Schicksal der Seele leidvoll erwägt. Um es formelhaft auszudrücken: Der christliche Charakter Rüdiger leidet die Not der Entscheidung, der germanische Handlungsträger Rüdiger trifft die Entscheidung: trifft sie für das Recht, die Lehnstreue, *et pereat mundus* — *ne pereat mundus*? Und besteht mit christlichem Charakter ein germanisches Schicksal.

Nicht minder will uns hier der dämonische Recke Hagen als von christlicher Gesinnung berührt erscheinen, der es vollbringt, Freunde einander versöhnt bekämpfen zu lassen, das Dunkel einer archaisch-germanischen Schicksalsnotwendigkeit nicht aufzulösen, aber zu lichten durch den Geist der Liebe und des Verzeihens. In der Rüdi-ger-Szene hat der Dichter vermocht, was ihm an so vielen anderen Stellen mißlang und — der Unvereinbarkeit der Größen wegen — mißlingen mußte: Denkvorstellungen und Handlungselemente aus germanischer Zeit und Materie zu verschmelzen mit der subtilen und vielsagenden Gestik höfischer Kultur, mit der Leidens- und Liebesfähigkeit christlicher Gesinnung.

IX. Vorstufen und Quellen?

Christliche Gesinnung, höfische Gesittung, die sich der Gewalt germanischer Rechts- und Treuevorstellungen verbinden, sich der Aussagekraft germanischer Gestik und Symbolik instrumental bedienen — hilft eine solche Feststellung, Herkunft und Alter der

Szene zu begreifen? Man weiß, die ›Thidrekssaga‹ — mag man in ihr nun eine Vorstufe oder eine Folge der letzten deutschen Gestaltung sehen [88] — kennt die Schildbitte und -übergabe nicht, sie kennt nur Nudungs Schild (hier ist er der Bruder Gudelindas) und seine Schenkung an Högni. Sie weiß auch — trotz Freundschaft und Verschwägerung — nichts von einer Pflichtenkollision im Markgrafen Rodingeir. Vielmehr greift er mit seinen Mannen zornig in den Kampf ein, nachdem Herzog Blodlin gefallen ist, und erleidet den Tod durch das eigne Schwert, das indes nicht Gernot führt, sondern Giselher (der also nicht als der Schwiegersohn abseits steht wie in der feiner empfundenen Version des ›Nibelungenliedes‹, Str. 2208). Die das Rüdiger-Szenarium bestimmend zeichnenden Konturen fehlen mithin: der Pflichtenkonflikt, die Entscheidung für die Lehnstreue, die Versöhnung durch Schildbitte und -übergabe. Der Kompilator der ›Thidrekssaga‹ wird all dieses nicht weglassen, sondern er wird es nicht gekannt haben.

Die ›Thidrekssaga‹ also ließe allenfalls die *eine* Antwort auf unsere Frage nach möglichen Präformationen der Rüdiger-Szene in der Stoffgeschichte der Nibelungen zu: Nimmt man an, daß sie eine ältere Stufe vertritt als unser Epos, so hätte dieser Stufe mithin das Wesentliche des Aktes gefehlt, und daraus folgert die Vermutung, er sei vom letzten Dichter nicht nur vertieft und veredelt, sondern ganz und gar erschaffen worden. Das wäre ein befriedigendes Ergebnis, wenn wir nur nicht in der ganzen Aventiure, insbesondere in diesem Auftritt, mancherlei germanische Denk- und Gebärdensubstanz angetroffen hätten, die, wäre sie vom höfisch-christlichen Dichter hinzuerfunden, allerdings durchaus rätselhaft anmuten müßte. Denn es sind ja nicht lediglich die großen Komplexe des Sterbens, des Rechtsempfindens, der Gaben-Ethik, die aus germanischem Stoff gemacht erscheinen. Es kommt noch mancherlei in Stil und Formulierung hinzu. Da ist der rabiate Akt des Faustrechts, mit dem Rüdiger die Schmähung seiner Ehre an dem *Hiunen*

---

[88] „Wahrscheinlich (ist sie) beides", Werner Betz, Der Gestaltwandel des Burgundenuntergangs von Prosper Aquitanus bis Magister Konrad, Gestaltprobleme der Dichtung, Günther-Müller-Festschrift, Bonn 1957, S. 4.

recken rächt: *Hin, du zage mære* ist sein frommer Grabspruch über der Leiche des Erschlagenen. — Da ist der Ausdruck eines Galgenhumors, der in Haltung wie Formulierung typisch germanisch erscheint.[89] So, wenn Giselher den Schwiegervater umzustimmen versucht: *ir grîfet übel zuo. / die iuwern schœnen tohter welt ir verwitwen zu fruo* (2188). Oder das spröde understatement Hagens in den beiden Strophen der Schildbitte (2194/95), endend: *... so bedorfte ich in den stürmen deheiner halsperge mêr.* Das ist nicht mittelhochdeutsche, das ist germanische Ironie.[90] Um solcherlei altes Gestein lagern sich dann ganz junge Formationen: da ist die Ein-

---

[89] Darauf weist mich Ulrich Pretzel in einem Brief vom 8. VIII. 1960 hin. Ebendort auch die Formulierung: „Ich sehe ... als entscheidend nicht die Schildübergabe Rüdigers, sondern die Schildbitte Hagens an" — wobei weder Pretzel noch ich zuvor von des anderen Anschauung unterrichtet war. Str. 2198 möchte Pretzel aus Gründen der inneren Logik „beinah für unecht erklären", Str. 2196 erweckt „aus metrischen Gründen höchstes Mißtrauen", und Str. 2200 wird von ihm wie von anderen (z. B. de Boor, s. Kommentar) mit gutem Grund für jung erklärt. Anläßlich dieser wie anderer Beobachtungen kommt Pretzel zu der „Annahme, daß die textkritische Sicherheit der ganzen Partie höchst zweifelhaft ist". — Eine andere Sache ist, daß sich derartige burleske und galgenhumorige Passagen auch z. B. in einer so 'ungermanischen' Dichtung finden wie in Wolframs ›Willehalm‹ (Rennewart!).

[90] Bei Gelegenheit der Erwähnung dieser 'germanischen Ironie' möchte ich auf die Str. 1960 hinweisen mit Hagens gewaltigem Trutzwort: *nu trinken wir die minne und gelten's küniges wîn. / der junge vogt der Hiunen, der muoz der aller êrste sîn.* Die Stelle fasse ich anders auf als de Boor in seinem Kommentar und in seiner Übersetzung (Anm. S. 700). Das Minne-Trinken bezieht sich nicht auf das noch lebende Kind Kriemhilds, sondern auf die niedergemetzelten Knappen der Burgunden, und *gelten* hat keinen feierlich-sakralen Klang, sondern ist konkretes „bezahlen": „Jetzt trinken wir [nämlich kämpfend] das Gedächtnis dieser Toten und bezahlen [somit] dem König Etzel seinen Wein [i. e. diese seine Form der Gastfreundschaft]: beginnen tun wir mit dem jungen Prinzen!" Vgl. ›Die Geschichte Thidreks von Bern‹ übertr. von Fine Erichsen, Jena 1924, S. 402 (Sammlung Thule, Reihe II, Bd. 22): „Guten Wein trinken wir in diesem Garten, den haben wir teuer zu bezahlen, die erste Schuld entricht' ich hiermit der Schwester Grimhild". Zum Minnetrinken s. Grönbech, II, S. 153—160.

führung der *sêle,* die sich in der Distinktion zu *êre* und *lîp* als ein nicht durchgeführtes Motiv erweist[91]; da ist sie ein weiteres Mal mit nicht minder verschwommenen Konturen: *Dô liez er an die wâge sêle unde lîp* (Str. 2166): den *lîp* wohl — aber riskiert auch das Seelenheil, wer märtyrergleich für das Recht zu sterben bereit und selbst das Liebste, die Freundschaft, um dieses als notwendig erkannten Opfers halber hinzugeben gewillt ist?[92]

Schließlich treten deutlich genug die Fugen zwischen den einzelnen Formationen hervor, die der Dichter — so groß er sich gerade in dieser Partie zeigt — nicht immer geschickt auszufüllen und zu glätten vermochte. Wir verwiesen schon auf die leeren, widerspruchsvollen oder formal unbefriedigenden Strophen 2196, 2198, 2200[93] — die Aufzählung ließe sich vermehren. So hat bereits Lachmann mit Recht eine Reihe von Strophen dieser Partie (die Teil seines XX. Liedes ist) für suspekt erachtet.[94]

Fragen der Stoffgeschichte und der Stilmischung sollten in diesem Zusammenhang nur soweit gestreift werden, als sie das Verstehen unserer Szene fördern. Wir können nach unseren knappen Bemerkungen wohl vermuten, daß die uns überlieferte Textfassung des Rüdiger-Aktes Resultat nicht eines geschlossenen Neuschöpfungsvorgangs der letzten Phase, sondern mehrfacher Überlagerungen ist: Neuformung, neue Sinngebung, Neudeutung ja; nicht aber

---

[91] S. o. Anm. 49.

[92] Man wird hier wohl die Seele nicht überschwer betonen dürfen, sondern die Formulierung als Formel empfinden müssen, wie Joachim Bumke (bei Behandlung der Willehalm-Verse 3, 4—5) vorschlägt: *„sêle unde lîp* ist eine zusammenfassende Formel für die Person des Gemeinten" (Wolframs Willehalm, Heidelberg 1959, S. 104, Anm. 18). — Das unvermutet folgende *dô begunde weinen daz Etzelen wîp* der gleichen Strophe ist nicht leicht zu verstehen. Naumann meint, über die Brüder — denkt er da an ein Rudiment der ältesten, die Brüder am Gatten rächenden Schicht? Ich nahm an, über Rüdigers vorauszusehenden Tod — ebenfalls unbefriedigend. Nun macht mich Werner Betz freundlichst auf seine Deutung der Stelle aufmerksam: Kriemhild weint Freudentränen — sicherlich die einleuchtendste Erklärung.

[93] S. o. Anm. 89.

[94] Anmerkungen zu den Nibelungen und zur Klage, S. 255.

Neuschöpfung. Andreas Heusler freilich [95] hielt Rüdigers Rolle für die „unvergleichliche Schöpfung" des Dichters der sog. ›Älteren Not‹, sein Alter reiche (wie das Volkers) „nicht über Ritter- und Epenzeit hinauf" (S. 89). Da indes frühere Stufen der Stoffgeschichte, soweit wir ihrer habhaft werden können, dieses Kapitel verschweigen, ist es berechtigt, nach Vorbildern in anderen Dichtungen Ausschau zu halten.

Friedrich Panzer hat das getan; und vor ihm haben Leo Spitzer und Menéndez Pidal die Frage gestreift. Spitzer sieht in Rüdiger eine Parallelfigur zum ›Cid‹.[96] Und in der Tat ist ja die Namensgleichheit Rodrigo-Rüdiger bemerkenswert, zumal es in der mittelhochdeutschen Dichtung keinen anderen Rüdiger gibt. Doch distanziert sich Spitzer hier von Menéndez Pidal, dessen These den deutschen Helden genetisch mit dem ›Cid‹ verbinden möchte. Ob es lohnt, diese Spuren zu verfolgen, vermag ich nicht zu entscheiden. Wie immer man jedoch über den Zusammenhang der Figuren denken mag, für unsere Szene findet sich im ›Cid‹ kein Modell.

Panzer hat auf einer seiner verdienstvollen, in Weltliteratur wie Zeitgeschichte nach Quellen für die mittelhochdeutsche Dichtung fahndenden Expeditionen für vier Aventiuren des ›Nibelungenliedes‹ die altfranzösische Chanson ›Renaut de Montauban‹ verantwortlich gemacht.[97] Auch für die Rüdiger-Aventiure.[98] „Es ist unverkennbar, daß unserem Dichter als Vorbild für seine Schöpfung der Ogier von Dänemark im Epos von den Haimonskindern vor Augen gestanden hat" [99] (deren Anführer eben Renaut ist). Die Parallelen sind in der Tat bemerkenswert: auch Ogiers li Danois wird in einen Pflichtenkonflikt gedrängt, muß als Karls Mann gegen die ihm befreundeten und verwandten Haimonskinder an-

---

[95] Nibelungensage und Nibelungenlied, Dortmund ²1922, S. 97.

[96] Sobre el Carácter historico del Cantar de Mio Cid, zuletzt abgedruckt in Spitzers ›Romanischen Literaturstudien‹, Tübingen 1959, S. 647 bis 663, unsere Stelle S. 657. Ich danke Hans Robert Jauss den Hinweis.

[97] Studien zum Nibelungenliede, Frankfurt a. M. 1945, S. 42—72; knapper wiederholt im 8. Kapitel seines Nibelungenbuchs von 1955, passim.

[98] Studien, S. 58—68; Das Nibelungenlied, S. 421—424.

[99] Studien, S. 59.

treten. Freilich — um es mit Panzers eigenen Worten zu sagen — mußte „ein solcher Widerstreit zwischen den Pflichten des Lehens- und Gefolgsmannes und den Pflichten, die Versippung oder sonstige Bindungen auferlegten, ... in einer Gesellschaft und Zeit, in deren Aufbau und Bewegung die Mannschaftspflicht so tief eingriff, häufig genug sein, konnte also leicht unabhängig da und dort aus dem Leben aufgegriffen und zum tragischen Motiv einer Dichtung verwandt werden" [100]. (Wir brauchen ja nur an den ›Waltharius‹ zu denken.) Gegenüber dieser seiner elementaren Feststellung hat es dann Panzer nicht leicht, literarische Abhängigkeit zu beweisen. Er führt Parallelen des Empfindens und Sprechens an, Ogier heißt *li bons* wie Rüdiger *der guote* heißt, in beiden Epen findet sich der Auftritt, den wir als den lehnsrechtlichen Akt der *diffidatio* erkannten — aber dies und anderes bleibt doch peripher, denn es betrifft nicht die spezifisch Rüdiger und seinen Auftritt charakterisierenden Züge: Ogier flieht im Zweikampf mit Renaut und wird von beiden Seiten verspottet und gescholten — „so bleibt der Konflikt ungelöst" [101], der Konflikt, den durch seinen Tod zu beenden Rüdiger versucht. Im ›Nibelungenlied‹ ist nicht — um es noch einmal zu sagen — der Konflikt das Wesentliche. Wesentlich ist, wie Rüdiger sich in ihm entscheidet und wie Hagen ihn löst. Davon aber, und von der schweigenden Beredsamkeit des Symbols, findet sich in der romanischen Dichtung nichts. Damit ist nicht gesagt, daß sie in keinerlei Beziehung zum ›Nibelungenlied‹ stehe. Ihr Einfluß (denn an einen Einfluß *nach* statt *aus* dem Westen wird man wohl nicht denken) aber beschränkt sich dann auf die technische Ausstaffierung einer im Vordergründigen analog angelegten Situation.[102]

Die Musterung der spärlichen bisher für die Rüdiger-Gestalt und den Rüdiger-Akt postulierten Vorbilder ergibt mit großer Wahrscheinlichkeit, daß sie allenfalls mitarbeitende Funktion gehabt haben mögen (was bei der weiten Verflechtung z. B. der Geschichte

---

[100] Studien, S. 60.

[101] Panzer, Studien, S. 60.

[102] Ich verweise übrigens auf die Rezensionen von H. Hempel, AfdA 64, 1948, S. 28—34 und H. Schneider, Euphorion 45, 1950, S. 493—498.

von den Haimonssöhnen nicht verwunderlich wäre), daß sie das technische Instrumentarium erweitert haben können. Unmittelbare Hauptvorlage sind sie nicht gewesen.

Das Ergebnis wagt nur in Frageform aufzutreten: Wenn nach dem gegenwärtigen Stand unserer Kenntnis diese große Szene weder in der Stoffgeschichte des ›Nibelungenliedes‹ vorbereitet noch in ihrer Essenz gestaltet wurde durch Situationsparallelen anderer Dichtungen; wenn anderseits aber eine spontane Neuschöpfung durch den letzten Nibelungendichter schwer glaubhaft ist — nicht nur, weil das seinem sich in seiner Arbeitsweise sonst kundtuenden Vermögen widerspräche, sondern weil wir auf wohlerhaltene Rudimente eines sehr alten Denkens, Fühlens und Darbietens stießen, wie es in dem Kirchenmann um 1200 wohl als passive Verständnisschicht, nicht jedoch als eine in schöpferischen Impuls umschlagende lebendige Wirklichkeit vorausgesetzt werden kann — wenn also weder Rekonstruktion des Früheren noch Parallelen aus der Zeit uns zu dieser Szene verhelfen und uns der letzte Dichter nicht ihr Vater sein kann: sollte dann nicht Anlaß bestehen, nach einer uns verlorenen Rüdiger-Dichtung zu fragen? D. h. nach einer Dichtung, die einen Mann — welchen Namens auch immer — zum (Mit-) Helden hat, der in zermarterndem Zusammenprall der Pflichten den todgewissen Opfergang geht und dessen Verlorenheit aufgehoben wird in der versöhnungsmächtigen Symbolgeste des Gegner-Freundes.[103]

---

[103] Wenn es diesen Mann gegeben hat, dann wäre seine Verknüpfung mit der Werber-Rolle (20. Aventiure) und dem Herrn des höfischen Idylls von Bechlaren (27. Aventiure) wohl erst nachträglich erfolgt? — Laut Str. 1201 sind Rüdiger und Hagen alte Bekannte: das wird durch den ›Waltharius‹ nicht mit gleicher Selbstverständlichkeit gerechtfertigt wie die alte Beziehung zwischen Etzel und Hagen. Heusler sah — s. o. Anm. 95 — die *Rolle* Rüdigers durch den Spielmannsdichter der ›Älteren Not‹ geprägt. Die *Gestalt* aber ist nach ihm Produkt dreier Ependichter: des Verfassers des von ihm postulierten Dietrichepos (um 1180), des Dichters der ›Älteren Not‹ und des „Spielmanns" der letzten Fassung (Nibelungensage und Nibelungenlied, S. 199 f.).

X. Romangestalt und Chanson-Schicksal

Die Frage nach Rüdiger ist auch die Frage nach bestimmten Normen der Gattungspoetik. Um Rüdiger weht höfische Luft: Er ist der Meister des diplomatisch differenzierenden Protokolls,[104] er ist der Herr des anmutigen Idylls von Bechlaren, dessen lichter Tag in zuchtvoller Unbeschwertheit sehr kunstreich berechnet der blutgesättigten Dunkelheit der nun anbrechenden Nacht vorangeht. Nicht von ungefähr endet der Aufenthalt mit einem spezifisch höfischen Auftritt: Volker tritt vor die Herrin Gotelind und *videlte süeze dœne und sanc ir sîniu liet* (Str. 1705, 3), und sie dankt ihm mit einer Minnegabe von zwölf goldenen Ringen (Str. 1706). Das ist die „einzige durchgeführte Szene höfischen Minnedienstes"[105] in einem mittelhochdeutschen Epos — und so hat sie viel Gewicht. Nicht von ungefähr wird sie als wehmütige Erinnerung und als Hoffnung ohne Zukunft eingeblendet in den Augenblick vor Rüdigers letztem Kampf (Str. 2204/05).

Sie wird eingeblendet als ein Lichtstrahl aus anderer Welt. Denn der Rüdiger des letzten Kampfes ist kein höfischer Romanheld. Er tritt an für eine überpersönliche Idee, für ein kollektives Gemeinschaftsideal. In deren Dienst steht er, und er fällt für sie. Die reiche Literatur zur Gattungsdefinition von Chanson de geste und Roman courtois, zu Heldenepos und Höfischem Roman[106] stimmt darin überein, daß — um es mit der Deutlichkeit einer überspitzten Formel zu sagen — in der Chanson der Held im Dienste der Handlung steht, im Roman die Handlung im Dienste des Helden. In der Chanson empfängt der Held vom Geschehen seinen Sinn, im Roman das Geschehen vom Helden. Das Heldenepos wird bewegt von einer großen, nationalen, religiösen, von der Gesamtheit ausgehenden und sie bestimmenden Idee; für sie, durch sie lebt und stirbt der Held. Der Roman hingegen mutet seinem differenzierten, sensiblen Helden eine Fülle von einzelnen persönlichen Konflikten

---

[104] S. o. Anm. 56.
[105] de Boor, z. St.
[106] Ich verweise auf die Ausführungen Joachim Bumkes, Willehalm, S. 56—59, und auf seine Literaturangaben, ebda., Anm. 1—12.

zu, macht ihn zaudern, zweifeln, irren — aber nicht sterben, sondern geläutert ein neues Leben beginnen.[107] Der Tod des Chanson-
Helden mag unbegreiflich, aber er kann nicht sinnlos sein: in seinem Tod lebt die durch ihn repräsentierte Idee. Für den höfischen
Roman jedoch ist schon der Mensch eine 'Idee' geworden, sein Leben in Problematik, Versagen und Gewinnen — ungeachtet der
Tatsache, daß auch er als Minnender, als Turnier- oder Zweikampf-
sieger überindividuellen Normen verpflichtet ist.

Betrachtet man Rüdiger unter solchen Erwägungen, so erscheint
er als ein Mensch des Zwischenlichts, eine Mittel- und Mittlerfigur.
Er ist Inkorporation des Rechts, Repräsentant der Mannentreue,
Träger also eines überpersönlichen Gemeinideals — und hat dennoch sein persönliches, persönlich empfundenes und durchlittenes
Schicksal; und es hinterläßt als Reflex persönliches Leiden und Mitleiden in seiner Umwelt. Die andern fallen, namenlos und in Mas-
sen die Soldaten, einzeln im Scheinwerferlicht die Helden, Mann
bei Mann: Gernot und Volker, Dankwart und Giselher, ihr Tod
wird gebucht mit nicht viel mehr als ein paar formelhaften Worten,
er ist in der Tat archaisch empfunden in seiner beiläufigen Furchtbarkeit und Selbstverständlichkeit. Rüdiger aber, der lebende wie
der tote, wird benetzt mit den Tränen des Mitleids und der Liebe.
Er ist die differenzierte Persönlichkeit des höfischen Romanhelden,
der Blick ist schon nach innen gelenkt (wir denken noch einmal
daran, daß an seinem Hof und nur dort eine Minnesangszene
spielt), aber er durchleidet das Schicksal eines Chanson-Helden,
Individuum mit präindividuellem Auftrag.[108]

---

[107] S. Wilhelm Kellermann. Aufbaustil und Weltbild Chrestiens von
Troyes im Percevalroman, Halle 1936, S. 34; Erich Köhler, Ideal und
Wirklichkeit in der Höfischen Epik, Tübingen 1956, S. 66—68.

[108] Das gattungspoetische Problem, wie es gegeben ist mit der Kombination oder Konfrontation von Chanson-Struktur und höfischem Helden,
läßt an den ›Willehalm‹ denken. Eine Brücke von dem einen Gedicht zum
anderen wird ja schon durch die erwähnte Entsprechung (s. o. Anm. 92)
der berühmten Worte geschlagen *Dô liez er an die wâge sêle unde lîp*
(2166, 1) und *er liez en wâge iewedern tôt,/ der sêle und des lîbes* (3, 4 f.
zit. nach Lachmann[5]). Aber ob das mehr ist als nur ein verbaler Anklang?
Dazu Bumkes zweites Kapitel, bes. S. 104, Anm. 18. Zu bedenken ist

XI. Der Dichter in seiner Zeit

Schwerlich ist dem letzten Dichter solche Antinomie in der poetischen Struktur dieser Szene zufällig und absichtslos unterlaufen. Vielmehr scheint es, daß er sich mit ihr seiner Zeit gestellt hat. Was wollte er mit diesem bitteren Beispiel vom Tode eines guten Menschen, an dessen Gestaltung er seine ganze Kraft gewandt hat, so daß gewiß die Zeitgenossen nicht minder als 750 Jahre später die Leser von ihr gepackt und erschüttert worden sind?

Es hat gerade in jüngster Zeit nicht gefehlt an Versuchen, das Verhältnis des ›Nibelungenliedes‹ letzter Fassung zum höfischen Roman seiner Gegenwart zu bestimmen.[109] Der Bereich der dort unterschiedlich gestellten und verschieden beantworteten Fragen sei hier durch einige Ergänzungen erweitert.

Ein Pflichtendilemma des Helden ist es ja, was den Entscheidungsraum des höfischen Romans absteckt. Die scheinbare Unfähigkeit des Menschen zur Entscheidung, zur angemessenen Bewertung oder Vereinigung sittlicher Kraftfelder ist der Impuls, der die paradigmatische Darstellung höfischer Existenz bewegt, die schließlich demonstriert, *wie man zer werlde solde leben,* das ewige Leben dort durch die Bewährung im zeitlichen Leben hier erringend. Blind und verloren sind die großen Artushelden diesen Kraftfeldern ausgesetzt und versagen, weil sie den Dingen nicht ihre Ordnung zu geben wissen, nicht Gradus und Gewicht: Erek, Iwein,

ferner, daß der Markgraf Willehalm im Kampf gegen die Heiden zum christlichen Heiligen wird, der Markgraf Rüdiger im Dienst der Heiden als Christ gegen Christen kämpft und 'weltimmanent' gerettet wird durch Hagen, d. h. durch die von dieser Gesellschaft und ihrer Kultur geschaffenen Normen und ihren Ausdruck.

[109] Ich verweise hier nur auf Nelly Dürrenmatt, Das Nibelungenlied im Kreis der höfischen Dichtung (Diss. Bern 1945), Lungern 1945; das Nibelungenkapital in Maurers ›Leid‹; Bodo Mergell, Nibelungenlied und höfischer Roman, Euphorion 45, 1950, S. 305—336. [Vgl. in diesem Band, S. 3—39]; Hugo Kuhn, Über nordische und deutsche Szenenregie in der Nibelungendichtung, Genzmer-Festschrift, Heidelberg 1952, S. 279—306; de Boor, Lit.-Gesch., Bd. 2, München ⁴1960, S. 159—167; zuletzt die Ausführungen von Joachim Bumke, Euphorion 54, 1960, S. 30—38.

Parzival. Wenn sie indessen gescheitert sind an — zum Beispiel — der von ihnen als solcher empfundenen Antithetik höfisch-heldisch, dann öffnet sich der Raum der *âventiure* und geleitet den Helden auf Märchenpfaden, die gesäumt sind von Entbehrung und Bewährung, zu Herrscherthron und Ehebett. Hier nun opponiert der 'realistische' Dichter des ›Nibelungenliedes‹: kein *Court de la joie* empfängt den Helden, keine liebende Frau umarmt den Heimkehrenden — in dieser Wirklichkeit um 1200, die bestimmt wird von der kalten Schärfe machtpolitischer Erwägungen, stirbt der Mann, der sich treu bleibt, und seine Frau wartet vergeblich auf ihn zu Bechlaren.

Unter solchem Blickpunkt erhalten die Anklänge zwischen den Versen Iweins und Rüdigers, auf die man hingewiesen hat,[110] erst ihr Relief: *ezn giltet lützel noch vil, / niuwan al mîn êre. / ich darf wol guoter lêre. / ich weiz wol, swederz ich kiuse, / daz ich an dem verliuse. / ich möht ir beider gepflegn, / ode beidiu lâzen under wegn, / ode doch daz eine, / sô wær mîn angest cleine: / sus enweiz ich mîn deheinen rât. / ich bin, als ez mir nû stât, / gunêret ob ich rîte / und geschendet ob ich bîte. / nune mag ichs beidiu niht bestân / und getar doch ir dewederz lân. / nu gebe mir got guoten rât . . .*[111]. Und Gott gibt *rât*, der Riese erscheint rechtzeitig, wird gefällt, und rechtzeitig tritt Iwein zum Gerichtskampf an. Dergleichen Hilfe schenkt Gott Rüdiger nicht.

Siegfried Beyschlag — der darauf hingewiesen hat, in welchem Maße lehensrechtliche und staatspolitische Motive verantwortlich sind für Senna, Mordrat und Hortversenkung[112] — hat überzeugend die Hereinnahme der harten Herrscherwirklichkeit jener Jahre in die Nibelungendichtung dargestellt[113]: Der Nibelungen-

---

[110] Zuletzt Panzer, Das Nibelungenlied, S. 423 f.

[111] Iwein (Lachmann⁴), V. 4 874—4 889. Man hat darauf hingewiesen, daß die Schläge, die Kriemhild von Siegfried erdulden muß, aus dem ›Erek‹, V. 6 518 ff., stammen können und die Bahrprobe aus dem ›Iwein‹, V. 1 355 ff., s. zuletzt Dietrich Kralik, Wer war der Dichter des Nibelungenlieds?, Wien 1954, S. 8.

[112] Das Motiv der Macht bei Siegfrieds Tod, GRM 33, 1951/52, S. 95 bis 108.

[113] Ebda., S. 106—109; Wirk. Wort 3, 1952/53, S. 199. Zu ergänzen ist,

dichter bezieht „diejenige Seite der aristokratisch-ritterlichen Welt seiner Zeit, die der höfische Roman ausschließt, in seine Vorzeitfabel" ein, nämlich „das Leben der Könige und Landherren als Herrscher und Herrschervasallen, deren oberstes Gesetz des Handelns die harten und unerbittlichen Notwendigkeiten herrscherlichen Denkens sind" [114]. Es scheint uns, als wolle der Dichter mit diesem „Einbau der Problematik irdischen Herrscherdaseins" nicht nur den Machtwillen des dem Bereich des *mundus* zugehörigen Lebens, Goldgier und Kainstat verdammen,[115] sondern auch ein Zeichen setzen.

Das Bedürfnis, das ›Nibelungenlied‹ nicht mit der Verlorenheit eines erratischen Blockes in seine Gegenwart hineinragen zu lassen, hat dazu geführt, daß es mit der höfischen Poesie wie der unhöfischen politischen Wirklichkeit seiner Gegenwart verbunden wurde. Friedrich Panzer sieht in den Festtagen von Bechlaren einen Reflex des Aufenthaltes, den Barbarossas Kreuzheer Frühsommer 1189 in Gran nahm. Die Rolle der historischen Gastgeber, des Königs Bela von Ungarn und der Königin Margaretha, habe der Nibelungendichter auf Rüdiger und Gotelind übertragen.[116] Einen derart konkreten Weg von der Politik in die Poesie wird mancher nur zögernd mitgehen wollen. Doch hatte selbst Andreas Heusler die Zeitgeschichte im Verdacht, am Rüdigerbild mitgewebt zu haben: Rüdiger „war gedacht als verklärtes Gegenbild der zeitgenössischen Landesfürsten, der Babenberger, die bis vor kurzem (1156) Markgrafen geheißen hatten ... Schon der Vater der Rüedegergestalt, der erste Dietrichepiker, mag damit dem Babenberger gehuldigt haben: es ist an Heinrich Jasomirgott † 1177 zu denken" [117]. Ähnlich Mitteis [118]: in Rüdiger finde „das babenbergische Markgrafentum seine poetische Verklärung".

---

daß solche Hereinnahme wohl zum Typus der *Chanson*-Dichtung gehört. — Auch Dürrenmatt hat übrigens schon auf diese Dinge hingewiesen.

[114] Beyschlag, Wirk. Wort 3, S. 199.
[115] Ebda.
[116] Studien, S. 95—99; Das Nibelungenlied, S. 397—399.
[117] Nibelungensage und Nibelungenlied, S. 89.
[118] Jurist. Blätter 74, S. 241.

Indessen scheint uns solche Rücksicht auf historische Einzelheiten vergleichsweise gewichtlos angesichts der Möglichkeiten, diesen Akt des ›Nibelungenliedes‹ auf den Hintergrund einer allgemeinen politischen und Bewußtseinslage der Zeit zu projizieren. Einer Zeit, die aus den Fugen war, Zeit der geistigen und politischen Krise, der schwersten wohl des Mittelalters, die den Zusammenbruch des Alten spürte, ohne schon Formen des Kommenden zu begreifen und sich an sie halten zu können — die, wie immer in solchen Umbrüchen, das Nächstliegende, das Eigene als das Eigentliche zu fassen suchte. Das Interregnum höhlte das Regnum aus, Krone und Krönung waren Objekt des Parteienstreites, die Fürsten nutzten die Schwächung der imperialen Zentralgewalt zur rücksichtslosen Stärkung der Territorialmacht, die zentripetale Kraft der Lehnsverfassung erlahmte mit deren Auflockerung, man schlug sich nach Lust und Berechnung auf die Seite dessen, der am meisten zu zahlen versprach — *untriuwe ist in der sâze, / gewalt vert ûf der strâze: / fride unde reht sint sêre wunt . . .*, und im Hintergrund die geheimnisvolle Gestalt eines deutschen Herrschers, der kein Deutscher war, der fatale IV. Kreuzzug, der unselige Kreuzzug der Kinder . . . Da mochte es einem Dichter wohl sinnvoll erscheinen, einen Fürsten zu zeichnen, der getreu war bis in den Tod, der seinem Herrn als dem *Dominus ligius ante omnes* anhing, der ein Beispiel setzte für die Schwankenden und Feigen, die Opportunisten und Neutralen. Und der leidenschaftlich und hart seinen Appell in die Welt hineinrief wie der alte Walther, Umkehr gebietend und Einkehr, und im rechten politischen Handeln die Rettung verheißend.

German Life and Letters XIV, 1961, pp. 257—270. Originaltitel: ›Studies towards an interpretation of the 'Nibelungenlied'‹. Aus dem Englischen übersetzt von Ruth Krawschak.

ZUR INTERPRETATION DES NIBELUNGENLIEDS

Von D. G. Mowatt

A. Die historische Betrachtungsweise: ihr Wert und ihre Grenzen

Da es sich bei dem ›Nibelungenlied‹ um ein Werk der mittel-alterlichen Literatur handelt, wird es im allgemeinen historisch interpretiert. Es gibt gute Gründe dafür, warum dies so ist und zweifellos auch weiterhin so sein wird. Das höfische Epos und die höfische Lyrik sind für den Leser von heute nicht leicht zugänglich, und selbst Germanistikstudenten schrecken manchmal vor der Mühe zurück, das notwendige Verständnis für sie aufzubringen. Den Er-forschern des Mittelalters ist es jedoch gelungen, die Kluft zwischen dem modernen und dem mittelalterlichen Geist zu überbrücken und uns wenigstens eine ungefähre Vorstellung von dem zu vermitteln, worum es den mittelhochdeutschen Dichtern ging. Wir leiden mit ihnen, wenn wir sehen, wie sie sich abmühen, die keltische Mytho-logie in christliche Lehrdichtung oder Heldensagen in höfische Un-terhaltung umzuformen. Ihre Versuche, den Sexus vom Körper-lichen zu befreien, wie heilsam das auch zu ihrer Zeit gewesen sein mag, stoßen bei uns auf weniger Verständnis. Und dennoch können wir auch dem Minnesang wegen der schier unmöglichen Aufgabe, die er sich selbst gestellt hat, eine gewisse Achtung nicht versagen.

Der historische Ansatz ist jedoch, wie nützlich er auch sein mag, nur einer von vielen. Es gibt andere Möglichkeiten, eine erste un-belastete und vom gesunden Menschenverstand geleitete Reaktion zu korrigieren, und die Erkenntnis dieser Tatsache setzt sich all-mählich durch. Man glaubt heute, zumindest in der Theorie, daß der moderne Leser zu allem, was seit dem 18. Jahrhundert ge-schrieben worden ist, einen Zugang aus der Sache selbst heraus fin-det. Den Leser, der behauptet, nichts mit Goethes ›Faust‹ anfangen zu können, wird man nicht mehr unbedingt auf den geistigen Hintergrund des 18. Jahrhunderts und Goethes Biographie verweisen. Man wird ihn jetzt eher auf bestimmte Aspekte des Werkes selbst verweisen, die seiner Aufmerksamkeit vielleicht entgangen sind. Diese zweite Alternative hat es immer gegeben, und für Männer wie Goethe und Herder war sie einfach selbstverständlich. Aber im 'finsteren Mittelalter' des Historizismus des 19. Jahrhunderts rückte sie stark in den Hintergrund. Erst seit kurzem hat sie wieder Geltung erlangt, nachdem sie ein wohlfundiertes theoretisches Gebäude geliefert und beachtlichen Einfluß auf praktizierende Kritiker und Forscher, sogar in Deutschland, gewonnen hat.

All dies gilt jedoch leider nur für die 'moderne Literatur'. Beim Mittelalter ist es, wie jedermann weiß, etwas ganz anderes. Ihm fehlte z. B. der Sinn für das Historische. Für das 19. Jahrhundert mit seinem überentwickelten Organ dafür reichte das aus, um das Mittelalter der historischsten aller Interpretationen auszuliefern. Es liegt auf der Hand, daß dem 19. Jahrhundert ein Zeitalter, das in unbekümmerter Weise mit historischen Ereignissen umsprang und in einem Atemzug für den germanischen und den höfischen Sittenkodex, christliche und keltische Mythologie, persönliche Freiheit und gesellschaftlichen Zwang eintrat, verschlossen bleiben mußte. Seine Erzeugnisse konnten zwar erklärt, nicht aber verstanden werden. Diese defätistische Einstellung zur höfischen Literatur fand ihre linguistische Entsprechung in der Bezeichnung 'Germanische Philologie', die uns leider auch heute noch begegnet.

Aber das soll nicht heißen, daß die Mediävisten in ihrer Hochburg des Historismus nicht wüßten, was draußen vorgeht. Sie wissen es ganz genau und gehen mit einem der folgenden beiden Mittel dagegen vor: mit siedendem Öl oder, seit neuerem, mit dem Todeskuß. Die Methode des siedenden Öls: sie bedeutet ein Zurückziehen auf eine so profunde Sachkenntnis, daß die mittelalterliche Literatur für jeden außer für den Mediävisten unverständlich wird und die Festung unangreifbar bleibt. Der Todeskuß nimmt gewöhnlich die Form eines großzügigen Verzichts auf den Historismus an, dem dann eine streng historische Interpretation folgt. Der Eindringling sieht, daß man ihn seiner eigenen Waffen beraubt, sie entschärft und so nutzlos macht, und wieder bleibt die Festung unangetastet. Das ›Nibelungenlied‹ hat sehr unter der ersten dieser Verteidigungsformen leiden müssen, so daß eine sich auf den gesunden Menschenverstand stützende, ablehnende Reaktion bei den meisten Lesern und historische Zerstückelung in Deutschland die Regel waren. Die zweite Art des Vorgehens zeigt ein Aufsatz von B. Nagel.[1] Nach einigen einleitenden Bemerkungen über die Tunlichkeit, ein Gedicht für sich betrachtet zu interpretieren, geht er einerseits mit einer primitiven Vorstellung von symmetrischer Struktur und andererseits mit dem Trugschluß von der dichterischen Intention (Intentional Fallacy) an die Arbeit. Seine Ergebnisse unterscheiden sich nicht merklich von denen eingefleischterer Vertreter des Historizismus. Die gleiche Haltung zeigt, aus zweiter Hand, eine Besprechung von Professor Panzers Buch ›Das Nibelungenlied‹. Der Rezensent bringt es fertig zu behaupten[2]:

> Methodisch befindet sich der Verfasser übrigens ganz auf der Linie der modernsten literaturwissenschaftlichen Forschung.

Als Beleg zitiert er die Kapitelüberschriften und das Vorwort des Verfassers. Panzers 'Methode' wird also mit seinen Intentionen gleichgesetzt, und seine tatsächliche Leistung, die ja durchaus literaturhistorisch ist, wird bei diesem Verfahren übersehen. Ein redlicherer Versuch einer unverfälschten ahistorischen Interpretation wurde von W. J. Schröder[3] unternommen; aber auch er läßt sich irreleiten, wenn er seine strukturellen Erkenntnisse einer historischen Zeiteinteilung aufsetzt, die er aus der früheren Forschung übernimmt.

Die deutschen Forscher halten also in der Praxis immer noch an der Unterscheidung fest zwischen mittelalterlicher Literatur, die

[1] B. Nagel, Die künstlerische Eigenleistung des Nibelungendichters, in: Wolfram-Jahrbuch 1953, S. 23—47.

[2] In: Moderna Språk LI, 1957, S. 377.

[3] W. J. Schröder, Das Nibelungenlied, Halle/Saale, 1954 (Nachdruck von PBB LXXVI). E. Tonnelat geht in seiner Einleitung zu ›La Chanson des Nibelungen‹ (französische Übersetzung) und in seiner kritischen Untersuchung mit dem gleichen Titel (Bibliothèque de Philologie Germanique Bd. VI, 1944, und Paris 1916) zugegebenermaßen unhistorisch vor, aber er beschränkt sich auf die Technik der Handlungsführung.

vor „neuzeitliche[n] poetisch-ästhetische[n] Wertungen oder gar moderne[n] Impressionen" [4] geschützt werden muß, und moderner Literatur, die man sich selbst überlassen kann. Offensichtlich trifft dies für die Anglistik nicht mehr zu oder zumindest nicht mehr ganz. So konnte Henry Bosley Wolf 1954 in seiner Besprechung eines Buches über ›Beowulf‹ sagen [5]:

> [Die] ... Untersuchung ... ist eine wertvolle Ergänzung zu dem allmählich wachsenden Schrifttum, das dieses altenglische Epos als Kunstwerk behandelt.

Ob das nun stimmt oder nicht, dies ist ein atemberaubender Gedanke für einen Germanisten, und es klingt tröstlich, wenn man dagegen Tolkiens Beschreibung der Situation 18 Jahre früher liest. In einem Ton, der an den von Quiller-Couch in seinen Bemerkungen zur Literaturgeschichte erinnert, faßt er die vorangegangene Forschung folgendermaßen zusammen [6]:

> ›Beowulf‹ ist ein rohes, urwüchsiges Epos, das an seiner eigenen Entfaltung durch lateinische Gelehrsamkeit gehindert wurde; es wurde angeregt durch den Wunsch, Virgil nachzuahmen, und ist das Produkt einer Erziehung, die mit dem Christentum einsetzte; es ist unbeholfen und kunstlos als Erzählwerk; es hält sich nach Art des Kunstepos geschickt an die Regeln der Erzählkunst. Es ist das verworrene Produkt einer Kommission geistesabwesender, wahrscheinlich auch bierbenebelter Angelsachsen (dies eine welsche Stimme); es besteht aus einer Sammlung heidnischer, von Mönchen edierter *lays*; es ist das Werk eines gelehrten, aber ungenauen christlichen Antiquars. Es ist ein Genieprodukt, selten und erstaunlich für diese Epoche, obwohl dieser Genius sich vor allem darin zeigt, daß er etwas schafft, was besser unversucht geblieben wäre ...; es ist eine ungebändigte Volkserzählung (alle im Chor); es ist das Gedicht einer aristokratischen und höfischen Tradition (dieselben Stimmen). Es ist ein Mischmasch; es ist ein soziologisches, anthropologisches, archäologisches Dokument; es ist eine mythische Allegorie ... Es ist holperig und ungehobelt; es ist ein

[4] B. Nagel, a. a. O., S. 26.

[5] In MLQ Bd. XV, 1954, S. 182.

[6] J. R. R. Tolkien, Beowulf; the Monsters and the Critics (Sir Israel Gollancz Memorial Lecture, 1936), Nachdruck von ›The Proceedings of the British Academy‹, Bd. XXII, S. 7.

Meisterwerk der Verskunst; es besitzt überhaupt keine Form; es ist
außergewöhnlich schlecht konstruiert. Es ist eine raffinierte Allegorie zeitgenössischer Politik ...; es hat einen soliden Aufbau; es ist dürftig und
minderwertig (eine feierliche Stimme); es ist ohne Frage gewichtig (dieselbe Stimme). Es ist ein nationales Epos; es ist eine Übersetzung aus dem
Dänischen; es wurde von friesischen Händlern importiert; es bedeutet eine
Belastung für englische Lehrpläne und (gemeinsamer Schlußchor aller
Stimmen): es ist ein lohnendes Studienobjekt.

Das meiste davon und sicherlich die zuletzt genannte einheitliche
Meinung ließen sich genausogut in der Literatur zum ›Nibelungenlied‹ finden. Die Uneinigkeit des mittleren Teils schreibt Tolkien
der historischen Befangenheit der ›Beowulf‹-Studien zu. Und er
betont, daß Spekulationen über die Herkunft keine Hilfe für die
Interpretation bedeuten. Die Tatsache, daß das Gedicht dennoch bei
allen Forschern Anerkennung findet, beweist lediglich, daß sie alle
auf dieselbe Sache reagieren, daß diese Sache jedoch nicht Gegenstand ihrer stark voneinander abweichenden Forschung ist. Auch
das ›Nibelungenlied‹ ruft bei den Forschern eine Bewunderung hervor, die durch ihre Aussagen jedoch keineswegs erklärt wird. Die
Schuld an diesem Widerspruch hat man den beiden Werken zuge-
schoben. Diese Unstimmigkeit wird in den ›Beowulf‹ als Diskrepanz
zwischen erhabenem Stil und niedrigem Thema hineinprojiziert
und in das ›Nibelungenlied‹ als Widerspruch zwischen heroischem
Stoff und höfischer Bearbeitung. Die eigentliche Uneinheitlichkeit beruht jedoch auf dem Konflikt zwischen echter Würdigung
und irrelevanter Forschung. Die Vortrefflichkeit beider Werke
läßt sich einzig und allein aus ihrer Gesamtstruktur erklären. Die
Beschäftigung mit dem Text, aus welchen äußeren Gründen sie auch
immer erfolgt, bringt eine zunehmende Vertrautheit mit dieser
Struktur und sogar Begeisterung für diese Werke mit sich. Dies hat
nichts zu tun mit der blutlosen Bewunderung, die wir für die Fähigkeit des Dichters vorgeben, gegensätzliche Elemente miteinander zu verschmelzen oder die beiden Hälften des ›Nibelungenlieds‹
ungefähr gleich lang zu gestalten. Solche herablassenden Blicke
über die Schulter des Dichters sind fehl am Platze. Die starke Wirkung, die es auf uns ausübt, beruht vielmehr auf dem Gesamt-
ergebnis seiner Bemühungen, und dieses sollten wir untersuchen.

Wie bei den meisten großen Werken der Literatur äußert sich die vom gesunden Menschenverstand bestimmte Reaktion in einer abwehrenden Haltung. Es ist bequemer, eine Struktur abzulehnen oder über sie zu lachen, als sie zu akzeptieren. Man beruft sich einfach auf eine unbestrittene absolute Forderung wie z. B. „wie man sich normalerweise verhält" oder „was ich von einem Kunstwerk erwarte". Da es sich bei der traditionellen Deutung des ›Nibelungenlieds‹ im wesentlichen um einen Versuch handelt, solche Selbstgefälligkeit durch Relativierung in die Schranken zu weisen, erschien es mir ratsam, einige dieser prosaischen Reaktionen aufzuzählen, bevor ich ein anderes Korrektiv vorschlage. Der Relativismus, der in diesem Fall angeboten wird, ist natürlich nicht historischer, sondern ästhetischer Natur. Es wird zunächst eine Auffassung von der grundlegenden Struktur dargelegt und danach versucht, aufzuzeigen, wie sich einige der traditionellen Einwände auf Grund dieser Auffassung klären lassen.

Zwei Maßstäbe, deren sich der gesunde Menschenverstand häufig bedient, sind die der psychologischen Glaubwürdigkeit der Charaktere und der logischen Folgerichtigkeit der Handlung. Das ›Nibelungenlied‹ ist besonders anfällig für solche Angriffe. So besteht z. B. eine beachtliche Diskrepanz zwischen dem, was über die Charaktere ausgesagt wird, und ihrem tatsächlichen Verhalten. Es heißt z. B., Siegfried sei stark, schön, liebenswürdig, rücksichtsvoll, gebildet, ein vorbildlicher und außerordentlich reicher König. Aber wie ist dann seine gleichgültige und hinterhältige Behandlung Brünhilds zu verstehen? Oder die Tracht Prügel, die er Kriemhild verabreicht? All der Unsinn von den Zwergen und Drachen? Und wenn er so galant und geduldig um Kriemhild wirbt, warum erscheint er dann als Recke ohne Land und fordert ihren Bruder zum Kampf heraus? Außerdem hat seine Vergangenheit etwas Anrüchiges. Er weiß mehr über Brünhild, als man auf Grund seiner Erziehung erwarten würde, und man fragt sich manchmal, was denn nun wirklich in Xanten vor sich ging. So lesen wir z. B.:

er begunde mit sinnen   werben scoeniu wîp,
di trûten wol mit êren   des küenen Sîvrides lîp.
(26, 3—4)

De Boor [7] gibt sich große Mühe, dies harmlos klingen zu lassen, indem er *trûten* als „hätten geliebt" übersetzt, aber es hätte genausogut „liebten" in der niedrigsten Bedeutung dieses Wortes heißen können. Gunther scheint in der Tat Neigungen Siegfrieds, die in diese Richtung deuten, zu befürchten, wenn er ihn vor Brünhild warnt:

'Âne daz du iht triutest'   sprach der künec dô
'die mîne lieben frouwen   anders bin ich es vrô.'

(655, 1—2)

Gunther gilt als großer und mächtiger König und als liebender Bruder. Aber er tut nur wenig, um eine solche Beschreibung zu verdienen. Er schwankt, und seine Entscheidungen werden oft von seinem Vasallen übergangen. Er behauptet, seine Schwester zu lieben, aber er nimmt an ihrer Demütigung teil, wenn er ihr erst den Gatten und dann ihren Besitz raubt. Am Ende hat er offenbar wirklich etwas von einem Krieger, aber es ist durchaus nicht klar, ob er dank seiner eigenen Tapferkeit so lange überlebt oder lediglich, weil Hagen und die anderen ihn sorgsam beschützen. Im Sachsenkrieg läßt ihn Siegfried sicher zu Hause zurück und sagt mit wohlwollender Herablassung:

'Her künec sît hie heime',   sprach dô Sîvrit,
'sît daz iuwer recken   mir wellent volgen mit.
belîbet bî den frouwen   und traget hôhen muot.
ich trouwe iu wol behüeten   beidiu êre unde guot.'

(174)

Er unternimmt in der Tat einmal aus eigener Entscheidung und gegen den Rat Siegfrieds einen entschlossenen Schritt, und zwar als er um Brünhild wirbt. Aber die ganze Angelegenheit ist ein erbärmlicher Fehlschlag, und er verdient als Liebender nicht mehr Achtung als in der Rolle des Königs. *Hagen* wird als stark, treu und furchterregend beschrieben. In einem gewissen Sinne wird dies durch seine Taten bestätigt, besonders im zweiten Teil, aber wir

[7] In seiner Ausgabe: Deutsche Klassiker des Mittelalters, Wiesbaden 1956, Anm. zu Zeile 26, 4. Alle Zitate beziehen sich auf diese Ausgabe.

sehen uns genötigt, ihn wegen seiner Grausamkeit und Hinterlist
zu verdammen. Diese Reaktion ist wirklich nicht besonders modern
und scheint im 13. Jahrhundert mit dem Autor der Hs. C eingesetzt zu haben. Außerdem stehen die Mittel, die er anwendet, in
keinem Verhältnis zu seinen Zielen. Warum Siegfried schließlich
ermorden? Gunther zeigt durchaus nicht ein solch fieberhaftes Interesse für die Ehre seiner Frau. Es werden Entschuldigungen vorgebracht (861), das Vergehen des *'sich rüemen'* wird unter Eid geleugnet (858), und alle (einschließlich Hagens!) sind bereit, die
peinliche Angelegenheit mit dem Ring und dem Gürtel durch Erklärungen einfach zu umgehen. Und Siegfrieds Schlußfolgerung
lautet: „Wir sollten unsere Frauen in Zukunft besser in Zucht halten." Zugegeben, Brünhild bleibt unglücklich, und ihre Tränen veranlassen Hagen, Rache zu schwören (863—4). Aber Gunther, der
ja letzten Endes ihr Mann ist, scheint unbekümmert. Vielleicht
fragt er sich, ob er sie selbst schlagen oder wieder zugunsten Siegfrieds zurücktreten soll. Er sinnt keineswegs auf Mord. Er stellt im
Gegenteil mit einiger Rührung fest:

> er ist uns ze saelden   unt ze êren geborn
> (872, 2)

Um ihn davon überzeugen zu können, daß sein Berater und Beschützer umgebracht werden muß, muß Hagen ein neues Verschul-
den Siegfrieds vorbringen, daß er nämlich Gunthers territorialer
Expansion im Wege stünde (870). Er kleidet dies in den aufwieg-
lerischen Schlachtruf *'suln wir gouche ziehen?'* (867), bleibt aber
gleichzeitig dabei, daß Brünhilds öffentliche Demütigung der wahre
Streitgrund ist (867; 873). Und doch, ohne Siegfried wäre auch
keine Brünhild dagewesen, die er hätte demütigen können, und die
Sachsen hätten sich längst Gunthers eigenes Land angeeignet. Kann
es sein, daß Hagen eifersüchtig ist? Und was hat die arme Kriemhild verbrochen, um nach dem Tode ihres Gatten von Hagen eine
solche Behandlung zu verdienen?

Als Charakter ist Brünhild unmöglich. Kein Mensch kann gleichzeitig so *'vreislîch'* und so *'minneclîch'* sein. Die Vorstellung von
der kugelstoßenden Amazone, die in Tränen zerfließt, um dadurch
die Ermordung Siegfrieds zu erreichen, hat etwas ausgesprochen

Abstoßendes. Wir können ihrem Ehemann nur zustimmen, der nach der ersten gemeinsamen Nacht bemerkt:

want ich hân den übeln tiuvel heim ze hûse geladen
(649, 2).

Kriemhild bereitet nur dem Eingeweihten Schwierigkeiten. Der gesunde Menschenverstand akzeptiert bereitwillig ihre Entwicklung von der zarten Maid über die stolze Frau zur verbitterten Witwe. Sie ist ein wenig materialistisch, aber die anderen sind es auch.

Die historische Antwort auf diese Einwände ist wohlbekannt. Die Einzelheiten sind noch umstritten, aber es gibt eine allgemeine, für alle Zwecke verwendbare Hypothese, die derartigen Lösungen zugrunde liegt, nämlich die, daß der Dichter höfisch war, sein Stoff jedoch nicht. Folglich waren die magischen und übermenschlichen Eigenschaften Siegfrieds, Brünhilds und in einem geringeren Maße auch Hagens der Tradition entnommen, alles andere war eigene Zugabe des Dichters. Ebenso entstammen das Schicksal der Burgunden und die Rache Kriemhilds der Sage und der Pseudo-Geschichte, während die Einzelheiten ihres Verhaltens den Sitten der eigenen Zeit entsprachen. Alle Widersprüche lassen sich unter dieser Voraussetzung erklären. Entweder hatte der Dichter seinen Stoff verändern wollen, es aber nicht gewagt, oder er hatte den Versuch gemacht, und es war ihm nicht gelungen. Die andere Gruppe von Fragen wie „Warum tötet Hagen Siegfried? Warum sind die Burgunden am Ende so unnachgiebig? Warum sind sie alle so materialistisch?" wird als anachronistisch abgelehnt und mit dem Hinweis auf germanische oder mittelalterliche moralische Prinzipien wie 'Sippentreue' oder 'milte' beantwortet.

Was die Kausalerklärungen der Widersprüche angeht, so steht fest, daß sie für das Verständnis des ›Nibelungenlieds‹ ziemlich irrelevant sind. Sie beschäftigen sich ausschließlich mit seiner Genese, und man kann sich nicht auf sie berufen, um einem Deutungsversuch Einhalt zu gebieten. Man kann z. B. über die unverkennbare Beziehung zwischen Brünhild [8] und Siegfried im ›Nibelungenlied‹ nicht ohne weiteres hinweggehen, nur weil sie auch anderswo

[8] Die Funktion dieser Beziehung wird weiter unten untersucht, S. 190 ff.

anzutreffen ist. Andererseits sind die historischen Erklärungen für Sitten und Beweggründe weniger irrelevant als einschränkend. Wenn wir uns auf sie beschränken, dann gehen wir davon aus, daß die Unterschiede zwischen den Menschen der mittelhochdeutschen Zeit und uns fundamentaler sind als die Ähnlichkeiten.

Etwas von einer solchen unwahrscheinlichen Annahme liegt letztlich jedem Versuch zugrunde, die literarische Deutung durch Geistesgeschichte zu ersetzen. Soziale Formen und Symbole dienen der Literatur nur als Rohstoffe. Der mittelhochdeutsche Dichter hält nicht einfach nur eine Reihe von Spruchbändern hoch, die vom Zeitgeist geprägt sind und Aufschriften wie 'Minne, 13. Jahrhundert' oder '*triuwe, germanische*' tragen. Er trifft eine Auswahl unter denen, die ihm zur Verfügung stehen und ordnet sie zu einzelnen Gefügen. Dabei verfeinert und modifiziert er die vorgegebenen Symbole, indem er sie anderen zuordnet oder gegenüberstellt. Das Gefüge, das dadurch entsteht, ist ein anderes als das, das allen mittelalterlichen Denkern bereits zur Verfügung stand. Auch braucht es für uns nicht unbedingt unzugänglich zu sein. Beziehungen können bedeutungsvoll sein, auch wenn die aufeinander bezogenen Einheiten noch nicht identifiziert sind. Wäre dies nicht so, gäbe es keine Algebra. Daraus folgt, daß unvertraute Symbole kein Hindernis für das Verständnis darstellen müssen, solange unsere Aufmerksamkeit den Beziehungen gilt, die der Dichter zwischen ihnen hergestellt hat. In Osbornes ›Look back in Anger‹ wird ein fahrender Ritter erwähnt, und doch werden die Zuschauer nicht befremdet. Umgekehrt kann keine noch so große Vertrautheit, ob erworben oder ererbt, die spezifische Bedeutung eines Symbols in einem bestimmten Werk erschließen. Wir wissen z. B., daß *walt* für den mittelalterlichen Geist ganz andere Assoziationen auslöste als jene, die wir von den Romantikern übernommen haben. Es war ein furchterregender Ort, den man eher mied, als daß man ihn aufsuchte. Und doch, wenn wir von Erec und Enîte lesen:

> und als si kâmen in den walt
> ûz der sorgen gewalt
> wider ûf ir kunden wec,
> (Zeilen 6760—63)

stellen wir fest, daß diese verallgemeinernde Information nicht genügt. Für Hartmann wie für Eichendorff ist ein Wald wild, d. h. das Gegenteil von Kulturlandschaft, aber seine eigentliche Funktion im ›Êrec‹ muß noch herausgefunden werden. Auf jeden Fall scheint man ihn Limors und sogar Penefrec vorzuziehen (Zeilen 7239—41).

B. Strukturelle Methode und Analyse der Struktur

Es bleibt also noch genügend Raum für eine strukturelle Betrachtung des ›Nibelungenlieds‹. Die vom gesunden Menschenverstand vorgebrachten Einwände beruhen vielleicht nicht sosehr auf einem Mangel an historischer Information über die einzelnen Teile, sondern auf mangelnder Einsicht in die Struktur. Auf der Suche nach einer solchen Struktur bieten sich die Hauptpersonen als die deutlichsten und praktischsten Einheiten an, von denen man ausgehen sollte. Es ist kein Zufall, daß sie den Hauptgegenstand des vom gesunden Menschenverstand vorgebrachten Zweifels bilden. Selbst wenn man dieser laienhaften Reaktion geringen Wert beimißt, so trifft es doch zu, daß Siegfried, Brünhild und der Hof von Worms als unabhängige Einheiten dargestellt werden. Wie W. J. Schröder [9] bemerkt hat, werden sie ausführlich beschrieben, bevor sie miteinander in Berührung kommen. Im Verlauf der teilweisen Assimilation dieser beiden fremdartigen Charaktere beginnt die glatte Fassade des Hofes abzubröckeln. Deutliche und einander widerstreitende Einheiten offenbaren sich plötzlich in der Gestalt Gunthers, Hagens und Kriemhilds, so daß wir uns fragen, was sie vorher zusammengehalten haben mag. Auf alle Fälle ist ihr Hervortreten als Individuen im wesentlichen eine Folgeerscheinung der Wirkung, die von Siegfried und Brünhild auf Gunthers Hof ausgeht. Um das Wesen dieser Wirkung verstehen zu können, wäre ein sinnvoller erster Schritt eine genaue Untersuchung der Darstellung

[9] Zu einer ähnlichen Erkenntnis kommt im Rahmen anderer Untersuchungen B. Mergell, in: Nibelungenlied und höfischer Roman, Euphorion LXV, 1950, S. 305 ff. [vgl. in diesem Band, S. 3—39].

jener drei Struktureinheiten Brünhild, Siegfried und Burgundenhof, wie sie der Text liefert.

Brünhild ist die starke, schweigsame Jungfrau. Sie lebt von allen
zurückgezogen. Jeder hat von ihr gehört. Nur der stärkste und
tapferste Mann kann sie gewinnen. Erfolglos Werbende werden
getötet. Es fällt einem nicht sehr schwer, dieses Symbol zu deuten.
Es ist die Herausforderung an das männliche Prinzip, sich selbst zu
behaupten. Sexuelle Eroberung wird mit körperlicher Tüchtigkeit
gleichgesetzt, und der beste Mann ist auch der stärkste. Der zweit-
beste wird gewarnt, sich zu nähern. Befolgt er die Warnung nicht,
so wird er mit dem Tode bestraft.

Wenn wir kausale Erklärungen dafür, wie dieses Symbol Eingang in das ›Nibelungenlied‹ gefunden hat, außer acht lassen und
statt dessen nach seinem unmittelbarsten Bezug innerhalb des Werkes suchen, dann können wir nicht umhin, an Siegfried zu denken.
Auch Brünhild konnte das nicht,[10] denn es liegt auf der Hand, daß
er der geeignete Bewerber ist: stark, schön, stolz und von einer
jugendlichen Ungeduld, seine Kraft zu erproben. Man muß an
seine Herausforderung Gunthers denken, als er in Worms eintrifft.
Er setzt ganz unverhohlen Königtum mit Eroberung gleich und das
Recht, zu herrschen, mit physischer Stärke. Außerdem ist er, wie
Hagen und Gunther wohl wissen, der einzige, der den Weg nach
Îsenstein kennt und weiß, was zu tun ist, wenn er dort ankommt.
Er allein ist stark genug, Brünhild zu erobern, sowohl im Kampf
als auch im Bett. Aber er weiß nicht nur, wie er mit Brünhild fertig
wird, er verkörpert auch in seiner Person eine Reihe übersteigerter
Eigenschaften, die ihre ergänzen. Niemand übertrifft sie in der
Verteidigung, niemand übertrifft ihn im Angriff. Sie ist unberühr-
bar, er ist unanfechtbar. Beide werden von Gunther ausgenützt;
sie mißbraucht und er mißleitet. Sie sind tatsächlich extreme Versionen des Weiblichen (unangreifbar) und des Männlichen (unwiderstehlich), verbunden mit einer starken Tendenz, den Kontakt
des anderen zu suchen.

In der Welt, in der Siegfried und Brünhild zueinander gehören,

---

[10] Sie erwartet, daß er kommt und um sie wirbt (419—420) und kann
sich nicht mit der Tatsache abfinden, daß er dies nicht tut. Vgl. S. 196 f.

gibt es keine Regeln für kultiviertes und verfeinertes Benehmen. Es wird oft behauptet, daß ihre Welt 'unhöfisch' ist, und vom Standpunkt des 13. Jahrhunderts aus trifft das ohne Zweifel zu. Aber weit bedeutender ist die Tatsache, daß es eine im wesentlichen anti-soziale, kompromißlose Welt ist, in der nur das Absolute und Unübertreffliche Geltung haben.

Nichts könnte weiter davon entfernt sein als der Hof von Worms, an dem die Achtung vor traditionellen Formen und Treueverpflichtungen dazu dient, jegliche spontane Reaktion auf eine neue Situation, wie z. B. die Ankunft Siegfrieds oder den Sachsenkrieg, zu hemmen. Gunther ist das Symbol dieser Beherrschung der Form. Auf seinem eigenen Gebiet (in der Politik, im Wahren des Friedens) ist er großartig. Nur wenn er diesen Bereich verläßt, werden seine Grenzen sichtbar. Natürlich ist die Welt Gunthers 'höfisch',[11] aber auch hier sind die mittelalterlichen Details nicht das eigentlich Interessante. Das Interessante an Gunthers Welt ist, daß sie bis ins kleinste reguliert ist und daß es für jedes Ereignis ein genau vorgeschriebenes Verfahren gibt. Sie ist in der Tat 'Gesellschaft', im Gegensatz zur Natur, aufeinander eingestimmte Gruppe im Unterschied zu dem einsgewordenen Paar.

Bisher haben wir uns nur mit den vorgegebenen Symbolen beschäftigt. Die Struktur des ›Nibelungenlieds‹ wird bestimmt durch die Art, wie diese miteinander in Verbindung gebracht werden und die damit verbundenen zwangsläufigen Ergebnisse. So werden Siegfried und auch Brünhild nach Worms gebracht und auf ziemlich unbequeme Weise an Recht und Ordnung gewöhnt. Brünhilds Schwierigkeiten sind gut bekannt, aber auch Siegfried fügt sich nur widerstrebend, wenn das auch weniger auffällig geschieht: Er unternimmt verschiedene Versuche, den Hof zu verlassen, und wird nur durch die Hoffnung auf Kriemhild zurückgehalten.[12] Gunther hingegen setzt es sich in den Kopf, um Brünhild zu werben. Um das tun zu können, muß er jedoch Siegfried hinzuziehen und ihn bitten, etwas zu tun, was jeder Mann besser selbst täte. Sein Plan gelingt

[11] Die Belege dafür sind von N. Dürrenmatt gesammelt und mit dem Bild, das die höfischen Epen davon zeichnen, verglichen worden: Das Nibelungenlied im Kreise der höfischen Dichtung, Diss. Bern 1945.
[12] Vgl. 123, 4; 126, 3; 132, 2; 136; 258; 289.

schlecht und recht, aber es beruht alles auf List und Täuschung. Siegfried spielt die Rolle des Vasallen nicht besonders gut, und Gunther erweist sich als ein sehr schlechter Siegfried. Es ist nur eine Frage der Zeit, bis Gunther das Schicksal aller zweitrangigen Freier ereilt und er getötet wird. Da er den Inbegriff der Lebensform von Worms darstellt, muß auch die gesamte homogene Gesellschaft mit ihm untergehen. In diesem Sinne ist der Streit zwischen Gunther und Kriemhild im zweiten Teil als die interne Auseinandersetzung einer Gesellschaft zu verstehen, die ihre Wertmaßstäbe verloren hat. Ihr Fehler bestand darin, daß sie die zersetzende Kraft Brünhilds und Siegfrieds hineingezogen haben in ihre so oberflächlich ausbalancierte Welt. Und hierin ist Kriemhild genauso schuldig und hartnäckig wie die anderen. Nachdem sie es einmal mit roher Gewalt versucht haben, gelten ihre festen Normen nicht mehr. Selbst nachdem sie Siegfried und damit den unmittelbaren Störungsgrund beseitigt haben und Brünhild in den Hintergrund getreten ist, können sie sich noch immer nicht einigen, und sie hören nicht auf, sich wegen des Schatzes zu zanken — das einzige, das ihnen bleibt, bis sie einander ausgerottet haben.

Man könnte also sagen, daß wir zwei Charakterpaaren gegenüberstehen, die zwei ganz verschiedenen Umwelten angepaßt sind und folglich unterschiedliche Verhaltensmodelle zeigen. Die Paare werden miteinander in Berührung gebracht und nach Art der Moleküle in Goethes chemischer Analogie ausgetauscht. Aber wie in den ›Wahlverwandtschaften‹ bilden die unkomplizierten Geschicke unorganischer Verbindungen nur den Ausgangspunkt. In beiden Werken werden die naturgegebenen (oder Wahl-)Verwandtschaften nach den Forderungen der gesellschaftlichen Ordnung verwirrt, eingeschränkt und schließlich durch Überkomplizierung zerstört. Die Paare Siegfried—Brünhild und Eduard—Ottilie werden niemals ganz verwirklicht. In den ›Wahlverwandtschaften‹ wird der Prozeß durch das Trägheitsmoment der schon bestehenden Paare gehemmt. Im ›Nibelungenlied‹ wird der Prozeß mutwillig in eine andere Richtung gelenkt, und die Verbindungen, die sich schließlich ergeben, sind äußerst unstabil. Die Paare Siegfried—Kriemhild und Gunther—Brünhild verkörpern Spannungen, die auf die Dauer nicht ignoriert werden können.

Wenn wir das ›Nibelungenlied‹ mit dieser Arbeitshypothese im Gedächtnis untersuchen, dann lassen sich viele der scheinbaren Schwächen dieses Werkes als wichtige Bestandteile der Gesamtstruktur erkennen. Gunther der große Krieger und Gunther an der Wand des Schlafgemachs sind ein direktes Ergebnis seiner beiden miteinander nicht zu vereinbarenden Funktionen des Königs von Worms und des Gemahls von Brünhild. Siegfried als höfischer Edelmann und Siegfried, der übernatürlich starke Mann, sind genauso strukturell zu verstehen. Er erscheint in Worms wie jemand aus einer anderen Welt und er unterdrückt absichtlich seine natürlichen Instinkte, um sich anzupassen. Einziges Motiv seines Erscheinens und seines weiteren Aufenthalts ist der Erwerb Kriemhilds. Die anderen benützen ihn, nachdem sie ihren ersten Schreck überwunden haben, für ihre eigenen Zwecke, und das hat verhängnisvolle Folgen für sie. Er gebraucht sie oder besser manipuliert ihr Geflecht von Konventionen (in seiner Unterordnung unter Gunther, im Sachsenkrieg und in seiner vorschriftsmäßigen Werbung um Kriemhild) mit den gleichen verhängnisvollen Folgen für ihn. Nachdem er diese unmögliche Situation einmal geschaffen hat, nimmt er ohne weiteres an, daß alles in Ordnung sein wird. Bei zwei Gelegenheiten läßt er sich so weit entspannen, daß er die höfischen Regeln vergißt, die er sich zu eigen gemacht hat. So ist z. B. sein Rat an Gunther, seine Frau in Zaum zu halten ganz und gar unangebracht sowohl für Gunthers als auch seine eigene Ehe.

'Man sol sô vrouwen ziehen' sprach Sîfrit der degen,
'daz si üppecliche sprüche lâzen under wegen.
verbiut ez dînem wîbe, der mînen tuon ich sam.
ir grôzen ungefüege ich mich waerlichen scham'.

(862)

Derartiges träfe in einer ganz anderen Welt zu, in der ein Siegfried eine Brünhild geheiratet hätte und in der, da er sie durch Gewalt gewonnen hat, er auch fortfahren würde, sie mit Gewalt in Zucht zu halten. Aber in Wirklichkeit hat er die höfische Kriemhild geheiratet und ihre Reaktion auf die Tracht Prügel besteht darin, Hagen, wenn auch in der besten ehelichen Absicht, zu verraten, wie man ihren Gatten töten kann. Wir erfahren nichts über

Gunthers Reaktion auf den Rat Siegfrieds. Das Thema muß peinlich und eine passende Antwort kaum zu finden gewesen sein.
Unter diesen Umständen erstaunt es wohl kaum, daß er bereits
12 Strophen weiter einer Ermordung Siegfrieds zustimmt. Zu Siegfrieds zweiter Taktlosigkeit kommt es bezeichnenderweise unmittelbar vor seinem völligen Verschwinden vom Schauplatz. Er fängt
einen Bären und schüchtert die Gesamtheit der höfischen Jäger ein,
indem er ihn im Verlaufe des Mahls losmacht. Das ist sein letzter
Streich.[13]

Die Widersprüche in Hagens Charakter sind ähnlich geartet. Er
ist seinem Verstand entsprechend loyal und tüchtig, aber sein Verstand reicht eben nicht weit genug. Sein Mord an Siegfried und
seine Verfolgung Kriemhilds sind Ausfluß seines engen Horizonts.
Er spürt, daß sie Fremdkörper in seiner Welt sind und möchte sie
loswerden. Aber in diesem Stadium übersteigt die ganze Situation
seine Kräfte. Er weiß genug über Siegfried und seine übernatürlichen Kräfte, um sich vor beiden in acht zu nehmen. Aber er glaubt,
sie kontrollieren zu können und rät Gunther sogar, sich Siegfrieds
für seine Brünhild-Eskapade zu bedienen. Erst als sie in Îsenstein
ankommen, muß er feststellen, daß er den Boden unter den Füßen
verloren hat. Er möchte, daß die Burgunden ihre Waffen bei sich
behalten, da er überzeugt ist, daß Gunther sich zuviel zugemutet
hat (438). Aber er macht sich keine Vorstellung davon, wie sehr
Gunther von Siegfried abhängig ist. Gunther befindet sich eigentlich nicht in unmittelbarer Gefahr, und selbst wenn das der Fall
wäre, Hagen wäre keine große Hilfe für ihn. Das hier ist Siegfrieds Welt, in der andere Gesetze gelten.

> Dô sprach ein kameraere: 'ir sult uns geben diu swert
> unt ouch die liehten brünne'. 'des sît ir ungewert'
> sprach von Tronege Hagene: 'wir wellens selbe tragen'.
> dô begonde im Sîfrit da von diu rehten maere sagen.
> 'Man pfliget in dirre bürge, daz wil ich iu sagen,
> daz neheine geste hie wâfen sulen tragen.

---

[13] Die ganze Jagdszene spiegelt in kleinem Rahmen den Wechsel von
Siegfrieds Glück und seiner Stellung in Worms wider. Ich hoffe, sie in
einem späteren Artikel erörtern zu können.

nu lât si tragen hinnen, daz ist wol getân.'
des volgete vil ungerne Hagene Guntheres man.

(406—7)

Hagen warnt auch vor der verhängnisvollen Fahrt zu Etzels Hof. Erneut spürt er die Gefahr, ohne zu wissen, wie sie abzuwenden ist. Aber diesmal, nachdem seine Warnung nicht beachtet worden ist, befindet er sich wieder in einer Welt, mit der er vertraut ist. Organisierung von Truppenbewegungen, das Aufrechterhalten der Kampfmoral und natürlich der Kampf, das sind Dinge, mit denen er fertig wird. Man kann sagen, wie das auch oft behauptet wird, daß Hagen im zweiten Teil an 'Format gewinnt'; aber in dieser Wandlung liegt kein Widerspruch. Es ist im Grunde genommen dieselbe Figur, jedoch in einer völlig veränderten Situation.

Wie Siegfried und Gunther so bürdet sich auch Kriemhild zwei miteinander nicht zu vereinbarende Funktionen auf, die der Schwester Gunthers und die der Frau Siegfrieds. Die Kriemhild des 1. Teils ist völlig integriert in die sterile Hofgesellschaft von Worms. Sie und Gunther haben vieles gemeinsam, und diese Gemeinsamkeit geht sogar so weit, daß beide die verhängnisvolle Neigung teilen, eine Ehe einzugehen, die ihre Fähigkeiten übersteigt. Gunther gibt vor, ein Naturkind zu sein; Kriemhild läßt zu, daß Siegfried alle Phasen eines liebeskranken Minnesängers durchmachen muß. Es gelingt ihnen beiden, die Einheit Siegfried—Brünhild zu zerstören und sich ungefähr gleich große Anteile an dieser Einheit zu sichern, und in diesem Sinne kann man ihren Todeskampf im zweiten Teil als einen internen Kampf um die Überreste von Siegfrieds Macht bezeichnen. Aber im Verlauf dieses Prozesses werden beide verändert. Gunther wird Brünhilds Gemahl und Kriemhild Siegfrieds Weib. Die Lage ist in beiden Fällen prekär, unpassend und auf die Dauer unhaltbar. Aber der patriarchalische Hagen betrachtet das Ganze viel einfacher. Gunther hat Brünhild gewonnen und Siegfried Kriemhild. Das bedeutet für Hagen, daß er Brünhild ohne Zögern als Königin akzeptieren kann, während er sowohl an Siegfried als auch an Kriemhild Anstoß nimmt, da sie für ihn Fremdkörper in Worms sind.

Das Unmögliche an Kriemhilds Position fällt nicht sofort auf. Sie geht mit Siegfried nach Xanten, akzeptiert ihre neue Funktion und verzichtet anscheinend leichten Herzens auf die alte. Die Trennung der beiden Höfe hätte vielleicht eine dauernde Lösung bieten können, wenn nicht Brünhild gewesen wäre. Sie sitzt weiterhin, was ihrem Wesen völlig unangemessen ist, in Worms fest. Nachdem sie einmal ihrer Jungfräulichkeit beraubt worden ist, bedeutet sie selbst nichts mehr; aber das hätte ihr bei einem natürlichen Verlauf der Dinge nichts ausgemacht, da nur der beste und stärkste Mann der Welt sie gewinnen und heiraten kann. In einem solchen Falle hätte sie ihre jungfräuliche Unabhängigkeit gern für die Verbindung mit diesem Mann aufgegeben und ihre eigene Macht geopfert, um sich einer noch größeren zu bemächtigen. Nach außen hin sieht es so aus, als wäre das eingetreten. Aller Logik nach ist Gunther der beste und stärkste Mann der Welt. Leider kann sie das nicht ganz glauben. Sie ist nicht davon überzeugt, daß Siegfried Gunther untergeben ist, was man auch immer behaupten mag. Er benimmt sich nicht wie ein Vasall und sieht in der Tat auch nicht wie ein zweitrangiger Freier aus. Und so bringt sie die beiden Paare wieder zusammen, und das friedliche Zwischenspiel ist vorbei, mit dem Ergebnis, daß, wie nicht anders zu erwarten war, der wahre Sachverhalt auf unerträgliche Weise aufgedeckt und Siegfried ermordet wird. Man hat oft herausgestellt, daß Brünhild nun von der Bildfläche verschwindet. Aber was blieb ihr anderes übrig? Sie kann nur als Ergänzung zu Siegfried existieren. Ihre Aufgabe ist es, sich aufzubewahren, bis der richtige Mann kommt und seinen Anspruch auf sie erhebt. Um diesen Mann erkennen zu können, verläßt sie sich auf die objektive Erprobung seiner Kraft, ähnlich den Charakteren Kleists, die sich, weniger symbolisch, auf ihr untrügliches Gefühl verlassen. Aber anders als bei den Charakteren Kleists hat sie ihr Gefühl letzten Endes nicht betrogen. Sie hat ihre Rolle genau gespielt; der richtige Mann, Siegfried, hat seinen Anspruch auf sie geltend gemacht, sie hat ihn erkannt und sich ihm ergeben. Aber anstatt Besitz von ihr zu ergreifen, reicht er sie sogleich an Gunther weiter. Sie muß feststellen, daß der anderen Hälfte des Symbols das ganze Symbol in Wirklichkeit nichts mehr bedeutet und es ihm nichts ausmacht, das Ganze zu einem sinnentleerten Spiel werden zu lassen, um sich dort in Verwicklungen zu stürzen, wo er nicht hingehört, nämlich bei Kriemhild. Er ist offensichtlich zu gebildet, um sie ernst zu nehmen. Das hätte sie sofort erkannt, wenn sie mitangehört hätte, wie verschmitzt und distanziert er sie Gunther beschreibt:

> 'ja hât diu küneginne   so vreislîche sit'.
>
> (330, 2)

Sein Verrat an ihr gleicht dem Fausts an Mephistopheles, nur daß seiner unwiderruflicher ist. Mephisto hätte sich wahrscheinlich woanders umschauen können, nachdem er um seinen Preis gebracht worden ist. Brünhild hat jedoch nur einen Pfeil im Köcher, und nachdem sie ihn verschossen hat, verliert ihre Gestalt an Bedeutung.

Es gibt keinen Grund dafür, warum der Hof von Worms nach Siegfrieds und Brünhilds Beseitigung nicht wieder zur Ruhe kommen, Gunther und Hagen ihre traditionellen Rollen weiterspielen und Kriemhild immer noch *'hôhen muot'* spenden sollte. Davon scheint Gunther jedenfalls auszugehen, wenn er mit Kriemhild Freundschaft schließt. Hagen, der praktischer denkt, hat seine Zweifel, aber auch er versucht, den Streit beizulegen, indem er den Schatz fortwirft und vor einer Ehe Kriemhilds mit Etzel warnt. Er denkt offensichtlich, daß sich die Dinge am Hof von Worms deichseln ließen, wenn Kriemhild nur aufhörte, Siegfrieds Frau zu sein und wieder zu Gunthers Schwester würde.

Kriemhild selbst ist am Ende des ersten Teils und sogar im zweiten Teil eine ziemlich bemitleidenswerte Gestalt. Nachdem sie Siegfried einmal erlebt hat, kann sie Hagens und Gunthers Lösung nicht akzeptieren. Aber sie kann auch nicht mehr Siegfrieds Frau spielen. Die Heirat war von Anfang an undenkbar, und es ist kein Zufall, daß sie für seinen Tod persönlich verantwortlich ist. Sie hat ganz offensichtlich keine Ahnung, was sie da geheiratet hat. Wie hätte sie sonst auf Hagen als Beschützer Siegfrieds im Kampf verfallen können? Eine solche Beziehung mag für die Gesellschaft von Worms relevant sein, aber Siegfried besitzt immerhin eine *'hurnîn hût'*. Von vorne, nämlich für seine Feinde beim Kampf, ist er nicht anzugreifen. Er kann nur hinterrücks, über seine Frau, verwundet werden. Die Tatsache, daß er diese eine weiche Stelle besitzt, zeigt, daß seine Selbstsicherheit nicht absolut ist. Er bedarf eines Partners oder ist zumindest der Partnerschaft fähig, und in diesem Sinne ist er Mensch. Aber nach der Heirat hängt die Wirkungskraft seiner undurchdringlichen Haut davon ab, daß er sich jeglicher gesellschaftlicher Abhängigkeit enthält. Man hat das Gefühl, daß Brünhild das verstanden hätte. Kriemhild begreift das jedoch nicht. Sie war es, die ihn in erster Linie aus seinem Milieu gerissen hat, und sie tötet ihn, indem sie versucht, ihn in das Wertsystem von Worms einzuzwängen.

Auch nach seinem Tod verharrt sie in ihrer Verwirrung. Sie weigert sich, mit Siegmund heimzukehren, weil die Bindungen an ihr Heim und ihre Familie zu stark sind (1081). Andererseits weigert sie sich auch, ihre alte Stellung am Hof wieder einzunehmen und lebt zunächst allein, heiratet dann Etzel und trauert die ganze Zeit um Siegfried. Es ist kein Wunder, daß Hagens Mißtrauen nun auf sie fällt; aber dabei beurteilt er sie und ihren Schatz nach den gleichen praktischen Gesichtspunkten, die er einst auf Siegfried angewandt hatte. In seinen Augen bedeutet der Schatz eine politische Macht für Kriemhild und eine politische Gefahr für Worms. Kriemhild sieht darin lediglich Siegfried, etwas, was sie früher einmal besaß, nicht verstanden hat und, ohne es zu wollen, zerstörte.[14] Den Schatz zu versenken, löst genausowenig das Problem wie die Ermordung Siegfrieds. Es bewirkt lediglich, daß Kriemhild in der Gestalt Etzels einen Ersatz für beides sucht, und also geht die Geschichte unaufhaltsam weiter, bis an ihr gräßliches Ende.

Es ist ein Triumph für Hagen, daß er, als er stirbt, jede Spur von Siegfried und seinem Schatz ausgelöscht hat. Für Siegfried und in gewisser Weise auch für Brünhild bedeutet es einen Triumph, daß sie diese behagliche kleine Welt der Burgunden völlig zerstört haben. Die Tragik Kriemhilds besteht darin, daß sie beides zu vollenden half, den Tod ihres Gatten und das Auslöschen ihrer Familie. Für sich persönlich erreicht sie nichts. Man spricht gewöhnlich von Kriemhilds Rache; aber welchen Sinn hat die Rache, wenn es ihr eigentlich um Siegfried geht? Sie mußte ihn verlieren, weil sie zu sehr mit ihrer eigenen Gesellschaft verwachsen war. Bei

---

[14] Relevante Passagen sind: 1739; 1743; 1789; 2367; 2372. Auch das Symbol des *hort* verdient eine eingehendere Untersuchung.

ihrem Versuch, ihn für sich zurückzugewinnen, zerstört sie diese Gesellschaft. Indem sie deren letzten Repräsentanten, Hagen, umbringt, zerschlägt sie ihre letzte Bindung an Siegfried und seinen Schatz. Ihr bleibt nur sein Schwert; das kann sie aber nicht vor Hildebrand schützen.[15]

C. Ergebnisse

Man könnte also sagen, daß das ›Nibelungenlied‹ zu den Werken gehört, die einige der Folgen aufzeigen, die sich aus der Vermengung zweier verschiedener Strukturebenen gesellschaftlicher Organisation ergeben. Es zeigt, was geschieht, wenn ein das Individuelle betonendes, gesellschaftsfeindliches Ideal menschlichen Verhaltens versucht, sich ein Geflecht von Verhaltensnormen anzueignen, die ihm fremd sind, und wenn eine äußerst formalisierte Gesellschaft Kräfte zu Hilfe ruft, die sie nicht kontrollieren kann. Die Idee ist keineswegs weit hergeholt. Die wesentlichen Grenzen höfischer Regeln und Vorschriften werden aufgedeckt, aber diese Bloßlegung hat ihre positive Seite. Ihre Grenzen zu erkennen, bedeutet gleichzeitig, die eigentliche Funktion der Gesellschaft zu verstehen. Und dieses letzte Thema beschäftigt die gesamte höfische Epik jener Zeit. Êrec, Îwein, Parzival, Tristan, sie alle müssen die Regeln vergessen, sie übertreten oder aufgeben, bevor sie ihren eigentlichen Sinn zu verstehen beginnen. Gunther, Artus, Marke, sie alle sind Varianten ein und derselben Königsgestalt. Sie stehen an der Spitze, spornen an, halten zurück, greifen regulierend ein, belohnen und bestrafen. Alle sind seltsam unfähig zu eigener Aktion und hängen weitgehend von ihren Untertanen ab. Sie repräsentieren in der Tat die Konventionen der Gesellschaft, an deren Spitze sie stehen. Wenn diese Konventionen einen positiven Sinn haben, dann werden jene zu vortrefflichen Charakteren, wie Marke nach der Liebeshöhle oder Gunther in der letzten Schlacht. Wo aber die Regeln fehl am Platze sind, wirken sie lächerlich, wie Marke die

---

[15] In der gesamten Passage von 2367, 4 *(welt ir mir geben widere waz ir mir habt genomen)* bis 2372, 4 geht es eher um persönlichen Verlust und Wiedergutmachung als um Rache.

meiste Zeit und Gunther als Liebender oder Artus mit seinen Ehe-
problemen. Die meiste Ähnlichkeit innerhalb des höfischen Epos
hat Siegfried natürlich mit Tristan—Rîwalin. Beide werden von
vorbildlichen Königen adoptiert und von ihnen als Werkzeuge
benutzt. Beide werden mit ihren Aufgaben nur allzu gut fertig und
geraten infolgedessen mit dem Hof in Konflikt. Beide Könige ent-
fremden sich ganz oder teilweise erst von ihren Schwestern und
dann von ihren Frauen. Der wesentliche Unterschied liegt in der
Art, wie der Hof auf diese Situation reagiert. Der Hof zu Tintagel
siecht zwar schon dahin, es gelingt ihm aber, die beiden Liebes-
paare zu vertreiben und zu überleben.[16] Worms versucht, sie zu
absorbieren und geht daran zugrunde.

Wie alle kurzen Beschreibungen von Struktur ist auch diese
äußerst schematisch und läßt große Teile des Werkes unberücksichtigt. Es ist unmöglich, ein komplexes Werk der Literatur in
einem oder auch nur in zwanzig Artikeln zu erschöpfen. Es ist
jedoch möglich, eine vorläufige Hypothese über die grundlegende
Struktur aufzustellen, die sich auf eine genaue Untersuchung des
Textes stützt. Auf viele der ausführlichen Belege wurde im Interesse größerer Klarheit und wegen des begrenzten Raums verzichtet.
Vieles ist noch nicht berücksichtigt worden. Diese beiden Mängel
sollen bis zu einem gewissen Grade durch einen demnächst erscheinenden Artikel von H. D. Sacker behoben werden, in dem er einige
Aspekte der formalen Textur untersucht.[17] Die Hypothese selbst
hat nur praktischen Wert. Es ist zu hoffen, daß die Gelehrten sie für
veränderungswürdig halten.[18]

---

[16] Es gibt jedoch keine eindeutigen Aussagen, die für ein Überleben
sprechen, wie W. Schwarz in seiner Antrittsvorlesung ›Gottfrieds von
Strassburg Tristan und Isolde‹, Groningen, Djakarta 1955, dargelegt hat.

[17] Zur Unterscheidung zwischen 'Struktur' und 'Textur' siehe E. M.
Wilkinson, 'Form' and 'Content' in the Aesthetics of German Classicism,
in: Stil- und Formprobleme in der Literatur, 1959, S. 18—27.

[18] Seit der letzten Überarbeitung dieses Artikels ist eine Anzahl von
Arbeiten erschienen, die sich mit der Struktur des Nibelungenlieds beschäftigen. Einiges davon erwähne ich in meiner Rezension von Wachingers ›Studien zum Nibelungenlied‹ (GLL XIV, 1961, S. 304). Einzelheiten
zu den übrigen Arbeiten sind in Wachingers Bibliographie enthalten.

German Life and Letters 14, 1960/61, pp. 271—281. Originaltitel: ›On Irony and Symbolism in the Nibelungenlied‹ Two preliminary notes. Aus dem Englischen übersetzt von Robert Link.

ÜBER IRONIE UND SYMBOLISMUS
IM NIBELUNGENLIED

Zwei vorläufige Studien

Von Hugh Sacker

I. Ironie

Es wurde schon immer anerkannt, daß Ironie eine gewisse Rolle im ›Nibelungenlied‹[1] spielt, aber meines Wissens konzentrierte sich die Aufmerksamkeit immer nur auf solche Beispiele, die eine Person oder Handlung heroischer erscheinen lassen, und nicht auf solche, die dazu neigen, das heroische Erscheinungsbild zu unterminieren. Daß letzteres ebenso vorkommt, kann man vielleicht am leichtesten an einer Episode im zweiten Teil des Werkes beweisen, in der Kriemhild versucht, ihre Ritter dazu zu bewegen, Hagen und Volker anzugreifen. Ihrer vierhundert werfen sich in Waffen und begleiten sie in bedrohlicher Manier; sie sehen und hören, wie man ihrer Königin unter Beleidigungen die Stirn bietet, und diese fordert sie auf anzugreifen. Der Erzähler beschreibt die Männer an dieser Stelle als *die übermüeten degene,* und da er gewöhnlich *übermüete* von Leuten gebraucht, die zu stolz sind und zu übereilt handeln, als daß sie im voraus überlegen, was es kostet,[2] erwartet der Leser einen Zusammenprall — doch nein, der Ausdruck ist ironisch gebraucht:

> Si sprach: „nu hoert, ir recken, wâ er mir lougent niht
> aller mîner leide. swaz im dâ von geschiht,

[1] Zitiert wurde nach der 13. Ausgabe von Karl Bartsch und Helmut de Boor, Wiesbaden 1956.

[2] Diese und andere linguistische Probleme können leicht nachgeprüft werden in Karl Bartsch, Der Nibelunge Not, vol. II, 2 Wörterbuch, Leipzig 1880.

daz ist mir vil unmaere,   ir Etzelen man."
die übermüeten degene   ein ander sâhen si an.

(1792)

Die Antiklimax sitzt: sie sehen sich gegenseitig verdutzt an und
ziehen sich kampflos zurück. Noch ausdrücklicher sagt einige Strophen später der Fiedler Volker von den Hunnen: *ez heizent allez
degene und sint gelîche niht gemuot* (1821, 4). Alle nennen sich
Krieger, aber — so könnte man paraphrasieren — nicht alle zeigen
in ihren Taten das Herz eines Kriegers.

Diese unverhüllte Aussage Volkers, daß die Dinge nicht immer
das sind, was sie scheinen, ist ohne Parallele im ›Nibelungenlied‹;
viele Parallelen jedoch lassen sich für die implizierte Ironie, wie sie
sich in der Beschreibung der feigen Hunnen als *übermüete* findet,
zeigen. Wo diese Beispiele in der Vergangenheit in der Gelehrten-
welt Beachtung fanden, wurden sie gewöhnlich als vom Dichter
unbeabsichtigt bedauert — eine diplomatische Art zu sagen, daß sie
nicht in die eigene Interpretation des Betreffenden hineinpassen (da
wir nun einmal keine äußeren Beweise der Intention des Dichters
haben). Meine Absicht hier ist es, einige exemplarische Beispiele
neu zu durchdenken und zu versuchen, ihren Stellenwert innerhalb
des Werkes zu bestimmen; ob dieser mit der Intention des Dichters
übereinstimmt, braucht uns nicht zu kümmern, wenn wir nicht diese
Intention als Studienobjekt nehmen, sondern die vom Dichter erbrachte Leistung.

Eines der deutlicher hervorragenden Merkmale dieses Werkes ist
der stereotype Gebrauch von Adjektiven des Typus *übermüete,* die
so häufig jede Bezugnahme auf irgendwelche Personen begleiten.
Diese Erscheinung wurde bereits in einer Dissertation [3] im einzelnen
bearbeitet und erst jüngst in Friedrich Panzers anregender Überprüfung aller für das ›Nibelungenlied‹ [4] relevanten Fragen einiger
Seiten für würdig erachtet. Manchmal scheint das Adjektiv auf die
jeweilige Situation zuzutreffen, viel öfter jedoch tut es dies nicht.

[3] Gottlieb Stotz, Epitheta ornantia im Kudrunlied, im Biterolf und im
Nibelungenlied, Diss. Tübingen 1930.

[4] Friedrich Panzer, Das Nibelungenlied, Entstehung und Gestalt, Stuttgart 1955.

Panzer schreibt bedauernd: „Aber überwiegend sind die Beiwörter
starr und formelhaft und nehmen dadurch den Personen das Individuelle, statt sie zu kennzeichnen ... Form und Gehalt befinden
sich danach vielfach nicht in vollkommenem Einklang ... Es begreift sich das aus der weitgehenden Idealisierung, die unserer Dichtung eignet." (S. 134)

Der Ansatz ist, scheint mir, daß der Dichter seine Charaktere als
Typen sah und ihnen Adjektive an die Seite stellte, die den Ideal-
vertreter dieses Typus kennzeichnen, ohne auf die jeweilige Person
oder Situation Rücksicht zu nehmen. Das mag wohl so sein, aber es
braucht nicht bedauert zu werden, wenn — wie mir scheint — die
daraus resultierende Beziehung zwischen typischem, idealisierendem
Kommentar und den besonderen Umständen eines konkreten Falles
sowohl in sich selbst erfreulich ist als auch in Einklang steht mit
dem, was der Dichter in anderer Hinsicht erzielte.

Ein Beispiel dafür: als die Amazone Brünhild von Siegfried erfährt, daß Gunther gekommen ist, um um sie zu werben, antwortet
sie drohend, daß er mit ihr in bestimmten Sportarten kämpfen
müsse und daß er und seine ganze Begleitung ihr Leben verwirkt
hätten, falls er verlöre. Ein Adjektiv in der Art von *vreislich,* das
auf sie in Vorwegnahme der Situation schon gebraucht wurde
(330, 2), wäre hier angebracht; statt dessen aber wird ein stereo-
types, spezifisch feminines Adjektiv gebraucht, um Brünhilds her-
ausfordernde Rede abzuschließen:

> „Den stein sol er werfen   unt springen dar nâch,
> den gêr mit mir schiezen.   lât iu niht sîn ze gâch.
> ir muget wol hie verliesen   die êre und ouch den lîp.
> des bedenket iuch vil ebene",   sprach daz minneclîche wîp.
>
> (425)

Der Kontext von *minneclîch* kann hier unter einem zweifachen
Aspekt gesehen werden. Neben dem 'vertikalen' Faden in Form
eines permanenten Kommentars durch das ganze Buch, nach dem
alle vornehmen Damen liebenswert sind, steht der 'horizontale'
Block in der besonderen Episode, der Brünhild doch ziemlich furchterregend zeigt. *Minneclîch* paßt in die eine Kategorie, aber kaum
in die andere: man fragt sich, ob Brünhild als attraktiv angesehen
werden soll, obwohl (oder gerade weil?) sie ihren Verehrern mit

dem Tod droht, oder ob sich der Erzähler nicht über den Gedanken lustig macht, solch einen Teufel in Frauengestalt attraktiv zu finden. Auf jeden Fall lenkt er die Aufmerksamkeit auf den Kontrast zwischen der konventionellen Art gegenüber Damen am Hof und dem Verhalten dieses besonderen 'Exemplars'; hinsichtlich beider Aspekte unterstützt ihn die Situation, da einerseits Gunther offensichtlich von der furchterregenden Brünhild angezogen wurde (vgl. 328 f.), während ihn andererseits nun ihre persönliche Erscheinung abstößt:

> Er dâhte in sînem muote: „waz sol dîz wesen?
> der tiuvel ûz der helle wie kunder dâ vor genesen?
> waer ich ze Burgonden mit dem lebene mîn,
> si müeste hie vil lange vrî vor mîner minne sîn."
>
> (442)

In Anbetracht der Tatsache, daß die Zweideutigkeiten und ironischen Möglichkeiten des Adjektives von der Situation her gestützt werden, täte man gut daran, sie zu akzeptieren — und sich an ihnen zu erfreuen. Es ist falsch, den Führungsanspruch des 'vertikalen' Kontexts auf Kosten des 'horizontalen' aufrechtzuerhalten, wenn doch die komplexe Beziehung beider für den Ablauf der Handlung relevant ist.[5]

Man hat diese Haupthandlung gewöhnlich absolut ernst genommen — anscheinend in der Annahme, daß der heroische Code des Mittelalters nicht zuließe, in Frage gestellt zu werden (geschweige denn, daß man sich darüber lustig macht). Diese entscheidende Episode, die wir eben berührten, beweist aber das Gegenteil; denn gerade die Tatsache, daß Gunther im Bewußtsein, der Aufgabe nicht gewachsen zu sein, dennoch versucht, Brünhild zu gewinnen, ist

---

[5] Es ist zu beachten, daß das interessante Wort *minneclîche* in der letzten Halbzeile der Strophe steht. Solche Stellen wurden häufig von gelangweilten Gelehrten als Füllsel abgetan. Aber die letzte Halbzeile ist wichtig für Klimax, Antiklimax, für positive, negative oder ironische Aussagen, für Handlung oder Kommentar. Die Vielseitigkeit seiner Verwendung kann tatsächlich als Beweis für die Größe dieses Werkes angesehen werden: wenn man all ihre Nuancen zu würdigen versteht, wird man sie nicht als langweilig empfinden.

nicht nur einfach etwas entehrend, sondern grundsätzlich eine Farce
— und die Farce der Schlafzimmerszene, zu der das Geschehen
hinführt, ist deshalb nicht, wie fast alle Kritiker zu denken scheinen,
ein bedauerlicher Lapsus des Autors (der wegerklärt werden kann
mit dem Hinweis auf die vulgären Quellen und die Pöbelhaftigkeit
der Zuhörer), sondern sie ist eine künstlerisch notwendige Erhellung
der Falschheit von Gunthers Position. Gunther hat das Anwachsen
seiner öffentlichen Macht, die er durch Siegfrieds Hilfe erreicht hat,
mit einer Stärkung seiner persönlichen Kraft verwechselt, und er
hat eine Frau durch falsches Spiel gewonnen; den Augen der Welt
blieb seine öffentliche Ehre wohl erhalten, in der privaten Sphäre
des Schlafzimmers jedoch wird seine persönliche Schande auf lächerlich machende Weise aufgedeckt.

Es hat den Anschein, als ob der Erzähler Gunthers Ehre stützt,
indem er durchweg nur 'nette' Dinge über ihn sagt. Aber da Gunthers Handlungen den laufenden Kommentar nicht immer bestätigen, tauchen viele Gelegenheiten auf, an denen ein aufmerksamer
Leser sich genötigt sieht, stutzig zu werden. Für den Augenblick
möchte ich die stereotypen Adjektive beiseite lassen und andere
Typen der implizierten Ironie zeigen, zum Beispiel den Kommentar zu Gunthers endgültigem Erfolg gegenüber Brünhild. In den
vorhergehenden Strophen haben wir gesehen, wie Gunther dabei
scheitert, Brünhild seinen Willen aufzudrängen, auf schmachvolle
Weise an einen Nagel an der Wand gehängt wird — und Siegfried
zu Hilfe ruft. Wir haben gesehen, wie Siegfried mit Brünhild um
sein Leben kämpft, knapp gewinnt — sie dann Gunther zur Defloration überläßt. Das bringt Gunther dann auch zustande:

> Done was ouch si niht sterker   dann ein ander wîp.
> er trûte minneclîche   den ir vil schoenen lîp.
> ob siz versuochte mêre,   was kunde daz vervân?
> daz het ir allez Gunther   mit sînen minnen getân.
> (682)

Zwar verliert Brünhild ihre große Stärke zusammen mit ihrer
Jungfräulichkeit, zwar hat Gunthers Wunsch, sie zu ehelichen,
diesen Verlust der Jungfräulichkeit schließlich zuwege gebracht —
aber die ganze Episode zusammenzufassen, daß Gunther dies alles

mit seiner Liebe fertiggebracht hätte, heißt, so furchtbar übertreiben, so kraß Gunthers totale Abhängigkeit von Siegfried (die gerade so drastisch demonstriert wurde) außer acht zu lassen, daß ein Lächeln unvermeidlich wird. Wieder decken sich also die beiden Sinnzusammenhänge, der idealisierende Kommentar und die tatsächliche Situation, nicht und ergeben so eine ironische Wirkung. Dem Buchstaben und der dahinterstehenden Idealvorstellung nach war es Gunther, der Brünhild bezwang, im Grunde genommen war es jedoch Siegfried.

Wenn hier die Ironie davon abhängt, daß die wörtliche Bedeutung auf Kosten des Wesentlichen betont wird, dann ist es an anderen Stellen das Nebensächliche, das zur ironischen Emphase benutzt wird. Zum Beispiel enthüllt der Wettstreit mit Brünhild in Island fast ebenso wirksam Gunthers persönliche Schwäche wie die Hochzeitsnacht. Unter Siegfrieds Arm ist er für den Leser lächerlich genug, doch Brünhilds Anhänger werden natürlich getäuscht, da sie ihn nicht sehen können: *„si wânden daz er hête   diu spil mit sîner kraft getân"* (467, 4). Das stimmt nicht, aber, wie die nächste Zeile zeigt, wenn Gunther auch nicht die Stärke hat, die nötig ist, Brünhild zu gewinnen, so besitzt er doch andere Qualitäten, wie zum Beispiel Höflichkeit, und er versteht es, die von Brünhilds Gefolge dargebrachte Huldigung gnädig zur Kenntnis zu nehmen; *„er gruoztes' minneclîche,   jâ was er tugende rich"* (468, I). Diese zweite Halbzeile ist unnötig und emphatisch formuliert; da sie gerade an dieser Stelle auftaucht, lädt sie stillschweigend zu einem Vergleich von Gunthers Qualitäten ein, d. h. von solchen, die er hat, und solchen, die er nicht hat: er braucht Siegfried, um Brünhild zu gewinnen, aber Höflichkeiten kann er aus eigener Kraft austauschen.

Die Fälle von Ironie, die wir hier in Erwähnung gebracht haben, ergeben sich aus den offensichtlichen Diskrepanzen zwischen dem Kommentar und der Handlung. Was ist nun der Effekt, wenn diese übereinstimmen? Eine Möglichkeit kann man durch eine weitere Untersuchung von *minneclîche* feststellen; das Wort scheint unangebracht in Island, besonders wenn es auf Brünhild selbst bezogen wird, aber es paßt auf Gunther, der Brünhilds Gefolge *minneclîche* begrüßt, und erst recht paßt es in Worms und ganz besonders auf Kriemhild, die in ihrer Jugend als *diu minneclîche* par excellence erscheint. So wird sie indirekt mit Brünhild kontrastiert; und da es Aggressivität ist, mit der Brünhild auf die Annäherung eines jeglichen männlichen Wesens reagiert, und die sie in ihrer Beschreibung als *minneclîch* doch in etwas seltsamem Licht erscheinen läßt, lohnt es sich zu überlegen, ob *minneclîch* nicht genau deswegen so gut auf Kriemhild paßt, weil ihre hervorstechendste Eigenschaft als Jungfrau ihre völlige Passivität ist. Sie ist in jeder Hinsicht von ihren Brüdern abhängig; Siegfried darf sie ein ganzes Jahr hindurch nicht einmal sehen — ein Verhalten, das zu dieser Zeit und in diesem Werk nicht obligatorisch war, wie ein Vergleich mit Rüedegers Tochter Gotelind zeigt —, und als sie dann endlich erscheint, ist sie unglaublich demütig in ihrem Verhalten. Man fragt sich, ob es nicht gerade diese Passivität ist, die den mächtigen Siegfried anzieht, ebenso wie es Brünhilds vehemente Ablehnung ist, die den schwächeren Gunther reizt. Keiner von beiden sieht die Dame seiner Wahl, bevor er sie erkürt, von beiden ließe sich sagen, daß sie nur auf der Suche nach einem bestimmten Typus weiblicher Reaktionsweisen sind. Ihre Fähigkeit, über eine Entfernung hinweg zu wählen, nur nach dem allgemeinen Ruf der betreffenden Damen, kann erklärt werden, wenn diese Damen — wenigstens vor ihrer Hochzeit — die verschiedenen Ideale beider Männer von Jungfräulichkeit repräsentieren. Das Groteske an Gunthers Ideal kann man kaum ignorieren, und es wird noch — wie oben gezeigt — betont durch den seltsamen Gebrauch von *minneclîch*; aber ist nicht Siegfrieds Ideal ebenso seltsam, und läßt nicht gerade die Angemessenheit des sich wiederholenden und verwaschenen *minneclîch* dies vermuten? Dann jedoch erhebt sich die Frage: ist in einem stereotyp wiederkehrenden Adjektiv nicht immer ein ironisches Element enthalten?

Diese kurze, informatorische Studie ist nicht der Ort, dieses Problem ausführlich zu erforschen; auch möchte ich nicht in langen, terminologischen Diskussionen darüber schwelgen, was eigentlich die Bezeichnung Ironie verdient und was nicht. Ich jedenfalls habe den Eindruck gewonnen, daß das stereotype Adjektiv eine größere Rolle im ›Nibelungenlied‹ spielt, als man bisher erkannt hat, und daß die Anerkennung dieser Tatsache behindert wurde durch un-

angemessenen Respekt von seiten moderner Schreibtischgelehrter,
Respekt sowohl vor Heroismus, der sie blind gemacht hat gegenüber solchen Elementen eines Werkes einer früheren Zeit, die die
schwachen Stellen des heroischen Kodex zutage treten lassen —
als auch vor Kommentaren, was dazu führte, diejenigen Elemente
der Handlung zu mißachten, die mit den Aussagen des Erzählers
kollidieren. Natürlich heißt das nicht, daß man immer erwarten
kann, daß das stereotype Adjektiv interessant ist, immer beun-
ruhigend richtig oder auf groteske Art falsch; sehr oft wird seine
Bedeutung nur gering sein. Was ich damit andeuten möchte, ist nur
die Vermutung, daß sich, wo man einen idealisierenden Kommentar mit einem realistischen Handlungsablauf verknüpft findet,
wahrscheinlich eine Bedeutungsvermischung ergibt, die als Ironie
bezeichnet werden könnte, und daß man sie, wenn sie vorkommt,
nicht ignorieren sollte.

Im Lichte dieser Betrachtungen möchte ich abschließend noch die
ersten zwölf Strophen des Werkes in der Fassung untersuchen, die
wir heute gewöhnlich lesen. Wenn hier die drei burgundischen
Könige vorgestellt werden als ausnehmend mächtige Herrscher,
ausgestattet mit großem persönlichem Mut und mit großer Tapferkeit, als Männer, die sich den ganzen Tag ihres Glückes und ihrer
hohen Ehre erfreuen, dann kann sich der Leser, der die Geschichte
kennt, nicht verkneifen, sich leise zu wundern. Sind das die Könige,
die sich davor fürchten, mit den Sachsen zu kämpfen und dies Siegfried überlassen, die diesem für seine ständige Hilfe und sein ver-
trauendes Wesen damit danken, daß sie ihn ermorden? Wenn man
die Strophen so nimmt wie sie sind, kann man im besten Falle nicht
umhin, etwas herablassend auf den Dichter zu sehen, der eine
Phrase wie *ein ûz erwelter degen* innerhalb von zwölf Strophen
dreimal bringt. Schlimmstenfalls gibt man den Versuch, das Werk
wie es steht zu verstehen und zu würdigen ganz auf und beginnt,
an ihm herumzuschnipseln, um es unter diesem oder jenem Vorwand, mit einer vorgefaßten Meinung davon, was es sein sollte, in
Einklang zu bringen. Es ist zum Beispiel üblich, die ersten Strophen
überhaupt zu übergehen, weil sie in einigen Manuskripten fehlen
und vielleicht nicht zu der frühesten Version gehören. Aber sie
stehen nun einmal in anderen Handschriften, und gleichgültig wer

sie erfunden hat, kann die Wirkung ihrer Anwesenheit doch mit Gewinn untersucht werden.

So können wir feststellen, daß auf dem Hintergrund der folgenden Ereignisse die ersten Strophen in ironischer Färbung erscheinen, und wenn man das bemerkt hat, kann man gerade die Einfalt der Wiederholungen wie *ein ûz erwelter degen* genießen. Ebenso das vom Erzähler nicht notwendigerweise harmlos gemeinte *als ich gesaget hân* (8, 1): der Akzent dieser Arbeit lag eben auf dem Kontrast zwischen dem, was der Erzähler von seinen Charakteren sagt und dem, was sie in ihren Handlungen zeigten. Ja, ich bin sogar der Meinung, daß fast jede Phrase der ersten zwölf Strophen, wenn man sie genau untersucht, höchst doppelsinnig erscheint, ganz bestimmt die verbindlichen Formeln, mit der sie schließen:

> Von des hoves krefte und von ir wîten kraft,
> von ir viel hôhen werdekeit und von ir ritterschaft,
> der die herren pflâgen mit vröuden al ir leben,
> des enkunde iu zewâre niemen gar ein ende geben.

(12)

Damit wäre der Vorschlag gewagt, daß Ironie keine untergeordnete Rolle spielt und nur gelegentlich auftaucht, sondern daß sie von Anfang an ein wichtiges und immer gegenwärtiges Element im Text B des ›Nibelungenliedes‹ (nach der Ausgabe von de Boor) darstellt. Die Charaktere, die in ihm vorkommen, sind menschlich und zeigen menschliche Schwächen: Gunther ist ein ziemlich boshafter Schwächling, Hagen ist stolz, dickköpfig und unbarmherzig, Siegfried ist aufgeblasen, egozentrisch und dumm, während Kriemhild — *diu minneclîche!* — überhaupt nie eine echte Persönlichkeit gewinnt: als Mädchen damit zufrieden, von ihren Brüdern eingeschlossen zu werden, verehrt sie ihren Mann zu seinen Lebzeiten wie einen Helden und verliert sich in boshaften Erinnerungen nach seinem Tod.

Aber das ist natürlich nicht die ganze Wahrheit über diese Leute; das Werk enthält ein beachtliches Maß an Ironie, aber es ist keine Satire. Das ist vielleicht mit ein Grund, warum es so schwer faßbar ist und doch so befriedigend.

II. Symbolismus

Die Vermutung, die in der vorhergehenden Studie geäußert wurde, daß nämlich die Kommentare des Erzählers keinen direkten Leitfaden für die Deutung der Ereignisse des ›Nibelungenliedes‹ bieten, heißt glücklicherweise nicht, daß uns der Dichter vollkommen ohne Richtlinien gelassen hat. Im Gegenteil, es war schon immer bekannt, daß er Wegweiser in Form von Symbolen setzt. Einige dieser Symbole werden zumindest teilweise innerhalb des Werkes selbst interpretiert, z. B. Kriemhilds Traum in der ersten âventiure; andere, wie z. B. Gürtel und Ring, die Siegfried Brünhild abnimmt, spielen eine Rolle in der Entwicklung der Handlung. Ich möchte hier nun die Behauptung aufstellen, daß selbst solchen allgemein anerkannten Symbolen von den Gelehrten nicht das volle Gewicht zuteil wurde und daß andere, ebenso wichtige, vollkommen vernachlässigt wurden. Dabei möchte ich eine Anzahl von Ereignissen, die man sicher in verschiedene Kategorien aufteilen könnte, als symbolisch in einer Gruppe zusammenfassen. Sie haben nämlich meiner Meinung nach eines gemeinsam: ihre Mikrostruktur spiegelt die übergreifende Makrostruktur des Werkes wider. Weil ich gerade diese Ähnlichkeit zu betonen beabsichtige, möchte ich sie alle zusammenfassen und sie vorsichtig als symbolisch bezeichnen; eine genauere terminologische Unterscheidung würde einfach ihre gemeinsamen Merkmale verwischen.

Eine interessante Sache an Kriemhilds Traum ist, daß er bei genauerer Betrachtung deutlich die Interpretation von Siegfrieds Stellung innerhalb des Werkes unterstützt, die D. G. Mowatt in einem anderen Artikel dieses Heftes [= German Life and Letters 14, 1960/61. Vgl. in diesem Bd. S. 179 ff.] zur Diskussion stellte. Nach den zwölf Strophen, die die Trefflichkeit des burgundischen Hofes beschreiben, kommt die folgende:

> In disen hôhen êren   troumte Kriemhilde,
> wi si züge einen valken   starc scoen und wilde,
> den ir zwêne arn erkrummen.   daz si daz muoste sehen:
> ir enkunde in dirre werlde   leider nimmer gescehen.
>
> (13)

In der folgenden Strophe wird angedeutet, daß der Falke Siegfried symbolisiert, und es kann keinen Zweifel geben, daß die beiden Adjektive *starc* und *scoene* besonders auf ihn passen. Man könnte deshalb mit Recht fragen, ob *wilde* nicht auch auf ihn zu beziehen sei, und ob Siegfried nicht von Natur aus wild und unzivilisiert sei. Falls das so ist, kommt dem Wort *ziehen* eine besondere Bedeutung zu, denn es heißt in diesem Zusammenhang zähmen und abrichten (einen wilden Vogel, daß er sich verhält, wie man es will). Der Siegfried, der in Worms so wild ankommt, wird tatsächlich äußerlich gezähmt von Kriemhild — sein Begehren, ihre Hand zu gewinnen, läßt ihn sich den Konventionen des burgundischen Hofes anpassen (123, 4) — und doch, da er bis zum Ende seiner Tage der Herr der Nibelungen bleibt, eine elementare Figur jenseits aller Moralität, kommt es zur Tragödie. Diese ungelöste Spannung, die sowohl in Siegfried als auch zwischen ihm und dem Hof in Worms besteht, ist eine der Hauptquellen des Konfliktes in diesem Werk, doch es wird vom Erzähler niemals klar ausgedrückt, nur die eine Strophe, in der das Falkensymbol eingeführt wird, zeigt es an.

Ring und Gürtel, die Siegfried Brünhild abnimmt, liefern, wenn man ihnen volles Gewicht zugesteht, den Hauptbeweis dafür, daß der in die Augen stechende Grund für Siegfrieds Ermordung tatsächlich der wahre ist: wie komplex auch immer die Primärmotivation sein mag, Siegfried wird letztlich erschlagen wegen seiner entscheidenden und anmaßenden Rolle, die er bei Brünhilds Eroberung spielte. Siegfried besiegt Brünhild — im Namen Gunthers —, um Kriemhild zu gewinnen. Gunther, schwach und boshaft wie er ist, kann wohl mit der Art zufrieden sein, mit der Siegfried Brünhild im entscheidenden Augenblick intakt überreicht; es ist ein leichtes für ihn, Siegfrieds Wort zu akzeptieren, sich niemals Kriemhild gegenüber mit der Defloration Brünhilds gebrüstet zu haben; aber Ring und Gürtel, die Kriemhild trägt — und daß sie sie trägt, ist ebenso bedeutsam wie daß Siegfried diese Utensilien genommen hat —, zeigen all und jedem, daß wie auch immer die Einzelheiten zurechtgerückt wurden, die wesentliche Tatsache bestehen bleibt: Brünhilds Jungfräulichkeit wurde von Siegfried für Kriemhild geopfert. Die Nebensache, daß Siegfried gegenüber Gunther sein Versprechen gehalten hat und Brünhild nicht deflorierte, ist für diese genauso wenig Trost wie seine Bereitschaft zu schwören, damit nicht vor Kriemhild angegeben zu haben. Was für Brünhild schiefgegangen war, ist der Umstand, daß der einzige Mann, der sie beherrschte, sie überhaupt nicht begehrte. (Hätte Siegfried als erster ihren Körper für sich in Anspruch genommen, wäre sie in gewissem Sinne sein gewesen, hätte in gewissem Maße Erfüllung gefunden. Wie die Sache steht, wird sie permanent erniedrigt, und es bleibt ihr nur noch die Rache.) Siegfried stirbt, weil er Brünhild wirklich verletzte und nicht (wenigstens primär) wegen seiner partikulären Ehrauffassung, die wir der mittelalterlichen Gesellschaft zuschreiben.

Auf die symbolische Bedeutung des Falken wie des Ringes und des Gürtels weist der Dichter selbst hin; ich möchte nun noch andere Episoden dieses Werkes als symbolträchtig ansehen, obwohl auf ihren Symbolgehalt nicht so ausdrücklich hingewiesen wird. Es ist sogar durchaus möglich (doch nicht unbedingt nötig), daß der Dichter selbst sie nicht bewußt als Symbole erkannte. Aber wenn wir es als ein Axiom ansehen, daß die Werke von allen Künstlern — selbst mittelalterlichen — komplexer sind als diese selbst wissen, dann würde ich vorschlagen, wenn wir an einem besonders wichtigen Punkt der Geschichte einen kleinen, aber auffallenden Vorfall finden, der im Kleinen die Hauptrichtung der Ereignisse widerspiegelt, daß wir auch ihn als Symbol bezeichnen und uns über seine Bedeutung Gedanken machen und uns freuen an seiner Art und Stellung.

Siegfried wird ermordet, während er von einem Brunnen trinkt, neben diesem Brunnen steht ein Lindenbaum, an den er seine Waffen lehnt. Die Kombination eines einzelnen Lindenbaumes mit einem Brunnen überrascht hier; denn obwohl es eine gebräuchliche Gruppierung in der mittelhochdeutschen Literatur ist, ist sie doch normalerweise z. B. im ›Iwein‹ die Szenerie für eine Liebesgeschichte. Professor Hatto hat die Assoziation des Lindenbaumes mit Liebe untersucht;[6] ich glaube, er kann kurz als phallisches Symbol klassifiziert werden und die Quelle, bzw. besonders deutlich im ›Iwein‹ der Brunnen, der daneben steht, als Symbol der Vagina.

---

[6] A. T. Hatto, The limetree and early German, Goliard and English lyric poetry, in: Modern Language Review, Bd. XLIX, 1954.

Bäume und Brunnen haben im allgemeinen diese Assoziation, selbst außerhalb der mittelhochdeutschen Literatur: Die Frage ist dann, ob solch eine Assoziation von der Funktion und Bedeutung dieser Episode ablenkt oder ihr Gewinn bringt.

Siegfried kommt als erster am Brunnen an. Aber obwohl er sich einen Augenblick vorher besonders ungebärdig benommen hat (965—970), ist er jetzt so höflich, daß er nicht vor Gunther trinkt. Und der Erzähler sagt: *do engalt er sîner zühte* (980, I), obwohl es nicht klar ist, wie er auf diese Weise für seine Höflichkeit zahlt. Man mag vielleicht vermuten, daß Hagen, hätte Siegfried gleich getrunken, den Brunnen noch nicht erreicht hätte; aber ist es nicht doch etwas mysteriös, daß der Erzähler es der Mühe wert gehalten hat, diese Komplikation überhaupt einzuführen — es sei denn, wie ich vorschlage, um die Aufmerksamkeit auf den tieferen Sinn der Episode zu lenken? Siegfrieds Tod ist die Folge seiner ihm ungewohnten Höflichkeit, die er beim Werben um Kriemhild zeigt; er stirbt für Dienste, die er Gunther erwiesen hat, d. h. in der Symbolsprache, er stirbt, weil er es Gunther gestattet, am Brunnen zu trinken. Diese Tatsache ist es, glaube ich, die die Umstände seines Todes nahelegt.

Es mag übrigens auch Bedeutung in dem scheinbar trivialen Detail liegen, daß es ausgerechnet ein Lindenblatt war, das verhinderte, daß Siegfried durch das Drachenblut völlig unverwundbar wurde. Es ist nicht nur ein Blatt vom Baum der Liebe, sondern selbst herzförmig, und es fällt so zwischen Siegfrieds Schultern, daß Hagens Speer genau sein Herz durchbohren kann. Und natürlich hatte Hagen dies Geheimnis von Kriemhild erfahren. Scheint es nicht, als ob Siegfrieds Liebe zu Kriemhild sein einziger schwacher Punkt war?

Ich schlage als nächstes vor, einer Episode, deren Symbolgehalt schon immer erkannt wurde, zusätzliche Bedeutung zu geben. In Übereinkunft mit dem Täuschungsmanöver beim Werben um Brünhild, nämlich Gunthers Vasall zu sein, ein Manöver, das inszeniert wurde, um Gunther in ihren Augen hervorzuheben, führt Siegfried bei der Ankunft in Island Gunthers Pferd und hält es dann am Zügel. Dieser symbolische Akt soll bestimmt Brünhild täuschen, verfehlt aber seltsamerweise seinen Zweck; denn sie und ihre Be-

gleitung betrachten einige Strophen weiter Siegfried immer noch
als den Führer. Soweit ich weiß hat diese kleine Unstimmigkeit
noch keinen modernen Gelehrten beunruhigt, auch hat sich noch
niemand darüber gewundert, daß der Dichter es der Mühe wert
hält, zu erwähnen, daß Siegfried sein eigenes Pferd herausführt,
nachdem er Gunthers herausgeführt hat. Doch diese scheinbar un-
wichtigen Details könnten bedeutungsvoll sein. Pferde sind in der
mittelalterlichen Literatur — und auch sonst — häufig als Symbol
der Männlichkeit gebraucht, und wenn man diese Funktion hier
akzeptiert, gewinnt die Szene sofort an Tiefe. Siegfrieds Auftreten als Gunthers Bursche könnte als eine passende Symbolisie-
rung verstanden werden für die Dienste, die Siegfried Gunther
sowohl im Wettkampf mit Brünhild als auch später im Schlaf-
zimmer leistet; erst wenn Gunther sicher im Sattel sitzt, schafft er
es allein. Auf diese Weise verdeutlicht diese Episode nicht nur Siegfrieds scheinbare Abhängigkeit von Gunther, sondern auch Gunthers echte Abhängigkeit von Siegfried — und es scheint gerade
diese zweite Art der Abhängigkeit zu sein, auf die Brünhild mit
ihren Damen instinktiv reagiert. — Auf der anderen Seite ist Siegfried gewissermaßen wirklich von Gunther abhängig, denn er ent-
schied schon in einem früheren Stadium, nicht zu versuchen, Kriemhild mit Gewalt zu gewinnen, sondern ihrem Bruder zu dienen in
der Hoffnung, ihre Hand als Belohnung zu gewinnen; und diese
Abhängigkeit ist, so glaube ich, durch die Tatsache angedeutet, daß
Siegfried sein Pferd erst herausführt, als er Gunther sicher im Sattel
sieht. Diese kleine aber entscheidende Szene symbolisiert somit nicht
nur ein Element in der Beziehung der beiden Männer, sondern die
wesentliche Grundlage des gesamten Bezugskomplexes zwischen
Siegfried, Gunther, Brünhild und Kriemhild.

Das letzte Symbol, auf das ich noch aufmerksam machen möchte,
ist Hagens superheroische Tat, die burgundische Armee im Allein-
gang über die Donau zu setzen:

> Zem êrsten brâht' er über   tûsent ritter hêr,
> dar nâch die sînen recken.   dannoch was ir mêr.
> niun tûsent knehte   die fuort' er in daz lant.
> des tages was unmüezec   des küenen Tronegaeres hant.
>
> (1573)

Die vermutlich beabsichtigte Untertreibung in der letzten Zeile — die kühne Hand des Tronegaeres war an diesem Tag beschäftigt — läßt Heuslers Vermutung[7] wahrscheinlich klingen, daß der Dichter selbst die leichte Belustigung des Lesers über so eine Übertreibung geteilt hätte. Aber die physische Unmöglichkeit von Hagens Tat unterstreicht nur ihre symbolische Bedeutung. Hagen, und nur Hagen allein — darauf besteht der Erzähler — bringt die Burgunden über den Fluß, der in der Geschichte das einzige größere Hindernis auf dem Weg von Burgund nach Österreich bildet. Im Hinblick darauf, daß der Erzähler viel Aufhebens vom Übersetzen macht, könnte man sich fragen, ob sie in Österreich andere Menschen werden — und die Antwort gibt einen sonst fehlenden Schlüssel zum Verständnis des Hauptgedankens der Geschichte. Denn die Burgunden, die in Österreich eine so große Völkerschar vernichten, bevor sie selbst untergehen, sind kaum als diejenigen wiederzuerkennen, die in Worms so furchtbar Angst hatten, die Herausforderung der Sachsen anzunehmen. Endlich rechtfertigen ihre Taten das, was der Erzähler ständig von ihnen behauptet hatte, endlich benehmen sie sich wie Helden, Gunther und Hagen stehen nur noch Dietrich und Hildebrand selbst nach. Darüber hinaus läßt die fünfte Strophe des Werkes den Kontrast vermuten:

> Die herren wâren milte,   von arde hôh erborn,
> mit kraft unmâzen küene,   die recken ûz erkorn.
> dâ zen Burgonden   sô was ir lant genant.
> si frumten starkiu wunder   sît in Etzelen lant.

Das Übersetzen über die Donau symbolisiert diese Transformation; aber die Burgunder rudern sich nicht selbst hinüber, Hagen tut es für sie.

Hagens andere entscheidende Handlung ist, Siegfried zu töten (wodurch die Burgunder ja gerade in diese mißliche Lage versetzt wurden), und es ist bedeutsam, daß er sich jetzt in einer Weise verhält, die an jene frühere Gelegenheit erinnert. Denn wenn man

[7] Andreas Heusler, Nibelungensage und Nibelungenlied, 5. Auflage, Dortmund[5] 1955, S. 68.

nach dem direkten Grund fragt, warum Hagen die Burgunden übersetzen muß, lautet die Antwort: weil er den Fährmann tötete. Und erinnert dieser Fährmann nicht an Siegfried, der Gunther nach Island geleitete? — Dies ist eine Annahme, die viele Details der Szene zwischen Hagen und dem Fährmann erklären würde, Einzelheiten, die sonst unnötig komplex und auf seltsame Art verwirrend sind. Der Fährmann ist wie Siegfried zu reich und zu mächtig, als daß er es nötig hätte, anderen zu dienen: *der verge was sô rîche, daz ihm niht dienen zam* (1551, 1). Er ist in Wirklichkeit überhaupt kein Fährmann, doch er kommt herüber, um Hagen zu holen — als letzterer ihn in Form eines einzigen goldenen Ringes bezahlen will. Der symbolische Gehalt dieses Ringes erinnert daran, wie Siegfried für seine Dienste um Kriemhild belohnt wurde, und die Bezugnahme auf die vor kurzem stattgefundene Heirat des Fährmanns hilft, das Bild zu vervollständigen. Darüber hinaus wird der Fährmann ebenso wie Siegfried von Hagen überlistet, von dem sich herausstellte, daß er gar kein Verwandter, sondern ein Feind war und der ihn tötet.

Die Burgunden sind also andere Menschen, sobald sie die Donau überschritten haben, und es ist Hagens Mord an Siegfried, widergespiegelt in seiner Ermordung des Fährmanns, der zu dieser Transformation führt. Die psychologische Basis dieses veränderten Verhaltens, ihres neugefundenen Heroismus, scheint zu sein, daß sie sich mit dem möglichen Tod abgefunden haben: wenn Überleben unmöglich ist, hat man nichts dabei zu verlieren, Widerstand zu bieten. Auch von diesem Aspekt her scheint Hagen die einzig verantwortliche Person zu sein, denn nur er allein hat den Tod in Österreich vorhergewußt (1461), und kein anderer hört von der Prophezeiung der Donaunixen vor der Vollendung des Übersetzmanövers. Aber als dann alle anderen drüben sind, probiert Hagen die Prophezeiung aus, indem er den Kaplan ins Wasser wirft; und erst nachdem er schließlich das Boot zerstört hat, das in so unmißverständlicher Weise symbolische Züge trägt und mit dem allein — so sollen wir glauben — die Armee hätte zurückkehren können, klärt er die anderen über ihr Schicksal auf. Seine dominierende Rolle bei den Ereignissen, die zu dem Heroismus und der Vernichtung der Burgunden (die sich gegenseitig bedingen) in der zweiten Hälfte des ›Nibelungenliedes‹ führen, konnte kaum klarer zum Ausdruck kommen.[8]

Hier spiegelt sich also noch einmal der Hauptgang der Geschichte in einem einzigen Ereignis wider. In dieser Episode wie in den anderen Beispielen, die ich erwähnt habe, gibt es Einzelheiten, die nicht hineinzupassen scheinen. Einerseits möchte ich behaupten, daß dies nicht die Beweisführung belaste; denn natürlich existieren diese Episoden sowohl unabhängig und eigengesetzlich als auch um ihres symbolischen Gehalts willen. Doch sollte man nicht einfach über solche Unstimmigkeiten hinweggehen: sie können vielleicht, wenn man sie nur läßt, die Hauptgeschichte beleuchten. Und dies möchte ich zuletzt noch betonen: wann immer wir eine scheinbare Diskrepanz im ›Nibelungenlied‹ feststellen, sollten wir dies nicht zu schnell als Mangel abtun: wo immer sie herkommen — und sie können natürlich die Verschiedenheit der Quellen, die dem Dichter zur Verfügung standen, widerspiegeln —, der Dichter arrangierte sie bewußt oder unbewußt so wie sie sind — und er war bestimmt ein größerer Dichter, als man oft zugegeben hat.[9]

[8] Von F. J. Stopp stammt der Vorschlag, in Hagens Fähigkeit, eine immense Anzahl von Leuten über die Donau zu setzen, einen Anklang an Charon zu sehen. Wiegen die dem Untergang geweihten Burgunden vielleicht nicht mehr als die Schatten, die den Styx überqueren?

[9] Ich möchte Helena M. Gamer für ihre Hilfe danken, diese Notizen, deren Ursprung schon einige Jahre zurückliegt, in eine gewisse Ordnung gebracht zu haben. Sie bleiben jedoch nur vorläufige Versuche auf dem Weg zu einem neuen Verständnis des ›Nibelungenliedes‹. — Siehe jetzt: D. G. Mowatt and Hugh Sacker, The Nibelungenlied: An Interpretative Commentary, University of Toronto Press 1967.

Modern Language Review LVII, 1962, pp. 541—550. Originaltitel: ›The Message of the
'Nibelungenlied' — A Reply‹. Aus dem Englischen übersetzt von Ruth Krawschak.

DER SINN DES NIBELUNGENLIEDS —
EINE ENTGEGNUNG

Von K. C. KING

Interpretationen großer Werke der Literatur enthalten zwangsläufig ein gewisses subjektives Element. Die Wahrscheinlichkeit, daß
dieses Element stärker hervortritt, ist größer, wenn das beurteilte
Werk einer weit zurückliegenden Zeit entstammt, wenn auch nur
aus dem einfachen Grund, weil es vor einem geistigen Hintergrund
entstanden ist, der dem modernen Kritiker weniger vertraut ist.
Dies gilt für alle im 13. Jahrhundert in Deutschland entstandenen
Epen. Aber während uns die Verfasser der höfischen Epen entgegenkommen, wenn sie ihre Absichten manchmal sehr genau erläutern, ist dies keinesfalls die Praxis der Autoren des Heldenepos.
Ein weiterer Unterschied besteht darin, daß wir beim höfischen
Epos zumindest in manchen Fällen die unmittelbare Quelle kennen
und daher in der Lage sind, unsere Kenntnisse über die Absichten
des Autors zu vervollständigen, indem wir genau untersuchen, wie
er seine Quelle behandelt hat. Für das Heldenepos aber besitzen
wir keine unmittelbaren Quellen. Dies sind einige der Gründe dafür, warum die Meinungen über das ›Nibelungenlied‹ so weit auseinandergehen — ganz abgesehen von dem alten grundsätzlichen
Streit, ob es 'grundheidnisch' oder 'durchaus christlich' ist —, die
es so schwer, wenn nicht gar unmöglich machen, irgendeine Deutung zu widerlegen. Sie erklären auch das fortgesetzte Erscheinen
neuer Deutungsversuche einzelner Teile oder des gesamten Epos.
J. K. Bostocks vor kurzem in der Zeitschrift ›Modern Language
Review‹ [1] erschienener Artikel gehört in diese Reihe. Er gibt zu,
daß einige der Gedanken, die er äußert, nicht neu sind. Aber er

---

[1] The Message of the Nibelungenlied, in: MLR LV, 1960, S. 200—212
[vgl. in diesem Band, S. 84—109].

verwendet sie in einer Weise, die, wenn alle uneingeschränkt akzeptiert werden, unsere Auffassung von den Intentionen und der Leistung des Dichters des ›Nibelungenlieds‹ grundlegend ändern würde. Das würde zugleich auch eine ganz andere Beurteilung der Gattung der Heldendichtung, wenn auch nicht ganz allgemein, so doch zumindest in der Ausprägung, die sie in der klassischen Zeit der mittelhochdeutschen Literatur erfahren hat, bedeuten. Angesichts dieser Tatsache erscheint es notwendig, die Grundlagen für die hier vorgebrachten Argumente zu untersuchen. Und obzwar es ebensowenig möglich sein wird, die Argumente in diesem Fall wie schon in vielen früheren Fällen zu widerlegen, so mag es vielleicht doch möglich sein, grundsätzliche Meinungsverschiedenheiten aufzuzeigen. Durch das Aufzeigen der Gründe für diese Meinungsverschiedenheiten könnte deutlich werden, daß einige der Argumente stärker auf der persönlichen Anschauung des Kritikers beruhen als auf den Absichten des Dichters.

Man wird sehen, daß ein Teil der Meinungsverschiedenheiten aus der unterschiedlichen Auffassung über den Wert des historischen Ansatzes herrührt. Es ist selbstverständlich unmöglich, hier eigene Ansichten über diesen besonderen methodischen Ansatz zu entwickeln. Es muß vielmehr die Feststellung genügen, daß dieser Aufsatz in der Überzeugung niedergeschrieben wurde, daß ein Vergleich mit den Quellen legitim ist, solange wir keine allgemein akzeptierte Deutung des Epos besitzen, die ohne eine solche Bezugnahme auskommt. Diese Überzeugung ist auch nicht durch zwei Aufsätze erschüttert worden, die nach der Abfassung dieses Artikels geschrieben wurden.[2] Die Behauptung, daß der Dichter den Zusammenstoß zweier verschiedener Weltanschauungen darstellen wollte, erscheint auf den ersten Blick zugegebenermaßen bestechend, und sie ist bereits von W. J. Schröder [3] geäußert worden. Sie erscheint jedoch weniger aufschlußreich, wenn man bedenkt, daß eine Gattung, die sich mit dem 'Heroischen' beschäftigt, es ipso facto mit Personen zu tun hat, die in gewisser Weise außerhalb der all-

---

[2] Von D. G. Mowatt und H. Sacker in: German Life and Letters N.F. XIV, 1961, S. 257 ff. u. 271 ff. [vgl. in diesem Band, S. 179 ff. bzw. 201 ff.].
[3] PBB LXXVI, 1955, S. 56 ff.

gemein üblichen Konventionen stehen. Und sie verliert an Überzeugungskraft, wenn sie, wie es bei Mowatt geschieht, auf die erste Hälfte des ›Nibelungenlieds‹ beschränkt bleibt. Wenn solche Deutungen auch hartnäckig leugnen, daß sie historisch vorgehen, sind sie doch auf eine andere Weise 'historisch'; denn sie tragen den unverwechselbaren Stempel ihrer eigenen Zeit: Nur in einer vom Sexus besessenen Gesellschaft oder Epoche konnte ein seriöser Artikel den spöttischen Hinweisen auf Siegfrieds Moral oder auf Vagina-Phallus-Symbole eine derartige Bedeutung beimessen.

Es galt lange Zeit als Selbstverständlichkeit in der Kritik, daß das ›Nibelungenlied‹ in der Zeit, in der es anscheinend geschrieben worden ist, eine Einzelerscheinung darstellt. Einzelerscheinung in zweierlei Hinsicht: einmal weil es Züge zeigt, die man in der sonstigen Literatur jener Zeit nicht findet — gleichzeitig fehlen ihm Merkmale, die die übrige Literatur auszeichnen —, zum anderen, weil ihm die Reihe der unmittelbaren Vorgänger fehlt, über die die übrige Literatur verfügt. Das schließt nicht die Möglichkeit aus, die in Bostocks Hypothese enthalten ist, daß die Sonderstellung nur äußerer Art ist und daß die ungewöhnliche äußere Gestalt ganz bewußt als Kunstgriff verwendet wurde, um, vielleicht mit Hilfe der Ironie, Vorstellungen zu vermitteln, die denen, die es dem ersten Eindruck nach zu vermitteln scheint, ganz entgegengesetzt sind. Wäre dies der Fall, dann stände das ›Nibelungenlied‹ noch in einem weiteren Sinne vereinzelt da; denn obwohl es in der übrigen Literatur jener Zeit Passagen gibt, die am besten als Beispiele des Auftretens von Ironie verstanden werden können, gibt es sicherlich kein anderes Werk, in dem fast alle Geschehnisse und alle Hauptfiguren durchgehend als Exempel für das, was zu vermeiden ist, dargestellt werden. Didaktische Literatur läßt sich nur schwer definieren, obwohl es in den Geschichten der mittelalterlichen deutschen Literatur Usus ist, diese Begriffskategorie zu verwenden. Kaum jemand wird bestreiten wollen, daß es die Absicht Hartmanns von Aue war, Erec und Iwein als Charaktere darzustellen, deren Beispiel man mit Nutzen folgen konnte, oder daß Wolfram mit Parzival dieselbe Absicht verfolgte. Es ist nicht nötig, diese Werke als didaktische Literatur zu bezeichnen, obzwar die Dichter uns nicht im geringsten im Zweifel darüber lassen, was sie von ihren Personen halten, auch Wernher nicht in seinem ›Meier Helmbrecht‹, den man mit größerem Recht als didaktische Literatur bezeichnen könnte. Er gibt seine Wertbegriffe klar zu erkennen und zeigt mit der gleichen Deutlichkeit, welche seiner Charaktere diese Werte achten und welche nicht und wie und warum jene bestraft werden, die sie nicht achten. Eine solche eindeutige Klarstellung der Absichten gibt es im ›Nibelungenlied‹ nicht — dem stimmt auch Bostock zu, indem er Maurer in seinem ersten Absatz zitiert. Bostocks Hypothese stützt sich und muß sich darauf stützen, wie er selbst einräumt, auf die Interpretation der Handlung selbst und auf die Bedeutung dessen, was bestimmte Charaktere in ganz bestimmten Zusammenhängen tun und sagen oder nicht tun und nicht sagen. Bei einem solchen Vorgehen drängt sich die persönliche Auffassung des Kritikers zwangsläufig viel stärker in den Vordergrund als in Fällen, in denen der Dichter seine Absichten explizit äußert.

Der erste Einwand gegen Bostocks Hypothese [4] ist allgemeiner Art und betrifft das Wesen der Gattung Heldendichtung. Dem darf man natürlich nicht allzuviel Gewicht beimessen; denn obwohl man eine Menge über diese Gattung als Phänomen der Weltliteratur weiß, sind die davon erhaltenen deutschen Beispiele zu gering an Zahl, als daß man zu mehr als vorläufigen Schlußfolgerungen gelangen kann, und es gibt kein weiteres Beispiel, das genau zur selben Zeit wie das ›Nibelungenlied‹ entstanden ist. Was an Material existiert, deutet darauf hin, daß dieser Art Literatur eine didaktische Absicht nicht fehlte; aber diese didaktische Absicht ist genau das Gegenteil von dem, was Bostock dem Autor des ›Nibelungenlieds‹ unterschiebt: die eigentliche Absicht bestand darin, den Zeitgenossen Beispiele des Verhaltens ihrer Vorfahren vor Augen zu führen, denen sie zu Nutz und Frommen nachzueifern trachten sollten. Das ›Nibelungenlied‹ enthält auch ein Element des Tra-

---

[4] „Und wir sind der Meinung, daß er eine ganz bestimmte didaktische Absicht verfolgte: Sein Gedicht sollte eine Warnung vor der Sünde des Hochmuts sein, und es sollte veranschaulichen, wie der Hang zur Sünde die menschlichen Tugenden untergräbt.“ (loc. cit. S. 4 [vgl. in diesem Band, S. 88].

gischen. Zu behaupten, daß das Unglück der Helden nicht ein
Ergebnis ihrer eigenen Vergehen ist, sondern durch Umstände verursacht wurde, die außerhalb ihrer Kontrolle liegen, hieße in unserem Fall, einer Entscheidung ausweichen, im Falle Dietrichs von
Bern aber wird eine solche Auffassung offen ausgesprochen:

> nû hoeret wie ez sît geschach,
> wie in diu unsælde verriet,
> daz er von al den êren schiet,
> die im sîn vater Dietmâr
> hete geheien menegiu jâr.
> disiu starke geschiht
> diu kom von im selben niht,
> daz er muost lîden arebeit.[5]

In jeder Untersuchung, die sich mit den Absichten des Autors
eines literarischen Werkes beschäftigt, spielt die Analyse der vom
Dichter verwendeten Sprache eine Rolle. Wenn es sich um ein Werk
handelt, in dem das Thema oder die Absicht nicht direkt formuliert
werden, pflegt die Untersuchung der Sprache — Wahl der Worte,
Metaphern etc. — von erhöhter Bedeutung zu sein. Angesichts
seines Gegenstandes überrascht es nicht, daß Bostock das Wort
übermuot und die davon abgeleiteten Formen heranzieht. Solche
Beweise können riskant sein, und man muß sich besonders bei Worten mit einem möglichen emotionalen Gehalt vorsehen. Die Worte
proud und *pride* werden im Englischen durchaus nicht immer in
pejorativem Sinne gebraucht, und im Mittelhochdeutschen gibt es
Worte, die einen Zustand geistiger Hochstimmung bezeichnen, die
etymologisch eng verwandt sind, aber unterschiedliche Bedeutung
haben, obwohl es nicht immer ganz klar ist, wo die Grenze liegt.
Hôher muot wird im allgemeinen — in der weltlichen Literatur
zumindest — als eine erstrebenswerte Eigenschaft dargestellt, aber
die Verbindung beider Elemente zu einem zusammengesetzten Sub-
stantiv *hôchmuot* zeigt eine Tendenz, auf die Bedeutung 'Arroganz' eingeengt zu sein, obwohl diese Unterscheidung durchaus
nicht immer genau beachtet wird. Aus Gründen der Etymologie
könnte man erwarten, daß *übermuot* zur Bezeichnung eines Über-

---

[5] ›Dietrichs Flucht‹, 3558—65.

maßes an Hochstimmung verwendet werden würde, und in vielen Fällen trifft es sicherlich auch zu. Aber es gibt andere Fälle, in denen das Wort genauso problematisch ist wie das englische Wort *pride*. Es besteht wenig Zweifel, daß Kriemhild den Begriff in Strophe 1771 in bezug auf Hagen in einer Weise verwendet, die ihr Mißfallen andeutet, aber es ist keineswegs sicher, daß es in 1762, 2 als Vorwurf zu verstehen ist, wo das Wort nach Epitheta wie *recken lobelîch* (1758, 1), *ritter küene unde guot* (1759, 4) und *die ûz erwelten degene* (1760, 4) erscheint, auch nicht in der von Bostock zitierten Passage, in der Siegfrieds Abschied von Xanten beschrieben wird (68, 2). Eine detaillierte Untersuchung der Verwendung des Wortes innerhalb des Epos würde kaum endgültige Ergebnisse erzielen; aber kategorisch zu behaupten, daß es hier verwendet wird, um Siegfrieds Arroganz zu betonen, hieße über das hinausgehen, was sich belegen läßt: vielmehr ist es wahrscheinlicher, daß es nicht mehr bedeutet, als de Boor in seinem Kommentar darunter versteht, nämlich 'selbstbewußt'.

Die Meinungen über Siegfrieds Charakter werden immer auseinandergehen; aber wie bei allen Beurteilungen des Charakters einer Person ist es sehr schwer, das Hereinspielen eines subjektiven Elements auszuschalten. Aufgabe des Literaturkritikers ist es, zu bestimmen zu versuchen, was der Dichter mitteilen wollte. Zu dieser seiner Aufgabe gehört es auch, die geistige Haltung jener Zeit, in der das Epos geschrieben wurde, miteinzubeziehen und sich bei der Herausbildung seines Urteils von dem leiten zu lassen, was nachweislich der Eindruck war, den eine Figur beim damaligen zeitgenössischen Publikum hinterließ. Die beiden einleitenden Aventiuren geben einen deutlichen Hinweis auf das Thema der ersten Hälfte des Epos: die Liebe Siegfrieds und Kriemhilds und das drohende Unheil, das der Traum Kriemhilds unausgesprochen enthält. Die meisten Kritiker haben festgestellt, daß Siegfrieds Verhalten bei der Ankunft in Worms sich schlecht mit seiner erklärten Absicht verträgt, aber nicht alle stimmen darin überein, daß es eine „gewagte Herausforderung" oder eine „großartige theatralische Geste" darstellt. Angesichts der Lage der erzählenden Dichtung jener Epoche ist es nicht ohne Belang, auf die Quelle hinzuweisen, auf die der Dichter Rücksicht nahm, und es ist nicht notwendig, in einem solchen Hinweis und in den offenkundigen Schwierigkeiten, die uns die Quelle manchmal macht, einen Umstand zu sehen, der auf die Fähigkeit des Dichters einen Schatten wirft, wie Bostock hier und anderswo (Modern Language Review, LVI, 1961, 228 ff.) zu glauben scheint. Frühere Versionen der Geschichte von Siegfrieds Aufenthalt am Hof der Burgunder lassen nicht nur jeden Hinweis auf die Tatsache, daß er eigens zur Werbung um die Fürstin kommt, vermissen; es kommt noch hinzu, daß das ›Nibelungenlied‹ selbst das Vorhandensein anderer möglicher Motive eindeutig bestätigt, nämlich durch die Bemerkung Hagens, nachdem er Siegfried getötet hat, daß ihr Land und ihre Amtsgewalt jetzt wieder gesichert sind (993 und vgl. 870). Gerade das Versprechen von Ländereien in Strophe 127 besänftigt ja auch Siegfried. Wir kennen nicht die Umstände, unter denen Siegfried im Urlied am Hof erscheint; aber angesichts der Verhältnisse, die das Leben eines *Recken* bestimmen, erscheint es nicht wahrscheinlich, daß er als Bittsteller kam. Und so liegt die Vermutung nahe, daß eine ebenso haltbare Interpretation dieser Episode lauten könnte, daß der Dichter hier das Beste getan hat, was er unter diesen Umständen mit einem schwer zu behandelnden Material tun konnte. Ein weiterer Faktor für die Herausbildung einer richtigen Einschätzung der Episode ist die Wirkung, die Siegfrieds erstes Erscheinen gehabt haben mag, und die Überlegung, ob „seine ständige Anwesenheit ... eine unzumutbare Beleidigung für die ganze Gesellschaft" bedeutete oder nicht. Zu behaupten, „der Dichter hat dieses Faktum etwas verschleiert", ist, vorsichtig ausgedrückt, eine Untertreibung. Wenn man dann aber zur Unterstützung der Behauptung, daß seine Anwesenheit nicht willkommen war, aus dem Zusammenhang herausgelöste Äußerungen einzelner Charaktere zitiert, die infolge der späteren Handlungen Siegfrieds ganz bestimmte und unterschiedliche Gründe für ihre Abneigung gegen ihn hatten, dann verschleiert man den wahren Sachverhalt. Die von Bostock zitierte Halbzeile (S. 7 [vgl. in diesem Band, S. 93]), *daz het versolt sîn ellen,* mag für sich gesehen „doppeldeutig" sein und möglicherweise eine solche Deutung gestatten, jedoch nicht, wenn man sie im Zusammenhang sieht. Andererseits ist die Feststellung am Ende der Strophe (129), *in sach vil lützel iemen der im wære gehaz,* nicht nur für sich gesehen klar und eindeutig, sondern steht vollkommen in Einklang mit der gesamten Strophe — was eine vollkommen befriedigende Interpretation von *daz het versolt sîn ellen* erlaubt — und wird durch Belege an anderer Stelle, daß Siegfried in hohem Maße zu einer persona grata [6] wurde, reichlich unterstützt. Bostock gibt zu (S. 10 [vgl. in diesem Band, S. 97]), daß es die Absicht des Autors war, daß der Zuhörer mit Siegfried sympathisierte, und er zitiert auch einige Strophen zur Unterstützung seiner Behauptung. Diese sind aber alle derselben Szene entnommen, nämlich der Todesszene, die besonders emotionsgeladen ist; doch es gibt weitere Stellen in anderen Teilen des Epos, wie z. B. die bereits erwähnten, die sogar von stärkerer Überzeugungskraft sind. Man könnte Kommentare wie . . . *erwuochsen vrouwen diu aller groezesten leit* (877, 4), die Passage, die de Boor folgendermaßen kommentiert (951 ff.): „Die letzte, strahlende Erscheinung Siegfrieds wird noch einmal breit und wirkungsvoll ausgemalt", und die Klage Gernots und Giselhers in 1047 anführen. Einige Leser mögen wohl vor „dem Ausmaß seiner Torheit zurückschrekken", und es ist richtig, daß ›Diu Klage‹, in der AB-Version, Siegfrieds Tod seinem *übermuot* anlastet; aber es stimmt auch, daß die C-Version eine ganz andere Auffassung darstellt, in der der Tod auf *ander liute übermuot* zurückgeführt wird und die dann mit einer Lobeshymne fortfährt, in der Siegfried, *alles valsches lære,* als das unschuldige Opfer von *haz unt . . . nît* geschildert wird.[7]

Das gesamte Verhalten Siegfrieds ist für die Frage nach seiner 'Schuld' entscheidend; aber es ist nicht einfach, Einmütigkeit darüber zu erlangen, ob der Dichter beabsichtigte, daß Siegfrieds Verhalten als sträflich angesehen wird, oder ob es nur den anderen

---

[6] Siehe z. B. den begeisterten Bericht in den Strophen 227 ff. über seinen Erfolg bei der Werbung um Brünhild und in der Strophe 791, 2 *im was dâ niemen gram.* Auch hier handelt es sich nicht um eine Halbzeile, die aus dem Zusammenhang herausgenommen ist, sondern die repräsentativ ist für den Tenor der gesamten Strophe. In diesen Fällen besteht kein Anlaß, eine mögliche ironische Bedeutung in Betracht zu ziehen (siehe H. Sacker, GLL XIV S. 271 ff. [vgl. in diesem Band, S. 201—217].

[7] Die Zeilen 49 ff., S. 92 f. in der Edition von A. Edzardi oder S. 5 der Edition von Bartsch.

Charakteren so erscheint. Aber die Meinung eines Kritikers, ob der spezielle Akt der Täuschung Brünhilds ein Vergehen darstellt, sollte für eine objektive Beweisführung offen sein, obwohl es einige Aspekte gibt, die schwer zu erklären sind. Bevor wir fortfahren, muß jedoch nachdrücklich herausgestellt werden, daß Siegfried nicht der einzige ist, der für die Täuschung verantwortlich gemacht werden kann: Man mag mit Bostock der Meinung sein, daß „es keine Beweise dafür" gibt, „daß Hagen von den vorgetäuschten Wettkämpfen wußte"; aber es ist ganz sicher, daß Gunther darum wußte. Schließlich war er es, der auf den Gedanken gekommen war, um Brünhild zu werben — was er übrigens nach der gleichen *recken wîse* tut wie Siegfried, als dieser nach Worms kommt —, und er bittet Siegfried, ihn dabei zu unterstützen, so daß jegliche Schuld, die damit begangen wird, ebenso zu seinen Lasten geht. Daß die Täuschung „eine grobe Verletzung der kirchlichen Gesetze" war, mag sicherlich stimmen, aber sie bedeutete genauso eine Verletzung der persönlichen Würde, und manche mögen weitergehen und die Meinung vertreten, daß letzteres in der Version der Geschichte, wie sie das frühe 13. Jahrhundert lieferte, genauso schwer wog wie in der im ›Edda‹-Fragment enthaltenen Version. Trotz dieser Überlegungen bleiben jedoch einige Schwierigkeiten bestehen. Die erste besteht darin, daß trotz der Täuschung weder der Dichter noch irgendeiner der Charaktere großes Mitgefühl für Brünhild zeigen. Hagen sieht darin nur eine Gelegenheit, seinen eigenen Zielen näherzukommen. Ob Siegfried in Erwägung zieht, ob sie sein 'Typ' ist oder nicht, der Dichter verschwendet jedenfalls nicht die gleiche Aufmerksamkeit auf sie wie auf Kriemhild, und wenn seine Darstellung der Szenen bis hin zu ihrer Unterwerfung tatsächlich komisch gemeint sein sollte, was zutreffen mag, dann wäre dies eine Erklärung für die anscheinend gefühllose Gleichgültigkeit aller gegenüber Brünhild und ihrer mißlichen Lage. Wenn man Heldendichtung überhaupt ernst nehmen soll, dann kann man nicht umhin, die völlige Wandlung zu konstatieren, die in bezug auf die Person, der schweres Unrecht getan wurde und deren ungerechte Behandlung in der alten Form der Geschichte eine ernsthafte Darstellung erfuhr, im Bericht des ›Nibelungenlieds‹ eingetreten ist, wo das Ganze auf eine weitere Heldentat Siegfrieds

reduziert wird, mit der er seinen Lohn erringt. Brünhild ist nun
wenig mehr als ein Stück beweglicher Habe, und nach Siegfrieds
Tod spielt sie keine Rolle mehr, obwohl der Dichter nicht vergißt,
sie zu erwähnen, wo es notwendig ist.[8] Es ist jedenfalls nicht leicht,
derartige Dinge mit Sicherheit festzustellen, und man kann vom
Dichter wohl kaum erwarten, daß er offen ausspricht, daß sie nicht
ernst genommen werden soll. Seine Kommentare befassen sich auch
nicht mit ihren Problemen. Andererseits gibt es eine Anzahl ausdrücklicher Kommentare zu Ereignissen und zu Personen, die mit
der Täuschung zu tun haben, und diese zeigen eine auffällige Konsistenz. In Strophe 844 lautet der Kommentar zu Brünhilds Kummer: *des muose sît engelten manic helt küen' unde guot,* ohne
jegliches Mitgefühl mit der gekränkten Frau. In Strophe 868 sagt
Giselher, der sich dem Plan, Siegfried zu töten, widersetzt, *er hât
uns niht getân niwan guot und êre* und: *er was uns ie getriuwe,*
und der Dichter fügt am Ende der nächsten Strophe, was noch
bezeichnender ist, erläuternd hinzu: *dô heten im die helde âne
schulde widerseit.* In Strophe 876 schiebt der Dichter die Schuld an
der Katastrophe *zweier vrouwen bâgen* zu. Nach der Ermordung
wird Hagens Tat folgendermaßen kommentiert ... *deheiner mêr
getuot sô grôzer meinræte* (906), und in Strophe 911 wird der,
der den Rat gab, *der vil ungetriuwe man* genannt, und eine ähnliche Verwendung von Epitheta findet sich in den Strophen 915,
923 in C, 964, 3 und 970, 4 und 971, 4. In der C-Version gibt es
bei 973 eine sehr bezeichnende zusätzliche Strophe, die auf Siegfrieds Unschuld Bezug nimmt:

> Do ne hete niht der sinne   der küene veige man,
> daz er sich ir untriuwe   künde hân verstân;
> er was in ganzen tugenden   alles valsches blôz.
> sîns sterbens muose entgelten   sît der sîn nie niht genôz.

Man könnte viele andere Beispiele zitieren; aber sie würden nur
den Eindruck bestätigen, und es wäre ermüdend, sie alle aufzuzählen. Die Strophe 991, auf die Bostock am Schluß seiner Anmerkung

---

[8] In Gegensatz zu Bostocks fester Meinung, The Modern Language
Review LVI, 1961, S. 228 f.

38 [vgl. in diesem Band, S. 97] Bezug nimmt, ist sicherlich ein so deutlicher Beleg, wie man ihn erwarten kann, sowohl für des Dichters Überzeugung von Siegfrieds Unschuld als auch für den echten Schmerz aller über seinen Tod.

Eine Erklärung für diese Behauptung könnte darin liegen, daß die Burgunden sehr ängstlich darum bemüht sind, die Wahrheit zu verbergen, weil sie für die Täuschung genauso verantwortlich sind wie Siegfried. Das hätte den Dichter jedoch nicht daran gehindert, ausdrücklich darauf hinzuweisen, daß sie alle schuldig sind und den Tod verdient haben, wenn das seine Meinung gewesen wäre. Eine solche Andeutung macht er jedoch nicht.

Die Darstellung von Hagen, Siegfrieds Gegenspieler, kann als Hinweis auf die Absichten des Dichters genauso bedeutend sein wie die Siegfrieds; aber auch hier kann man sich allzu leicht von seinem eigenen persönlichen Empfinden leiten lassen. Es ist zweifelhaft, ob man die Wahrheit ergründen kann, indem man Hagen lediglich als einen bestimmten Typ bezeichnet, etwa als „verantwortungsbewußten Staatsmann" oder „bedenkenlosen Realpolitiker". Und man wird auch nicht einmütig akzeptieren, daß seine Loyalität notwendigerweise von einer höheren Art ist als die Siegfrieds, obwohl wahrscheinlich niemand die Behauptung in Frage stellen wird, daß er seinem Herrn völlig treu ist — d. h. solange wie die Interessen seines Herrn den Tod Siegfrieds notwendig machen. In dem früheren Teil von Siegfrieds Leben am Hof der Burgunder ist Hagens Haltung ihm gegenüber konsequent. Er schlägt vor, daß man ihn bittet, sie gegen die Sachsen zu unterstützen, daß er ihnen bei der Werbung um Brünhild helfen soll, und er schlägt später vor, daß Siegfried an seiner Stelle als Bote nach Worms gesandt wird. In Strophe 698 f. offenbart er deutlich seine Gesinnung, als er sich weigert, an den Hof von Xanten abgegeben zu werden. Danach ist die Feindschaft offenkundig, wenn er in 774 ein Auge auf den Schatz wirft, wenn er in 863 ff. die Gelegenheit ergreift, gegen Siegfried vorzugehen. In 873 erreicht sie ihren Höhepunkt: *jâ sol im von Hagenen immer wesen widerseit*. Wie weit diese Haltung und später die Handlungen aus uneigennütziger Staatskunst oder aus persönlicher Feindschaft resultieren, kann nicht ganz objektiv entschieden werden; aber wir besitzen durch die Epitheta und die

Kommentare Belege, daß sein Vorgehen nicht von allen gebilligt wurde, und zwar in den oben bei der Erörterung Siegfrieds zitierten Passagen,[9] denen der Kommentar des Dichters in 983, daß, wenn Siegfried seine Waffen hätte erreichen können, *sô müese wesen Hagene nâch sînem dienste gewert,* und die Worte des sterbenden Siegfried von 988 ff. hinzugefügt werden können, die in 1005 und 1008 von C weiter ausgeführt sind. Nichts deutet darauf hin, daß der Dichter diese Gefühle nicht teilt.

Eine Beweisführung, die sich nur auf eine Reihe einzelner Textpassagen bezieht, ist, auch wenn diese vom Thema her miteinander verbunden sind, leicht angreifbar. Um schlüssig zu sein, bedarf sie der Erhärtung durch die Struktur des Werkes. Für die erste Hälfte des ›Nibelungenlieds‹ ist eine solche Unterstützung vorhanden. Obwohl im Falle des Heldenepos die Gewißheit hinsichtlich der unmittelbaren Quelle fehlt, die manchmal für das höfische Epos vorhanden ist, sind die meisten Kritiker, die sich an Heusler und Schneider anschließen, jetzt der Meinung, daß in der ursprünglichen Geschichte, die in den ersten Teil des ›Nibelungenlieds‹ Eingang fand, Brünhild die Zentralgestalt war und daß das Interesse auf ihr Problem und ihre Rache konzentriert war. Wenn wir wüßten, daß der Dichter des ›Nibelungenlieds‹, 'der letzte Dichter', diese drastische Akzentverschiebung selbst vollzogen hat, dann wäre es einfacher für uns, zu gültigen Schlußfolgerungen hinsichtlich seiner Absicht zu kommen. Alles, was wir sagen können, ist, daß Brünhild nicht mehr jene Hauptrolle spielt, sondern daß diese der Begegnung, der Liebe und der Heirat Siegfrieds und Kriemhilds und der plötzlichen Vernichtung dieser glücklichen Verbindung vorbehalten ist. Die Erzählung hat eine lange Geschichte, und ein Stoff mit einer langen Geschichte besteht nicht fort, ohne daß er Veränderungen erfährt. Es würde daher in der Tat überraschen, wenn eine solche Erzählung keine Unstimmigkeiten aufwiese, und es wirft nicht unbedingt ein schlechtes Licht auf die Fähigkeiten des Autors, wenn man auf Eigentümlichkeiten hinweist, die erkennen lassen, daß an einigen Stellen etwas hinzugefügt oder geändert wurde. Viele werden weiterhin behaupten, daß es dem 'letzten

[9] Aus den Strophen 906, 911, 915, 923 in der C-Version, 964, 970, 971.

Dichter' trotz des schwierigen Materials gelang, mit großem Geschick eine kohärente Geschichte zusammenzufügen, die sich auf
einen gewaltigen Höhepunkt zubewegt. Dies wird dadurch erreicht,
daß er für seinen Helden die Sympathie der handelnden Personen
und der Zuhörer gewinnt und der Held niedergestreckt wird, wenn
die Sympathie für ihn am größten ist. Er macht seine Absicht sowohl in der Beschreibung von Strophe 951 ff. (s. o.) als auch durch
den ausgelassenen und harmlosen Ulk mit dem Bären ganz deutlich. Gunther war damit vielleicht nicht zu erheitern — er hatte ja
auch viel zuviel auf seinem Gewissen — aber es erheiterte andere:

> und wær' iz wol verendet si heten vroelîchen tac
> (960, 4)

Wenn man z. B. einwendet, daß es zu sentimental sei, in Siegfried das unschuldige Opfer einer Intrige zu sehen, so ist es doch
genauso unrealistisch, seinen Tod als einen Triumph der Rechte und
der Lehre der Kirche oder der Rechte Brünhilds zu verstehen. Denn
das Motiv des Neides drängt sich, ohne Rücksicht auf dessen Alter
und Ursprung, immer wieder vor, sei es in Gestalt der Befürchtung,
daß Siegfried eines Tages zu viel Macht besitzen wird, sei es in dem
Verlangen, seinen Schatz zu besitzen.[10] Gunther und Hagen wollen
seinen Hort haben, und sie werden vor nichts zurückschrecken, um
ihn in ihren Besitz zu bringen.

Es ist allen Kritikern bekannt, daß es neben einigen äußeren
Unstimmigkeiten weitere bedeutendere Widersprüche zwischen den
beiden Teilen des Epos gibt: so besitzt Kriemhild trotz einiger
Charakterschwächen im ersten Teil unsere Sympathie, während sie
im zweiten zu einer Furie wird, und Hagen und Gunther, die sich
für ihr Verhalten in der ersten Hälfte den Tadel zuziehen, gewinnen im zweiten unser Mitgefühl. Bostocks Artikel drückt es manchmal direkt, manchmal indirekt aus, daß diese Diskrepanz nicht

---

[10] Damit wird nicht „ein neues Vergehen eingeführt" (vgl. Mowatt,
GLL XIV, S. 261 [vgl. in diesem Band, S. 186]); denn dieses findet sich
schon in der alten Sigurdsage und der ›Volsungasaga‹ (Kap. 30). Dies nicht
zur Kenntnis zu nehmen, bedeutet, einen Teil der vorhandenen Belege
außer acht zu lassen. ›Das Motiv der Macht‹ hat S. Beyschlag untersucht,
GRM XXXIII, 1952, S. 95 ff.

ganz so eindeutig ist wie beschrieben. Seine Deutung reiht sich unter
diejenigen ein, die nach einem Grundmotiv suchen, das als Erklärung für die verschiedenen Verhaltensweisen der Figuren dient und
damit dem ganzen Werk ein einheitstiftendes Thema verleiht. An
diesem Punkt muß man warnend den Finger erheben — wieder
eine altbekannte Tatsache in der Nibelungen-Forschung — und
darauf hinweisen, daß das Epos in der Tat zwei Geschichten in sich
vereint, die vorher selbständig waren, und daß es nicht erstaunlich
ist, wenn es einige Ungereimtheiten aufweist.

Es gibt einen wesentlichen Unterschied zwischen den beiden Teilen des Gedichts, der nicht immer in der Diskussion deutlich genug
herausgestellt wird: dem zweiten Teil fehlt das Element der Liebesbeziehung zwischen dem jungen Mann und der jungen Frau;[11]
an seine Stelle tritt die kämpferische Auseinandersetzung zwischen
Erwachsenen, und zwar fast ausschließlich zwischen Männern.[12] Es
ist ein Konflikt des Willens zwischen verschiedenen Personen, wobei
der Stolz eine Rolle spielt. Wenige werden anderer Meinung sein
oder Bostocks Meinung in diesem Punkte nicht teilen. Es ist gleichfalls ein weit bekanntes Phänomen menschlichen Verhaltens, daß
man, wenn man auf seine Würde pocht, leicht feststellen muß, daß
man eine Haltung eingenommen hat, die man nur schwer aufgeben kann, ohne sein Gesicht zu verlieren, und daß dies zu einer
kriegerischen Auseinandersetzung führt. Wenn man am Anfang die
andere Wange hingehalten hätte, dann hätte der Konflikt vermieden werden können. Es ist nicht die Frage, ob der Dichter des
›Nibelungenlieds‹ dies wußte, sondern, ob es ihm darum ging, die
Moral, die andere Wange hinzuhalten, zu propagieren, oder ob er
nicht vielmehr ein Bild von Menschen mit normalen menschlichen
Schwächen darstellen wollte, die in widrigen Umständen standhaft
bleiben.

Der Tod so vieler Personen ist ein Merkmal des Epos, das einige

---

[11] Eine solche Beziehung gibt es in der Bechelaren-Episode; aber diese
steht nicht im Mittelpunkt.

[12] In ihrer Unversöhnlichkeit kann man Kriemhild als geschlechtslos
ansehen. Und in dem Gedicht erfährt sie auch keine besondere Behandlung als Frau, mit Ausnahme der Tatsache vielleicht, daß man ihr freien
Abzug aus der Halle gestattet.

abstoßend finden, und man möchte gerne glauben, daß der Dichter nicht im Gemetzel um seiner selbst willen schwelgte. Das ist jetzt aber nicht gleichbedeutend mit der Behauptung, daß er die Geschichte als abschreckendes und warnendes Beispiel erzählte. Mit seinen Kommentaren ist er im zweiten Teil vielleicht noch zurückhaltender als im ersten. Es trifft zu, daß er Rumold warnende Worte in den Mund legt, aber es gibt keine Beweise im Gedicht, die erkennen lassen, wie ernst diese gemeint waren. Die Tatsache, daß Epitheta wie *ûzerwelter degen* zu seiner Charakterisierung verwendet werden, hilft auch nicht weiter, da sie stereotype Bezeichnungen sind; und die sehr unbedeutende Rolle, die er in allen Teilen der Handlung spielt, läßt es nicht sehr wahrscheinlich sein, daß der Dichter ihn und das, wofür er steht, für besonders bedeutend oder besonders nachahmenswert hielt. Wolfram von Eschenbach scheint es mit Sicherheit nicht so verstanden zu haben. Es ist zwar richtig, daß die Burgunden, wenn sie in Worms geblieben wären, nicht in Gran getötet worden wären, und es ist durchaus möglich, daß Etzel sie, wenn sie ihm in Gran etwas von ihren Befürchtungen gesagt hätten, vielleicht gerettet hätte; aber es stimmt nicht unbedingt, daß es sträflicher Hochmut war, der sie daran hinderte, diesen Weg einzuschlagen, noch, daß das zeitgenössische Publikum es als sträflichen Hochmut angesehen hätte. Es ist nicht nötig, mit Begriffen wie „Größe in der Sünde" zu operieren; denn die Menschen des Mittelalters wie der Neuzeit, Protestanten genauso wie Katholiken, möchten nicht gern als Feiglinge angesehen werden, und manch einer mag einen Menschen höher achten, der um eines Prinzips willen, auch wenn es nur aus Prestige geschieht, wissend in den Tod geht, als jemanden, dem es auf Sicherheit um jeden Preis ankommt.[13] Nicht alle Burgunden glaubten Hagen, als er sie vor der Gefahr, an Etzels Hof zu gehen, warnte. Aber der Vorfall mit dem Kaplan bot ihm Gelegenheit, seinen Herren die Gewißheit ihres Todes zu entdecken. Von menschlicher Warte gesehen ist diese Gewißheit genauso eine gültige Erklärung für ihr trotziges Beneh-

---

[13] Ein interessantes Beispiel der damaligen Zeit für ein derartiges Verhalten wird von Steven Runciman angeführt, siehe ›A History of the Crusades‹, III, S. 181.

men bei ihrer Ankunft — ihre Weigerung, Etzel um Hilfe zu bitten, eingeschlossen — wie die Erklärung mit maßlosem *übermuot*. Hätten sie sich anders benommen, dann hätten die Zerstörung des Donaubootes, die trotzige Ermordung des Fährmanns ohne Rücksicht auf mögliche Folgen von seiten Elses und Gelfrats und die beinahe trotzige Fügung in ihr Schicksal in ihrer Unterredung mit Dietrich keinen Sinn mehr.[14]

Es stimmt bis zu einem gewissen Grade, daß „ . . . Dietrich außerhalb des Kreises" steht; aber es ist höchst fraglich, ob die Schlußworte „von Sünde und Vergeltung" (S. 17 [vgl. in diesem Band, S. 105]) stichhaltig sind. Auch mag seine Stellung wohl „komplizierter als die Rumolds" sein; aber es ist fraglich, ob seine Rolle so kompliziert ist, wie Bostock meint. Von den drei Rollen, die er angeblich spielt, ist die „eines Symbols für den Richtergott" am wenigsten haltbar; denn ihm fehlt die notwendige Unparteilichkeit. Als Kriemhild sich wundert, wer die Burgunden gewarnt hat, sagt er ihr *mit zorne*, daß er es gewesen sei und nennt sie wegen ihrer Absichten eine *vâlandinne* (1748). Seine freundschaftlichen Gefühle für die Burgunden zeigt er am nachdrücklichsten, als er Hagens Hand ergreift (1750). Auch lehnt er Kriemhilds direktes Ersuchen um Unterstützung höflich ab (1901 f.), und sein Mitgefühl mit den Burgunden zeigt sich während des gesamten Kampfes:

> swaz hie hânt getân
> die ellenden recken,   des gât in michel nôt
> (2238)

Nicht einmal der Tod Rüedegers kann ihn dazu bewegen, einzugreifen: als er davon hört, bittet er um Bestätigung (2247), und selbst als er von Gunther und Hagen die Bestätigung erhält, ist er bereit, ihre Erklärung zu akzeptieren (2336), daß die Situation sie zwang, sich selbst zu verteidigen. Sogar nachdem sie alle seine Männer getötet haben, ist er bereit, sie sicher nach Worms zu geleiten (2340); und man könnte gegen Bostock mit Recht argumentieren, daß die sorgfältig gebaute Szene, in der der Bericht von Rüedegers Tod untersucht wird, darlegen soll, wie eine verhängnisvolle Situa-

---

[14] Besonders in Strophe 1731.

tion entstehen kann, ohne daß eine Partei „Schuld daran hat". Die Feststellung „die Wahrheit ist, daß beide Seiten lieber kämpfen wollten" trifft nicht den Kern: Wenn die Burgunden überhaupt menschliche Züge haben, dann kann man in diesem Stadium nicht von ihnen erwarten, daß sie mit klarem Kopf an einem Rundgespräch teilnehmen, selbst wenn es die Herausforderung Wolfharts nicht gegeben hätte. Und es läßt sich nicht belegen, daß Hildebrant kämpfen wollte. Es kam zu dem Kampf, weil, wie das so oft im Leben geschieht, ein Vertreter des extremen Elements sich im Verhandlungsausschuß einen Platz sichern konnte. Ein „falscher Schritt" wurde getan, und so ging der Kampf los. Es findet sich kein Beleg im Text des Epos, der darauf hindeutet, daß Dietrich die Situation irgendwie anders einschätzte. Wäre er der Meinung gewesen, daß sie Unrecht getan hatten, dann hätte er durch sein Angebot des freien Geleits ihr Vergehen entschuldigt. Er erhebt die Waffen gegen sie nicht in gerechtem Zorn oder zur Bestrafung, sondern weil Hagen ihn direkt herausfordert (2347), und er fesselt sie, weil er glaubt, daß sie *alle die sî fünden* umbringen würden, wenn er sie nicht daran hinderte. In Anbetracht des Fehlens jeglicher Meinungsäußerung des Autors können sich Leser und Kritiker lediglich auf ihr eigenes Urteil bei der Einschätzung der Beweggründe für Dietrichs Verhalten verlassen und selbst Folgerungen ziehen, warum er den Ausdruck *sô guoter ritter lîp* gebrauchte, als er die gefesselten Geiseln übergab (2364) und sich weinend abwandte, nachdem er sie übergeben hatte (2365). Würde man entgegnen, daß es die Tat eines Mannes war, der ein starkes Gefühl der Zuneigung und der Achtung für die Männer empfand, die man hinterrücks angegriffen und die sich tapfer verteidigt hatten, gegen die er jedoch die Waffen ergreifen mußte, da er auf Grund einer Verpflichtung an den König der Hunnen gebunden war, dann würde man Gefahr laufen, sich den Vorwurf zuzuziehen, sich außerhalb des Textes zu bewegen und Kenntnisse heranzuziehen, die man von Dietrichs Rolle in anderen Werken hat. Es ist nicht sicher, ob ein solches Verfahren illegitim wäre;[15] aber weder

---

[15] Wie ließen sich z. B. Wolfharts Worte in Strophe 2246 anders erklären? Man denkt sofort an ›Rabenschlacht‹ (1074 ff.) (de Boor) und

der Akt der Übergabe zweier erschöpfter Männer, die er bezwungen hatte, an ihre Todfeinde, auch wenn er dabei um Nachsicht bittet (2364), noch sein Einstimmen in die allgemeine Klage einer der betroffenen Parteien (2377) sind einem unparteiischen Richter gemäß, von einem „Richtergott" ganz zu schweigen.

Die vorangegangenen Feststellungen erheben nicht den Anspruch, originell zu sein oder gar eine Interpretation des ›Nibelungenlieds‹ darzustellen. Manche mögen sie genau so subjektiv finden wie jene, auf die sie eine Entgegnung sein sollen. Worin sie sich jedoch von den Auffassungen Bostocks unterscheiden, ist, daß sie sich bemühen, weniger zu „interpretieren". Sie beruhen auf der Überzeugung, daß hinter dem Epos nicht unbedingt eine Absicht verborgen sein und daß ein Epos dieser Art nicht unbedingt einen bestimmten Zweck verfolgen muß. Mit diesen Feststellungen soll nicht geleugnet werden, daß das ›Nibelungenlied‹ sich dem Ton nach stark von den höfischen Dichtungen unterscheidet, die zur gleichen Zeit entstanden, oder von der ›Kudrun‹, die eine Generation später verfaßt wurde. Bestritten wird jedoch, daß es etwas Unwahrscheinliches an sich hat, daß ein Epos von einer so anderen Art zu jener Zeit verfaßt werden konnte. Mit dieser Feststellung unterscheiden wir uns von Bostock wesentlich insofern, als wir seine Auffassung nicht teilen: „Es als eine Wiederbelebung des heidnischen germanischen Geistes in einem überkultivierten Zeitalter zu betrachten, ist absurd." Der „germanische Geist" starb nicht einfach mit der Übernahme des Christentums aus; ja das Beste davon wurde ein fester Bestandteil der allgemein gültigen Normen des Rittertums. Es ist einer der großen Fehler, die Kritiker der mittelalterlichen deutschen Literatur begehen, und das seit Generationen, daß sie argumentieren, daß ein Epos „religiös" ist, weil es eine starke Beimischung christlicher Vorstellungen enthält. In derselben

›Dietrichs Flucht‹ (4727 ff.). Außerdem lassen sich die Sonderstellung, die der Kampf zwischen Siegfried und Dietrich in der ›Rabenschlacht‹ (636—84) einnimmt, und Dietrichs besondere Behandlung von Siegfried am besten damit erklären, daß der Dichter zeigen wollte, daß ihm der Nibelungenzyklus bekannt war und daß er annahm, sein Publikum würde das zu schätzen wissen.

Geisteshaltung argumentiert man auch, das ›Nibelungenlied‹ sei „heidnisch" oder nicht.

Auffassungen von der Ehre und das Bedürfnis, sich gegenüber anderen zu behaupten und durchzusetzen, stellen ein wichtiges Element im Leben des Ritters des 13. Jahrhunderts dar. Es mag sein, daß sie weniger stark sind als in germanischer Zeit; denn sie befinden sich jetzt im Wettstreit mit einer Weltanschauung, die mehr Raum für Kompensation und Kompromiß läßt; aber es bleiben Grenzen, deren Überschreiten bedeuten würde, daß die Ehre geopfert wird, und das kann auch ein Ritter des 13. Jahrhunderts nicht zulassen.[16] Von „Wiederbelebung" kann keine Rede sein: die Elemente waren noch immer vorhanden. Und genauso muß man auf der mehr formal-literarischen Seite sich davor hüten, die Sonderstellung des ›Nibelungenlieds‹ überzubetonen. Es ist wahr, daß es das einzige Werk dieser Art ist, was uns aus jener Zeit erhaltengeblieben ist; aber es gibt genug Anzeichen dafür, sogar in dem Epos selbst, daß andere Epen des Nibelungenzyklus existierten und vorgetragen wurden, und wir besitzen spätere Beispiele für die Gattung in vollendeter epischer Form in den Dietrich-Epen. Es erscheint daher gerechtfertigt anzunehmen, daß ein Typ von Literatur, die von den ruhmreichen Taten der Helden der Vergangenheit handelte und deren didaktische Absicht nicht stärker war als die irgendeiner Tragödie, während der klassischen Epoche der mittelalterlichen deutschen Literatur weiter fortbestand und daß das ›Nibelungenlied‹ ein Beispiel dafür ist.

[16] Siehe hierzu F. Maurers Äußerungen zu dem Rat, den Gurnemanz Parzival gibt, ›Leid‹, S. 15; ferner seine Bemerkungen zu Kriemhilds ‘Schmach’/‘Beleidigung’ auf S. 32.

Beiträge zur Geschichte der deutschen Sprache und Literatur 85, 1963, S. 83—101
(= Teil I) und S. 325—365 (= Teil II). Originaltitel: ›Ordo and inordinatio in the
Nibelungenlied‹. Aus dem Englischen übersetzt von Ursula Beul.

ORDO UND INORDINATIO
IM NIBELUNGENLIED

Von H. Bernhard Willson

Dô sah er her daz grôze   daz ûf dem velde lac,
daz wider sîner helfe   mit unfuoge wac:
des was wol vierzec tûsent   oder dannoch baz.
Sîvrit in hôhem muote   sach vil vrœlîchen daz. (Nib. 181)[1]

I

Die Bedeutung des Wortes *unfuoge* in der angeführten Strophe
ist etwas ungewöhnlich. Normalerweise wird *fuoge* im Mhd. in
einer ethischen oder gesellschaftlichen Bedeutung verwendet, und
zwar besonders im Hinblick auf menschliches Verhalten in Beziehung zu dem allgemeinen Codex höfischer 'Moral'. Im allgemeinen
bezeichnet *fuoge* Angemessenheit. Aber in dem vorliegenden Kontext hat *unfuoge*, sein Gegenteil, offensichtlich keine direkte
Beziehung zu höfischer Ethik. Was also ist seine Bedeutung und
welche Implikationen ergeben sich daraus?

Die Strophe zeigt eine Relation zwischen zwei numerischen Größen, nämlich der sehr großen Zahl von 40 000 oder mehr Gegnern
und der verhältnismäßig sehr geringen Zahl von etwa 1000 von
Siegfrieds Mitstreitern (*helfe*: Nib. 161). Diese Relation ist überraschend disproportional; sie bezeichnet ein Verhältnis von Ungleichheit, Disparität, Unausgewogenheit, in dem eine Zahl gegenüber der anderen schwer wiegt. Dieser Mangel an Gleichgewicht
wird als unangemessen charakterisiert. Es fällt nicht schwer, die

[1] Strophenangaben beziehen sich auf die Ausgabe von Bartsch (16.
Aufl. bearb. v. H. de Boor, Wiesbaden 1961).

Quelle der Formulierung aufzuspüren: dahinter steht offensichtlich der mittelalterliche *Ordo*-Gedanke: *Omnia in mensura, numero et pondere disposuisti* (Weisheit IX, 21). Zwei der drei Glieder sind klar ausgedrückt: *numerus* erscheint in den Zahlen selbst und *pondus* in der Beziehung zwischen ihnen *(wac)*. Der Bezug hierauf wird durch *unfuoge* bestätigt, weil *ordo* im wesentlichen Angemessenheit ist. „Um dieser Allgeordnetheit der Dinge willen wird der 'Ordo' des Alls zu einem 'decentissimus ordo'; d. h. daß in dieser Eigenschaft der Dinge jene obere Grenze der 'Wohlgestalt' und 'Angemessenheit' (wie man wohl für 'decens' sagen könnte) erreicht wird, die für diese Welt möglich ist." [2] Darüber hinaus: „'pondus' schließt das Klaffende im Seinsbild einer reinen Unterscheidung des Seienden, einer bloß durch Maß und Zahl bestimmten Welt. 'pondus' gibt Festigkeit und Ziel, entscheidet zum Frieden".[3] Daraus geht also klar hervor, daß die *unfuoge,* die den Mangel an Proportion und Gleichgewicht eines 40:1-Verhältnisses charakterisiert, tatsächlich *inordinatio* ist. *fuoge* meint das Ergebnis stimmiger Vereinbarungen oder Disposition. Das Verb *disponere* in der *ordo*-Formel korrespondiert genau mit mhd. *fügen. fuoge* ist *ordo, convenientia.*[4] Es gilt als angemessen, wenn in einer Schlacht die beiden gegnerischen Seiten relativ gleich vertreten sind. Siegfried ist zahlenmäßig extrem unterlegen und angesichts sämtlicher Gesetze, die die normale physische Leistungsfähigkeit des Menschen bestimmen, wäre anzunehmen, daß er erheblich im Nachteil ist. Die numerische Beziehung ist unangemessen ['inordinate'] wegen der Diskrepanz zwischen den beiden Seiten. Der *ordo* des geschaffenen Universums ist seine Richtigkeit, seine *rectitudo* und *iustitia*: „Ordnung ist die vollzogene Gerechtigkeit in der Welt. Sie ist Übereinstimmung zwischen der Wirklichkeit eines Seienden und dem, was es seiner Natur nach sein sollte ... Jene Ungerechtigkeit (ganz im ontologischen, nicht im ethischen Sinne), jene Diskrepanz zwischen dem, was mir

---

[2] Krings, Ordo. Philosophisch-historische Grundlegung einer abendländischen Idee, Halle/Saale 1941, S. 156.

[3] Krings, a. a. O., S. 101.

[4] Krings, a. a. O., S. 102, definiert convenientia als „die Angemessenheit dessen, was zusammenkommen soll ..."

natürlich wäre, und dem, was ich bin, ist das Übel (malum) . . . Die
'corruptio' ist ein Abweichen von dem Wesen, von dem diesem
Seienden Naturgemäßen." [5]

Wie wir gesehen haben, sind zwei Glieder der ordo-Formel von
Zahl, Maß und Gewicht in Strophe 181 enthalten. Das einzige
Glied, das nicht ausdrücklich erwähnt wird, ist also Maß; aber auch
dieses fehlt nicht eigentlich, da es offensichtlich impliziert ist. *mensura* ist Proportion, mhd. *mâze*. Da die Beziehung disproportional
ist, wird sie ebensowohl durch *unmâze* wie durch *unfuoge* charakterisiert. Die numerischen Größen sind nicht gleichmäßig gegeneinander 'gemessen'. Tatsächlich hätte der Verfasser ebensogut *unmâze*
wie *unfuoge* setzen können. Im Bereich der Ethik sind diese beiden
Wörter und ihre positiven Formen eng verwandt; so sagt Walther
z. B.: *Aller werdekeit ein füegerinne, daz sît ir zewâre, frouwe
Mâze.* (46, 32—3) [6] In ihren positiven Formen implizieren beide
Wörter ein Verhalten, das mit dem höfischen und ritterlichen Codex
uneingeschränkt harmonisiert, in dem die Beziehung zwischen dem
Ideal, das die meisten Mitglieder der Gesellschaft vertreten, auf der
einen und der Wirklichkeit des individuellen Verhaltens auf der
anderen Seite proportional ist, in dem die Fülle des Seins und des
ordo der *hövescheit* verwirklicht werden. Ein Verhalten, das mit
den Vorschriften des akzeptierten Codex übereinstimmt, ist angemessenes Verhalten ['ordinate behaviour']; es ist *gefüege*. Versagen
in der Realisierung des Ideals ist *inordinatio, unmâze, unfuoge,
unzuht,* Disparität also, oder ein Mangel an Übereinstimmung
zwischen dem, was ist und dem, was sein sollte.

Die Bezeichnung *unfuoge* in Strophe 181 vermittelt also Einblick
in die innere Bedeutung sowohl dieses Wortes als auch von *unmâze,*
das fast als Synonym angesehen werden könnte. Beide Wörter,
mâze wie *fuoge,* beziehen sich auf den *ordo*-Gedanken, der im
christlichen Denken des Mittelalters fest verankert ist. Obwohl sie
im allgemeinen in ethischer Bedeutung gebraucht werden, sind sie
doch auch manchmal in ihrer weitergehenden abstrakten Bedeutung
anzutreffen, wie wir dies an *unfuoge* in Strophe 181 gesehen haben.

---

[5] Krings, a. a. O., S. 134—135.
[6] Ausgabe von Carl v. Kraus (Berlin 1950).

Auf alle Fälle folgt ihre ethische Verwendung aus ihrer universalen, ontologischen Bedeutung: der höfische *ordo* ist ein Teil des
universalen *ordo* der Schöpfung. In dem folgenden Zitat von Walther wird die fundamentale Bedeutung — die natürlich eindeutige
ethische Implikationen hat — offenbar: *Unmâze nim dich beidiu an,
manlîchiu wîp, wîplîche man, pfaflîche ritter, ritterlîche pfaffen*[7]:
Hier sind die inkongruenten Verbindungen männliche Frau, wei-
bischer Mann, pfäffischer Ritter, ritterlicher Pfaffe für Walther
Merkmale von *unmâze, inordinatio*. Zwei Gegensätze stehen zusammen: ihre Beziehung ist eine Beziehung von Disparität. Sie sind
nicht versöhnt; von daher bleiben *unmâze* und *unfuoge* bestehen.
Convenientia fehlt. Thomasin von Zirclaere hat eine ähnliche Konzeption: *diu mâze mizzet aller slaht, unmâze hât niht die maht, daz
si mezze ihtes iht. . . . si ist gestraht und gesmogen, sie ist diu senewe
und der bogen unde mac râmen niht.*[8] *Gestraht - gesmogen* und
senewe - bogen sind zwei Gegensatzpaare, die, wenn sie, ohne versöhnt zu werden, gegeneinander gesetzt sind, *unmâze* bezeichnen.
Senewe und *bogen* sind natürlich in dem Instrument, mit dem man
Pfeile schießt, in ihrer Beziehung zueinander vereint und versöhnt
und ergeben ein 'ordentliches' Gefüge ['ordinate']; aber in diesem
Zitat werden sie von dem Instrument abstrahiert und sollen jeweils
für sich als Gegensätze betrachtet werden. Unter diesem Gesichtspunkt ist das eine gerade und das andere gebogen, eine dialektisch
unvereinbare Antithese.[9] Auch an anderen Stellen kann man bei
Thomasin die gleiche *inordinatio*, die als *unmâze* bezeichnet wird,
feststellen: *den herren macht unmâze kneht.*[10] Er gebraucht *unreht*
in einem ähnlichen Sinn: *kneht gebûr, gebûre kneht, daz und ditze
ist unreht.*[11] *unreht* ist wie *unmâze* und *unfuoge* Mangel an Ordnung und Richtigkeit, ist Widerspruch, *inordinatio*.

---

[7] 80, 11 und 20—21.

[8] Welscher Gast 9953 ff.

[9] Ich habe kürzlich versucht, Wolframs 'Bogengleichnis' (Parz. 241,
1—30) zu interpretieren (ZfdA XCI, 1961, S. 56—62), wo dieser Unterscheidung erhebliche Bedeutung zukommt.

[10] W. G. 9950.

[11] W. G. 2667. Die Verbindung von *unmâze* und Ungleichheit tritt
auch in dem folgenden Zitat zutage: *ist der spiegel ungelîche, man siht*

Daß eine Formel sogenannter 'unangemessener' numerischer Disparität in Strophe 181 auftritt, ist nicht reiner Zufall. Für unser Verständnis von Siegfried ist sie sehr wichtig. An normalen menschlichen Vorstellungen gemessen ist die Ungleichheit zwischen der geringen Zahl von Siegfrieds *helfe* und der Vielzahl seiner Gegner 'unrichtig', es mangelt ihr an *mâze* und *fuoge*. Dennoch erleidet Siegfried, wie spätere Ereignisse zeigen, in dieser ungleichen Schlacht nicht eine überwältigende Niederlage, sondern er gewinnt sie! Von seinem Standpunkt aus ist die Ungleichheit alles andere als ungünstig. Das liegt einfach daran, daß Siegfried nicht mit normalen menschlichen Maßstäben zu messen ist. Er gehört nicht zum normalen menschlichen *ordo*, sondern ist übermenschlich. Vom normalen menschlichen Standpunkt aus gesehen, ist er in keine bestehende Ordnung zu fügen, sondern ist sich selbst Gesetz. Er steht in einer Beziehung der Disparität mit typisch Menschlichem. Aber *ordo* ist im wesentlichen Relation, und wenngleich er nach durchschnittlichen menschlichen Begriffen 'uneingeordnet' ['inordinate'] ist, so ist er dennoch 'eingeordnet' ['ordinate'] in bezug auf einen höheren, übermenschlichen, übernatürlichen *ordo*. Er hat seine eigene angemessene *mâze* und *fuoge*, seine eigene Dimension, seinen eigenen *ordo*.[12] Steht das nun im Widerspruch zu dem bisher Gesagten? Ist die numerische Ungleichheit in Strophe 181 also ein Zeichen für *ordo* und nicht *inordinatio*? Es hängt alles ab von dem *ordo*, von dem aus man urteilt. Mit dem Gebrauch des Wortes *unfuoge* impliziert der Dichter den Standpunkt normalen Menschseins, da nach normalen menschlichen Maßstäben ein 40:1-Verhältnis in einer Schlacht unangemessen, oder, wie man auch sagen könnte, unfair ist. Aber das gilt nur, wenn man im Bezugsfeld des menschlichen *ordo* urteilt. Auf einer höheren, nämlich der übermenschlichen Ebene, der

sich selben wunderlîche: man dunkt ze kurz sich od ze lanc, ode ze breit ode ze kranc. (W. G. 1763 ff.)

[12] In einem kürzlich veröffentlichten Artikel hat D. G. Mowatt auf die strukturelle Polarität in der Charakterisierung von Siegfried und anderen aufmerksam gemacht, ohne jedoch eine Verbindung zum *ordo*-Konzept herzustellen. (Germ. Life and Letters [New Series] XIV, 1960/61, S. 257 bis 270.) Einige seiner Schlußfolgerungen stimmen mit meinen eigenen überein, wie man feststellen wird [vgl. in diesem Band, S. 179—200].

Siegfried zweifellos zuzuordnen ist, wird das 'Gleichgewicht' wieder hergestellt durch Siegfrieds außerordentliche Kräfte. Aus dieser übermenschlichen Sicht heraus wird die Ungleichheit der numerischen Begriffe 40 000 und 1000 transzendiert, und die Relation wird eine angemessene: es entsteht eine Beziehung, für die die Begriffe *fuoge* und *mâze* gelten. Was *unfuoge* und *unmâze* in Begriffen eines niederen *ordo* sind, sind *fuoge* und *mâze* in einem höheren *ordo*. Siegfried und seine geringe *helfe* können sich mit ihren vielen Feinden an Kraft 'messen'. In der letzten Zeile der Strophe 181 wird deutlich gesagt, daß Siegfried *hôher muot* und *freude* erfüllten, als er die zahlenmäßige Ungleichheit feststellte. Er fürchtet solche Disparität nicht. Sein *ordo* gestattet es ihm, sie abzutun. Ist er denn nicht wirklich unverwundbar, nachdem er in eines Drachen Blut gebadet hat? Hat er denn nicht eine Tarnkappe, die ihn unsichtbar macht und ihm die Stärke von 12 gewöhnlichen Männern verleiht? Ist er nicht überlebensgroß, ein mythischer Held? Das subtile Paradox, das dem Wort *unfuoge*, wie es der Dichter gebraucht, innewohnt, tritt klar hervor: Siegfrieds *fuoge* ist, auf normales Menschsein bezogen, *unfuoge*, seine *mâze* ist *unmâze*[13]. Er hat 'ein Maß ohne Maß'. Sein *hôher muot*, seine *freude*, als er sich der Übermacht gegenübersieht, beweisen, daß nach seinem *ordo* eine normale *unfuoge* in *fuoge* umschlägt. Ein Nachteil, der jedes normal-menschliche Wesen beunruhigen würde, ruft in ihm ein Gefühl von Frohlocken und Begeisterung hervor. Also gehören auch sein *hôher muot* und seine *freude* zu einem anderen *ordo* als zu dem der normalen höfischen Wertung dieser Begriffe.

Die Tatsache, daß sich der *Ordo*-Gedanke in dieser Strophe des ›Nibelungenlieds‹ so klar spiegelt, läßt uns vermuten, daß der Dichter einiges von dem religiösen Hintergrund seiner Zeit wußte und mit den grundlegenden geistigen Strömungen der Epoche ver-

---

[13] „Mit dem Maß ist — in einem Wort zusammengefaßt — die 'Standortanweisung' vollzogen. Das Maß gibt die volle und endgültige Bestimmung der Stufe, der Seins- und Wertstufe, welche das Seiende einnehmen wird." (Krings, a. a. O., S. 92.) Siegfrieds Position in der *ordo*-Hierarchie steht z. B. der Gunthers diametral entgegen. Er gehört zu einem höheren Grad oder 'Modus' des Seins (wie *mensura* kann *modus*, ein Synonym für *mensura*, dem mhd. *mâze* gleichgesetzt werden).

traut war. Es kann kaum anders sein. Bereits an anderer Stelle habe ich versucht zu zeigen, daß Dialektik in diesem Gedicht eine wichtige Rolle spielt, woraus dann zu folgern ist, daß der Verfasser zumindest in einem Teil des Triviums[14] geschult war. Tatsächlich ist das häufige Vorkommen der Wörter *mâze*, *fuoge* und ihrer negativen Formen und Ableitungen im ›Nibelungenlied‹ bemerkenswert. So kommt das Verb *füegen* z. B. regelmäßig vor und zwar immer in der Bedeutung von 'anordnen' oder 'einrichten'; auch *zuht* und *unzuht* werden häufig verwendet, während *gelîche* und *ungelîche*, die Beziehungen von Gleichheit und Ungleichheit bezeichnen, ein ähnliches Konzept widerspiegeln. Die Dichtung enthält auch viele Beispiele für numerische Relationen, die Ungleichheit zeigen.

Dies alles fügt sich zu einer Struktur, zu einer in Ordnung gegründeten Denkungsart, die sich auf die Polarität von *ordo* und *inordinatio* konzentriert. Das ›Nibelungenlied‹ bietet eine Fülle von Beweisen dafür, daß der Dichter nicht nur mit dem *Ordo*-Gedanken und allem damit Verbundenen vertraut war, sondern auch dafür, daß er ihn als grundlegendes strukturelles Prinzip verwendete, das die 'ordentliche Einrichtung' der Dichtung, *seine fuoge*, bestimmte. Die beiden Pole der *ordo-inordinatio*-Opposition, ob nun als *mâze-unmâze*, *fuoge-unfuoge*, *zuht-unzuht* oder in irgendeiner anderen Kombination, die die Antithese von höfischem Benehmen und seinem Gegenteil — wie *triuwe-untriuwe* — widerspiegelt, bilden die Achse der Dichtung. Die dialektische Spannung zwischen Ordnung und Unordnung zieht sich durch das gesamte Werk. Das Wechselspiel solcher Gegensätze, das zeitweilig bis zu einer wechselseitigen Durchdringung führt, ist der *ordo* und die *inordinatio* dieser subtil konzipierten Erzählung, ihr Paradox und Widerspruch. Gottfrieds 'Tristan' weist eine ähnliche paradoxe Grundstruktur auf.[15]

Der Ankunft Siegfrieds am burgundischen Hof geht Hagens Bericht über die Vergangenheit dieses außerordentlichen Kriegers

[14] Concord and Discord: the dialectic of the 'Nibelungenlied', Med. Aev. XXVIII, 1959, S. 153—66.

[15] Vgl. meinen Artikel ›Vicissitudes in Gottfried's Tristan‹, MLR LII, (1957, S. 203—13.

unmittelbar voraus. Damit werden die Zuhörer auf sein ungebührliches ['inordinate'] Betragen vorbereitet: obwohl Siegfried zeremoniell empfangen und begrüßt wird, fordert er sofort Gunther zum Kampf um dessen Königreich heraus (107 ff.). Die Kluft zwischen den beiden 'Ordnungen' tritt sofort deutlich hervor. Von den Burgunden aus gesehen ist ein derartiges Benehmen höchst unziemlich und steht in keinerlei Einklang mit dem Empfang, der Siegfried bereitet wurde. Aber gleichzeitig stimmt es zu Siegfrieds Charakter, seinem eigenen *ordo*, der gänzlich anders ist als der von Worms. Er ist darauf bedacht, seine Kühnheit unter Beweis zu stellen, ein Königreich aus eigener Kraft zu gewinnen, seine übermäßigen ['inordinate'] Kräfte spielen zu lassen, während Gunther und seine Brüder mit dem zufrieden sind, was sie haben, und weder etwas gewinnen noch verlieren möchten. Für Siegfried ist sein Verhalten durchaus angemessen ['ordinate'], wie aus den Wörtern *füegen* und *rehte* in Str. 109 hervorgeht. Er sieht sein eigenes und Gunthers Erbe in einer Relation von Gleichheit (*gelîche* 114), und er strebt danach, beide miteinander zu vereinen, so daß beide Teile an den Gewinner des Kampfes übergehen. Die Burgunden wiederum wollen beide auseinandergehalten haben. Die Disparität der beiden Standpunkte ist offenbar. Von den Wormsern aus gesehen, zeigt Siegfrieds Haltung *unmâze* — sie halten es nicht für richtig, daß beide Reiche so egalisiert und vereinigt werden, — und diese *unmâze* spiegelt sich in seinem maßlosen, ungezügelten Benehmen. Auf der burgundischen Seite neigen Hagen und Ortwin dazu, eine Unmäßigkeit ähnlicher Art an den Tag zu legen und sind bereit, mit ihm nach seinen Bedingungen zu kämpfen, aber der mäßigende Einfluß von Gernot hält sie in Schach (123). Siegfried ist schließlich bereit, sein Benehmen zu mäßigen und erscheint befriedigt, als ihm Gunther anbietet, all seine Besitztümer mit ihm zu teilen (127). Dadurch wird eine angemessene Beziehung, eine *mâze*, zwischen Siegfried und Gunther hergestellt. Daß dies gelang, ist auf die Tatsache zurückzuführen, daß Siegfried Kriemhild über alle Maßen ['inordinately'] liebt. Will er sie gewinnen, muß er sich der *mâze*, *zuht* und *fuoge* von Worms unterwerfen. Er muß seine natürliche *unmâze* zügeln, die, wie wir gesehen haben, aus seiner höheren, übernatürlichen Sicht *mâze* ist. Er muß von seinem eigenen höheren *ordo* in eine niedere Dimension hinabsteigen und kann damit seinem wesentlichen Sein, seiner Natur nicht mehr gerecht werden. Er muß sich eine fremde *zuht* auferlegen und Gunther 'gleich' werden. .

Siegfrieds *triuwe* zu Gunther, die er mit seiner sehr wirkungsvollen Intervention im Sachsen-Krieg zugunsten des Königs bewiesen hat, ist eine direkte Konsequenz seines Versuchs, den ethischen Werten des burgundischen Hofs zu entsprechen und sein Verhalten diesen Standardwerten anzupassen, mit anderen Worten: sich selbst auf eine *mâze* der relativen Gleichheit mit Gunther hinunterzustufen, um so sein Ziel zu erreichen und Kriemhilds Hand zu gewinnen. Das Ergebnis ist, daß für einige Zeit Ordnung und Harmonie herrschen. Aber die Lage soll nicht lange so 'geordnet' ['ordinate'] bleiben. Gunther und Siegfried sind weit davon entfernt, gleich zu sein, und ihre Ungleichheit wird beträchtliches Unglück verursachen.

Als Gunther von Brünhilds Schönheit hört, beschließt er, um sie zu werben. Siegfried, der sich der Unvereinbarkeit der beiden voll bewußt ist, rät von dem Unterfangen ab (330), sagt aber schließlich zu, es zu unterstützen, und sagt Gunther seine Hilfe bei der Brautwerbung unter der Bedingung zu, daß der König ihm Kriemhild dafür verspricht. Auf den ersten Blick ist dieser Vertrag zwischen den beiden eine durchaus angemessene ['ordinate'] Übereinkunft; er gründet sich auf Gleichheit und wird durch einen Eid gegenseitiger *triuwe* ausgedrückt. Seine Förmlichkeit hat *fuoge* und *mâze*. Aber in scharfem Kontrast zu diesem formalen *ordo* des Vertrages steht die klare *inordinatio* der in Aussicht genommenen Ehe zwischen Gunther und Brünhild, von der die ganze Übereinkunft abhängt. Gunther und Brünhild: das ist eine unpassende Verbindung. Die Maßstäbe, die die Herrscherin bei den Brautwerbern anlegt, sind für Gunther bei weitem zu hoch. Sein *ordo* ist niederer Art als der ihre, der — hierin dem *ordo* Siegfrieds ähnlich — Unordnung ['inordinate'], d. h. *unmâze* ist, wenn er aus dem Blickwinkel des Durchschnittsmenschen, wie Gunther ihn repräsentiert, gesehen wird.

Der Dichter gibt sich Mühe, diese *unmâze* Brünhilds im Vergleich mit dem normalen menschlichen *ordo* nachdrücklich zu betonen: Mit den normalen höfischen Regeln ist es wohl kaum zu vereinbaren,

daß ein Mann sich aufgefordert sieht, sich einem sportlichen Wettkampf mit einer Frau zu stellen, um ihre Hand zu gewinnen, und
daß er sterben muß, wenn er sie nicht bezwingen kann. Diese Dinge
gehören in die mythologische Welt, der Brünhild wie Siegfried
entstammen. Sie hat *vreislîche sit* (330). Sie verfügt außerdem über
übermenschliche Stärke, was sie durch ihr Auftreten in ihrem eigenen *spil* beweist. Ihr weiblicher Körper, der auf das andere Geschlecht so anziehend wirkt, steht in einer Relation von Disparität
zu ihrer schreckenerregenden Art und ihren übermäßigen ['inordinate'] Kräften. Sie kann durchaus nicht als typische und normale Vertreterin von *wibes orden* betrachtet werden. Diese Ungleichheit zwischen ihr und normaler ['ordinate'] Männlichkeit
und Weiblichkeit wird in numerischen Formeln von der Art ausgedrückt, wie wir sie bereits in Strophe 181 festgestellt haben, in
der Siegfrieds *inordinatio* symbolisch dargestellt wurde.[16] Brünhilds
dämonischer Charakter wird auch dadurch betont, daß sie mehr
als einmal mit dem Teufel assoziiert wird.[17] Die Werbung eines
Mannes von mäßiger Stärke um eine derart 'unmäßige' Frau kann
nicht ohne unerfreuliche Rückschläge bleiben. Siegfried hat, wie
wir gesehen haben, keine Illusionen hinsichtlich der Inkompatibilität von Brünhild und Gunther, will aber trotzdem dessen Werbung
unterstützen, weil er selber Kriemhild mit maßloser Intensität liebt
['inordinately']. Aus diesem Grund läßt er sich auf unangemessenes
Handeln ein und wird dadurch seinem eigenen höheren *ordo* untreu,
der ihn befähigt, die Dinge klarer zu sehen als Gunther. Die *zuht*
seiner Beziehung zu Gunther und seine Verpflichtungen ihm gegenüber hindern ihn daran, in Übereinstimmung mit seiner eigenen
höheren *mâze* zu handeln.

Da Gunther und Brünhild so schlecht zueinander passen, so
'ungleich' sind, bleibt Siegfried keine andere Wahl, als zu versuchen, Gunthers Kräfte durch seine eigenen zu ersetzen, um die
Königin zu überwinden. Ihrer *unmâze* und *unfuoge* kann nur Siegfried begegnen, der auch zu ihrem *ordo* gehört, der demjenigen

---

[16] 441 und 449; in beiden Fällen ist impliziert, daß eine Anzahl starker
Männer kaum fähig ist, Waffen zu tragen, die Brünhild mit Leichtigkeit
handhabt.

[17] 442. 450 und 649.

Gunthers ungleich ist. Wie Siegfried hat auch Brünhild ihre eigene
höhere *mâze* und *fuoge*, ihren eigenen höheren *ordo*. Auch sie ist
sich selbst Gesetz und Ordnung. Sie ist, um Walthers Ausdruck zu
verwenden, ein *manlîchez wîp*, was *unmâze* in Beziehung zur Normalität bedeutet; aber auf der höheren Ebene, auf der sie und
Siegfried stehen, sind diese Gegensätze solange versöhnt, wie sie
Jungfrau bleibt. Sobald sie die Jungfräulichkeit verliert, verläßt
ihre männliche Stärke sie, und sie ist nicht länger stärker als eine
jede andere Frau (682). Nachdem Siegfried sich nun verpflichtet
hat, Gunther zu helfen, besteht das Problem für ihn darin, wie er
Brünhild glauben machen soll, daß Gunthers Kräfte ihre eigenen
übersteigen. Er löst es, wenigstens für eine kurze Zeit, mit *list,* der
list, die ein integraler Teil seiner *inordinatio* ist, seines Mangels an
mâze im Vergleich mit dem normalen menschlichen *ordo* und auch
mit dem höfischen Ehrenkodex. Seine Kräfte und Hilfsmittel gehen
weit über normales menschliches Maß hinaus. Gemessen an dem
ethischen *ordo* des Hofes ist die Täuschung, der Brünhild ausgesetzt
wird, wider die Ordnung ['inordinate'] obwohl — ironischerweise — das Verhältnis, das der Wettkampf zwischen Brünhild
und ihrem vermeintlichen Brautwerber herstellt, relativ paritätisch
ist, wenn man es in Beziehung setzt zu der Disparität, die sich ergeben hätte, wenn Gunther sich selbst, ohne Hilfe dem Wettkampf
mit Brünhild gestellt hätte.[18] Siegfried gehört zu demselben übernatürlichen *ordo* wie Brünhild; ein Unterschied ergibt sich lediglich
daraus, daß innerhalb dieses *ordo* er als Mann ihr als Frau überlegen ist.

Das subtile Spiel mit Ordnung und Unordnung ist auch an der
Art der *list* abzulesen, die Siegfried anwendet, um Brünhild zu

[18] Der Autor des NL arbeitet viel mit Ironie. Der Grund dafür ist
darin zu sehen, daß ironische Darstellung sehr effektiv ist, wenn man
Beziehungen, die von Disparität geprägt sind, scharf herausarbeiten und
damit *inordinatio* anzeigen will. Da das Gedicht soviel Unordnung enthält, kann es nicht überraschen, daß eine Reihe von Situationen unter
dem Gesichtspunkt höfischer 'Normalität' als ironisch erscheint. Einige
erhellende Bemerkungen über Ironie und Symbolik im ›Nibelungenlied‹,
hat H. Sacker vorgelegt (Germ. Life and Letters [New Series] XIV,
1960/61, S. 271—81 [vgl. in diesem Band, S. 201—217]).

täuschen. Er schlägt vor, man möge ihn Brünhild als Gunthers Lehnsmann vorstellen (386), damit Gunther in Brünhilds Augen von vornherein als der Überlegenere erscheint. Daß Siegfried hier den Status eines Vasallen vortäuscht, also seine 'Erniedrigung' vor Brünhild akzeptiert, ist eine deutliche Umkehrung hierarchischer Ordnung. Siegfried ist das genaue Gegenteil eines Lehnsmannes, dennoch ordnet er sich Gunther unter. Der eigentlich Überlegene wird der Untergeordnete, der eigentlich Niedere wird der Höherstehende, um damit einen 'ungeordneten' ['inordinate'] Zweck, nämlich die Heirat, d. h. eine Vereinigung von Gegensätzen, von Brünhild und Gunther zu erreichen.[19] Nichts könnte unpassender sein. Siegfried legt sich weiterhin eine ihm fremde *mâze* und *zuht* auf. Die Ordnungen von Siegfried und Gunther sind umgestellt. Um Thomasins Aussage ins Gedächtnis zurückzurufen: *den herren macht unmâze kneht.* Um Brünhild zu täuschen, ist Siegfried nicht einmal Gunther gleichgestellt, wie er es in ihrem gegenseitigen Abkommen ist, sondern sogar ihm untergeordnet.

Sein Status als Lehnsmann wird jedoch nur zum Schein, Brünhilds wegen angenommen. Sein wahrer Rang und seine eigentlichen Fähigkeiten werden durch die Tatsache demonstriert, daß er, und nicht sein 'Vorgesetzter' Gunther, den Wettkampf auf gleicher Basis mit Brünhild austrägt. Und auch er kann sie nur bezwingen, indem er seine übermäßigen ['inordinate'] Kräfte einsetzt. Im Kampf kommt er mehrmals in starke Bedrängnis. Es wird deutlich dargelegt, daß Gunther selbst niemals fähig gewesen wäre, sie zu überwinden. Wie zu erwarten angesichts des *ordo,* dem sowohl Brünhild als auch Siegfried unterstehen, ist dieser Kampf zwischen ihnen unpassend. Bei seiner Schilderung taucht das Wort *ungefüege* des öfteren auf, und es fällt schwer, sich eine derartige Begegnung zwischen einem Mann und einer Frau unter normalen höfischen Umständen vorzustellen — ist sie doch die direkte Antithese der 'Frauenverehrung'! Als Brünhild endlich besiegt ist, beglückwünscht sie 'Gunther' zwar zu dem gelungenen Nachweis seiner Kühnheit,

---

[19] *Non enim rectus, aut ordo appellandus est omnino, ubi deterioribus meliora subjiciuntur.* (Augustin, De Lib. Arb. I, 8, 18; PL 32, 1231.) Das Begriffssystem, das sich mit dem Grad *(gradus)* verbindet, ist von dem, das zu *ordo* gehört, nicht zu trennen.

folgt ihm aber nur widerstrebend nach Worms. In Übereinstimmung mit ihrem *ordo* braucht Brünhild sich nicht an konventionelle *triuwe* zu halten, und obwohl sie glauben muß, sie sei mit fairen Mitteln besiegt worden, fürchten die Burgunden Verrat von ihrer Seite, so daß Siegfried weiterhin gezwungen ist, auf seine übermäßigen Hilfsmittel zurückzugreifen: er holt seine Nibelungenkrieger. Nur deren Gegenwart scheint Brünhild davon abzuhalten, ihr Gelöbnis, sich dem Mann zu geben, der sie besiegt, zu brechen. Aus ihrer Weigerung, auf der Reise nach Worms intime Beziehungen zu Gunther aufzunehmen (528), ist zu schließen, daß ihr Argwohn zu keimen begann.

Während des Wettstreites nutzt Siegfried alle seine außerordentlichen Kräfte bis aufs äußerste, um Brünhild zu bezwingen und zugleich den Eindruck zu erwecken, daß Gunther den Sieg davonträgt. Er 'trägt' Gunther im wörtlichen Sinn, womit er wiederum seine höhere *mâze* beweist. Eine unsichtbare Person leitet den Körper des Königs; ein Freund (453), dessen Kraft die Kräfte gewöhnlicher Sterblicher weit überragt; einer, der Wunder vollbringen kann und dessen *triuwe* und Bereitschaft, eine nicht mit seinem wahren Wert in Einklang stehende 'Erniedrigung' hinzunehmen, mit eindrucksvoller Deutlichkeit dargestellt werden: Wenn sich bei Brünhild eine Assoziation mit dem Teufel anbietet, so hat Siegfried Züge, die an Christus erinnern, der auch zu einem höheren *ordo* gehörte, und sich doch auf eine geringere Ebene herabließ und sich in seiner *triuwe* zur Menschheit eine fremde *zuht* auferlegte.[20]

Der Zweck der Täuschung Brünhilds ist, sicherzustellen, daß die vertragliche Beziehung zwischen Gunther und Siegfried in den Heiraten mit den von ihnen gewählten Frauen voll verwirklicht wird und daß daraus ein harmonisches Verhältnis der beiden Partner in jeder dieser Ehen folgt. Mit anderen Worten: von jeder Sicht aus soll *ordo* herrschen. Aber wie wir gesehen haben, zielt der

---

[20] Vgl. meinen Artikel ›Blood and Wounds in the 'Nibelungenlied'‹, MLR LV, 1960, S. 40—50. Auch Wolfram bezieht sich auf die 'Erniedrigung' Gottes in ähnlicher Weise: *got selbe antlütze hât genomm nâch der êrsten meide fruht: daz was sîn hôhen art ein zuht* (Parz. 464, 28 ff.). Aber aus Liudegers Sicht hat es den Anschein, als käme Siegfried vom Teufel her (216)!

Vertrag, obgleich formell 'geordnet', auf ein ungeordnetes Ende. Beide Ehen werden feierlich geschlossen, aber Siegfried und Gunther machen bei dem Versuch, sie zu vollziehen, unterschiedliche Erfahrungen. Ihre 'Ungleichheit' wird ausdrücklich hervorgehoben (648 und 652). Siegfrieds Verhältnis zu Kriemhild im Ehebett ist ganz und gar 'geordnet', d. h. er erfreut sich ihrer ganzen Zuwendung, während Gunthers Beziehungen zu Brünhild genau umgekehrt sind. Sie verweigert sich ihm, weil sie glaubt, Kriemhild werde durch ihre Ehe mit Gunthers *eigenholden verderbet* (620) und das stelle einen ernsthaften Bruch der hierarchischen Ordnung dar.[21] Gunther muß erst erklären, warum eine derartig unangemessene Heirat stattfinden durfte. So zeitigt die *inordinatio* der Täuschung weitere *inordinatio*. Der Dichter schildert das eindringlich in der Schlafzimmerszene. Die übermenschliche, überweibliche Kraft Brünhilds wird demonstriert. Gunther, von dem man unter diesen Umständen erwarten dürfte, daß es ihm gelingt, Brünhild seinen Willen aufzuzwingen, erleidet die erniedrigendste Behandlung. Er, der davon ausging, er werde der Herr sein, muß um Gnade bitten (638). Er ist Mann und König und dennoch wird er *gebunden von einer vrouwen hant* (640) — eine zweifache Demütigung. Alle Werte sind umgekehrt und in einer Beziehung völliger Disparität zum Normalen. Brünhilds Handlungen entsprechen durchaus nicht dem, was man von einer edlen *vrouwe* erwarten dürfte. Ihre *unfuoge* und *unmâze* sind offenkundig. Hier liegt eine merkwürdige Verkehrung höfischer *minne* vor.

Nachdem Gunthers völlige Unterlegenheit gegenüber Brünhild bewiesen ist, muß er sich erneut an seinen Helfer, Siegfried, wenden. Noch einmal muß dieser seinen Eid der *triuwe* erfüllen und Brünhild für Gunther unterwerfen, ohne sie jedoch zu berühren. In der Tat muß er sich weiterhin benehmen als wäre er Gunthers Lehnsmann, wobei er sich dieses Mal eine fast noch strengere Beschränkung seines *ordo*, seiner *unmâze* im Vergleich zum Normalen, auferlegen muß. Er muß sich zurückhalten, um seine 'übermäßige'

---

[21] An dieser Stelle könnte auch das Wort 'Verkehrung' stehen: *Perversio contraria est ordinationi* (Aug. De. Mor. Manich. II, 6). Vgl. Krings, a. a. O., S. 135: „Verkehrung und Verderbtheit sind das Gleiche."

['inordinate'] Männlichkeit nicht voll zu zeigen. Gleichzeitig muß er jedoch, wie in dem *spil*, seine übernatürlichen Kräfte gebrauchen, die Teil eben dieser *unmâze* sind. Die Disparität und Inkongruenz sind offenbar. Gleichzeitig muß er sich wie ein Herrscher im vollsten Sinne des Wortes, und doch auch wie ein Vasall benehmen, um dem Abkommen mit Gunther zu entsprechen. Die *inordinatio* zeigt sich deutlich, als Siegfried, während er sich *zuht* und *mâze* soweit auferlegt, daß er Brünhild nicht berührt, es dennoch nicht lassen kann, seine Eroberung Brünhilds symbolisch zu demonstrieren, indem er ihr Ring und Gürtel in *hôhem muot* abnimmt (680). Dieser *hôhe muot* ist natürlich auch Teil seiner *unmâze* oder höheren *mâze*, und das hängt hier vom Standpunkt des Beobachters ab. Er erfreut sich seiner Eroberung, die voll zu seiner eigenen *mâze* und *fuoge* stimmt, die aber seiner untergeordneten Position gegenüber Gunther widerspricht. Der wahre Siegfried, der sich im Widerspruch mit dem Siegfried befindet, der Gunthers Willen ausführt, kommt in diesem symbolischen Akt zum Ausdruck. Während des Ringens zwischen Siegfried und Brünhild beweist der wiederholte Gebrauch von *ungefüege* die Unangemessenheit dieses Ringens, seine *inordinatio*.[22]

Trotz dieser, oder besser: als Folge dieser *inordinatio* wird dennoch Harmonie zwischen Gunther und Brünhild hergestellt. Allem Anschein nach wurde der Vertrag zwischen Siegfried und Gunther erfüllt: beide sind verheiratet, und Siegfried zieht mit Kriemhild ins Land der Nibelungen. Zehn Jahre leben die Paare voneinander getrennt. Aber während dieser ganzen Zeit glaubt Brünhild weiterhin, Siegfried sei Gunthers Lehnsmann, und sie betrachtet Kriemhild, da sie mit Siegfried verheiratet ist, als von geringerem Stande als sich selbst. Sie fühlt sich persönlich beleidigt, als sie nicht daran denken, nach Worms zu kommen, um Gunther und ihr zu huldigen, was, wie sie glaubt, ihnen zustünde. So besteht die *inordinatio* der Täuschung weiterhin als ein irriger Glaube Brünhilds; tatsächlich hat diese *inordinatio* sich im Laufe der Zeit ausgewachsen. Sie hält nicht nur daran fest, daß die Heirat zwischen Siegfried und Kriem-

---

[22] 670, 672, 674, 676. Nach den Begriffen normaler ehelicher Beziehungen ist der Kampf unangemessen ['inordinate'].

hild eine Verkehrung der hierarchischen Ordnung war und ist,
sondern ist auch überzeugt, daß die Verweigerung der Huldigung
ein weiterer Bruch des höfischen *ordo* ist. In Wirklichkeit jedoch ist
das Verhalten von Siegfried und Kriemhild durchaus in Ordnung.
Ihre Heirat war weder ein Bruch der Hierarchie noch schulden sie
irgendwem eine Huldigung. Was Brünhild natürlich nicht weiß,
ist, daß Siegfrieds Auftreten als Vasall Gunthers 'ungeordnet' war;
d. h., es war ein eigens zu ihrer Täuschung angelegtes Manöver und
pervertierte die Hierarchie. Die dialektische Subtilität des Dichters,
sein Spiel mit *ordo* und *inordinatio*, tritt klar hervor.

Gunther, auf der anderen Seite, betrachtet Siegfried und seine
Frau als Gleichgestellte; nachdem er Brünhilds Verlangen, Siegfried
und Kriemhild nach Worms einzuladen, zugestimmt hat, ermahnt
er sie, Kriemhild die gleiche Ehre und den gleichen Respekt zuteil
werden zu lassen, die ihr von seiner Schwester zuteil wurden, als
sie vor vielen Jahren zum ersten Male nach Worms gekommen war
(783). Für ihn stehen die beiden Frauen in einem Verhältnis der
Gleichheit, was sich im Begrüßungszeremoniell widerspiegeln muß.
Brünhild gehorcht ihrem Herrn und Meister, und zunächst scheint
die *hôhgezît,* mit der der Besuch gefeiert wird, mit höfischer Schicklichkeit vonstatten zu gehen: sehr zur Freude der Anwesenden,
denen der höfische *ordo* sehr am Herzen liegt (793). Aber diese
Harmonie kann nicht dauern. Am elften Tag verkündet Kriemhild
öffentlich, sie habe einen Ehemann, der allen anwesenden Männern
überlegen sei; ein äußerst eindrucksvolles Beispiel unangemessenen
Benehmens, von *superbia* (815).[23] Zum erstenmal tritt hier eine
neue und sehr veränderte Kriemhild zutage. Bei keiner früheren
Gelegenheit hat sie auch nur das geringste Anzeichen von *inordinatio* in ihrer Haltung gezeigt. Im Gegenteil: stets wurde sie als
sehr gehorsame und höfischer Etikette verpflichtete Schwester Gunthers beschrieben, die seinen Befehlen nachkam und sich seinen
Wünschen fügte, wann immer es von ihr verlangt wurde. Sie hat

---

[23] Die Erbsünde war das Ergebnis der *superbia* des Menschen, seines
Versuchs, sich über Gott zu erheben. Deshalb ist sie ein hervorragendes
Beispiel für Verkehrung von Ordnung. J. K. Bostock (The message of the
'Nibelungenlied', MLR LV, 1960, S. 200—212 [vgl. in diesem Band,
S. 84—109]), betont ebenfalls die Bedeutung der *superbia* an vielen Stellen.

die Vorschriften höfischer Sitte in jeder Hinsicht beachtet. Im Gegensatz dazu legt sie jetzt eine offenkundige *unmâze* und *unfuoge* an den Tag. Der Grund hierfür ist nicht schwer zu finden: sie ist seit langem mit Siegfried verheiratet und hat ihm einen Sohn geboren. Sie hat jetzt etwas an sich von seiner *unmâze* und *unfuoge*, gemessen an Worms und an höfischer Norm. Durch die Trennung von ihrer Familie und ihr langes Zusammenleben mit Siegfried hat sie aufgehört, Teil jenes höfischen *ordo* zu sein. Ihre Beziehung zu ihrer Herkunftsfamilie ist jetzt von Disparität geprägt wie die ihres Mannes. Deren *mâze* und *fuoge* ist nicht länger die ihre. Sie weiß sehr wohl, daß ihr Mann ihrem Bruder in jeder Hinsicht überlegen ist und bringt wenig Respekt für ihre Schwägerin auf. Sie benimmt sich jetzt mit der für Siegfrieds *ordo* charakteristischen *unmâze*.

Der bittere Zank zwischen den beiden Königinnen zeigt das ganze Ausmaß der vorherrschenden *inordinatio*. Jede ist überzeugt, sie sei der anderen überlegen und jede wünscht nichts sehnlicher, als dieser Überlegenheit öffentlich Ausdruck zu verleihen. Vor dem versammelten Hof stellen sie unverzeihlich *unmâze*, *unfuoge* und *unzuht* zur Schau. Dieses unangemessene ['inordinate'] Verhalten zweier edler Damen von höchstem Rang und Stand steht ganz im Widerspruch zum höfischen *ordo*, und dem Dichter liegt daran, diese Abweichung von der Norm mit allem Nachdruck zu betonen. Die übertriebene Höflichkeit ihrer anfänglichen Äußerungen, die fühlbare Ironie tragen erheblich zu dem Eindruck von *inordinatio* bei. Die beiden Gegnerinnen in diesem Zwist glauben sich im Recht; und einerseits gehen sie beide auch tatsächlich von 'geordneten' Überlegungen aus, andererseits sind jedoch beide im Unrecht. Brünhild ist 'berechtigterweise' besorgt um die hierarchische Ordnung, aber ihre Voraussetzung ist falsch: Kriemhild steht nicht unter ihr, weil Siegfried nicht Gunthers Lehnsmann ist. Auf der anderen Seite schätzt Kriemhild zu Recht Siegfried als den Überlegeneren ein, aber sie benimmt sich unangemessen ['inordinately'], indem sie ihre Überzeugung öffentlich kundtut. Der *ordo* der *hövescheit* gestattet derartiges Prahlen nicht. Brünhild dagegen ist, aufgrund des Verlustes ihrer Jungfräulichkeit und ihrer Verbindung mit Gunther und seinem Hof auffallend 'geordnet' ['ordinate'] geworden.[24] Der Zusammenprall zwischen den beiden Frauen ist somit der gleiche Konflikt zwischen *mâze* und *unmâze*, oder besser, zwischen zwei unvereinbaren Ordnungen oder 'Maßen', der seit Siegfrieds erster Ankunft in Worms ständig zutage trat; jetzt aber repräsentiert Brünhild den burgundischen *ordo*, und Kriemhild steht damit in einem Verhältnis der Disparität.[25] Die Tatsache, daß der Wortwechsel außerhalb des Münsters stattfindet, hat große symbolische Bedeutung: *superbia*, der beide zum Opfer gefallen sind, ist die Antithese christlicher Demut und ist daher das wahre Wesen der *inordinatio*, der 'ungeordneten' Liebe.

Auch wenn Kriemhilds Einschätzung von Siegfrieds Wert im Vergleich zu anderen Männern richtig ist, ist doch ihre Annahme, daß er Brünhild genommen haben müsse, weil er ihr, Kriemhild, Ring und Gürtel gegeben hat, falsch. Auch sie ist durch die ungeregelte ['inordinate'] Täuschung Brünhilds getäuscht worden und hat durch Siegfrieds Akt von *hôhem muot* einen falschen Eindruck gewonnen. Auch Gunther mißtraut Siegfried, als seine Schwester den scheinbar unwiderlegbaren Beweis für die 'Eroberung' Brünhilds durch ihren Ehemann vorbringt. Wie so häufig im 'Nibelungenlied' stimmen Schein und Wirklichkeit nicht überein, — ein Beweis für *inordinatio*.[26] Als Gunther Siegfried bittet, er möge schwören, daß er Brünhild nicht berührt habe, geht er bereitwillig auf den Wunsch des Königs ein; damit hält er sich streng an die Wahrheit: Er hat sie nicht berührt und seine *triuwe* nicht gebrochen. In dieser Hinsicht ist und war sein Verhalten völlig angemessen (im Sinne der *mâze*, die für seine Beziehung zu Gunther gilt), aber gleichzeitig macht er eine Bemerkung, Frauen sollten doch so diszipliniert sein, daß sie sich nicht zu arroganten Äußerungen verleiten

[24] In dem Sinn nämlich, daß sie darum besorgt ist, daß die höfische Hierarchie nicht pervertiert werden sollte. Andererseits könnte man kaum sagen, daß sie im vollsten und umfassendsten ethischen Sinn 'geordnet' worden sei. Die Ironie ist beabsichtigt.

[25] Bis zu einem gewissen Ausmaß wenigstens sind ihre Zugehörigkeiten zu jeweils einem *ordo* deutlich ausgetauscht worden.

[26] „Die 'convenientia' des Seins gegenüber dem Verstande ist sein 'Wahr-Sein'; die 'convenientia' des Seins gegenüber dem Wollen ist sein 'Gut-Sein'." (Krings, a. a. O., S. 58—59.)

ließen (862); und später gibt er Kriemhild sogar eine Tracht Prügel als Strafe für ihre *unmâze*; diese *zuht* bewirkt ein geziemenderes Reuegefühl. Eine Disziplinierung an sich ist hier angemessen ['ordinate'], aber das Mittel, zu dem er greift, um sie in *zuht* zu halten, ist im Sinne des höfischen *ordo* unangemessen, entspricht jedoch durchaus seiner eigenen *mâze*. Zwar sollten Damen so nicht behandelt werden, aber Siegfried neigt dazu, unangemessene Mittel einzusetzen, um ein angemessenes Ziel zu erreichen, oder umgekehrt. Das Spiel mit dem Begriff der *zuht* ist hier beabsichtigt und außerordentlich subtil gehandhabt; es spiegelt den Widerstreit der beiden Ordnungen in Siegfried wider, der ihm natürlichen und der ihm fremden.

Die *inordinatio* von Kriemhilds beleidigendem Benehmen gegenüber Brünhild führt unausweichlich zu weiterer Unordnung. Hagen, dessen starke Neigung zu *unmâze* und *unfuoge* schon bemerkt worden ist, hat beschlossen, daß Siegfried getötet werden muß; Ortwin bezeichnenderweise auch. Hagens Motivation ist die *compassio*, die sie alle für Brünhild empfinden (863), aber die Ironie ist offenkundig: *compassio* ist eine sehr begehrenswerte christliche Tugend, sie ist *caritas* selbst, aber in diesem Zusammenhang ist ihr Verhalten wider die Ordnung deutlich zu sehen. Hagen ist bereit, aus Mitleid einen Mord zu begehen! Seine *triuwe* zu Gunther und Brünhild ist somit gleichzeitig *untriuwe*, Mangel an *caritas* gegenüber Siegfried und Kriemhild. Alles hängt von dem Gesichtspunkt ab, von dem seine Haltung beurteilt wird, dessen Relation, dessen *ordo*. Im Gegensatz dazu zögert Gunther, Siegfried umzubringen, aber seine *mâze* weicht der *unmâze* Hagens. Wie viele Charaktere des ›Nibelungenlieds‹ ist Hagen widersprüchlich, entsprechend dem Grundmuster der Polarität von *ordo* und *inordinatio*. Aus der Sicht des burgundischen *ordo* ist Hagens Haltung 'geordnet', aber gemessen an dem 'entgegengesetzten' *ordo* von Siegfried und Kriemhild ist sie 'ungeordnet' und unpassend. Die relative Enge des Spielraums seiner *triuwe*, ihre begrenzte *mâze* verkehrt sie ins Ordnungswidrige. Seine natürliche *unmâze* ist dergestalt, daß sich seine *triuwe* auf ein unpassendes Ziel richtet.[27]

[27] „Bei dem moralischen Übel ist es meist nicht ein Mangel im Sein, im formalen Sinne (privatio formae) ..., sondern (es handelt sich) um

Dadurch, daß Hagens *unmâze* Gunthers *mâze* überwiegt, wird wiederum die hierarchische Ordnung pervertiert. Der Vasall usurpiert die Autorität, die rechtmäßig ['ordinately'] dem König zustehen sollte. Der letztere 'folgt' seinem Vasall (876). Fortan ist Hagen, nicht Gunther, der Führer der Burgunden. Nichts könnte unziemlicher sein. Gunther bleibt nur noch dem Namen nach König. Sogleich drückt sich Hagens *inordinatio* symbolisch in der *list* aus, die er anwendet, um Siegfried und Kriemhild zu täuschen. Er hat keine Achtung vor der Wahrheit und macht sich Kriemhilds Reumütigkeit zunutze, um ihr die Information abzuringen, die er braucht, um Siegfried zu töten. Er ist *der vil ungetriuwe man* (911). Und dennoch tut er alles aus *triuwe* zu Gunther und Brünhild! Siegfrieds Betrug an Brünhild war in ähnlicher Weise der Ausdruck seiner *triuwe* zu Gunther, sie war aber auch eine klare Pervertierung von Wahrheit und Ordnung und vom Standpunkt höfischer und christlicher Ethik unhaltbar. Hagens *unmâze* und *unfuoge* offenbart sich wie die Siegfrieds in seiner *list*. Jedoch gerade dieser *list* wie der *triuwe,* die sie auslöst, ist eine gewisse eingeschränkte, relative Ordnung eigen! Sie hat eine formale 'Schönheit', wie Siegfrieds *schoene listen* (464).[28]

Wie Kriemhild wird auch Siegfried von Hagen getäuscht. Ihm wird erzählt, die Sachsen hätten den Krieg erklärt; sofort ver-

---

einen Mangel in der Hinordnung; das Handeln als solches ist gut; die Richtung ist aber nicht die der Art dieses Handelns entsprechende, ist 'entartet' und daher verfehlt." (Krings, a. a. O., S. 142.) Formal ist Hagens Verhalten in gewisser Weise gerechtfertigt.

[28] Vgl. Krings, a. a. O., S. 97 ff. im Hinblick auf die enge Beziehung von *pulchritudo* und *ordo.* Es gehört zu den fundamentalen Auffassungen innerhalb des *ordo*-Konzepts, daß das Böse kein absolutes Sein und keine absolute eigene Ordnung hat, sondern daß es nur eine *privatio boni* ist. So gesehen ist es letztlich ein integraler Bestandteil des *ordo creationis.* Diese Idee liegt deutlich der Beschreibung, die der Autor z. B. von Hagen gibt, zugrunde, der trotz aller seiner Untaten teilweise durch den formalen *ordo* seiner *triuwe* erlöst wird, selbst wenn das Endergebnis seiner Art, *triuwe* in Taten umzusetzen, ganz und gar 'ungeordnet' ist. Vgl. Krings, S. 137 ff. im Hinblick auf eine eingehendere Erörterung dieser offensichtlichen Widersprüchlichkeit.

anlaßt ihn seine *triuwe,* Gunther Hilfe anzubieten. Aber der 'Krieg' ist nur eine List Hagens, um von Kriemhild zu erfahren, an welcher Stelle Siegfried verwundbar ist. Eine militärische Kampagne ist nicht im geringsten notwendig, vielmehr arrangiert man eine Jagd. Diese Jagd, in der Siegfried von Hagen ermordet wird, ist eine der symbolisch bezeichnendsten Episoden des ganzen Werkes.[29]

Während der ganzen Jagd, mit Ausnahme des Augenblicks vor seinem Tod, wird Siegfrieds *unmâze* stark hervorgehoben. Noch einmal beherrschen seine übermenschlichen Fähigkeiten die Szene. Er übertrifft die anderen Jäger so sehr, daß sie ihn bitten, seinen Eifer zu mäßigen:

> Dô sprâchen sîne jegere: 'müg' ez mit fuoge wesen,
> sô lât uns, her Sîfrit,   der tier ein teil genesen.
> ir tuot uns hiute laere   den berc und ouch den walt.'
> des begonde smielen   der degen küene unde balt. (940)

In dieser Strophe ist *fuoge* — wie immer — mit subtiler Bedeutung ausgestattet. Siegfrieds Fähigkeiten sind nach normalen Maßstäben ohne jegliche Proportion; sie sind *unfuoge* und *unmâze* im Vergleich zu diesen. Aber nach Siegfrieds eigenem *ordo* sind sie durchaus angemessen ['ordinate']. Es entspricht seiner Natur, sich mit solcher Unmäßigkeit zu benehmen. Die Jäger scheinen zu erkennen, daß es fragwürdig ist, einen solchen Mann zu bitten, sich unter Kontrolle zu halten, besonders während einer Jagd, aber sie haben ein ausgeprägtes Gefühl für das Passende. Er jedoch schenkt dem wenig Aufmerksamkeit. Immer noch in Übereinstimmung mit seiner eigenen *mâze* stellt er sich vor, daß es Spaß machen müßte, (*kurzwîle* — 947), einen wilden Bären zu fangen und ihn ins Lager zu bringen. Dort befreit er den Bären, der, durch den Lärm in Schrecken versetzt, Amok läuft und Verwirrung und ein völliges Durcheinander schafft. Nur Siegfried kann, indem er seine übermäßigen Kräfte gebraucht, ihn fangen und töten. Die *inordinatio* der Szene ist offenbar: Der Bär in seiner animalischen *unmâze* und

---

[29] Vgl. auch Mowatt, ebd., S. 270, Anm. 13 [vgl. in diesem Band, S. 194]: „Die ganze Jagdszene spiegelt en miniature Siegfrieds wechselndes Glück und seine Stellung in Worms."

unfuoge kehrt die Ordnung des Lagers um, und *zuht* kann ihm nur dadurch auferlegt werden, daß er getötet wird. Aber das Tier ist nur 'ungeordnet' nach den Maßstäben der ihm fremden Umgebung. Hätte man es im Wald zufrieden gelassen, wäre es niemals mit dem *ordo* des Lagers zusammengestoßen. Der Wald ist die ihm gemäße natürliche Umgebung, sein *ordo*. Dort benimmt es sich angemessen ['ordinately'], schafft es kein Durcheinander; in der Umgebung des Lagers jedoch ist es fehl am Platz, steht es in einer Relation völliger Disparität. Es kann kein Zweifel daran bestehen, daß der Bär symbolisch Siegfried verkörpert. In ähnlicher Weise wurde Siegfried mit einem *ordo* — dem von Worms — konfrontiert, der zu seinem eigenen in Widerspruch steht, und in dem er die Fesseln einer *mâze, zuht* und *fuoge* erleiden muß, die ihm fremd sind. Wie wir gesehen haben, ist *inordinatio* die Folge: trotz aller Bemühungen, sich anzupassen, kann er nicht verhindern, daß seine ihm natürliche *unmâze* (d. h. unmâze — normalmenschlich betrachtet) Unordnung stiftet. Seine Inkompatibilität mit dem burgundischen *ordo* hat eine Situation heraufbeschworen, in der nur sein Tod weitere Unordnung verhindern kann. Wenigstens sieht Hagen es so, der, ironischerweise, sich selbst zum Schiedsrichter höfischer Normen aufgeworfen hat. So ist also das Schicksal des Bären gleichzeitig symbolischer Rückblick auf das, was seit Siegfrieds Erscheinen an Gunthers Hof geschehen ist und Vorzeichen seines Todes, der sich in Kürze ereignen wird.

Siegfrieds *unmâze* zeigt sich in seiner Nichtachtung höfischer Schicklichkeit, seiner offenbaren *superbia*. Überzeugt von sich und seiner Kühnheit beschwert er sich, verärgert darüber, daß kein Wein gebracht worden ist, und prahlt:

> Ich hete wol gedienet   daz man mîn baz naeme war. (966)

Diese Haltung stimmt durchaus zu seinem Charakter, seiner *mâze*, aber nach den Begriffen und Regeln des höfischen *ordo* ist sie unangemessen — wie sein Verhalten in anderen Situationen. Während der Jagd läuft er selber Amok mit seinen Verstößen gegen die ethische Norm. Als Hagen ihn zu einem Wettlauf an den Brunnen herausfordert, vertraut er so sehr auf seine Kraft, daß er anbietet, er wolle seine Rüstung anbehalten und außerdem Gunther und Hagen dadurch einen Vorsprung geben, daß er sich zu ihren Füßen auf die Wiese lege (974/975).[30] Paradoxerweise nimmt er noch einen allerletzten Anlauf, sich geltendem Anstand anzupassen, und *zuht* zu üben, als er sich weigert, vor Gunther aus der Quelle zu trinken. Seine Belohnung ist ein von Hagen geführter verräterischer Stich in den Rücken:

do engalt er sîner zühte (980).

In diesem Satz ist Siegfrieds ganzes tragisches Schicksal zusammengefaßt. Seine *zuht* im Hinblick auf die Burgunden und Gunther, sein Versuch, ihren Normen zu entsprechen, hat unausweichlich zu seinem frühen Tod geführt. Diese letzte höfische Geste für Gunther und ihre Folge sind ein unwiderlegbarer Beweis für die Unvereinbarkeit der beiden 'Ordnungen'. Der Gegensatz zwischen dieser Geste und Siegfrieds vorhergehendem unangepaßten ['inordinate'] Verhalten während der Jagd spiegelt den Widerspruch und die Disparität, die seiner ganzen Beziehung zu Worms eigen waren. Er gehört nicht und gehörte nie zu diesem *ordo*. Er hätte sich nie entschließen sollen, um Kriemhild zu werben, weil dieser Entschluß bewirkte, daß er seine eigene Dimension verließ und seinem *ordo* und *esse* untreu wurde.[31] Seine Anstrengungen, sich mit Worms gut zu stellen, haben sich als erfolglos erwiesen.

Im vorliegenden Aufsatz sind Nachweise zusammengetragen worden, die die Theorie stützen sollen, daß der Widerspruch *ordo* — *inordinatio* die grundlegende Idee des ›Nibelungenliedes‹ ist. Die Analyse ist auf den ersten Teil der Dichtung beschränkt worden,

---

[30] Vgl. H. de Boor (Ausg. S. 162, Anm. zu 974, 3).

[31] „Wenn ein Ding 'in Ordnung' ist, dann hat es alles oder strebt nach allem, was es sich schuldet; hat es dies oder das Streben dazu nicht, so ist es in Unordnung. Diese Unordnung besteht entweder in einem 'zu wenig' oder aber in dem Besitz von etwas Unangemessenem, 'Artfremdem' (aliena)." (Krings, a. a. O., S. 135—136.) Es könnte auch mit einiger Berechtigung gesagt werden, daß Siegfried auch im Kreise seiner eigenen Familie, ehe er überhaupt nach Worms aufbricht, schon in einem *ordo*, der seinem eigenen übernatürlichen *ordo* unterlegen ist, lebt. Diese fundamentale *inordinatio* der Beziehung des legendären, mythologischen Helden zur höfischen Welt und ihrer Lebensart ist dem Dichter natürlich voll bewußt.

aber sie hat ausgereicht um zu zeigen, daß die hauptsächliche Absicht des Dichters ist, dem Publikum seine Überzeugung zu vermitteln, daß das Prinzip des *ordo* höchst subtil ist und daß es in seiner Natur liegt, relativ zu sein, wenigstens soweit es sich um diese Welt handelt. In einem weiteren Artikel hoffe ich, eine Analyse des zweiten Teils nach einem ähnlichen Konzept vorlegen zu können und die Implikationen dieser individuellen Beziehung des Dichters zu seinem Material zu untersuchen.

II

Die Analyse der ersten Hälfte des ›Nibelungenliedes‹ hatte gezeigt, daß Siegfrieds Tod eine Folge der Unvereinbarkeit von Siegfried und Brünhild einerseits und dem Hof von Worms andererseits war — einer Verkehrung der Ordnung, die in den Eheschließungen beider mit Mitgliedern der burgundischen Familie deutlich in Erscheinung trat. Man hätte erwarten können, daß die beiden Heiraten zu Harmonie und Übereinstimmung führen, aber stattdessen dominiert ethische *inordinatio*. Diese *unmâze* gewinnt in der zweiten Hälfte des Gedichts mehr und mehr an Boden, wobei die Disparität zwischen dem idealen *ordo* christlicher Ritterlichkeit und der Wirklichkeit menschlichen Verhaltens immer stärker hervortritt.[32] Obgleich Siegfried nun tot ist und Brünhild ein Mitglied des Wormser Hofes, alle Spuren ihres mythischen *ordo* verloren hat und im weiteren Verlauf der Geschichte keine Rolle mehr spielt, ist doch die Unordnung, die durch ihrer beider Einführung in die Angelegenheiten der Burgunden bewirkt worden ist, viel zu weit gegangen, als daß sie noch aufzuhalten wäre. Tatsächlich folgen ihnen Hagen und Kriemhild als Träger von *inordinatio*, eine Rollenübertragung, die sich schon gegen Ende der ersten Hälfte bemerkbar gemacht hat. Unter einer höfischen Oberfläche sind auch

---

[32] Wie in Teil I dargelegt wurde, ist *unmâze* wesentlich Mangel an Übereinstimmung oder Konformität mit einer 'Ordnung' oder einem 'Maß'. Dementsprechend ist ethische *inordinatio* oder *unmâze* ein Mangel an Fähigkeit, das allgemein akzeptierte Ideal höfischen und ritterlichen Verhaltens zu realisieren.

Hagen und Kriemhild eigentlich noch ursprüngliche, nicht höfisch kultivierte Charaktere (obgleich nicht in demselben mythologischen Sinn wie Siegfried und Brünhild) und ihre Neigung zu barbarischer *unmâze* nimmt in dem Maße zu, wie die Dichtung fortschreitet. Das liegt in der Natur der Erzählung, die ja auf einer heroischen, legendären Grundlage aufbaut. So führen sowohl Hagen als auch Kriemhild die bereits bestehende *inordinatio* fort und vermehren sie durch ihre *triuwe*, der eine Gunther und Brünhild, die andere Siegfried gegenüber. Indem der Dichter sie mittels solcher *triuwe* den ursprünglichen Repräsentanten der *unmâze* verbindet, fügt er zwei verschiedene Geschichten, nämlich Siegfrieds Tod und den Fall der Burgunden[33] zu einem Ganzen zusammen. Die *triuwe* dieser beiden Hauptfiguren wird zunehmend maßloser und führt zu einem nicht mehr lösbaren Konflikt zwischen ihnen. Hier liegt eine Fortsetzung des Konflikts zwischen Siegfried und Brünhild vor, der aus dem Betrug an der letzteren folgt. Hagens und Kriemhilds *triuwe* fehlt es an *mâze* wegen ihrer starken Begrenztheit. Innerhalb ihrer eigenen Grenzen hat sie eine gewisse Rechtfertigung, aber außerhalb dieser fest abgesteckten Grenzen schlägt sie ironischerweise in ihr Gegenteil um. Kriemhild in ihrer nur auf Siegfried bezogenen *triuwe* verwandelt sich in eine *vâlandinne*; Hagen in seiner gleichermaßen begrenzten, nämlich auf Gunther und Brünhild beschränkten Loyalität legt *untriuwe* gegen viele seiner Mitmenschen an den Tag, die zu dem begrenzten burgundischen Kreise nicht gehören. Er zögert nicht namens der Verteidi-

---

[33] Mit anderen Worten: Hagen übernimmt Brünhilds Rolle und Kriemhild die Siegfrieds. Jedoch hat die Geschichte vom Untergang der Burgunden, im Gegensatz zu dem mythologischen Hintergrund für Siegfrieds Tod, einen historischen Kern. Das hat zur Folge, daß die *inordinatio* des zweiten Teils weitgehend von den nicht-mythologischen Charakteren, Hagen und Kriemhild, ausgeht. Aber die Situation, die durch die *inordinatio* von Siegfried und Brünhild entstanden war, ist der unmittelbare Grund für Hagens und Kriemhilds ethische *unmâze*. Die letzteren selbst werden, obgleich sie der höfischen Gesellschaft angehören und sich deren ethischem *ordo* verschrieben haben, zunehmend unhöfisch. Ihre 'Disparität' folgt aus Siegfrieds und Brünhilds Disparität zu normalem und konformem höfischen Verhalten.

gung der burgundischen Sache weitere Gewalt anzuwenden, sogar
gegen Gott selbst. Es scheint unleugbar, daß dem Autor sehr daran
gelegen ist, die Ironie in all diesen Vorgängen herauszuarbeiten:
triuwe ist nach höfischem und ritterlichem Verständnis eine Kardinaltugend, aber wenn sie keine *mâze* hat, hört sie auf, eine
Tugend zu sein — eine Wahrheit, die in diesem Epos nachdrücklich
demonstriert wird. Die Liebe (d. h. *triuwe*) muß geordnet sein.[34]
Hagens und Kriemhilds *triuwe* entspringt der *superbia*: sie sind
stolz darauf; und deshalb ist die *triuwe* beider die eigentliche Verneinung der *caritas*, d. h. es ist 'ungeordnete' und nicht 'geordnete'
Liebe.

Als Kriemhild die Leiche ihres Mannes entdeckt, die man vor
ihrer Kemenate abgestellt hat, ist ihr Schmerz ebenso wie der ihres
Schwiegervaters *unmâzen grôz* (1009), jedoch entwickelt sie gleichzeitig eine diesem Schmerz widersprechende *mâze*, als sie Sigmund
und seine Mannen davon abhält, die Burgunden auf der Stelle
anzugreifen. Das Kräfteverhältnis zwischen ihnen ist 30:1. Angesichts dieser numerischen Diskrepanz, die sie kaum zu überwinden
hoffen können, wäre jeder Versuch, Siegfried in diesem Augenblick
zu rächen, *ungefüege*. Es ist deshalb ratsamer, bis zu einer passen-
deren Gelegenheit zu warten (1033). Dieser Kontrast zwischen
Kriemhilds maßlosem Schmerz und ihrer Zurückhaltung *(mâze)*
ist nur ein Beispiel für die vielen bedeutungsvollen und charakteristischen Widersprüche in diesem Werk. Ironischerweise übt sie
Zurückhaltung nur, weil die numerische Diskrepanz so groß ist.

Dem ganzen Abschnitt, der von den Trauerfeierlichkeiten handelt, kommt besondere Bedeutung zu. Paradoxerweise ist die maßlose *triuwe*, die Kriemhild und andere Siegfried gegenüber zeigen,
ganz und gar 'geordnet', angemessen und gehörig; eben weil ihr
Leid ohne *mâze* ist, zeigt es in unmißverständlicher Weise *caritas*
und *compassio* an, deren *ordo* maßlos ist. Kriemhild z. B. verliert

---

[34] J. K. Bostock sagt von den 'Helden und Heldinnen' des ›Nibelungenliedes‹: Die „unzweifelhafte Tugend ihrer *triuwe* ist begrenzt". (MLR
LV, 1960, S. 202 [vgl. in diesem Band, S. 89].) Weil diese *triuwe* begrenzt
ist, gelingt es ihr nicht, die Fülle der eigentlichen Tugend in ihrer idealen,
exemplarischen und angemessenen Form, nämlich der *caritas*, zu realisieren.

vollständig die Kontrolle über sich selbst, ein Verhalten, das unter normalen Umständen mit ihrer Würde als Dame des Hofes nicht vereinbar wäre; aber in dieser besonderen Situation ist die Verletzung höfischer *mâze* und *zuht* nicht nur entschuldbar, sondern sogar zu rühmen, weil sie eine eindeutige *caritas* bezeugt. Ihre *triuwe*, obgleich sie in diesem Sinne maßlos ist, bleibt dennoch 'geordnet', weil Kriemhild niemand gegenüber *untriuwe* bezeugt. In der ganzen Szene bemüht sich der Dichter sehr, die Bedeutung der *caritas* zu betonen und eine deutlich christliche Atmosphäre zu schaffen. Mehrere Male bemerkt er, daß große Reichtümer als Opfer für Siegfrieds Seelenheil verteilt wurden (1052, 1053, 1059, 1069, 1063). Klöster und die Armen erhalten Land, und mehr als hundert Messen werden im Münster gelesen (1054). Tatsächlich sind alle Leute von *compassio* für Siegfried bewegt, außer denen, die gute Gründe hatten, ihn lieber tot als lebendig zu sehen. Kriemhilds eigene *compassio*, die mit ihrer *triuwe* identisch ist, wird durch Tränen aus Blut ausgedrückt (1069). Aber sobald ihr ungeordnetes Verlangen nach Rache sie in einem solchen Ausmaß beherrscht, daß daraus ein deutlicher Mangel an *caritas* anderen gegenüber entsteht, ist diese *triuwe* zu Siegfried nicht mehr 'geordnet'.

Wie ich an anderer Stelle dargelegt habe,[35] handelt es sich bei dem Bluten von Siegfrieds Wunden nach seinem Tod um ein Ereignis, das zur normalen Ordnung in einer Beziehung von Disparität steht, um ein *michel wunder* (1044); 'ungeordnet' nach menschlichen Begriffen, liefert es einen Beweis für Hagens ethische *inordinatio*. In ähnlicher Weise sind Utes Traum, die Prophezeiung der *merwîp* und die wunderbare Rettung des Kaplans — wie wir später detaillierter erörtern werden — ordnungswidrige Geschehnisse, die unheilverkündend auf die Konsequenzen ethisch 'ungeordneten' Verhaltens hinweisen. Sie erweisen die überlegene Macht einer höheren, kontrollierenden Ordnung, deren *mâze* nach menschlichem Ermessen *unmâze* ist. Dies gilt auch von manchen der 'Vorausdeutungen', die sich in dem Epos finden; sie gehören zu einer höheren Ebene als der, auf der sich die Erzählung bewegt und spiegeln übernatür-

[35] Vgl. ›Blood and Wounds in the 'Nibelungenlied'‹, MLR LV, 1960, S. 40—50.

liche *providentia* und *gubernatio*, zwei bedeutende Aspekte des *Ordo*-Gedankens.[36]

Obwohl es sicher falsch wäre, alle übernatürlichen Geschehnisse als Manifestationen der Macht des christlichen Gottes zu betrachten, so kann es doch keinen Zweifel daran geben, daß wenigstens einige von ihnen auf göttliche Intervention verweisen. Bei der Rettung des Kaplans wird das explizit gesagt (1579, 3), und man möchte es auch für wahrscheinlich halten, daß das Bluten von Siegfrieds Wunden als Beweis für Hagens Schuld vom Autor als Zeichen des Himmels gemeint ist, besonders angesichts der starken Betonung der *caritas* in dem Abschnitt, der von seiner Bestattung handelt.

Nach dem Mord an Siegfried lehnt Kriemhild in ihrem unermeßlichen Schmerz es dreieinhalb Jahre lang ab, mit Gunther und Hagen eine Verbindung zu unterhalten. Die früheren harmonischen, 'geordneten' Beziehungen unter den Burgunden sind durch diese Entfremdung Kriemhilds, die aus der *untriuwe* Hagens herrührt, vollständig in Unordnung geraten. Am Ende dieser Zeit drängt der letztere Gunther, Frieden mit seiner Schwester zu suchen, obwohl seine Motive dafür durchaus nicht uneigennützig sind. Ihm liegt nicht daran, freundliche Beziehungen um ihrer selbst willen oder aus Zuneigung zu Kriemhild zu suchen; vielmehr hofft er, sie könnten einiges von dem Schatz, den sie geerbt hat, für sich bekommen. Eine *suone* wird *gefüeget* (1115), aber Hagen wird von ihr ausgeschlossen, so daß sie der *fuoge* kaum dienlich ist. Kriemhild kann sich wegen ihrer maßlosen *triuwe* zu ihrem toten Mann nicht überwinden, ihren Feind zu lieben.

Die 'Ordnung', die durch diese *suone* wieder hergestellt wird, ist daher mehr Schein als Wirklichkeit.[37] Als der Schatz nach Worms

---

[36] „'Providentia' ist die Schau alles Seins am Ende, die Schau der Welt in ihrer letzten Vollendung und Erfüllung; 'gubernatio' ist jene in der Zeit wirksame Macht, durch welche Gott die Welt in ihre Vollendung treibt." (Krings, a. a. O., S. 125.)

[37] B. Wachinger bemerkt zutreffend: „Die Ordnung ist nur noch äußerlich da, sie ist Schein" (Studien zum Nibelungenlied, Tübingen 1960, S. 50); er entwickelt diesen wesentlichen Punkt jedoch nicht durch eine Betrachtung der Ordnung unter spezifisch mittelalterlich-christlichem Aspekt.

zurückgebracht wird, teilt Kriemhild mit 'ungeordneter' *milte* einen
großen Teil davon aus (1127) — ein Akt von *caritas*, der Hagen
sehr mißfällt, weil er fürchtet, sie könnte zu viele Anhänger gewinnen.[38] Er versteht ihre *triuwe* als *untriuwe* ihm und den Burgunden gegenüber. Indem er gegen Gunthers Widerspruch persönlich
die Schuld auf sich nimmt, Kriemhild des Hortes zu berauben und
die Schlüssel in Besitz zu nehmen (1152), bezeugt er die für ihn
typische *unmâze* in seiner Loyalität der burgundischen Sache gegenüber. Gernot und Giselher sind empört über dieses Verbrechen
gegen ihre Schwester und Gernot schlägt, um die Ordnung zu
wahren, vor, das Gold solle im Rhein versenkt werden. Dieser
'ordnungsgemäße' Vorschlag wird ausgeführt, aber in ordnungs-
widriger Weise; in Abwesenheit der drei Brüder führt Hagen den
Plan aus, wobei er auch an seinen eigenen Vorteil denkt: *er wând'
er sold' in niezen* (1137).[39] Seine Herren klagen ihn heftig an. Zwar
hatten sie zuvor alle geschworen, das Verbleiben des Schatzes solle
ein Geheimnis bleiben, so lange einer von ihnen lebe (damit niemand, Kriemhild eingeschlossen, sich seiner zu ungunsten der andern
bedienen könne), doch war ihre Absicht nicht, Hagen solle auf eigene
Faust handeln.[40] Sie hatten gehofft, mit diesem Vorgehen die Ordnung und Harmonie der Familienbeziehungen zu wahren. Giselher
in seiner *triuwe* seiner Schwester gegenüber hatte sogar versprochen,

[38] Bostock stellt fest (ebd., S. 208), Kriemhild setze hier ihre finanziellen Mittel ein, um eine politische Partei zu bilden. Das mag etwas
übertrieben sein, obwohl Hagen sicher glaubt, daß sie das vorhat. Der
Autor bemerkt, *sie pflac vil guoter tugende* (1127); diese Aussage kann
zwar ein ironisches Element enthalten, aber man kann sie ebenso in ihrem
vordergründigen Sinn akzeptieren.

[39] 'Ungeordnete' *cupiditas*, wie Hagen sie hier deutlich erkennen läßt,
ist das direkte Gegenteil von *caritas*. Sie ist *omnium malorum radix*
(Augustin Enarrationes in Psalmos 90, 1, 8; PL 37, 1154). Vgl. auch
das Urteil des Dichters über Habgier in Str. 1554.

[40] Zwischen Hagens Motivation und der Aktion, wie Gunther, Gernot
und Giselher sie beabsichtigt hatten, wird also deutlich unterschieden. Nur
hierin kann der Grund dafür liegen, daß Hagen so nachdrücklich verurteilt wird. Es erscheint nicht erforderlich, wie Bostock (ebd. S. 207 [vgl.
in diesem Band, S. 98]) zu argumentieren, hier liege eine Textverwirrung
vor.

ihre Rechte zu verteidigen. Nicht zum ersten Male nimmt Hagen hier das Gesetz in eigene Hand, handelt nach eigenem Ermessen und maßt sich die Autorität des Königs an. Sein Verhalten ist eindeutig 'ungeordnet': indem er so verfährt, verstößt er gegen die hierarchische Ordnung und stellt seine eigene *unmâze* in Widerspruch zu den 'geordneten' Intentionen der anderen. Das hat zur Folge, daß jede Möglichkeit einer dauerhaften Versöhnung mit Kriemhild ausgeschlossen ist.

Immerhin, obgleich Kriemhild weiterhin um Siegfried trauert, wird der Friede zwischen ihr und ihren Brüdern von beiden Seiten respektiert. Abgesehen von ihrem Haß Hagen gegenüber herrscht die Ordnung; und diese Ordnung hätte vermutlich längere Zeit weitergedauert, weil Kriemhild nicht die Macht hat, sie zu stören. Aber der Tod Helches, der Frau Etzels, führt ein neues und höchst gefährliches Element in die bestehende Situation ein. Rüdiger kommt, um in Etzels Auftrag um Kriemhild zu werben. Sie empfängt ihn bedeutsamerweise nicht in angemessenem höfischen Glanz, sondern in der Trauerkleidung, die sie seit Siegfrieds Tod, also eine übermäßig lange Zeit, getragen hat. Im Gegensatz zu ihr trägt ihr Gefolge eine Kleidung, wie sie dem Besuch eines geehrten Gastes entspricht. Diese Diskrepanz betont die *unmâze* von Kriemhilds Trauer. Zunächst zögert sie, eine Ehe mit einem Heiden einzugehen: aber als Rüdiger schwört, er werde ihr zu Hilfe kommen, wann immer sie ihn brauche, und nachdem er ihre Zweifel hinsichtlich der Angemessenheit einer Ehe zwischen einer Christin und einem Heiden zerstreut hat, willigt sie in die Eheschließung mit Etzel ein.

'Ungeordneter' hätte eine Entscheidung nicht sein können. Beide Religionen, die christliche wie die heidnische, haben ihren eigenen *ordo.* Nur durch *caritas,* die alle Trennungen überwindet, können die divergierenden Ordnungen versöhnt werden. Wäre Kriemhild die Ehe aus echter Zuneigung zu Etzel eingegangen, hätte dies die Disparität der Religionen überwunden und zu einer höheren *mâze* geführt. Aber Kriemhild verlangt nur danach, ihre Rachepläne weiter voranzutreiben. Eine Ehe zwischen einer Christin und einem Heiden, die nicht aus Gründen der Liebe sondern des Hasses geschlossen wird, kann die schon bestehende Trennung der beiden

Ordnungen nicht überwinden, sondern nur verschärfen. Unglücklicherweise wird Rüdiger ein Opfer der Wirkungen dieser *inordinatio*. Ironischerweise liegt ihm nur daran, seinem Herrn und seiner möglichen Herrin *triuwe* zu bezeugen, aber durch seinen Eid verbündet er sich mit einer Partei und verwickelt sich damit selbst im voraus in den Konflikt, der sich nach aller Wahrscheinlichkeit entfalten wird. Obwohl er es selber nicht weiß, ist er ein Instrument der *unmâze*. Die Ehe zwischen Kriemhild und Etzel ist eine 'unheilige Allianz', eine 'ungeordnete', nur vermeintliche Versöhnung von Gegensätzen, eine Verkehrung der Ordnung der *caritas*, durch die, ordnungsgemäß, alle Menschen, ohne Rücksicht auf Rasse und Glaubensbekenntnis, eins sein sollten.[41] Kriemhild heiratet Etzel aus *superbia*; ihr geht es in erster Linie darum, die Beleidigung, die ihrem Stolz angetan worden ist, zu rächen.

Während der nächsten sieben Jahre, in denen sie mit Etzel *mit vil grôzen êren* lebt, hält ihr Verlangen nach Rache unvermindert an. Indem sie Etzel freundliche Gefühle für ihre Verwandten vorheuchelt, entlockt sie ihm eine Einladung der Burgunden an seinen Hof; sie gibt sich besondere Mühe, den Boten, Werbel und Schwämmel, einzuprägen, daß Hagen, der aus der *suone* ausgeschlossen worden war, in die Einladung eingeschlossen werden solle. Der Autor läßt deutlich durchblicken, daß bei dieser *inordinatio*, die eine Verkehrung wahrer Freundschaft und Familienliebe ist (1394), der Teufel seine Hand im Spiele hatte. Kriemhilds wahre Gefühle werden in Str. 1395 dargelegt, wo sie Gunther und Hagen zur Last legt, sie hätten sie bewogen, einen Heiden zu heiraten. Kriemhild ist sich darüber im klaren, daß ihre Ehe eine Verkehrung der Ordnung darstellt, weil sie weder Etzel noch seine heidnischen Gefolgsleute liebt. Aber die Tatsache, daß sie nun reich genug ist, um ihren Feinden großen Schaden zuzufügen (1396), tröstet sie darüber hinweg; doch bleibt ihr *arger wille* (1399) jedem verborgen. Diese

---

[41] Das genaue Gegenstück zu dieser Eheschließung ist natürlich die Heirat zwischen Willehalm und Gyburc in Wolframs Willehalm, die im wesentlichen eine Verbindung aus *caritas* ist. Vgl. den Aufsatz d. Verf. ›Einheit in der Vielheit in Wolframs Willehalm‹, ZfdPh. LXXX, 1961, S. 40—62 (bes. S. 43—47).

Formulierung hat Bedeutung, besonders wenn man ihre Nähe zu einem Hinweis auf den Teufel mit in Betracht zieht. Der böse Wille des Teufels hatte zuerst die göttliche Ordnung verkehrt; der böse Wille des Menschen, der ihm vom Teufel eingegeben wird, setzt diese erste *inordinatio* fort. Auch hier also vernimmt man ein klares Echo einer christlichen Vorstellung.[42]

Hagens Reaktion auf die Einladung ist besonders bemerkenswert. Er allein hegt einen Verdacht, welche Motive Kriemhild zu ihrer Einladung bewogen haben und rät davon ab, die Einladung anzunehmen. Aber der Hinweis der Brüder, er sei der einzige, der etwas zu befürchten habe, versetzt ihn in Wut, und er besteht darauf, sie zu begleiten. So halten ihn also seine *triuwe* und *êre* davon ab, die *mâze* zu üben, von der er fühlt, daß sie um ihrer aller willen erforderlich wäre; aber da er allein etwas von Kriemhild zu befürchten hat, kann er nicht zu Hause bleiben, ohne sich der Feigheit beschuldigen zu lassen. Dies wird bestätigt, als Utes Traum auf übernatürliche Weise auf eine Katastrophe deutet (1510): Er unterstützt das Unternehmen trotzdem uneingeschränkt und behauptet, sich von Träumen leiten zu lassen heiße, unfähig zu sein, für sich selbst zu entscheiden, ob eine Handlung ehrenhaft sei oder nicht. Trotzdem wird ausdrücklich gesagt, er habe ihnen nur aufgrund von Gernots Bemerkungen über Feigheit zugeraten, die Fahrt anzutreten (1512). Er ist im Namen von *triuwe* und *êre* gezwungen, sich auf 'ungeordnete' Weise zu verhalten. Er kann nicht mehr *mâze* üben, weil er Siegfried ermordet und sich damit Kriemhilds Rachegelüsten ausgesetzt hat. Wenn allerdings sein Mut infrage gestellt wird, muß er ins entgegengesetzte Extrem verfallen. Diese Polarität in Hagens Verhalten von der fundamentalen Polarität zwischen *mâze* und *unmâze*, die das Epos als Ganzes charakterisiert, nicht zu trennen. Es bleibt also Rumold überlassen, zur Mäßigung zu raten.[43] Er entwirft ein lebhaftes Bild des glücklichen normalen

---

[42] *recta itaque voluntas est bonus amor et voluntas perversa malus amor.* (Augustin, De Genesi ad Litteram VI, 6, 10; PL 34, 343.)

[43] Bostock (ebd. S. 207 [vgl. in diesem Band, S. 99]) weist darauf hin, daß Rumolds Einschätzung der Situation „realistisch, unemotionell und klar" war.

Lebens, das sie bei Hofe führen werden, wenn sie in Worms bleiben, zu dem die Härten und Mühen, die sie sowohl auf der Reise als auch nach ihrer Ankunft zu erdulden haben werden, einen starken Kontrast bilden. Aber ironischerweise macht die Zuneigung zu ihrer Schwester die Brüder blind für das Risiko, auf das sie sich einlassen.

Ein weiteres gewichtiges Moment in diesem Abschnitt ist die Beschreibung Volkers. Es heißt, er sei ein Ritter von Rang, dem viele Lehnsleute untertan sind, doch wird er, weil er fiedeln kann, auch *spilman* genannt (1476—7). Dadurch wird angezeigt, daß Volker eine widersprüchliche, ordnungswidrige Figur ist. Sein wahrer *ordo* ist von dem eines Spielmanns weit entfernt; er wird denn auch deutlich gegen Werbel und Schwämmel abgesetzt, die ordnungsgemäß die relativ niedrige Position in der höfischen Hierarchie einnehmen, die normalerweise mit dieser Funktion verknüpft ist. Wie bei Brünhild (in ihrer männlichen Weiblichkeit) und Siegfried (der übernatürliche Kräfte hat und angeblicher Lehnsmann Gunthers ist) zeichnet sich auch Volkers Disparität in seiner ethischen *unmaze* (d. h. Unordnung) ab, deren erste Zeichen erscheinen, als er darauf besteht, daß Brünhild die Boten nicht empfangen könne, obgleich Gunther ihnen erlaubt hat, ihr einen Besuch abzustatten (1485—6). Wie sein Genosse Hagen schreckt Volker nicht davor zurück, den Wünschen des Königs zuwiderzuhandeln und so die hierarchische Ordnung zu verkehren. Wie bei der Schilderung von Hagen und Kriemhild tritt auch bei der von Volker eine Art primitiver *unmâze* deutlich zutage. Auch er zeigt häufig *superbia*.

Auf der Reise nach Etzelnburg geschehen einige befremdliche ordnungswidrige Dinge. Hagens Begegnung mit den *merwîp* zeigt, daß auch diese Geschöpfe eine antithetische Verbindung des Normalen und Anomalen, des Natürlichen und des Übernatürlichen darstellen. Sie können sich wie die Wasservögel auf dem Wasser bewegen und haben die Gabe der Weissagung, aber sie tragen Kleider wie gewöhnliche menschliche Wesen. Ihre Beziehung zum normalen *ordo* des Weiblichen ist durch Disparität gekennzeichnet. Eine parallele *unmâze* oder Verbindung unversöhnlicher Gegensätze erscheint in ihren widersprüchlichen Weissagungen, während das Wort *ungelîch* in Str. 1556 die Diskrepanz zwischen der Lüge, die sie Hagen dem Fährmann gegenüber anempfehlen und der Wahrheit, nämlich daß Hagen nicht Amalrich ist, bezeichnet. Gleichzeitig jedoch raten sie ihm, *mâze* und *bescheidenheit* zu zeigen (1540 und 1545—6) und tun ihr Bestes, um ihn von der Fortsetzung der Reise abzuhalten. Erst als sich herausstellt, daß er entschlossen ist, ihre zweite (wahre) Prophezeiung außer acht zu lassen, raten sie ihm, *list* anzuwenden, die in sich ethische *inordinatio* spiegelt, den Betrug am Fährmann mit sich bringt und zu dessen Tod führt. Hagen bemüht sich in seinen Verhandlungen mit dem Fährmann um außerordentliche Zurückhaltung, aber als dieser den Betrug bemerkt, gerät er in so maßlose Wut, daß Hagen letztlich auch maßlos, d. h. ungeordnet reagieren muß, um sich selbst zu verteidigen. Aber man sieht klar, daß er von den Konsequenzen seiner eigenen *inordinatio* mitgerissen wird: Er muß die Prophezeiung der *merwîp* ignorieren, wenn er seine *triuwe* und *êre* bewahren will. Trotzdem ist ihm bewußt, wie notwendig *mâze* wäre. Er muß der übernatürlichen Ordnung trotzen und, indem er das tut, *superbia* demonstrieren, und zwar dieselbe *superbia,* die seinem 'ungeordneten' Konzept von *triuwe* und *êre* zugrunde liegt. Ironischerweise führt eben diese *triuwe* zu seinem und seiner Fürsten Untergang.

Als Gunther ihn auffordert, die frischen Blutspuren im Boot zu begründen, muß er zu einer Verkehrung der Wahrheit Zuflucht nehmen: Er habe, so sagt er, keinen Fährmann getroffen; und um übereifrig seine eigene Tüchtigkeit als Ruderer zu beweisen, bietet er an, er wolle sie alle eigenhändig hinüberrudern. Seine *superbia* wird in Str. 1570 deutlich dargestellt. Aber er kann wirklich Wort halten, er entwickelt eine derart übermäßige Stärke und Ausdauer, daß sie normale menschliche Kräfte weit übersteigt. Obgleich diese übermenschlichen, ungeordneten Kräfte ihn nicht aus dem menschlichen *ordo* herausheben, stimmen sie doch zu der *unmâze* und *unfuoge,* die ihn befähigt haben, die Führung der Burgunden an sich zu reißen, und die er unter dem Vorwand der *triuwe* immer wieder zeigt. Da er notgedrungen jeglicher Opposition, woher auch immer sie sich ihm entgegenstellt, trotzen muß, unternimmt er dann einen erfolglosen Versuch, den Kaplan des Königs zu ermorden, um da-

durch die Weissagung der *merwîp* zunichte zu machen. Er greift
den Kaplan an, während dieser sich *ob dem heilectuome* lehnt (1575)
und verstößt mit diesem Sakrileg [44] gegen den *ordo* angemessenen
christlichen Benehmens. In einer letzten Demonstration 'ungeordn-
ten' Trotzes zerstört er das Boot (1581). Aber seine Unfähigkeit,
über einen überlegenen *ordo* zu triumphieren, tritt um so deutlicher
hervor, als der Kaplan wunderbarerweise durch Gottes Hand gerettet wird (1579), dessen Intervention, wie schon bemerkt wurde,
bezeugt, daß Hagens Verhalten 'ungeordnet' ist. Unbestreitbar hat
der Dichter in diesem Zusammenhang klar herausgearbeitet, welche
wesentliche Rolle christliche Ideen für die ethische Dimension seines
Werkes spielen. Das Wunder, das an dem Kaplan bewirkt wird,
überschreitet die Grenzen menschlichen Verständnisses und ist deshalb nach menschlichen Begriffen 'ungeordnet', d. h. es gehört zu
einer höheren Ordnung, deren *mâze* in ihrem Mangel an menschlicher *mâze* liegt. Bemerkenswert ist auch, daß die Prophezeiung der
merwîp (die, wie wir gesehen haben, auch dem menschlichen *ordo*
gemäß, 'ungeordnet' sind) durch das Wunder bestätigt wird, obwohl dies natürlich nicht bedeutet, Gott und die *merwîp* stünden
auf derselben Ebene. Es spiegelt nur die Disparität der beiden,
Gottes und der *merwîp,* mit dem menschlichen *ordo* wider und läßt
Hagens Unterlegenheit deutlich hervortreten: So sehr er sich auch
bemüht, sich über seinen eigenen *ordo*, den menschlichen, zu erheben, so zeigt sich doch, daß es ihm nicht gelingt, die Prophezeiung
der *merwîp* zu widerlegen. Diese Unterlegenheit im Hinblick auf
die übernatürliche Ordnung war schon in seinem Konflikt mit Siegfried erkennbar geworden: Um Siegfried zu überwinden und seine
'Überlegenheit' zu beweisen, mußte Hagen mit seinem verräteri-
schen Stich in den Rücken die Ordnung des Rittertums pervertieren.
Hagen weiß sehr wohl, daß er sich wider Gott stellt, als er den
Kaplan über Bord wirft, aber in seiner *superbia* (oder in seiner
'ungeordneten' *triuwe*) fragt er wenig nach den Konsequenzen.
Man fühlt sich an Parzivals Trotzhaltung Gott gegenüber erinnert,

---

[44] Vgl. Bostock (ebd. S. 202 [vgl. in diesem Band, S. 89]): „... es ist
der christliche Gott, dem Hagen symbolisch trotzt, wenn er den Kaplan
über Bord wirft."

die ja auch in *superbia* wurzelte; aber anders als Parzival läßt Hagen zu keiner Zeit ein Zeichen von Reue oder Demut erkennen.[45] Er ist auf seinen Begriff von *triuwe* allzu stolz und unfähig, diesen Stolz zu überwinden.

Die *ungefüegiu maere* der *merwîp,* die durch die Rettung des Kaplans bestätigt werden, versetzen die anderen in Schrecken (1590). Es handelt sich hier wirklich um unangemessene Nachrichten, die die ganze Kette jener unseligen Ereignisse voraussagen, die bestimmt sind, sich aus dem Anwachsen von *unmâze* und *unfuoge* zu entwickeln. Im Kampf mit Gelpfrat und Else jedoch wird Hagen wegen seiner *wîsheit* und *triuwe,* die er für seine Verwandten walten läßt, gerühmt (1599). Auch als er versucht zu erklären, der Fährmann habe ihn zuerst angegriffen, ist sein Verhalten noch von Mäßigung bestimmt. Aber da die beiden durch ihn einen Verlust erlitten haben, sind sie ihrerseits wenig geneigt, sich zu mäßigen, und Gelpfrat geht im Kampf zugrunde. Wiederum muß Hagen hier der *unmâze* nachgeben — nach allem, was geschehen ist, muß er kämpfen und töten. Der Nachdruck, mit dem Hagens *triuwe* zu seinen Freunden betont wird, enthält also eine ironische Erinnerung daran, daß eben diese Tugend in sich 'ungeordnet' ist.

Ironie und Paradox zeigen sich auch deutlich in der Beschreibung des Aufenthalts in Bechelaren. An der Oberfläche ist dies eine Illustration höfischer Ordnung in ihrer exemplarischsten und harmonischsten Form: Die Tugenden der *triuwe, mâze* und *zuht* sind überall herrschend. Die Burgunden benehmen sich mit bewundernswerter Angemessenheit (1663), während die Gastfreundschaft von Rüdiger und Gotelind nichts zu wünschen übrig läßt. Diese Ordnung und Angemessenheit gipfelt in der Verteilung von Geschenken und der Verlobung von Rüdigers Tochter mit Giselher, und doch wird eben mit dem Schwert, das Rüdiger Gernot schenkt, dieser sein Leben verlieren — und zwar durch die Hand des letzteren. Die tragische Ironie liegt darin, daß die in Aussicht genommene

---

[45] Zu Hagens Entschlossenheit, sich auf seine eigenen Kräfte zu verlassen und denen der übernatürlichen Ordnung zu trotzen, findet sich bei Augustin ein Kommentar: ... *primum autem peccatum, hoc esse primum voluntarium defectum, esse gaudere ad propriam potestatem.* (Epistolae 118, 3, 15; PL 33, 439.)

Heirat mit Rüdigers Treueschwur Kriemhild gegenüber unvereinbar ist. Die *inordinatio* der Spaltung zwischen Burgunden und
Hunnen wirkt unterschwellig in die Ordnung und Harmonie des
Aufenthaltes in Bechelaren hinein.[46] Auf passende Weise endet
diese *âventiure* mit einem Hinweis auf Kriemhild, die von ihrem
Fenster nach ihren Verwandten mit Gedanken, die nicht von Liebe
und Zuneigung, sondern von Haß und Rache bestimmt sind, Ausschau hält (1716/7). Die ironische Disparität zwischen dieser Situation und einer, in der eine Dame von Rang von ihrem Balkon nach
ihrem Geliebten Ausschau hält — ein Bild, das im Minnesang nicht
eben selten vorkommt, — ist ein weiteres Indiz für *inordinatio*. Der
Gebrauch des Wortes *friunt* zeigt diese Ironie an.

Als Kriemhild Hagen fragt, ob er den Schatz mitgebracht habe,
antwortet er mit bemerkenswertem Mangel an *courtoisie*, er habe
genug zu tragen gehabt und bringe ihr nur den Teufel (1744). Darin
liegt ein bedeutungsschwerer Hinweis auf den Archetyp der *inordinatio*. Kriemhild verlangt dann die Waffen der Burgunden. Damit
folgt sie offenkundig normaler höfischer Übung, Gäste zu entwaff-
nen, wenn sie den Boden eines Gastgebers betreten, wenngleich sie
damit letztlich ein ungastliches und unhöfisches Motiv verfolgt,
nämlich ihre Gäste ihren, Kriemhilds, eigenen Kämpfern gegenüber
wehrlos zu machen. Aber Hagen besteht darauf, sein eigener *kameraere* zu sein: Sein Vater habe ihn nicht gelehrt, eine Königin in
Anspruch zu nehmen, um seine Waffen für ihn zu tragen. Um also
seine Weigerung, sich von seinen Mitteln der Verteidigung zu
trennen, zu begründen, heuchelt er *zuht* und deckt so die *inordinatio*
der Situation, ihren unhöfischen Charakter auf. Er ist weit davon
entfernt, auf ritterliche Art ihren Rang zu respektieren; er haßt
sie. Dietrich von Bern zögert nicht, Kriemhild zu sagen, er habe
die Burgunden gewarnt; in seinem Zorn wendet er den unhöfischen
Begriff *vâlandinne* (1748) auf sie an und weist damit auf die Disparität zwischen Kriemhilds Verhalten und dem, das einer Dame
von Rang eigentlich zukäme, hin.

---

[46] Vgl. Wachinger (a. a. O., S. 55): „Der Aufenthalt in Bechelaren
ist in der beliebten scharfen Antithese auf den düsteren Hintergrund
bezogen."

Die Diskrepanz zwischen höfischem Ideal und Hagens Benehmen wird verstärkt, als er sich weigert, in Kriemhilds Anwesenheit aufzustehen. Obgleich Volker zunächst geneigt ist, die Gesetze hierarchischer Ordnung zu beachten, folgt er schließlich doch Hagens Beispiel. Die *unmâze* dieser beiden *übermüeten helde* (1762) wird damit deutlich ausgedrückt, obgleich Kriemhilds *unmâze* nicht weniger offenbar ist; wie wir gesehen haben, steht ihr Gebaren in krassem Widerspruch zu höfisch-ritterlichem Verhalten. Hagen gibt zu, daß er ihr Unrecht getan hat, aber er meint, sein Verhalten sei durch seine *triuwe* zu seinen Lehnsherren gerechtfertigt (1787 ff.). Da Kriemhild durch den Mangel an Respekt, den sie erfährt, zutiefst verletzt ist, kann sie die Mäßigung, die sie sich früher (1767) auferlegt hatte, nicht aufrecht erhalten und bittet die Hunnen, die Burgunden anzugreifen; aber ironischerweise sehen diese sich angesichts Hagens und Volkers kriegerischem Aussehen zu *mâze* bewogen, so daß der offene Konflikt für kurze Zeit vermieden wird.

Als sich die Burgunden zur Nacht einrichten, werden sie von den Hunnen angerempelt (1820). Wiederum lenkt der Autor besondere Aufmerksamkeit auf die bestehende Unordnung: *dringen* ist ein wohlbekanntes und im allgemeinen auch akzeptiertes Vorgehen im höfischen Leben und, solange es sich in Grenzen hält, durchaus ordnungsgemäß. Aber hier provoziert dieses Anrempeln, weil die Gesamtsituation eben nicht normal und 'geordnet' ist, sofort eine feindselige Reaktion bei Volker. Er äußert die an sich 'ungeordnete' Drohung, er werde jedem, der das noch einmal versuche, einen schweren Schlag versetzen. Man kann sich nicht vorstellen, daß diese Art des Anstoßens unter normalen Umständen eine solche Reaktion hervorriefe, aber angesichts der *inordinatio* in Volkers Charakter und in einer Situation, in der der Gastgeberin nicht daran liegt, ihren Gästen Gastlichkeit zu erweisen, sondern sie zu vernichten, überrascht es nicht zu sehen, daß der höfische *ordo* auf diese Weise pervertiert wird. *inordinatio* spiegelt sich auch in Giselhers Bemerkung, trotz der *nahtselde* und der 'höfischen' Behandlung die ihre Schwester ihnen zukommen lasse, fürchte er, sie könnte ihrer aller Tod herbeiführen (1827). In krassem Gegensatz dazu steht Etzels 'geordnete', freundliche Haltung, die sich in seinem *grúoz sô rehte schoene* (1808) ausdrückt. Er erhebt sich von seinem Sitz, während Hagen das ja, als er Kriemhild begegnet war, nicht getan hatte. Dieser markante Kontrast in Hagens und Etzels Auftreten betont und verstärkt die *inordinatio*, die hier waltet.[47]

Das ganze Ausmaß der Verkehrung von Ordnung zeigt sich auch in Hagens Rat an die Burgunden, bewaffnet ins Münster zu gehen (1855).[48] Noch in die Kirche Waffen mitzunehmen, verstößt gegen ordnungsgemäße christliche Vorschriften: Waffen stehen für Haß, nicht für Liebe. Hagens Vorschlag, daß sie Gott die Ehrerbietung erweisen, die sie ihm schulden, kennzeichnet die ironische *inordinatio* der Situation (1856). Wie sollte man erwarten können, daß Gott ihnen zu Hilfe kommt, wenn sie in ihrer *superbia* seine Ordnung verletzen? Wiederum steht Etzels freundliche Haltung mit Hagens und Kriemhilds Haß aufeinander in starkem Kontrast. Etzel bewahrt immer noch eine von freundlichem Entgegenkommen geprägte Haltung seinen Gästen gegenüber und droht, jeden zu bestrafen, der sie beleidige; bislang hat er noch keine Kenntnis der *inordinatio*, die sich an seinem Hof abspielt, aber es wird klargestellt, daß er noch *mâze* hätte ausüben können, wenn ihn nur einer über diese Vorgänge informiert hätte (1865). Aber vor lauter *übermuot* findet sich keiner, der ihn aufklärt. Nur solange, wie Etzel eine Kenntnis dessen, was sich wirklich tut, vorenthalten bleibt, kann die Unordnung weiter um sich greifen, ohne daß seine Autorität sie einschränkt, aber ironischerweise entdeckt er die wahre Natur der Vorgänge erst, als er selbst schon so weit in sie verwickelt ist, daß er sie nicht mehr unter Kontrolle bringen kann.[49] Die Ironie dieser Situation findet einen deutlichen Ausdruck darin,

---

[47] Krings (a. a. O., S. 144) formuliert umgekehrt: „Das Gut wird gerade im Vergleich zum Übel besser erkannt."

[48] Eine signifikante Opposition von *gelîche* und *ungelîche* ist auch in Str. 1851 zu beobachten.

[49] Bostock bemerkt: „Am Ende gibt Etzel dem Hochmut nach" (ebd. S. 210 [vgl. in diesem Band, S. 105]). Dies ist zweifellos richtig. Letztlich kann er, wenn er seine Rechte wahren will, nicht vermeiden, daß er in den Konflikt hineingezogen wird. Es ist für den Menschen schwer, nicht der Sünde des Hochmuts zu verfallen, besonders wenn er auf den Hochmut anderer trifft, aber das Christentum vertritt hierzu eine eindeutige Auffassung.

daß die bloße Anwesenheit des Königs einen Angriff seines *kameraere* auf Hagen und Volker verhindert, die Kriemhild anrempeln; darin zeigt sich sein potentiell mäßigender Einfluß, aber unseligerweise kann er diese *mâze* bei seiner Frau nicht wirksam werden lassen, weil er ja die Wahrheit überhaupt nicht ahnt.

Für kurze Zeit stellt Etzel wieder 'Ordnung' her. Aber in dem folgenden *bûhurt* verstärkt sich der ironische Kontrast zu einer harmonischen höfischen Versammlung. Der *bûhurt* ist eine Form von *kurzwîle*, die in das normale, 'geordnete', höfische Zeremoniell eingebettet ist; aber die hier herrschende *inordinatio* ist so beschaffen, daß ein an sich harmloses Vergnügen schon ernsthafte Risiken in sich birgt. Dietrich und Rüdiger sind sich dessen bewußt und halten deshalb ihre Mannen davon ab, sich daran zu beteiligen. Entgegen Gunthers Wunsch tötet Volker dabei einen Hunnen (1886 ff.). Dann tritt Hagen an, gefolgt von den drei Brüdern, die Hagen und Volker nicht ungeschützt lassen wollen. Aber ihre Demonstration von *triuwe* führt nicht dazu, daß die Unordnung unter Kontrolle gebracht wird. Als einer der Verwandten des erschlagenen Hunnen darangeht, Volker anzugreifen, hält Etzel ihn zurück, der ironischerweise Maßlosigkeit (d. h. Wut) zeigen muß, um *mâze* zu erwirken, um die Ausweitung des Konflikts zu verhindern. Etzel hat seine Haltung den Burgunden gegenüber noch nicht geändert, aber sein guter Wille gründet sich auf die irrige Annahme, der Tod des Hunnen habe an einem Stolpern, nicht etwa in Volkers Absicht gelegen. Der Autor hält das Anwachsen der *inordinatio* unter Kontrolle und die Spannung zwischen *mâze* und *unmâze* aufrecht, indem er Etzels Leichtgläubigkeit bis aufs äußerste übertreibt.

Als Kriemhild von Dietrich verlangt, er möge ihr zu Hilfe kommen, gibt er ihr eine Lektion in *zuht:* er erinnert sie daran, daß es ihr nicht gerade zur Ehre gereicht, wenn es sie gelüstet, ihre Verwandten, die *ûf genâde* (1902) gekommen sind, zu töten. Es mißlingt ihr nämlich in sehr auffälliger Weise, ihr Verhalten so zu 'ordnen', daß es mit höfischen und christlichen Idealen übereinstimmt. Bloedelin hingegen erliegt der Versuchung des Hortes, den sie ihm verspricht und beweist dadurch seine übermäßige Habgier; paradoxerweise verhält er sich dennoch mindestens in dem

Sinn ordnungsgemäß, daß er seine *triuwe* erfüllt und den Forderungen der *minne* folgt.[50] Wiederum kommt Ironie ins Spiel. Während Kriemhild darauf wartet, daß Bloedelin seine Mannen zu-
sammenholt, läßt sie ihren Sohn in die Halle bringen, in der
Hoffnung, Hagen damit so zu provozieren, daß er ihn umbringt.
Ihre Rachelust beherrscht sie so sehr, daß sie nicht einmal davor
zurückschreckt, ihrem eigenen Sohn *untriuwe* zu bezeigen, nur um
den Kampf zu erzwingen. Aber im Augenblick gibt Hagen sich
damit zufrieden, den Knaben in Etzels Gegenwart zu beleidigen,
womit er den König sehr verletzt. Obgleich Hagen an des Königs
Tafel sitzt und seine Gastfreundschaft genießt, heißt es von ihm,
zu höfischer Kurzweil und Konversation sei er nicht aufgelegt
(1919). Wiederum spiegelt die Disparität zwischen Hagens Verhalten und normalem höfischen Benehmen die vorherrschende *inordinatio*. Auch Bloedelin weist Dankwarts Gruß unhöflich zurück
und rechtfertigt diesen Verstoß gegen den höfischen *ordo*, indem er
auf die in Unordnung geratene Beziehung zwischen Burgunden
und Hunnen hinweist, die solche verfeinerten Sitten unsinnig mache.
In einer dazu stimmenden Darstellung von *unmâze* schlägt Dankwart Bloedelin den Kopf ab; als Gegenmaßnahme dafür werden
alle burgundischen *knehte* ermordet, ehe Etzels *mâze* auf die sich
rapide verschlechternde Situation einwirken kann. Es wird zunehmend schwieriger, auch nur an der Oberfläche und in den For-
malien, höfische Ordnung zu wahren — eine Tatsache, die hervorzuheben der Autor sich große Mühe gibt. Der *ordo* von Etzels Hof
wird ständig pervertiert.

Hagen fährt in seinem unmäßigen, unhöfischen Benehmen fort;
er ermordet Ortlieb und seinen Lehrer und trinkt dabei den Wein
des Königs zum Gedächtnis des Knaben — eine ungemein ironische
Verkehrung höfischer Ordnung (1960).[51] Noch immer ist Hagen
nicht zu *kurzwîle* aufgelegt; das zeigt sich auch, als er Werbel die
Hand, mit der dieser seine Fiedel hält, abschlägt und nicht danach
fragt, ob Werbel jemals wieder spielen kann (1965). Nur das

[50] Bostock gebraucht ein treffendes Bild, um Bloedelins *unmâze* hier zu
beschreiben; er sagt, daß Bloedelin „entgleist".

[51] Die Ironie der Wendung *Hagen der helt guot* in Str. 1961 liegt auf
der Hand.

groteske ordnungswidrige 'Fiedeln' des ordnungswidrigen *spilman* Volker ist dieser *hôhgezît* (1966) angemessen. Er 'fiedelt' durch die Halle, wobei sein grausames Schwert in seiner Hand widertönt — ein weiteres Anzeichen für die totale Umkehrung höfischer Ordnung. Ein richtiger *spilman* dagegen würde ordnungsgemäß durch die Halle ziehen und mittels seiner wohlklingenden Musik zum Wohlbefinden aller Anwesenden beitragen. Hagen für seinen Teil *schenket daz aller wirsiste tranc* (1981).

Kriemhild ruft Dietrich an, er möge ihr helfen, aus der Halle zu entkommen, aber Dietrich hat Zweifel, ob selbst er mit all seiner moralischen Autorität fähig sei, die Burgunden zu überreden, sich zu mäßigen (1986). Immerhin gelingt es ihm, mittels seiner *unmaezlîche(n) sterke*, die sich hier nicht in der Gewalt seines Schwertes, sondern seiner Stimme ausdrückt (1987), ihre Aufmerksamkeit zu gewinnen, und Gunther befiehlt seinen Mannen, den Kampf einzustellen. Es liegt Ironie in der Tatsache, daß hier, ebenso wie zuvor bei Etzel, nur durch einen unmäßigen Einsatz gewaltiger Autorität Ordnung geschaffen werden kann, eine Tatsache, die in der paradoxen Wendung *daz was gewalt vil grôzer daz dâ niemen sluoc* (1990) anerkannt wird. Ein Waffenstillstand wird gewährt, und Rüdiger, Etzel, Dietrich und Kriemhild erhalten die Erlaubnis, die Halle zu verlassen, wobei Rüdiger und Dietrich auch ihre Mannen abziehen. Durch diese bedeutende, obgleich auch etwas ironische Konzession an die hierarchische Ordnung, wird für kurze Zeit die *inordinatio* durch *mâze* eingeschränkt.

Obschon der Konflikt damit in Schach gehalten wird, tobt er innerhalb der Grenzen, die ihm gesetzt sind, um so leidenschaftlicher. Die Burgunden werfen die Toten und Verwundeten aus der Halle; dabei nehmen sie nicht einmal Rücksicht auf einige, die nur *maezlîchen wunt* (2014) sind. Bei mäßiger Behandlung hätten diese nur mäßig Verwundeten überleben können, aber das grobe Hinauswerfen kostet sie das Leben. Der Text bietet hier ein subtiles Umgehen mit Wörtern und Ideen; damit betont der Autor die *unmâze* und *untriuwe* der Burgunden. Ihre Haltung verstößt gegen den ritterlichen wie gegen den christlichen *ordo*. Am Ende des Tages haben selbst sie vom Kampf genug. Ihr *leit* ist *ungefüege*, d. h. ohne Maß, und sie bitten, man möge ihnen gestatten, die Halle zu verlassen. Etzel sieht sich jedoch nicht mehr in der Lage, ihnen einen Waffenstillstand zu gewähren. Ihm ist es nicht länger möglich, Maß zu halten. Als Gunther klagt, er sei doch mit den allerbesten Absichten gekommen, erhält er die Antwort, das ganze Land sei nun voll von dem Schmerz, der durch seine und seines Gefolges 'Freundschaft' verursacht worden sei, wobei die Ironie des Wortes auf der Hand liegt (2093). Entgegen Etzels ursprünglicher Weigerung sind die Hunnen jedoch geneigt, der Bitte der Burgunden zu entsprechen, aber Kriemhilds *unmâze* erweist sich als stärker denn die (beabsichtigte) *mâze* der Hunnen; Kriemhilds Mangel an *compassio* widersetzt sich der *compassio* der Hunnen und wirkt ihr entgegen (2098). Gunther bittet um *genâde*, aber sie verweigert sie ihm mit der Begründung, sie selber sei allzu großer *ungenâde* zum Opfer gefallen (2013). In dieser Situation könne sie sich nicht wie eine Dame von Rang benehmen, weil ihr die Behandlung, die einer solchen zustehe, nicht zuteil geworden sei. Wiederum wird gezeigt, daß die Situation in ihrer Realität den Maßstäben, die das höfische und das christliche Ideal (die letztlich ineinanderfallen) setzt, nicht mehr entspricht.

In einer höchst unziemlichen und unhöfischen Weise versucht Kriemhild, sich an ihren Gästen zu rächen, indem sie die Halle anzündet; dies ist ihre 'ungeordnete' 'Gastlichkeit'. Um ihren quälenden Durst zu stillen, trinken die Burgunden das Blut ihrer erschlagenen Feinde. In dieser grausigen Szene zeichnet der Dichter einen weiteren Kontrast zwischen idealem höfischen Verhalten und der Realität der gegenwärtigen Situation. Die Burgunden sind in der Halle eingeschlossen, wo sie ordnungsgemäß als Gäste in einer königlichen *hôhzît* erwarten dürften, üppig bewirtet und mit Freundschaft und Respekt behandelt zu werden. Aber Kriemhild hat ihnen eine *übel hôhzît* (2119) bereitet. Sie zündet ihnen das Dach über dem Kopf an, und statt Wein haben sie nur Blut zu trinken. Kriemhilds Verhalten denen gegenüber, die sie an ihren Hof geladen hat, könnte unhöfischer nicht sein. Wie sie ihre Wut an ihnen ausläßt, ist *ungefuoge* (2112). Der freundliche Empfang seitens des Königs hilft ihnen nun wenig (2113).

Jedoch sind die Burgunden selbst an dieser Situation keineswegs unschuldig. Sie haben eine große Zahl von Hunnen, darunter etliche Verwundete, in ihrem unmäßigen Zorn getötet: das ist kaum noch ritterlich zu nennen. Jetzt befinden sie sich in der üblen Lage, gezwungen zu sein, das Blut von Mitmenschen zu trinken, die sie selber erschlagen haben. Die Kluft zwischen dieser Szene und dem höfisch-ritterlichen Ideal muß die Zuhörerschaft des Dichters stark beeindruckt haben. Wie schlimm und verzweifelt ihre Situation auch gewesen sein mag, diese Handlung, menschliches Blut zu trinken, ist barbarisch zu nennen, während es zugleich schwer verständlich ist, wieso das Blut sie so gestärkt und ihnen besser gemundet haben soll als der Wein, der ihnen eigentlich, d. h. ordnungsgemäß, hätte zugedacht sein müssen. Wenn man diesen Abschnitt wörtlich nimmt, so erscheint er kaum glaublich; aber es ist auch zu bedenken, daß die gesamte Situation wesentlich Verkehrung des Normalen ist und daß der übernatürliche *ordo,* auf den wir schon häufig gestoßen sind, sich hier wieder zeigt. Die Szene als Ganzes ist von Disparität zum normalen menschlichen *ordo* bestimmt und bezeugt damit, daß *inordinatio* vorherrscht. Die Burgunden werden durch übernatürliche Mittel aus dem Inferno gerettet. Selbst Kriemhild hält das nicht für möglich (2126). Tatsächlich scheint es mir, wie ich an anderer Stelle dargelegt habe,[52] wahrscheinlich, daß der Autor diese Szene nicht nur als eine Verkehrung der Ordnung, die höfischem und ritterlichem Ideal entspricht, konzipiert hat, sondern auch als antithetische Analogie eines ordnungsgemäßen Aktes der christlichen Symbolik, dem Trinken des Blutes Christi bei der Feier der Eucharistie. Dieses Blut, das für die Menschheit vergossen wurde, um Gottes Liebe zu bezeugen, zu trinken, ist ein Akt von *compassio* und *caritas* und deshalb geistlich stärkend. Bis hierher stimmt die Analogie: die *triuwe* der Burgunden untereinander (die der Dichter in Str. 2110 betont), könnte den Anschein erwecken, als führe sie zu ihrer 'Erlösung'; tatsächlich werden sie für eine begrenzte Zeit 'gerettet', aber wenn man in Betracht zieht, daß sie das Blut ihrer Feinde, die sie im Haß erschlagen haben, trinken, so werden doch damit die christliche Ordnung und das ihr eigene Verhalten (liebet eure Feinde) pervertiert. In diesem tieferen und weiteren Sinn ist diese

[52] Vgl. ›Blood and Wounds‹, S. 42—43.

Szene deshalb ein Gegenbild der Eucharistie; dieses Bluttrinken ist *unfuoge* und *unmâze* in Beziehung auf die *mâze* und *fuoge* der Eucharistie, ebenso wie etwa Volkers Fiedeln *unfuoge* (1966) in Beziehung auf den ordnungsgemäßen Vortrag eines *spilmans* in einer normalen *hôhzît* ist. Selbst wenn die *triuwe* der Burgunden untereinander lobenswert erscheinen mag, handelt es sich doch um *untriuwe* und *ungenâde* ihren Feinden gegenüber; deshalb liegt darin eine Verkehrung von *caritas*. Gleiches gilt für Kriemhild. Die Beziehungen zwischen den gegnerischen Seiten werden, wie wir gesehen haben, durch *ungenâde,* nicht *genâde* bestimmt. Kriemhilds Anzünden der Halle, woraus das gemeinschaftliche *leit* der Burgunden entsteht, ist ein Akt der Rache für das *leit,* das Hagen ihr zugefügt hat. Hier gilt der Grundsatz: Auge um Auge und Zahn um Zahn, und nicht die Aufforderung, die andere Wange hinzuhalten! Keine der beiden Seiten kennt Mitleid für das Leiden der anderen. Das Neue Gesetz der *caritas* wird schwer verletzt, weil keiner der Beteiligten in seiner *superbia* bereit ist, zu vergeben.

Wenn man sagt, diese Szene sei als antithetische Analogie der Eucharistie angelegt, so mag das zunächst weit hergeholt erscheinen. Und tatsächlich ist diese Parallele für den Gedankengang nicht unentbehrlich, da ja die Verkehrung der *höfischen* Ordnung auch dann noch deutlich sichtbar bleibt, wenn man auf sie verzichtet. Aber das höfische System der Ethik ist immerhin nicht allein vom Christentum erfüllt, sondern ganz und gar von ihm abhängig; die Möglichkeit eines symbolischen Bezuges in einer Szene, die so deutlich eine Negation des christlichen Ideals darstellt, auszuschließen, heißt Gefahr laufen, einen wesentlichen Aspekt für das volle Verständnis des Werks außer Acht zu lassen. Jedes Negativum setzt ein komplementäres Positivum voraus, ohne das es nicht gilt.

Auch in dem Problem der Versöhnung, vor dem Rüedeger steht, als Kriemhild ihn an seinen Eid erinnert, wird das Ausmaß der hier herrschenden *inordinatio* offenbar. Ihm läge sehr daran, die Gegensätzlichkeit zwischen Hunnen und Burgunden aufzuheben, weil er durch *triuwe* an beiden Seiten gebunden ist. Aber trotz seines Strebens nach *mâze,* die allein vermeiden könnte, daß er sich für eines der beiden Extreme, deren jedes eine Negation des anderen ist, entscheiden müßte, gelingt es ihm nicht, den Widerspruch zu überwinden. Er muß dem Eid entsprechen, den er Kriemhild geleistet hat.[53] Er kann seine *triuwe* nicht 'ordnen', so daß es ihm gelänge, das ritterliche Ideal, dem er anhängt, zu verwirklichen, weil er, indem er seine *triuwe*-Versprechen auf der einen Seite einlöst, zugleich in *untriuwe* gegen die andere verfallen muß. Ähnlich wie Hagen und Kriemhild muß auch er gleichzeitig *getriuwe* und *ungetriuwe* sein. Das langatmige Gespräch zwischen Rüedeger und den Burgunden enthält sowohl verbale Verpflichtungsbekundungen über *triuwe* wie auch eine Fülle von Argumenten gegen den offenen Konflikt, doch ironischerweise keine Lösung des dialektischen Problems, sondern es wird nur die *inordinatio* der Situation klar demonstriert, in der Ideal und Wirklichkeit so wenig übereinstimmen, so voller Disparität sind. Ausdruck findet diese Tatsache in den Worten:

ez enwart noch nie an helden   wirs von von friunden getân (2183).

Aber mindestens wird der Konflikt durch Hagens und Volkers Weigerung, sich an ihm zu beteiligen, begrenzt, worin wir ein Anzeichen des ständigen Ineinandergreifens von *mâze* und *unmâze* sehen. Wiederum ist zu erkennen, mit welchem Geschick der Autor seine Erzählung 'ordnet', indem er nämlich *inordinatio* nur stufenweise weitergehen läßt und dadurch noch ein gewisses Maß an Ordnung in der Unordnung aufrechterhält.[54] Eine Bestätigung dafür liegt darin, daß Gernot und Rüedeger sich gegenseitig erschlagen! Das genau abgemessene 'ordentliche Ausgehen' des Kampfes, das sich in der Verwendung des Wortes *gelîch* (2221) spiegelt, ist

---

[53] Es ist unmöglich, mit Wachinger übereinzustimmen, wenn er sagt: „Rüedegers Seelenkampf und Hagens Bitte um den Schild haben für die Motivierung des Gesamtablaufs nur sehr zweitrangige Bedeutung" (a. a. O., S. 141). Die Tatsache, daß Rüedeger eine solche Entscheidung treffen muß, ist einmal von der Entwicklung der *inordinatio* nicht zu trennen, zugleich zeigt sie *inordinatio* an.

[54] Wachinger spricht in diesem Zusammenhang von „Ansetzen und Abbrechung" und fährt fort: „Immer wieder wird der Ansatz zum offenen Bruch durch eine Macht der Vermittlung und des Scheinfriedens gebremst." (a. a. O., S. 101)

eine weitere Illustration für die dialektische Denkart des Autors. Diese kalkulierte *mâze* kontrastiert lebhaft mit der sonst überall herrschenden *unmâze*. 'Unmäßiges' Streiten wird ironischerweise in genau abgesteckten Grenzen gehalten.

Hagens Zorn (2221) richtet sich nicht gegen den toten Rüedeger, den er ebenso wie Gernot betrauert; trotzdem haben er und die überlebenden Burgunden keine andere Alternative als den Kampf fortzusetzen, bis alle Mannen Rüedegers erschlagen sind. Der Tod, äußerstes Symbol für *inordinatio*, hält reiche Ernte (2224). Schwere Stille legt sich über die Halle und veranlaßt Kriemhild anzunehmen, daß Rüedeger ihre Wünsche nicht erfüllt hat. Volker reißt sie aus dem Irrtum mit der für ihn typischen *unhövescheit*, obwohl er ironischerweise immer noch einen Anschein von Respekt für sie bewahrt (2230). Die Überbetonung ihres Ranges steht in lebendigem Widerspruch zu der Wendung *tiuvellîchen gelogen* und unterstreicht die *inordinatio* ihres Verhaltens.

Währenddessen haben Dietrich und seine Mannen keine Kenntnis von dem, was vorgefallen ist, obgleich Dietrich sich keinen Illusionen darüber hingibt, daß *mâze* notwendiger ist als je (2238). Er verbietet Wolfhart, sich aufzumachen, um Genaueres zu erfahren, weil er weiß, daß Wolfhart jung ist und deshalb leicht in *unmâze* verfallen könnte. Es wäre nicht auszuschließen, daß Wolfhart *ungefüegiu frâge* stellt, die die Burgunden noch stärker provozieren (2240). Stattdessen schickt Dietrich den maßvolleren Helfrich aus, der mit der traurigen Nachricht von Rüedegers Tod zurückkehrt. Um mehr zu hören, sendet er darauf seinen zuverlässigsten Vasallen, Hildebrand, aus, der sich unbewaffnet auf den Weg machen will, aber von dem impulsiven Wolfhart gereizt wird und zuläßt, daß des letzteren *unmâze* sich über seine eigene *mâze* hinweg durchsetzt (2250). *tumpheit* dominiert über *wîsheit*. Die überstürzte Eile, mit der Dietrichs Mannen ihre Waffen anlegen, zeigt, wie sich *inordinatio* weiter steigert.

Auch auf der burgundischen Seite dominiert *unmâze*. Als Volker sieht, daß Dietrichs Mannen sich bewaffnet nähern, leitet er daraus ab, sie seien gekommen, um sie anzugreifen (2253). Aber im Gegensatz zu Volkers maßlosem Mangel an *mâze* setzt Hildebrand seinen Schild ab, redet sie mit großer Höflichkeit an und gibt dem

Kummer Ausdruck, den sie alle angesichts Rüedegers Tod empfinden. Als er darum bittet, der Leichnam möge ihnen ausgeliefert
werden, bewundert Gunther Hildebrands *triuwe* mit nachahmens-
werter Mäßigung. Aber Wolfhart kennt weder *mâze* noch *zuht*
(2265); seine Haltung stellt eine Parallele zu der Volkers dar.
Wolfhart ist im Begriff, Volker anzugreifen, wird aber durch
den maßvollen Hildebrand zurückgehalten (2271). Volker fährt
jedoch fort, die Gegner zu reizen, und Hildebrand kann, trotz
aller seiner energischen Anstrengungen, Ordnung aufrechtzuerhalten, weder sich noch die Situation insgesamt unter Kontrolle
bringen. Die Berner lassen ihrem maßlosen Zorn freien Lauf, und
Wolfhart wirft sich wie ein wilder Löwe ins Getümmel, gefolgt
von all seinen Freunden. Und doch versucht Hildebrand inmitten
all dieser *inordinatio* noch die hierarchische Ordnung aufrechtzuerhalten: Er überholt Wolfhart, bevor dieser die Stufen erreicht
und hindert ihn, den Kampf als erster — vor Hildebrand —
aufzunehmen, was ungebührlich wäre. Wiederum steht vordergründige Einhaltung höfischer Form im Gegensatz zu der tatsächlichen *inordinatio*. Hildebrand greift darauf Hagen an; sie werden
zwar getrennt, aber Wolfhart springt Volker an (2276); zwischen
diese beiden wirft sich Wolfwin, aber trotz aller dieser Anläufe,
zu *mâze* zu kommen, nehmen schließlich doch alle aktiv an dem
Kampf teil. Außer Gunther und Hagen werden alle Burgunden
getötet, während alle Mannen Dietrichs außer Hildebrand, den
der *tiuvel* Hagen verwundet, untergehen. An keiner anderen Stelle
des Gedichtes ist das Wechselspiel zwischen *mâze* und *unmâze* so
deutlich zu sehen, wie in der Entwicklung dieser letzten tragischen
Konfliktsituation, die niemand verhindern, der sich niemand entziehen kann. Wieder und wieder, wenn *inordinatio* droht, plötzlich
und dramatisch zuzunehmen, findet sich einer, der willens ist, *mâze*
walten zu lassen, um der *inordinatio* entgegenzuwirken. Aber Ordnung im umfassenden Sinn kann nie völlig wiederhergestellt werden. Trotzdem gleitet die Erzählung dem Autor niemals aus der
Hand: Das Anwachsen der Unordnung ist 'geordnet' und geht nur
in kontrollierten Schritten vor sich.

Als Hildebrand zu Dietrich zurückkehrt, verliert der letztere
kurzfristig die Kontrolle über sich selbst — was nur sehr selten

vorkommt — und schmäht seinen eigenen treuen Vasallen, weil es
diesem nicht gelungen ist, die Situation fester in den Griff zu bekommen. Als Dietrich erfahren muß, daß alle seine Mannen tot
sind, sagt er in seinem maßlosen Schmerz, Gott habe ihn vergessen
und gedemütigt (2319). Obgleich er mehr als alle anderen versucht
hat, *mâze* zu erhalten, um die tiefe Kluft zwischen Hunnen und
Burgunden zu überbrücken, ist es ihm nicht gelungen, der *inordinatio* Einhalt zu gebieten und sich selber aus ihren Verstrickungen
herauszuhalten. Trotzdem läßt er nicht nach, zu versuchen, Ordnung wieder herzustellen; hier begibt er sich persönlich zu Hagen
und Gunther und benimmt sich auch angesichts ihrer Feindseligkeit und Aggression mit ausgesuchter Höflichkeit. Selber ein leuch-
tendes Beispiel für Zurückhaltung und Selbstkontrolle, appelliert
er an Gunthers Sinn für das Recht, für Gerechtigkeit und Ordnung
(die eins sind) und fordert Gunther auf, den Schaden, den er,
Dietrich, erlitten hat, wiedergutzumachen. Er verlangt von Gunther
und Hagen, daß sie sich zu Geiseln erklären und verspricht, sein
Möglichstes zu tun, damit ihnen kein Leid geschehe. Aus tiefer
Einsicht erkennt er an, daß das Geschehene unvermeidlich war
(2336). Eine Kraft, die stärker ist als die eines einzelnen Menschen,
hat diese katastrophalen Ereignisse hervorgebracht — die Neigung
der Menschheit, sich 'ungeordnet' zu verhalten, eine Spiegelung
der Unfähigkeit des Menschen, das Böse in sich zurückzudrängen
und unter Kontrolle zu halten.[55]

Angesichts Dietrichs vernünftiger und trotzdem unannehmbarer
Forderungen bleibt Hagen trotzig und hält Hildebrand vor, er
sei ein Feigling. Der letztere antwortet mit gleicher Maßlosigkeit
und wirft Hagen mangelnden Einsatz am Wasgenstein vor. Dietrich,
der sich immer noch maßvoll bewegt, verbietet Hildebrand, weiter

[55] Während ich Bostocks positivem Urteil über Dietrich (ebd., S. 211
[vgl. in diesem Band, S. 106]) im allgemeinen zustimme, fällt es mir
schwer, seine Auffassung, Dietrich bleibe außerhalb des Kreises von Sünde
und Vergeltung, zu akzeptieren. Aus Str. 2319 geht hervor, daß auch er,
ein mächtiger König mit vielen Lehnsmannen, nicht frei von Hochmut
gewesen ist, und obgleich er nicht hier zu Tode kommt, trifft auch ihn die
Strafe, die allen denen widerfährt, die irgendwann *superbia* gezeigt
haben.

zu sprechen und erinnert an ritterliche Ideale: Helden steht es nicht
an, sich wie alte Weiber herumzuzanken (2345). Schließlich muß
jedoch auch er auf physische Kraft zurückgreifen, um Hagen zu
überwinden, obgleich die Ritterlichkeit, die ihn so deutlich auszeichnet, wiederum zu beobachten ist, als er *compassio* für den
müden Kämpfer zeigt. Nachdem er ihn Kriemhild gebunden ausgeliefert hat, bittet er um Gnade für ihn.[56] Gunther erleidet genau
dasselbe Schicksal durch Dietrichs Hand, und als auch er gebunden
zu Kriemhild gebracht wird, kommentiert der Autor die *inordinatio*
mit Nachdruck: solche Fesseln sollten Könige nicht leiden müssen
(2361). Die Disparität zwischen dem, was ist, und dem, was nach
höfischer, hierarchischer Ordnung sein sollte, könnte nicht deutlicher
sein. *sic* und *non* sind wie Pole voneinander entfernt. Gunther, der
Herrscher, ist seiner königlichen Würde und Freiheit vollständig
beraubt worden; diese Verkehrung von Ordnung zu begehen ist
Dietrich, der Held der *mâze* und echter Ritterlichkeit, gezwungen
worden.

Auch Gunther kommentiert diese Disparität zwischen Ideal und
Wirklichkeit:

> Er sprach: 'ich solt'iu nîgen,   vil liebiu swester mîn,
> ob iuwer grüezen möhte   genaedeclîcher sîn.
> ich weiz iuch, küneginne,   sô zornec gemuot,
> daz ir mir unde Hagenen   vil swachez grüezen getuot.' (2363)

Er weiß, daß Kriemhild so von Zorn zerfressen und *inordinatio*
so weit gediehen ist, daß sie es nicht über sich bringen kann, ihm
und Hagen die *genâde* zu erweisen, die von einer Königin zu erwarten wäre. Ihr absoluter Mangel an *mâze* und *fuoge* ist mit höfischer Ordnung unvereinbar. Dietrich bittet sie dann, Hagen und
Gunther zu verschonen, was sie auch verspricht; aber statt ihr
Versprechen zu halten, begeht sie ein noch größeres Vergehen gegen
angemessenes, ziviliertes Verhalten: Sie trägt Gunthers Kopf zu

---

[56] Die eindringlichste und umfassendste Analyse von Dietrichs Charakter, die es bislang gibt, stammt von Bert Nagel (Das Dietrichbild des
Nibelungenliedes, ZfdPh. LXXVIII, 1959, S. 258—68 und LXXIX, 1960,
S. 28—57), der den starken christlichen Einfluß betont. Weitere Einzelheiten s. dort.

Hagen und verlangt, dieser solle ihr das Geheimnis des Schatzes
enthüllen. Als er sich weigert, enthauptet sie ihn auch. Der trotzige
Mut Hagens erweckt Etzels, Dietrichs und Hildebrands Bewunderung. Und der letztere, empört über ihr Vorgehen, schlägt die
Königin in Stücke (2376).

Die Art und Weise, wie Hagen, Gunther und Kriemhild zu Tode
kommen, ist ein beredtes Zeugnis für *inordinatio*. Diese Art und
Weise beleidigt endgültig jegliche Vorstellung von dem, was angemessen genannt zu werden verdient, besonders soweit es sich um
Kriemhild handelt. Die Frage, die der Autor hier impliziert, ist:
Kann man sich Unangemesseneres vorstellen, als daß eine Königin
in Stücke geschlagen wird? Und diese höchst 'ungeordnete' Tat wird
durch den prinzipiell maßvollen Hildebrand ausgeführt! Und doch
hat eben diese Königin sich höchst unangemessen und unwürdig
benommen.[57] Jedes andere Ergebnis würde mit allem, was voraus-
gegangen ist, nicht mehr zusammenstimmen. Hagen und Kriemhild,
die beiden Parteien, deren Konflikt zu so unendlichem Leiden
geführt hat, haben ihr Schicksal offenkundig verdient, wenn man
davon ausgeht, daß die Ideale christlicher Ethik irgendeinen Anspruch auf Einhaltung haben. Im Verlauf des ganzen Werkes ist
dargelegt worden, daß Hagens Mut und sein trotziges Aufbegehren,
wenngleich sie stellenweise bewundernswert erscheinen, im Prinzip
von seinem Mangel an *mâze*, d. h. seiner *superbia*, nicht zu trennen
sind. Auch Kriemhilds *triuwe* ist ohne *mâze* gewesen. Dennoch ist
ihrer beider Schuld nur ein Widerschein der größeren Schuld der
Menschheit insgesamt; eine Schuld, die sich in der *inordinatio*, die
diesen kleineren Teil der Menschheit ins Verderben führt, spiegelt.
Keinem ist es gelungen, gegen das ethische Ordnungsgefüge christlichen Rittertums nicht zu verstoßen. *superbia*, Erb- und Gewohn-
heitssünde der Menschheit, hat sich stärker gezeigt als *caritas*, Unordnung wirkungsvoller als Ordnung. Tatsächlich sind Hagen und
Kriemhild als Charaktere unbedeutend, wenn man sie nicht als
Personifikationen der *superbia* und also der Unordnung betrachtet.
Weder der eine noch die andere zeigt jemals eine Spur von Demut,

---

[57] Wie Bostock meint, (ebd. S. 209) darf man unterstellen, daß zeitgenössische Leser und Hörer sich über Kriemhilds *unmâze* entsetzen sollten.

und ihrer beider *compassio* und brüderliche Liebe gilt, wie wir
gesehen haben, nur für einen eng begrenzten Kreis.

Die letzten drei Strophen des Epos geben eine dichte und eindrucksvolle Zusammenfassung. Dietrich und Etzel weinen ohne
mâze. Ihre und die Tränen derer, die die Katastrophe überlebt
haben, vereinen sich in der Klage über den Tod der höfischen Ehre
(2378). Wir haben beobachtet, wie sie allmählich untergegangen
sind, wie die Kluft zwischen Ideal und Wirklichkeit, zwischen Form
und Substanz immer größer und also auch immer schwieriger zu
überbrücken geworden ist. *ritter, vrouwen* und *knehte,* die verschiedene Ordnungen der höfischen Hierarchie repräsentieren, be-
klagen den Schmerz und das Elend so vieler ihrer Mitmenschen.
Das Fest des Königs, das unter glücklicheren und 'geordneteren'
Umständen soviel Freude hätte bringen können, endet in unendlichem Leid, von dem es keine Erlösung gibt. Die Ordnung am Hof
Etzels, der Gunthers in der ersten Hälfte des Epos vergleichbar, ist
gänzlich zerstört und pervertiert.[58]

Das Bemerkenswerteste am ›Nibelungenlied‹ ist, wie sich aus dem
hier Erörterten ergibt, das ihm zugrundeliegende Prinzip der Opposition, das sich in der polaren Spannung zwischen *ordo* und
inordinatio, zwischen Ideal und Wirklichkeit[59] am deutlichsten
enthüllt. Immerzu wird Ordnung verletzt und pervertiert; was als
Ordnung erscheint, erweist sich in Wirklichkeit oft als Unordnung.
Das Werk ist voll von Paradoxen und von Ironie des Widerspruches
zwischen Konformität und Verkehrung. Am deutlichsten wird die

---

[58] Chaos ist die Folge. „Chaos ist nun das Herausfallen aus dem we-
sensgemäßen Sein, ein Verlassen der Seinsfülle, Abwendung vom vollkommenen Ideal." (Krings, a. a. O., S. 137.)

[59] Wachinger erkennt in antithetischen Setzungen, „ein Grundprinzip
des Stils und des Aufbaus" aber er besteht darauf, daß „[dies] letzten
Endes die unmittelbarste und lebendige Form menschlicher Erfahrung, die
wir im Nl. finden, [ist]" (a. a. O., S. 25). Das ist wohl kaum eine präzise
Erklärung für ein Prinzip, das nicht nur für Stil und Aufbau, sondern
auch für die Gedankenführung gilt, die man in höfischer Dichtung durchweg antrifft. Wenn man zugibt, daß wahrscheinlich antithetische Setzungen
dort ausgesprochen werden, wo Dialektik gedankliche Prozesse hervorruft,
gewinnt man einen positiveren Zugang.

Verkehrung höfischer Hierarchie und höfischen Verhaltens betont, ja des Systems der *hövescheit* in seinen verschiedenen Aspekten. Es steht außer Frage, daß der Autor absichtlich so verfährt, so daß man mit Recht fragen darf, warum dies subtile Wechselspiel von Gegensätzlichem, warum die Beharrlichkeit, mit der Ordnung und ihre Verkehrung dargestellt werden? Warum das *sic et non*?

Es ist natürlich nicht zu leugnen, daß sich trotz der höfischen Atmosphäre und des höfischen Hintergrundes, vor dem die Ereignisse stattfinden, das Verhalten vieler, wenn nicht der meisten der Handelnden auf einer barbarischen Ebene bewegt. Trotz verbaler Bekenntnisse zum Christentum und seinen Riten bleiben sie im Grunde doch Heiden. Obgleich sie sich dem Ideal der *hövescheit* verschrieben haben, vernachlässigen sie die Forderungen, die sich daraus ergeben, häufig in beklagenswerter Weise. Das konnte, wie schon festgestellt wurde, auch kaum anders sein, angesichts der legendären, heidnischen und heroischen Herkunft der Erzählungen, die der Dichter ins Höfische übertragen wollte. Wenigstens bis zu einem gewissen Grad ist der Autor durch sein Material gebunden. Er hätte die ethische Haltung der Handlungsträger nicht 'modernisieren', an christliche Grundsätze binden und zu Modellfiguren für ritterlich-höfisches Verhalten umstilisieren können, ohne das Erzählte über alles Wiedererkennen hinaus zu verändern und sich selbst dem Vorwurf, seine Quellen verfälscht zu haben, auszusetzen. Das ›Nibelungenlied‹ ist eine Erzählung aus früherer Zeit, und seine Personen sind weitgehend davon geprägt.

Trotzdem wäre es falsch, daraus zu folgern, das Material an sich habe den Autor daran gehindert, ein 'modernes' Werk zu schaffen, das auch dem Geschmack seiner Zuhörer zusagen konnte. Ganz im Gegenteil: Weit davon entfernt, ein grobes und nach höfischen Maßstäben altmodisches Stück zu schreiben, gibt er seinem Material eine sehr modische Form. Die höfische Atmosphäre, der höfische Hintergrund ist nicht nur eine Art Lacküberzug, sondern ein wesentlicher Bezugspunkt, ein fundamentales Kriterium, an dem das konkrete Verhalten der Personen gemessen wird, ein *sic*, zu dem das *non* des Epos in Beziehung gesetzt werden muß. Es handelt sich hier um höfische Charaktere, die sich unhöfisch benehmen, um Christen, die sich wie Heiden benehmen und nicht einfach um Barbaren. Die außerordentliche Leistung des Dichters liegt darin, daß er sich das fundamental Barbarische der Erzählung zunutze macht, indem er es auf die 'Zivilisation' seiner Zeit und der Umwelt, in der er und seine Zuhörer leben, bezieht und durch Kontrastierung das eigentlich Inkongruente thematisiert und damit relevant macht. Deshalb wird *hövescheit* so stark, ja sogar übertrieben betont.

Gelingen konnte dies nur, weil das Ideal höfischer Zivilisation, wie alle Ideale, nicht immer erreicht wurde. Obgleich den Zuhörern klar gewesen sein dürfte, daß die Personen des ›Nibelungenliedes‹ in eine Zeit gehören, in der von *hövescheit* nicht die Rede war, so konnten sie in ihnen doch auch Menschen, die ihnen selber verwandt waren, erkennen, Menschen mit elementaren Instinkten und Schwächen und, vor allem, einer tief verwurzelten *superbia*, die aus der Erbsünde herrührt und sie ins Verderben, ihr Gemeinwesen ins Chaos stürzen konnte. Sich und ihre Zeit konnten sie in den Repräsentanten einer legendären Vergangenheit erkennen, und zwar eben deswegen, weil der Dichter diese in eine höfisch-christliche Umgebung versetzt hatte. Indem er so verfährt, legt er seine eigene Intention um so deutlicher dar. Unangemessenes, 'ungeordnetes' Verhalten wird in jeder Gesellschaft, ob christlich oder heidnisch, zu Störungen menschlicher Beziehungen führen und Unordnung hervorrufen. Hochmütiger Stolz muß zu Haß und Konflikt führen.[60] Wenn Ruin und Erniederung, die daraus unvermeidlich folgen, abgewendet werden sollen, dann muß den Rechten und Privilegien anderer Rechnung getragen, müssen hierarchische Ordnung und das Dekorum gewahrt werden. Anders gesagt: das Neben- und Miteinander von Menschen muß sich auf die starken Grundlagen des christlichen Rittertums gründen, — ein Ideal, mit dem der Dichter und sein Publikum vertraut waren und das sie doch wohl schätzten.

Aus diesem sehr triftigen Grund kann man nicht zu einer befriedigenden Interpretation des ›Nibelungenliedes‹ kommen, wenn man es nicht zu dem christlichen ethischen System der Zeit seiner Ent-

---

[60] Deshalb ist es absurd, zu meinen — wie Wachinger — es gäbe im ›Nibelungenlied‹ kein „Streben nach religiöser Wahrheit" (a. a. O., S. 51). Wenige mittelalterliche Dichtungen kennen dieses Streben nicht und gewiß keins vom Rang des ›Nibelungenliedes‹.

stehung in Beziehung setzt. Es als ein Werk zu bezeichnen, in dem das Christentum keinen Stellenwert hat, nur weil es aus heidnischen Quellen stammt und heidnisch im Geist zu sein *scheint*, heißt, es aus seinem historischen Kontext, der höfischen Blütezeit mittelhochdeutscher Literatur lösen. *hövescheit*, Rittertum und Christentum gehören zusammen. Die Verletzung höfischer Verhaltensregeln, die man in diesem Gedicht so häufig vorfindet, ist zugleich eine Verletzung ethischer Prinzipien des Christentums. Die Rücksicht auf andere, die zum ritterlichen Ehrenkodex gehört, ist nicht mehr und nicht weniger als christliche *caritas*, die Liebe des einzelnen zu seinem Nächsten und zu Gott.[61] Die Verkehrung höfischer und ritterlicher Ordnung ist eine Verkehrung der christlichen Ordnung, deren Eckstein *caritas*, deren eigentliche Verneinung *superbia* ist.[62]

Nirgends in der ganzen Dichtung ist die Verkehrung höfischer, ritterlicher und christlicher Ordnung deutlicher als an der Tugend der *triuwe* abzulesen. Wie wir gesehen haben, ist eine *triuwe*, die durch *unmâze* charakterisiert wird, d. h. innerhalb enger Grenzen exzessiv, aber außerhalb dieser Grenzen entsprechend defizitär auftritt, nicht mit *caritas* identisch. Die Grenzen liegen eben da, wo man sich aus *superbia* mit einigen Mitmenschen verbündet, sich aber dafür in ein feindliches Verhältnis zu anderen stellt. Solche *triuwe* bezeichnet nicht geordnete, sondern ungeordnete Liebe. Sie führt zu Streit und Konflikt, nicht zu Einheit und Frieden unter den Menschen. Mehr als jedes andere Werk der mhd. höfischen Literatur macht das ›Nibelungenlied‹ die furchtbaren Folgen einer solchen 'ungeordneten' Liebe deutlich. In diesem Sinn ist das ›Nibelungenlied‹ ein 'gottloses' Gedicht und doch seiner Intention nach zutiefst christlich. Der christliche Gott ist von höchster Relevanz. Der Autor wählt sein Material aus einer anderen, einer nicht-christlichen, nicht-

[61] Vgl. Bostock (ebd. S. 202 [vgl. in diesem Band, S. 88]): „Der Dichtung liegt durchgehend der Gedanke zugrunde, daß eine Gemeinschaft, die Gott vergißt, sich schließlich selbst zerstört."

[62] W. J. Schröder (Das Nibelungenlied, Halle 1954, S. 79) erkennt, daß „der Andere, der Nebenmensch, immer nur Freund oder Feind, niemals der Nächste ist", aber er leitet zu Unrecht davon ab, das Ethos des Gedichtes sei „grundheidnisch". Wie wir gesehen haben, könnte nichts der Wahrheit ferner sein.

höfischen Epoche, weil er die dringende christliche Botschaft, daß die, die mit dem Schwert leben, durch das Schwert umkommen werden, vermitteln will. Dabei ist er keineswegs der Sklave seiner Quellen, der etwa die Erzählung als etwas Fremdes, das für die höfische Gesellschaft nicht relevant ist, vorbrächte; vielmehr modernisiert er sie 'formal', und diese formale Modernisierung ist der *ordo*, an dem die *inordinatio* zu messen ist; die Unmenschlichkeit im zwischenmenschlichen Verhalten muß mit wahrer christlicher Ritterlichkeit kontrastiert werden. Zwar verachtet er weder Heroismus noch eine heroische Betrachtungsweise keineswegs. Aber dennoch weiß er sehr wohl, daß heroische *triuwe* Grenzen hatte, die in der heidnischen Lebensphilosophie angelegt waren. Waffengewalt und die Tugenden, die sich mit ihr verbinden, sollten für ihn mit *caritas* versöhnt werden, wie es der Kodex der Ritterlichkeit verlangte. Das Gebot „Liebe deinen Nächsten" beweist für ihn die Überlegenheit der christlichen Ordnung über die heidnische.[63] Dieses Konzept liegt diesem pseudo-höfischen, pseudo-ritterlichen und pseudo-christlichen Werk zugrunde.[64]

[63] Zu einem ähnlichen Schluß kommt Bostock, der feststellt, daß der Dichter „eine deutliche didaktische Absicht hatte, nämlich, daß sein Gedicht eine Warnung gegen die Sünde des Hochmuts sein und zeigen sollte, wie diese Neigung zu Sünde alle menschlichen Tugenden verdirbt." (Ebd., S. 202 [vgl. in diesem Band, S. 88].)

[64] Man wird bemerken, daß die Idee der Verkehrung oder des Pseudoartigen in dem vorliegenden Artikel weit stärker als in meinem früheren Aufsatz ›Blut und Wunden im NL.‹ herausgearbeitet ist, mit dem Ergebnis, daß einige der Folgerungen, zu denen ich gekommen bin, nicht uneingeschränkt mit früheren zusammenstimmen. Dies gilt besonders für das Konzept der maßlosen *triuwe*, das ich früher in ethisch günstigerem Licht zu sehen geneigt war. Weitere Forschungen haben es jedoch wahrscheinlicher erscheinen lassen, daß *triuwe* ohne *mâze* im ›Nibelungenlied‹ wesentlich ein Aspekt der 'Verkehrung', die das Epos beherrscht, ist. Es handelt sich deshalb um Pseudo-*triuwe*, nicht um echte *triuwe* im christlichen Sinn, nämlich *caritas*.

Études Germaniques 20, 1965, S. 221—232. Originaltitel: ›Réflexions sur le *Nibelungen-lied*‹. Aus dem Französischen übersetzt von Joachim Konrad Schmidt.

BETRACHTUNGEN ÜBER DAS NIBELUNGENLIED

Von Jean Fourquet

Im Laufe der letzten zehn Jahre ist es bei der Erforschung des ›Nibelungenlieds‹ in Deutschland zu einer Revolution von großer Tragweite gekommen. Bis dahin meinte man, der Text sei um 1205 als letztes Glied der Überlieferung einer Schöpfung „altgermanischen" Geistes entstanden; die Erläuterung des mittelhochdeutschen Textes lief darauf hinaus, in ihm, bis auf ein paar „Verstümmelungen", die Grundzüge der Ursage, von der er herstammt, wiederzufinden.

Heutzutage wird der Grundsatz aufgestellt, daß das mittelhochdeutsche Werk für sich allein als zeitgebundene und umweltbedingte Schöpfung eines mittelalterlichen Dichters betrachtet werden muß.

Als Ernest Tonnelat 1926 das Epos nach diesem Grundsatz untersucht hatte,[1] war er nicht verstanden worden. Andreas Heusler, Hauptvertreter der älteren Auffassung, hatte dieses Buch negativ rezensiert, was den Hauptgrund für das lange Schweigen der deutschen Forschung über die Studie des französischen Germanisten abgab.

1955 gab Friedrich Panzer in seinem großen Werk über das ›Nibelungenlied‹ Tonnelat gegen Heusler in glänzender Weise recht.[2] Parallel dazu führte Gottfried Weber von 1952 bis 1963

---

[1] Ernest Tonnelat, La chanson des Nibelungen. Étude sur la formation et la composition du poème épique, Paris 1926 (= Publications de la Faculté des Lettres de l'Université de Strasbourg, Nr. 30).

[2] Friedrich Panzer, Das Nibelungenlied, Stuttgart 1955. — Schon im Vorwort erklärt Panzer: „Heusler hat freilich in seiner Besprechung von E. Tonnelats 1926 erschienenen Buche ›La chanson des Nibelungen‹ bezweifelt, ob es denn sinnvoll sei, daß der Verfasser sein Werk mit einer genauen Beschreibung des Liedes, ohne alle Rücksicht auf seine Vorgeschichte begonnen habe; nicht weniger als hundert Seiten, heißt es in der

eine Untersuchung über das ›Nibelungenlied‹ auf der Grundlage
der These, „(daß) der Nibelungendichter ... von der eigenen hochmittelalterlichen Gegenwart und deren Geistesinhalten seinen Ausgang nahm."

Er drückte das, was das Verständnis des Werkes hinauszögerte,
folgendermaßen aus: „ ... daß die Forschung fast ausschließlich
von der altgermanischen Warte her das Nibelungenproblem in Angriff nahm — den Gipfel in neuerer Zeit bot Andreas Heusler —
und daß diese als irrig zu erweisende Ausgangsposition heute noch
nicht eindeutig und bis zur Wurzel überwunden ist." (Und er fügte
hinzu:) „Alle Fehlleitung der Nibelungenforschung ... kommt von
dem unrichtig angesetzten Ausgangspunkt, von der Sicht aus der
Quellen- und Vorgeschichteforschung her." [3]

Dies bedeutet für uns und unsere Lehrtätigkeit eine große Befreiung, gleichzeitig auch eine bemerkenswerte Annäherung der
Standpunkte zwischen deutscher und französischer Germanistik. [4]

Die alte Betrachtungsweise hatte im Laufe des 19. Jahrhunderts
eine konventionelle Bilderwelt hervorgebracht, die dadurch entstanden war, daß man die ›Völsungasaga‹, das ›Nibelungenlied‹ und
die Tetralogie Wagners in der Art Galtonscher Bilder übereinander-
geschichtet hatte. Tonnelat hat in einer Vorlesung im Collège de
France gezeigt, wie die deutsche Literatur des 19. Jahrhunderts
versucht hatte, in modernen Werken die mythische germanische

Rezension mit spürbarem Tadel, habe Tonnelat auf die bloße Schilderung
des Liedes als Kunstwerk verwendet. Wie seltsam! Ist es denn nicht selbstverständliche, notwendigste Forderung, daß jedes einzelne Literaturwerk
zunächst ohne Rücksicht auf das Woher, und das heißt ohne jedes Vor-
urteil, ganz für sich betrachtet, aus sich erklärt werden müsse, zumal
wenn es sich um ein Kunstwerk hohen Ranges wie das Nibelungenlied
handelt? Tonnelat hat mit seiner Darlegung nur unternommen, was die
deutsche Forschung — nicht in ihren Anfängen, aber in ihrer späteren
Entwicklung — zu ihrem Schaden unterlassen hat; sie wäre, hätte sie es
getan, vor manchem Irrtum bewahrt worden."

[3] Gottfried Weber, Das Nibelungenlied, Problem und Idee, Stuttgart
1963. Vgl. Einleitung, S. 1.

[4] Es ist bezeichnend, daß das Werk G. Webers einem französischen
Germanisten, G. Zink, einem Schüler Tonnelats, gewidmet ist.

Ursage wiederzubeleben, die vor allem aufgrund der nordischen Texte erdichtet worden war, und welche Verwirrung daraus entstanden war.[5]

Das erste Bild der Nibelungenwelt, das mir unsere Lehrbücher vermittelt haben, war das einer seltsamen und unmenschlichen Welt: Hagen erschien mir als Wodan mit Flügelhelm, ausgehöhlten Augen, hoher, magerer Statur; Brünhild als geharnischte Walküre wurde in meiner Vorstellung eins mit der Germania der Briefmarken und des Niederwalddenkmals.

Und jetzt wird den Deutschen selbst das ›Nibelungenlied‹ als das, was es ist, vorgestellt, nämlich als eines der größten und menschlichsten literarischen Werke, die die mittelalterliche Literatur für eine ritterliche Zuhörerschaft (*ritterliche Standesdichtung*) hervorgebracht hat.

Es ist vorauszusehen, daß die konventionelle Bilderwelt, die bis zur Mitte des 20. Jahrhunderts im Umlauf war, rasch zum Plunderkram mit lediglich historischem Wert verwiesen wird. Unsere Lehrbücher sofort darum zu erleichtern, hieße, den Blick freimachen für die Zukunft.

Die deutsche Tradition des 19. Jahrhunderts, die sich in unseren Lehrbüchern widerspiegelt, erweckte bei gewissen Franzosen, die von einem Bildungsideal durchdrungen waren, in dessen Mittelpunkt das Menschliche stand, den Eindruck, daß sie für die Geistes- und Geschmacksbildung nichts zu gewinnen hätten, wenn sie in eine so andersartige, kolossale und unmenschliche Welt eindringen wollten. Schon Heine schien zuzugeben, daß diese Welt nicht für Franzosen gemacht war.[6]

[5] Ernest Tonnelat, La légende des Nibelungen en Allemagne au XIXᵉ siècle, Paris 1952 (= Publications de la Faculté des Lettres de l'Université de Strasbourg, Nr. 119).

[6] Heine, Romantische Schule, Drittes Buch, 1: „Von den Riesenleidenschaften, die sich in diesem Gedichte bewegen, könnt ihr kleinen Leutchen euch noch viel weniger einen Begriff machen. Denkt euch, es wäre eine helle Sommernacht, die Sterne, bleich wie Silber, aber groß wie Sonnen, träten hervor am blauen Himmel, und alle gotischen Dome von Europa hätten sich Rendezvous gegeben auf einer ungeheuer weiten Ebene, und da kämen nun ruhig herangeschritten das Straßburger Münster, der Glocken-

Es zeigt sich jetzt, daß ein gebildeter Franzose es keineswegs nötig hat, sich — wie Andreas Heusler — in die Seele eines alten Germanen zu versetzen, um in das ›Nibelungenlied‹ einzudringen. Er braucht sich nur von seiner eigenen Geistestradition tragen zu lassen, und schon wird ihm das Werk in seiner ganzen Größe erscheinen, und dieses Erlebnis wird sich in die Bildung integrieren, die er durch seine Nationalliteratur, ergänzt durch die Kenntnis einiger großer Werke der Weltliteratur, empfangen hat.[7]

Wenn nun der große Text sozusagen mit gewöhnlichem Maßstab gemessen werden darf, wird ihn ein Franzose sogar anders beleuchten und Aspekte ins Licht rücken, die der deutschen Forschung nicht sichtbar wurden. Derartige Werke sind unerschöpflich, und ihre Interpretation ist unendlicher Erneuerungen fähig.

Hiermit möchte ich als Huldigung für den, der mit Tonnelat an der französischen Übersetzung des ›Nibelungenlieds‹ gearbeitet hat, eine Beweisführung dieser Art vorlegen, die wohl ein wenig vereinfacht und durch den leichten Anflug eines Paradoxons gewürzt ist.

Die Geistesbildung eines Franzosen beruht, was die Literatur anbetrifft, zunächst einmal auf dem Studium der französischen Klassiker des 17. Jahrhunderts und dabei insbesondere des Theaters, und zwar desjenigen Corneilles und Racines. Was jene Epoche

turm von Florenz, die Kathedrale von Rouen usw., und diese machten der schönen Notre Dame de Paris ganz artig die Cour. Es ist wahr, daß ihr Gang ein bißchen unbeholfen ist, daß einige darunter sich sehr linkisch benehmen und daß man über ihr verliebtes Wackeln manchmal lachen könnte. Aber dieses Lachen hätte bald ein Ende, sobald man sähe, daß sie in Wut geraten, wie sie sich untereinander würgen, wie Notre Dame de Paris verzweiflungsvoll ihre beiden Steinarme gen Himmel erhebt und plötzlich ein Schwert ergreift und dem größten aller Dome das Haupt vom Rumpfe herunterschlägt. Aber nein, ihr könnt euch auch dann von den Hauptpersonen des Nibelungenlieds keinen Begriff machen; kein Turm ist so hoch und kein Stein ist so hart wie der grimme Hagen und die rachgierige Kriemhild."

[7] Mir geht das ›Nibelungenlied‹ über den ›Parzival‹, so sehr es dieser auch verdienen mag, wegen seiner weitschichtigen Anlage als „Dreiweltengedicht" gewürdigt zu werden.

dem Dichter als Darstellungsgegenstand anbietet, nennt sich die
'Natur'. Und in einer Gesellschaft, in der sich die Aufmerksamkeit
ganz auf den Menschen richtet, kann sich dies nur auf die menschliche Natur beziehen (die Natur als Landschaft ist eine Entdeckung
des 18. Jahrhunderts). Das Theater ist eine höhere Form des gesellschaftlichen Spiels: es zeigt den Kennern eine Handlung, deren
treibende Kräfte die Leidenschaften und Triebe des Menschen sind,
wenn er als Mensch handelt, das heißt, wenn er nicht von einer
höheren, übermenschlichen Macht angetrieben wird. Das Theater
ist keine moralische Anstalt im Sinne Schillers; es beschränkt sich
darauf, den Menschen darüber zu belehren, was er von Natur aus
als Mensch ist, wobei es dieser Belehrung das ästhetische Vergnügen hinzufügt: es will *belehren und gefallen.*

Die Beschränkung des Gegenstands auf das *Menschliche* hat das
zur Folge, was ich als eine Ausklammerung der christlichen Heils-
und Gnadenordnung und all dessen bezeichnen möchte, was Boileau
unter dem Begriff des „Christlich-Wunderbaren" versteht. Dieser
Ausschluß des Christlich-Wunderbaren, den der Gesetzgeber des
Parnaß vorschreibt, bedeutet nicht im geringsten ein In-Frage-
Stellen des offenbarten Glaubens: im Gegenteil, gerade der Respekt vor der übernatürlichen Ordnung von Heil und Gnade verbietet die Vermischung der Bereiche, nämlich den des Spiels und den
der Erbauung.

Wenn man eine Kultur, die die Aufmerksamkeit auf das Menschliche konzentriert, Humanismus nennt, dann trifft dies für die vor-
genannte Kultur zu; es ist jedoch ein Humanismus, den ich *relativ*
nennen möchte, weil er einen höheren Bereich, den des Göttlichen,
ausdrücklich anerkennt. Ich möchte diesem Humanismus einen
anderen gegenüberstellen, der das Menschliche in seinem eigentlichen Wesen *(das Rein-Menschliche)* zum höchsten Prinzip und zum
Prinzip des Heils erhebt. Dies ist der Fall bei Goethes Iphigenie:
Iphigeniens Rolle liegt sozusagen darin, das Sakrament der reinen
Menschlichkeit zu spenden, und einmal beschwört sie die Dämonen
im Namen dieses Prinzips.[8] Ein solcher Humanismus ist ein *abso-*

---

[8] G. Weber hat in bezug auf die Rolle der Göttin Minne in Gottfrieds
›Tristan‹ den Ausdruck *analogia antithetica* gebraucht: einem rivalisie-

luter Humanismus — und zweifellos bezog sich Karl Barth auf ihn, als er den Humanismus und das Christentum für unvereinbar erklärte.

Nach der großen Wende des 18. Jahrhunderts wird der relative Humanismus nicht mehr verstanden: Châteaubriand liest ›Phèdre‹ und erklärt: „Phèdre ist eine Christin, der die Gnade gefehlt hat." Für ihn wird der Ausschluß des göttlichen Eingreifens zu *Phèdres Schicksal*; für uns liegt dieser Ausschluß in dem von Boileau ausgesprochenen Gesetz der Gattung, die sich aus der Funktion des Theaters in einer weltlichen Gesellschaft ergibt.

Dieses Gesetz schließt nicht nur das Übernatürliche im religiösen Sinn aus, sondern auch das Übermenschliche, das über die Natur gehen würde. Die Personen sind Menschen hohen Standes und hohen persönlichen Werts, aber sie sind in gar keiner Weise frei von menschlichen Leidenschaften, Irrtümern und Schwächen; sie überschreiten nicht die Grenzen der *conditio humana*.

Man versteht, daß es das Theater des 17. Jahrhunderts vermeidet, die Handlung in die Gegenwart und in das christliche Abendland zu versetzen. Der christliche Zuschauer wäre versucht, sich mit den Personen zu identifizieren und zu fragen, warum Gott, warum das christliche Denken und die christliche Moral nicht eingreifen. Die Fabel wird grundsätzlich der antiken, griechisch-römischen Welt entnommen: aber diese Welt ist entleert vom Sakralen, von dem sie in Wirklichkeit durchdrungen war, wie heute die Forschungen der Historiker klarmachen. In der griechischen Auffassung ist Hippolyt von einer Göttin, Artemis, auserwählt worden; mit ihr verbindet ihn ein heiliges Band; der Wunsch Phaedras wäre ein Sakrileg. Der Held Racines dagegen wird von seiner Leidenschaft für die ganz menschliche Aricie getrieben. Das Göttliche ist lediglich in stereotypen Wendungen gegenwärtig; man ruft den Himmel und die höchsten Mächte als Zeugen an, das ist alles.

Vom Übernatürlichen, aus dem der Mythos, der Ursprung der

renden Prinzip wird eine Gesamtheit von Funktionen zugeschrieben, die denen des Christlich-Göttlichen vergleichbar sind. Diese Formel läßt sich noch besser auf die Rolle der „reinen Menschlichkeit" in Goethes ›Iphigenie‹ anwenden.

Fabel, hervorgegangen ist, behält der Dichter gerade soviel, wie er benötigt, um die Handlung zu verknüpfen und eventuell aufzulösen: so etwa am Anfang von Racines ›Phèdre‹ die Reise Thésées mit Pirithos zu den Quellen des Acheron und am Schluß der Fluch Thésées, der von Neptun erhört wird — er schickt einen Drachen.

Die griechisch-römische Welt ist nur Dekor, und zwar ein ziemlich konventioneller. Die Gesetze dieser Welt und die Seele dieser Menschen sind modern: sie waren für den Zuschauer des 17. Jahrhunderts unmittelbar zugänglich wie etwas Selbstverständliches, worüber man nicht einmal nachdenkt, wie auch die Sprache der Gestalten und ihr Auftreten eben Sprache und Auftreten von Adligen des 17. Jahrhunderts waren. Pyrrhus ist monogam: er muß wählen, „welche er zum Altar führen wird", Andromaque oder Hermione. Der in Phèdres Seele herrschende Konflikt setzt ein *Gewissen* voraus, das von einer Beschaffenheit ist, die ohne die Einwirkung des Christentums kaum begreifbar wäre . . .

Innerhalb der Beschränkungen, die diese Kunst sich auferlegt hatte, sind Meisterwerke hervorgebracht worden: in diesem Theater, in dem die Triebkräfte der Handlung aus dem Bereich der menschlichen Psychologie stammen, läßt der Dichter die Ereignisse nur durch das Innere, durch die Charaktere motiviert, zum tragischen Ende hin fortschreiten. Die Beweisführung ist eine der Aufgabenstellungen innerhalb unserer Lehrtätigkeit.[9]

Versuchen wir, diese Anmerkungen auf das ›Nibelungenlied‹ anzuwenden, so werden wir überraschende Analogien finden. Wir wollen das Epos unvoreingenommen lesen, so, wie es dasteht: es scheint nichts anderes zu bezwecken als dies: von einer anfangs gegebenen Situation ausgehend, menschliche, manchmal allzu menschliche Leidenschaften und Berechnungen darzustellen, die Handlungen hervorbringen, deren Verkettung zur tragischen Lösung führt. Welche andere Schlußfolgerung kann man erwarten als die: „So ist die *conditio humana*"? Eine deutsche Tradition, nach

[9] Fügen wir nebenbei hinzu, daß der Ausschluß der Probleme um Heil und Gnade in der klassischen Tragödie des 17. Jahrhunderts die Wahrung der 'Schulneutralität' in religiösen Angelegenheiten erleichtert.

der, seit Schiller, das Theater eine *moralische Anstalt* und Dichtung
Offenbarung höchster Wahrheiten ist, bedingt, daß der Germanist
nicht umhin kann, die im ›Nibelungenlied‹ verborgene tiefere Absicht, den höheren kosmischen Sinn, *Weltgesetz, Weltbild, Weltanschauung* zu suchen. Muß das sein?

Das Fehlen des Christlich-Übernatürlichen, sei es nun in Gestalt
des göttlichen Eingreifens in den Verlauf der Ereignisse oder in
Gestalt des Einflusses, der von den Helden in ihrer Eigenschaft als
Christen oder von ihrer Besorgnis um ihr Heil auf ihre Entscheidungen ausgeht, scheint mir weniger überraschend als den deutschen
Interpreten. Gottfried Weber gelangt in seinem Buch über das
›Nibelungenlied‹ zu folgendem Ergebnis: „Die Gestalten des Gedichts sind Menschen der Gnadenlosigkeit." Ich kann hier nicht
umhin, an Châteaubriand zu denken und zu lesen: *Kriemhild ist
eine Christin, der die Gnade gefehlt hat.*[10] Für uns ist das Fehlen
des Bereichs der Gnade wesentlich ein Gesetz der Gattung, das
durch die Funktion dieser Dichtung determiniert ist: sie war zur
Unterhaltung bei Hofe bestimmt.

Angesichts dieses Fehlens der christlichen *Heilsordnung* sind gewisse deutsche Interpreten, weil sie die Dichtung als Ausdruck der
Weltanschauung einer Epoche ansehen, viel weiter gegangen: sie
kommen zu der Ansicht, daß die deutschen Ritter des 12. Jahrhunderts nur dem Namen nach Christen waren, daß das Christentum ihre Seele nicht durchdrungen und keinerlei Einwirkung auf
ihr Verhalten hatte,[11] was uns im Widerspruch zu anderen geschichtlichen Gegebenheiten zu stehen scheint.[12]

Wenn wir von Hartmann nur den ›Erec‹ und den ›Iwein‹ hätten

[10] Siehe a. a. O. S. 150. Der gnadenlose Mensch ist der Mensch gemäß
der Natur; das ist der alte Adam: neuer Adam minus Gnade gleich alter
Adam.

[11] Siehe a. a. O. S. 190.

[12] Das radikale Verschwinden der Elemente aus vorchristlicher germanischer Kultur (einschließlich des alliterierenden Verses) zeigt einen Bruch
an, der nur durch die totale Machtergreifung der Kirche erklärlich ist. Ein
anderes Indiz ist die Beteiligung der deutschen Aristokratie an den Kreuz-
zügen; sie war der der anderen abendländischen Länder ebenbürtig, wenn
nicht überlegen.

und diese Art der Folgerung darauf anwenden wollten, so würden wir feststellen, daß Gott darin nur in stereotypen Wendungen angerufen wird und keinerlei Einfluß auf die Handlung hat, und wir würden daraus schließen, daß Hartmann dem Christentum gegenüber gleichgültig war. Nun wissen wir jedoch, daß er das Kreuz genommen, die göttliche Liebe als der höfischen *fine amor (Hohen Minne)* überlegen gepriesen und seine Kunst in den Dienst zweier erbaulicher Legenden über das Leben des heiligen Gregorius und die wunderbare Heilung des aussätzigen Ritters gestellt hat. Aus der ›Phèdre‹ schlössen die gleichen Interpreten, daß Racine den religiös-christlichen Problemen gegenüber gleichgültig war. Sie würden erstaunt zur Kenntnis nehmen, daß Racine die ›Athalie‹ geschrieben, die Psalmen übersetzt und, vor allem, aus religiöser Überzeugung die Partei seiner jansenistischen Lehrer ergriffen und sich dadurch die königliche Ungnade zugezogen hat, was sein Ende beschleunigte.

Die Helden des ›Nibelungenlieds‹ sind gewiß kraftvolle Naturen, aber keine Übermenschen. Selbst Hagen, das Vorbild des eisernen Helden,[13] empfindet das Bedürfnis nach einem Freund, nach soldatischer Kameradschaft von dem Augenblick an, wo er es für sicher hält, daß kein Burgunde überleben wird, und diese Freundschaft mit Volker wird feinsinnig beschrieben. Daß Kriemhild 'die Nerven verliert', als ihr bewußt wird, daß Hagen sie bis zuletzt betrogen hat, und sie ihn aus Wut tötet, ist eher menschliche Schwachheit als übermenschliche Größe.[14] Die Rolle des Mythischen ist im ›Nibelungenlied‹ beschränkt und untergeordnet; der Dichter bewahrt davon das für die Verknüpfung der Handlung Notwendige[15]: die Hornhaut Siegfrieds, seinen Schatz, die Zauber-

---

[13] Die Vokabelgleichung kelt. *kaleto- („hart") = germ. *heliþa („Held") ist bekannt.

[14] G. Weber, a. a. O. S. 16: „Denn für ihre eigene Person ist Kriemhild wesenmäßig nicht groß, sondern eher klein, nicht heroisch, sondern zur Furchtsamkeit neigend ..."

[15] Es genügt zu sehen, wie Hagen in ein paar Strophen das in Erinnerung bringt, was man über Siegfrieds mythische Vergangenheit wissen mußte; 4 Verse (Strophe 100) genügen für die Episode das Drachenkampfes und der Hornhaut.

kraft Brünhilds — so wie bei Phèdre die mythische Familie des Minos oder der Drache Neptuns vorausgesetzt werden. Aber nachdem diese Elemente einmal gegeben sind, wird der Verlauf der Ereignisse in dem Teil, wo sich das Drama anbahnt, von Hagens Berechnungen, Siegfrieds Sorglosigkeit und Kriemhildes furchtsamer Liebe bestimmt.

Im ›Nibelungenlied‹ leistet die pseudohistorische [16] Welt der Burgunden und der Hunnen die gleichen Dienste wie die griechischrömische Welt im Theater des 17. Jahrhunderts. Gerade diese Fiktion gestattet es, Abstand zur gegenwärtigen Wirklichkeit zu gewinnen. Racine hat einmal diesen Abstand gewonnen, als er in ›Bajazet‹ mit der räumlichen statt mit der zeitlichen Entfernung arbeitete. «Major e longinquo reverentia», schreibt Racine im Vorwort zu ›Bajazet‹. Wir haben zu verstehen: es ist auf diese Weise leichter, das Vorhandensein einer Welt glaubhaft zu machen, in der ausschließlich und frei die 'menschliche Natur' spielt und aus der andere, göttliche oder magische Mächte ausgeschlossen sind.

Es liegt ein Unterschied darin, daß Griechen, Römer oder Türken im Theater des 17. Jahrhunderts natürlich nicht Christen sind. Die Burgunden des ›Nibelungenlieds‹ gehen zum Gottesdienst, und Hauptszenen spielen auf dem Vorplatz einer Kirche. Das ändert nichts am Fehlen jeglichen Einflusses des Christentums auf die Handlung.

An den Höfen von Worms und Gran herrschen eben die sozialen und politischen Verhältnisse aus der Zeit der Lehnsherren und des Rittertums. Das Spiel der Mächte verstand sich für eine ritterliche Zuhörerschaft von selbst. Heutzutage muß man Marc Bloch [17] lesen, um zu verstehen, daß das Rittertum eine Klasse faktisch Herrschender gewesen ist, deren Macht auf der Überlegenheit des

[16] Es erübrigt sich, im einzelnen an die Widersprüche zwischen der germanischen Tradition des Dietrich-Kreises und der Geschichte zu erinnern; Theoderich ist nicht Zeitgenosse Attilas; Theoderich ist in Ravenna ein großer, unabhängiger Herrscher und Dietrich für die Legende der ewige Verbannte gewesen usw.

[17] Marc Bloch, La société féodale. Les classes et le gouvernement des hommes, Paris 1940. Siehe besonders das erste Kapitel: Les nobles comme classe de fait (Die Adligen als de facto bestehende Klasse).

kraftvollen Mannes, des *fervestu*, beruhte, der den Ringpanzer trug und sich zu Roß bewegte. Die einmal erlangte Macht konnte durch einen mit gleicher Ausrüstung versehenen Gegner wieder in Frage gestellt werden. Dies bedingt die Härte dieser kriegerischen Welt, in der leicht eine elementare Schicksalsgläubigkeit vorherrscht. Eine Frau ist hier machtlos, wenn sie nicht einen tüchtigen Kriegsmann für ihre Dienste gewinnen kann. Eine gewisse historische Einführung ist also notwendig, damit wir uns die Voraussetzungen für das Drama richtig vorstellen können.[18] Das Hindernis ist nicht unüberwindbar. Es bestehen schon im jetzigen Frankreich, wenn auch in einem geringeren Grade, in bezug auf das Theater des 17. Jahrhunderts derartige Hindernisse, noch größere in der klassischen Philologie.

Demjenigen, der diese Schwierigkeit einmal überwunden hat, offenbart sich in allen Einzelheiten das Spiel der psychologischen — rein menschlichen — Triebkräfte, die die Handlung bestimmen. Der Schöpfer der psychologischen Verknüpfungen, die zur endgültigen Katastrophe führen, mußte ein Beobachter der Leidenschaften und der Charaktere im kriegerischen und feudalen Milieu sein und an den Ritterhöfen ein Publikum vorfinden, das fähig war, den Wert der Dichtung zu schätzen, in der sich diese Beobachtung in Gestalten verkörperte. Man hat von einem Humanismus des 12. Jahrhunderts sprechen können; das kann nur ein 'relativer' Humanismus sein wie der des 17. Jahrhunderts.

Die Ähnlichkeit der grundsätzlichen Positionen hat Folgen bis in die Formen hinein: man neigt dazu, das Spiel der Charaktere in eine einzige, ununterbrochene Handlung zu verdichten, was auch die Einheit des Ortes mit sich bringt. Die Tragödie vom Ende der Burgunden in Gran (der die doppelte Vorgeschichte als Exposition dient) liegt gerade noch an dieser Grenze: sie hat eine einzige Handlung, die 48 Stunden dauert, nämlich vom Samstag mittag bis

---

[18] Insbesondere muß man die Tragweite und die Grenzen der Lehensbindung verstehen. Ein Teil der Handlung beruht auf der Neutralität Dietrichs, der das ablehnt, was er für unehrenhaft hält, und sich damit begnügt, seinem König und seiner Königin das Verlassen des Saales zu gewährleisten. Ein anderer Teil der Handlung hängt zusammen mit dem persönlichen Treueid, den Rüedeger Kriemhild geleistet hat.

Montag mittag, und zwar ununterbrochen, denn die Nächte sind
genauso voller Handlung wie die Tage.[19] Ort der Handlung ist
ein Platz, der sich im Hintergrund durch ein Turnierfeld verlängert, mitsamt den umliegenden Gebäuden.

Eine Erinnerung an die Verkettung der Ereignisse, die die
psychologische Motivierung nachdrücklich betont, wird vollends
zeigen, daß es sich um eine Familientragödie handelt, die sich auf
der Ebene des Menschlichen abspielt.

Der Inhalt der beiden Anfangsgruppen von elf Aventiuren entspricht dem, was in einer klassischen Tragödie durch Dialoge in der
Exposition kundgetan würde. Genau da finden sich die mythischen
Elemente, die notwendig sind, um das Geschehen einzuführen und
das Spiel der menschlichen Triebkräfte zu zeigen.

Bevor Kriemhild als Gattin Etzels in Gran angekommen ist, hat
sich folgendes ereignet und solchermaßen abgespielt:

Am Hofe zu Worms kommt ein Held an, Siegfried, der, seiner
Kraft sicher, die Burgunden bei der ersten Begegnung zurück-
weichen läßt. Man hat darauf verzichtet, sich mit ihm zu messen,
und behandelt ihn diplomatisch als Gast. Kriemhild, die Schwester
der burgundischen Könige, und Siegfried verlieben sich ineinander.
Siegfried, der freundlich gesinnt ist, sagt zu, Gunther zu begleiten,
der aufbricht, um eine ferne Prinzessin zu erobern. Gunther hat sich
ein Ziel gesetzt, das seine Kräfte überschreitet, und er müßte untergehen, wenn Siegfried ihm nicht heimlich helfen würde, und dieser
hilft dem König noch einmal heimlich in seiner Hochzeitsnacht.

Kriemhild und Siegfried erleben in Xanten zehn Jahre voller
Glück. Das Paar wird nach Worms eingeladen. Der einst Brünhild
gegenüber begangene Betrug ist die Ursache für ein Mißverständnis, das den Streit der Königinnen auslöst: die aufgebrachte Kriemhild äußert öffentlich eine Anspielung auf die Hochzeitsnacht,
worauf die gesamte Herrscherfamilie unter dem Druck eines dro-
henden schrecklichen Skandals steht. Hagen, der Vertreter der

---

[19] Corneille hat verfochten, daß er die Einheit der Zeit im ›Cid‹ respektiert habe, weil die Handlung durch die Nacht, die mit dem Kampf
gegen die Mauren erfüllt ist, nicht unterbrochen werde.

'Staatsraison' am Hofe, nimmt es auf sich, Siegfried zu töten. Er gelangt zu seinem Ziel, indem er das Vertrauen der Königin und ihr heiligstes Gefühl, ihre furchtsame Gattenliebe, mißbraucht. Eben weil sie eine edle Seele ist, empört sich Kriemhild und löst den Kampf aus, um auf der Stelle, in Worms, Gerechtigkeit zu erlangen. Sie läßt den Schatz ihres Mannes kommen und beginnt heimlich, Krieger anzuwerben. Hagen führt mit ruhiger und gelassener Haltung den Gegenzug, indem er das Gold in den Rhein wirft. Aber das Schicksal gibt Kriemhild eine letzte Waffe: sich selbst. Gegen die Zusage, Etzel zu heiraten, gelingt es ihr, von Rüedeger, dem Gesandten, einen persönlichen Treueid zu erhalten und so einen äußerst tüchtigen Krieger in ihren Dienst zu stellen. Als Königin in Gran festigt sie ihre Stellung und wartet auf die Stunde für die entscheidende Runde gegen Hagen. Hier beginnt die Tragödie im eigentlichen Sinne, die *Nôt*.

Kriemhild läßt die Burgunden einladen. Hagen weiß, was ihn erwartet, aber er ist zu stolz, sich zu entziehen. Unterwegs bestätigt ihn die Episode mit den Nixen in seiner Überzeugung, daß keiner lebend von der Reise zurückkehren wird. In dem Augenblick, da die Burgunden in Gran ankommen und da Hagen sich vor Kriemhild befindet, eröffnet sich das Spiel für sie weniger gut, als sie dachte: Rüedeger hat die Burgunden nichtsahnend als liebe Gäste empfangen und seine Tochter mit Giselher verlobt. Der mächtigste germanische Lehnsmann Etzels, Dietrich, hat die Pläne der Königin durchschaut und die Burgunden gewarnt: sie tragen das Panzerhemd . . .

Der Zusammenstoß zwischen Hagen und Kriemhild beginnt. Hagens Glaube an das unerbittliche Schicksal beseelt ihn mit einer herausfordernden Haltung, die eben das Blutvergießen unvermeidlich machen muß, während ein besonnenerer Staatsmann die vorteilhaften Aspekte der Lage für sich ausnutzen würde. Wenn er auch seine Herren und ihre Barone mit einer noch so bewundernswerten Tapferkeit verteidigt, so geht doch in jedem entscheidenden Augenblick das Irreparable von ihm aus. Kriemhild entfesselt ihrerseits den Konflikt in eben dieser Lage dadurch, daß sie grenzenloses Leid verursacht, ohne jemals ihr Ziel erreichen zu können.

Blödelin und seine Hunnen, auf die sie zählte, haben es nicht gewagt, Hagen die Stirn zu bieten; alles, was sie zu tun fähig sind, ist, unbewaffnete Knechte niederzumetzeln und dadurch die Repressalien auszulösen, das Gemetzel unter den Hunnen im Festsaal. Der kleine Ortlieb ist das unschuldige Opfer des Zusammenstoßes von Kriemhild und Hagen: es ist nicht notwendig, daß die Königin — wie in der ›Thidrikssaga‹ — Hagen von ihrem Sohn ohrfeigen läßt; Hagen schafft von sich aus das Irreparable, indem er das Kind tötet. Kriemhild hat lediglich erreicht, daß sich der Konflikt ausweitet: Etzel kann nicht mehr neutral bleiben. Aber er hat kein Heer. Dietrich, der zum Vermittler geworden ist, entreißt Etzel und Kriemhild, seinen König und seine Königin, den Burgunden, aber er legt nicht Hand an die Gäste. Ein germanischer Lehnsmann, Iring, läßt sich auf den Ruf seiner Herren hin unnötig töten. Vergeblich läßt Kriemhild den Saal mit dem Holzdach in Brand stecken: Hagen führt den Kampf gegen das Feuer und rettet die Burgunden.

Ein Waffenstillstand wäre angesichts der Stellung der beiden größten Vasallen, Rüedeger und Dietrich, noch möglich. Aber Kriemhild nötigt Rüedeger, seinen Eid zu halten und für sie zu kämpfen; er wird getötet, und als Dietrich seine Mannen schickt, um Rüedegers Leichnam zu verlangen, wird durch eine Herausforderung Volkers an den zu hitzigen Wolfhart eine zweite Schlacht entfesselt, die sinnlos, aber noch mörderischer ist. Es bleiben nur Gunther und Hagen auf der einen, Dietrich und Hildebrand auf der anderen Seite übrig.

Dietrich nimmt Gunther und Hagen gefangen und liefert sie der Königin aus, die eigentlich verpflichtet wäre, ihnen Leben und Ehre zu belassen. Sie fordert zur Wiederherstellung der Gerechtigkeit den Schatz und das Schwert; beides hatte sie vom ersten Augenblick an von Hagen verlangt. Ehe er daran denkt, diese Bedingung anzunehmen, schickt Hagen seinen König unter dem Vorwand, er habe geschworen, nicht zu sprechen, solange seine Könige am Leben seien, in den Tod; und dies, um der Königin die triumphierenden Worte entgegenzuschleudern: „Der Schatz soll dir Teufelsweib für immer verborgen sein." [20] Kriemhild ist zum Narren gehalten: sie

---

[20] *Der sol dich, vâlandinne, immer wol verholen sîn* (Str. 2371).

erwidert, daß sie wenigstens das Schwert, den Balmung, haben
werde; aber in dem Augenblick, wo sie den Griff in der Hand hält,
bemächtigt sich ihrer die Wut, und das Schwert senkt sich auf
Hagen ...

Zutiefst tragisch ist, daß dieser Frau, an der ein schändliches
Verbrechen begangen worden ist, nicht Gerechtigkeit widerfährt;
darüber hinaus verliert sie dabei den Anspruch auf die Achtung
ihrer Standesgenossen, die êre. Als Hildebrand sie entrüstet tötet,
erscheint er als Vollstrecker der Gerechtigkeit und Hagen im Tod
als der moralische Sieger.[21]

So sieht die Geschichte vom tragischen Untergang einer feudalen
Dynastie aus, die zum Opfer ihrer eigenen Schwachheiten und ihrer
eigenen Fehler geworden ist, indem sie in ihrem Schoß das Werkzeug ihres Verderbens, Kriemhild, hervorbrachte, die selbst dem
Tod geweiht war. Darin liegt ein glanzvoller Erweis des Tragischen
der conditio humana im Rahmen einer vorgegebenen Gesellschaft.[22]

[21] Es gibt eine Ähnlichkeit zwischen dem Schicksal Kriemhilds und dem
des Michael Kohlhaas bei Kleist. Kohlhaas wird in seiner Starrköpfigkeit,
mit der er Gerechtigkeit erlangen will, zum Verbrecher. Aber Kleist hat
die Spitze des Tragischen entschärft durch die Erfindung des Kurfürsten,
der Kohlhaas seine Pferde zurückerstatten läßt, bevor dieser zur Sühne
seiner Verbrechen stirbt. Nicht der Junker, sondern Kohlhaas bleibt der
moralische Sieger. Man denke sich das Gegenteil, und schon hat man das
Tragische des ›Nibelungenlieds‹.

[22] Das ›Nibelungenlied‹ ist augenscheinlich nicht ein episches, sondern
ein dramatisches Werk: „Der Nibelungendichter, ein Dramatiker von dem
Wirbel bis zur Zeh ...“, sagt Hebbel.

Wenn die beiden *Vorgeschichten* nicht durch die höfischen Entfaltungen
aufgebläht worden wären, käme dieser dramatische Charakter noch besser
zum Vorschein.

Wie man sich fragt, wenn man Shakespeares ›Heinrich V.‹ im Kino
sieht, ob der Film als Ausdrucksmittel für den Dichter nicht geeigneter
gewesen wäre als die elisabethanische Bühne, so haben wir das Gefühl,
daß die Kunst des ›Nibelungenlieds‹ dem bildhaften Ausdruck entgegen-
kommt; dies ist der Fall, als Hagen und Volker, die im Hof von Kriemhilds Palast sitzen, unerschütterlich den Hunnen gegenüber bleiben, die,
mit dem Panzerhemd unter dem langen Seidengewand, bereit sind, sich
auf sie zu stürzen — bis hin zu dem Augenblick, da diese auf ihr Vor-

Alles in allem liegt durch eine Laune der Geschichte der Schwerpunkt der französischen literarischen Kultur, unser 17. Jahrhundert, in bezug auf den großen Einschnitt des 18., das Aufkommen des 'modernen Subjektivismus', auf derselben Seite wie die Literatur des 13. Jahrhunderts; während die deutsche geistige Bildung, die sich um Goethe und Schiller und die deutschen Romantiker, ihre Zeitgenossen, bewegt, ihren Schwerpunkt auf der anderen Seite dieses Einschnitts hat. Wir Franzosen stehen der Zeit, die das ›Nibelungenlied‹ hervorgebracht hat, viel näher, weil wir in einem gewissen Sinn durch die Grundlage unserer Kultur Menschen einer älteren Zeit sind.

Von dem Augenblick an, wo das ›Nibelungenlied‹ nicht länger als Spiegel einer spezifisch 'altgermanischen' Welt aufgefaßt, sondern in das Europa des 13. Jahrhunderts zurückversetzt wird, muß unterstrichen werden, daß die ritterliche Literatur jener Zeit jenseits der Sprachunterschiede (Nord- und Südfranzösisch, Niederländisch, Hochdeutsch) eine Einheit bildet, die auf der Einheit des Ritterstandes beruht — eine Einheit des Geistes und eine Einheit der literarischen (und künstlerischen) Technik. Der Verfasser unseres Textes des ›Nibelungenlieds‹ kennt die französische epische Literatur, der er Erzählmotive entnimmt, wie Panzer dargelegt hat. Neben den drei „Stoffkreisen", die Benoit de Sainte-Maure aufgezählt hat, nämlich die *« matière de Charle, de Bretagne et de Rome la grant »*, erfüllt der germanische Stoffkreis die gleichen Funktionen: er dient als Dekor für Erzählungen, deren Helden

haben verzichtet. — Der Film von Fritz Lang, eine Mischung aus Märchenhaftem und Riesenkitsch, spiegelt die überholte Tradition, auf die wir oben hingewiesen haben, wider.

Ein echter Film, der ausschließlich das ›Nibelungenlied‹ und nicht die heterogene Bilderwelt des 19. Jahrhunderts als Grundlage hätte, könnte dazu beitragen, der Dichtung zu dem Platz zu verhelfen, der ihr unter den ganz großen menschlichen Werken aller Zeiten zukommt. Er würde für die Rollen Kriemhilds und Hagens zwei unvergleichliche Schauspieler erfordern, die außerdem völlig frei sein müßten von der romantischen Vorstellung, wie sie sich in dem oben angeführten Heine-Abschnitt spiegelt.

als Mitglieder des Adelsstandes ihrer Zeit (etwa des 11. bis 13. Jahrhunderts) aufgefaßt werden.

Die Einheit dieser Literatur ist augenfällig und theoretisch anerkannt, wenn auch praktisch die nationale Abkapselung der literarischen Forschungen die Ausbildung von Fachleuten, die jene Literatur in ihrer Gesamtheit erfassen, erschwert.[23] Die Erforschung dieser Einheit wird vielleicht als Gemeinschaftsunternehmen parallel zur Entstehung der europäischen Einheit im Bereich der Kultur möglich sein.

Anhang

Die unvorbereitete Lektüre des ›Nibelungenlieds‹ läuft Gefahr, den französischen Leser zu enttäuschen. Tonnelat verhehlte nicht, daß ihm bei der Übersetzung mancher Abschnitte langweilig wurde. Man könnte das Horaz-Wort auf das ›Nibelungenlied‹ übertragen: *quandoque bonus dormitat Homerus.*

Im allgemeinen können zeitlich weit zurückliegende Werke nicht mehr ohne entsprechende philologische Ausbildung direkt angegangen werden. Aber in diesem Falle gibt es überdies besondere Umstände.

Der erste ist der, daß wir vielleicht nicht das Originalwerk einer Dichtung, die um 1160—70 anzusetzen ist, besitzen, sondern eine höfische Bearbeitung, die um 1205 entstanden ist. Man nahm mit Heusler das Vorhandensein einer ersten, allerdings auf die *Nôt* beschränkten Dichtung an, nämlich die Geschichte der Reise ohne Wiederkehr ins Hunnenland.

Untersuchungen des Aufbaus haben mich auf den Gedanken gebracht, daß die frühere Dichtung bereits die *gesamte Handlung,* und zwar von Anfang an, die gesamte unerbittliche Verkettung der Ereignisse enthielt.[24] Das Gesetz der höfischen Bearbeitung

[23] Die Universitäten bilden Romanisten und Germanisten aus, doch hier brauchten wir Fachleute, die fähig wären, einerseits Altfranzösisch und Altprovenzalisch, andererseits Altniederländisch und Mittelhochdeutsch zu lesen.

[24] Siehe J. Fourquet, Zum Aufbau des Nibelungenlieds und des Kudrunlieds, Zeitschrift für deutsches Altertum Bd. 85, 1954, S. 137—149 [vgl. in diesem Band S. 53—69].

besteht darin, die gesamte Geschichte neu zu schreiben und dabei die Handlung beizubehalten; nur die *Gestaltung* ändert sich: die Technik in der Herausarbeitung der Szenen, in der Charakterisierung der Personen usw.; es findet sich überdies eine allmähliche Entwicklung in Richtung auf die höfische Verfeinerung, eine Aufhöfischung. Die höfischen Szenen der Empfänge, Feste, Reisen, die die erste Hälfte der Dichtung aufblähen, ohne für die Handlung nützlich zu sein, schreibe ich ausschließlich dem Bearbeiter zu. Sie schwächen die dramatische Intensität der ersten Hälfte ab. Die erste Dichtung mußte viel ungeschlachter, aber auch viel kraftvoller gewesen sein.

Eine weitere Schwierigkeit: die Gestalten des ›Nibelungenlieds‹ analysieren sich nicht, wie Phèdre sich vor Œnone analysiert; wir müssen das, was sich in ihnen vollzieht, aus ihren Handlungen, ihren Gesten, aus kurzen Worten, aus Befehl oder Herausforderung, die zur Handlung werden, erschließen; die Wiederkehr der Motive wie die von Schwert und Schatz muß interpretiert werden. Der Dichter selbst greift nur wenig und zurückhaltend ein.

Der Zwang der Strophenform mit ihren vier Langversen liegt drückend auf dem Erzählfluß. Der letzte Vers enthält oft hinderliche 'Flickwörter'.

Für eine erste Begegnung wäre eine Bearbeitung in moderner Prosa auf der Grundlage der neuen Werkauffassung wünschenswert.

Mediaeval German Studies 1965, pp. 115—123. Originaltitel: ›Actions and Reputations in the *Nibelungenlied*‹. Aus dem Englischen übersetzt von Ruth Krawschak.

VERHALTEN UND ANSEHEN IM NIBELUNGENLIED

Von Kenneth J. Northcott

In einem vor kurzem in ›German Life and Letters‹ erschienenen Artikel befaßt sich der Verfasser ziemlich ausführlich mit der Diskrepanz zwischen der Einschätzung bestimmter Charaktere des ›Nibelungenlieds‹, die sie durch den Dichter oder andere Gestalten erfahren, und ihrem tatsächlichen Verhalten im Verlaufe der Handlung dieses Epos.[1] In diesem Artikel entkräftet D. G. Mowatt viele der Argumente, die normalerweise vorgebracht werden, um diese Diskrepanz zu erklären, und er tat recht daran. Wir haben uns zu lange mit einer Form der literarischen Kritik des ›Nibelungenlieds‹ zufriedengegeben, die a priori davon ausgeht, daß der Literaturkritiker ein besseres Verständnis der dichterischen Absicht des Werkes hat als der Dichter selbst.[2] Es ist jedoch wichtig, daß man nun nicht in das andere Extrem verfällt und die Interpretation des Gedichts auf der Grundlage des Historismus ganz in den Schatten stellt. Die Reaktion der Zuhörer auf das Epos und der historische Rahmen, der es umgibt, sind zum Teil, möchte ich behaupten, als Gestaltungsprinzipien des Werkes anzusehen, das uns hier beschäftigt, genauso wie sie für jedes Werk von formendem Einfluß sind, das für öffentliche Aufführung oder öffentlichen Vortrag bestimmt ist. Auf die Gefahr hin, daß man mir vorwirft, daß ich Mowatts Interpretation, nach seinen eigenen Worten, „den Todeskuß gebe", möchte ich zwei oder drei Anregungen geben, wie man das Thema weiterführen und modifizieren könnte.

[1] D. G. Mowatt, Studies towards an Interpretation of the *Nibelungenlied*, German Life and Letters XIV, 1960—1961 [vgl. in diesem Band, S. 179 ff.].

[2] Z. B. die Anmerkungen in ›Das Nibelungenlied‹, nach der Ausgabe von Karl Bartsch, herausgegeben von Helmut de Boor, 16. Aufl., Wiesbaden 1961. Alle Zitate sind dieser Ausgabe entnommen.

Manchmal scheint Mowatt ganz naturgemäß in den Fehler zu verfallen, den so viele moderne Kritiker begehen, daß er nämlich Form und Inhalt ganz willkürlich trennt und in der Spannung, die sich aus diesen Diskrepanzen ergibt, rein formale Kunstgriffe sieht, die einen Teil der Struktur der Dichtung bestimmen. Es haben jedoch auch andere Spannungen, die den Inhalt der Dichtung betreffen, und Spannungen, die sich zwischen den Charakteren als solchen ergeben, die gleiche strukturbestimmende Wirkung. Außerdem ließe sich dieses Argument wahrscheinlich noch weiter entwickeln, so daß es auch die oben erwähnte Spannung miteinbegreifen würde, die zwischen dem Dichter — oder der Dichtung — und der Zuhörerschaft besteht.

Ironie ist keineswegs bloß ein formaler Kunstgriff, ganz besonders nicht in einer Epoche, in der der Vers weitgehend von der Rhetorik abhängig ist und von der formalistischen Vorstellung geprägt wird, daß die Dichtkunst erlernbar ist und nicht allein auf Inspiration beruht. Der Dichter des ›Nibelungenlieds‹ ist deswegen nicht weniger in die Probleme und Spannungen seiner eigenen Zeit verstrickt als seine Zeitgenossen, weil er seinen Stoff der germanischen Vergangenheit entnimmt. Eines der poetischen Mittel, die er benutzt, um seine Anteilnahme daran auszudrücken, ist der Kunstgriff, mit dem wir uns hier beschäftigen.

Der Dichter verwendet die Paradoxie von Verhalten und Ansehen in starker Abwandlung, auf einfache und sehr komplizierte Weise. Auf der einen Seite begegnen wir der anscheinend unkünstlerischen Verwendung eines scheinbar völlig beziehungslosen oder auch widersprüchlichen 'epitheton ornans', während wir am anderen Ende der Skala einer vollkommenen Paradoxie in der Gestalt Hagens gegenüberstehen. Sein Charakter besteht von Anfang bis zum Ende des Epos aus einer Serie von Widersprüchen zwischen äußerem Scheinen und tatsächlichem Sein. Denn trotz der allgemein verbreiteten Ansicht der Kritiker, die auch von H. Sacker [3] wieder aufgegriffen worden ist, erreicht Hagen nie wieder ganz die

[3] H. Sacker, On Irony and Symbolism in the *Nibelungenlied*: Two Preliminary Notes, German Life and Letters XIV, 1960—1961, S. 271 ff. [vgl. in diesem Band, S. 201 ff.].

Statur des germanischen Kriegers, und selbst am Ende der Dichtung bleibt seine Schilderung durch den Dichter höchst zweideutig. Von dem Zeitpunkt an, zu dem er in der dritten Aventiure Siegfried gegenüber zur Vorsicht mahnt, bis hin zum Sachsenkrieg und der Werbung Brünhilds in Isenstein rät Hagen ständig zur Vorsicht — worauf man allerdings nicht hört — und nicht zur heroischen Tat. Wenn es jedoch zu einer solchen kommt, dann wird sie ihm immer aufgezwungen. Selbst nach dem Überqueren der Donau, als jeglicher Rückzug unmöglich geworden ist und man eine Reihe heroischer Taten erwarten könnte (denn es sieht so aus, als hätte der Dichter den Hintergrund dafür geschaffen), beteiligt sich Hagen an einer Anzahl von Taten, die alles andere als heroisch sind. Im Kampf mit Gelfrât muß ihm Dancwart zu Hilfe kommen:

> Swie bitterlîchen Hagene   zuo Gelpfrâte spranc,
> der edel marcgrâve   des schildes hin im swanc
> ein vil michel stücke,   daz'z fiwer dræte dan.
> des was vil nâch erstorben   der küene Guntheres man.
> Dô begonde er ruofen   Dancwarten an.
> „hilfâ, lieber bruoder,   jâ hât mich bestân
> ein helt ze sînen handen,   der'n lât mich niht genesen."
> dô sprach der küene Dancwart: „des sol ich scheidære wesen."
>
> (1612 f.)

Und dennoch heißt er weiterhin *der küene Guntheres man*. Später, zu Anfang der Schlacht mit den Hunnen, haben die Taten Hagens, wenn sie eher ausführlich als allgemein beschrieben werden, ebenfalls nur wenig Heroisches an sich. Er erschlägt den Knaben Ortlieb, fordert Volker auf, seinem Bruder zu helfen, er kämpft ohne jeden Erfolg gegen Hildebrand, obwohl der Dichter ständig das vorgerückte Alter Hildebrands hervorhebt. Es kommt hinzu, daß Hagen sich die ganze Zeit mit dem zweiten Platz hinter Volker begnügen muß, genauso wie er im Sachsenkrieg hinter Siegfried zurückstehen mußte:

> in sus getânen leiden   in doch der naht zeran.
> noch stuont vor dem hûse   der küene spileman
> und Hagene sîn geselle,   geleinet über rant:
> sie warten schaden mêre   von den ûz Etzelen lant.
>
> (2120)

Auch Hagens endgültige Vernichtung durch die Hand Kriemhilds, auch wenn es nur ein Pyrrhussieg für sie ist, hat nichts von einem Heldentod an sich, und selbst den Begleitumständen fehlt das Heroische. Hagen sieht sich gezwungen, seinen Herrn zu opfern, um sein eigenes Ziel zu erreichen, das darin besteht, Kriemhilds Bemühungen um den Hort zunichte zu machen. In einer heroischen Situation hätte er sein Leben geopfert, um seinen Herrn zu retten. Es ist wahr, daß das unlösliche Dilemma, in dem sich Hagen am Ende des Gedichts befindet, an die Situation im ›Hildebrandslied‹ erinnert, allerdings mit dem Unterschied, daß dort das Ergebnis zumindest teilweise vom Schicksal bedingt ist, während wir uns nicht des Eindrucks erwehren können, daß Hagen sein Dilemma selbst verschuldet hat. Wir stellen also fest, daß der Dichter Hagen in den Schlußphasen des Epos häufig in unheroischer Haltung zeigt und daß die Kritiker, die behaupten, daß er am Schluß des Gedichts schließlich seine wahre Rolle als Krieger findet, einige entscheidende Punkte übersehen haben. Was wir jedoch genau erkennen können, ist, daß Hagen seinem eigenen Charakter treu bleibt, nicht aber der hohen Meinung, die andere von ihm haben. Er bleibt den Zielen treu, die er sich selbst gesetzt hat, und diese Ziele sind unheroisch. In einem gewissen Sinne trägt jedoch gerade die allgemeine Meinung dazu bei, die endgültige Tragödie herbeizuführen. Hagens innerer Widerspruch zu diesem Zeitpunkt zwingt ihn dazu, sich der vorherrschenden Meinung über ihn zu beugen und seinen Widerstand gegen die Fahrt zu Etzels Hof aufzugeben. Das ist sein eigentliches Dilemma; er wird mit einer Situation konfrontiert, in der es unmöglich ist, Schein und Sein miteinander in Einklang zu bringen. Die Schwierigkeit, eigenes Verhalten mit dem öffentlichen Ansehen in Einklang zu bringen, ist sicherlich das bestimmende Prinzip für Hagens Entscheidung an dieser Stelle, und sie übersteigt hier jegliche rein rhetorische Funktion.

Und doch, selbst als sich dem Dichter die Gelegenheit bietet, die Paradoxie in Hagens Wesen aufzulösen, wenn er es nämlich zur endgültigen Tragödie kommen läßt, verzichtet er nie ganz auf den ursprünglichen Konflikt in Hagens Charakter, sondern zeigt ihn, wie wir gesehen haben, auch noch am Schluß. Ja, er verstärkt die Spannung noch, die durch den inneren Widerspruch in Hagens

Charakter erzeugt wird, indem er die Gestalt Volkers wieder einführt und ihn rasch von einer undeutlichen Nebenfigur, die weit vom Hof entfernt in Alzey lebt, zum führenden Krieger auf der Seite der Burgunden avancieren läßt. In einem gewissen Sinne haben wir in der Gestalt Volkers das Gegenstück zu Hagen. Volker ist ein Spielmann und keine Figur, von der man normalerweise große Heldentaten erwarten würde — und der Dichter hört nicht auf, ihn als solchen bis zu seinem Tode zu bezeichnen, ja, er steigert dieses Bild sogar noch, indem er Metaphern aus dem Bereich des Gesanges verwendet und von Volkers Schwert als von seiner Fidel spricht. Und dieser Spielmann nimmt den ersten Platz unter den Kriegern ein und übernimmt damit, wie wir gesehen haben, eine Stellung, die der Siegfrieds Hagen gegenüber entspricht.

Bei der Gestalt Etzels haben wir es mit einer ganz anderen Situation zu tun. Etzel ist der einzige Charakter, von dessen Anlage man am ehesten erwarten könnte, daß sie die Art von Spannung erzeugen würde, von der wir gesprochen haben. Er befindet sich in einer Situation, die in sich den Keim für zahlreiche Konflikte birgt. Er ist ein heidnischer König an einem Hof, der sowohl von Christen als auch von Heiden umgeben ist, und im Zusammenhang mit Kriemhild macht er selbst auf diesen Umstand aufmerksam:

> Dô sprach der künic rîche: „wi möhte daz ergân
> sît ich bin ein heiden und des toufes niht enhân?
> so ist diu vrouwe kristen: dâ von sô lobt sis niht.
> ez müese sîn ein wunder, ob es immer geschiht.“
>
> (1145)

Der Dichter schafft damit eine Situation, von der man ohne weiteres erwarten kann, daß sie dem König Schwierigkeiten bereiten wird und daß sie der Auftakt zu einer konfliktreichen Auseinandersetzung ist, zu der es auf Grund der Unvereinbarkeit verschiedener religiöser Überzeugungen zweier Charaktere kommen wird. Die Situation wird letztlich jedoch völlig umgekehrt. Letzten Endes ist es nicht der Heide Etzel, der für die ausweglose Tragödie verantwortlich ist (Christen und Heiden leben an Etzels Hof tatsächlich in vollkommener Eintracht nebeneinander), sondern die 'Christin' Kriemhild. Zum entscheidenden Konflikt zwischen Etzel und Kriemhild kommt es, nicht weil Etzel unfähig ist, als Christ zu handeln, sondern weil er sich weigert, an einem unchristlichen Racheakt teilzunehmen, der seine Frau verzehrt. Der Konflikt entsteht durch die Grausamkeit der von einem Dämon besessenen Frau, die der von ihr zu Anfang der Dichtung gegebenen Beschreibung ganz und gar nicht entspricht und dem Edelmut Etzels entgegengesetzt ist. Es läßt sich nicht mit Sicherheit feststellen, ob der Dichter an der historischen Einschätzung Etzels als 'Geißel Gottes' als kontrastierendem Element überhaupt interessiert war.

Die stetige Spannung also, die sich aus dem Widerspruch zwischen Ansehen und wirklichem Verhalten ergibt, ist natürlich nur ein Aspekt des Epos und des Kräftespiels, durch das der Dichter die Erzählung vorantreibt. Andere Spannungen innerhalb des Stoffes werden offenbar und sind eng verknüpft mit dem paradoxen Verhältnis, das im Mittelpunkt dieser Darlegung steht. Die Gegensätze zwischen dem Hof von Worms und von Isenstein, Xanten und Gran, die Gegensätze zwischen den Charakteren und der Gegensatz von dynamischer Handlung und statischem Hintergrund, all das finden wir in dem Gedicht so, wie wir es erwarten würden. Sie sind Teil des allgemeinen Spannungsgefüges, das der Dichter erzeugen muß, um das Interesse seiner Zuhörer wachzuhalten. Dennoch ist der stilistische Kunstgriff, auf den uns Mowatt aufmerksam gemacht hat und dem wir hier einigen Raum gewidmet haben, zweifellos von höchster Bedeutung für das Spannungsgefüge und eine künstlerische Notwendigkeit für die Gesamtstruktur des Werkes.

Wir sehen uns nun jedoch einem weiteren Problem gegenüber, das wir bereits am Anfang erwähnt haben. Wir müssen uns nämlich fragen, ob man das Epos wirklich verstehen und die ganze Tragweite der Spannungen innerhalb des Werkes begreifen kann, ohne es in seinem Verhältnis zu der Zuhörerschaft, für die es der Dichter schrieb, zu betrachten. In einem gewissen Sinne erscheint es unumgänglich, daß die Spannungen, von denen die Rede war, Spannungen widerspiegeln, die der Dichter in seiner eigenen Welt wahrnahm. Sie sind der unmittelbaren Umgebung des Dichters entnommen und haben auch seine Zeitgenossen beschäftigt. Und an diesem Punkte muß ich mich wahrscheinlich von Mowatt trennen.

Ich glaube nicht, daß das Epos als Ganzes wirklich verstanden werden kann — wenn wir von der Voraussetzung ausgehen, daß es vorgetragen wurde —, wenn nicht diese zusätzliche Dimension der Spannungen berücksichtigt wird. Kayser hat darauf hingewiesen, daß der Leser zu einem determinierenden Faktor für die Struktur des modernen Romans werden kann,[4] und es scheint, daß ein Werk, das für den Vortrag bestimmt ist, noch empfänglicher für einen solchen Einfluß ist. Diese zusätzliche Dimension wurde vom Dichter akzeptiert, und er setzte sie auch bei seinen Zuhörern voraus, die alle derselben sozialen Schicht angehörten und die gleichen *mores* hatten. Von ihnen konnte man erwarten, daß sie dem Vortrag des Gedichts gemeinsame Erfahrungen und Vorstellungen entgegenbringen würden. Auf diesem Hintergrund hat sich das hier angesprochene Spannungsverhältnis entwickelt.

Wir sollten jetzt jedoch wieder dazu übergehen, die Palette der Charaktere des ›Nibelungenlieds‹ zu betrachten. Wir sind jetzt vielleicht in einer besseren Position, sie innerhalb des Gesamtgefüges des Verhältnisses von Verhalten und Ansehen im ganzen Werk zu betrachten, und wir können einen Schritt weiter gehen und sie vor dem Hintergrund der Reaktion der Zuhörer und damit unter Bezug auf das historische Gefüge jener Zeit sehen, das wir weiter oben erwähnt haben. Die bedeutenderen Charaktere der Dichtung sind Gunther, Hagen, Brünhild, Kriemhild, Siegfried, Etzel, Volker, Gernot, Giselher und Rüdiger. Bei jedem dieser Charaktere, mit Ausnahme Gernots und mit einer besonderen Bedeutung im Falle Rüdigers, womit wir uns später beschäftigen werden, stoßen wir auf ein gespanntes Verhältnis zwischen Verhalten und Ansehen. Im Falle Giselhers wird die ständige Verwendung des Epithetons *tump* oder der Apposition *daz kint* bald zu einem kontrastierenden Element, denn die einfachste Zeitrechnung muß zeigen, daß Giselher, zumindest am Ende des Gedichts, beinahe die mittleren Jahre erreicht hat. Das ist lediglich ein weiteres Beispiel für die Vielfalt der Möglichkeiten der Weiterentwicklung kontrastierender Elemente, die ganz offensichtlich ein ständiger und bedeutender Bestandteil des Epos sind.

[4] W. Kayser, Entstehung und Krise des modernen Romans, Stuttgart 1956, S. 15 und 34.

In diesem Gesamtgefüge von Verhalten und Ansehen nimmt
Rüdiger eine Sonderstellung ein, denn gegen Ende des Werkes wird
er in einer bedeutungsvollen Situation gezeigt, bei der einer Gestalt
des Epos die Frage nach dem Verhältnis von Verhalten und Ansehen in den Mund gelegt wird, die uns vielleicht einen wichtigen
Hinweis dafür gibt, welche Absicht des Dichters dahintersteht. Die
Frage wird zu dem Zeitpunkt aufgeworfen, als Rüdiger von einem
hunnischen Krieger beschuldigt wird, sich aus Feigheit vom Kampf
fernzuhalten. Rüdiger erschlägt ihn, da er sich eine solche Kritik
angemaßt hat, aber die Worte des Kriegers machen den stilistischen
Kunstgriff besonders deutlich:

> man giht im, er sî küener   danne iemen müge sîn:
> daz ist in disen sorgen   worden bœslîche schîn.
>   (2140, Zeile 3—4)

Die Bedeutung dieser Zeilen beruht auf dem Umstand, daß hier, an
einem sehr entscheidenden Punkt in der Handlung, formale Elemente mit inhaltlichen zusammengehen. Sie dienen z. T. dazu, Rüdigers verwirrten Geisteszustand zu offenbaren, auf den er kurz
darauf in der Unterredung mit Kriemhild und Etzel selbst ein-
geht, bei der er versucht, sich aus dem Dilemma zu befreien, in dem
er sich durch den Eid, den er Kriemhild geschworen hat, befindet.
Hier ist der Konflikt zwischen christlicher Pflicht und Lehnspflicht
bis aufs äußerste gespannt. Es scheint, daß uns der Dichter hier
einen Hinweis auf die Spannungen gibt, die außerhalb der Welt des
Epos bestanden und die dazu beigetragen haben, die Ansichten des
Dichters und seine Einstellung zu den inneren Widersprüchen zu
formen, die er in seinem Werk darlegt.

Wie sieht nun der geschichtliche Hintergrund aus, der im Epos
widergespiegelt wird, und welche Probleme ergeben sich daraus?
In vieler Hinsicht steht das Werk natürlich in Gegensatz zu dem,
was als 'höfisches' Epos bezeichnet wird. Das verdeutlichen auf
einer oberflächlichen Ebene bereits die formalen metrischen Unterschiede in der Länge der Zeilen und der Strophenformen, und es ist
die Vermutung geäußert worden, daß dieses Werk eine Art Antwort der österreichischen Dichterschule auf den romanischen Einfluß sein mag, der sich im Westen etabliert hatte. Unter diesem

Aspekt kann man vielleicht eine der gestaltbestimmenden Spannungen in der Auseinandersetzung des Heimischen mit dem Fremden sehen, die z. B. auch Walthers ›ir sult sprechen willekomen‹ und einen weiteren großen Teil seiner Verse in der österreichisch-bayrischen Tradition inspiriert hat.[5] Dennoch kann diese Tatsache nur zum Teil die Spannungen erklären, die in diesem Epos vorhanden sind. Das Problem gründet tiefer als im Bereich der nationalen Rivalität. Es umfaßt die gesamte Kritik an der höfischen Gesellschaft seiner Zeit, die der Dichter im ganzen Epos äußert, eine Kritik, der sich seine westlichen Zeitgenossen anschließen und die uns vielleicht dazu bringen mag, den größeren Teil der Literatur, die um 1200 geschrieben wurde, als 'neu-antihöfisch' zu bezeichnen. Und wieder finden wir im Werk Walthers von der Vogelweide, dem Zeitgenossen und Landsmann des Dichters des ›Nibelungenlieds‹, einen aufschlußreichen Hinweis für das Problem. Auch in anderem Zusammenhang wird es immer deutlicher, daß zwischen diesen beiden Dichtern hinsichtlich ihrer Anschauungen eine starke geistige Verwandtschaft besteht, und zwar sowohl in bezug auf ihre Weltanschauung als auch in bezug auf ihre Auffassung von der Beziehung zwischen Schein und Sein, die sie miteinander gemein haben:

Wenn Walther schreibt:

> deheinen rât kond ich gegeben,
> wie man driu dinc erwurbe,
> der keines niht verdurbe.
>
> diu zwei sint êre und varnde guot,
> daz dicke ein ander schaden tuot:
> daz dritte ist gotes hulde,
> der zweier übergulde
>
> (8, 11—17)[6]

---

[5] Diese Thematik wird ausführlich in meinem Artikel ›Walther von der Vogelweide and Tradition‹, Beiträge zur geistigen Überlieferung V, Bern/München 1965, S. 29 ff., behandelt.

[6] Die Zitate aus dem Werk Walthers von der Vogelweide sind folgender Ausgabe entnommen: W. Wilmanns, Walther von der Vogelweide, Halle/Saale ²1883.

dann geht es ihm bis zu einem gewissen Grad um dieselben Probleme, mit denen sich der Dichter des ›Nibelungenlieds‹ beschäftigt. Ansehen, Reichtum und Gottes Gnade sind für ihn Dinge, die miteinander unvereinbar sind. Äußerer weltlicher Schein läßt sich nicht mit dem Ansehen des Menschen vor Gott in Einklang bringen. Es ist zwar wahr, daß es dem Dichter des ›Nibelungenlieds‹ um andere Aspekte von Schein und Sein geht. Dennoch drehen sich diese beiden heiklen Dinge und der den beiden Dichtern eigene Pessimismus um die Unmöglichkeit, beides miteinander in Einklang zu bringen.

Parallelen dieser Art finden sich nicht nur in der zeitgenössischen Lyrik. Schein und Sein ist ein durchgängiges Thema im epischen Werk Hartmanns. Es erfährt im ›Armen Heinrich‹ seine stärkste Ausprägung. Heinrich, allem Anschein nach wirklich der vollendete Ritter, wird von Gott ganz willkürlich ausgewählt und vom Aussatz heimgesucht. Nur ganz allmählich werden uns seine Fehler offenbar. Heinrich versöhnt sich erst dann wieder mit Gott, nachdem er, wie Gregorius, durch eine Zeit der Leiden gegangen ist. Es liegt jedoch auf der Hand, daß wir es hier mit einem wesentlichen Unterschied zu tun haben, der zwischen dem Werk und der Lösung Hartmanns einerseits und dem Pessimismus Walthers und unseres Dichters andererseits besteht. Hartmann besitzt eine ständige Hoffnung auf Erlösung, die es für die österreichischen Dichter nicht gibt:

> jâ leider des enmac niht sîn
> daz guot und weltlîch êre
> und gotes hulde mêre
> zesamene in ein herze komen.
> (8, 19—22)

heißt es bei Walther.[5] Und unser Dichter beschließt sein Epos mit einer Tragödie von verheerendem Ausmaß, die den gesamten Hof der Burgunden verschlingt und lediglich Etzel und Dietrich auf den rauchenden und blutbeschmierten Trümmern des Hofs der Hunnen zurückläßt. Vielleicht gibt es doch noch einen Strahl von Hoffnung selbst in einer solchen Situation. Bezeichnenderweise sind die beiden übriggebliebenen Gestalten Charaktere, deren Taten im Verlauf ihrer Verwicklung in die Handlung am stärksten dem Ruf gerecht werden, den sie genießen. Anders als Hartmann oder Wolfram stellt der Dichter keine besonderen Hoffnungen auf eine Lösung in Aussicht, denn er behauptet, nichts über die späteren Ereignisse zu wissen:

> Ine kan iu niht bescheiden, waz sider dâ geschach:
> wan ritter unde vrouwen weinen man dâ sach,
> dar zuo die edeln knehte, ir lieben friunde tôt,
> hie hât daz mære ein ende: daz ist der Nibelunge nôt.
>
> (2379)

Was er uns mitteilt, ist, daß die Geschichte, soweit sie die Nibelungen oder die Burgunden betrifft, hier endet. All die Spannungen zwischen den einzelnen Charakteren und den Höfen, zwischen dem scheinbar höfischen Milieu von Worms und den tatsächlichen Intrigen, dem Argwohn und den bösen Machenschaften, zu denen es dort kommt, finden ihre tragische Lösung in der Katastrophe, die die Burgunden trifft. Sie ziehen die Hunnen mit sich in den Abgrund, deren Eintracht durch das Eindringen Kriemhilds zerstört worden ist. Dennoch bleibt Etzel auch am Ende noch der Herrscher, und wenn es auch übertrieben sein mag, in ihm ein Symbol der Stärke zu sehen, die die Kraft zur Versöhnung von Schein und Sein besitzt, von höfischem Benehmen und den echten höfischen Idealen, so ist in der Tatsache seines Überlebens doch zumindest ein weiterer Hinweis auf die dichterische Intention zu sehen.

Wirkendes Wort 15, 1965, S. 233—238.

DAS NIBELUNGENLIED

Strukturelle Beobachtungen und Zeitgeschichte *

Von Josef Szövérffy

Die Nibelungenforschung der letzten Jahrzehnte zeigt eine ungeheure Intensivierung der stofflichen und geschichtlichen Untersuchungen, und zahlreiche Aspekte der Nibelungentraditionen sind darin schon berücksichtigt.[1] Man könnte unter solchen Umständen denken, daß es fast unmöglich sei, neue Gesichtspunkte zu finden, die einen echten Beitrag zum Verstehen dieses Hauptwerkes der mhd. Literatur liefern. Das Erscheinen neuer Interpretationen[2] des ›Nibelungenliedes‹ widerspricht jedoch dieser Annahme, und es scheint, daß die neueren Diskussionen doch manch neues Licht auf die Nibelungenproblematik werfen können.

Ohne die reiche und oft widerspruchsvolle Geschichte der Nibelungenforschung neu aufrollen zu wollen, möchte ich hier darauf hinweisen, daß man darin hauptsächlich zwei Forschungsrichtungen

* Nach einem Vortrag, gehalten auf den Tagungen der Modern Language Association of America, 27.—29. Dezember 1963.

[1] Aus der ausgedehnten Fachliteratur seien nur folgende angeführt: Friedrich Panzer, Das Nibelungenlied (1955); Mary Thorp, The Study of the Nibelungenlied ... 1755—1937 (1940), und G. Weber, Das Nibelungenlied (1961); siehe auch F. Neumann, Verfasserlexikon III (1943), Sp. 513—535 und V (1955), Sp. 705—719.

[2] B. Nagel, Die künstlerische Eigenleistung des Nibelungendichters (Wolfram Jb. 1953, S. 23—47) und ders., Zur Interpretation und Wertung des Nibelungenliedes (Neue Heidelberger Jbb 1954, S. 1—89) [vgl. die vom Autor gekürzte und überarbeitete Fassung in diesem Band, S. 367—431]; W. J. Schröder, Das Nibelungenlied. Versuch einer Deutung (Beiträge [Ost] 76, 1955, S. 56—143); B. Nagel, Probleme der Nibelungenlieddeutung (ZfdPh 75, 1956, S. 57—73); G. Weber, Das Nibelungenlied — Problem und Idee (1963).

unterscheiden kann. Einerseits hat man versucht, die Probleme der Nibelungenforschung auf sagengeschichtlich-historischem Wege zu erfassen, wobei man vor allem die Vorgeschichte des ›Nibelungenliedes‹ aufhellen wollte.[3] Andererseits hat man mehr und mehr betont, daß man von dem bestehenden Kunstwerk ausgehen müsse, um das Wesen und die wahre Bedeutung dieser monumentalen Dichtung erfassen zu können.[4] So ist man zu Interpretationen gekommen, die oft in verschiedene Richtungen führen, da das ›Nibelungenlied‹ ohne Zweifel ein vielschichtiges und reichgegliedertes Werk ist.

In diesem kurzen Beitrag möchten wir ebenfalls von dem auf uns gekommenen Nibelungentext ausgehen, denn „was der Schöpfer des Nibelungenliedes in Wahrheit gewollt, letztlich auch, was er vermocht hat, ist einzig aus der Textgestaltung der Dichtung, also aus der Interpretation des Wortkunstwerkes zu ergründen".[5] Trotz der gründlichen Studien gibt es nämlich in diesem Kunstwerk gewisse Besonderheiten, die bisher kaum berücksichtigt wurden und die doch eine deutliche Aussage über die Absichten des Nibelungendichters bieten.

Wir wollen hier unser Augenmerk vor allem auf gewisse strukturell wichtige Elemente des ›Nibelungenliedes‹ richten und versuchen, ihre Funktion bzw. Bedeutung zu interpretieren. Über die Gesamtstruktur dieses Werkes[6] und die Grundkonzeption[7] des Dichters hat man schon öfter gesprochen. Doch hat man kaum die

[3] Siehe nur: Andreas Heusler, Nibelungensage und Nibelungenlied (1955⁵); Kurt Wais, Frühe Epik Westeuropas und die Vorgeschichte des Nibelungenliedes I (1953) mit einem Beitrag von H. Kuhn. Weitere Literatur bei Weber (siehe oben, Anm. 1).

[4] Werner Schröder, Die epische Konzeption des Nibelungendichters (WW 11, 1961, S. 193—201); Weber (1963), S. 1 ff., Panzer (1955), S. 8 ff. usw.

[5] Weber (1963), S. 2.

[6] J. Fourquet, Zum Aufbau des Nibelungenliedes und des Kudrunliedes (ZfdA 85, 1954/55, S. 137—149) [vgl. in diesem Band, S. 53—69]; E. Tonnelat, La chanson des Nibelungen (1926); siehe auch Panzer (1955), und unter Anm. 27, Weber (1961), S. 67 f. F. Maurer, Über den Bau der Aventiuren des Nibelungenliedes, Festschrift für D. Kralik (1954) S. 93—98.

[7] Schröder (siehe oben Anm. 4).

Frage von gewissen Elementen des ›Nibelungenliedes‹ erörtert, die
man in gewissem Sinne als „Gerüstmotive" bezeichnen darf.

Hugo Kuhn hat die mittelalterlich-höfische Epik als eine Art
Gerüstepik beschrieben.[8] Das ›Nibelungenlied‹ kann aber keineswegs vollwertig in diese Kategorie eingereiht werden, obwohl es
mancherlei Beziehungen zur höfischen Tradition und Kultur hat.[9]
Jedoch darf man hier auch von gewissen Gerüstmotiven sprechen,
d. h. von Zügen und Motiven, die eine bestimmte handlungstra-
gende Funktion erfüllen und den epischen Gesamtbau gewissermaßen stützen.

Wenn wir Anhaltspunkte für ein Handlungsgerüst im ›Nibelun-
genlied‹ suchen, dann müssen wir von der allgemein angenommenen
Zweiteilung des Gesamtbaues des Werkes ausgehen. Auch über die
Zweiteilung der Gesamthandlung hat man schon viel geschrieben;
wir begnügen uns hier mit einem Hinweis Wachingers, der sagt:
„Jeder Hauptteil des Nibelungenliedes umfaßt ... zwei Phasen.
Jeweils die erste Phase jedes Teils steht unter dem Thema Werbung, jeweils die zweite enthält Einladung, Fest und Katastrophe."[10]
Wir sollen also untersuchen, ob diese vier Handlungsphasen The-
men oder Motive enthalten, die als Gerüstmotive im obigen Sinne
gelten können.

In der ersten „Phase" des ersten Teils (Aventiure 1—11) des
›Nibelungenliedes‹ geschieht kaum etwas, was die Gesamthandlung
wesentlich vorwärtsbringt, bis Gunther und Siegfried in der sechsten Aventiure einen Pakt schließen.[11] Vorher wurde schon geschil-

---

[8] H. Kuhn, Dichtung und Welt im Mittelalter (1959), S. 41—61 (Gat-
tungsprobleme der mhd. Literatur) bes. S. 51, 58 f. usw.

[9] N. Dürrenmatt, Das Nibelungenlied im Kreise der höfischen Dichtung (1945); Bodo Mergell, Nibelungenlied und höfischer Roman (Euphorion 45, 1950, S. 305—336 [vgl. in diesem Band, S. 3—39]; dagegen:
Max Wehrli, Strukturprobleme des mal. Romans (WW 10, 1960, S. 334
bis 345). Auch: W. Krogmann, Der Dichter des Nibelungenliedes (1962);
Panzer (1955) passim.

[10] B. Wachinger, Studien zum Nibelungenlied (1960), S. 98; vgl. auch
S. 82 ff., 93 ff. usw.

[11] Text nach: K. Bartsch (Hrsg.), Das Nibelungenlied, neub. Ausg.
v. H. de Boor (1965[18]); bes. Str. 328—335 (S. 61 f.).

dert, daß Siegfried nach Worms kam und am Sachsenkrieg erfolgreich teilnahm. Er sah sogar auch Kriemhild. Sein Vorhaben, um ihre Hand zu werben, machte jedoch bisher keine Fortschritte.

Jetzt kommt es aber zu der erwähnten Paktszene in der sechsten Aventiure. Auf Hagens Ratschlag wendet sich hier Gunther an Siegfried, um ihn bei seiner geplanten Werbung um Hilfe zu bitten. Doch verlangt Siegfried dafür eine Gegenleistung, Kriemhildens Hand. Gunther und Siegfried begnügen sich nicht mit einem gegenseitigen Versprechen. Sie beide schwören einen Eid:

> Des antwurte Sîvrit, der Sigmundes sun:
> »gîstu mir dîne swester, sô wil ich ez tuon,
> die scoenen Kriemhilde, ein küneginne hêr.
> sô gér ich dehéines lônes nâch mînen arbeiten mêr.«

> »Daz lob' ich«, sprach dô Gunther, „Sîvrit, an dîne hant.
> und kumt diu scoene Prünhilt her in ditze lant,
> sô wil ich dir ze wîbe mîne swester geben,
> sô mahtu mit der scoenen immer vroelîche leben.«

> Des swuoren si dô eide, die récken vil hêr ...[12]

Die Sachlage ist hier also ganz klar: Durch diesen Eid entsteht ein neues, enges (man könnte sogar sagen, ein rechtähnliches) Verhältnis zwischen Gunther und Siegfried. Es ist ein Treueverhältnis, ein erster, verhängnisvoller Schritt, der letzten Endes zur Katastrophe führt. Die Bedeutung dieses Schrittes unterstreicht der Nibelungendichter einerseits dadurch, daß er hier den Eid in die Handlung einfügt, andererseits durch eine seiner vielen epischen Vorausdeutungen:

> ... des wart ir arebeiten verre deste mêr,
> ê daz si die frouwen brâhten an den Rîn.[13]

Dieses neue Verhältnis ist scheinbar nur ein Beistandspakt, eine gegenseitige Vereinbarung. In Wirklichkeit nimmt es aber mit dem

[12] Str. 333—335 (S. 62).
[13] Zur Frage der epischen Vorausdeutungen: Wachinger (oben, Anm. 10) und S. Beyschlag, Die Funktion der epischen Vorausdeutungen im Aufbau des Nibelungenliedes (Beiträge [Ost] 1955, S. 38—55).

Fortschreiten der Handlung den Charakter eines „zeitweiligen"
Lehnsverhältnisses an. Siegfried ist vor allem, wie in einem gewöhnlichen Lehnsverhältnis, zu einer Vorleistung verpflichtet.
Dann tritt Siegfried bei der Werbung um Brünhilds Hand als Gunthers Lehnsmann auf. Brünhild richtet ihre Worte bei deren Ankunft an Siegfried. Siegfried lehnt aber diese Aufmerksamkeit mit
der Bemerkung ab, er verdiene sie gar nicht, da sein eigener Lehnsherr, Gunther, noch vor ihm stehe:

> „Vil michel iwer genâde, mîn vrou Prünhilt,
> daz ir mich ruochet grüezen, fürsten tohter milt,
> vor disem edelen recken, der hie vor mir stât,
> wand'er ist mîn herre: der êren het ich gerne rât." [14]

Der mhd. Text gebraucht zwar das Wort *mîn herre*; aber de Boor
übersetzt es mit „mein Lehnsherr". [15] Von nun an betrachtet sie ihn
als Gunthers Lehnsmann. Die Folgen dieser Tatsache auf die weitere Handlung sind wohlbekannt. So ist keineswegs verfehlt, wenn
wir dem obigen Treueverhältnismotiv (oder „Lehnsmotiv") eine
große Bedeutung zuschreiben. Vom Standpunkt der Gesamthandlung hat es nämlich wirklich eine hervorragende Bedeutung, und es
gilt in dieser Hinsicht als ein Gerüstmotiv. Bliebe es aber im ›Nibelungenlied‹ ganz isoliert, dann könnten wir daraus keine weiteren Schlüsse ziehen. Es ist aber nicht isoliert. Ähnlichen Zügen
kommt auch im weiteren Verlauf der Ereignisse eine entscheidende
Stellung zu. Als sich der Streit der Königinnen in der 14. Aventiure
entfaltet, greift Hagen in die Handlung energisch ein, um eine
Lösung herbeizuführen. [16] Bekanntlich steht aber Hagen in einem
ausgesprochenen Lehns- und Treueverhältnis zu Gunther (und zu
den Burgundenkönigen), und er betrit den verhängnisvollen Weg
eben deshalb, weil er dies als seine aus dem Lehns- bzw. Treueverhältnis stammende Pflicht betrachtet. Das Ergebnis ist Siegfrieds
Ermordung. So spielt das Lehns- bzw. Treueverhältnis als Erzähl-

---

[14] Vgl. Str. 417 ff. (S. 76); zitiert Str. 420.
[15] H. de Boor, Das Nibelungenlied — Zweisprachige Ausgabe (1959),
S. 125.
[16] Bes. Str. 867 ff. (S. 146).

motiv im Gang der Geschehnisse noch einmal eine entscheidende Rolle. Auch hier muß dieser Zug als Gerüstmotiv bezeichnet werden. Diesmal befindet es sich in der „zweiten Phase" des ersten Teiles des ›Nibelungenliedes‹, um Wachingers Terminologie nochmals in die Erinnerung zu rufen.

Wie steht es aber mit dem zweiten Teil des Werkes? Auch hier ist eine ähnliche Situation. Wie im ersten Teil, wird die stockende Handlung auch hier wieder durch eine Treueidszene ins Rollen gebracht. Hier begegnen wir Kriemhild und Rüdiger in der 20. Aventiure.[17] Kriemhild weigert sich zuerst, Etzels Werbung anzunehmen, bis ihr Rüdiger endlich einen Beistands- bzw. Treueid leistet und dadurch sozusagen ein ganz besonderes Treueverhältnis zu ihr schafft. Die Feierlichkeit dieser Handlung drückt sich in der sprachlichen Fassung der Szene aus:

> Mit allen sînen mannen swuor ir dô Rüedegêr
> mit triuwen immer dienen, unt daz die recken hêr
> ir nimmer niht versageten ûz Etzelen lant,
> des si êre haben solde, des sichert'ir Rüedegêres hant
> (Str. 1258)

Auch diese Szene hat als Gerüstmotiv in der Handlung eine Reihe von verhängnisvollen und entscheidenden Auswirkungen auf die Ereignisse. Sie entspricht strukturell im Gesamtbau des Gedichtes jener Szene, wo Siegfried und Gunther einander ebenfalls einen Beistandseid schwören. Die Folgen des von Rüdiger geleisteten Eides [18] zeigen sich wiederum in der „zweiten Phase" des zweiten Teils des Nibelungenliedes, wo Rüdiger durch Kriemhild gegen seinen Willen gezwungen wird, entscheidend in den Endkampf einzugreifen.

Das Treue- bzw. Lehnsverhältnis spielt auch in der letzten Phase der Ereignisse eine ganz besondere Rolle. Hier handelt es sich um die Haltung der Burgundenkönige in der 36. Aventiure, die sich weigern, Hagen Kriemhild auszuliefern.[19] Das tun sie wieder we-

---

[17] Str. 1255 ff. (S. 203 f.) daselbst.
[18] Rüdigers Rolle wurde oft erörtert; neuerdings: Weber (1963) S. 85 bis 102, bes. S. 88 f.; W. Schröder (WW 1961), S. 198 f.
[19] Bartsch/de Boor (1956), Str. 2103 ff. (S. 329 f.).

gen des Treueverhältnisses, das sich aus den Lehnsbeziehungen
ergibt. Dadurch wird aber das Gesamtschicksal der Burgunden besiegelt. So wirkt ein und dasselbe Gerüstmotiv zum vierten Male
auf den Gang der Handlung entscheidend ein. In allen vier Phasen
des ›Nibelungenliedes‹ bildet dieses Gerüstmotiv in dieser oder jener
Form den Verdichtungspunkt für die Handlung. Wir haben oben
schon angedeutet, daß eben dadurch eine gewisse Symmetrie entsteht: Die Gunther-Siegfried-Eidszene findet ihre Entsprechung
in der Rüdigerszene des zweiten Teils,[20] und Hagens Haltung in
der zweiten Phase entspricht derjenigen der Burgundenkönige in
der vierten. Diese vier Gerüstmotive an den Brennpunkten tragen
die Gesamthandlung und haben im Kunstwerk nicht nur eine strukturelle, sondern auch eine stimmungsmäßige Funktion.

Man hat den Eindruck, daß der Dichter mit der starken Betonung dieser Motive etwas Besonderes aussagen wollte. Es scheint,
als ob er andeuten möchte, daß eben diese Verkettung von Eid-
leistungen und Lehnsbeziehungen zur Vernichtung Siegfrieds und
zum Burgundenuntergang führen. Ist der Mensch in diesem Netz
von Verpflichtungen, Eiden und Lehnsbeziehungen nicht etwa gefangen und seiner Freiheit beraubt? Liegt hier vielleicht ein hinter-
gründiger Gedanke des Dichters oder ein ähnliches Erlebnis vor?
Wer könnte nach so vielen Jahrhunderten mit Sicherheit feststellen,
was sich in der Seele des Nibelungendichters abspielte, als er eben
diese Züge zu einer Gerüstkette seines Werkes ausgebaut hatte? Wir
können höchstens so etwas vermuten, aber kaum direkt beweisen.

Bei diesem Punkt kommen wir zu jenem vielseitigen und schwer
deutbaren Thema, das sich unter dem Titel „Dichtung und Wirklichkeit" [21] zusammenfassen läßt. Darüber sagt Hugo Moser: „Alle
Dichtung ist in irgendeiner Form Gestaltung einer vorgegebenen
Wirklichkeit. Sie trifft daraus eine Auswahl nach bestimmten Gesichtspunkten, und sie ahmt sie zumeist nicht einfach nach, sondern

---

[20] Man könnte in diesem Zusammenhang auch nennen, was oben schon
erwähnt wurde, daß auch Rüdigers Haltung hier (siehe bes. Str. 2166 ff.
usw.) gänzlich durch sein Lehns- und Treueverhältnis bzw. seinen Eid
bestimmt ist.

[21] Hugo Moser, Dichtung und Wirklichkeit im Hochmittelalter (WW 5,
1954/55, S. 79—91).

verwandelt sie." [22] Für den Nibelungendichter gilt als diese „Wirklichkeit", neben den zahllosen ihm bekannten Traditionen, aus denen er viel Stoff über die Nibelungen schöpfte, auch jene höfisch-feudale Umwelt, in der er selbst lebte.[23] Wir wissen aus anderen Untersuchungen, daß er das Bild der von ihm geschilderten Vergangenheit weitgehend verhöfischt, modernisiert und sozusagen an seine eigene Zeit angeglichen hat. Zum Kreise dieser Anpassung scheint auch die oben angedeutete Gerüstkette, welche die eidlich-lehnsrechtlichen Verstrickungen des Menschen des Hochmittelalters andeuten, zu gehören.

Wir verstehen diese Aussage des Dichters besser, wenn wir den historischen Hintergrund der Ereignisse in der Entstehungszeit des ›Nibelungenliedes‹ berücksichtigen. Seit dem letzten Viertel des 11. Jahrhunderts, d. h. seit der Entfaltung des Investiturstreites [24], rücken nämlich die Probleme des Eides [25], der Lehnsbeziehungen und Lehnsverpflichtungen ganz eigenartig in den Vordergrund sowohl in geistlichen wie auch in weltlichen Kreisen. Der über mehrere Könige, Kaiser und Fürsten usw. verhängte Kirchenbann und die damit zusammenhängende Aufhebung der aus dem feudalen Treueid stammenden Verpflichtungen machten den zu höfischen Kreisen gehörigen Menschen mit der Problematik schwebender Lehnsbeziehungen vertraut. Ist der Eid eine absolute Verpflichtung? Wie verhalten sich Eid und persönliches Gewissen zueinander? Diese und ähnliche Probleme standen vor den Augen der in die Investiturkämpfe verwickelten Menschen, und die Lage hat sich auch um die Wende des 12. und 13. Jahrhunderts kaum geändert,

[22] Daselbst, S. 80.

[23] Zur Person des Nibelungendichters: Panzer (1955), S. 470—486; Krogmann (1962); D. Kralik, Wer war der Dichter des Nibelungenliedes (1954). [Nachtrag: von der neueren Literatur soll hier nur ein Beitrag angeführt werden: Hans Fromm, Der oder die Dichter des Nibelungenliedes? in: Colloquio italo-germanico sul tema: I Nibelunghi, organizzato d'intesa con la Bayerische Akademie der Wissenschaften (1974) S. 63—77.]

[24] G. Tellenbach, Libertas. Kirche und Weltordnung im Zeitalter des Investiturstreites (1936).

[25] Zur Frage von Eid usw.: L. Buisson, Potestas und Caritas (1958), bes. S. 74 ff. und S. 216 (Die plenitudo potestatis und der Eid).

wie wir aus manchen Äußerungen Walthers von der Vogelweide
entnehmen können.[26] Wollte also der Nibelungendichter die Aufmerksamkeit mit der Hervorhebung dieser Motivkette (die er gewissermaßen als Gerüst in seinem Werke benützt) auf die unge-
heueren Spannungen der Eidverhältnisse und Lehnsbeziehungen
lenken? Wollte er zugleich durch die Wahl dieser Gerüstmotive auf
schwerwiegende Probleme seiner Zeit hinweisen?

Besonders interessante Aspekte gewinnt diese Vermutung, wenn
man sie mit Knorrs Feststellungen über das Handlungsschema im
›Nibelungenlied‹ verbindet. Nach Knorr spielt sich das Menschen-
schicksal im Rahmen der Nibelungendichtung in drei Phasen ab:
„Zunächst begegnet uns ein einzelner als kraftvoll handelnde Person, die das eigentliche Geschehen in Gang bringt. Dann wird die
Auswirkung dieses Geschehens in der Gemeinschaft enthüllt, die
sich schon ganz losgelöst vom Willen des einzelnen zeigt. Der einzelne erweist sich nunmehr als zu schwach, den Ereignissen eine
entscheidende Richtung zu geben; ‚sie gehen ihren Gang‘. Dann
folgt als dritte Stufe das völlige Zurücktreten des einzelnen, die
Gemeinschaft wird gleichsam Träger des Geschehens, das den Menschen verschlingt.“ [27] Was könnte aber das Leben und Schicksal der
mittelalterlich-feudalen Gemeinschaft mehr beeinflussen als die
Herrschafts- bzw. Lehnsbeziehungen zwischen den Großen des
Volkes, die durch Treueid besiegelt sind?

Die betonte, wiederholte Verwendung dieser besprochenen Gerüstmotive gilt sicherlich vor allem als ein dichterischer Kunstgriff;
doch mag sie gewissermaßen die Gedanken des Nibelungendichters
verraten, seine Absicht, die Schicksalstragik der Nibelungen in einen
ganz einfachen Rahmen einzufügen. Er wollte sichtlich die Gesamthandlung in den Rahmen der Treue- bzw. Lehnsverhältnisse und
der daraus entstehenden Verwirrungen einbauen, weil dieser Rahmen seinem Publikum aus den Kenntnissen zeitgenössisch-feudaler
Zustände vertraut war.

---

[26] Bes. in seinem Spruch: ›Hêr bâbest, ich mac wol genesen‹, Kraus,
11, 6.

[27] F. Knorr, Der künstlerische Aufbau des Nibelungenliedes (ZfDK 52,
1938, S. 73—87), zitiert S. 82.

Wenn dem so ist, stellt das ›Nibelungenlied‹ gewissermaßen die Spiegelung einer Periode politischer Zerrissenheit dar, einen Zeitspiegel des frühen 13. Jahrhunderts, wo Kaiser und Gegenkaiser, Päpste und feudale Stände durch ihre rücksichtslosen Handlungen den Untergang des Reiches vorbereiteten. Teilte also der Nibelungendichter die bitteren Gefühle eines Walther von der Vogelweide, der verzweifelt über die Auflösung der inneren Ordnung klagt?[28] Wollte also der Nibelungendichter mit der Darstellung des Burgundenunterganges seiner Bitterkeit, seiner Verzweiflung einen Ausdruck geben? Wenn das zuträfe, dann hätte er eine fast prophetische Einsicht in die Zukunft gehabt.

Mit diesen Beobachtungen und Fragen kommen wir aber jenen Vorstellungen sehr nahe, die Hans Naumann hatte, als er das ›Nibelungenlied‹ eine „staufische Elegie" nannte.[29] Das Wort „Elegie" ist aber meines Erachtens nicht kräftig genug, um das Wesen des tragischen Erlebnisses des Nibelungendichters auszudrücken, da er die individuell-persönliche Tragik des Menschenschicksals und die kollektive Tragödie der Gemeinschaft gleichfalls in ungemein dynamischen Bildern heraufbeschworen hat. Im Grunde genommen ist aber Naumanns Beobachtung richtig, da das Nibelungenlied die ahnungsschwere Stimmung der staufischen Zeit ausdrückt.

So führt uns die Suche nach Gerüstmotiven im ›Nibelungenlied‹ zu Problemen der Zeitgeschichte, die der endgültige Gestalter[30] der

---

[28] Bei Walther in den politischen und Reichssprüchen; z. B. Kraus, 8, 28 und 9, 16 usw. Vgl. dazu: Theo Schumacher, Walthers zweiter Spruch im Reichston (Dt. Vj. 36, 1962, S. 179—189).

[29] Hans Naumann, Das Nibelungenlied eine staufische Elegie oder ein deutsches Nationalepos? (Dichtung und Volkstum 42, 1942, H. 4. S. 41 bis 59) bes. S. 57 ff. Panzer (1955), S. 467, lehnt diese Bezeichnung ausdrücklich ab: „Was Naumann vorträgt, ist wie gewöhnlich kenntnisreich, großzügig, gescheit; wir erlauben uns trotzdem, an der alten Bezeichnung festzuhalten, und glauben dafür gute Gründe zu haben."

[30] Zur Beurteilung der Frage und Rolle des „letzten Dichters": Schröder (WW 1961), S. 193 ff., mit Hinweisen. Da wir eben aus dem bestehenden ›Nibelungenlied‹ ausgingen, haben wir ganz bewußt die Probleme, die aus seinem Verhältnis zur Thidrekssaga entspringen, außer acht gelas-

Nibelungentraditionen in zeitlose Bilder und ewig-künstlerische
Szenen verwandelte und die dadurch, aus ihrem ursprünglichen
historischen Rahmen ausgelöst, zu unvergänglichen Symbolen
menschlicher Tragik geworden sind.

sen. Ich schließe mich in der Beurteilung des Verhältnisses zwischen dem
Nibelungenlied und der Thidrekssaga an Panzer (1955), S. 62 f. und
ders., Studien zum Nibelungenlied (1945), S. 109—178, an.

Zeitschrift für deutsches Altertum und deutsche Literatur XCIV, 1965, S. 280—306 und:
H. Kuhn, Kleine Schriften II, 1971, S. 158—182.

DER TEUFEL IM NIBLUNGENLIED

Zu Gunthers und Kriemhilds Tod

Von Hans Kuhn

So wenig wie Gott im Niblungenlied hervortritt, so wenig tut
es auch der Teufel, und so wie seine Helden Gottes Namen meist
nur unbedacht im Munde führen, so auch den seines Widerparts.
Dies ist nichts Neues. Der Teufel wird, kaum anders als heutzutage,
meist dann genannt, wenn jemand seinem Entsetzen oder Unwillen
Luft macht oder einem Mitmenschen Übles wünscht (dies B 450
und 1955). Auch der Zusatz *übel* verstärkt in der Mehrzahl der
Fälle nur die Emphase, ohne daß der wirkliche Gottseibeiuns gemeint ist (so B 216, 1955 und 2051), und dasselbe tut ein beige-
fügtes *in (ûz) der helle* oder gar beides (442 und 450). Gänzlich entleert ist die Bedeutung des Worts in Hagens bekanntem *jâ bringe
ich iu den tiuvel* (1744) sowie in Dietrichs *ir habet den tiuvel getân*
(1993). Wo Männer als Teufel bezeichnet werden (2001 und 2311),
da sind etwa 'Teufelskerle' gemeint. Ähnlich ist es, wo Brünhild
des Teufels Weib gescholten wird (438). In allen diesen Fällen wird
die Berufung des Gottseibeiuns Helden des Liedes in den Mund
gelegt, und die gebrauchte Bezeichnung ist in B (und auch A) *tiuvel*.
Ich beschränke mich zunächst auf diese Fassungen und zitiere sie
nach Bartsch-de Boor.

Von allen diesen Stellen hebt sich (in B und A) scharf eine einzelne ab, an der es erstens der Dichter selbst ist, der spricht, an der
zweitens der Leibhaftige wirklich und ernstlich gemeint ist und
drittens statt *tiuvel* das in diesen Fassungen sonst nicht gebrauchte
vâlant steht:

> Ich wæne der übel vâlant Kriemhilde daz geriet,
> daz si sich mit friuntschefte von Gunthere schiet,
> den si durch suone kuste (B 1394).

Neben diesem einen *vâlant* steht zweimal das Femininum *vâlan-dinne*, beide Male in der Anrede an Kriemhild (B 1748 und 2371). Sie wird von ihren Gegenspielern — das erstemal Dietrich, das zweite Hagen — direkt als solche geschimpft. Es gibt im ganzen Epos nichts Ähnliches, kein Mann wird je als *tiuvel* oder gar *vâlant* angeredet. Es kommt hinzu, daß der Gebrauch des Wortes an der ersten Stelle, noch dazu aus Dietrichs Munde, unerwartet ist und als unberechtigt schroff empfunden wird (vgl. de Boor zu 1748, 4). Die Stelle ist darum ähnlich auffällig wie die eine Nennung des *vâlants* in 1394. Diese drei Stellen haben mich lange beschäftigt, und sie sind der Ausgangspunkt der im folgenden vorgelegten Gedankengänge. Doch entfernen sie sich im Anfang weit von *vâlant* und *vâlandinne*. Es geht mir im wesentlichen um ein Stück des wichtigen Fragenkreises, wie der Dichter des Niblungenlieds mit den großen Schwierigkeiten fertig geworden ist, in die ihn der alte, durch vielfache Eingriffe uneinheitlich und rissig gewordene Sagenstoff gebracht hat.

Die große Umwandlung der Sage vom Untergang des burgundischen Königshauses hatte in Deutschland, wie allbekannt, die Rache Kriemhilds für ihre erschlagenen Brüder (Gunther und Hagen) an ihrem zweiten Gatten (Etzel) beseitigt und eine andere Rache ausgebildet, die die Genannte an diesen selben Brüdern für den Mord an ihrem ersten Gatten (Sigfrid) nahm. Eine solche Rache unter Geschwistern war schon im germanischen Altertum etwas Unerhörtes gewesen und blieb es alle Zeit, und ihr Eindringen in die alte Sage ist kaum anders als im Zusammenhang mit den sogenannten spielmännischen Zügen denkbar, die bei uns in die Sage geraten sind und die der Epiker wohl abgeschwächt, aber nicht, oder doch nicht alle, beseitigt hat. Es scheint, als habe er stärkere Eingriffe um ihretwegen im allgemeinen gescheut oder sich mit ihnen nicht viel Umstand machen wollen. Aber die Rache an den eigenen Brüdern, dies neue zentrale Motiv, das wieder auszumerzen wohl am schwersten war, muß ihm so unerträglich gewesen sein, daß er es doch unternommen hat, es wegzuräumen, und es ist ihm mit großer Mühe geglückt, wenn auch nicht vollkommen und nur damit, daß er neue Unebenheiten in Kauf nahm. Er schob Gunthers Schuld an Sigfrids Tode so zurück, daß zwischen ihm und

Kriemhild eine Aussöhnung möglich blieb, und er ließ sie sich versöhnen, so daß die Rache diesen Bruder nicht mehr treffen durfte. Dies zwang ihn, soviel der Schuld wie nur möglich auf Hagen zu bürden und ihn zugleich aus der einstigen Stellung eines Bruders oder mindestens sehr nahen Verwandten der Königsgeschwister herauszulösen. Er ging in dem zweiten so weit, daß er, bis auf geringe Relikte des alten — die jedoch nichts über den Grad der Verwandtschaft sagen —, dies Verhältnis ganz verschwieg, Hagen mit einer anderen Verwandtschaft versah und ihn zum bloßen Vasallen machte. Schon die Einführung in der 1. Aventüre stellt diese neue Stellung vollkommen klar. Aber er mußte es damit bezahlen, daß jetzt immer wieder ein Vasall in einer für seine Könige fast ehrenrührigen Weise über ihre Köpfe hin handelte oder sie nach seinem Willen lenkte, und konnte trotzdem nicht einmal Gernot und Giselher von schwerer Mitschuld befreien.

Ich habe dieses 1948 in einem Aufsatz über Kriemhilds Hort und Rache in der Festschrift für P. Kluckhohn und H. Schneider dargelegt und dabei den Beweis dafür zu bringen versucht, daß in den wichtigsten Vorstufen unseres Epos Kriemhilds Rache tatsächlich das gewesen ist, als was sie vielfach noch im Niblungenliede gilt: eine Rache an dem Bruder Gunther und an Hagen, der, soweit nicht ihr Bruder, so doch ihr nächster Verwandter war. An vielen, jedoch nicht zentralen Stellen des Epos kommt das Ältere noch unzweideutig zu Worte, und die nahverwandte Piđreks saga bestätigt es. Ich habe es da noch als selbstverständlich genommen, daß ihre Nacherzählung der deutschen Niblungensage nicht auf unser erhaltenes Epos zurückgeht, sondern, abgesehen von Nebenquellen, auf ein älteres Werk, das auch dem Niblungenlied zugrunde liegt, so wie Heusler dies als sicher angesehen und behandelt hat. Hiergegen ist jedoch inzwischen so viel Widerspruch laut geworden, daß ich eine Rechtfertigung dieser Voraussetzung schuldig geworden bin. Sie ist schnell gegeben, denn ich brauche nur auf das einfache Faktum hinzuweisen, daß an den Strophen und Versen des Epos, die inhaltlich eine klare Entsprechung im Text der Piđreks saga haben, diejenigen, die sich durch Versbau, Stil, Sprache oder Inhalt als aus einer älteren Fassung übernommen verraten, einen weitaus größeren Anteil haben, als es bei einer Abhängigkeit der Saga von dem uns überlieferten letzten Epos erklärbar ist. Hiermit hat schon Heusler operiert, und später hat G. Lohse nachdrücklich darauf hingewiesen (PBB 81, Tübingen 1959, 295—347, besonders 297 und 345 f.). Vergleiche auch unten (S. 341 f.) zu Nibl. B 2025 und 1744. Daß Hogni in der Saga ein Bruder (Halbbruder) und nicht ein etwas fernerer Verwandter Gunnars ist, kann zwar, ebenso wie die Form der Namen dieser beiden, auf einem Einfluß der älteren nordischen Sagenform beruhen, doch ist das nicht wahrscheinlich. Die Rache, die Grimhild da an den beiden nimmt, ist, wie auch der Name *Grimhild* (statt *Gudrun*), die der deutschen Quellen. Es kommt hinzu, daß mit dem Liede von der *notissima Grimildae erga fratres perfidia,* das da 1131 ein sächsischer Spielmann vortrug, der Däne Saxo Grammaticus ihre Rache als eine an ihren Brüdern für eine frühere Stufe der niederdeutschen Sage zu bezeugen scheint. Und schließlich nennt noch die Klage Hagen einmal einen Bruder Kriemhilds und sichert diese Stellung damit auch für einen süddeutschen Sagenzweig dieser Zeit (vgl. unten S. 360 f.).

Die übliche Formel, daß an die Stelle der Rache f ü r die Brüder am zweiten Gatten die a n den Brüdern für den ersten Gatten getreten ist, läßt außer acht, daß es kein einfaches Eintreten der einen für die andere gewesen ist. Vielmehr ist der alte zweite Hauptteil der Sage vom Untergang der Burgunden, der die Rache an Etzel enthielt, in der deutschen Überlieferung umgestaltet und verkümmert und am Ende gänzlich weggefallen, dafür dann aber der Inhalt des ersten Hauptteils, die Tötung der burgundischen Könige, die allein um ihres Schatzes willen geschehen und dann im zweiten Teile gerochen war, in eine neue, auf die Sigfridsage bezogene Rachehandlung umgewandelt. Dieser Teil der großen Neuerung erscheint jedoch nur in der Piđreks saga einigermaßen folgerichtig durchgeführt. In ihr dominiert die Rache mit großer Entschiedenheit, und das alte Hortmotiv ist zwar nicht ganz beseitigt, aber sehr an den Rand gedrückt. Kriemhild versucht hier nur noch, mit der Aussicht auf diese Beute Etzel auf ihre Seite zu ziehen, und dieser stirbt am Schluß, in einem gebliebenen Rest des alten zweiten Hauptteils, weiter seiner Goldgier wegen. Aber die große alte Szene, in der Gunther oder Hagen die Herausgabe des Horts verweigert und deshalb beide sterben, ist fallengelassen worden. Nur an einer früheren Stelle der Saga (II 298 f.) fordert Kriemhild in einer kurzen Szene von kaum sechs Zeilen von Hagen die Herausgabe des Schatzes, der Sigfrid gehört hat, und wird abgewiesen. Das Gold ist hier auch nicht im Rhein versenkt, sondern liegt noch in demselben Verwahrsam, in dem es zu Sigfrids Lebzeiten lag, war jedoch auch hier in Hagens Gewalt (II 326; vgl. Festschr. Kluckhohn/Schneider, 94 f.).

Ganz anders im Niblungenlied. Da ist die Hortforderungsszene der ältesten Sage nicht nur beibehalten — mit der unumgänglichen Umbesetzung der Rollen (statt Etzel handelt Kriemhild, und Gunther und Hagen haben getauscht) —, sondern sie ist sogar zum Kern des großen Schlußauftritts gemacht und ihr damit ein Gewicht gegeben, das sie ursprünglich, da sie da mitten im Liede stand, noch kaum gehabt hat. Das bedeutet, daß die Rache in unserem Epos die Hortgier nicht ersetzt hat, sondern mit ihr gekoppelt worden ist, und zwar so, daß am Ende die zweite das Feld beherrscht. Es ist nun so, daß Kriemhild in dem Augenblick, als sie nach furchtbaren Opfern endlich in der Lage ist, an Hagen die Rache für Sigfrid zu vollziehen, sich bereit erklärt, gegen die Auslieferung des Horts auf sie zu verzichten, und daß sie, um dem Mörder die Chance zu geben, sich auf diese Weise loszukaufen, ihren Bruder Gunther, mit dem sie versöhnt ist, umbringen läßt. Vorher aber steuerte die Handlung, ähnlich wie in der Saga, durch viele Aventüren zielbewußt auf die Rache an Hagen zu, das heißt auf seinen Tod als Vergeltung für den Mord an Sigfrid. Das Paktieren der Rächerin mit ihm um des Goldes willen, als sie schließlich direkt vor ihrem Ziele stand, ist daher ein scharfer Bruch in der Handlung.

In dem genannten Festschriftbeitrag habe ich auch dieses ausgeführt (S. 87—90), habe damit aber wenig Beifall gefunden. Vor allem hat es S. Beyschlag scharf zurückgewiesen (Germ.-rom. Monatsschrift 1952, 103, in einem Neudruck in: Wege der Forschung 14, S. 206), und ihm sich anschließend nun auch G. Weber (Das Nibelungenlied, 19 f. Anm.). Sie tun es unter der Begründung, die beiden Ziele Kriemhilds hätten so eng zusammengehört, daß sie überhaupt nicht zu trennen waren. Weber belehrt mich dabei über etwas, das bei mir selbst geschrieben steht (a. a. O., 88), während Beyschlag beides unter dem Motiv der Macht zusammenfaßt. So gesehen haben zum Beispiel für Dietrich von Bern sein Reich und seine Getreuesten, die stärkste Stütze seiner Herrschaft, ganz gewiß eine Einheit gebildet, und doch hat er sich, als sein Streit mit Ermenrich anfing, bitteren Herzens für das eine der beiden entscheiden müssen und entschieden. In unserem Epos hat Rüdiger die harte Entscheidung zwischen zwei Pflichtengruppen treffen müssen, deren Auseinanderbrechen er für unmöglich gehalten hatte, und ähnlich Hagen in der Walthersage. Es bliebe nicht sehr viel von unseren tragischen Heldensagen, wenn die dem Manne auferlegten Pflichten, die alle seine empfindliche Ehre berührten und die man deshalb alle als Einheit postulieren kann, nicht in einen schweren Widerstreit miteinander hätten geraten können, aus dem nur die Opferung des einen rettete. Ein vorzügliches Beispiel ist auch Hildebrand vor dem Kampf mit seinem Sohn.

In einer ähnlichen Lage ist auch Kriemhild gewesen. Beides zu erreichen, sowohl die Rache an Hagen wie die Zurückerstattung des Raubes, war von vornherein so gut wie ausgeschlossen. Dies gilt auch von der sonst wohl naheliegenden Aussicht, mit der Hilfe der Schätze die nötigen Hände für die Rache zu gewinnen. Wenn sie es anders gehofft hat, dann hat Hagens Bescheid auf ihre erste Frage nach dem Horte:

> den hiezen mîne herren   senken in den Rîn,
> dâ muoz er wærlîche   unz an daz jungeste sîn
> (B 1742, 3—4),

ihr die Augen öffnen müssen. Ihr leidenschaftliches:

> ... der mir von Tronege   Hagenen slüege
> unde mir sîn houbet   her für mich trüege,
> dem fult' ich rôtes goldes   den Etzelen rant
> (B 2025, 1—3),

sagt es klar, daß sie nur die Rache will und die Hoffnung auf den Hort hat fahren lassen. Oder sollte Hagens abgeschlagenes Haupt verraten, wo das Gold versenkt lag? Auf der anderen Seite ist es Kriemhild klar gewesen — das zeigt ihr Verhalten am Schluß —, daß ihr Todfeind höchstens dann den Hort herausgeben würde, wenn er damit sein Leben rettete, das heißt, wenn sie auf die Rache verzichtete. Das Angebot, das sie ihm da macht, kann keine List, zum mindesten keine kluge, gewesen sein. Denn wenn sie Hagen nicht in die Heimat entließ, dann konnte sie nie in den Besitz des Hortes kommen. Sie muß, anders vermag ich ihr Verhalten kaum zu erklären, in ihrem Haß und ihrer Gier so verblendet gewesen sein, daß sie es tatsächlich für möglich hielt, Hagen würde auf ihre Bedingung eingehn. Sonst würde sie wohl das Leben ihres letzten Bruders nicht diesem Ziel geopfert haben. Oder lebte sie etwa doch in dem wirren Wahn, wenn sie erst den Schatz in Händen hätte, gäbe es schon noch eine Möglichkeit zur Rache? Erst als Hagen ablehnt und die Hoffnung auf den Hort nun völlig zerstört ist, greift sie wieder zu der anderen Alternative, der Rache für Sigfrids Tod (vgl. zu diesen Fragen auch unten S. 349 f.).

Daß es, nach unserer allerdings sehr lückenhaften Kenntnis, kein Dichter unternommen hat, aus diesem Zwiespalt in Kriemhilds Seele etwas wie einen tragischen Konflikt zu gestalten, mag daher rühren, daß die Forderung nach Geld und Gut, auch wenn sie berechtigt war, im Range weit hinter der Rachepflicht zurückgestanden hat. Für den, der auf seine Ehre hielt, hat es keinen Zweifel daran geben können, daß er sich für das zweite zu entscheiden hatte. Es ist in keinem der uns bekannten Heldenliedkonflikte so, daß in der einen Waagschale weiter nichts liegt als ein Anspruch auf irdisches Gut. So ist die Entscheidung Kriemhilds auf der Vorstufe unseres Niblungenlieds die selbstverständliche. Daran wird auch das christliche Mittelalter wenig geändert haben. Um so befremdlicher wirkt es, daß im Werk des Letzten der Rachewille vor der Rückforderung des Hortes schließlich weit in den Hintergrund gerückt wird.

Die große unorganische Rolle, die dem Niblungengold am Ende zufiel, ist vom Dichter schon von früh an vorbereitet worden, so daß der Übergang vom Rache- zum Hortmotiv doch etwas von seiner Schärfe verlor (vgl. Festschr. Kluckhohn/Schneider, 88 f., und unten S. 351 f.). Unter den früheren Nennungen des zweiten ist jedoch nur eine, die wir mit großer Sicherheit der gemeinsamen Quelle des Epos und der Piðreks saga zuschreiben dürfen: die schon erwähnte erste Frage Kriemhilds an Hagen nach dem Schatze, der ihr Eigentum war (Nibl. B 1739—1744 und Piðr. s. II 298 f.). Dieser auf beiden Seiten kurze Auftritt ist der alten Hortforde-

rungsszene am Schluß des Epos nah verwandt, doch mit dem wichtigen
Unterschied, daß Hagen in ihm frei und unbezwungen vor Kriemhild steht
und sie nicht versucht, sich mit ihm über eine Rückerstattung zu verständigen, und das heißt, daß sie sich nicht bereit erweist, unter Umständen
ihren Racheplan aufzugeben. Der Auftritt ist deshalb kein Zeuge dafür,
daß schon die Vorstufe einen Schluß gehabt hat, der dem des erhaltenen
Epos glich. Er läßt im Gegenteil eher vermuten, daß dieser Überlieferungsstrang die alte nicht mehr passende Hortforderungsszene aufgegeben
hatte und konsequent zur Blutrache übergegangen war. Heusler hat darauf hingewiesen, daß die Erwähnung der Versenkung in den Rhein in der
ersten Hortszene des Niblungenliedes (B 1742) aus der alten Szene am
Ende herübergenommen sein muß, in der sie nach dem Zeugnis der nordischen Atlakviđa gestanden hat, im Epos dagegen fehlt (Nibelungensage
und Nibelungenlied[3], 309 f.). An einigen anderen Stellen — ich habe sie mir
leider nicht notiert — macht er darauf aufmerksam, daß der Dichter mehrfach Motive oder Strophen, die er an ihrem alten Platze nicht mehr brauchen konnte, aber doch ungern preisgab, an anderen Stellen verwertet hat.
Das ist verständlich, kann jedoch auch schon auf früheren Stufen gehandhabt worden sein. Das heißt, die Nennung des Rheins an der früheren
Stelle ist womöglich eine Folge des Verzichts auf die alte Hortforderungsszene, sei es auf der Stufe, die man als die 'Ältere Not' bezeichnet hat,
oder gar noch früher. Dies ist selbstverständlich eine bloße, ganz unbeweisbare Möglichkeit. Aber ich habe mich trotzdem mehr und mehr mit
dem Gedanken vertraut gemacht, die gemeinsame Hauptquelle des Niblungenlieds und der Saga könne, ebenso wie es diese zweite ist, ohne die
störende Hortforderungsszene gewesen sein. Es ist jedoch auch denkbar,
obwohl weniger wahrscheinlich, daß unser Dichter lange geschwankt hat,
ob er den Fremdkörper, zu dem dieser Auftritt geworden war, beibehalten
oder streichen sollte, und daß er in einer Phase seiner Arbeit, in der er
mehr zum zweiten neigte, die Verse über die Versenkung des Schatzes im
Rhein an die frühere Stelle versetzt hat, sie dann jedoch, als er sich für das
erste entschieden hatte, nicht noch einmal bringen mochte und daher am
Schlusse fortließ.

Es ist nicht allein das Fehlen der großen Hortszene in der Saga mitsamt
der Umpflanzung der Verse vom Rhein im Epos, was mich zu diesen Vermutungen geführt hat. Auch den früheren Stellen im Nibelungenlied, die
auf diesen Auftritt vorbereiten, haftet einiges an, das meinen Verdacht
verstärkt. Da ist die eigenartige Doppelung des Hortraubs, erst die breitere Darstellung, von seiner Herbeischaffung bis hin zur Versenkung
(B 1116—1141), und dann die Strophen von der Wegnahme eines Restes,
der Kriemhild verblieben war und der immer noch über hundert Saum-

lasten schwer war — in der nordischen Sage trägt Sigfrids Pferd den Schatz allein und den Reiter dazu —, von dem aber vorher nichts gesagt war (B 1271—1274). Beidemale ist der Räuber Hagen, und er handelt auch aus demselben Grunde: zu verhindern, daß Kriemhild mit dem Golde Rachehelfer kauft. Trotzdem verfügte die Ausgeraubte auch nachher noch über erkleckliche Mittel (B 1281 f., 1366 und besonders 1384). Dies Letzte kann auf die Vermutung führen, daß die Hauptvorlage des Epikers von dem Raube nichts gewußt hat — in der alten Sage war der Hort der Kronschatz der burgundischen Könige und ihr legaler Besitz — und daß der Dichter das Motiv aus anderen Quellen aufgenommen hat, in denen er es an verschiedenen Stellen eingefügt fand. Doch sind hier auch andere Erklärungen möglich.

Die erste der beiden Hortraubstellen erzählt auch von dem Eid, den sich die Könige und Hagen der Geheimhaltung des Hortversteckes wegen schwuren und der in der Hortforderungsszene wiederkehrt. Aber sie tut es verspätet, so daß sie zurückgreifen muß (B 1140), so als habe auch er in der Quelle, an die der Dichter sich im allgemeinen anschloß, gefehlt und sei ihm erst nachher eingefallen — C hat die Strophe, in veränderter Form, an ihren richtigen Platz (hinter B 1136) gestellt —. Die Motivierung und auch der Inhalt dieses Eides gehören zu dem Schwächsten und Unglaubhaftesten im ganzen Epos (vgl. unten). Hier ist zunächst nur das eine wichtig, daß der Dichter in seinem Bemühen, die Schuld allein auf Hagen zu wälzen, schwerlich so weit gegangen wäre, wie er es tut, wenn er sich zur rechten Zeit des Eides erinnert hätte, der doch zum mindesten eine volle Mitwisserschaft der drei Könige voraussetzt. Ich kann mir nicht denken, daß er diesen Widerspruch durchgelassen hätte, wenn in seiner Hauptvorlage der Eid schon eingearbeitet war. Doch trifft dies nur das Eidmotiv und nicht das gesamte Hortproblem.

Eine weitere und auch stärkere Stütze für die Annahme, das ältere Epos könne ohne die große Hortszene gewesen sein, sehe ich in der schon herangezogenen Strophe B 2025, die sich sowohl durch die klingenden Reime (slüge: trüege) wie auch genaue Entsprechungen in der Piðreks saga als schon der Vorstufe angehörig erweist und auf der anderen Seite Kriemhilds Sinnen allein auf die Rache gerichtet zeigt. Es scheint jedoch, als komme diese Strophe aus einer noch älteren Schicht. Daß Kriemhild einen Preis auf Hagens Kopf setzt, läßt an eine frühe Sagenstufe denken, in der die Schar der Burgunden noch klein und übersehbar war, so daß Aussicht bestand, diesen einen aus ihr herauszuholen. Die Saga bringt dies Motiv, mit Hagens Kopf und dem Schild voll Goldes, sogar zweimal (II 319 und 320) und hebt es damit über die Masse hinaus. Auch sein alter Platz ist sicher, denn es ist in beiden Werken Iring, der sich von diesem Angebot

verlocken läßt (und dann vor Hagen fällt). Dieselbe Koppelung von altertümlichen klingenden Kadenzen und Entsprechung in der nordischen
Saga wie 2025 hat (neben vielen anderen) auch eine der oben erwähnten
Strophen von der ersten Frage nach dem Hort (B 1744, = Þiđr. s. II
298 f.). Auf der anderen Seite hat das Epos eine mit 2025 verwandte Strophe, in der Blödelin Kriemhild verspricht, ihr Hagen nicht tot, sondern
gebunden auszuliefern (B 1909), die also wohl auf die Hortverweigerungsszene hinweist. Sie aber ist ohne ein Merkmal höheren Alters.

Ich bin mir bewußt, daß die Kriterien dafür, daß der erörterte Auftritt
in dem älteren deutschen Epos gefehlt haben könne, keineswegs auch nur
zu einem Wahrscheinlichkeitsbeweise ausreichend sind, weder sein Fehlen
in der Piđreks saga noch die Unstimmigkeiten in dem erhaltenen Epos —
es wäre naiv vorauszusetzen, solche könnten erst auf der letzten Stufe entstanden sein —. Es war mir allein darum zu tun, die in der Forschung herrschende Sicherheit zu zerstören, daß die Hortforderungsszene ein unbedingt fester und nicht wegzudenkender Bestandteil der deutschen Sage
gewesen sei und auch der Hauptquelle unseres Epos angehört haben müsse.
Rechnen wir nun mit der anderen Möglichkeit, dann müssen wir uns ein
Bild zu machen suchen, wie die Katastrophe in diesem Falle zu ihrem
Ende gekommen ist. Es liegt am nächsten, hierfür in der Saga Auskunft
zu suchen. Doch führt das kaum zu einem Ergebnis, das auch nur den Be-
scheidenen zufriedenstellt. Auf der einen Seite scheinen hier die älteren nordischen Sagenformen abgefärbt zu haben — Gunther endet im Schlangen-
hof (Atlakviđa), und ein Sohn Hagens nimmt Rache an Etzel (Atlamál)
— und auf der anderen sind hier ungewöhnlich grobe spielmännische Motive beteiligt, die wir nur ungern einem süddeutschen Epos des 12. Jahrhunderts zuerkennen. Ein Ende, das dem bisherigen Handlungsgange
einigermaßen adäquat ist, finden wir in der Saga nicht, und es läßt sich
von ihr aus auch höchstens mit viel Aufwand an Phantasie zurückgewin-
nen. Als sicher dürfen wir jedoch aus ihr entnehmen, daß Hagen auch auf
der Vorstufe schon von Dietrich niedergezwungen wurde. Da er nach der
Saga an den dabei erlittenen Wunden stirbt, so liegt die Annahme ziemlich nah, daß das ältere Epos ihn durch den Berner fallen ließ. Weiter
wage ich nicht zu gehn.

Sicher ist auf jeden Fall, daß die Aufnahme der alten Hortszene,
wie auch immer sie dem Dichter zugekommen sein mag, an schweren Störungen im Niblungenlied schuldig ist. Da ist vor allem der
schon erörterte plötzliche Übergang vom Rache- zum Hortmotiv,
mit der Erschwerung, daß dies zweite im Range weit dem ersten

nachstand. Dagegen ist der Tausch der Rollen zwischen Gunther und Hagen, der den Vasallen hoch über seinen König hob, nicht auf diese Szene beschränkt. Noch böser hat sie Dietrich mitgespielt. Er wurde zum Bütteldienst für Kriemhild verdammt, er mußte Gunther und Hagen, die er gern gerettet hätte, zu Gefangenen machen und sie ihr, obschon er wußte, was geschehen würde, in die Hände liefern, statt sie wenigstens eines ritterlichen und ehrlichen Todes sterben zu lassen, wie er allen anderen vergönnt war. Es kommt noch hinzu, daß Gunther nicht wegen seiner Mitschuld an Sigfrids Tode starb — die war durch die Versöhnung beglichen —, sondern um des Hortes willen, aber nicht etwa deshalb, weil er mitverantwortlich für seine Entwendung war, sondern allein, um dem Mörder Sigfrids, Kriemhilds ärgstem Feind, den Weg für seine Rückgabe und damit zur Rettung des eigenen Lebens freizumachen.

Es ist der schon berührte, zur Sicherung und Geheimhaltung des geraubten Schatzes geschworene Eid, der Gunther das Leben gekostet hat. Da dies Eidmotiv dem Dichter in der Versenkungsszene sehr zu schaffen gemacht hat (vgl. oben), so nahm ich früher an, er müsse es in seiner Quelle vorgefunden haben. Das kann ich nicht mehr aufrecht halten. Es ist mir klar geworden, daß sich der Epiker ziemlich oft auch mit eigenen Neuerungen in Schwierigkeiten gebracht hat. Der Eid befremdet mich zum ersten deshalb, weil drei der vier, die ihn schwuren, gar nicht gewußt haben oder wenigstens nicht zu erfahren brauchten, wo der geraubte Schatz versteckt worden war — die Könige sollen ja verreist gewesen sein —. Auf der anderen Seite kann es kaum menschenmöglich gewesen sein, einen Transport von 144 Fuhren (so groß war der Schatz nach B 1122) geheimzuhalten. Es wundert mich weiterhin, daß sich die vier mit dem Eide aus freien Stücken vollkommen um die Möglichkeit gebracht haben sollen, sich den Hort gemeinsam zunutze zu machen, während der von ihnen, der die drei anderen überlebte, wieder über ihn sollte schalten dürfen. Ging es ihnen im wesentlichen darum, dem vorzubeugen, daß Kriemhild die Schätze wieder in die Hand bekam und in dem erwähnten Sinne verwandte, dann wäre es sinnvoll gewesen, die Schweigepflicht mit i h r e m Tode enden zu lassen statt mit dem Tode dreier der vier Schwörenden. Der Bearbeiter des Epos hat die Klausel eingefügt, daß die vier *mit ge-*

meinem râte jederzeit über den Hort verfügen dürften (C 1151). Das klingt glaubhafter als die Form des Eides in den anderen Fassungen. Es ist offenkundig, daß der Eid und sein Inhalt nicht einer klugen Überlegung der Beteiligten entsprungen, sondern ganz und gar auf die Hortforderungsszene am Schluß des Epos zugeschnitten und nur für sie erfunden sind. Doch stehen wir in dieser Szene vor einer neuen Schwierigkeit. Der Eid hat Hagen nicht im geringsten hindern können, den Verrat des Hortgeheimnisses wiederum sofort und mit derselben Entschiedenheit abzulehnen wie auf Kriemhilds erste Frage (B 1742). Warum hat er sich diesmal trotzdem auf ihn berufen und in ihr die falsche Hoffnung geweckt, durch Gunthers Tötung doch an diesen Teil ihrer Ziele zu kommen? Es ist hierdurch Hagen, der angeblich treueste Vasall, der schuld am Tode seines Herren wird. Dieser Widersinn hat mich schon vor 20 Jahren beschäftigt (a. a. O., 89 f.) und hat es seither immer von neuem getan. Aber meine Kritiker, Beyschlag und Weber, scheinen hier so wie im ganzen Schlußteil des Niblungenliedes alles in der Ordnung zu finden. Sie halten diese Probleme der Erwähnung nicht für wert.

Zu den auffälligen Zügen der Hortforderungsszene des Epos gehört zum Schluß noch ihre Kürze. Kriemhilds Angebot und Hagens erste Antwort mit dem Hinweis auf den Eid, dann Gunthers Tod und die Herbeibringung seines Hauptes und schließlich Hagens endgültiges Nein und sein Tod, dies alles ist in nur sieben Strophen gesagt (B 2367—2373), weniger als im alten Eddalied. Der Auftritt mag dem Dichter unheimlich gewesen sein, daß er sich so auf das Allernötigste beschränkte. Er hätte, nach seinem sonstigen Stil, eine Aventüre mit ihm füllen können.

Ich komme jetzt zu der weiteren Frage, was unseren Epiker bewogen haben mag, allen genannten Widerständen zum Trotz an diesem Ende festzuhalten oder es aus einer Nebenquelle von neuem einzuführen. An der ersten Stelle ist es sicherlich seine Großartigkeit. Einen Auftritt von solcher Gewalt, der ihm obendrein seit seiner Jugend im Ohr geklungen haben wird, ganz aufzugeben hätte er wohl nur sehr schwer übers Herz gebracht, und zwar, wie ich glaube, auch gerade wegen des Widersinnigen in ihm. Dies war das entsetzliche, dem Verstande unfaßbare Ende und der Gipfel, wie sie der Größe der Tragödie, die er schilderte, entsprachen. In diesem Sinne, und das wird für den Dichter das viel Wichtigere gewesen sein, ging die Handlung einen geraden Weg und war sie ohne Bruch, und seine Kunst hat die Szenen so zu gestalten vermocht, daß der Leser die sachlichen Schwächen nur dann gewahrt, wenn er sich allein auf diese nüchterne Prüfung konzentriert und allem jenen zu entziehen vermag. Der Dichter hatte daher als Künstler wohl das Recht, diese Mängel hintanzusetzen, und es hat ihm hier bisher nach meinem Wissen auch noch niemand einen Vorwurf gemacht. Auf der anderen Seite dagegen erlaubt mir weder der schon eben verglichene Schluß des Niblungenteils der Piđreks saga noch auch meine Phantasie, mir einen Ausgang der Tragödie auszumalen oder vorzustellen, der dem, der vor uns liegt, an erschütternder Wirkung auch nur nahekommt. Auch ich erkenne deshalb die Wahl des Epikers als richtig an.

Es wird jedoch noch ein andres zu seiner Entscheidung beigetragen haben. Kriemhilds gewaltsamer Tod ist in der Sage schwerlich alt (Kuhn, ZfdA. 82, 196—199). Aber die Piđreks saga hat ihn, zwar in roherer, aber doch verwandter Form. Das sichert diesen Zug für die gemeinsame Quelle. Für unseren letzten Dichter kann das Motiv so festgestanden haben, daß er es zwar zu mildern und ihm einen anderen Sinn zu geben, aber nicht es auszumerzen wagte. Es wird ihm außerdem ein willkommenes Ende gewesen sein. Aber von der bloßen Rache für den Mord an Sigfrid her war es nicht leicht, diesen Tod der Frau befriedigend zu motivieren. Zwar lief es der Sitte entschieden zuwider, daß eine Frau persönlich dabei die Waffe führte, und der Blutrache waren im hohen Mittelalter etwas engere Grenzen gesetzt, aber aus dem Gebrauch gekommen war sie keineswegs, und sie galt noch immer nicht nur als ein Recht, sondern weithin auch noch als Pflicht, und auch Frauen durften sie betreiben (vgl. hierzu R. Zacharias, ZfdA. 91, 167—201, dazu auch unten). Hildebrand bezeichnet die Erschlagung Kriemhilds als Rache für Hagens Tod — *idoch sô wil ich rechen des küenen Tronegæres tôt* (B 2375) —. Aber eine Rache in unserem Sinne kann und soll es nicht sein (s. ZfdA. 82, 197), und Kriemhild läßt ihr Leben nicht allein für diese ihre letzte Tat, die Hagen traf.

Wir sind hier endlich an der Stelle, wo wir zum Teufel zurückkehren müssen, und zwar zu der im Anfang herausgehobenen einzigen Strophe, in der er leibhaftig gemeint ist (B 1394). Der Dichter schildert da, wie in Kriemhilds Kopf der Plan entstand, ihre
Brüder einzuladen, um an Hagen Rache üben zu können, und sagt:

> Ich wæne der übel vâlant Kriemhilde daz geriet,
> daz si sich mit friuntschefte von Gunthere schiet,
> den si durch suone kuste . . .

Statt *Gunthere* steht in den Handschriften B, A und M *Gîselhere*,
doch pflegen die Ausgaben *Gunthere* einzusetzen. Es ist auf jeden
Fall einer der Brüder Kriemhilds gemeint. Der *vâlant* also hat es
ihr eingegeben, die durch einen Kuß bekräftigte Versöhnung mit
einem ihrer Brüder zu brechen. Von dieser Aussöhnung war in
Str. 1114 f. erzählt, ebenfalls mit dem Kusse, jedoch mit wenig
klaren Worten. Nach Str. 1131 war sie zwar auch mit einem Eid
verbunden, doch wird sonst nur der Kuß genannt (außer 1114 und
dann 1394 auch 1460). Er muß dem Dichter als ein besonders wichtiger Teil der Versöhnungszeremonie gegolten haben, und die auf
diese Weise abgeschlossene Versöhnung als etwas so Heiliges, daß er
sich den Gedanken oder Vorsatz, sie zu brechen, nur aus einer Einmischung des Satans zu erklären vermochte, und dies sogar als die
einzige unter all den schlimmen Taten in seinem Werke, welche die
Grenzen, die dem Menschen gesetzt sind, so weit überschreitet, daß
sie anders nicht verstanden werden kann. L. Kretzenbacher hat
mich darauf aufmerksam gemacht, daß sich diese Bedeutung des
Sühnekusses aus dem *osculum pacis,* dem Friedenskuß der alten
katholischen Messeliturgie, erklärt. Dieser Kuß, der auf einen
Brauch zurückzugehen scheint, den das *salutate invicem in osculo
sancto* am Schlusse mehrerer Paulusbriefe (Röm. 16, 16; 1. Kor. 16,
20 u. ö.) voraussetzt, war ein Zeichen der brüderlichen Liebe
und des Versöhntseins in Gott und von fast sakramentalem Charakter. Im Mittelhochdeutschen hieß er *pâcem, pâce, pæce* und
ähnlich.

Diese Deutung der Str. 1394 wird kräftig dadurch gestützt und,
wie ich glaube, gesichert, daß auch *vâlandinne* nur als Bezeichnung
Kriemhilds und auch nur im Zusammenhang mit diesem Sühne-

bruch genannt wird. Das erste Mal ist es, als Gunther und Hagen sich nach der Ankunft am Hunnenhofe weigern, die Waffen abzuliefern, und Kriemhild da verrät, daß damit ihr Anschlag durchkreuzt ist. Hier wird zum ersten Male offenkundig, was sie gegen Hagen und auch ihren ältesten Bruder, der hinter ihm steht, im Schilde führt. Da tritt Dietrich ihr entgegen und schilt sie *vâlandinne* (B 1745—1748). Das zweite Mal geschieht es am Ende, als sie Hagen das abgeschlagene Haupt dieses Bruders bringt. Da ist es Hagen, der sie so nennt (2369—2371). Die weite Handlung vom ersten Offenbarwerden ihrer Absicht, den mit Gunther in geheiligter Form geschlossenen Frieden zu brechen, bis dahin, wo sie diesen Bruder hat enthaupten lassen, ist so von dem bösen Worte *vâlandinne* eingeschlossen. Vorher aber war es der *vâlant* gewesen, der sie zu diesem frevelhaften Unterfangen verführt hat. Der Teufel hat sie dazu angestiftet, zur Teufelin aber ist sie selbst geworden, als sie sich diesen Plan zu eigen machte und ihn zu Ende führte. Wie es am Schluß mit ihr bestellt ist, zeigt der Dichter grell in dem Bilde, daß sie das abgeschlagene Haupt ihres Bruders selbst bei den Haaren faßt und zu Hagen trägt (B 2369). Das ist mehr als nur ein Durchbrechen aller höfischen Grenzen, wie de Boor kommentiert. Entsprechend ist dann auch ihr Tod: sie wird in Stücke gehauen. So wird kein Mensch gerichtet (vgl. hierzu unten S. 361).

Wir kommen jetzt auch zu einer Antwort auf die Frage, warum Hagen in der Hortverweigerungsszene seinen König der Wut seiner entmenschten Schwester preisgab. Er tat es keineswegs, um seines Eides ledig zu werden und damit freie Verfügung über den Hort zurückzugewinnen. Er war ja längst entschlossen, ihn nicht herauszugeben (vgl. oben), und brauchte deshalb diese Freiheit nicht. Eher ist es Mißtraun gewesen, wie im alten Atlilied, derart, daß Hagen fürchtete, jener könnte dem Drucke nachgeben, wenn er es war, der länger lebte. Hagens siegessicheres *den schaz den weiz nu niemen wan got unde mîn* (B 2371, 3) klingt tatsächlich so, und ich habe früher auch selbst daran gedacht (Festschr. Kluckhohn/Schneider, 89 f.). Aber es befriedigt mich nicht, und noch weniger die Erklärung, die der Bearbeiter gibt. Er ist Hagen abhold und unterstellt ihm, er habe, da sein Tod ihm sicher war, auch seinem Herren die Heimkehr nicht gegönnt:

Er wiste wol diu mære,   sine lieze in niht genesen;
wie möhte ein untriuwe   immer sterker wesen?
er forhte, so si hête   im sînen lîp genomen,
daz si danne ir bruoder   lieze heim ze lande komen
(C 2428).

Dieser Bearbeiter war, wie bekannt, ein kluger und nüchterner
Mann, der viele Schwächen im Epos erkannt und auf seine Art
versucht hat, sie zu beseitigen oder doch abzumildern, dabei jedoch
auch viel vergröbert hat. Er hat es gesehen, daß Hagen seinen
Herrn hier ohne Zwang in den Tod gesandt hat, und es ist zu ver-
stehen, daß er darin den Gipfel der Untreue sah. Der Dichter (von
B) hat es jedoch gewiß nicht so gemeint, aber mit Treue gegen den
Herren hat es auch nichts zu tun, es sei denn, Hagen habe auf diese
Art den schwächeren König vor der Schmach des Nachgebens
wahren wollen. Das wäre dann wieder das Mißtrauensmotiv.

Nach dem einfachen Wortlaut in B ist Hagen nicht an Gunthers
Tode schuld, denn er sagt zu Kriemhild nicht, daß er, wenn jener
nicht mehr lebte, den Hort verraten würde. Schuld ist hier allein
die schwere Verblendung der Frau, die da wähnt, auf diesem Wege
an den Hort zu kommen. Was sie erreichte, war nur, daß sie sich
durch die Tötung des Bruders, die allein schon als eine Freveltat
empfunden wurde und hier noch obendrein durch den Bruch der
mit dem heiligen Kuß besiegelten Sühne zur Ungeheuerlichkeit gesteigert war, selbst zur Furie, zur Teufelin und *vâlandinne* machte.
Hagen hatte nun ein volles Recht zu triumphieren: seine große
Feindin hatte das Ziel, nach dem sie am Ende jagte, nicht erreicht
und statt dessen sich selber zum Abscheu aller Menschen gemacht.
Schon als sie sich, unmittelbar vor ihrem ersten großen Ziele, der
Rache für Sigfrid, angekommen, mit einmal wieder von der Goldgier packen ließ und ihretwegen bereit war, die Rache, die in aller
Augen das viel höhere Ziel war, fahren zu lassen, und als sie damit
zugleich ein Phantom an die Stelle des so gut wie Erreichten setzte,
da war es offenbar, daß der Teufel von ihr Gewalt ergriffen hatte
und sie ihres Verstandes und Willens nicht mehr mächtig war. Wäre
sie geradeaus gegangen und bei der Rache geblieben, dann war der
Sieg auf ihrer Seite. So aber hat sie ihn Hagen in die Hände gespielt. Daß sie die Rache mit dem Schwerte am Ende dann doch

vollzog, hat daran nichts mehr ändern können. Ihr Spiel war verloren.

In Hagens Triumphworten heißt es:

> du hâst iz nâch dînem willen   z'einem ende brâht,
> und ist ouch rehte ergangen   als ich mir hête gedâht
> (B 2370, 3—4).

Dies besagt, daß Kriemhild aus freiem Willen gehandelt hat und darum die volle Verantwortung für das trägt, was sie da eben mit der Tötung ihres Bruders getan hat, und weiter, daß Hagen es so vorausgesehen hat. Hat er aber dies getan, dann hat er die Worte vom Eide doch gesprochen, um den Willen seiner Feindin auf diese Untat hinzulenken, dann ist er doch am Tode seines Königs schuldig. Aber der Dichter hat ihn von dieser schweren Schuld so weit entlastet, wie es eben anging. Von den nackten Worten, mit denen Gunnar in der Atlakviđa (Str. 21) Hognis Herz verlangt, sind wir hier weit entfernt. Ähnlich fern ist aber auch Kriemhild von der Klugheit, mit der dort Atli zuerst versuchte, Gunnar mit einem falschen Herzen zu täuschen. Sie ging sofort in die gestellte Falle. Hebbel hat recht mit seinem „Unhold, ich hab dich wieder überlistet".

Das „wieder", das Hebbel hier Hagen in den Mund legt, soll wohl an die erste Überlistung erinnern, als Kriemhild ihrem Feinde die verwundbare Stelle Sigfrids verriet. Aber Hagen hätte sich wohl auch rühmen dürfen, kräftig das Seine dazu getan zu haben, Kriemhild in den Geisteszustand zu bringen, in dem er sie das zweite Mal betrügen konnte. Durch seine maßlosen Herausforderungen und Kränkungen — die seiner sonstigen klugen Fürsorge für das burgundische Heer und seine Führer strikt entgegenwirkten — hatte er Kriemhilds Haß zur Siedehitze getrieben und so zum mindesten sehr dazu beigetragen, daß sie schließlich dem Wahnsinn nahe war, kaum noch wußte, was sie tat, den Triumph, den sie in den Händen hielt, an ihren Todfeind abtrat und sich selbst aus aller menschlichen Gemeinschaft ausschloß.

Es ist öfter der Gedanke laut geworden, Kriemhilds Worte:

> welt ir mir geben widere   daz ir mir habt genomen,
> sô muget ir noch wol lebende   heim zen Burgonden komen
> (B 2367, 3—4),

meinten im Grunde Sigfrids Leben und wären daher eine unerfüll-
bare Bedingung, gestellt allein, um entweder ihr Recht zu erhärten,
Hagen zu töten, oder aber um ihn zu verleiten, sich durch ein Eingehen auf den erfüllbaren Teil ihrer Forderung vor ihr zu beugen.
Dann wäre allerdings sie der Sieger gewesen. Aber auch diese Absicht setzte bei ihr eine gründliche Verkennung der Lage und der
Möglichkeiten voraus. Die große Szene würde hiermit zu einem
Scheingefecht erniedrigt, und doch würde an dem faktischen Ergebnis ihres Schrittes, daß sie zur *vâlandinne* wurde und Hagen zum
Triumph verhalf, nichts geändert. Am wenigsten aber wäre Gunthers Tod damit gerechtfertigt worden. Wäre Hagen auf Kriemhilds Bedingung eingegangen, dann hätte er zwar seinen letzten
großen Triumph verscherzt, aber ein Eingeständnis seiner Schuld,
wie es W. Schröder behauptet (ZfdA. 90, 154), hätte darin nicht zu
liegen brauchen, und noch weniger ein Zeichen der Reue (so
N. Dürrenmatt, Das Nibelungenlied im Kreis der höfischen Dichtung, 1945, 219).

Es muß in der Sage von früh an unverrückbar festgestanden
haben, daß Gunther umkam, und mindestens in der Form des
Schlusses, den das Niblungenlied gewählt hat, auch die Art seines
Todes. Dem Gang der Handlung nach stirbt er hier, wie wohl vorher, auf das Geheiß seiner Schwester, um es Hagen möglich zu
machen, den Hort herauszugeben. Aber der letzte Dichter hat diesen Tod dazu benutzt, dem Ende der Tragödie einen veränderten
Sinn zu geben, und hat erst damit die Rechtfertigung dafür gewonnen, den König in der alten rohen Weise sterben und Hagen die
schwere Schuld, die er hieran hatte, weiter tragen zu lassen, wenn
auch nicht mehr so unmittelbar wie vordem. Da ihm dies nur mit
dem Hilfsmotiv des Horteides möglich wurde, so ist mir sehr zweifelhaft geworden, ob dieses Hilfsmittel älter ist als die neue Rolle,
die der alten Hortverweigerungsszene hier gegeben worden ist (vgl.
oben).

Es folgt in dem genannten Auftritt noch der Tod sowohl Hagens wie Kriemhilds. Über ihn braucht nicht viel mehr gesagt zu
werden. Daß Kriemhild ihren Feind erschlug, ist vor allen Dingen
eine Tat des nun durch die letzte schwere Demütigung und Ver-
höhnung zum äußersten aufgepeitschten Hasses. Doch ist es durch

den Gedanken an Sigfrid — an den sie sein Schwert erinnerte, das jetzt, unverständlich wie, in ihren Händen ist — ein wenig gemildert und so wenigstens äußerlich die Rache für seinen Tod geworden. Als die Letzte stirbt dann, sofort darauf, Kriemhild selbst, nach den klaren Worten des Dichters, wie schon erwähnt, zur 'Rache' für Hagens Tod, durch die Waffe Hildebrands, der aber keinerlei Recht zu dieser Rache hatte. Es ist eine Richtung ohne irdisches Gericht und Richter, möglich und erträglich — und auch von ihrem Gatten geduldet — nur deshalb, weil Kriemhild, seit sie den geheiligten Frieden an ihrem Bruder brach, von keinem göttlichen noch menschlichen Rechte mehr geschützt war.

Der Sinn, den der Dichter des Niblungenlieds nach dem Zeugnis der Fassung B (und auch A) in die alte große Hortforderungsszene hineingelegt hat, muß dem ähnlich sein, wie es hier dargelegt ist. Das Wesentliche ist darin, daß er nicht versucht hat, den Handlungsgang so umzugestalten, daß er organisch auf dieses Ende hinlief, sondern daß er die Szene gerade als das verwertete, was sie jetzt war: ein böser Mißklang auf der Höhe der Rachehandlung, zu der sich der zweite Teil der Doppelsage gewandelt hatte. Als Kriemhild, immer neu gekränkt und verhöhnt und von schweren Rückschlägen und Enttäuschungen getroffen, endlich unmittelbar vor der Rache für den Tod Sigfrids steht, die sie seit 25 Jahren heiß begehrte, da vermag sie die Stunde nicht mehr zu begreifen, läßt sich zu einem sinnlosen Paktieren um die ihr geraubten Schätze und zur Tötung ihres letzten Bruders hinreißen und bringt sich damit in demselben Augenblick um den gewonnenen Sieg und zugleich um alle menschliche Würde. Durch diese unerwartete Wendung und ihre Folgen ist das Epos erst ganz zu der fürchterlichen Tragödie geworden, die noch heute jeden Leser erschüttert. Kaum eine andere Gestaltung des Schlusses hätte das erreicht (vgl. oben). Es ist mir mehrmals vorgeworfen worden, daß ich zu sehr auf das Negative, den großen Bruch, gesehen habe, nicht jedoch auf das Positive, wie der Dichter mit ihm fertig geworden ist (so W. Schröder, ZfdA. 90, 73). Ich gebe dem recht. Ich habe über diese Seite lange nichts andres zu sagen vermocht, als daß der Bruch auf zweifache Weise etwas gemildert ist — durch die lange Vorbereitung auch des Hortmotivs und die flüchtige Rückkehr zum Rachemotiv

in Str. 2372 (Festschr. Kluckhohn/Schneider, 88 f.) —. Es war
mir aber schon immer klar, daß dies durchaus nicht genügt. Die
Frage, warum der erörterte scharfe Bruch dem Leser normalerweise
überhaupt nicht ins Bewußtsein kommt, hatte noch keine Antwort
gefunden, und ich wußte mir noch nicht zu erklären, warum der
Dichter weiterhin zuließ, daß Kriemhild ihren Bruder Gunther,
mit dem sie jetzt doch versöhnt war, umbringen ließ, damit ihr
Todfeind Hagen sein Leben retten könnte. Diese Frage war für
mich mehr und mehr in den Mittelpunkt gerückt und zum Prüfstein
geworden (vgl. oben). Nun endlich hoffe ich auch sie gelöst zu haben.

Es scheint mir ziemlich sicher, daß es der letzte große Epiker war,
der in die alte Hortverweigerungsszene diesen von Grund auf anderen Sinn gelegt hat, der es ihm möglich machte, sie ohne Anstoß
in dem völlig veränderten Sagengang beizubehalten oder wieder in
ihn einzufügen. Es gibt wenigstens e i n e n sicheren Fall, in dem er
ähnlich gehandelt und die überlieferten Motive um ein neues verstärkt hat, damit die Tragik einer Szene, die ihm am Herzen lag,
die größte mögliche Schwere erhielt. Es ist der Eid, den er Rüdeger
auf der Werbefahrt für Etzel vor Kriemhild schwören läßt — und
um dessen willen er ihm diese Fahrt übertragen hat —. Ohne den
Zwang, der in diesem Eide lag, hätte sich Rüdeger unmöglich weiterhin, wie es doch kommen mußte, für Kriemhild und Etzel gegen
die Burgunden entscheiden können. Die Vasallenpflicht genügte
dazu ganz und gar nicht. Sie spielt im Niblungenliede eine peri-
phere Rolle und wird gerade in der Rüdeger-Szene grob mißachtet
— Hagen und Volker lehnen es mit offenen Worten ab, ihren Herren im Kampfe mit Rüdeger beizustehn (B 2201 und 2203) —. Es
ist auch unwahrscheinlich, daß für den Vasallen die Pflicht zur
Waffenhilfe gegen einen Feind bestand, mit dem er nahverwandt
oder verschwägert war. Rüdeger gibt Etzel obendrein seine Lehen
zurück und entledigt sich damit jeder Vasallenpflicht (2157). Hierauf legt der Dichter noch ein zweites gewichtiges und wohl ebenfalls neugeschaffenes Motiv ein: Etzel schenkt Rüdeger alles, was er
bisher als Lehen hatte, zu freiem Eigentum: *daz du mich rechest,
Rüedegêr, an den vîenden mîn* (B 2158, 3), und macht ihn sogar zu
seinem Mitregenten. Der Markgraf lehnt dies unerwartete Geschenk nicht ab und nimmt damit eine neue große Verpflichtung

gegen Etzel auf sich. Auf diese Weise hat der Dichter es erreicht,
daß er sich in seinem verzweifelten Seelenkampf für diesen und
Kriemhild entscheiden mußte. Ja diese Waagschale war nun so
schwer geworden, daß auch die andere stärker belastet werden
durfte, als sie es wahrscheinlich gewesen war. Der gastlichen Aufnahme der Burgunden in Bechlarn, den ihnen gemachten Geschenken und dem ihnen gewährten Geleit an den Hunnenhof ist in
dieser ein größeres Gewicht gegeben, als ihnen vordem zugestanden haben wird. Die Verpflichtung des Gastgebers gegenüber seinen
Gästen hat nach meiner Kenntnis nur so lange gewährt, wie die
Gäste unter seinem Dache und Schutze weilten, und entsprechend
die des Geleitgebers nicht über die Dauer des Geleits hinaus. Es war
auch kein Schutzgeleit, das Rüdeger den Burgunden gab, sondern
nur eine einfache Begleitung. Geschenke haben gewiß verpflichtet,
jedoch, wie natürlich, vor allen Dingen den Beschenkten — so wie
Rüdeger gegenüber Etzel für die Mitherrschaft —, aber nicht den
Schenker, das heißt hier nicht den Markgrafen, sondern die burgundischen Führer. Ich erinnere mich keines anderen Falles, in dem
die genannten Verhältnisse dazu benutzt sind, einen seelischen Konflikt, zudem von der Stärke des Rüdegerschen, zu begründen. Dies
alles, von dem sicher neueingeführten Eide Rüdegers an, bildet eine
Einheit und ist daher wahrscheinlich das Werk des letzten Epikers.
Ebenso wird auch die erläuterte Verschärfung des Friedensbruches
Kriemhilds an ihrem Bruder seine Zutat sein.

Die Verknüpfung Kriemhilds mit dem Teufel wird im Niblungenliede trotzdem nicht neu erfunden sein. In der Piđreks saga
zeigt Kriemhild gegenüber ihren gefallenen Brüdern Gernot und
Giselher eine solch unmenschliche Roheit, daß Dietrich und auch
Etzel sie, mit ähnlichem Rechte, wie es in unserem Epos geschieht,
einen Teufel nennen und der zweite den ersten bittet, sie zu erschlagen, und dazu noch bedauert, daß dies nicht schon früher geschehen war (II 325 f.). Ob dem deutschen Epiker diese Version
bekannt war, ist nicht sicher. Wir dürfen die gemeinsame Hauptquelle beider Werke, doch wohl ein älteres süddeutsches Epos,
schwerlich mit einem derart rohen Auftritt belasten. Auch ist der
Zusammenhang in ihnen, da ja der Saga die Hortszene fehlt, sehr
verschieden. Es ist außerdem unwahrscheinlich, daß das Verdam-

mungsurteil über Kriemhild, das in dem Teufelsmotiv seine schärfste Form gefunden hat, der hochdeutschen Sage vertraut war (vgl.
unten S. 362). Dem Dichter des Niblungenliedes wäre ein Hergang wie der in der Saga wohl in jedem Falle zu brutal erschienen.
Aber zufällig wird es dennoch nicht sein, daß den beiden Werken,
Epos und Saga, dieses Teufelsmotiv gemeinsam ist. Vgl. hierzu weiter unten S. 361.

Der Friedens- und Sühnekuß, auf dessen große Bedeutung im
Niblungenlied ich oben hinwies, fügt zu den christlichen oder unter kirchlichem Einfluß stehenden Zügen in ihm einen weiteren.
Er gehört zu derselben Schicht wie alle die übrigen und längst
bekannten, der Religion der 999 unter 1000, mit der Sorge um das
Wohlsein und Heil in dieser und jener Welt im Mittelpunkt, bis hin
zu Rüdegers Angst um seine Seele und der Sorge des einsam ge-
wordenen Dietrichs um seine Zukunft, und mit der dazu als nötig
erachteten Erfüllung der kirchlichen Pflichten samt der Achtung
ihrer Sakramente und anderen Institutionen, wozu auch Hagens
Mahnung an die Burgunden vor ihrem letzten Kirchgang gehört,
und weiter dann mit dem meist gedanken- oder harmlosen Im-
mundeführen Gottes wie auch des Teufels, jedoch in weiter Ferne
sowohl von aller Theologie wie auch der Lehre Christi.

Ich habe mich bisher fast ganz an den B-Text des Niblungenlieds gehalten. Da A mit ihm, was die Nennung des Teufels und
die sonstigen behandelten Fragen angeht, in allem Wesentlichen
voll übereinstimmt, so sind wir wohl berechtigt, diese Gestaltung
dem Dichter unseres Epos und nicht einem Späteren zuzuerkennen.
Der Text der Handschrift C dagegen weicht erheblich ab, sowohl in
der Verwendung von *tiuvel* und *vâlant* wie in der Form der Aussöhnung zwischen den burgundischen Geschwistern und auch der
Bedeutung, die dieser Versöhnung beigelegt wird, und in dem Urteil
über Kriemhild und Hagen. Da, wo der Teufel nur so obenhin
berufen wird, ist zwischen den Fassungen kein Unterschied zu ver-
merken. Wo jedoch ein Mann so genannt ist (B 2001 und 2311), da
hat C statt des *tiuvel* in B und A *vâlant* eingesetzt, und ebenso da,
wo Brünhild des Teufels Weib gescholten wird (438). Da jedoch, wo
Hagen Brünhild anwünscht, des Teufels Braut in der Hölle zu wer-

den (450), hat er *tiuvel* stehen gelassen. Anders als an den drei genannten Stellen ist *vâlant* in C nicht gebraucht. Es bezeichnet hier darum, im Gegensatz zu B und A, nicht den Satan selbst, sondern nur etwa einen Teufelskerl (und *des vâlandes wîp* ein Teufelsweib), und es ist da wahrscheinlich, daß der Bearbeiter das zugehörige *vâlandinne* ähnlich verharmlost gebraucht hat. Dies kann erklären, warum er das Feminin an den beiden Stellen, an denen B es setzt (1748 und 2371), beibehalten hat, obschon er, wie seit langem bekannt, sehr darauf bedacht ist, Kriemhild in ein besseres Licht zu setzen. Er brauchte *tiuvel* als das schlimmere Wort (s. unten), und so hat er in dem Vorwurf Volkers an Kriemhild, sie habe *tiuvellîchen gelogen* (B 2230), das Adverb durch *vreislîch* ersetzt. Aber *vâlandinne* durfte die Heldin weiter heißen.

Viel wichtiger als dieses ist jedoch, was C aus der Versöhnung Kriemhilds mit ihren Brüdern gemacht hat. Die ersten Strophen, die sie schildern, sind erheblich umgestaltet und um zwei vermehrt (B 1113—15, C 1124—28). Der Nachdruck liegt jetzt darauf, daß sie von der Seite der Könige *mit valsche gefüeget* war (C 1128, 2), nur *durch des hordes liebe* (1127, 3). Gunther wird dabei der Treulosigkeit geziehen (1127, 4), während seine Schwester von ihm offen sagt: *mîn munt im giht der suone, im wirt daz herze nimmer holt* (1124, 4). Der Sühnekuß ist fallen gelassen. Vielleicht klingt er in dem eben zitierten Verse nach. Es ist also eine alltägliche und äußerliche und dazu betont unehrliche Versöhnung geworden, von der eine verpflichtende Wirkung kaum noch erwartet werden darf. Während B den Friedensschluß in keinen Zusammenhang mit dem ihm folgenden Hortraub bringt und bemüht ist, Gunthers Mitschuld an diesem zu vertuschen, sagt C in einer weiteren Zusatzstrophe (1160), Gunther sei trotz der Versöhnung an diesem Raube, der das Leid seiner Schwester vertausendfachte, schuldig. In voller Übereinstimmung mit dieser Umwertung ist dann in der wichtigen Strophe 1394 (C 1421) die Nennung sowohl der Versöhnung mitsamt dem Friedenskuß wie auch des Teufels (B *vâlant*) beseitigt worden, so daß jeder Zusammenhang zwischen den beiden zerstört ist. Nur in C 1488 (= B 1460) ist der Sühnekuß, wohl aus Nachlässigkeit, stehengeblieben, ein sicheres Zeugnis, daß auch die Vorlage dieser Fassung das Motiv gehabt hat. Doch bleibt er ohne

Bedeutung für den Fortgang. Auch die Aussöhnungsszene ist kein nötiges Glied in der Handlung mehr. Sie dient höchstens noch dazu, ein neues Licht auf das Verhältnis zwischen den Geschwistern zu werfen. Es ist klar, daß der Bearbeiter, in schroffem Gegensatz zu den anderen Fassungen, nicht gewollt hat, daß Kriemhild durch eine feierliche und echte Versöhnung gebunden war.

Während die Fassung C den einzigen Fall, in dem B (und A) dem Teufel einen Einfluß auf die Handlung zuspricht (1394), getilgt hat, schreibt sie ihn ihm an zwei anderen, in jenen fehlenden Stellen zu. Nach der Zusatzstrophe C 822 steckte der Teufel dahinter *(als ez der tiufel riet)*, daß Brünhild den verhängnisvollen Streit mit Kriemhild begann, und nach einer weiteren (C 2143) hat er es angestiftet, daß Kriemhild ihre Rache nicht auf Hagen einschränken konnte *(dô geschuof der übel tiufel, deiz über si alle muose ergân)*. Der Bearbeiter sagt hier beide Male *tiuvel* und sichert damit, daß dieses Wort für ihn, umgekehrt wie in B und A, mehr zu sagen vermochte als *vâlant*. Die Stellen zeigen zum zweiten, daß ihm die Vorstellung eines Eingreifens des Satans nicht etwa fremd gewesen ist, und bestätigen zum dritten von neuem, wie sehr ihm an Kriemhilds Entlastung lag. Die Schuld an dem Zank der Frauen ist nun über Brünhild auf den Teufel geschoben, und da dieser es Kriemhild nicht 'geraten' hat, die Rache auf Hagen zu beschränken, sondern es so gefügt hat *(geschuof)*, ohne sie dabei als Mittel zu gebrauchen, so ist sie auch am Tode ihrer Brüder nicht schuldig. Daß sie diesen nicht gewollt hat, wird auch in den weiteren Zusatzstrophen C 1882 und 1947 betont, während es in B und A allein das eine Mal gesagt wird, als sie ihnen das Leben zusichert, wenn sie ihr Hagen ausliefern würden (2104).

Da Gunthers Versöhnung mit Kriemhild in C zum bloßen Schein geworden war, so war seine Schuld an Sigfrids Tode ungesühnt und unbeglichen geblieben. Und da er obendrein durch seinen Anteil am Raube ihrer Schätze den geschlossenen hohlen Frieden gleich wieder zunichte machte, so hatte seine Schwester weiterhin freie Hand gegen ihn. Daß sie ihn dann am Ende erschlagen ließ, war deshalb verständlich und verzeihlich, zumal ja jetzt auch der Teufel seine Hand gegen sie im Spiele hatte und nach den ausdrücklichen Worten des Bearbeiters Hagen die Schuld daran trug, daß sie so an ihrem Bruder handelte (C 2428). Der aber handelte aus der niedrigsten Gesinnung, er gönnte seinem Könige nicht, daß er länger lebte als er selbst: *wie möhte ein untriuwe immer sterker wesen?*, heißt es da (vgl. oben). Hagens Triumph, in B auf eine überlegene Klugheit und unerschütterliche Festigkeit gegründet, ist so zum Sieg der Niedertracht geworden und sein Tod damit vollends gerechtfertigt. Als Rechtfertigung für den Tod der Königin aber bleibt nun allein, daß sie, die Frau, selbst die Hand an ihren Feind gelegt hat. Hiermit war die Handlung zu der Motivierung ihres Todes zurückgekehrt, mit der der Dichter des Epos, wenn meine Interpretation nicht falsch ist, sich nicht zufriedengeben konnte und die er mit großer Sorgfalt und Kunst überwunden hatte. Der Bearbeiter hat das wieder gründlich zerschlagen, und die Hortforderungsszene tritt jetzt wieder fühlbarer als ein Fremdkörper hervor. Dies wird noch dadurch verstärkt, daß er Kriemhild, unmittelbar ehe sie Hagen die Chance zur Lebensrettung gab, den Gedanken zuspricht: *ich riche hiute mîns vil lieben mannes lîp* (C 2425, 4), so als sei die Hortepisode nichts als ein bedeutungsloses Zwischenspiel, das die Rache für Sigfrids Tod ein klein wenig verzögerte.

Abgesehn von den tausend kleinen Änderungen am Wortlaut hat der Bearbeiter, dem wir die Fassung C verdanken, nur allerlei neue Strophen zugefügt und hier und da die Aussage ein wenig nuanciert und die Akzente und Werturteile verschoben. Aber er hat keine Aventüre und auch keinen anderen Auftritt fortgelassen oder zugefügt oder als ganze umgeformt. Seine Eingriffe in die Form des Handlungsganges mußten deshalb in engen Grenzen bleiben. Es überrascht, wieviel er auf solche Weise trotzdem zu ändern vermocht hat. Sein Werk ist ein überaus wertvolles Zeugnis dafür, daß schon geringe und zunächst auch harmlos scheinende Änderungen vieles zur inneren Umgestaltung unserer alten Sagen beitragen konnten. Es ist zugleich die unaufdringliche Kritik eines zwar als Künstler unbedeutenden, aber klugen und offensichtlich sehr sagenkundigen Zeitgenossen an der Schöpfung des großen Epikers und ein Reflex ihrer Wirkung auf die gebildeten Leser seiner Zeit. Diese große Bedeutung der Fassung C des Niblungenliedes scheint mir noch längst nicht genügend gewürdigt zu sein.

W. Schröder, bei dem ich einen ernsten Hinweis auf diese Bedeutung fand (ZfdA. 90, 160), nennt neben C in demselben Sinne die Klage, auch sie mit vollem Recht. Es scheint sicher, daß auch ihr unser Epos zugrunde liegt, doch ist es ungewiß, welche Fassung es war, und zumal, wie sich die Klage zu C verhält und welche dieser beiden Arbeiten etwa von der anderen abhängt. In einigen Dingen ist ein Zusammenhang offenkundig, und auch in der gesamten Stellung zu den älteren Fassungen stehen die beiden sich sehr nah. Doch halte ich es ganz und gar für unzulässig, hieraus zu schließen, wir hätten hier im Grunde nur die Meinung des einen dieser beiden und der andere habe sie nur nachgeschrieben. Er muß sie zum mindesten gutgeheißen haben, und wir haben kein Recht zu unterstellen, daß sie nicht wenigstens in den Grundzügen seiner eigenen Überzeugung entsprochen hat.

Dem Dichter der Klage ist es viel leichter gewesen als dem Bearbeiter — der doch im wesentlichen Abschreiber war —, sich von dem Sagenbild des letzten Epikers freizumachen und seinen eigenen Weg zu gehen. Für uns aber ist es schwerer, diesen Abweichungen auf die Spur zu kommen und sie nachzuweisen, vor allem da, wo er nur verschweigt. Dies erlaubt nicht ohne weiteres den Schluß, daß er mit dem Übergangenen nicht einverstanden war oder es ihm nicht bekannt gewesen ist. Auf dem sichersten Boden stehen wir da, wo der Klagedichter polemisiert. Er tut dies am stärksten gerade in einer der oben erörterten Fragen, dem Urteil über Recht oder Unrecht der Rache Kriemhilds (69—79 und 276—293, nach Lachmann). Niemand, behauptet er, habe mit Recht von ihr schlecht gesprochen (76 f.). Er wendet sich aufs schärfste gegen die, welche da glauben, sie habe zur Hölle fahren müssen, und betont, daß sie nur aus Treue gehandelt hat und daß Gott diejenigen, die das tun, ins Himmelreich aufnimmt. Auch Etzel erkennt diese Treue an (415—418). In diesem Bilde ist kein Raum für die Treulosigkeit des Sühnebruchs am Bruder. Die Versöhnung der beiden wird auch weder erwähnt noch vorausgesetzt. Es heißt vielmehr:

> sîner swester hulde
> kunde Gunther niht erwerben.   Ja riet er daz ersterben
> Sîfrit muose, ir êrster man;   dâ von er den schaden gewan
> sît von ir deste vaster (246—249).

Daß Gunther mit Recht ums Leben kam, ist auch in 1702—1706 enthalten. Es fehlt auf der anderen Seite zwar nicht an Vorwürfen gegen Kriemhild (652—654, 954—960, 1702—1705 und 2023 f.), aber sie gehen wenig über ein Bedauern hinaus, daß sie so gehandelt hat, wie sie da in verschiedenen Lagen tat, und ihre Erschlagung wird nicht als gerechtfertigt anerkannt (254 f.). Hildebrand hat es nur im Zorn (260 f.) oder gar im Wahnsinn (*mit unsinne*, 366 f.) und *âne nôt* getan (375 f.), und zwar nach zwei Stellen (367 f. und 374—376), weil sie — wie im Epos — Hagen mit eigener Hand erschlagen hat, nach einer dritten (1966—68) jedoch, merkwürdig abweichend, weil sie Gunther und Hagen umbringen ließ. Anderseits wird in der Klage ebenso wie in C wiederholt betont, daß Kriemhild nur an Hagen Rache nehmen wollte und die übrigen gern geschont hätte, wenn es nur möglich gewesen wäre (118—121 und 130 ff.; vgl. auch 954 ff. und 1704—1707). Hagen wird auch der genannt, von dem alles Unheil ausgegangen und an dem die Versöhnung gescheitert ist (625—627, 648—651; vgl. auch 2012 ff.). Er wird verflucht (649) und Gott dafür gelobt, daß er ausgetobt hat (1759), ja er wird von Hildebrand der *vâlant* genannt, *der ez allez riet* (625 f.). Ein Zusatz in der Hs. C nennt Hagen auch noch deshalb *vâlant*, weil er Etzels Sohn erschlug, und fährt fort: *daz er ie kom in daz lant, daz schuof des übeln tiufels nît* (zu 651—659, Bartsch S. 71). So ist auch in der Klage die meiste Schuld und Schmach von Kriemhild auf Hagen (oder den Teufel) abgewälzt. Ihr Dichter hält es auch nicht nur für Kriemhilds Recht, Sigfrids Tod zu rächen, sondern sogar für ihre Pflicht (69 *wan ez ir rechen gezam*). Er nimmt die Blutrache auch an anderen Stellen als selbstverständlich hin, selbst ohne klares Vorbild im Epos (867 bis 869, 1924 f. und 1946 f.), und nennt zudem das Sprichwort von dem Wolf als Rächer (1755—57). So bestätigt auch er, daß die Rache damals noch anerkannt und im Schwange war und das Niblungenlied in diesem Punkte auf keine Weise hinter seiner Zeit zurückgestanden hat, wie es so oft behauptet worden ist.

Von der alten Hortverweigerungsszene enthält die Klage keine Spur. Die flüchtige Darstellung der Geschehnisse (1964—1968) gleitet über sie hinweg. Der Hort wird zwar dreimal erwähnt (96 bis 98, 1713—15 und 2014 f.), doch ohne die Andeutung eines Zusammenhangs mit diesem Auftritt. Nach Vers 96 f. war er außerdem *ze Rîne* gelassen worden, das heißt in Worms, aber nicht *in dem Rîne*. Es liegt hier, wie auch schon bei der Vernachlässigung der Hortszene in der Fassung C des Epos, die Vermutung nicht fern, daß eine andere Sagenform, die diese Szene abgeworfen hatte, die Hand im Spiele hat, so wie es oben auch für das Epos erwogen worden ist (S. 339 f.). Der Dichter der Klage ist gewiß vor allem von unserem Niblungenliede ausgegangen, aber er hat es schwerlich vor sich liegen gehabt und hat sich sein Bild von der Sage nicht ganz von ihm diktieren lassen. Nicht angeeignet haben wird er sich besonders die Neuerungen und anderen Abweichungen von der ihm geläufigen Sagenform, die ihn nicht überzeugten oder ihm mißfielen, und ähnlich solche, die nur so wenig Raum erhalten hatten, daß man über sie hinweglesen oder sie schnell wieder vergessen konnte. Bei einigen, wie dem Friedenskuß und Rüdegers Eid, mochte beides zusammentreffen. Ich habe den Eindruck, daß das Sagenbild der Klage in vielem dasjenige ist, mit dem ihr Dichter seit längerem, wenn nicht seit seiner Jugend, vertraut gewesen ist und das damals, ehe das große Epos erschien, dort im Südosten das bekannteste war, und daß es im wesentlichen eine solche gemeinsame Basis ist, welche die Bearbeitung C und die Klage in ihren Abweichungen von B und A so sehr nahe aneinanderrückt.

Auch der gewiß erst im letzten Epos eingeführte Eid, den Rüdeger Kriemhild leistete, wird in der Klage nicht erwähnt. Es heißt da nur:

ouch warp diu küneginne sint
mit bete an Rüedegêre, unz er die degen hêre
mit strîte och muose bestân (1925—1927),

so daß der Dichter schwerlich mit einer Eidespflicht gerechnet hat. Es ist wohl auch kein Zufall, daß diese Klagelitanei, die doch nach allem griff, worüber sich klagen ließ, über Rüdegers vom letzten Epiker ausgestalteten furchtbaren inneren Kampf so wenig ein Wort verliert wie die Piđreks saga. Einige Fälle, in denen die Klage vom Epos abweicht, jedoch mit anderen Quellen zusammentrifft oder solche voraussetzt, hat H. Schneider im 1. Bande seiner Germanischen Heldensage verwertet (S. 93, 110, 218, 224 und 235): die verschiedenen Meinungen über Hagens wie auch Etzels

Todesart (Klage 368—372 und 2159—2177), das Schicksal des Kindes Etzels (1903 f.), Rüdegers Verdienst um Dietrichs Aufnahme bei Etzel (993—1012), Dietrichs Heimkehr (2054 ff.) und Wolfharts Kämpfe in Etzels Dienst (864 f.). Eine größere Anzahl solcher und verwandter Stellen hatte schon W. Grimm zusammengestellt (Die deutsche Heldensage[2], 112—125). Aber unter ihnen sind einige unbedeutende Kleinigkeiten und vor allem — wie ähnlich auch in Schneiders Stoff — Angaben und Namen, die aus anderen Sagenkreisen herübergenommen sind. Wichtig, wenigstens für die Probleme dieses Artikels, scheint mir allein, daß Kriemhild in der Klage nicht, wie im Epos, in Stücke gehauen wird, sondern Hildebrand ihr das Haupt abschlägt (398 f.), und daß Gunther in ihr nicht nach, sondern vor Hagen gefangengenommen wird (1947 bis 1951; beides bei Grimm, S. 113). Das zweite gehört zum ältesten uns bekannten Sagenbestande (Atlakvida), und auch die Piðreks saga hat es noch.

W. Grimm nennt die Form des Hauptabschlagens, in der Kriemhilds Leben nach der Klage endet, edler als das *ze stücken houwen* des Epos (a. a. O.). Es ist ungewöhnlich, wenn nicht gänzlich ohnegleichen, daß dem Epiker ein solcher Vorwurf gemacht werden darf. Doch ist es schwerlich seine Neuerung, denn in der Saga geschieht es ebenso (II 326). Damit ist die Erklärung gegeben: Wo Kriemhild zur Teufelin geworden ist, da wird sie in Stücke gehauen. Das ist, auch in den Augen unseres großen Epikers, der ihr hier angemessene Tod. Aber die geachtete Rächerin der Klage stirbt den ehrlichen Tod des Enthauptens. Die Koppelung der zwei Motive, Teufelin und Instückehauen, in Epos und Saga sichert es, daß die beiden Werke hier zusammenhängen, und das heißt zugleich, daß das Teufelsmotiv nicht erst zu den Neuerungen des letzten Epikers gehört (vgl. oben S. 353 f.).

Die Klage enthält noch eine weitere, bisher anscheinend nicht beachtete Angabe, mit der sie im Gegensatz zum Niblungenliede steht. Sie nennt Hagen einmal nicht nur, wie es hier und da das Epos tut, einen Verwandten Kriemhilds oder ihrer Brüder, sondern ihren Bruder:

het diu künigin daz eine lân,
daz si Blœdelînen Hagen den bruoder sînen
zu tôde niht het heizen slân (652—654).

Dies entspricht der alten nordischen Sage und auch der Notiz bei Saxo (s. unten) sowie der Þiđreks saga, in denen wir über die Herkunft des Zuges jedoch nicht entscheiden können. Die Klagestelle sichert ihn, wie schon einmal erwähnt, nun auch für eine ältere süddeutsche Form der Sage. Sie zeigt zugleich, im Bunde mit den anderen angeführten Zügen, daß auch die Klage uns helfen wird, den Stand der Sage festzustellen, auf dessen Grundlage der große Epiker an sein Werk gegangen ist.

Daß es nicht nur zwei Außenseiter, die noch dazu verdächtig sind, unter einer Decke gesteckt zu haben — der Bearbeiter des Epos und der Dichter der Klage —, gewesen sind, die sich gegen die erörterten zentralen Neuerungen des letzten Niblungendichters wandten, wird von einer Bemerkung in den lateinischen Predigten Bertholds von Regensburg gestützt. Es heißt da, nach einer Aufzählung der bösen Frauen der Weltgeschichte: *dicitur quod Crimhilt omnino mala fuerit, sed nichil est* (O. Jänicke, ZfdA. 15, 316). Auch hier wird also Kriemhild energisch gegen Verdammungsurteile in Schutz genommen. Wir wissen allerdings nicht, wann dies, offenkundig ein Zusatz, in den Predigttext geraten ist. Es ist ein verlockender Gedanke, daß auch dies mit dem Bekanntwerden des Epos zusammenhängt.

Auf die Seite des Niblungenliedes wird sich dagegen die schon berührte Episode von dem sächsischen Spielmann stellen, der da 1131 den Herzog Knut Lavard in Schleswig mit dem Liede von der *notissima Grimildae erga fratres perfidia* vor einem ähnlichen Treubruch zu warnen suchte. Überliefert ist sie von Saxo Grammaticus, gegen 1180, also nahe der Zeit des Niblungenlieds. Die Anerkennung, daß Kriemhild treulos handelte, schließt zwar, da die Rache vieles erlaubte, nicht aus, daß ihre Handlungsweise dennoch als gerechtfertigt anerkannt wurde, aber der genannte Zweck, zu dem das Lied da vorgetragen wurde, macht es sehr wahrscheinlich, daß auch hier der Nachdruck auf der Seite des Bösen gelegen hat.

Ein altes isländisches Sprichwort heißt: *Iafnan orkar tvímælis, þó at hefnt sé.* Das besagt, daß die Meinungen über vollführte Rache geteilt zu sein pflegen. Dies gilt vor allem dann, wenn entweder die Mittel zur Rache bedenklich scheinen oder sie schlimme

Folgen nach sich zieht, und ist wie auf die Rache Kriemhilds zugeschnitten. Man konnte die ungewöhnliche Zähigkeit bewundern und preisen, mit der diese Frau eine unmöglich scheinende Rache meisterte, und die große Treue, die sie mit ihr bewies, aber man konnte sie auch schmähen und verdammen wegen des entsetzlichen Unglücks, das sie damit über ihr eigenes Geschlecht und Tausende oder Zehntausende anderer brachte. Es scheint nach dem Dargelegten, als habe im Norden (Norddeutschland) das zweite vorgeherrscht, im Süden oder wenigstens Südosten dagegen das erste. Auf dem einen Flügel stehen Þidreks saga und Saxo, auf dem anderen die Bearbeitung des Epos und die Klage (und Berthold von Regensburg) mit ihrem Widerspruch gegen Kriemhilds Behandlung im Niblungenlied. Hinter ihnen wird eine communis opinio stehen, die anders über die Heldin dachte als der Epiker. Hand in Hand mit dieser Spaltung geht eine entsprechend verschiedene Ausgestaltung des Handlungslaufs, im großen wie auch in vielen kleinen und kleinsten Zügen, von denen einiges oben zur Sprache gekommen und deren eines das Motiv vom Teufel ist.

Das Niblungenlied steht zwar, jedoch nur am Schluß, vollkommen auf der Seite des Nordens, aber nicht, weil es die Rache Kriemhilds oder gar die Blutrache allgemein verurteilt, sondern einzig unter dem Zwange der alten Hortforderungsszene, die es nicht opfern wollte und die ihm verwehrte, das Rachethema sauber zu Ende zu führen. Nicht wegen ihrer Racheexzesse wird die Frau hier verdammt, sondern weil ihr Verzicht auf die Rache sie zu einer anderen und schlimmeren Freveltat führte, die von der Rachepflicht nicht gedeckt werden konnte. Da jedoch der Epiker in seiner Heimat nicht das gefunden haben wird, was er brauchte, um den Tod sowohl Gunthers wie Kriemhilds so zu motivieren, daß es den verfeinerten Ansprüchen seiner Zeit entsprach, so übernahm er für den Schluß, wie es scheint, die unvermeidliche Abkehr vom Rache- zum Hortthema klug verwertend, das Motiv der als Unmensch und Teufel endenden Rächerin, das im Norden, vielleicht aber auch in der Mitte und im Südwesten Deutschlands verbreitet oder herrschend war. Doch löste er es von der eigentlichen Rachehandlung und verwandte es für eine neue Gestaltung der Katastrophe, rief mit dieser zur Teufelin gemachten Heldin jedoch den Widerspruch seiner Landsleute wach. Es ist diese Richtung, in der ich die Erklärung der Verhältnisse glaube suchen zu müssen.

Nach einer verbreiteten Annahme sind sich das Niblungenlied, seine Überarbeitung und die Klage Schlag auf Schlag gefolgt. Aber diese Berechnungen stehen, soviel ich sehe, auf sehr schwachem Boden. Sicher scheint allein, daß die Hs. Z nicht später als bald nach 1200 geschrieben sein muß, als das Epos immerhin schon etwa 20 Jahre alt sein mochte, wenn nicht noch mehr. Z hat zur Fassung C gehört, und auch deren Haupthandschrift (C), die auch die Klage enthält, und zwar ähnlich überarbeitet wie da das Epos, ist noch vor der Mitte des 13. Jahrhunderts geschrieben, während sowohl B wie A noch später folgten. Es mag hiernach scheinen, als sei das Epos im Anfang kritisch aufgenommen worden, und zwar wegen vieler seiner Neuerungen, so daß zuerst nur die Bearbeitung, die diese umzubiegen oder abzuschwächen sucht, und neben ihr die Klage, die sie noch weiter zurückdrückt, Anhang fanden, die reineren Fassungen B und A dagegen sich erst um die Jahrhundertmitte durchzusetzen vermochten. Da mag der Widerstand gegen das neue Sagenbild erlahmt gewesen sein. Man hat jedoch auch ihrem Text die Klage beigefügt (als Korrektur?) und ist dabei bis ans Ende geblieben. Sicher ist auf jeden Fall, daß die Überlieferungsverhältnisse nicht erlauben, unserem großen Heldenepos, zum mindesten in seinem unverfälschten Text, einen schnellen Triumph und fast augenblickliche weite Verbreitung zuzusprechen. Dazu sind auch *Azagouc* und *Zazamanc* samt Rumolts Rat in Wolframs Parzival (und dgl.) nicht imstande. Gottfried Weber verwendet den „so außerordentlichen, völlig ungewöhnlichen Erfolg" des Niblungenlieds als Bestätigung seiner These, daß es „wahrhaft zentrale, brennende Anliegen und Probleme der eigenen Zeit" behandelt (Das Nibelungenlied, 1963, 197). Das setzt voraus, daß der Erfolg sehr bald eintrat, noch ehe diese Probleme ihre Aktualität verloren, und so behauptet Weber denn in der Einleitung auch, das Epos habe diesen Erfolg bei seinem Erscheinen gehabt (S. 3). Es ist aber nicht nur so, daß dies gänzlich unbeweisbar ist, sondern die Reaktionen, die wir kennen, in der Bearbeitung und in der Klage (und wohl auch bei Berthold von Regensburg) bezeugen unmißverständlich, daß das große Interesse der Zeitgenossen nicht auf irgendwelche Gegenwartsprobleme gerichtet war, sondern auf Fragen wie die der Richtigkeit oder Glaubwürdigkeit des Sagenbildes und insbesondere auf das, was offenkundig auch dem Dichter sehr am Herzen gelegen hat, die Zeichnung der Charaktere und des Schicksals der beiden großen Handlungsträger der Sage, Kriemhilds und Hagens, an denen er kühn geneuert hatte.

Ich bin davon ausgegangen, daß die Fassung B, mitsamt der ihr sehr nahe stehenden A, das Epos in der reinsten Form bewahrt und C die Überarbeitung eines Textes ist, der ihnen aufs nächste verwandt war. In den herangezogenen Teilen hat sich nichts ergeben, das daran irre machen kann, im Gegenteil, manches in C wäre schwer verständlich, wenn es anders wäre (die Nennung des vorher unerwähnten Sühnekusses in C 1488 und der *vâlandinne* an den beiden Stellen, an denen das Wort in B die große Bedeutung hat, oben S. 354—356). Über das Verhältnis von B und A und das Aussehn des Archetypus und sein Verhältnis zum verlorenen Original vermag ich nichts auszusagen. Helmut Brackerts 1963 erschienene Beiträge zur Handschriftenkritik des Nibelungenlieds haben gezeigt, daß hier vieles neu geprüft und durchdacht werden muß und sich manches unserer Erkenntnis ganz entziehen wird. Sie stellen uns sogar, im Verein mit anderen nötigen Erwägungen, von neuem vor die Frage, was denn als das originale Niblungenlied zu gelten hat. Denn alle Formen, die wir haben und erschließen, drohen nun zu bloßen Gliedern ineinander verschlungener und für unsere Augen endloser Ketten zu werden. Wir müssen uns beschränken und die Gestalt zu fassen und uns an sie zu halten suchen, die der eine große Dichter, der da am Werke war, aus der Hand gegeben hat. Das rückt uns in diesem Punkte wieder nah an Heusler, der nur die großen Stufen in der Entwicklung gelten ließ. Er aber war sicher, daß z w e i große Dichter beteiligt sind, mit einem Abstand von nur wenigen Jahrzehnten, und er hatte starke Argumente dafür. Doch glaubte er, ihre Anteile ziemlich sicher voneinander scheiden zu können. Das wird zu optimistisch gewesen sein. Bei meinem Versuch, den letzten dieser Dichter besser als bisher in die langen Ketten einzuordnen und als eines ihrer Glieder zu be-

greifen, bin ich bemüht gewesen, diese verschiedenen Schwierigkeiten, die nun deutlicher vor uns stehen, nicht aus den Augen zu
verlieren, und schließe hier auch die Klage ein. Denn auch ihre
Probleme werden miterfaßt, und ebenso die lange als abgetan behandelte Altersfrage unseres Epos.

Neue Heidelberger Jahrbücher 1954, S. 1—89. Vom Autor gekürzte und überarbeitete Fassung

WIDERSPRÜCHE IM NIBELUNGENLIED

Von Bert Nagel

Dichtungseingang

Einen Prolog im Stil der höfischen Epen (›Iwein‹, ›Parzival‹, ›Tristan‹), in dem sich der Dichter vorstellt und zum Thema äußert, hat der Nibelungenepiker seinem Werk nicht vorausgeschickt. Doch bilden die beiden ersten Aventiuren eine deutlich für sich stehende Eingangspartie, die in gewisser Weise als Prolog angesprochen werden kann. Auch bekundet sich in diesem Dichtungsbeginn bereits jener eigenwillige Zug zur Neugestaltung, der für das Epos insgesamt kennzeichnend ist. Einer Analyse dieser Eingangsaventiuren kommt daher besondere Bedeutung zu. Überdies treten schon hier die gestalterischen Stärken und Schwächen des Liedes zutage und bieten daher einen ersten Anhalt zur ästhetischen Wertung des Ganzen.

Mit einer markanten Kriemhildstrophe setzt das Nibelungenlied [im folgenden abgekürzt: Nl.] ein. Nicht zufällig ist der Name des Mädchens auch metrisch-rhythmisch durch sogen. beschwerte Hebung herausgehoben: 'Kríemhìlt gehéizèn'. Das ganze Gewicht dieser Verszeile (I, 3), ja dieser Strophe insgesamt, sammelt sich auf den Namen „Kriemhilt" als sinnwichtigstes Wort. Vermöge der spitzen i-Laute in beiden Silben tritt auch noch der Wortklang akzentuierend hinzu. Aber nicht nur die erste Strophe, auch die ganze erste Aventiure verfolgt offenkundig nur das *eine* Ziel, das Bild der schönen Burgundenprinzessin nahezubringen. Darum wird sie innerhalb des „Personenverzeichnisses" der ersten Aventiure — gegen alle Rangordnung — vor dem regierenden Burgundenkönig Gunther, den übrigen königlichen Brüdern und auch der Königinmutter Ute als erste genannt, was bei dem in allen Zeremonial- und Rangfragen peinlich exakten Nibelungenepiker überraschen muß.

Aber auch dadurch, daß er Kriemhild nicht wie die anderen Personen lediglich benennt, sondern sie von vornherein als eine Individualität heraushebt,[1] wird sie unübersehbar als die Hauptgestalt des Gedichtes eingeprägt. Dieser Beginn des Nl. mit einer reinen Kriemhildaventiure läßt also die Tendenz zu einem Kriemhildenroman erkennen.[2] Innerhalb der Sagenüberlieferung von den Nibelungen stellt diese biographische Zielsetzung etwas Neues dar. Sie ist eine eigenwillig neuernde Tat des mhd. Epikers. Er erst hat Kriemhild zur Mittelpunktsfigur erhoben und dadurch die altheroische Ereignisdichtung, wie er sie in seinen Quellen, den *„alten mæren"*, vorfand, in eine biographisch tendierende, zeitfällig moderne Romanform eingebunden.[3]

Bezeichnend für diesen eigenwilligen Neueinsatz ist auch das paradoxe Nebeneinander von *zwei* ersten Strophen im Nl., der schon genannten ursprünglichen von dem *'vil edel magedin'* Kriemhild und der ersichtlich jüngeren, später erst vorangestellten Eingangsstrophe über die *'alten maeren'*, von denen das Gedicht *'wunders vil'* zu erzählen habe. Als widersprüchlich erweist sich dieses Nebeneinander dadurch, daß die ältere Eingangsstrophe — inhaltlich und ihrer gestalterischen Zielsetzung nach — moderner ist als die später zugefügte, jüngere Strophe, in der eine frühere (noch in die Zeit vor unserem Dichter gehörende) Konzeption des alten Sagengutes festgehalten erscheint. Diese sekundäre erste Strophe faßt nämlich den Sagenkomplex der Nibelungen noch insgesamt als altheroische Ereignisdichtung auf: Heldentaten, festfrohes Dasein und — im Gegensatz dazu — Tiefpunkte schmerzvollen Leidens (*'weinen*

---

[1] Vgl. den Falkentraum Kriemhilds und dessen ausgeführte Deutung (13—17), wodurch das persönliche Schicksal dieses Mädchens, ihr Lebensgang, als bestimmendes Thema herausgehoben wird. Kraft dieser symbolischen Vordeutung tritt von allem Anfang das Einzelschicksal Kriemhilds in den Blick.

[2] Daß zwei Nibelungenhandschriften, nämlich D und d, das Lied ausdrücklich als ein „Buch Chreimhilden" bezeichnen, darf gleichfalls als symptomatisch dafür gelten.

[3] Die höfischen Romane und Erzählungen der Zeit (1200) — Erec, Gregorius, Armer Heinrich, Parzival, Tristan — sind durchaus biographische Romane.

unde klagen') werden als Dichtungsinhalte aufgeführt. Danach geht es im Nl. ausschließlich um große (heroische) Begebenheiten, um allgemeine Schicksale, nicht aber um individualisierend biographische Gestaltungen. Ein ausgemachter Gegensatz des Gedichtes zum ritterlich-höfischen Kunstepos der Zeit ist darin ausgedrückt. Diesem ging es ja nicht um Ereignisse und Begebenheiten als die den Menschen treibenden Mächte, sondern um den Menschen selbst in seinem Bemühen um Bewährung gesetzter Normen, insbesondere um den vorbildhaften Typus des zuchtvollen Ritters, an dem die wünschenswerte Verwirklichung vorgegebener (aufgegebener) sittlicher Thesen beispielhaft dargestellt werden konnte. Hebt also die nachträgliche erste Strophe mit dem Hinweis auf die „alten maeren" das Fortwalten altheroischer Erbpoesie im Nl. hervor und sieht dessen Gewicht und Wirkung einzig in dem Außerordentlichen der *dargestellten Geschehnisse* ('grôziu arebeit', 'küener recken strîten', 'fröuden, hôchgezîten'), in dem '*wunders vil*' bilderreicher Ereignisdichtung, so setzt hingegen die eigentliche erste Strophe betont biographisch ein: die Rundung von Kriemhilds Lebensroman kündigt sich hier als Thema an. Dieser Widerspruch der beiden Eingangsstrophen ist bedeutsam und rührt an die künstlerische Problematik des Gedichtes, nimmt dessen stilistische Zwiespältigkeit voraus. Daß der Dichter selbst, wie aus *seinem* Dichtungsbeginn erhellt, ein Kriemhildepos schaffen wollte, die Zeitgenossen jedoch, wie die sekundäre Eingangsstrophe bezeugt, in seinem Werk noch nicht einen solchen personzugewandten Roman, sondern nur ein Denkmal alter Ereignisdichtung, einen zwanghaft überpersönlichen Handlungsablauf, zu sehen vermochten, ist erstaunlich. Noch erstaunlicher ist freilich, daß dieser Widerspruch zu Recht besteht, daß beide Strophen recht (und zugleich unrecht) haben. Die biographische Konzeption ist wirklich da und wird auch planvoll durchgeführt — von Kriemhilds Jugend über die verschiedenen Phasen ihres Lebensganges: Glück, Leid, Rache bis zu ihrem Tod, mit dem die Dichtung schließt, spannt sich der Bogen der Erzählung — innerhalb dieses Rahmens jedoch (ihn gelegentlich aber auch überwirkend) ist der Typus der Ereignisdichtung noch fast ungeschwächt erhalten. Der Dichter hat zum einen ein einfühlendes Verständnis für die Individualität seiner Gestalten, insbesondere

der Hauptheldin Kriemhild. Intensiv lebt und leidet er ihr Leben
mit. Zum andern schaut er aber über alles Individuelle hinweg auf
die überpersönlichen unentrinnbaren Mächte des Schicksals. Dieser
doppelte Blick des mhd. Epikers macht nicht zuletzt seine Größe
aus. Denn seine Größe ist *Reichtum*, Fülle an Leben, die die Einzel-
person um ihrer selbst willen voll in den Blick zu nehmen vermag
und doch stets zugleich Zusammenschau, Überschau ist. So erscheinen in der einen Sicht Kriemhild und Hagen als individualisierte,
durch sich selbst interessierende Persönlichkeiten, als Mittelpunkts-
gestalten der Dichtung, in der zweiten abgehobenen Sicht des Dichters jedoch erscheinen sie nur noch als Zünd- und Brennstoff eines
selbsttätig weiterfressenden Vernichtungsfeuers; die beflissen ent-
faltete Individualität ist hier nur noch Material, das in die Flamme
geworfen und verzehrt wird.[4] Eben hierin gründet die erregende
Kraft des Nl. Es gestaltet voll-lebendiges Menschentum, ohne der
Enge rein psychologistischer Immanenz zu verfallen. Die Ent-
rätselung der menschlichen Dinge durch Psychologie ist ihm kein
Ziel. Seine Darstellung der Welt will auch keine bündige Lösung
der menschentümlichen Probleme geben, sondern im Gegenteil eben
die Rätselhaftigkeit dieses menschlichen Daseins, die Unaufklärbar-
keit der Zusammenhänge von Mensch und Schicksal aufzeigen.
Diese Ehrfurcht vor einem letztlich Unwißbaren gibt Raum frei
für echte Tragik. In der Katastrophe des Burgundenuntergangs
vollzieht sich von oben auferlegtes Schicksal.[5] Bloßes Menschenwerk
ist sie nur als vordergründiger Ablauf. Was von den Einzelnen getan wird, ist zugleich Verhängnis. Das letzte, was dem Leser bleibt,
nachdem sich die tragischen Affekte von Mitleid und Furcht in seiner Seele ausgewirkt haben, ist der erschütterte Aufblick zu den un-

---

[4] Vgl. den Tod Kriemhilds, die auf eine höchst unpersönliche Weise
durch einen Schwertstreich Hildebrands niedergemäht wird, hineingerissen
in den allgemeinen Vernichtungssog der durch sie selbst entfesselten End-
katastrophe.

[5] Vgl. die Episode von Hagen und den Wasserfrauen (25. Av.), in der
das Überpersönlich-Vorbestimmte, das allgemein Verhängnishafte deutlich
zutage tritt. Gleiches besagen auch die unheilvorankündigenden Träume
im Nl.

begreiflichen Mächten des Schicksals, eine Frage, die sich nicht formen kann, weil ihr keine Antwort zuteil wird.

Wird auch die sekundäre Eingangsstrophe mit ihren Aussagen über das Nl. dem Dichter selbst nicht gerecht, insofern sie sein Neues, nämlich die biographische Gestaltungstendenz, überhaupt nicht zu sehen scheint, so stellt sie doch den tragischen Grundgedanken der Dichtung, die hier waltende tragische Auffassung der Welt und des Lebens, wirksam heraus. Höhen- und Tiefpunkte des Daseins stehen nicht beziehungslos nebeneinander, sondern in einem kausalen Nacheinander. Das Leid gilt als Folge der Freude, wie es 17/3 ausdrücklich formuliert ist: *'wie liebe mit leide ze jungest lônen kan'* und wie es dann am Schluß des Liedes (2378/4) — gewiß nicht zufällig — wörtlich wieder anklingt: *'als ie diu liebe leide z'aller jungeste gît'*. Diese Äußerung darf jedoch nicht ins Kläglich-Sentimentale verkleinlicht werden, wie es von moderner Ausdeutung des Wortlautes aus (Liebe/Leid) naheliegen könnte: Vielmehr ist sie als Aussage tragischer Welterfahrung aufzufassen und ernst zu nehmen. Ist doch das Nl. „auf den Wechsel von Lust und Leid und die Erfahrung des Leides als der letzten irdischen Wirklichkeit geradezu thematisch abgestimmt" [6]. Das Wissen um „die notwendige Polarität von Lust und Leid bestimmt die Darstellung. Eine Aufhebung dieser Gegensätzlichkeit in einem Dritten, Höheren gibt es im Nl. nicht. Denn Leben ist schlechthin dieser Gegensatz von Lust und Leid, innerhalb dessen der heroische Mensch sich selbst zu behaupten hat. Entsprechend wird im Nl. das Fest geradezu zum „exemplum" für jenen Satz: *daz liebe mit leide ze jungest lônen kan.*[7] Das großartige Fest der Wormser Doppelhochzeit klingt in Brünhilds bittere Tränen aus. Gunthers freudvolle Erwartung der Hochzeitsnacht findet schmähliche Enttäuschung. Die frohe Wiedersehensfeier gipfelt in dem Streit der Königinnen. Die Lustbarkeiten der großen Jagd sind nur Auftakt zu Siegfrieds schrecklichem Tod. Das üppige Festen der zum Mahl versammelten Burgunden und Hunnen eröffnet den gegenseitigen Vernichtungskampf. So bricht immer wieder das zerstörende Leid

---

[6] Vgl. H. de Boor, Gesch. d. dt. Lit., 2. Bd., München 1953, S. 160.
[7] Ebd. S. 161.

in die festliche Freudenwelt des höfischen Rittertums ein und bekundet eine durchaus fatalistische Weltschau und Lebenswertung, einen strengen tragischen Ernst, der — zumindest in der heroischen Kernfabel — keine weichliche Selbstbemitleidung kennt. Erst in den christlich imprägnierten Partien des Schlusses, in den Auftritten Rüdegers, Dietrichs und in den Klageszenen, erweicht sich die Menschenseele auch zu subjektiv sentimentalischem Ausströmen der Schmerzempfindungen — freilich auch hier nicht ohne die Weite eines tragischen Aspektes. Denn immer ist die konkrete Bedingung der Tragik gegeben, nämlich die zu fürchtende Situation, in die der Mensch gerät, und die zu erleiden ihm aufgegeben ist.

Daß die Zeitgenossen — gemäß Strophe 1 — das Nl. eindeutig als tragische Heldendichtung auffaßten, sollte uns doch mahnen, die Grenze zum höfischen Epos nicht zu sehr zu verwischen,[8] wie dies in neuerlichen Bemühungen, das Nl. ganz zum höfischen Roman zu machen, geschehen ist. Wenn sich gleichwohl schon in der eigentlichen ersten Strophe die Tendenz zu einem Kriemhildroman bekundet, so erhellt daraus, daß den Dichter nicht mehr nur die Ereignisfülle seiner Quellen, die überpersönliche Tragik eines allgemeinen Verhängnisses, sondern vor allem auch die individuelle Tragödie Kriemhilds gelockt haben. In diesem eigenwilligen Zug zum Biographischen ist aber zugleich Allgemein-Zeitfälliges greifbar. Solche biographische Tendenz liegt nämlich in der Linie des höfischen Epos. Daß sich jedoch der Nibelungenepiker diesen aus der höfischen Epik stammenden gestalterischen Zielsetzungen öffnete, obgleich ihn sein Stoff an einen ganz andersartigen (älteren) Typus dichterischen Formens band, setzte eigene Entscheidung und persönliche Neigung voraus. Wenn er dann aber, besonders im zweiten Teil des Liedes, den biographischen Rahmen weithin sprengt und — über alle Psychologie hinaus — die entfesselten Schicksalsgewalten selbst ihr vernichtungsträchtiges Spiel austoben läßt, so ist dies nicht nur stofflich, etwa durch den Vorbildzwang einer schon stärker ausgeformten Fabel, bedingt, sondern erklärt sich doch in erster Linie aus seinem eigenen künstlerischen ingenium,

---

[8] Vgl. J. Schwietering, Die deutsche Dichtung des Mittelalters, Potsdam o. J., S. 199 ff.

aus seiner noch wachen Empfänglichkeit für die Wucht und Größe des Überpersönlichen, Schicksalhaften, aus der ihm verliehenen Gabe des doppelten Blickes, dem es Bedürfnis und Notwendigkeit ist, den Menschen gleichzeitig als individualisierte Gestalt *und* als Spielball des Schicksals zu sehen. Selbst die eindeutig biographische Eingangsstrophe von Kriemhild bekundet dieses zweidimensionale Sehen, wenn in der jäh sich absetzenden Schlußzeile: *„dar umbe muosen degene vil verliesen den lîp"* das rein Ereignishafte fast übermächtig zur Geltung gebracht wird. Die alles Menschenmaß überschreitende Katastrophe des Burgundenfalls tritt hier als ein epischer Selbstwert heraus. Im Blick auf dieses Gesamtgeschehen droht das Einzelschicksal Kriemhilds fast seine individuellen Konturen zu verlieren. Im ganzen freilich gilt diese erste Aventiure ausschließlich der Person Kriemhilds. Als eine Zierde ihres Geschlechtes, als liebreizender Mittelpunkt des Wormser Hofes wird sie gerühmt. Drei hochgeborene Könige, ihre Brüder Gunther, Gernot und Giselher umhegten sie: ʽhetens in ir pflegen' (4/4). Diese mächtigen Burgundenkönige und ihre *„vil stolziu ritterschaft"* scheinen überhaupt nur um ihretwillen da zu sein, nämlich um einen ihrer adeligen Schönheit gemäßen, repräsentativen Umkreis zu bilden. So sehr wird alles Licht auf die Gestalt Kriemhilds geworfen. Die übrigen Personen bleiben farblos; auch formt sich kein anschauliches Bild von der Größe und Pracht dieses Burgundenhofes, von den ʽhôhen êren', in denen diese schöne Prinzessin wohlbehütet heranwächst. Zudem gelten die Strophen 3, 7—12, 16—17, 19 als später hinzugedichtet, so daß im Original diese erste Aventiure insgesamt nur acht (statt neunzehn) Strophen enthalten hätte. Daß auf diese Weise der sogen. „Theaterzettel" (7—12), die systematische Aufzählung aller wichtigen Personen des Wormser Hofes, entfällt, bedeutet gewiß keinen künstlerischen Verlust. Aber wenn sie schon dem Nibelungenepiker abgeschrieben werden müssen, so *könnten* sie doch von ihm verfaßt worden sein. Diese Strophen sind nämlich typisch für die gestalterischen Schwächen unseres Dichters, für seine unglückliche Liebe zur epischen Schilderei. Kaum ein zweiter Dichter hat sich so systematisch ernsthaft um Ausbreitung höfischer Zeremonialszenen bemüht wie er. Keine Gelegenheit läßt er vorbei, fürstlichen Glanz und Reichtum durch eine Fülle von Aufzählungen nahezubringen. Aber alle diese Bemühungen bleiben unanschaulich, erschöpfen sich in statistischer Bestandsaufnahme. Wohl weiß er, schon aus dem Studium der höfischen Ritterromane, daß ein Großepos, wie er es in Angriff genommen hat, nicht lediglich einen Handlungsablauf darzustellen hat, sondern auch den gesamten Raum, die Umwelt dieses Geschehens, in voller Breite mitvergegenwärtigen muß. Epische Breite als eine nicht nur äußerliche, sondern auch innere, nämlich durch die Dichtungsgattung bedingte, stilistische Forderung der großepischen Form hatte er am höfischen Epos erkannt. Und der statistische Eifer, mit dem er Angaben und Aufzählungen häuft, zeigt, wie ernst er diese Forderung genommen hat. Er zeigt aber auch wohl, daß er selbst etwas wie ein episches Ungenügen empfunden hat, das ihn zu solcher Angabenhäufung trieb und zugleich einer allzu wortreichen und formelhaften Sprache verfallen ließ, die nur benennt, aber nicht vergegenwärtigt, die nur aufzählt, aber nicht ausschreitet. Darum sind eben die epischen Partien, die höfischen Schildereien, die schwachen Stellen des Liedes.[9] Der Theaterzettel der ersten Aventiure (Str. 4—12) enthält in der Tat nichts als das Personenverzeichnis zum „Drama". Alle diese aufgeführten Burgunden sind 'ûzerwelte degen', 'ellens rîche', 'recken ûz erkorn', 'mit ganzen ellen wol bewart', 'kunden hôher êren pflegen'. Keine Einzelgestalt hebt sich heraus. Vielmehr soll die bloße Vielzahl der Namen den Glanz und die Macht dieses Hofes, die 'wîte kraft' und 'die vil hôhe werdekeit' der Burgunden nahebringen. Dieses beflissene Aufzählen scheint die einzige Möglichkeit unseres Dichters zu sein, die Großartigkeit der höfischen Welt zu Worms fühlbar zu machen. Er prädiziert nur, wo er bildkräftig schildern müßte. Und so klingt es denn wie ein resignierendes Bekenntnis, wenn er zum Abschluß seines Theaterzettels betont: Niemand vermöchte die Macht und den Reichtum, die Würde und Herrlichkeit des Hofes, seiner Herren und Ritter, wahrheitsgemäß zu Ende zu schildern.

---

[9] Gleichwohl darf heutige Wertung des Werkes nicht die Tatsache übersehen, daß der Dichter mit seinen höfischen Schildereien den Hörern seiner eigenen Zeit gewiß Genüge getan hat. Die außerordentliche Verbreitung des Nl. bis zum Ende des Mittelalters bezeugt diesen Erfolg.

Zweimal unterbricht der Dichter die statistische Ausbreitung seiner Milieu- und Personenangaben, und zwar beide Male mit Zukunftshinweisen (jeweils in Schlußzeilen): 'si frumten starkiu wunder sît in Etzelen lant' (5/4) und 'si sturben sît jaemerlîche von zweier edelen frouwen nît' (6/4).

Die wiederholten Vorwegnahmen der Katastrophe (s. auch 2/4, 14/4, 15/4 und 19/2—4), mitten in den Aufzählungen unsagbarer höfischer Herrlichkeiten, können nicht Zufall sein. Sie erfolgen ja auch sonst im Nl. immer wieder und meist ebenso wie hier in auffälligem Gegensatz zu glückhafter Erfülltheit des Augenblicks. Von Situationen wunschlosen Glücks soll sich das unheilvolle Ende um so drohender abheben. Diese Ausbreitung tragischen Weltgefühls ist dem Dichter so wichtig, daß er die düsteren Perspektiven sogar in die Aufzählungen seines „Theaterzettels" eindringen läßt. Nicht zuletzt ist es diese tragische Gesamtschau, die die innere Einheit des im einzelnen oft heterogenen Werkes ausmacht.

Die stilistische Zweiheit des Nl. (Ereignisdichtung und biographischer Roman) ist aber nicht nur in dem Neben- und Gegeneinander zweier Eingangsstrophen greifbar, sie tritt auch sprachlich innerhalb dieser ersten Aventiure zutage, und zwar in einem auffälligen Kontrast gefüllter und leerer Partien. Alle Stellen spezifisch epischen Anspruchs, wo es um Milieuvergegenwärtigung und Raumausschreitung geht, sind formelhaft allgemein, farblos-wortreich gestaltet, bleiben statistisch unanschaulich. Wohingegen Kriemhild, die vom Dichter gewählte Hauptgestalt des Epos, ins Spiel tritt, also in den Strophen 1 und 13 ff., ist seine Sprache dicht und ausdrucksstark, charakteristisch und wortkarg-treffsicher. Seine persönliche Teilnahme an diesem seinem eigensten Geschöpf befähigt ihn zu dichterisch erfüllten, spontanen Prägungen. Dieser Frau hat er ins Herz gesehen, sie ist ihm der lebendige Mittelpunkt seiner Dichtung; wo sie begegnet, haben wir gefüllte Partien, wo sie fehlt, wird seine Darstellung sichtlich mühsamer und wortreicher, breiten sich leere Stellen wie in dieser ersten Aventiure zwischen den Strophen 2 und 13, wo statt bildhafter Vergegenwärtigung der höfischen Umwelt Kriemhilds nur ein Personenverzeichnis geboten wird.

Daß sich so im Nl. intensiv Gestaltetes und Mattes in oft schroffem Wechsel ablösen, macht das Verhältnis des modernen Lesers zu

diesem Gedicht oft zwiespältig. Vor allem zeigt sich, daß ausbrei-
tende epische Gestaltung seine Sache nicht ist, daß sich also sein
dichterisches ingenium der von ihm ergriffenen Aufgabe, nämlich
ein Epos zu schaffen, zunächst versagt. Ihn lockt, wie sein biographischer Ansatz erkennen läßt, die Aufgabe der Menschengestaltung und im Zusammenhang damit der psychologische Reiz, der
in den Menschenbeziehungen der Nibelungenfabel aufzuspüren ist.
Was ihn in erster Linie treibt, ist also sein „anthropologischer Heiß-
hunger" [10]. Deshalb gelingt es ihm nicht oder kostet ihn doch unendliche Mühe, den Handlungsverlauf episch — d. h. eingebunden
in ein breites Gesamtbild — zu gestalten. Wohl vermag er das Bild
der jungen schönen Kriemhild nahezubringen — weil ihm diese
Gestalt persönlich teuer ist und ihn psychologisch fesselt —, aber
den Raum zu vergegenwärtigen, als deren Mittelpunkt diese
Kriemhild vorgestellt werden soll, ist ihm nicht in gleicher Weise
gegeben. Nur in einzelnen, sich selbst genügenden Szenen, in direkter Verlautbarung der redenden und handelnden Personen (Dialog), in raum- und zeitraffenden, „dramatischen" Auftritten also,
will ihm seine Menschenwelt darstellbar werden. Wie schon Hebbel
erkannt hat, gestaltet der Nibelungenepiker aus einem genuin dramatischen Gestaltungsimpuls. Und dieser Impuls ist so stark, daß
trotz der eindeutig epischen Zielsetzung die „dramatischen" Elemente nicht selten die epische Form überwirken.[11] Daß auch das
altgermanische Heldenlied, mit dem das Nl. genealogisch zusammenhängt, aber auch die Sagadichtung bereits „dramatische Auftritte" kennt, ist freilich zuzugeben. Indessen läßt sich zeigen, daß
das mhd. Gedicht über jene dramatischen Vorleistungen hinaus-

---

[10] Vgl. Franz Grillparzer (Tagebücher).

[11] H. Kuhn, Die Klassik des Rittertums in Annalen der dt. Lit. Stuttgart 1951, S. 152 u. 156 ff. und über nordische und deutsche Szenenregie
in der Nibelungendichtung, a.a. O. S. 279 ff. spricht sogar von epischer
„Ersatzgestalt" für die nicht zeitfällige dramatische Form. Von einem ver-
hinderten Dramatiker sollte man freilich nicht sprechen, zumal dieser
Dichter ja durchaus ein Epos wollte, sich dabei aber — vermöge seines
primär „dramatischen" Gestaltungsimpulses — selber im Wege stand.
Diese Fakten im einzelnen nachzuweisen ist wichtig. In der Terminologie
ist jedoch Vorsicht geboten, um nicht Mißverständnisse zu schaffen.

geht. Als ausnahmehaft muß z. B. das im Nl. vielfach angewandte Mittel spezifisch räumlicher Szenenregie gelten.[12]

Bedeutsam ist, daß schon in der Eingangsaventiure, die doch nur erst der Personenvorstellung gilt, das „dramatische" Moment durchbricht, und zwar mit dem Falkentraum Kriemhilds,[13] der in einer Dialogszene ausgewertet wird. Bestürzt erzählt das Mädchen seiner Mutter Ute das traurige Traumerlebnis vom jähen Verlust eines liebgewonnenen starken und schönen Falken. Die Mutter deutet diesen Falken auf Kriemhilds künftigen Gatten, den Gott vor einem solchen schlimmen Ende bewahren möge (14/4). In ihrer Antwort weist Kriemhild rasch entschlossen jeden Gedanken an Minne von sich ab, damit sie 'von mannes minne sol gewinnen nimmer nôt' (15/4). Dieses Herzstück des sich entfaltenden Kriemhildromans, nämlich Liebe und Leid Kriemhilds um Siegfrieds willen, ist bezeichnenderweise in der oratio directa eines Gesprächs verlautbart. Zweierlei tritt darin zutage. Einmal die Wichtigkeit des Kriemhildeinsatzes, demzufolge der Dichter noch mitten in der „Bestandsaufnahme" des Wormser Hofes sein eigentliches Ziel — die Biographie Kriemhilds — anspringt (damit aber den allgemeinen Einleitungszweck der ersten Aventiure bereits überspringt), und zum zweiten die Tatsache, daß er für dieses hervorstechend Bedeutsame die „dramatische" Form einer Dialogszene wählt. Dies gilt nämlich für das Nl. insgesamt, das ja eine auffällig redereiche Dichtung ist und alle gewichtigen Etappen des Handlungsablaufes als Redeszenen gestaltet. Redearm sind infolgedessen auch nur die zugleich handlungsarmen, lediglich verweilenden Aventiuren,[14] die

[12] Vgl. Hugo Kuhn: Über nordische und deutsche Szenenregie in der Nibelungendichtung, Festschrift 1962, S. 279—306.

[13] Daß der Nl.dichter das stimmungsmäßig verwandte Falkenlied des Kürenbergers (MF 8,33—9,12), das ebenfalls die schmerzvolle Klage einer Frau über den Verlust eines schönen Falken (= Geliebten) zum Thema hat, kannte, darf wohl als sicher gelten. Ebenso sicher scheint mir, daß dieses Falkenlied als Anregung zur Abfassung des Falkentraumes gedient hat, wenn auch das Motiv vom Nl.epiker für die Zwecke des Kriemhild-Minneromans neu gewendet worden ist.

[14] Die nach Aventiure II redeärmsten Aventiuren XXI und XXII (weniger als 10 % Redeverse enthaltend) erschöpfen sich weithin in bloßen

nur Zuständliches vermitteln und weithin sogar entbehrt werden könnten. Ganz ohne Redeteil ist lediglich die zweite Aventiure „Von Sîfride", die bezeichnenderweise auch ohne Handlung ist bzw. noch *vor* dem Einsatz der eigentlichen Handlung (in der dritten Aventiure) liegt, also nur eine Ergänzung zum Theaterzettel der ersten Aventiure darstellt, insofern hier als eine weitere wichtige Gestalt nun auch Siegfried sowie seine Eltern, König Siegmund und Königin Sieglind, bekanntgemacht werden.

Jedenfalls zeigt schon das Falkentraumgespräch der ersten Aventiure, daß das dramatische Redeelement das wichtigste Gestaltungsmittel und überhaupt die künstlerische Stärke des Nl.dichters ist. Diese kurze Szene ist der dichterische Glanzpunkt der ganzen Aventiure, und überhaupt sind alle Höhepunkte in dieser Dichtung auftritthaft gestaltet. Mit Selbstverständlichkeit bekunden die Gestalten des Nl. ihre Gesinnungen und Reaktionen im dramatischen Wort bzw. im Dialog. Ihre Reden sind darum nie nur beschaulich oder berichtend, sondern in sich selbst ein Stück Handlung. Gewiß sind solche „handelnden" Reden auch der übrigen Epik nicht völlig fremd. Als einmalig aber und der Natur des Epos geradezu zuwiderlaufend muß gelten, wenn diese dramatischen Redeelemente ausschließlich die Substanz der Dichtung ausmachen, alles Übrige jedoch — wie Bühnenanweisungen — gleichsam in Klammer steht. In diesem Primat der „handelnden" Rede, in die alles hineingenommen ist, was sich als bedeutsam und handlungtreibend erweist, bezeugt sich eine Affinität des Nl.dichters zur dramatischen Gestaltungsweise.

Wodurch erweist sich nun die Falkentraumpartie als inhaltlich so gewichtig, daß sie der Dichter schon rein formal als ein Spezifikum ausgegrenzt und zu einer Dialogszene „dramatisiert" hat? Da ist zunächst die traumbildsymbolische Vorwegnahme der Liebes-

---

Schildereien. Die danach folgenden redeärmsten Aventiuren, etwa sieben an Zahl, enthalten bereits zwischen 20 u. 30 % Redeverse, während die „dramatischste" Partie des Nl., die Aventiure XIV mit dem Streit der Königinnen, 70 % Redeverse enthält, wobei die Redepartie selbst aus reinen Reden und Gegenreden, die anderen Partien jedoch aus reinem Füllwerk bestehen.

tragödie Kriemhilds, die freilich auch schon durch bloße Mitteilung dieses Traumes hätte vollzogen werden können. Entscheidend in der dialogischen Ausgestaltung, also unmittelbar handlungtreibend und Kommendes motivierend ist die darin greifbare Selbstaussprache Kriemhilds. Wichtig ist zugleich das Thema, an dem sich diese Selbstaussprache entfaltet, nämlich die hier erfolgte Hereinnahme des Minnethemas.[15] Denn das Minnethema ist der Dichtung nicht einfach als ein zeitfälliges Dekorum angeheftet, vielmehr ist — von der Hauptgestalt Kriemhilds aus gesehen — das ganze Werk als eine Art Minne- (und Liebes)roman konzipiert, worin sich eindrucksvoll erweist, wie tief und vielseitig der Nibelungen- epiker auch „im Strome seiner Zeit gestanden hat"[16]. Bedenkt man außerdem, daß Minne im Blick auf diesen alten Sagenstoff etwas durchaus Wesensfremdes, ja ein dem Geist und Ethos der alt- heroischen Welt der Nibelungen schlechthin widerstreitendes Ele- ment darstellt, so wird man vielleicht ermessen können, was es be- deutete, das Minnewesen in dieser Fabel anzusiedeln und hand- lungtragend zu machen.

Deutlich ist die Liebesbeziehung zwischen Siegfried und Kriem- hild in die Formen des höfischen Minnewesens eingekleidet. Der liebende Siegfried verzehrt sich wie ein Minnesänger in seinem 'tumben wân' (285); beim Anblick der Geliebten wird ihm 'beide lieb unde leit' (284/4). So durchleidet er die 'senede nôt' unstill- baren Verlangens und reflektiert in der geprägten Sprache des Minnesangs über die Aussichtslosigkeit seiner Lage. Aber bei aller Pein, die ihm diese Liebe bereitet, ist es ihm doch — wie Reinmar, dem ewig unglücklichen Minner —, ganz unmöglich, von dieser Minne zu lassen: 'sol aber ich dich vremeden, so waere ich sanfter tôt' (285/3). Aber auch außerhalb der Siegfried—Kriemhild-Be-

---

[15] Daß ein ähnliches, nur weitschweifiger gestaltetes Gespräch über die Minne in Veldekes ›Eneit‹ (S. 9735 ff.) begegnet und das Vorbild dieser Szene gewesen ist, darf als sicher gelten. Ist doch „die Auseinandersetzung zwischen Ute und Kriemhild als Ganzes sowohl wie in den Einzelheiten aus dem Gespräch zwischen Lavine und ihrer Mutter in Veldekes Eneit geholt". (Fr. Panzer, Nibelungische Ketzereien 4, Beiträge 1952, S. 262.)

[16] Fr. Panzer, Studien zum Nl., Frankfurt 1945, S. 4.

ziehung wird der Minne als einer allgemeinen höfischen Konvention gedacht, wenn etwa bei Aufzählung der vielen äußeren und inneren Vorzüge des jungen Siegfried erwähnt wird, daß er sich auch auf die Kunst des Minnewerbens wohl verstand (26/3), oder wenn Ortwîn von Metz die Teilnahme der Damen an dem Wormser Hoffest deshalb dringend empfiehlt, weil nur sie das wünschenswerte höfische hôchgemüete, das reizvolle Spiel der courtoisie, den in der festlichen Gemeinschaft schwingenden, allgemeinen Eros der Minne ermöglichten:

'Waz waere mannes wünne,   des vreute sich sîn lîp,
ez entaeten scoene mägede   und hêrlîchiu wîp?'
(274/1—2)

Noch vielfach wird im Zusammenhang höfischer Festschilderungen des Nl. auf diese gesellig beschwingende Kraft des Minnephänomens angespielt (300/4, 321/4, 590/1—3, 599/2—3, 600, 601/4, 602/4): 'dâ wart gedienet vrouwen sô helde hôchgemuote tuont.' Überhaupt spielen Feste als „Gipfel höfischer Existenz" eine bedeutsame Rolle, wobei die „Aufmerksamkeit und Deutlichkeit, mit der die gebildeten Formen des höfischen Umgangs und Verhaltens behandelt werden", zu einer im höfischen Artusroman niemals erreichten (aber auch gar nicht erstrebten) Wirklichkeitsnähe führen, so daß das Nl. in höherem Maße als dieser die Zuständlichkeiten der höfischen Welt vergegenwärtigt. Über der altheroisch germanischen Kernfabel darf dieser neue episch breite Ansatz des Dichters nicht übersehen werden. Indem er aber seine Menschen in einer harten Diesseitswelt leben läßt, setzt er sich zugleich vom höfischen Epos ab, dessen Helden in einem überwirklichen Raum angesiedelt sind und jederzeit frei in das Märchenreich der Aventiure ausziehen können. Demgegenüber bewegt sich das Geschehen des Nl. „mit geographischer Gewissenhaftigkeit in dem wirklichen Raum der Rhein- und Donaulandschaften".[17] Infolge dieser größeren Wirklichkeitsnähe bietet dieses Werk mit seinen Festbeschreibungen und sorgfältig ausgeführten Zeremonialszenen eine konkretere Ver-

[17] Vgl. H. de Boor, Gesch. d. dt. Lit., 2. Bd., München 1953, S. 159 u. 160.

gegenwärtigung höfischen Lebens als der höfische Roman.[18] Auch von dieser Seite schreitet der Nibelungenepiker über die bloße Ereignisdichtung hinaus und sucht die höfische Welt in ihren „Gesinnungen und Gesittungen" darzustellen. Die Brautfahrt Siegfrieds „ist als höfischer Minnedienst gesehen", die Selbsterniedrigung Siegfrieds zum Vasallen Gunthers auf Isenstein als ein Opfer um Kriemhilds willen motiviert [19] (388). Im Blick auf die Minne zu Kriemhild ist er zu jedem Dienst bereit (*'ich wil daz gerne dienen, daz si werde mîn wîp'* 388/4), schreckt er vor keiner Gefahr oder Schwierigkeit zurück. Eine Parallele zum höfischen Minneroman, zugleich aber zum vorhöfischen Abenteuerroman vom Typus des ›König Rother‹, liegt auch darin, daß das Ziel der Minne nur mit äußerster Mühe erreicht werden kann, daß also das Schema der schwierigen Brautwerbung noch weithin den Gang des Romanes bestimmt. Doch ist dieses Schema im Nl. unendlich vertieft und verinnerlicht. Bei der Erwerbung der Braut geht es nämlich nicht nur (und nicht einmal in erster Linie) um Bewältigung äußerer Schwierigkeiten, derzufolge dann die Braut dem Sieger gleichsam als Beute zufällt. Die Frau ist nicht mehr nur Wertobjekt, um dessen Besitz gekämpft wird, sondern eine menschliche Individualität eigenen Willens, über die nicht einfach verfügt werden kann, die vielmehr auch innerlich, als Persönlichkeit, errungen werden muß. Deshalb sind auch bei der „schwierigen Brautwerbung" Siegfrieds die eigentlichen Hemmnisse innerer Art. Siegfried ist ein von der Minne Getroffener und als solcher den eigenen inneren Zweifeln an der Möglichkeit seiner Minne ausgesetzt. Das Gefühl, der erwählten hohen und schönen Frau nicht ganz würdig zu sein, schlägt ihn, den kämpferisch kühnen Tatmenschen, mit lähmender Verzagtheit. Mit den äußeren Schwierigkeiten würde er, der Stärkste der Starken, ohne weiteres fertig werden können. Aber es geht ja nicht einfach darum, einen Sachwert zu erkämpfen, sondern die Minne einer edlen Frau zu erlangen, die *freiwillige* Annahme und Erwiderung seiner Liebesneigung, die sich nicht erzwingen läßt, die als ein Ge-

---

[18] Vgl. N. Dürrenmatt, Das Nl. im Umkreis der höf. Dichtung, Diss. Bern (1945).

[19] J. Schwietering a. a. O. S. 201 f.

schenk zufallen muß. Diese Hochachtung vor der Individualität
der Frau, von deren freiwilliger Entschließung das Schicksal des
minnenden Mannes abhängig gedacht ist, hebt den „Minneroman"
Siegfrieds hoch über die vorhöfischen Brautwerbungs- und Braut-
raubsgeschichten hinaus,[20] insofern der Akzent vom Sensationellen
des reinen Abenteuers auf das Seelisch-Sittliche eines vorzugsweise
inneren Geschehens verlegt ist. Zugleich haben sich damit heroischer
Roman, der als solcher festgehalten wird, und zeitgemäßer Minneroman zu neuer Einheit zusammengefunden. Denn die im Nl. vollzogene Verhöfischung des alten Stoffes unter dem Aspekt der Minne
ist in der Tat nicht nur ein äußerer Verputz, sie ist zugleich Sub-
stanzanreicherung und schöpferische Hinzugestaltung. Hat doch der
Dichter das moderne Minnewesen wirklich erfaßt und ernst genommen. Seine beiden inhaltlichen Neuerungen aber, dieses pro-
grammatische Hereinnehmen der Minne und die biographische Ausformung des Sagenkomplexes, drängen letztlich dem gleichen Ziele
zu. Denn die im Nl. angestrebte Biographie Kriemhilds ist durchaus die Biographie einer Liebenden, einer vom Strahl der Minne
schicksalhaft Getroffenen, die bis zum letzten Atemzuge — gerade
auch als Rächende — die große Liebende bleibt, wie dies in ihren
letzten Worten — am Ende ihres grausamen Rachewerkes — noch
einmal erschütternd zart und innig zum Ausdruck gebracht
wird (2372/3). Um so bedeutsamer ist die in diesem Dialog
bekundete Entschlossenheit Kriemhilds zu völligem Verzicht auf
Minne: ‚âne recken minne sô wil ich immer sîn' (15/2). Dies ist
freilich keine Ablehnung aus Gefühlskälte. Minneglück ist ihr
durchaus nichts Belangloses. Im Gegenteil, wie ihr Traumerlebnis
versinnbildete, konnte ihr ‚in dirre werlde' kein größeres Leid ge-

---

[20] In den sogenannten „Spielmannsepen" (vgl. H. de Boor a. a. O.
1. Bd., S. 238 ff.), z. B. im Rother, Salman und Morolf, Oswald und
Orendel ist das Schema der schwierigen Brautwerbung greifbar, wobei
freilich zwei Motive, nämlich Brautraub und listenreiche „Entführung mit
Zustimmung des Mädchens", durcheinandergehen können. Aber auch im
heroischen Epos, in der Kudrun, spielt es eine bedeutsame Rolle. Eigentümlich abgewandelt bestimmt es auch die Brautwerbung Gunthers im Nl.
Und selbst in der Werbung Etzels um Kriemhild erweist sich — namentlich zu Beginn — die betreffende Formel als wirksam.

schehen als der Verlust des geliebten Falken, d. h. als das Zerbrechen ihrer Minne. Es ist also nicht die Minne als solche, die sie zur Ablehnung anreizt, sondern es ist das Leid durch Minne, vor dem sie sich bewahren will und das sie auf jegliche Minne verzichten heißt. Sie kennt ihr eigenes Herz zu gut, um nicht mit einem inneren Erschauern abschätzen zu können, was die Minne in ihrem Leben bedeuten würde, wie rettungslos sie dieser als einer Schicksalsmacht verfallen müßte. Solches vernichtende Minneschicksal hatte sie gerade in der Falkentraumepisode gleichsam im voraus schmerzlich erprobt. Und es ist eine sinnvolle Reaktion, daß sie sich vor dieser bedrohlichen Macht der Minne schützen zu müssen glaubt und keinen anderen Weg sieht, als sich ganz der Minne zu verschließen, um sich nicht ganz an sie zu verlieren. Denn sie, die das Glück der Minne als eine Übermacht erlebte, müßte auch das Leid durch die Minne als eine Übermacht erfahren und daran zerbrechen. Hier spricht also kein gleichgültiges Mädchen altklug und selbstgefällig gegen die Minne, sondern ein ungemein sensibles, stärkster Gefühlsregungen fähiges Frauenwesen wehrt sich gegen das nach ihr ausgreifende (tragische) Minneschicksal. Und in der fast heftigen Reaktion, die sie zeigt, hat der Dichter schon hier zu Beginn der Dichtung ein Warnungszeichen aufgerichtet. Kriemhilds Worte erhellen ihr Wesen so klar und sicher, daß selbst die vâlandinne Kriemhild des Burgundenuntergangs, die leidenschaftliche Rächerin des Geliebten, die Leidende und Hassende in gleicher Weise wie die überschwenglich Liebende, die stolz- und glückbesessene Gattin Siegfrieds darin als Möglichkeiten vorweggenommen sind. Wie immer Kriemhild auf ihr Schicksal reagieren, wie sie handeln und planen wird, ist bereits aus diesem Minnegespräch — cum grano salis — ablesbar. Als ein Musterbeispiel weitausgreifender Motivation überschreitet dieser Kurzdialog den Zweck einer bloßen Personenvorstellung, so daß die (vielleicht erst nachträgliche) letzte Strophe dieser Aventiure (19) mit ihrer direkten Voraussage des Kommenden: *'wi sêre si daz rach / an ir naehsten mâgen, die in sluogen sint! / durch sîn eines sterben starp vil maneger muoter kint'* (19/2—4) in der Tat als überflüssig gelten kann.

Auch die zweite Aventiure *'Von Sîfride'* gehört noch zum Eingang des Gedichtes und korrespondiert genau der ersten Aventiure

von Kriemhild. Unüberhörbar ist der bewußte Anklang der beiden
Eingangsverse: '*Ez wuohs in Burgonden ein vil edel magedîn*' und
'*Dô wuohs in Niderlanden eins edelen küneges kint.*' Dieses
Nebeneinanderstellen einer Kriemhild- und einer Siegfriedaventiure bezeugt schon zu Anfang des Gedichtes ein für das Nl. insgesamt charakteristisches Bauprinzip, nämlich das Prinzip der paa-
rigen Entsprechung. In gleicher Weise werden die Werbung um
Kriemhild und die Werbung um Brünhild, die Botenreise Rüdegers
und die Botenreise der hunnischen Spielleute Werbel und Swemmel,
die Einladung Siegfrieds und Kriemhilds durch Brünhild und die
Einladung der Burgunden durch Kriemhild einander korrespondie-
ren. Auch die beiden Teile der Gesamtdichtung — Brünhilds Rache
an Siegfried (Teil I) und Kriemhilds Rache *für* Siegfried (Teil II)
— sind einander in solch paariger Entsprechung zugeordnet. Selbst
bis in die kleinsten Bauteile hinein, nämlich im Zusammentreten
wechselseitig anklingender Strophen zu typischen Strophenpaaren,
erweist sich dieses symmetrische Prinzip eines Parallelismus mem-
brorum im Baugefüge der Dichtung.

Aventüre I und II bilden also zusammen die zweigliedrige Einheit des Gedichteinganges. Wie Kriemhild als höfische Prinzessin, so
wird Siegfried als höfischer Königssohn und legitimer Kronprinz
vorgestellt. Beide sind gleich reich und hochgeboren, dazu mit allen
liebenswerten äußeren und inneren Vorzügen ausgestattet und erscheinen so — fast wie im Märchen — als von vornherein füreinan-
der bestimmte Partner: die schönste Prinzessin und der schönste
Prinz. Der überwirkliche Raum des Romanrittertums deutet sich
an. Die Absicht des Dichters, die alten Nibelungenfabeln in einem
zeitfällig modernen, ritterlich höfischen Milieu anzusiedeln und
dabei seiner Dichtung doch auch einen Eigenraum zu wahren, ist
unverkennbar. Zu diesem Zweck hat er die Siegfriedgestalt entscheidend umbilden, in manchem sogar neuschaffen müssen. Aus
einem Heros von überwirklicher Wunderkraft (Drachentötung,
Hortgewinnung), aus einem landlosen fahrenden Recken fragwürdiger Herkunft ist ein höfischer Musterritter geworden: schön
und von aller Welt hochgeehrt, vor allem auch von den Damen
der Gesellschaft um seiner vorbildlich höfischen Manieren willen
sehr geschätzt, mustergültig erzogen und gebildet, dazu '*von sîn*

selbes muote' 'zu allen dingen sô rehte hêrlîchen' (23/2 und 4) geartet, eine wirkliche Zierde des ganzen Königreiches. Es ist geradezu
selbstverständlich, daß dieser höfische Siegfried auch den Minnedienst vollendet (*'mit sinnen'* 26/3) auszuüben weiß. Diese konsequente Verhöfischung Siegfrieds zeigt, daß der Dichter kein Bedenken trug, Altüberliefertes (nämlich den vorhöfischen Heros
Siegfried) aufzugeben, falls es seinen neuen Zielsetzungen nicht entsprach.[21] Vor allem aber ist zu beachten, daß im Nl. das Strahlende
Siegfrieds nicht nur als schöne Maske gedacht ist, sondern in erster
Linie auch als *innere Ausstrahlung* erkannt sein will, als ein Zeichen
menschlichen Ranges. Im Glanz seiner Erscheinung bekunden sich
seelisch sittliche Qualitäten: die unbedingte Offenheit und Arg-
losigkeit seines Wesens, seine sich selbst verschenkende Treue und
Hilfsbereitschaft, der Hochsinn seiner Seele, der innere Adel seiner
Person. Grundsätzlich ist also festzustellen, daß der Nl.dichter der
Überlieferung höchst eigenwillig gegenüberstand und sich durch
seinen Stoff nicht zwängen ließ. Nur was ihm gemäß war, behielt
er bei, Ungemäßes aber schied er aus, ersetzte es durch neu Hinzu-
gestaltetes oder wandelte es um.

Eben an dem, was er ausgeschieden hat, ist erkennbar, wohin er
zielte. Wenn er z. B. die heroisch abenteuernde Jugend Siegfrieds
gestrichen und so die sensationell anreizenden, alten Motive der
Drachentötung und Hortgewinnung hat fallen lassen,[22] so zeigt
diese bewußte Abkehr von allem Heroisch-Wunderhaften, Vor-
menschlich-Mythischen, daß es ihm nicht mehr um Sage oder Märchen, sondern um menschliche Gestalten und Dinge zu tun ist. Das
Nl. spielt nicht in einer übermenschlichen Welt, sondern in einem

[21] Daß „das Höfische doch ein fremder Tropfen im Blut des Nibelungenliedes" sei, wie Fr. v. d. Leyen, Das Heldenliederbuch Karls des Großen, München 1954, S. 108 ausführte, kann also von den Intentionen
des Dichters aus nicht gesagt werden.
[22] Beide heroischen Ereignisse werden im Nl. nicht dargestellt, sondern
lediglich nachträglich, nämlich in dem Bericht Hagens, mitgeteilt und auch
hier keineswegs um ihrer selbst willen, sondern um auf diese Weise die
inhaltlich unverzichtbaren Attribute Siegfrieds, seinen Reichtum als In-
haber des Nibelungenhortes, seine Unverletzlichkeit und seinen Besitz der
Tarnkappe, bekanntzugeben. Vgl. F. v. d. Leyen, a. a. O. S. 106.

ritterlich höfischen Lebensraum. Siegfried ist zwar ein allen überlegener Kämpfer, aber keine unfaßbare Wundererscheinung, kein Märchenheros, sondern ein Mensch. Das Übermaß an Kraft, das er besitzt, wird nicht betont. Die wunderbaren Attribute der Unverletzlichkeit, der Tarnkappe, des unerschöpflichen Nibelungenhortes, die ihm aus der Sagenüberlieferung anhaften, sind nicht mehr vordergründig wichtig, sondern fast nur noch symbolisch bedeutsam. So konsequent ist die Vermenschlichung der heroischen Fabel vorangetrieben. Die übermenschlich mythischen Sagenmotive, die das vermenschlichte Bild des ritterlich höfischen Siegfried stören könnten, hat der Dichter erblinden lassen. Der Siegfried, der mit seinem Zug nach Worms (III. Aventiure) die Nibelungenhandlung in Gang setzt, kommt geradewegs aus seinem niederländischen Königreich, wo er als wohlbehüteter Kronprinz (25/1 'vil selten âne huote man rîten lie daz kint') aufgewachsen war. Seine Tötung des Drachens, Hörnung der Haut und Erwerbung des Nibelungenhortes, von denen Hagen den Burgunden erzählt (87—101) müssen sich also in einer schlechthin anderen Welt, gleichsam in einem früheren Leben einmal, abgespielt haben. Der Xantener Königssohn kann sie gar nicht vollzogen haben. Und es ist folgerichtig im Sinne der Neukonzeption des Nibelungenepikers, daß er jene aus einer noch vormenschlich heroischen Existenz Siegfried anhaftenden mythischen Züge zu rein zeichenhaften Attributen hat verwittern lassen. Der Siegfried des Nl. ist eben insgesamt ein neuer Siegfried.

Indessen darf dieses Neue, das sowohl in Siegfried wie in Kriemhild zutage tritt, nicht lediglich als Verhöfischung aufgefaßt werden. Der Dichter, der sich weitgehend vom Stoffzwang der Überlieferung freimachte, hat sich damit nicht sogleich einem neuen Zwang, nämlich dem Schema der höfischen Epik, unterworfen. Auch den höfischen Mustern gegenüber hat er seine Freiheit bewahrt. Sein Siegfried geht nur scheinbar im Typus des höfischen Ritters auf. Strophe 21 verweist auf Irregulär-Menschliches, Eigenwillig-Elementares in seiner Natur, das sich der Normung nach einem allgemeinen Maß schlechthin entzieht.[23] Er ist somit weder ein Heros

[23] Vielleicht ist diese das streng höfische Siegfriedbild störende Strophe (21) gar nicht ursprünglich, sondern interpoliert, wie J. Körner (Das Nl.,

alten Stils noch ein utopischer Romanritter moderner Prägung, sondern Geschöpf seiner sehr eigenwilligen, menschengestaltenden Phantasie, die, wie man mit Recht gesagt hat, unter das Typische hinabgräbt. Aus innerem Ungenügen an einer rein typischen Menschengestaltung durchbricht der Dichter das höfische Schema, das er für den Roman seines Helden ergriffen hat und fügt — gegen die darin wirksame Tendenz zum utopischen Beispielmenschen — dem allzu glatt und konventionell gezeichneten Siegfriedbild doch noch die kräftigeren Züge des unberechenbaren Abenteurers und damit das eigentlich Siegfriedische hinzu, so daß hinter dem mustergültig höfischen äußeren Habitus eine scharf profilierte Individualität, ein Mensch mit seinem Widerspruch, erkennbar wird. So erscheint — trotz seiner vorbildlich höfischen Erziehung — in Worms ein derb polternder Siegfried, der sein eigentliches Vorhaben, die Minnewerbung, vergessen zu haben scheint. Auch die Jagdszenen der 16. Aventiure mit ihren derben Späßen (Bärenepisode) bekunden ein spontanes Überschäumen der Kraftnatur Siegfrieds, die mit Selbstverständlichkeit die Normen und Maße höfisch-ritterlicher Idealität überschreitet. All dies zeigt, daß der Nl.dichter „keineswegs allein auf die Vorbildlichkeit des Nur-Ritterlichen versessen" ist, sondern mit solchen „Zügen des Unberechenbaren", die übrigens auch noch an anderen Personen des Gedichtes zutage treten, eine „Wirklichkeitsnähe" suchte, „die dem höfischen Roman mit seinen errechneten, ritterliche Tugenden verkörpernden Gestalten fehlt" [24]. Daß Parzivals „irrationale Anlage" in gewissem Sinne der spontanen Unberechenbarkeit Siegfrieds vergleichbar ist, hat außer Schwietering vor allem auch Naumann betont und Parzivals derbtrotziges Gebaren bei seinem ersten Erscheinen vor der Tafelrunde des Königs Artus zu dem formlos jähen Einbruch Siegfrieds in die Welt des Burgundenhofes in Parallele gesetzt.[25] Jedenfalls erschöpft

---

Leipzig 1921) annimmt. Indessen scheut aber der Nl.dichter vor (psychologisch begründbaren) Widersprüchen keineswegs zurück. Man sollte also nicht, um nur ja jeden Widerspruch ausmerzen zu können, eilfertig auf Interpolationen schließen.

[24] Vgl. I. Schwietering a. a. O. S. 202.

[25] H. Naumann, Stand der Nibelungenforschung, Z. f. Dk. 1927, S. 11.

sich das Menschentum Siegfrieds keineswegs innerhalb der ritterlich-höfischen Tugendskala. Auch ist er durchaus nicht nur ein
muskelstarker Tumber, sondern auch eine innerlich reiche Natur.
Gerade Entscheidendes tut er *durch sînen hôhen muot*, d. h. aus
Kräften des Gemüts, aus Hochsinn der Seele. Er muß sich nicht
ängstlich sparen, sondern kann sich großmütig verschenken; denn
sein Wesen ist gnadenhafte Fülle. Entsprechend gehört ihm der
Nibelungenhort, der sich niemals erschöpfen läßt, als symbolisches
Attribut zu. In Hagens Bericht (87—101) ist dieser Siegfried sichtbar, kein vorweltlicher Riese, sondern ein großer Mensch, eine Aus-
nahmenatur.

Der Nibelungenepiker entstrebt somit bewußt dem Einsträngig-
Thesenhaften, Doktrinären und Typischen der höfischen Dichtung.
Über die eindeutig genormte Welt höfischer Musterritter und Damen hinaus drängt er zu individualisierter Vielstimmigkeit der
Menschen- und Lebensdarstellung. Solche widersprüchliche Lebens-
echtheit des Siegfriedbildes begegnet noch mehrfach im Nl. Wenn
Siegfried z. B. bei der Bändigung Brünhilds für Gunther die Ehre
der Braut unangetastet läßt, ihr aber gleichzeitig aus gesteigertem
Lebensgefühl (*durch sînen hôhen muot* 680/2) Ring und Gürtel
abnimmt, so begegnen hier zuchtvolles und zuchtloses Verhalten
unmittelbar nebeneinander. Will man solche Widersprüchlichkeit
rein stofflich ihrer Herkunft nach erklären, so wird man sie aus
verschiedenen „Schichten der Ethik" herleiten.[26] Daß aber der Dichter sie nicht ausmerzt, sondern betont, bezeugt eine ausgeprägte
Neigung zu kontrastreich lebensnaher Menschengestaltung. Es zeigt,
wie sehr ihm die Vieldeutigkeit des Menschlichen bewußt war. Wie
die Kriemhild des Falkentraumgespräches hebt sich also auch der
Siegfried der dritten Aventiure (und schon der 21. Strophe) als eine
eigenwillige Gestalt vom rein höfischen Typus ab. Bei aller Verhöfischung bleibt er also eine menschlich faßbare Gestalt. Gleichwohl mutet die zweite Aventiure insgesamt wie ein Auftakt zu
einem höfischen Siegfriedroman an, so wie die erste Aventiure sich
als Beginn eines Kriemhild-Minneromans darstellt. Die zwei ersten

---

[26] Vgl. Fr. Neumann, Schichten der Ethik in Nl., Festschr. f. E. Mogk,
Halle 1924.

Aventiuren stehen daher wie zwei scheinbar selbständige biographische Romanansätze nebeneinander. Und zunächst werden die Linien des Siegfriedromans verfolgt, wie schon aus der Abfolge der Aventiurenüberschriften erhellt: 'Von Sîfride', 'Wie Sîfrit ze Wormze kom', 'Wie er mit den Sachsen streit', 'Wie Sîfrit Kriemhilde aller êrste gesach'. Aber freilich ist dieser Siegfriedroman integrierender Bestandteil der (mit der ersten Aventiure einsetzenden) größeren Kriemhildbiographie. Diese Kriemhild ist ja der eigentliche Kern, der Zielpunkt auch der Siegfriedhandlung. Ob Siegfried nach Worms zieht, ob er den Sachsenkrieg besteht, ob er Kriemhild vorgestellt wird, ob er stellvertretend Gunthers Brautwerbung durchführt, ob er schließlich die Botenreise vom Isenstein nach Worms übernimmt — alle diese Bemühungen gelten eindeutig der Erringung Kriemhilds.

Fassen wir zusammen, was sich aus der Betrachtung des Dichtungseingangs zur Interpretation und Wertung des Nl. ergibt! Deutlich ist der rein vorbereitende Zweck dieser ersten zwei Aventiuren. Sie haben die Personen sowie den Ort (und die Zeit) der Handlung im voraus bekanntzugeben und insbesondere Kriemhild und Siegfried als die Hauptgestalten und Partner des sich entfaltenden „Minneromans" ins Licht zu rücken. Die inhaltlich wichtigste Partie, der Falkentraum Kriemhilds, der — in symbolischer Verdichtung — das Schicksal der Heldin als Tragödie einer Liebenden vergegenwärtigt, ist bezeichnenderweise als Gesprächsszene gestaltet und bekundet so schon zu Beginn den dialogisch dramatischen Zug dieses Epos, seine Neigung, das Bedeutsame jeweils handlungsunmittelbar, durch Selbstaussprache der Personen, eben als Redeszene darzustellen. Dabei fällt auf, daß auch sprachlich diese auftritthaft gestalteten Partien die dichterischen Höhepunkte sind. Im „dramatischen Auftritt" bewährt der Dichter stets eine knapp und sicher prägende Sprache, während er bei spezifisch epischen Aufgaben, wenn es also gilt, die Umwelt als Atmosphäre und Lebensraum zu veranschaulichen, verdächtig wortreich wird, ohne die wünschenswerte Deutlichkeit eines Bildes zu erreichen. Die Vokabeln, die er in solchen Beschreibungen ausbreitet, sind unscharf und formelhaft, die Schilderung vereinfacht sich zu reiner Aufzählung. Seiner epischen Breite fehlt die innere Dichte, die vergegenwärtigende Kraft lebendiger Anschauung. Dem entspricht, daß gerade die zweite Aventiure, die überhaupt kein „dramatisches" Redeelement aufweist, also ganz der epischen Ausbreitung der höfischen Lebenswelt dient, als eine gleichsam leere Partie merklich abfällt und nahezu entbehrt werden könnte. In der Tat ist sie auch nur tektonisch notwendig, und zwar nach dem hier geltenden Bauprinzip symmetrischer Entsprechung, das neben der Kriemhildaventiure eine Siegfriedaventiure fordert. Dieses Hinzugestalten einer parallel gedachten Siegfriedaventiure bezeugt augenfällig die Wichtigkeit des Tektonischen im Nl. Der Baugrundriß des Ganzen ist (im voraus) gegeben und muß ausgeführt werden, auch wenn es dem Dichter versagt ist, ihn mit Substanz zu erfüllen, und diese Stellen dadurch zu bloßen Auffüllpartien werden.

Trotz solchen epischen Schwächen erweist sich der Nl.dichter aber auch als Epiker, nämlich in seinem Verhältnis zur Zeit. Auch wenn er, wie betont, alles Kernhafte „dramatisch", eben in Redeszenen, vergegenwärtigt, bleibt er dem dargestellten Geschehen doch zugleich gegenüber, ist ihm dieses insgesamt ein Vergangenes, dessen er gedenkt. Solches Gedenken aber ist eine epische Haltung, die räumlichen und zeitlichen Abstand wahrt und die Handlung als etwas bereits Abgeschlossenes aus großer Überschau, eben als ein Ganzes, in den Blick nimmt. Deshalb kann der Epiker die Kraft des Schauens auf das Augenblickliche sammeln und doch auch jederzeit darüber hinwegschreiten und das Ganze ins Auge fassen. Wenn in den beiden Eingangsaventiuren — vom symbolischen Falkentraum selbst ganz abgesehen — nicht weniger als sechsmal (2/4, 5/4, 6/4, 8/4, 19/2—4, 21/4) das Kommende mit klaren Angaben vorweggenommen wird, so bezeugt sich darin gewiß eine episch seherische Haltung. Aber um ihrer Häufigkeit und Intensität willen gehen diese Zukunftshinweise über epische Haltung als ein Dem-Stoff-Gegenüber-Bleiben weit hinaus.[27] Hier liegt eine Eigen-

---

[27] Auch der Epiker kann vorwegnehmen, Zielpunkte der Entwicklung im voraus andeuten. Der Nl.dichter geht aber darüber weit hinaus. Jählings reißt er die Leser immer wieder aus dem Erzählzusammenhang heraus. Ihm geht es nicht nur um ein gelegentliches Überspringen des hic et nunc, um den Gesamtweg zu erhellen, er will vielmehr in jedem Augenblick zugleich da sein und transzendieren, in jeder Etappe des Gesamt-

heit des Nl. vor, die sich gar nicht primär aus einem epischen Darstellungsimpuls erklärt, in der vielmehr die das Gesamtwerk bestimmende tragische Weltsicht des Dichters zutage tritt. Die wiederholten Unheilsverkündigungen sind Zeugnisse einer tiefen tragischen Betroffenheit des Nibelungenepikers, die ihrerseits die Voraussetzung dafür ist, daß er um 1200 — mitten in dem weltbejahenden und um glückhaften Ausgleich ringenden Bemühen der staufischen Dichtung — die heillose Mär von *„der Nibelunge nôt"* als Gegenstand aufgriff. Es ist schwer glaublich, daß Tradition allein dem Dichter diesen Stoff aufgenötigt hat. Es muß ihn doch wohl auch ein Anruf aus der eigenen Zeit angerührt und für diesen alten, ausweglos tragischen Stoff empfänglich gemacht haben.[28] Was als Haltung des Epikers (Gegenüberbleiben, Hinblick aufs Ganze) erscheint, ist im Grunde die die gesamte Gestaltung bestimmende Perspektive des Tragikers. Diese tragische Sicht ist so absolut, daß das Tragische als ein Seiendes gilt, als ein allgemeines Attribut des Weltseins überhaupt, das als jederzeit gegenwärtig bewußt gemacht werden muß, während das Glück nur als trügerischer Schein des Augenblicks aufgefaßt ist. Bezeichnend für die Zielsetzung des Nibelungenepikers ist der Dichtungseingang auch insofern, als er die Stärke der neuformend höfischen Tendenz eindrucksvoll be-

verlaufes die räumlich-zeitlich auseinandergebreitete Handlungsvielfalt als ein Einheitlich-Ganzes überschauen. Seine zeitüberspringenden Vorwegnahmen erfolgen so unbedingt, daß sie das Grundelement des Epischen, nämlich die additive Form zusammenhängenden Erzählens, geradezu aufheben.

[28] Als Passauer „Kleriker", als der der Nl.dichter weithin gilt, war er zweifellos gut staufisch gesinnt; sein Gönner, der Bischof von Passau, war zugleich Gönner des Stauferdichters Walther v. d. Vogelweide. Sollte nicht der Sturz des Stauferreiches mit dem Tode Heinrichs VI., an den sich die kühnsten staufischen Hoffnungen geknüpft hatten, den Sinn unseres Epikers tief betroffen und für die Katastrophe des Burgundenuntergangs aufgeschlossen haben? Sicher ist, daß nicht ohne tiefe tragische Erschütterung ein Dichter das Nibelungenthema aufgreifen konnte, und die soeben erst erlebte Stauferkatastrophe (1197) mochte wohl den Blick auf das traurige Schicksal des Burgundenvolkes lenken, dessen Untergang sich nun zu neuer dichterischer Gestaltung empfahl.

zeugt. Das Altheroisch-Germanische, aus dem die Nibelungenfabeln letztlich herstammen, kommt in diesen beiden Aventiuren
überhaupt nicht zur Geltung. Wie es um den Anteil des Christentums am Nl. steht — diese Frage muß vom Dichtungsanfang aus
offenbleiben. Gewiß spielt alles in einer ritterlich höfischen Welt,
und infolgedessen geht man auch bei festlichen Anlässen in die
Kirche ('ze *einem münster*' 32/1) und singt '*got zen êren eine messe*'
(33/1) wie es bei Siegfrieds Schwertleite geschieht. Ob aber diese
Menschen wirkliche Christen sind oder, wie Goethe glaubte, trotz
allem kirchlichen Brauchtum noch als „grundheidnisch" angesprochen werden müssen, kann von den ersten beiden Aventiuren aus
nicht entschieden werden. Wohl aber läßt sich aus der bewußten
Wende des Dichters vom Ereignishaften zum Biographischen erkennen, daß es ihm nicht mehr um überpersönliches oder wunder-
haft sensationelles Geschehen zu tun ist, sondern um individuelle
Schicksale und Leidenschaften, um menschliche Entfaltungen (oder
gar Wandlungen?), freilich nicht in reiner Immanenz, sondern in
der Weite eines übergeordneten Raumes, im Gegenüber zu der überpersönlichen Macht des autonomen Schicksals.

Widersprüche

Das Nibelungenlied, das aus '*alten maeren*' schöpfte und zugleich
beflissen dem Vorbild der zeitgenössischen Dichtung folgte, stellt
eine Mischung der Elemente dar, in der Archaisches und Modernes,
Reckenhaftes und Ritterliches, Heidnisches und Christliches, Rau-
hes und Zartes zusammentreffen. Es hat an verschiedenen „Schichten der Ethik" teil [29] und ist doch als Ganzes ein hochmittelalter-
liches Epos, das als eine Dichtung seiner Zeit gelesen werden will.
Was der Nibelungenepiker vollbrachte, ist daher vor allem eine
Vereinigungsleistung. Doch versteht sich bei dem Neben- und
Gegeneinander seiner verschiedenartigen Quellen, daß die erreichte

---

[29] Vgl. Fr. Neumann: Schichten der Ethik im Nibelungenlied, Festschrift f. E. Mogk, Halle 1924, S. 119—145; ferner: B. Nagel: Das Nibelungenlied. Stoff — Form — Ethos, Frankfurt 1965, dritter Teil.

Einheit nicht Einerleiheit ist, daß vielmehr im einzelnen eine Reihe von Widersprüchen begegnen, darunter auch solche, die vom Dichter gar nicht übersehen werden konnten, sondern offenbar beabsichtigt waren. Wenn er nämlich leicht vermeidbare Unstimmigkeiten nicht ausmerzte, sondern stehenließ, ja sogar betonte, so muß das ernstgenommen werden.

Einige dieser Widersprüche weisen auf verschiedene — ältere und jüngere — Quellen zurück. Daß z. B. der in Worms eintreffende Siegfried König Gunther zum Kampf um die Herrschaft über Land und Leute fordert, stammt aus einer Form der Siegfriedsage, in der dieser noch kein höfischer Königssohn und legitimer Kronprinz war, sondern ein abenteuernder, landloser Recke, der sich ein eigenes Königtum erst erkämpfen mußte. Oder wenn er im Nl. genau weiß, 'wie ez um Prünhilde stât' (331/4), so weist das — rein stofflich — auf einen Siegfried zurück, der Brünhild auf Grund einer früheren Begegnung kannte. Wenn ferner in die Ermordung Siegfrieds noch das politische Machtmotiv [30] hineinzuspielen scheint, so setzt auch dies einen Siegfried voraus, der den Burgunden innerhalb ihres eigenen Reiches Raum wegnahm und ihre Macht einengte, der also noch nicht wie im Nl. Herrscher eines eigenen und räumlich weit entfernt zu denkenden Königreiches war.[31]

Die stoffliche Herkunft einiger Widersprüche ist also klar erweisbar. Doch heißt das noch nicht, daß der Stoff den Dichter dazu gezwängt hat. Zudem hat sich dieser keineswegs gescheut, Altes und selbst Altehrwürdiges zu streichen bzw. umzuformen, wenn es sich mit seinen neuen Planungen nicht vereinbaren ließ. Man kann daher nicht annehmen, daß er, der sonst überaus freizügig mit dem überlieferten Stoff schaltete, sich ausgerechnet Unstimmiges und Widersprüchliches durch Überlieferung habe aufnötigen lassen.

[30] Vgl. S. Beyschlag, Das Motiv der Macht bei Siegfrieds Tod. GRM 33, 1952, S. 95 ff.

[31] Mit Rücksicht auf die große räumliche Entfernung zwischen den beiden Reichen hält Gunther eine Einladung Siegfrieds und Kriemhilds nach Worms, wie Brünhild sie wünscht, zunächst für abwegig (727/1—3). Aus den gleichen Gründen zögert und zweifelt auch Siegfried, ob es angeht, die an sich erwünschte Einladung anzunehmen (751/4 und 758).

Wir müssen vielmehr auch im Nl. dem Dichter geben, was des Dichters ist, und die sich findenden Widersprüche als letztlich gewollt und sinnvoll zu erkennen suchen.

Auszunehmen sind freilich solche Widersprüche und Fragwürdigkeiten, die auf Unkenntnis des Dichters zurückgehen oder im Sinne des Mittelalters nicht als Widersprüche galten bzw. aus der poetischen Technik und gestalterischen Freiheit der alten Dichter sich erklären. Wenn z. B. im Nl. der Waskenwald auf der rechten Rheinseite liegt, so daß die von Worms aus auf die Jagd ziehenden Burgunden den Rhein überschreiten müssen (927—1), um in den Waskenwald zu gelangen, und auch heimkehrend abermals *'über Rîn'* ziehen (1002), so spiegelt sich darin lediglich die Unsicherheit des österreichischen Dichters in der rheinischen Geographie, die freilich um so markanter von seiner genauen Ortskenntnis im Donauraum von Passau bis Wien absticht. Dieselbe geographische Unsicherheit zeigt sich in der Lokalisierung der Residenz Siegfrieds bald in Xanten (708/4), bald in Norwegen (739/3), die auf seltsame Weise miteinander verquickt sind. Die Boten Gunthers an Siegfried gelangen zu Lande reitend *'in drîn wochen'* *'ze Norwaege in der Marke'* (739/1—3), während der Transport des Nibelungenhortes aus Siegfrieds Reich nach Worms auf dem Wasserwege *'unz . . . an den Rîn'* erfolgen muß (1121/2—4).

Nicht aus Unkenntnis, wohl aber aus dichterischer Freiheit erklärt sich, wenn der Nl.-dichter bei der Jagd im Waskenwalde sogar *'einen ungefüegen lewen'* (935/4) begegnen läßt. Dies ist kein Jägerlatein unseres Epikers, sondern „epische Stilisierung nach dem Vorbild der Antike und der Bibel".[32]

Kenntnis der mittellateinischen Literatur, in der neben Palmen und Ölbäumen auch der Löwe häufig vorkommt, aber auch französischer und antiker Epik (Vergil), ist beim Verfasser des Nl. ohnehin vorauszusetzen.[33] Jedenfalls ist der Löwe im Nl. nicht als Unstimmigkeit aufzufassen. Vermöge seiner Herkunft aus antiker Poesie und Rhetorik besaß er vielmehr in der Dichtung eine legi-

---

[32] Vgl. E. R. Curtius, Europäische Literatur u. Lateinisches Mittelalter, Bern 1948, S. 190 ff.

[33] Vgl. Fr. Panzer, Studien zum Nl., Frankfurt 1945, S. 87 f.

time Existenz, so daß er selbst noch bei Shakespeare, so in ›Wie es euch gefällt‹, mit Selbstverständlichkeit begegnet.

Nur ein scheinbarer Widerspruch liegt vor, wenn Kriemhild auf die Kunde, daß ein toter Ritter vor der Tür liege, sogleich eindeutig feststellt: ʻ*ez hât gerâten Prünhilt, daz ez hât Hagene getân*ʼ (1010/4), aber kurz danach in die Worte ausbricht: ʻ*wesse ich wer iz het getân, ich riet im immer sînen tôt*ʼ (1012/4). Dieser Gegensatz besagt nicht, daß sie plötzlich nicht mehr weiß, was sie eben noch gewußt hat, oder daß sie in ihrer intuitiven Erkenntnis nun unsicher geworden ist. Wohl aber besagt es, daß ihr spontanes Individualwissen noch keine rechtliche Grundlage für eine Racheaktion abgibt. Erst muß der öffentliche Nachweis des Verbrechens geführt sein, damit sie Sühne fordern kann. Deshalb hält sie auch Siegmund und seine Mannen, die sofort gegen die Burgunden losschlagen wollen, von ihrem Vorhaben ab, ʻ*unz ez sich baz gefüege*ʼ (1033/2) und bis sie eindeutige Beweise in Händen hat: ʻ*wird ich des b e w î s e t*ʼ (1033/4).

Indessen begegnen auch Widersprüche, die durch offensichtliche Willkür des Dichters bedingt sind. Obwohl 1141/2—3 berichtet wird, daß die Burgunden Kriemhild ʻ*daz guot also gar genâmen*ʼ, besitzt sie dann doch in der folgenden (20) Aventiure noch so viel ʻ*des goldes von Nibelungen lant . . ., daz ez wol hundert moere ninder kunden tragen*ʼ (1271/1—3).

So frei wird hier über die Requisiten der Handlung verfügt. Gravierender sind freilich Widersprüche, die in den Personen zutage treten. So ist etwa der heidnische Etzel nach Bedarf auch einmal als christlich gedacht und empfiehlt den zur Werbung um Kriemhild ausziehenden Rüdeger ausdrücklich dem Schutz Gottes an (1154/2—3). Umgekehrt erscheinen die im Formalen mustergültig christlichen Helden des ›Nibelungenliedes‹ in Gesinnung und Handlungsweise „grundheidnisch“. Die durch täglichen Kirchgang bekundete „Frömmigkeit“ Kriemhilds steht ihrer widerchristlichen Rachsucht nicht im Wege. Selbst Hagen, der von christlicher Demut nichts weiß, vielmehr nur das *eine* Ziel trotziger Selbstbehauptung kennt, führt nicht selten den Namen Gottes und sogar Christi im Munde. Mehr noch, dieser Recke, der nicht aus einer hochmittelalterlichen Ritterseele lebt, sondern noch durchaus dem heroischen

Ethos des Germanentums verpflichtet ist, bewegt sich gleichwohl mit bemerkenswerter Sicherheit in den gepflegten Formen höfisch ritterlichen Lebens, so daß sein Verhalten gelegentlich sogar als *'minnecliche'* bezeichnet wird: *'der helt vil minnecliche dancte Volkêre duo'* (1830/4). Aber freilich hat Hagen weder mit der Minne noch mit dem Christentum etwas zu tun. Auch von einer Entwicklung seines Wesens in dieser Richtung, wie Franz Saran [34] und Bodo Mergell [35] angenommen haben, kann bei ihm keine Rede sein; denn gerade die letzte Szene Hagens, die Hortverweigerung, ist die heidnisch-trotzigste Szene des ganzen Gedichts.[36] Hier liegt nicht Entwicklung oder innere Wandlung eines Charakters vor, hier ist vielmehr die *Vielschichtigkeit* des Nl. in Rechnung zu stellen. Und im Blick auf diese Vielschichtigkeit erklären sich viele Widersprüche weit vordergründiger, als psychologisierender Tiefsinn annehmen möchte. Da der Dichter einen altheroisch germanischen Stoff, der bis in die Völkerwanderungszeit zurückreicht, als hochmittelalterliche Ritterdichtung gestaltete und dadurch Uraltes und Zeitfällig-Modernes verquicken mußte, ergaben sich zwangs-

---

[34] Das Nl., Handbücherei für den Deutschen Unterricht, Bd. 2, Halle 1922.

[35] Nl. und höfischer Roman, Euphorion 45, 1950, S. 305 ff. [vgl. in diesem Bd., S. 3 ff.].

[36] Wenn in dieser letzten Hortverweigerung gegenüber Kriemhild Hagen den Namen Gottes braucht: *'den schaz den weiz nu niemen wan got unde mîn'* (2371/3), so bedeutet diese Formel *('niemen wan got unde mîn')* lediglich: *nur ich allein* weiß den Platz des Hortes. Eine christliche religiöse Aussage, ja ein Zeugnis errungenen inneren Ausgleichs zwischen Gott und Welt im Sinne der Parzivaldichtung, wie Mergell (a. a. O. S. 305 ff.) annahm, liegt nicht vor. Man darf diesem Topos keinen aus der höfischen Epik geholten Sinn einfüllen, zumal solche entleerte Formelsprache einen Inhalt dieser Art gar nicht zu tragen vermag und überdies Geist und Ethos des ganzen Auftritts christlich-religiöse Deutung schlechthin ausschließen. In diesen letzten Worten Hagens äußert sich nicht christliche Ergebenheit in Gott, sie sind vielmehr ein letzter Schlag gegen die Todfeindin, Ausdruck verbissenen Trotzes und vernichtungsträchtiger Arglist. Nicht demütig in Gottes Frieden einzugehen, sondern noch einmal haßvoll über die Gegnerin zu triumphieren und sich dadurch auch im Untergang zu behaupten, ist Hagens Absicht bei dieser Weigerung.

läufig Spannungen und Widersprüche. Vor allem aber war es unabdingbar, den neugesetzten höfischen Gesamtrahmen der Dichtung mit höfischen Elementen aufzufüllen und das geforderte Milieu realiter zu vergegenwärtigen. Zu diesem Zweck mußten die Helden höfische Sprache sprechen und höfisches Zeremoniell beherrschen lernen, auch wenn in der Kernfabel altheroisches Ethos bestimmend blieb. Etwas überspitzt könnte man sagen: es ist im Grunde nicht Hagen, sondern der höfisch tendierende Dichter selbst, der sich in den höfischen Sprech- und Verhaltensweisen bekundet.

Indessen hat das Mittelalter solche Widersprüche gewiß nicht beanstandet. Im Gegenteil, das hochmittelalterliche Publikum hat die zeitgemäße Verritterung und Verhöfischung selbst abliegender Stoffe geschätzt und sogar gefordert. Dem Dichter war eine in neuerer Dichtung ungewöhnliche Freiheit der aktualisierenden Vergegenwärtigung eingeräumt. Einheitliche Geschlossenheit der Darstellung im modernen Sinne war noch keine Forderung. Der Zweck spezifisch höfischer Unterhaltung wog schwerer, die Befriedigung bestimmter Wunscherwartungen eines selbstbewußten Hörerkreises, der sein eigenes Wunschsein in der Dichtung gespiegelt sehen wollte, war wichtiger. Um dessen willen waren gestalterische Freiheiten des Dichters, auch wenn sie gegen die Realität verstießen, durchaus erlaubt. Gestalten der Dichtung können daher einmal ganz anders sprechen und handeln, als nach ihren „Charakteren" erwartet werden müßte. Sie sind überhaupt keine streng durchgeführten Charaktere, sondern bis zu einem gewissen Grad gefügige Figuren, die zwar einer Grundlinie folgen, aber zugleich — je nach der Situation und dem allgemeinen Plan der Dichtung — abweichende Funktionen übernehmen können. Wohl spielt ein Mann wie Hagen seine Rolle einigermaßen konsequent, d. h. in Übereinstimmung mit seinem Charakter, durch, aber gelegentlich kann ihm im Zusammenhang des allgemeinen Dichtungsplans noch eine Rolle-ad-hoc zugewiesen werden, die aus seinem Wesen nicht erklärbar ist, die diesem sogar widerstreitet. Nach Ableistung einer solchen Rolle-ad-hoc kehrt die Person auf ihren eigentlichen Standort zurück und führt ihre charaktergemäße *Hauptrolle* weiter. Das steht aber einer konsequent biographischen Ausformung entgegen und erinnert daran, daß im Nl. zugleich noch der Typus der Ereignisdichtung

wirksam ist, demzufolge um des Geschehnisfortgangs willen die
Personen mitunter nur noch eine funktionale Bedeutung besitzen,
gleichsam nur als Hebel eingesetzt werden, damit die Ereignisse
plangemäß ablaufen können. Freilich gehört zum Wesentlichen des
Nl., daß es bereits eine personzugewandte Dichtung ist, daß also
klar erkannt werden kann, was bei den einzelnen Gestalten
zur Hauptrolle gehört und was als personunabhängige ad-hoc-
Funktion zu gelten hat. Eine solche ad-hoc-Funktion liegt vor,
wenn z. B. Hagen in der 31. Aventiure gänzlich unerwartet in
einen christlich frommen Ton verfällt und die Burgunden wie
ein Prediger zum Besuch der Messe und zu religiöser Besinnung
ermahnt:

> 'Mîne vil lieben herren,   dar zuo mâge unde man,
> ir sult vil willeclîchen   zuo der kirchen gân,
> und klaget got dem rîchen   sorge und iuwer nôt,
> und wizzet sicherlîchen   daz uns nâhet der tôt. (1855)
>   Ir'n sult ouch niht vergezzen,   swaz ir habet getân,
> und sult vil vlîzeclîche   dâ gein gote stân.
> des wil ich iuch warnen   recken vil hêr.
> ez enwelle got von himele,   ir vernemet messe nimmer mêr.'
>
>   (1856)

Der religiöse Sinn und Ernst dieser Worte ist unverkennbar. So
spricht kein germanischer Recke, so spricht ein Mann der Kirche.
Hier geht es nicht um unverbindliche Formeln, sondern um religiöse Aussagen. Ist also der heidnische Hagen ein bußfertiger Christ
und treuer Sohn der Kirche geworden? Müssen wir nach dieser
intensiv geistlichen Sprechweise annehmen, daß er eine tiefgreifende
innere Umwandlung, sozusagen eine Saulus-Paulus-Wende, durchgemacht hat? Wer immer sich versucht fühlt, das Nl. an die höfischen Epen heranzurücken, wird sich auf diese Äußerungen berufen,
da sie in der Tat einen gewandelten Hagen zu zeigen scheinen, der
mit Gott seinen Frieden gemacht hat. Tatsächlich findet aber eine
solche Wandlung Hagens zum gottergebenen christlichen Menschen
nicht statt. Derselbe Hagen, der diese priesterliche Kirchgangs-
predigt an die Burgunden hält, hat kurz zuvor des Königs Kaplan
in die Donau gestürzt und mit allen Mitteln zu ertränken versucht.
Kurz danach wird er skrupellos den jungen Ortlieb töten und kein

Bedenken tragen, gleichermaßen Schuldige und Unschuldige zu vernichten. Nicht Ruhe in Gott zu finden, sondern sein Leben so teuer wie möglich zu verkaufen, ist sein eindeutiges Ziel bis zum letzten Augenblick. Jene religiösen Ermahnungen klingen völlig fremd in seinem Munde, so daß man sie als grimmige Ironie zu deuten suchte. Wie seine schneidend schlagfertigen Streitgespräche mit Kriemhild bezeugen, ist ihm bewußte Ironie auch keineswegs unvertraut. Gleichwohl ist es — zumindest innerhalb mittelalterlicher Dichtung — undenkbar, eine solche pathoserfüllte, kirchlich religiöse Bekundung ironisch aufzufassen und — etwa im Sinne Hebbels — Hagen zu einem bewußten Gegenspieler des Christentums zu machen. Zwar ist Hagen gewiß kein Christ, er lebt und handelt vielmehr aus einer nicht-christlichen Ethik; dennoch ist ihm das Christentum kein Stein des Anstoßes, sondern ein selbstverständliches äußeres Brauchtum.

Was er aber mit jenen religiösen Ermahnungen an die Burgunden äußert, geht über ein solches bloßes Formchristentum weit hinaus, ist in der Tat — bis in den Tonfall hinein — eine Geistlichenrede. Deshalb wirken diese Worte auch wie ein Fremdkörper innerhalb des Gedichtes. Und dies um so mehr, als Hagen kurz darauf wieder in seiner gewohnten Sprache spricht. Der Widerspruch scheint unauflösbar: ohne daß ein Zwang vorliegt oder bewußte Verstellung erkennbar ist, gibt sich eine Person für einen Augenblick völlig anders, als mit allem Bisherigen und Künftigen vereinbart werden kann. Hagen spielt eine kurze zusätzliche Rolle, nämlich die des religiösen Ermahners und geistlichen Betreuers, die mit seiner Hauptrolle nicht zusammenstimmt.

Was kann den Nibelungenepiker zu einer solchen in neuerer Dichtung unzulässigen Widersprüchlichkeit bewogen haben? Ich sehe den Grund in der Person des Dichters selbst, in seinem Christentum, das sich hier in einer höchst eigenwilligen Hinzugestaltung dokumentiert. Sein beflissenes „Zitieren" kirchlichen Brauchtums, wo nur immer die Erzählung eine Möglichkeit dazu bietet, ist sicher kein Zufall. Unverkennbar ist ferner — speziell im 2. Teil des Epos ab der 25. Aventiure — seine sympathetische Teilnahme an den Burgunden und ihrem unabwendbar tragischen Geschick, so daß von nun an selbst der Siegfriedmörder Hagen (als Führer dieser Burgunden) sein intensivstes Mitleben besitzt und sogar seine Liebe gewinnt. Den Untergang des burgundischen Heldenvolkes leidet er mit. Aber es ist nicht mehr nur heroische Teilnahme alten Stiles, was ihn bewegt, es ist zugleich die Teilnahme eines Christen, die in dieses innere Mitleben einschwingt und eine geistliche Besorgtheit um das große unvorbereitete Sterben, das nun stattfinden soll, nicht unterdrücken kann. Die spezifische Sorge eines geistlichen Dichters, daß ein ganzes Volk von Helden, die kämpferisches Mannestum vorbildhaft verkörpern, ohne kirchliche Absolution in den Tod gehen und so auch im überirdischen Sinne verloren sein sollen, kommt hier zu spontanem Ausdruck. Ohnehin ist ja der Nl.dichter — bei aller Fähigkeit, Heroisches adaequat nachzuerleben und kongenial zu vergegenwärtigen — der empfindsame Sohn eines weicheren Zeitalters, der die Erschütterung über die Katastrophe in 'weinen und klagen' ausklingen läßt. Und so ist es denn fast unausweichlich, daß sich dem so tief mit den Burgunden sympathisierenden christlichen Dichter, jetzt vor dem unerwartet raschen allgemeinen Sterben, die geistliche Frage nach dem Seelenschicksal dieser Todgeweihten stellt und er das Bedürfnis nicht abweisen kann, ihnen noch einmal die Gnadenmittel der Kirche zuteil werden zu lassen, ehe der in pausenlosen Vernichtungsschlägen durchgeführte Endkampf entbrennt. In der Sicht des christlichen Dichters mußte dieser letzte Kirchgang der Burgunden in seiner geistlichen Bedeutung (als Absolution) nachdrücklich hervorgehoben werden. Die Helden sollten nicht ohne eine solche innere Bereinigung vor Gott der Vernichtung anheimfallen. Hagens „christlich fromme Predigt" an die Burgunden stammt aus diesem kirchlich christlichen Bedürfnis des Verfassers. Hagen ist hier nur Sprachrohr des Dichters, der durch seinen Mund aussprechen läßt, was an dieser Stelle aus allgemeinen Erwägungen zum Ausdruck gelangen muß. Daß er aber gerade Hagen dafür heranzieht, ist im Gesamtzusammenhang der Handlung begründet. Von der 25. Aventiure an 'Wie die Nibelunge zen Hiunen fuoren' ist Hagen eindeutig der Führer der Burgunden:

'Dô reit von Tronege Hagene   z'aller vorderôst:
er was den Nibelungen   ein helflîcher trôst'
(1526/1—2).

Alles, was das allgemeine Schicksal der Burgunden (die nun auch Nibelungen heißen) angeht, erscheint in seine Hand gelegt. Vorsorgend plant und handelt er für sie alle. Er setzt sie über die Hochwasser führende Donau, übernimmt beim Zug 'durch der Beyer lant' (1600/3) die gefährliche Nachhut und nach der Ankunft in Etzelnburg die Nachtwache (zusammen mit Volker). Die Funktionenfülle seines Führeramtes überschreitet seine Individualität, hebt ihn fast ins Überpersönliche, Ideelle. Bei solcher Ausweitung der Person zur allgemeinen Führergestalt konnte einzig nur Hagen jene überindividuelle Funktion zukommen, die vor dem letzten Kirchgang fälligen geistlichen Ermahnungen an die Burgunden auszusprechen. Ihm allein als dem Wissenden kam dieses besondere Amt zu. Indessen ist das Sprachrohrhafte dieser kirchlichen Bekundungen auch darin erkennbar, daß er hier — im Gegensatz zu seiner sonst üblichen Sprechweise — nicht in der Form des „wir", unter Einschluß der eigenen Person also, sondern in reinen Imperativen spricht: 'ir sult vil willeclîchen zuo der kirchen gân' etc. Zu erkennen ist aus alledem, daß Hagens priesterliches Gebaren in der 31. Aventiure weder eine innere Wandlung seines Wesens, noch gar bewußtes ironisches Spiel bekundet, daß sein „Priestertum" vielmehr eine reine Augenblicksrolle darstellt, die aus seinem individuellen Charakter herausfällt und sich in überpersönlichen Zusammenhängen begründet. Voraussetzung ist freilich die in mittelalterlicher Poesie gegebene größere Gestaltungsfreiheit, der zufolge die folgerichtige Entfaltung alles Geschehens aus den Charakteren der handelnden Personen noch keineswegs selbstverständlich war. Diese konnten vielmehr noch weithin wie Figuren auf dem Schachbrett geschoben und wechselnden Funktionen unterworfen werden, weil eben der Blick des Dichters von oben und außen auf das Ganze des Handlungskomplexes gerichtet war. Sicher hat auch das mittelalterliche Publikum Dichtung in diesem Sinne aufgenommen und es daher gar nicht als Widerspruch gesehen, wenn einmal die Rolle den Kopf prägte [37] und die den Personen zugewiesenen Funktionen nicht unbedingt charaktergemäß waren.

---

[37] Doch werden Überspitzungen ins Unnatürliche und Unpsychologische im Nl. durchaus vermieden.

Ein zweites Beispiel dafür, daß der Dichter seinen Personen gelegentlich eine ad hoc erwachsende Rolle zuweist bzw. sie Dinge aussprechen läßt, die sie gar nicht wissen können, findet sich in der 32. Aventiure. Dort erschlägt Dancwart Bloedelîn mit den Worten: *'daz sî dîn morgengâbe . . . / zuo Nuodunges briute, der du mit minnen woldest pflegen. / Man mac si mehelen einem andern man . . .'* etc. (1927, 1928). Daß Blödelîn für den Überfall auf die Burgunden die *'Nuodunges brût'* zum Lohn erhalten sollte, war diesem in streng geheimer Verabredung von Kriemhild versprochen worden, konnte also Dancwart nicht bekannt sein. Dennoch läßt es ihn der Dichter — gegen die reale Möglichkeit — hier aussprechen, aus „Lust am geprägten Hohnwort", wie de Boor motiviert.[38] Die einzigartige Pointe, daß nämlich der brautlüsterne Verräter den verdienten Lohn nicht nur erhält, sondern diese Vergeltung auch ihre direkte Formulierung findet, war dem Dichter wichtiger, als die Einhaltung der Realität.[39] So verfügt er über seine Figuren, um den Auftritten die entsprechenden Akzente geben zu können. Um einer ihm wichtigeren Wirkung willen überschreitet er die Wirklichkeit seiner Personendarstellung. Dadurch daß de facto durch Dancwarts tötenden Schwertstreich Bloedelin den gemäßen Lohn für seine Hinterhältigkeit erhält, erscheint es dem mhd. Epiker gerechtfertigt, Dancwart — auch ohne daß er den Zusammenhang selber wissen kann — den tieferen Sinn dieser Tötung gleichsam interpretieren zu lassen und damit etwas den Lesern bzw. Hörern Erkennbares und Betonenswertes in der Wirksamkeit direkter Rede zu vergegenwärtigen. Er konnte dies auch tun, weil der Hörerkreis den weiteren Sagenzusammenhang kannte und daher selbsttätig supplieren und assoziieren konnte.

Aber auch die eigentümliche Lebensform mittelalterlicher Dichtung stand der Ausbildung eines streng biographischen Romans in

[38] Nl.Ausgabe S. 303, Anmerkung zu 1927/3—4.

[39] Vgl. auch 2139/3, wo ein Hunne ausspricht, was erst 2158 akut wird, daß nämlich Etzel für Rüdigers Kampfhilfe diesem die übertragenen Lehen zu eigen zu geben bereit sei. Um der Augenblickswirkung einer Rede willen kann also der Dichter unbedenklich die Wirklichkeit überspringen. Vgl. auch 2173/4, wo das gleiche für die Aussage Volkers gilt.

gewisser Hinsicht entgegen. Ein mhd. Epos war nicht eine Lese-
dichtung wie ein moderner Roman, der als ein ausgeformtes Ganzes
von einzelnen Lesern privat gelesen und je nach Bedarf auch
wiederholt aufgegriffen und bewußt als ein folgerichtiger Zusammenhang angeeignet wird, sondern wurde als *Vorlesedichtung* nur
hörend aufgenommen, in verschiedenen Lesungen also, die wohl
turnusmäßig stattfinden mochten, aber jeweils durch zeitliche Zä-
suren getrennt waren. Dadurch gewannen die einzelnen Leseabschnitte eine gewisse Selbständigkeit. Jede Lesung sollte daher auch
als solche und nicht nur als Glied eines größeren Ganzen wirken.
Von hier aus versteht sich, daß es für den Erzähler — im Blick auf
das jedesmal neu zu befriedigende Unterhaltungsbedürfnis des
Hörerkreises — vordringlich wichtig war, die einzelnen Lesepar-
tien jeweils möglichst farbenreich zu gestalten und mit eigenen Akzenten auszustatten. Denn bei einmaliger Dichtungsaufnahme durch
das Gehör galt es, vor allem den Forderungen des Augenblicks zu
genügen, gleichsam wie der Mime mit der Gegenwart zu geizen,
auch wenn dadurch die Linien des Zusammenhangs gelegentlich verdeckt oder gar verwirrt wurden. Sicherlich war diese Vortrags-
praxis von Einfluß auf die gestalterische Technik der mhd. Epiker
und hat erhebliche dichterische Freiheiten gestattet und nahegelegt.

Daß Siegfrieds polterndes Ungestüm bei seiner Ankunft in
Worms mit seiner höfischen Erziehung unvereinbar sei und auch
seinen Werbungsabsichten widerstreite, wurde bereits als nicht stichhaltig gekennzeichnet. Diese Unberechenbarkeiten seiner Natur zeigen vielmehr, daß Siegfried mehr ist als nur ein vorbildlicher Typus,
nicht nur eine Verkörperung bestimmter Rittertugenden, sondern ein Mensch mit seinem Widerspruch. Was Unstimmigkeit zu
sein scheint, erweist sich als größere Lebenswahrheit und Wirklichkeitsnähe dieses Gedichtes im Vergleich zu den anderen normge-
rechten Epen der Zeit.

Auch in der Kriemhildgestalt des Nl. hat man unvereinbare
Gegensätze aufweisen wollen, insofern folgerichtige psychologische
Entwicklung von 'der *minneclîchen meide*' des Liedbeginns zur
'*vâlandinne*' des Schlußteils bestritten wurde. Vor allem de Boor
erklärt die Deutung von Kriemhilds Lebenslauf als psychologische
Entwicklung für eine unerlaubte Modernisierung der Fragestel-

lung.[40] Die eine Kriemhild sei so menschlich wahr und ergreifend
wie die andere, sie sei dem Dichter jeweils die Gestalt, die sie aus
den Voraussetzungen des Stoffes und seines Ethos sein mußte. „Sie
ist hier wie dort exemplarisch. Aber sie i s t es; der Dichter fragt
nicht danach, wie sie es w u r d e." Diese Meinung ist durch die
Dichtung selbst nicht zu erhärten und ist wohl überhaupt nicht unmittelbar aus der Betrachtung des Liedes selbst, als vielmehr aus
einer genealogisch auseinandergliedernden Rückschau auf die Vorstufen gewonnen worden. Wer aber durch die Dichtung gleichsam
hindurch und bis zurück zu den sagengeschichtlichen Ursprüngen
blickt, sieht natürlich zwei Gestalten, wie sie in den von Hause aus
selbständigen Sagen (Siegfriedsage, Burgundersage) jeweils getrennt
und verschiedenartig ausgebildet waren. Auf diesen getrennten
Ursprung zurückblicken heißt: die spätere (vom Dichter gewollte
und bewirkte) entwicklungsgemäße Vereinung der beiden Frauengestalten zu *einer* Person übersehen. Indessen hat sich der Dichter
sichtlich bemüht, Kriemhild nicht in statuarischer Endgültigkeit
vorzustellen, sondern mit zahlreichen Zeichen und Zügen Vorgänge
innerer Wandlung zu vergegenwärtigen. Und er hat auch nicht versäumt, gleich zu Beginn (Falkentraumpartie) die Sensibilität und
Heftigkeit von Kriemhilds Wesen sichtbar zu machen und so schon
von langer Hand die Möglichkeiten ungeheurer Wandlung in dieser
leidenschaftlichen Natur anzudeuten. Ebenso hat er sich gehütet,
Kriemhilds Wesen unnatürlich eindeutig zu zeichnen, sondern er
läßt sie aus mehreren neben- und gegeneinanderstehenden Motiven
handeln und planen. Vor allem aber ist es im Nl. betontermaßen
die Gestalt Kriemhilds, durch die Siegfried- und Burgundensage zu
einer großen thematischen Einheit zusammenwachsen, und der
Dichter ist nachdrücklich darum bemüht, die Personen, die diesen
beiden ursprünglich selbständigen Sagen gemeinsam sind, als
durchaus identisch zu kennzeichnen und insbesondere die Kriemhilden des ersten und zweiten Teils, das empfindsame Frauenwesen
des Liedbeginns und die vernichtungsträchtige Teufelin des Rache-

---

[40] A. a. O. S. 158. Vgl. neuerdings auch F. Neumann (Das Nibelungenlied in seiner Zeit, Göttingen 1967), der jeden Gedanken einer Entwicklung für unzulässig erklärt.

werkes, als ein und dieselbe Person glaubhaft zu machen. So wird im Blick auf die große *Liebende* des Siegfriedteiles die unsäglich *Leidende* der Zwischenpartien und schließlich die furchtbar *Rächende* der Burgundenvernichtung folgerichtig motiviert. „Den Wandel vom liebenden zum rächenden Weib" führt der Dichter „als mähliche Entwicklung durch die Alters- und Lebensstufen der Mädchenjahre, ersten Ehe, Witwenzeit und zweiten Ehe hindurch."[41] Um diesen durchgehenden Lebenszusammenhang aufzuweisen, spielt die *Erinnerung* im Leben Kriemhilds eine bedeutende Rolle. Sie ist die Gedenkende, die nicht vergessen kann, die *„getriuwe"*, in deren leidvollem Trauern und haßvollem Rächen die Liebe ihrer glückhaften Vergangenheit stets gegenwärtig bleibt, so daß — wenn auch die Darstellung einer Entwicklung nicht explicite (wie in einem modernen Roman) gegeben wird — eine solche Entwicklung doch durchaus gemeint ist und vom Leser schlechterdings impliziert werden muß. Bewußtes Bemühen um Darstellung einer Entwicklung ist auch darin greifbar, daß nach Siegfrieds Ermordung die Rächerin Kriemhild nicht auf einmal fertig da ist, daß das Rachemotiv vielmehr erst allmählich in ihr beherrschend wird und die negativen Affekte des Trauerns aus Liebestreue überwirkt.[42]

Ja, es bedarf sogar eines zusätzlichen äußeren Anstoßes, damit der Racheplan zielstrebig aufgegriffen werden kann, nämlich die zweite Verehelichung Kriemhilds mit Etzel, die die eindeutige Wende zum „Geschäft der Rache" einleitet. Aber auch jetzt erstarrt Kriemhild nicht sogleich in dieser Rolle der Rächerin, sie bleibt vielmehr noch bis in späte Stunden lebendiger Entwicklung fähig, menschlich zwiespältigen Regungen und Widersprüchen unterworfen,[43] so daß — wie Schwietering betont hat — ihr Planen und

---

[41] Vgl. J. Schwietering a. a. O. S. 200.

[42] Gerade der eng mit dem Rachemotiv verbundene Entschluß zur Annahme der Werbung Etzels erfolgt nichts weniger als spontan, sondern wird nur ganz zögernd, unter schmerzlichster Selbstkasteiung, dem widerstrebenden Herzen abgerungen. Der Dichter hat eine ganze Reihe bewegender Szenen aufgeboten, um diesen allmählichen inneren Wandel darzustellen. (1216 ff., 1224—1241, 1242—1249, 1250—1264.)

[43] Über Rüdeger, den sie in Verzweiflung und Tod treibt, vergießt sie Tränen. Als dieser auf ihr Drängen schließlich 'sêle und lîp' aufs Spiel

Tun nicht eindeutig und insgesamt von dem *einen* Rachemotiv her zu begründen sind, sondern bis zu einem gewissen Grade beweglich und wandlungsfähig bleiben, also in einem Entwicklungszusammenhang, eben „von der jeweiligen Stufe ihres Weges aus gesehen werden" müssen. Es liegt nicht einmal ein fester Racheplan vor, vielmehr sind es auch Zeit und Umstände, die Kriemhild in das unheimlich, unaufhaltsam wachsende Rachewerk hineintreiben und dadurch dem ihr bestimmten Verhängnis anheimfallen lassen. Wohl ist es primär der Racheimpuls, der sie zur Einladung der Burgunden nach Etzelnburg bewegt (1391/4, 1392/4, 1396/2—4, 1397/2 bis 4, 1399/4, 1400/4), aber zugleich drängt sie das Heimweh, die Liebe zu ihren Brüdern, zu diesem Schritt. Bis in die Träume verfolgt sie der Wunsch, ihre Angehörigen, insbesondere den Lieblingsbruder Giselher, wiederzusehen: '*ir troumte daz ir gienge vil dicke an der hant / Giselhêr ir bruoder, si kuste 'n z'aller stunt / vil ofte in senftem slâfe.*' (1393/2—4, 1397/1). Wenn sie aber dann, um den Siegfriedmörder Hagen treffen zu können, die eigene Sippe vernichten muß, so ist dies zugleich ein Schlag gegen ihr eigenes Herz. Von allem Anfang an und wiederholt hat der Dichter gezeigt, mit welch elementarem Zugehörigkeitsgefühl Kriemhild ihre Brüder liebt. Selbst als jungvermählte glückliche Gattin an der Seite des geliebten Siegfried kann sie das Heimweh nach ihren Brüdern in Worms nicht ganz verwinden: Gunthers Einladung zu einem Wiedersehensfest ist ihr deshalb '*liebiu maere ... gegen ihr h e r z e l e i d e.*' (741/4). Daß sie ferner nach Siegfrieds Tod aus Sippengefühl in Worms bleibt (1080 ff., 1085/1—3, 1088/1—3) und infolgedessen sogar ihr Kind kurzerhand aufgibt [44]: '*mîn liebez kindelîn / daz*

setzt, '*dô begonde weinen daz Etzelen wîp*'. (2166/2) Die unerbittliche Rächerin kann also doch auch mitfühlend weinen. Die Auffassung, daß es sich hier um Freudentränen handle, teile ich nicht.

[44] Diese Gleichgültigkeit gegenüber dem eigenen Kind (vgl. auch das Hinopfern Ortliebs um der Rache willen 1912) zeigt, daß Kriemhild im Nl. einzig nur als Liebende gesehen ist. Ihre Mutterschaft wird lediglich als biologisches Faktum registriert, aber nicht als ein zu gestaltendes Thema aufgegriffen. Insofern sie nicht eigentlich Mutter wird, sondern nach ihrer seelischen Haltung aus dem Erlebniskreis der Liebenden nie heraustritt, ist der Vorwurf „Rabenmutter" gegenstandslos. Wohl aber

sol ûf genâde iu recken wol bevolhen sîn' (1090/2—4), ist gleichfalls ein vielsagendes Symptom. Sie hängt eben mit starken Banden an ihrer Familie, und ihr Auszug ins Hunnenland bedeutet
ihr — trotz des erwünschten Machtzuwachses — eine Fahrt ins
„Elend" (Ausland), worüber sie auch noch später als mächtige
Hunnenherrscherin stets erneute Klage führt (1394/4, 1395/1—3).
Diese Verwandtenliebe hatte sie auch vermocht, sich sogar mit
Gunther, den sie als mitschuldig an Siegfrieds Tod wußte, zu
versöhnen, wie denn überhaupt ihr Groll gegen diesen spürbar
anderer Art ist als ihr Haß gegen Hagen. Daß sie dann, um
der Rache an diesem Hagen willen nacheinander zu immer schreck-
licheren Untaten auch gegen ihre Brüder ausholen muß, ist darum echte Tragik und nicht einfach entfesselte Wollust der Grausamkeit. Vor allem sind diese Greuel nicht schon von vornherein
planmäßig vorgesehen, sondern werden ihr erst durch die jeweiligen Situationen und Provokationen der Gegenseite (insbesondere
Hagens) aufgenötigt. Die Rachefurie wird in Kriemhild erst nach
und nach hervorgerufen durch den Zwang immer schärferen Rea-
gierenmüssens auf die sich steigernden Herausforderungen ihres
Beleidigers. Endlich muß betont werden, daß auch das Aufopfern
ihres Kindes Ortlieb nicht schon ursprünglicher Bestandteil des
Racheplanes ist, vielmehr nur das *letzte* Mittel, das ihr verblieben ist, um überhaupt den allgemeinen Kampf gegen die Hunnen entfesseln und im besonderen Etzel selbst für das Rachewerk
gewinnen zu können. *'Dô der strît niht anders kunde sîn
erhaben / . . . / dô hiez si tragen ze tische den Etzelen sun.'* (1912/1
und 3). Alle vorausgegangenen Anschläge waren ja mißlungen [45]
und hatten ihr noch zusätzliche Beleidigungen Hagens eingetragen.
Also nicht aus entmenschter Blutgier opfert Kriemhild das Kind,

kann gesagt werden, daß diese Dimension menschentümlicher Entwicklung im Nl. nicht aufgeschlossen wurde und daher — in diesem Aspekt —
die Kriemhildbiographie unvollständig geblieben ist.

[45] 29. Av. ›*Wie Kriemhild Hagenen verweiz unt wie er niht gên ir
ûfstuont*‹, 30. Av. Vereitelung des Überfalls durch Nachtwache Hagens
(und Volkers), 31. Av. Ablehnung des Racheansinnens durch Dietrich,
Gewinnung Bloedelins für Überfall auf die burgundischen Knechte, aber
ohne Wissen und *wider Willen Etzels.*

das freilich das Kind Etzels, also eine Frucht ihrer nicht eigentlich
gewollten zweiten Ehe (1395) ist, sondern weil sie allein dadurch
zum Zuge kommen kann. Und eben deshalb versteint sie immer
mehr zum rächenden Unhold, „setzt die Burgunden unsäglichen
Qualen aus, treibt Rüdeger in Verzweiflung und Tod, läßt den
gefangenen Bruder töten und schlägt dem gebundenen Hagen mit
eigener Hand das Haupt ab",[46] weil es ihr unmöglich gemacht wird,
das Ziel der Rache direkt anzugehen. Es ist der endlose lange, durch
immer neue Hindernisse erschwerte Weg zum Ziel, der sie schließlich blindwütig macht und bedenkenlos alle hinopfern läßt, die sich
entgegenstellen oder auch nur den Fortgang der Rache aufhalten.

Insgesamt wird man also nicht von unvereinbaren Widersprüchen
in der Kriemhildgestalt des Nl. sprechen dürfen, sondern anerken-
nen müssen, daß der Dichter durch mannigfaltige Phasen einer in
die Extreme ausgreifenden Entwicklung hindurch die Einheit der
Person gewahrt wissen wollte. Daß er die Siegfried nachtrauernde
Kriemhild 'getriuwe', die an den Burgunden sich rächende Kriemhild aber, 'âne triuwe' nennt, ist kein Widerspruch, der die Identität der Person in Frage stellt, wohl aber psychologisch zutreffend
die Vielschichtigkeit des Menschlichen erhellt. Überhaupt gilt allgemein für mittelalterliche Dichtung: vieles, was der moderne Leser als Widersprüche in der Zeichnung der Charaktere und in der
Darbietung der Fabel ankreiden möchte, ergibt sich aus einer größeren oder doch andersartigen gestalterischen Freiheit des Dichters
und darf nicht als Mangel gestalterischen Könnens mißdeutet werden. Diese Freiheit kann mitunter bis zur Willkür gehen. Auch im
Nl. werden z. B. in der 8. Aventiure ('Wie Sîfrit nâch sînen mannen
fuor') seltsam abenteuerliche Geschichten ausgebreitet, ohne daß
dieser erzählerische Seitensprung motiviert wird. Man begreift
nicht, warum sich Siegfried bei einem Besuch im Nibelungenland
nicht zu erkennen gibt und sich somit in schwere, auf Leben und
Tod gehende Kämpfe mit seinen eigenen Leuten verstrickt. Daß er
am Ende als überlegener Sieger hervorgeht, dient natürlich der
Aristie des Helden, die aber etwas gewaltsam erwirkt wird und den
Dichter nötigt, weit aus der Hauptfabel herauszutreten und episo-

---

[46] Schwietering a. a. O. S. 206.

dische Geschehnisfülle als epischen Selbstwert darzubieten. Die tausend Nibelungen, die er herbeiholt, schaffen ihm einige Verlegenheit, da sich nun die Frage stellt, wo sie weiterhin verbleiben sollen. Tatsächlich ziehen sie auch mit nach Worms und kehren nicht ins Nibelungenland zurück.[47] Dort geraten sie in Vergessenheit — auch bei der Heimkehr Siegfrieds mit Kriemhild in sein Reich werden sie nicht erwähnt —, bis sie endlich in der 25. Aventiure wieder auftauchen und zusammen mit den Burgunden ins Hunnenland fahren[48]: *'Die Nibelunges helde kômen mit in dan'* (1523/1). Jenes Versteckspiel Siegfrieds vor den eigenen Leuten im Nibelungenland, seine Kämpfe mit dem riesigen Pförtner und dem Zwerg Alberich lassen sich freilich aus seiner mutwillig spielerischen, unberechenbaren Kraftnatur begründen. Doch sollte man in alter Heldendichtung mit der Annahme psychologischer Motivation zurückhaltend sein.

Größtmögliche Freiheit (und Willkür) waltet im Verhältnis des Dichters zur Zeit. Fast könnte man sagen, er habe die Erzählung in eine überzeitliche Dimension hineingestellt. Wohl gibt es — zwangsläufig — ein Nacheinander der Ereignisse, einen zeitlich fixierbaren Handlungsablauf, und der Dichter ist sogar um Angaben zur Klarstellung der Chronologie sichtlich bemüht,[49] aber im Hinblick auf die Personen ist die Zeit im Nibelungenlied ohne Funktion (mit der einzigen Ausnahme der biographisch gezeichneten Kriemhild und — cum grano salis — auch Siegfrieds). Die

[47] S. 10. Aventiure.

[48] Der Zusatz *'in tûsent halspergen'* scheint mir die Identität dieser Helden mit jenen tausend Nibelungen zu bezeugen. Doch ist zugleich zu beachten, daß von der 25. Av. ab die Burgunden ganz allgemein auch als Nibelungen bezeichnet werden.

[49] *'Volleclîch e i n j â r'* bleibt Siegfried in Worms (138/1—2) bis zum Sachsenkrieg und bleibt auch danach — um Kriemhilds willen (323/1, 324/1), *zehn Jahre* vergehen bis zur Einladung nach Worms (715/1—2), nach Siegfrieds Tod folgt Kriemhilds trauernde Witwenzeit von *dreizehn Jahren* (1142/1—2), bis zur Geburt Ortliebs dauert es danach *sieben Jahre* (1387/1—2) und bis zur Einladung der Burgunden nach Etzelnburg insgesamt *dreizehn Jahre*: *'daz lop si truoc zen Hiunen unz an daz driuzehende jâr'* (1390/4).

Zeit ändert die Menschen nicht, sie werden — paradox gesprochen — in rund vier Jahrzehnten nicht älter. Mit statuarischer Endgültigkeit stehen sie das Geschehen durch. Der Hagen der Schlußaventiuren ist in Aussehen, Haltung, Gebärde und Wesensart noch der gleiche wie der Hagen des Gedichtanfangs. Der zumindest fünfzigjährige Giselher des Burgundenuntergangs heißt noch immer „daz kint". Das „blutjunge" Markgrafentöchterlein, die Braut Giselhers, muß gemäß Nachrechnung auch schon an die dreißig Jahre sein. Kriemhild selbst wird noch in den Fünfzigern Mutter, und das Kindlein, das Brünhild — nach der Fassung C des Nl. — beim Auszug der Burgunden ins Hunnenland auf den Armen trägt, ist zum wenigsten 25 Jahre alt. So spurlos geht die Zeit an den Gestalten vorüber. Sie sind eben aus der Zeit herausgenommen und in ein statisches Sein hineingestellt. Solche grundsätzliche Freiheit gegenüber der Zeit macht schließlich auch willkürlich ändernde Eingriffe möglich, wie dies an der Dancwartgestalt auffällt. Dieser hatte schon zehn Jahre vor Siegfrieds Tod als gewichtiger Repräsentant der Burgunden an der Werbungsfahrt Gunthers nach Isenstein teilgenommen (und war auch bereits im „Theaterzettel" der ersten Aventiure als eine hervorragende Persönlichkeit des Wormser Hofes vorgestellt worden). Er muß also bei Siegfrieds Tod wenigstens ein Vierziger gewesen sein. Gegenüber Bloedelin, der ihn der Mitschuld an jener Mordtat zeiht, erklärt er jedoch: 'ich was ein wênic kindel dô Sîfrit vlôs den lîp.' (1924/3). Zweifellos ist hier ein altes Wort Giselhers auf Dancwart übertagen. Aber eben dies, daß eine solche Übertragung so sorglos erfolgen kann, ist symptomatisch für die zeitliche Unverbindlichkeit dieser Darstellung.[50] Zwar kennt das Nl. auch den jungen Hagen, wenn sich z. B. Etzel, gemäß der Walthariussage, daran erinnert, daß jener in jungen Jahren als Geisel am Hunnenhof verbracht habe (1755/1757), aber diese Jugendphase liegt durchaus außerhalb des Nl., in dessen

---

[50] Offenbar ist es dem Dichter ein Bedürfnis, Dancwarts Heldentum wirklich hervorzuheben. Schon in der 26. Aventiure, als er Gelpfrât erschlug, erhält er eine Aristie. Im Zusammenhang damit nimmt sich der Dichter die Freiheit, Dancwart zusätzlich noch zu verjüngen, um den idealen Zusammenhang von Heldentum und Jugend zu erzielen.

Handlungszeitraum von fast vierzig Jahren Hagen unverändert der gleiche bleibt.

Diese Wirkungslosigkeit der Zeit entstammt der altheroisch germanischen Schicht des Gedichtes, in der die Ehre — als etwas Gleichbleibend-Gültiges — der Existenzgrund des Menschen ist. Verletzte Ehre muß daher *um jeden Preis* wiederhergestellt werden. Da das einzige Mittel hierzu die Rache ist, erscheint die Rachepflicht als unabweislich. Solange die Rache nicht vollzogen ist, gilt der Beleidigte als ehrlos, ist keine Person (Rechtsperson) mehr im gültigen Sinne. Rache ist somit das vitalste Gebot der Selbsterhaltung, das — auch in Jahrzehnten — niemals verjährt. So ist für Brünhild, Hagen und Kriemhild rächende Selbstbehauptung (Wiederherstellung der verletzten Ehre) die Erfüllung und Verdichtung ihres Lebens. Diese lebensnotwendige Rache heißt sie warten und sich erinnern, jahraus, jahrein wägen und berechnen, planen und passen, bis der erfüllende Augenblick der Rache, die erstrebte Gelegenheit der Ehrenabrechnung, eintrifft. Im Blick auf dieses allbeherrschende Ziel werden ihnen Raum und Zeit zu Nichtigkeiten. Zukunftsträchtige Erinnerung trägt sie durch die Zeit, so daß die Erstreckung ihres Lebens im Zielpunkt der Racheerfüllung zusammengezogen erscheint. Solch unbedingtes Konstantbleiben der Willensrichtung schließt aber mit dem Anderswerden auch ein Älterwerden letztlich aus.

Stimulierende Unstimmigkeiten finden sich nicht zuletzt in dem problemgeladenen Verhältnis zwischen Siegfried und Brünhild. Da aber das Nibelungenlied eindeutig mit einem Siegfried-Kriemhild-„Minneroman" einsetzt, haben Siegfried und Brünhild zunächst nichts miteinander zu tun. Siegfried will die Burgundenprinzessin zur Frau gewinnen, und Brünhild ist das Ziel der Werbung Gunthers. Im Zusammenhang dieser Werbung wird freilich eine Beziehung a priori zwischen Siegfried und Brünhild erkennbar: Siegfried ist der einzige, der die an die Eroberung Brünhilds geknüpften Bedingungen zu erfüllen vermag, und erscheint dadurch unübersehbar als der naturgemäße Partner Brünhilds. Der Sinn jener Werbungsbedingungen ist ja zweifellos der, diesen prädestinierten Partner auszulesen. Daß Siegfried jene Werbungskämpfe (für Gunther) besteht und in einem nachträglichen Kampf Brünhild nochmals be-

zwingt, stellt dieses Faktum partnerhafter Zugehörigkeit beispielhaft heraus. Als Menschen gleichen Größenmaßes (= Übermaßes)
sind diese beiden einander zugeordnet. Auch darin besteht innere
Wesensgemeinschaft, daß sie beide noch in die Welt des Mythus
und Märchens hineinreichen,[51] und in ihrem Gegeneinander etwas
von der Urpolarität der Geschlechter zu schwingen scheint. Freilich nicht mehr als dies; denn diese Urpolarität der Geschlechter
wird im Nl. nicht Thema (wie etwa in Hebbels ›Nibelungen‹). Aber
noch weitere Züge kommen hinzu, die die wesensmäßige Zusam-
mengehörigkeit beider vergegenwärtigen und sie als ein Paar erscheinen lassen. Siegfried und Brünhild wissen mit Selbstverständlichkeit umeinander, obwohl sie sich noch nicht begegnet sind. Siegfried weiß sogar den Weg bzw. die ‘*wazzerstrâzen*’ zu Brünhilds
Reich und Schloß ‘*über sê*’. Und er weiß dies als einziger am Burgundenhofe.[52] Aber auch in Isenstein kennt und erkennt man unter
den Ankömmlingen allein Siegfried. Selbst über die auf Isenstein
herrschenden Sitten und Gepflogenheiten weiß Siegfried Bescheid,
so daß er den Burgunden entsprechende Verhaltungsmaßregeln er-

[51] Vgl. A. Heusler, Nibelungensage[3], Dortmund 1929, S. 14 f. „Siegfried und Brünhild ... ragen wie Wesen aus einem Zauberreich in die Gesellschaft der Wormser Könige herein.“

[52] Gerade in Worms fällt diese „Einzigkeit“ seines Wissens besonders
auf, wo doch hier nach 82/1 in Hagen ein universeller Kenner der Welt
zur Verfügung steht: ‘*Dem sint kunt diu rîche und ouch diu vremden lant*’.
Gleichwohl weiß über Brünhild nur Siegfried Bescheid. Daß der Dichter
selbst jene „Widersprüche und Ungereimtheiten“ in die Dichtung hineingelegt habe, ist nicht denkbar. H. Schneider (Die deutschen Lieder von
Siegfrieds Tod, Weimar 1947) erklärt sie daher aus einer Zweiheit der
Quellen für den ersten Teil des Nl. und warnt davor, das mhd. Gedicht
immer nur als Einheit zu betrachten und sich nicht auch die Problematik
seiner Entstehung bewußt zu halten. Die mannigfaltigen Widersprüche
ließen erkennen, daß über die Siegfriedfabel dem Dichter zwei Parallel-
lieder (A und B) vorgelegen hätten, die er in seiner neuen eigenen Konzeption habe aufgehen lassen, ohne freilich alle Gegensätze dieser verschiedenen Liedquellen ausmerzen zu können. D. v. Kralik (Die
Sigfridtrilogie in Nl. und Thidrekssaga, I. Tl., Halle 1941) setzt sogar
drei solcher Paralleldichter an, sieht also im Werk des Nibelungenepikers
wesentlich nur eine Kompilation.

teilen kann. Er verfügt also über Kenntnisse, die eigentlich nur durch Erfahrung, nämlich auf Grund eines schon früher statt-gehabten Besuches, erworben sein können. Tatsächlich ist aber im Nl. nichts von alledem der Fall. Hier erscheint Siegfried zusam-men mit Gunther zum ersten Male auf Isenstein. Sein Wissen, 'wie ez um Brünhilde stât', und auch das Wissen Brünhilds um Sieg-fried sind durchaus unempirisch. Sie haben es nicht erworben, son-dern bringen es mit. Auch handelt es sich nicht um ein Kennen vom bloßen Hörensagen, ein solches besitzen ja auch Gunther, Hagen und Dancwart, sondern um die intensive Sicherheit eines spon-tanen Kennens und Erkennens. Es liegt also ein unauflöslicher Widerspruch vor; stofflich Unvereinbares ist ineinandergeschichtet: Siegfried und Brünhild kennen einander — dies entstammt stoff-lich einer Sage, nach der sie sich schon früher einmal begegnet sind —, gleichzeitig hat aber das Nl. eben diese Vorbeziehungen beider gestrichen, so daß sie hier erstmals bei dem Werbungsunter-nehmen Gunthers persönlich zusammentreffen.

Warum hat der Dichter in seiner Neugestaltung des Stoffes nicht die letzte Konsequenz gezogen, sondern Motive festgehalten, die noch auf eine frühere Bekanntschaft Siegfrieds und Brünhilds hin-weisen? Warum hat er einen solchen Widerspruch zwischen alt und neu nicht ausgemerzt? Offenbar wollte er von allem Beginn das Siegfried—Brünhild-Verhältnis ins Zwielichtige rücken. Zugleich gab er jenen alten Zügen einen neuen Sinn. Sie sind keine real aus-zuwertenden Indizien mehr, sondern nur noch Zeichen einer aprio-rischen Partnerschaft. Daß Siegfried und Brünhild einander ken-nen und erkennen, beruht auf dem vorgegebenen Faktum ihrer Wesensverwandtschaft. Noch schärfer gesagt: ihre gegenseitige Kenntnis ist im Grunde *Selbstkenntnis* und darum unabhängig von aller Erfahrung. Was sie partnerhaft einander zuordnet, ist nicht ein Stück gemeinsamer Vergangenheit, sondern der Naturzwang der Affinität. Obwohl es dabei um letztlich psychische Tatbestände geht, waltet hier aber keine analysierend psychologische, sondern symbolische Darstellung.

Indessen ist dies nicht die einzige Begründung für Siegfrieds auf-fälliges Spezialwissen über Brünhild. Ohne Zweifel will der Dichter damit zugleich der Aristie seines Helden dienen. Mit der Braut-

werbung Gunthers und den daran geknüpften sensationellen Episoden (6.—10. Av.) wird nämlich der Siegfriedroman nur scheinbar unterbrochen, so vordergründig auch diese Werbungsereignisse
dargeboten werden. In Wirklichkeit ist der gesamte Komplex der
Brünhilderwerbung nur eine Etappe auf dem Wege Siegfrieds zur
Erringung Kriemhilds, eine letzte Bewährung des Helden im zielstrebigen Minnedienst. Mit der abenteuerlichen Werbung um Brünhild werden also die Linien des Siegfriedromans bewußt und planvoll weitergeführt. Obwohl es sich hier um Gunthers Brautwerbung
handelt und dieser den betreffenden Aventüren den Namen gibt
(‘Wie Gunther gên Islande fuor’, ‘Wie Gunther Prünhilde gewan’),
ist doch, gerade auch in diesen Unternehmungen, Siegfried der
eigentliche Held, von dessen Person alles abhängt. Nicht einmal
den Weg nach Isenstein wüßten die Burgunden ohne Siegfried sicher
zu finden. Noch auch könnten sie ohne ihn das Wagnis dieser außerordentlichen Werbung überhaupt eingehen. Wie sonst Hagen (82)
und später Rüdeger (1147/1148) kommt hier Siegfried die aus-
zeichnende Rolle des menschen- und wegekundigen Beraters zu.
Als echter Romanheld muß er sich eben — außer durch Kraft und
Tapferkeit — auch durch Klugheit und Kenntnisse hervorheben.
Und gerade bei Gunthers Brautwerbung erweist sich Siegfried als
der alles vorauswissende, findige und zweckvoll planende Mann,
der allen Schwierigkeiten der Situation auch geistig gewachsen ist.
Diese „intellektuellen Qualitäten" sind nötig, um ihm als der beherrschenden Romangestalt das entsprechende Gewicht zu geben.
Daß er sowohl in Worms als auch auf Isenstein mit Selbstverständlichkeit als Siegfried erkannt wird, dient dem gleichen Zweck der
Hervorhebung seiner Gestalt. Wo immer er erscheint, weiß man
bereits von ihm. Überall geht ihm sein heldischer Ruf voraus, der
es denn auch nahelegt, ihm einen ehrenden Empfang zu bereiten
(101, 103/1, 411/4). So hält man ihn auch auf Isenstein — trotz
beflissen vorgespielten Vasallentums — durchaus für den Werber.
Und noch ein zweiter Gegensatz spiegelt sich darin, daß nämlich
der angebliche Lehensmann Siegfried größeren Ruhm genießt als
sein Herr, der König Gunther, von dem man in Brünhilds Reich
nichts weiß. Aber auch dem Augenschein nach bleibt dieser Gunther
durchaus im Schatten seines „Vasallen" Siegfried. Und dessen Va-

sallenrolle ist unerläßlich, soll Gunther für die Zwecke der Brünhildwerbung die nötige moralische Basis bereitet werden. Indem
Siegfried aus diesen Gründen in seinem Rang herabgedrückt werden muß, erweist sich, wie stark und zwingend die Ausstrahlung
seines königlichen Heldentums ist. Während *er* von vornherein
durch Brünhild als adäquater Kampfpartner empfunden wird, bedarf es für Gunther erheblicher Bemühungen, um überhaupt als
Werber geglaubt und angenommen zu werden. Wenn auch Brünhild Siegfried nicht wie einen alten Bekannten begrüßt, so hebt sich
doch diese persönliche Anrede spürbar ab von ihrer frostigen
Gleichgültigkeit gegenüber Gunther, dessen Werbungsabsichten sie
nur mit ärgerlicher Verwunderung zur Kenntnis nimmt. Unverkennbar erhellt jedoch aus ihrem Verhalten, daß von ihr zu Siegfried eine innere Beziehung schwingt, an der Gunther und die Burgunden keinen Teil haben. Aller gespielten Vasallität zum Trotz
bleibt also Siegfried auch der Held der Gunther-Aventüren, und
dies nicht zum wenigsten auf Grund jenes geheimnisvoll unempiri-
schen Wissens, 'wie ez um Prünhilde stât'.[53] Von hier aus eröffnet
sich auch ein Blick auf das planvolle Gefüge der Gesamtdichtung.
Was sich nämlich von der 6. Aventüre an zu einem *Guntherroman*
auszuformen scheint, ist nur episodenreiche Etappe innerhalb des
bereits laufenden und systematisch weitergeführten *Siegfriedromans,* der seinerseits wieder nur die erste Hälfte der das Ganze
umspannenden *Kriemhildenbiographie* ausfüllt.

Die im Nl. zeichenhaft deutliche, partnerhafte Vorbestimmtheit
Siegfrieds und Brünhilds reicht aber nicht hin, das Siegfried-Brün-
hild-Verhältnis insgesamt zu erhellen.

Wohl erklärt sie die persönliche Tragödie Brünhilds, die ohne

---

[53] Sich auf Siegfrieds weite Abenteuerfahrten (21) als Voraussetzungen
seiner besonderen ritterlichen Erfahrenheit zu beziehen, widerstreitet dem
sonst im Nl. entwickelten Siegfriedbild, das diesen als werdenden jungen
Helden zeigt, als dessen erster Auszug die Werbungsfahrt nach Worms zu
gelten hat. Auch ist ein Wissen von solcher Spezialisiertheit und Breite
nicht im Vorbeigehn zu erwerben, sondern muß tiefer im Kern der Person
verwurzelt sein. Außerdem ist die Strophe 21 so allgemein gehalten, daß
sich keine weitergehenden Schlüsse daraus ziehen lassen. Endlich ist sie
noch interpolationsverdächtig.

den gemäßen Partner Siegfried um den Sinn ihres Lebens betrogen
bleibt; denn Brünhild ist nicht nur die ehrgeizig machtstolze Königin, sie ist auch zugleich die eifersüchtig leidende Frau, die wider
Willen in zerstörerischer Haßliebe an den naturgegebenen Partner
gebunden bleibt. Keinen Augenblick kann sie ihre Gedanken von
diesem abziehen (*'nû gedâht' ouch a l l e zîte daz Guntheres wîp'*
724), und in ihrer eigenen Ehe vermag sie keine Erfüllung, ja nicht
einmal Ruhe zu finden. Daß sie beim Anblick Kriemhilds an der
Seite Siegfrieds in bittere Tränen ausbricht (618/2 und 3—4) und
durch nichts in ihrem Schmerz beschwichtigt werden kann (624/1),
zeigt deutlich, wie es um das Herz dieser Frau bestellt ist. Die
Tragödie Brünhilds erwächst in der Tat eindeutig aus dem an ihr
verübten Werbungsbetrug, der seinerseits die naturgewollte Partnerschaft übergeht, so daß Brünhild zwar durch den ihr vorbestimmten Mann überwunden, aber gleichzeitig einem ihr ungemäßen Gatten ausgeliefert wird. Sie konnte jedoch nur optisch, aber
nicht psychisch getäuscht werden. Gegen den Augenschein der
Werbungskampfspiele bleibt ihre natürliche Partnerschaft zu Siegfried als ein psychischer Tatbestand wirksam. Sie kommt daher von
dem wirklichen Bezwinger ihrer Kraft nicht los, während sie für
den „offiziellen" (vorgeschobenen) Wettkampfsieger Gunther nichts
empfindet und ihre Niederlage durch diesen überhaupt nicht zu
begreifen vermag. Dieses erregende Mißverhältnis zwischen Schein
und Sein muß aber ihr Denken und Fühlen zunehmend beunruhigen und schließlich mit der Enthüllung jenes Werbungsbetruges ihre
Tragödie besiegeln. Diese Tragödie Brünhilds erklärt sich also eindeutig im Blick auf ihre nicht erfüllte natürliche Partnerschaft zu
Siegfried. Indem es aber Gunther, mit der hehlenden Beihilfe Siegfrieds, gelingt, Brünhild zur Frau zu erwerben, wird diese um den
vorbestimmten Sinn ihres Lebens, nur dem stärksten Helden als
Gattin anzugehören, betrogen. Ihre Tragödie ist bereits mit diesem
Werbungsakt vollzogen. Sie selbst aber durchleidet sie auf dem
Weg schrittweiser Enthüllung und Bewußtwerdung.

So durchsichtig klar die Gestalt Brünhilds von jenem Grund-
faktum aus erscheint, so unverständlich müßte die Person Siegfrieds bleiben, wenn wir sie eindeutig nur aus dem Verhältnis prä-
destinierter Partnerschaft zu Brünhild deuten wollten. Die Rolle

Siegfrieds ist aber im Nl. nicht einstrählig zu begründen, wozu psychologisierende Neigung verführen könnte.[54] Richtig ist zwar, wenn Siegfrieds genaues Wissen, *'wiez um Prünhilde stât'* als „ein tieferes Wissen", eben als eine auf Wesensverwandtschaft beruhende Intuition, gedeutet wird. Falsch ist es jedoch, wenn von Siegfried aus diese a priorische Brünhildkenntnis als ein Wissen um die einzig für ihn bestimmte, seinem überragenden Mannestum entsprechende, heldische Frau ausgelegt wird. Vielmehr ist eben dies das eigentlich Entscheidende, daß objektiv der Siegfried des Nl. zwar deutlich als naturgegebener Partner Brünhilds erkennbar ist, subjektiv aber, für sein persönliches Sinnen und Trachten, diesem Naturzwang der Affinität schlechthin entzogen erscheint. Im Gegensatz zu Brünhild, die sich ganz durch jenes Gesetz der Affinität bestimmt zeigt, ist diese in Siegfried nicht mehr wirksam, sondern durch eine andere, offenbar stärkere Macht aufgehoben und daher nur noch in dem Relikt eines völlig *neutralen* Wissens um Brünhild greifbar. Das natürliche Verhältnis der Affinität, demzufolge prädestinierte Partner mit Selbstverständlichkeit zueinander drängen, erscheint also auf seiten Siegfrieds durch eine fremde Einwirkung gestört. Denn das Ziel seines Drängens ist Kriemhild und nur Kriemhild; diese ist ihm *'sam sîn sêle und sô sîn lîp'* (388/3, ferner 353/3). Brünhild hingegen ist als Partnerin überhaupt nicht für ihn da. Was hier vorliegt, ist also nicht ein Sich-Versündigen Siegfrieds gegen die eigene Natur, sondern eine schwerwiegende Verhängnistragik, daß nämlich ein natürliches Partnerschaftsverhältnis einseitig aufgelöst ist und daher nur noch Brünhild eindeutig und selbstverständlich auf Siegfried bezogen erscheint, während dieser selbst wie gebannt nur auf Kriemhild blickt. Da in dieser Haltung Siegfrieds nicht menschliche Willkür, sondern überpersönliches Schicksal zu erkennen ist, geht es nicht an, von einer Schuld Siegfrieds zu sprechen oder ihm vorzuhalten, er widersage dem Sinn seines Lebens, indem er achtlos an Brünhild vorbeigeht. Einzig darin muß ihm eine Schuld zugewiesen werden, daß er Gunther betrügerische Werbungshilfe leistet und dadurch einem Manne zu Brünhild ver-

[54] W. Fechter, Siegfrieds Schuld und das Weltbild des Nl., Hamburg 1948.

hilft, der von sich aus keinen Anspruch auf diese Frau erheben darf. Doch muß Siegfried zugebilligt werden, daß er Gunther von der Brünhildwerbung spontan abgeraten, diese „Erniedrigung" Brünhilds also selber nicht gewollt und sich nur mit innerem Widerstreben — und aus besonderen zwingenden Gründen — zu jener Werbungshilfe bereitgefunden hatte. Einzig um Kriemhilds willen, die ihm von Gunther für seine Unterstützung bei der kämpferischen Erwerbung Brünhilds versprochen wird, leistet er den erbetenen Dienst: *'gîstu mir dîne swester, sô wil ich ez tuon'* (333/2). *'Jane lob ihz niht sô verre durch die liebe dîn / sô durch dîne swester, daz schoene magedîn. / ... / ich wil daz gerne dienen daz si werde mîn wîp'* (388).

In diesen Erklärungen Siegfrieds wird zugleich jene andere Macht bezeichnet, die als etwa Schicksalhaft-Überpersönliches in das Leben Siegfrieds eingebrochen ist und die natürliche Konstellation, die ihn Brünhild zuordnet, aufgehoben hat. Die Haltung Siegfrieds gegenüber Brünhild kann überhaupt nicht verstanden werden, wenn man übersieht, daß im Nl. die Erzählung von Siegfried von vornherein als ein *Minneroman* konzipiert ist. Was dies bedeutet, bedarf eines erläuternden Wortes. Minnesang und höfische Epik werden nicht müde zu betonen, daß Minne Macht bedeutet, Macht, gegen die Herz und Wille des Menschen nichts auszurichten vermögen, die beide, jung und alt, bezwinge und als Schicksalsgewalt das Leben bestimme. *'Umbe die minne ist ez aber sô getân, / dâ ne mac niht lebendiges vor gestân'* lautet ein mittelalterlicher Gemeinplatz. Als die große Unruhestifterin der Welt [55] wird sie zugleich gepriesen und angeklagt, als die zauberkräftige Verwandlerin des menschlichen Sinnens und Trachtens. Keiner, den ihr Zauberstrahl trifft, kann der bleiben, der er ist. Er wird in eine neue Bahn geworfen, verfällt seinem Minneschicksal. Das Einzige, was dem Betroffenen an persönlicher Entscheidungsfreiheit verbleibt, ist die Möglichkeit, dieses bannende, zwanghafte Minneschicksal auch innerlich zu bejahen, also selber das zu wollen, was er muß. Hierher rührt, daß die Minne in der Dichtung unter zwei verschiedenen

---

[55] Vgl. Gottfrieds Tristan 11710—11: *'aller werlde unmuoze'*, *'Minne, aller herzen lagaerin'*.

und sich scheinbar widersprechenden Aspekten gesehen wird: Objektiv betrachtet ist sie die schlechthin überwältigende Schicksalsmacht, in der subjektiven Schau des Minnenden erscheint sie als selbstgewählte innere Bindung, als eine seelische Leistung der staete.[56] Daß der Nibelungenepiker die Liebe Siegfrieds zu Kriemhild ganz als ein solches Minneschicksal gestaltet hat und eben hieraus die menschliche Problematik des Siegfried—Brünhild-Verhältnisses erwächst, ist bisher kaum beachtet, ja nicht einmal erkannt worden. Es kann aber gar kein Zweifel darüber bestehen, daß dieses Minnefaktum den eigentlichen Schlüssel zum Ganzen darstellt. Nur die verwandelnde Schicksalsmacht der Minne konnte die Naturkausalität aufheben und die Affinität, die Siegfried und Brünhild verbindet, unwirksam machen.[57] Tragik, und zwar nicht Schuldtragik, sondern Verhängnistragik, mußte hieraus entstehen, da nur einen der prädestinierten Partner solches Minneschicksal trifft und in neugesetztem Ziel seine Erfüllung finden läßt, während der andere unerlöst außerhalb bleibt und dadurch die Bestimmung seines Daseins verfehlen muß. So erscheint gegenüber dem (in seiner schicksalhaft zugefallenen Minne zu Kriemhild) glücklich erfüllten Siegfried die bei allem Glanz der äußeren Machtstellung zutiefst unbefriedigte Brünhild, die die Ruhe des Herzens nicht finden kann, deren Gedanken unablässig um Siegfried (und Kriemhild) kreisen.

Mit starken Akzenten hat der Dichter die Eindeutigkeit von Siegfrieds Minneschicksal hervorgehoben. Der allgemeinen Feststellung, daß die hohe Minne als eine verbindliche Macht in sein Leben eingreift ('*Dô gedâhte ûf hôhe minne daz Siglinde kint*' 47/1) und '*er ûf s t a e t e minne tragen wolde wân*' (48/2), folgt schon bald die spezifische Fassung des Minnethemas mit der pro-

[56] Wie der hohe Minner Reinmar ('*An dem muote wil ich manegiu jâr belîben*' ..., wobei '*manegiu jâr*' Litotes ist, also „immer" bedeutet) bekundet auch Siegfried von seiner Minne, daß sie sein tiefstes inneres Wollen geworden sei, von dem ihn nichts in der Welt abbringen könne. Kriemhild als die Herrin seiner Minne ist ihm '*vor in allen, die er noch ie gesach*' (656/3), '*er naeme für si eine niht tûsent anderiu wîp*' (629/4).

[57] Vgl. das Symbol des Minnetrankes, der Menschen zwanghaft verwandelt und einer *neuen* Kausalität unterstellt.

grammatischen Ankündigung Siegfrieds: 'sô wil ich Kriemhilden
nemen' (48/4). Diese Willensäußerung ist freilich eine eindeutige
Bekundung, daß das Schicksalslos im Leben Siegfrieds nunmehr gefallen ist.[58] Seinem Vater erklärt er, daß er für alle Zeit („immer")
ohne Minne leben wolle, wenn er nicht die erwürbe, der sein Herz
unwiderruflich gehöre (52/2—3). Und in aller Deutlichkeit kennzeichnet er diese Minne zu Kriemhild als ein schicksalhaftes Abso-
lutum, gegen das es keine menschlichen Einsprachemöglichkeiten
gebe: 'swaz iemen reden kunde, d e s   i s t   d e h e i n e r   s l a h t e
r â t' (52/4). Unmittelbar als umformende Gewalt bestätigt sich die
Minne in Siegfrieds Verhalten bei seiner streitbaren Auseinandersetzung mit den Burgunden. Der Minnegedanke an Kriemhild
('dô gedâhte ouch Sîvrit an die hêrlîchen meit' 123/4) bewirkt in
dem gefährlich streitwütigen Siegfried das Wunder der Wandlung:
'dô wart der herre Sîvrit ein lützel sanfter gemuot' (127/4). Die
veredelnde sittigende Wirkung der Minne auf das Affektleben des
Mannes,[59] die das Hauptthema des höfischen Minnesangs bildet,
vollzieht sich hier an Siegfried in beispielhafter Weise: unter dem
Einfluß seines minnenden Gedenkens wandelt sich der zornige Pol-
terer zum formvoll züchtigen Menschen. Und während seines
Aufenthaltes am Burgunderhof steigern sich stetig diese Qualitäten
höfisch zuchtvoller Haltung, weil er eben 'ûf hôhe minne sîne sinne
gewant' (131/4) hatte und dadurch auch innerlich zum vollendet
erzogenen, liebenswert vorbildlichen Mann wurde ('dâ sah man ie
vil gerne den helt von Niderlandt' 131/3). So unbedingt war diese
erzieherische Wirkung auf Siegfried, daß aller Rohstoff des Körpers
und der Seele in die wünschenswerte Form einging und nichts mehr
den ästhetischen Geboten der höfischen Zucht widerstrebte: 'Swes
man ie begunde, des was sîn lîp bereit' (131/1). Und als Begründung dafür fährt der Dichter fort: 'er truoc in sîme sinne ein min-

[58] Wenn sowohl König Siegmund (53/1) als auch 'frou Siglint' (63/1)
das letztlich Zwanghafte von Siegfrieds Minnewollen erkennen und an-
erkennen ('Unt wil du niht erwinden' 'Sît du niht wil erwinden'), so bezeugt sich auch darin das Walten eines Minneschicksals.

[59] Daß es in der Tat die Minne war, die Siegfried zu seelischer Zucht
erzog, hebt der Dichter 323/2—3 ausdrücklich hervor: 'jâ waer er in den
landen ninder anderswâ / gewesen alsô sanfte.'

neclîche meit' (132/2). Vor allem aber wird immer wieder das Hineingestelltsein Siegfrieds in ein persönlich gewolltes, aber letzthin überpersönliches Minneschicksal vergegenwärtigt. Er kann sich dieser Minne nicht entziehen, auch wenn er herben Kummer und zehrende Mühe (*'dicke michel arebeit'* 137/4) durch sie erleiden muß. *'Volleclîch ein jâr'* (138/2) muß er in Worms weilen und um seiner Minne willen *'trûric gestân'* (136/4), ohne daß er die Herrin seiner Minne, Kriemhild, auch nur einmal zu sehen bekommt. Noch weniger aber, so bekennt er selbst, kann er sich von dieser schmerzensreichen Minne lösen: *'sol aber ich dich vremeden, sô waere ich sanfter tôt'* (285/3).[60] Die Minne ist wirklich die absolute Herrin seines Daseins. Was immer er tut, erhält nur im Blick auf diese Minne seinen spezifischen Sinn. Die Leistungen des Sachsenkrieges sind für Siegfried eine Art Minnedienst, eine heldische Bewährung vor Kriemhild. Ebenso ist die Werbungshilfe für Gunther ein Akt zielstrebigen Minnedienens, das sich sogar persönlicher Selbsterniedrigung fähig erweist und dadurch von dem betont königsstolzen Siegfried[61] ein Äußerstes an Entsagung fordert. Daß dies gleichwohl fast mit Selbstverständlichkeit geschieht, zeigt, wie zwingend dieses Minneschicksal wirkt: *'wan daz in t w a n g ir minne, diu gab im dicke nôt'* (324/3). Aber auch alle anderen Lebensimpulse Siegfrieds überwirkt seine Minne. Er will weiterziehen (*'Dô gert ouch urloubes Sîvrit von Niderlant'* 258/1 *'Urloup dô nemen wolde Sîvrit der helt guot'* 320/1), aber die Minne hält ihn unablöslich am Burgundenhofe fest: *'Durch der scoenen willen gedâht'* er noch bestân'* (260/1); *'Durch ir unmâzen scoene der herre dâ beleip'* (324/1).

Alle diese Zeugnisse bekunden die Bedeutung der Minne als der das Sein und Leben Siegfrieds bestimmenden Schicksalsmacht. Sie begründen zugleich die erregende Widersprüchlichkeit des Siegfried—Brünhild-Verhältnisses, insofern sie erkennen lassen, daß hier ein Minnefatum sich auswirkt, das Siegfried unabweislich an

---

[60] Anklang an Reinmar MF 150/7—8: *'Waz bedarf ich leides mêre, wan swenne eht ich sî vremeden sol?'*

[61] Vgl. 118, wo Siegfried den zum Kampf geneigten Ortwîn von Metz empört zurechtweist: *'sich sol vermezzen niht wider mich dîn hant. / ich bin ein künec rîche, sô bistu küneges man'* (118/2—3).

Kriemhild bindet und dadurch die natürliche (auch in der Dichtung selbst noch zeichenhaft deutliche) Partnerschaft zwischen Siegfried und Brünhild einseitig aufhebt. Daß jedoch der Nl.dichter
das Minnephänomen nicht nur als ein höfisches Decorum, sondern
als ein im Sinne der Zeit vollgültig wirksames Element in die Dichtung hereingenommen hat,[62] ist nichts weniger als erstaunlich. Gehörte er doch jener Generation an, die eben erst das Rätselwesen
Minne für sich entdeckt hatte und sich dadurch vor die beunruhigende Frage gestellt sah: 'waz mac daz sîn daz diu werlt heizet
minne?'[63] Auch die furchtsam bange Abweisung der Minne durch
die junge Kriemhild (15) und der fast thesenhaft gedachte pessimistische Hinweis des Gedichtes (17/2—3; 2378/4), daß Liebe —
und gerade höchste Liebe — zuletzt mit Leid lohne, bekundet die
schwerblütig ernste Auffassung der Minne als einer über den Menschen verfügenden rätselvollen Macht, ja, als einer Fatalität. Vor
allem erscheint sie — und zwar nicht nur im Tristan — als die
große Unruhestifterin der Welt, die die natürliche Ordnung der
Dinge umkehren und den Menschen aus seiner eigentlichen Bahn
werfen kann. Daß Siegfried an Brünhild vorbeiblickt, diese ihm
wesensgemäße Partnerin überhaupt nicht begehrt (656), sondern
innerlich völlig gleichgültig für einen anderen Mann bezwingt und
sie dadurch zum Kaufpreis für die Erwerbung Kriemhilds erniedrigt, verweist deutlich auf ein solches Minneschicksal, das ihn getroffen und mit dem er sich wollend verselbigt hat. Es gibt für ihn
keine Freiheit der Wahl, er muß sich nicht für Kriemhild oder
Brünhild entscheiden, sondern sein Minneschicksal hat schon im
voraus für ihn entschieden und ihn der Problematik einer Stellung
zwischen zwei Frauen enthoben.[64]

---

[62] Daß das Nl. *auch* ein Minneroman ist, gilt es zu sehen, wenn man
Siegfrieds Rolle verstehen will. Unberührt bleibt davon die Tatsache, daß
das Nl. *nicht nur* ein Minneroman ist.

[63] Friedrich von Hausen, MF 53/15.

[64] Hinzu kommt, daß höfischer Konvention das Liebesleben eines
Helden gewiß makelhaft erschienen wäre, „das nicht von Anbeginn
und ungeschmälert in einem einzigen Weibe aufgeht". (J. Körner, Das
Nibelungenlied, Leipzig 1921, Aus Natur und Geisteswelt 591. Bd.,
S. 61.)

Andrerseits erscheint Brünhild unablösbar an Siegfried als den einzig ebenbürtigen Mann gebunden. Trotz dessen beflissen vorgespielter Dienstmannenrolle hält sie ihn und nicht Gunther für den Werber. Eine andere Möglichkeit erwägt sie überhaupt nicht. Beim offiziellen Empfang ist sie nur Auge für Siegfried und begrüßt ihn als einzigen, Den eigentlichen Werber, König Gunther, der sich *vor* Siegfried an die Spitze der Ankömmlinge gestellt hat ('*der hie v o r mir stât*' 420/3) sieht sie nicht, blickt über ihn hinweg, ja recht eigentlich durch ihn hindurch, als ob er Luft wäre. So instinktsicher wittert sie in Siegfried den natürlich zugehörigen Partner, daß sie fast gewaltsam auf Person und Anliegen Gunthers hingewiesen werden muß (420—422). Und sie kann es nicht fassen, daß ihr auf Siegfried zudrängendes erstes Gefühl sie getrogen haben soll. Ebensowenig kann sie ihre Niederlage durch Gunther begreifen. Die Beglückung über den Werbungsausgang bleibt aus, der partnerhafte Kontakt zu dem (scheinbaren) Sieger stellt sich nicht her. Ja, sie zögert sogar, den Burgunden an den Rhein zu folgen. An der Person Siegfrieds, der mit dem Glanz seiner Erscheinung das Heldentum Gunthers Lügen straft, entbrennen ihre Zweifel und ihre Unsicherheit. Sie weiß nicht, wie sie sich zu diesem '*küneges man*' verhalten soll. Zugleich hält sie sich dem König fern, gestattet ihm keine liebende Annäherung, geschweige denn das Beilager: '*Done wolde si den herren niht minnen ûf der vart*' (528/1). Da zudem, nach der erfolgreich vollzogenen Werbung, die Dienstmannenrolle Siegfrieds ausgespielt ist, tritt dieser schon bald beherrschend in ihren Blick. Bei den ritterlichen Kampfspielen zum festlichen Empfang in Worms übertrifft Siegfried turmhoch alle anderen Ritter, so daß die Einzigartigkeit seines königlichen Heldentums einfach nicht übersehen werden konnte. Das Geheimnis seiner Doppelexistenz als König und Mann lastet so von allem Beginn als stimulierende Rätselfrage auf ihrer eigenen Existenz als Königin der Burgunden und wird unerbittlich ihre Lösung fordern. Es muß als symptomatisch, ja symbolisch gelten, daß mitten in den Hochzeitsfeierlichkeiten ein erster Ausbruch Brünhilds erfolgt, als der '*küneges man*' Siegfried mit Kriemhild vermählt wird und sie diese an dessen Seite als glückstrahlende Gattin erblickt 618/2—3). Über diesem Anblick bricht sie in bittere Tränen aus: '*dô wart ir*

nie sô leit' (618/2). Auf Gunthers bestürzte Frage nach dem Grund
ihrer Betrübnis motiviert sie ihr Weinen höchst äußerlich und irre-
führend: Der unglücklichen Kriemhild gälten mit Recht ihre Tränen (620/1), da sie unwürdig mit einem Unfreien *('eigenholden')*
verheiratet worden sei. Diese Schändung einer freien Königstochter
müsse sie *für immer* beweinen: *'daz muoz ich immer weinen, sol si
alsô verderbet sîn'* (620/4). Das Mißverhältnis zwischen dieser kühl
rationalen Begründung und der affekthaft leidenschaftlichen Reaktion Brünhilds *('heize trähene'* 618/4) springt in die Augen.[65] Eben
das, was ihr wider Willen Tränen in die Augen zwingt, ist nicht
ausgesprochen. Vor allem aber: was hat das Glück oder Unglück
Kriemhilds mit Brünhilds persönlichem Schicksal zu tun? Warum
sieht sie ihr eigenes Lebensglück zerstört durch eine (angebliche)
Mißheirat der Schwägerin, die zudem sichtbarlich als die glück-
lichste Frau der Welt erscheint? Wie kommt es, daß sie über dem
Hinstarren auf Siegfried und Kriemhild ihre eigene soeben feierlich
begangene Hochzeit mit Gunther offenbar völlig vergißt? Gunther
selbst gibt der allgemeinen Betroffenheit über diese Verwirrung der
Gefühle und Vorstellungen Ausdruck, wenn er Brünhild ermahnt:
„Ihr hättet doch alle Ursache, Euch heute an Eurem Hochzeitsfest
von Herzen zu freuen (619/3) und glücklich zu sein im stolzen
Genuß Eurer königlichen Herrschaft über das mächtige Reich und
die große Streitmacht der Burgunden" (619/3—4). Aber alle diese
„vernünftigen" Argumentationen verfangen nicht; das Leid Brünhilds geht tiefer. Und sie kann es nicht verwinden, da sie es nur
vordergründig angeben kann und es sich auch im eigenen Innern
nicht zu enträtseln weiß. So klammert sie sich scheinbar kleinlich
an Äußerlichkeiten, zieht aber daraus die ungeheuerlichsten Konsequenzen und bezeugt dadurch eindeutig, daß sie durch die Verbindung Siegfrieds mit Kriemhild nicht nur an der Peripherie ihres
Daseins (als durch einen bloßen Formfehler) unliebsam berührt,
daß sie dadurch vielmehr im Kern ihres Wesens, in ihrem Lebens-

---

[65] Daß vom höfischen Standpunkt aus der *Rangstolz* sehr wohl ein
ausreichender Grund für Tränen gewesen sei, hat J. Körner (a. a. O. S. 64)
betont. Indessen entfällt hier diese Argumentation. Denn Brünhilds
Kummer *bleibt* auch nach der Richtigstellung ihrer falschen Annahme, daß
Siegfried nur ein *'küneges man'* sei.

zentrum, getroffen ist. Und sie hat diesem Schicksalsschlag nichts entgegenzusetzen; denn eben in dieser Szene wird es erschütternd deutlich, daß ihr die eheliche Verbindung mit Gunther, die ihr zugefallene Würde als Burgundenkönigin an der Seite *dieses* Gatten nichts bedeuten. Ihr Blick wird einzig von Siegfried (und Kriemhild) angezogen; es ist die Hochzeit dieses Paares, nicht ihre eigene, die sie innerlich beschäftigt. Daß Gunther diese Frau gegen ihre natürliche Bestimmung und gegen das Recht (Werbungsbetrug) heimgeführt hat, erweist sich nun in ihrer heillos tragischen Vereinzelung auf diesem Fest. Der Gatte bedeutet ihr keinen Halt; im Gegenteil, seine Bemühungen, sie zu trösten oder doch zu beschwichtigen, steigern nur ihren Unwillen. Es zeigt sich schon hier, daß aus Gunthers usurpierter Partnerschaft niemals eine echte Partnerschaft werden kann. Unübersteiglich steht der Werbungsbetrug zwischen Gunther und Brünhild und macht ein erfülltes Miteinander beider unmöglich. Andererseits kann Brünhild, unter dem Naturzwang der Affinität stehend, ihre Gedanken nicht von ihrem wirklichen Bezwinger, von dem spontan als Partner erspürten Siegfried, losreißen. Und ihre Tränen über dessen Vermählung sind — wenn auch vielleicht nur halbbewußt und uneingestanden — Tränen elementarer Eifersucht. Zwar weint Brünhild nicht unmittelbar aus verschmähter Liebe. Sie besitzt keinen Realanspruch auf Siegfried auf Grund einer Vorbeziehung oder gar Vorverlobung. Aber ihre Affinität zu Siegfried ist so zwanghaft wirksam, daß ihr die Tatsache der Verbindung Siegfrieds mit Kriemhild unerträglich ist und brennende Eifersucht weckt. Kraft dieser Affinität, die Brünhild unabweislich an ihren wirklichen Bezwinger Siegfried gebunden sein läßt, wird aber die Brautwerbung Gunthers — trotz des äußerlich erfolgreichen Verlaufes — praktisch ad absurdum geführt. Stimulierend kommt die äußere Unstimmigkeit dazu, daß der bedingungsweise als „küneges man" festgelegte Siegfried [66] nun auf einmal als hochgeehrter Herr und Schwager erscheint und an der festlichen Tafel den Ehrenplatz, ‘*daz gegensidele*’ (617/2), ein-

---

[66] Vgl. Brünhilds als Bedingung formulierte Aussage vor Beginn der Werbungswettkämpfe auf Isenstein: ‘*Ist er dîn herre und bistu sîn man*’ (423/1).

nimmt. Dies ist ein bestürzender Widerspruch, in dem bereits ein Stück des an ihr verübten Werbungsbetruges sichtbar wird, ein Widerspruch, dessen Auflösung sie fordern muß, soll sie je aus dem bedrückenden inneren Zwiespalt herauskommen. Nachdem sie in gleicher Weise das Ungemäße ihrer Verbindung mit Gunther wie auch die natürliche Partnerschaft Siegfrieds zu ihr intuitiv verspürt, muß das jetzige Auftreten Siegfrieds als König (das zudem ihre spontane Reaktion auf Isenstein nachträglich rechtfertigt) ihren Seelenzwiespalt ins Unerträgliche steigern und sie dem qualvollen Gefühl des Betrogenseins ausliefern. Verhängnisvoll folgerichtig dringt sie daher auf eine radikale Klärung — auch um den Preis der Selbstzerstörung. Als eine geborene Königin, als ein unbedingter Charakter von unbestechlichem Wertgefühl und Rangbewußtsein kann sie im Unklaren und Ungemäßen nicht leben, bedarf sie einer klaren Durchschau der Verhältnisse, einer von Zweifeln unangefochtenen Sicherheit des Standorts. Die Aufhellung des Dunkels, das um die Person Siegfrieds gebreitet ist, wird ihr daher zum unausweichlichen Lebensproblem. Es ist ihr selbstverständlich, daß sie sich dem Vollzug der Ehe mit Gunther verweigert, ehe ihr nicht der Widersinn aufgeklärt ist, wieso der 'eigenholde' Siegfried die Prinzessin Kriemhild zur Frau erhielt ('wâ von Kriemhilt diu wine Sîfrides sî.' 622/4). Den nach Erfüllung verlangenden Gatten weist sie eindeutig mit eben dieser Begründung zurück: 'des ir dâ habet gedingen, ja'n mag ez niht ergân. / ich wil noch magt belîben. . . / unz ich diu maere ervinde.' (635/2—4). Eine sie erfüllende glückhafte innere Bindung an Gunther erscheint unmöglich. Zwangsläufig muß Brünhild dieses innere Vakuum durch äußeren Geltungsanspruch ausgleichen. Soll sie den Sinn ihres Lebens, wie er sich in den Werbungswettkämpfen manifestiert hatte, nicht freiwillig aufgeben, so muß sie auf dem „Dienstmannentum" Siegfrieds bestehen, so darf es keinen gleichwertigen König neben Gunther geben. Sie kann also von jener fatalen Bindung: 'ist er dîn herre unt bistu sîn man' (423/1) nicht abweichen, und dies um so weniger, je fragwürdiger ihr selbst dieses geforderte Rangverhältnis erscheinen muß. Hatte sie doch weder Gunthers Werbungssieg noch jenes „Dienstmannentum" des so unabweislich königlich erscheinenden Siegfried wirklich begreifen können. Beides aber ist für ihr Dasein unverzichtbar. Dabei ist es tragische Ironie, daß sie gezwungen ist, den zu erhöhen, der ihr innerlich nichts bedeutet, und den zu erniedrigen, der als einziger sie ganz zu erfüllen vermöchte. Aus dieser widersprüchlichen Seelensituation Brünhilds erklärt sich die erschreckende Heftigkeit ihrer Reaktionen. Nicht Bosheit an sich, sondern die unmenschlichen Gegebenheiten, in die sie hineingestellt ist, sind es, die ihr Denken verwüsten und ihr Fühlen vergiften. Daß aber das Argument Brünhilds, ihre Tränen gälten der Schändung Kriemhilds durch ihre Mißheirat mit einem bloßen Lehnsmann, wirklich nur ein vorgeschobener Grund war, erhellt eindeutig aus dem weiteren Gesprächsverlauf. Die Erklärung Gunthers, Siegfried sei wie er selbst *'ein künic rîch'* (623/3), eine Erklärung also, die den angegebenen Grund ihrer Betrübnis *völlig beseitigt*, vermag sie bezeichnenderweise nicht zu beschwichtigen. Und statt sich zu freuen, daß auf Grund dieser Richtigstellung ihr (vorgegebener) Schmerz gegenstandslos wird, nimmt sie diese Erklärung offenbar überhaupt nicht an, sondern versteift noch ihren Unmut in trotzig verbissenem Schweigen: *'swaz ir der künec sagete, si hete trüeben muot'* (624/1). Also auch die eindeutige Aufklärung darüber, daß ihr bekundeter Kummer grundlos ist, hebt den Kummer selbst nicht auf. Im Gegenteil, sie bezeugt nur, wie sehr ihre eigentliche (verschwiegene) Betrübnis begründet ist, insofern die für sie unverzichtbare Rangüberlegenheit Gunthers nunmehr doch durch das ebenbürtige Königtum Siegfrieds aufgehoben erscheint. Denn eben diese (nachträglich zutage tretende) *Ranggleichheit* Siegfrieds ist es, die sie so schmerzlich erregt, eine Tatsache, die nicht nur einen Teil des Werbungsbetruges enthüllt, sondern auch den Gesamtsinn der Werbungskämpfe, den ersten aller Partner auszulesen, in Frage stellt. Brünhild selbst hatte sich ja nur unter dieser Bedingung der Dienstbarkeit Siegfrieds gegenüber Gunther auf dessen Werbung eingelassen. Nun ist mit einem Male diese Bedingung aufgehoben, und sie sieht sich damit, zwar nicht bewußt, aber de facto, vor den dunklen Punkt des an ihr verübten Betruges gestellt. Denn sie spürt, daß diese Unstimmigkeit an die Wurzel ihres Daseins greift, und wird daher nicht eher ruhen, als bis ihr — im Guten oder Bösen — die Auflösung gelungen sein wird.

Zugleich ist der Dichter bemüht, das Mißverhältnis zwischen Gunther und Brünhild drastisch zu verdeutlichen. Es zeigt sich, daß Gunther seinen Platz an der Seite dieser Frau nicht aus eigener Kraft zu behaupten vermag. Die peinlichen Schlafzimmerszenen vergegenwärtigen die Aussichtslosigkeit seiner Situation, seine Unterlegenheit gegenüber Brünhild, die seiner begehrlichen Verliebtheit mit Kälte, ja sogar feindlicher Abwehr begegnet: *'er wânde vinden vriunde: dô vant er vîntlichen haz'* (634/4). Sein Liebeswerben ist ihr nur Ruhestörung (637/3 *'dô er si slâfes irte'*). Sein Verlangen findet kein Echo in ihrem Herzen; im Gegenteil: *'di minne si im verbôt'* (637/3). Diesem problematischen Ehebeginn ist bewußt die glückhafte Liebeserfüllung Siegfrieds und Kriemhilds vorausgestellt (629 und später auch 661/1—3). In derb drastischen Szenen wird die peinliche Demütigung Gunthers durch Brünhild vergegenwärtigt. Und im bewußten Kontrast zu seinem Versagen wird dann abermals Siegfried als der einzige, der hier helfen kann, eingesetzt. Ihm nur, als dem naturhaft prädestinierten Partner, kann es gelingen, die feindlich widerstrebende Braut zu bezwingen.[67] Auch hier betont der Dichter die Kälte Brünhilds; der Gedanke einer liebenden Annäherung des Gatten ist ihr lästig (670/671). In ihrer Bändigung durch Siegfried wird aber dann deutlich, daß es nur des Erweises echter Partnerschaft durch überlegene Stärke bedarf, damit Brünhild sich als Frau ergibt (678/3 bis 4). Für Siegfried selbst geht es dabei freilich um einen rein sachlichen Kampf, und zwar nicht nur, weil ihn ein Versprechen an Gunther zu erotischer Enthaltung verpflichtet (655, 656), sondern vor allem auch deshalb, weil er durch schicksalhafte Minne eindeutig an Kriemhild gebunden ist. Indem er aber Brünhild nach dem Ring auch den Gürtel abnimmt, entreißt er ihr das Symbol der Jungfräulichkeit, an die ihre Überkraft magisch gebunden ist. Wohl tastet er die Ehre der Braut Gunthers nicht an, aber er bereitet mit jener Ablösung des Gürtels die Voraussetzungen zur ehelichen Besitzergreifung. Er tut dies, wie es heißt, aus gesteigertem

---

[67] Brünhilds Widerstand in der Brautnacht ist Rückfall in den Zustand vor der Werbung, also Zeichen akuten Mißtrauens, Nichtanerkennung des bereits errungenen Werbungssieges, gleichsam eine zweite Freierprobe.

Lebensgefühl: *'durch sînen hôhen muot'* (680/2). Ja, er macht später diesen Ring und Gürtel Kriemhild zum Geschenk. Deutlicher kann die erotische Unberührtheit Siegfrieds gegenüber Brünhild nicht zum Ausdruck gebracht werden. Vor allem ist darin jene Verhängnistragik sichtbar, daß der einzige Mann, der Brünhild zu bezwingen vermag, ihrer überhaupt nicht begehrt, sondern sie wie ein Objekt einem anderen ausliefert.

Indessen scheint mit dieser zweiten Bezwingung Brünhilds die Situation bereinigt zu sein. Denn Brünhild ergibt sich Gunther und erliegt der Illusion erfüllter Gattenliebe (680/4—683/2). Alles könnte somit zu einem guten Ende führen, zumal infolge der Abreise Siegfrieds und Kriemhilds die Möglichkeit zum Ausbruch eines Konfliktes entfällt und eine jahrelange Pause der Entspannung eintritt, in der alle Risse zu heilen vermöchten. Aber die Illusion der Flitterwochen hält der Wirklichkeit nicht stand. Erneut wird das nur überdeckte Mißverhältnis der Partner bewußt werden, und Brünhilds Gedanken werden über Raum und Zeit hinweg an der Person Siegfrieds haften. Ausschließlich *'diz truoc si in ir herzen'* (725/1). Bei versagter Erfüllung in der eigenen Ehe quält sie die Eifersucht auf die ihres Glückes vollbewußte Siegfriedsgattin (724/2). Vor allem aber ist noch immer die Rätselfrage nach Siegfrieds Stellung als selbständiger König und dienstpflichtiger Lehnsmann Gunthers ungelöst. Ist doch ihr eigener Rang daran geknüpft, daß ihr Gatte Gunther nicht seinesgleichen hat, sie also, wie es durch die Werbungswettkämpfe eindeutig festgelegt war, wirklich von dem ersten aller Könige als Gattin errungen worden ist. Sie muß also fordern, daß Siegfried nicht *'Gunthers genôz'* ist. Je heller der Ruhm Siegfrieds erstrahlt und je mehr sie der eigene Gatte enttäuscht, um so leidenschaftlicher muß sie auf der Forderung bestehen, daß Siegfried nur ein *'man'* Gunthers ist und ihr entsprechende Dienste zu leisten habe. Brünhild hält also längst Überholtes und durch Gunther selbst Berichtigtes (*'er ist ein künic rîch'* 623/3) fanatisch fest. Indem sie stetig den Widerspruch von Siegfrieds Dienstmannentum und gleichzeitigem Königtum umkreist, zielt sie auf den Betrug, der ihr Leben verwüstet. Ihn endlich und endgültig zu enträtseln, schmeichelt sie Gunther mit vorgeschobenen Gründen die Einladung Siegfrieds und Kriemhilds ab, damit in persönlichem Gegenüber dieses Problem ausgetragen werden könne. Daß Eifersucht auf Kriemhild mit im Spiele ist, wird mehrfach angedeutet (724 und 799). Dennoch kommt es nicht sofort zum feindlichen Zusammenprall. Brünhild selbst ist sich der Situation nicht genau bewußt und will sie erst noch durch Beobachtung klären. Und auch in der Senna, dem Streitgespräch der beiden Königinnen, ist es nicht Brünhild, sondern Kriemhild, die — wenn auch unabsichtlich — auf das verfängliche Thema des Männervergleiches und damit zur Rangfrage hinlenkt. Indem Kriemhild in spontaner Glücksbekundung ihren Gatten als den herrlichsten von allen rühmt (815/3—4, 817/1—4), spricht sie nur aus, was auch Brünhild selbst mit Augen sehen kann. Aber gegen diesen Augenschein beansprucht diese den Vorrang Gunthers (818) und lehnt die von Kriemhild für Siegfried geforderte Ranggleichheit mit Gunther (819) ab unter Berufung auf Siegfrieds eigenes Geständnis seines Dienstmannentums (820, 821). Dieser Schmähung Siegfrieds als eines bloßen 'küneges man' und Kriemhilds als einer 'eigen diu' (838/4) setzt Kriemhild die Beschimpfung Brünhilds als 'mannes kebse' (839/4) entgegen und löst damit einen schmerzlichen Zusammenbruch Brünhilds aus: 'Prünhilt dô weinde' (843/1). Und alsbald faßt sie den Entschluß: 'hât er sich es gerüemet, ez gêt an Sîfrides lîp' (845/4). Ihr vollkommener Zusammenbruch erfolgt aber erst durch Kriemhilds Beweis ihrer Behauptung mittels Ring und Gürtel: 'nie gelebte Prünhilt deheinen leideren tac' (847/4) 'weinen sie began' (850/3). Daß Siegfried seine Unschuld zu beteuern vermag und einen Reinigungseid anbietet, läßt Brünhild untröstlich. Trotz seiner erhärteten Unschuld fordert sie seinen Tod. Die juristisch formale Klärung bedeutet ihr also nichts; auch die Bestrafung Kriemhilds für ihre ehrenrührigen Verleumdungen vermag ihr nicht Genüge zu tun. Denn Brünhild ist nicht nur in ihrer äußeren Ehre beleidigt, sondern innerlich, als Weib, vernichtend getroffen worden. Der ihr natürlich zugehörige Partner Siegfried hatte sie für einen Unebenbürtigen bezwungen und sie um Kriemhilds willen an diesen „verkauft". Diesen Schimpf entwürdigenden Betruges kann sie nicht verwinden. Auch die Tötung Siegfrieds und damit ihr äußerer Triumph über Kriemhild bringen keine Erlösung. Nur für einen kurzen Augenblick genießt sie in kalter Haßfreude diese

Rache. Dann scheidet sie selbst aus dem Spiele aus. Zwar endet sie nicht durch Freitod, sondern überlebt. Aber als handelnde Person ist sie gestorben. Der Platz, an dem sie stand, ist leer. Die alte Königinmutter Ute repräsentiert wieder an ihrer Stelle als Königin der Burgunden. Es spricht für das Feingefühl des Dichters, daß er nach Siegfrieds Tod über Brünhild nichts mehr zu sagen weiß.

B

KUDRUN

Ältere deutsche Sprache und Literatur. Wirkendes Wort, Sammelband II. Düsseldorf: Pädagogischer Verlag Schwann 1963, S. 193—203.

DAS KUDRUNLIED

Nach einem Vortrag

Von LUDWIG WOLFF

Ohne Frage müssen wir eine jede Dichtung aus ihr selbst heraus verstehen und würdigen. Wenn es uns wie hier um die Bedeutung eines einzelnen Werkes geht, kommt es nur darauf an, was der Dichter wirklich gestaltet hat. Aber wir dürfen doch nicht übersehen: wenn wir feststellen können, was er vorgefunden hat, kann uns gerade die Gegenüberstellung wichtige Anhaltspunkte geben, um seine eigenen Absichten zu bestimmen. Daneben haben stoffgeschichtliche Arbeiten natürlich auch ihre eigene weiterreichende Aufgabe. Die Stoffe unserer deutschen Heldendichtung rufen dazu besonders auf, da sie sich vielfach über so weite Zeiten und in die Verzweigungen und Sonderbedingungen verschiedener germanischer Stämme oder Völker verfolgen lassen, und da gewinnen sie durch zwei Umstände von gegensätzlicher Art, die sich in merkwürdiger Weise verschlingen, besonderes Interesse: einerseits erkennen wir wieder und wieder die fortwirkende Kraft uralter Traditionen, bisweilen in Überlebseln, die dem Charakter und Sinn des neuen Werks nicht mehr entsprechen und uns nur aus den Vorstufen verständlich werden, und anderseits sind die Stoffe dauernden Umbildungen unterworfen, die vielfach bis auf das Grundgerüst der Handlung und die leitenden Gedanken gehen, und dadurch weisen sie besonders deutlich auf die Wandlungen, die sich in der geistigen Haltung und dem künstlerischen Streben vollziehen. Obwohl bei der ›Kudrun‹ die Möglichkeiten nur beschränkt sind, wollen wir uns darum einen solchen Ausblick auf die Vorgeschichte doch nicht ganz versagen.

Nicht ohne Grund wird sie immer neben dem ›Nibelungenlied‹ genannt, mit dem sie enge Beziehungen verbinden. Mit seiner gewaltigen Größe kann sie sich sicherlich nicht messen und hat sich auch im Mittelalter mit seiner Wirkung nicht vergleichen können: wir sehen es schon daran, daß sie einzig in der berühmten Ambraser Sammelhandschrift auf uns gekommen ist, die Kaiser Maximilian in seiner Hochschätzung mittelalterlicher Dichtung zwischen 1502 und 1513 von dem Zolleinnehmer Hans Ried in Bozen hat schreiben lassen. Es ist nicht zu leugnen, daß die Dichtung manche Schwächen hat. Sie hat keine sichere landschaftlich-räumliche Anschauung, im einzelnen sind zahlreiche Widersprüche festzustellen, Zeitfragen werden achtlos behandelt. Dennoch hat die ›Kudrun‹ uns neben dem ›Nibelungenlied‹ etwas Eigenes zu sagen. Das ist ja überhaupt das Merkwürdige, daß bei uns vom ganzen Kranz der Heldenepen fast jedes wieder anderen Charakter trägt und seine eigenen Wege einschlägt.[1]

Die innere Kraft des größeren Vorgängers stammt noch aus der germanischen Welt, obgleich man nicht verkennen darf, daß eine jüngere Zeit an der Gestaltung und inneren Haltung Anteil hat.[2] Die ›Kudrun‹ dagegen, die gegen 1240 im bayrisch-österreichischen Gebiet entstanden ist, zeigt sich in ganz anderem Grade als eine Schöpfung des christlichen Mittelalters und führt uns in ein geistiges Ringen, das eine neue Haltung zu gewinnen und im Leben zu verwirklichen sucht. Der Rächerin, die doch von Ehre und Treue getrieben wird, stellt sie die standhafte Dulderin gegenüber, deren edle Menschlichkeit sich durch nichts erschüttern läßt. Schon von den ersten Worten ab prägt es sich aus, daß das jüngere Werk unter dem Eindruck des ›Nibelungenliedes‹ entstanden ist. Wenn dort die ursprüngliche Fassung mit der Strophe anfing: *Ez wuohs in Burgonden ein vil edel magedîn,* so hebt hier die Dichtung an: *Ez wuohs in Irlande ein rîcher künec hêr;* auch der Name *Uote* für die Heldenmutter stammt von diesem Vorbild, und so lassen Stil und Ausdrucksweise uns wieder und wieder an Ähnliches im ›Nibelungenliede‹ denken, bis zu den strophenschließenden Vor-

---

[1] Vgl. dazu H. Schneider, Das deutsche Epos des Mittelalters, Von deutscher Art in Sprache und Dichtung, Bd. 2, Stuttgart 1941, S. 147 ff.

[2] Vgl. S. Beyschlag, Das Motiv der Macht bei Siegfrieds Tod, GRM 33, 1952, S. 95 ff.

deutungen auf das kommende Schicksal. Aber gerade wenn mancherlei Anklänge in solcher Weise immer aufs neue die Erinnerung an die ältere Dichtung wecken, wird es um so deutlicher, daß dies Werk etwas anderes sucht.

Schon in der strophischen Form zeigt sich etwas von dem Unterschied. Der herb-männliche Abschluß der Nibelungenverse ist hier im zweiten Reimpaar durch den klingenden weiblichen Ausgang ersetzt, und dazu ist der letzte Halbvers auf 6 Takte verlängert; so hallt die Strophe langsam aus und ist getragener, weicher, lyrischer als ihr Vorgänger:

> Dô sich diu naht verendet   und ez begunde tagen,
> Hôrant begunde singen   daz dâ bî in den hagen
> geswigen alle vogele   von sînem süezen sange.
> die liute die dâ sliefen,   die enlâgen dô dâ niht ze lange
>
> (379).

Die alte Form war dem Dichter freilich so geläufig, daß er immer wieder einzelne Nibelungenstrophen einfließen ließ, nur zum Vorteil, wenn dadurch die Form abwechslungsreicher wurde.

Auch der Stoff des ›Kudrunliedes‹ geht, wenn auch nur mit Teilen, bis in die germanische Welt zurück, und nur darum konnte es in diesem Werk zu einer fruchtbaren Auseinandersetzung kommen. Auch die ›Kudrun‹ ist eine Heldendichtung, die Ehrbewußtsein, Treue, Mannhaftigkeit und standhafte Gesinnung vom Menschen fordert, aber eine Heldendichtung aus jüngerem Geist.

Sie baut sich, wie das erst im hochmittelalterlichen Epos möglich ist, in drei Teilen auf, die von drei Generationen handeln, und das sind Stufen, die einen inneren Fortschritt bedeuten.

Der erste Teil berichtet in einem knapp gehaltenen Vorbau von der Kindheit Hagens, der später ein so gefürchteter Kämpe werden sollte. Führend ist hier die Lust zum bunten Abenteuer, wie sie mit den Kreuzzugsdichtungen des 12. Jahrhunderts aufgekommen ist. Man läßt sich gerne vom luftigen Flug der Phantasie über die tägliche Wirklichkeit hinausführen. Die äußere Handlung hat dabei mehr zu sagen als in der germanischen Heldendichtung. So wird Hagen im Kindesalter von einem gewaltigen Greif entführt, und das ist zwar ein phantastisches Tier, von dem man nur mit Schaudern hört — auch die bildende Kunst hat es seit der Merowinger-

zeit vielfach dargestellt —, aber für den Glauben dieser Zeit gehört
es doch zur Wirklichkeit, und das unterscheidet dies Motiv und die
Luft, in der wir uns bewegen, von den märchenhaften Erfindungen,
die in den Artusromanen üblich sind. Durch die wunderhafte Fügung Gottes kann sich der Knabe retten, so wie vorher schon drei
Königstöchter, die auch vom Greif entführt waren und sich nun
seiner annehmen. So wächst er in der Wildnis unter wilden Tieren
auf, ähnlich wie Siegfried nach der älteren Überlieferung, und von
den wilden Tieren lernt er die Sicherheit, mit der das Raubtier
seine Beute packt; vom Blut eines mythischen Untieres, das er
trinkt, erhält er seine wilde Überkraft. Schließlich, als er zu einem
Jüngling von heldenhafter Art herangewachsen ist, wird ihm noch
die glückliche Heimkehr in sein Land beschieden, wo er die eine
der Königstöchter heiratet und vom Vater die Herrschaft übernimmt.

Wir verstehen die Vorgeschichte aus dem Drang der höfischen
Dichtung, nicht wie das germanische Lied auf der Höhe des Geschehens einzusetzen, sondern den Hörer schon in einem Präludium
einzustimmen. Insbesondere soll der Held nicht als ein Unbekannter
fertig vor uns hintreten, sondern wir sollen ihn in seinen Anfängen
kennenlernen und sollen wissen, welche Eigenschaften von der
Kindheit her in ihm liegen und sich entfalten müssen. Man denke
nur an die Bauweise des ›Tristan‹ oder ›Parzival‹. So soll uns hier,
noch hinaus über das angeborene Herrschertum Hagens, glaubhaft
werden, wie er zu seiner halb mythischen Kraft und Wildheit
kommt; immer wieder wird er *der wilde Hagene* genannt.

Aus dieser Welt, die trotz des mittelalterlichen Stils noch etwas
urtümlich Ungebändigtes hat, führt erst die nächste Generation mit
Hilde, Hagens Tochter, und Hetel, ihrem edlen Freier, zu einem
Menschentum, dessen Lebensform dem höfischen Bilde voll entspricht. Es scheint, daß der Unterschied in der Zeichnung von Hagen und Hetel schon aus alter Zeit ererbt ist.[3]

Der Stoff dieses zweiten Teils von der Entführung Hildes und
dem Kampf Hetels mit den Verfolgern ist germanischer Herkunft,

---

[3] Vgl. Frings, PBB 54, 1930, S. 396. Auch im Nordischen wird Hedin
der Höfische genannt *(Kun nktallit)*.

ist aber mit geläufigen Motiven mittelalterlicher Dichtung ausgestaltet. Zu einem älteren deutschen Hinweis im Lamprechtschen
›Alexander‹ treten aufschlußreiche angelsächsische Zeugnisse und
eine lange Reihe von nordischen Berichten und Anspielungen, die
von Bragi dem Alten, dem Skalden, um 830 bis ins 14. Jahrhundert
reichen, mit den letzten Nachklängen noch weiter, und doch wesentliche Fragen für uns offen lassen. Es scheint, daß der Stoff in seinem
Kern ursprünglich von den Ostgermanen stammt. Th. Frings hat
diese Meinung freilich in einer scharfsinnigen Abhandlung als nicht
hinlänglich begründet abweisen wollen.[4] Die Namen der Helden
und der unter ihrer Herrschaft stehenden Völker, wie sie der angelsächsische ›Widsith‹ V. 21 f. anführt, weisen bis in die Zeit zurück,
als Germanen noch am Südufer der Ostsee saßen, und wenn Namen, die verschiedenen Stämmen angehören, Hagen und Hedin
(wie die ältere Form des deutschen Hetel lautet) als feststehendes
Paar in alter Tradition gegeben waren,[5] mußten sie auch Träger
einer Sage sein, und das muß die Vorstufe unserer Dichtung sein.
Hagen *(Hagena)* erscheint im ›Widsith‹ als Herrscher der Holm-
rugier *(Holm-Rygas)*, der „Inselrugier" also; auch Jordanes nennt
sie in der Gotengeschichte mit dem gleichen Namen *(Ulmerugi)*, mit
dem sie von ihren Sitzen auf den Inseln des Weichseldeltas bezeichnet wurden, und bis ins 4. Jahrhundert wissen wir von Rugiern
auf der Südseite der Ostsee; Reste haben sich in Pommern und auf
Rügen, dessen Namen wir auf sie zurückführen, sicherlich länger
erhalten, bis sie in den Slawen aufgingen. Hierzu stimmt es, wenn
Hiðins ö, das deutsche „Hiddensee", d. h. Hedins Insel, nach dem
Zeugnis, das wir namentlich der Darstellung bei dem dänischen Ge-
schichtsschreiber Saxo Grammaticus entnehmen, aber auch durch
andere Hinweise bestätigt finden, der ursprüngliche Schauplatz der
Schlacht gewesen ist: auf der Fahrt ins Heimatland wird die Streitmacht des Entführers dort von den Verfolgern eingeholt.

Über Jütland wird der Stoff in den Westen gekommen sein, und
in den Niederlanden hat man wohl zur Zeit der Normannen-
herrschaft unter Ludwig dem Frommen die Schlacht auf den Wül-

---

[4] Hilde, PBB 54, 1930, S. 391 ff.
[5] Vgl. Frings, S. 391; 394.

penwert an der Scheldemündung verlegt,[6] obwohl es zu der nordischen Heimat Hetels und der Seinen noch in der ›Kudrun‹ wenig paßt.

Auch die nordischen Quellen, unter denen der ausführliche Bericht von Snorri in der Prosaedda hervorzuheben ist, haben uns in diesem Fall den ursprünglichen Grundriß nicht erhalten, und dadurch entsteht die Schwierigkeit, die ältere Gestalt sicher zu bestimmen. Sie berichten, daß der Vater Högni den Entführer mit seinen Schiffen einholt; nach einem vergeblichen Vermittlungsversuch, den Hild im Auftrag Hedins unternimmt, kommt es zur blutigen Schlacht, in der Hedin und Högni beide fallen.[7] Bis zum Sonnenuntergang wütet der Kampf. In der Nacht aber weckt Hild in zauberhafter Weise die Toten alle wieder auf, und so nimmt die Schlacht am nächsten Tage ihren Fortgang und soll so bis zur Götterdämmerung dauern.

Man hat längst erkannt, daß der mythische Ausgang unursprünglich ist.[8] Er paßt nicht zur Heldendichtung alten Stils und gibt ja auch keinen Abschluß. Die Nordländer, so dürfen wir glauben, haben das Motiv der zauberhaften Totenerweckung etwa im 8. Jahrhundert auf den Inseln an der schottischen Küste von den Iren übernommen, denen es geläufig war. Die verbreitete Vorstellung von Totenheeren, die auf dem Schlachtfeld (aber als Tote) ihren Kampf erneuern, gab den Boden dafür ab.[9] Wie die meisten germanischen Heldendichtungen ging auch das Hildelied in der ursprünglichen Gestalt tragisch aus. Der Entführer, dem Hild freiwillig gefolgt war, und ihr Vater fielen. Der seelische Kern lag in der tragischen Mittelstellung der Frau, und immer wieder geht es ja in der germanischen Dichtung um solche tragischen Konflikte, in denen sich die Persönlichkeit behaupten muß. Hild, die ihren Vater kannte und mit ihm gleicher Denkart war, mochte den Vergleichs-

---

[6] Vgl. Th. Frings, ZfdA 61, 1924, S. 192 ff.

[7] Die schicksalhaft andeutende Darstellung Snorris findet die Bestätigung bei Saxo.

[8] Erstmals von Fr. Panzer festgestellt, Hilde-Gudrun, Halle 1901, S. 323 ff.

[9] Vgl. dazu G. Baesecke, Vor- und Frühgeschichte des deutschen Schrifttums, Bd. 1, Vorgeschichte, Halle 1940, S. 12.

versuch, zu dem sie von Hedin beauftragt war, von vornherein als aussichtslos betrachtet haben. Das Ehrbewußtsein ihres Vaters mußte sich dagegen wehren, sich mit Gold beschwichtigen zu lassen, und so konnte sie den Widerspruch zur Forderung der Ehre durchscheinen lassen. Aber auch für Hedin war das Angebot nur bei gleichzeitiger Betonung seiner Kampfbereitschaft möglich, um nicht als Feigheit mißdeutet werden zu können. Sie bot ihrem Vater von Hedin einen kostbaren Halsschmuck, aber mit dem nächsten Satz, so heißt es bei Snorri, sagte sie, daß er zum Kampf gerüstet wäre. So hat es wohl zu der Auffassung kommen können, daß der Sühneversuch, der so geführt wurde, nicht ernst gemeint war, und so konnte Hild, die einen geläufigen Walkürennamen trug, zur Anstifterin des Kampfes umgedeutet werden.[10] Das ist die Darstellung, die von Bragi ab im Norden herrscht.

Im deutschen Epos zieht Hetel nicht selber auf die Werbungsfahrt, wie der Norden es erzählt. Gleich einem Märchenkönig verweigert Hagen seine Tochter allen Freiern und läßt alle Werber hängen. Mit allerlei Listen kommen die Getreuen Hetels, die in seinem Auftrag ausziehen — Wate, der kampfgewohnte, Horand, der sangesmächtige, Frute, der kluge — doch zum Ziel. Durch seinen wunderbaren Sang kann Horand im Geheimen das Herz der Königstochter für seinen Herrn gewinnen, so daß sie sich gern entführen läßt. Erst vor den Grenzen seines Reiches stößt Hetel zu ihnen, und so kommt es zu der Schlacht mit den Verfolgern. Die Ausführung dieses Hetel-Hilde-Teils, der darin der Vorgeschichte zu vergleichen ist, hält sich an Motive, die seit dem 11. Jahrhundert gang und gäbe sind, namentlich in einer Schicht von Dichtungen, die sich an spannenden und bunten Abenteuern freuen. Die Einzelheiten haben mit der Art des Heldenliedes nichts zu schaffen. So ist denn auch *Fruote von Tenemarke,* dessen Wesen nur aus seinem Namen entwickelt ist (mhd. *fruot* klug), sicher erst vom hochmittelalterlichen Epiker in die Handlung eingefügt, weil es ein klangvoller Name war, den deutsche Dichter des 12. und 13. Jahrhun-

---

[10] Vgl. hierzu die schöne Arbeit von Hertha Marquardt, Die Hilde-Gudrunsage in ihrer Beziehung zu den germanischen Brautraubsagen und den mittelhochdeutschen Brautfahrtepen, ZfdA 70, 1933, S. 11 ff.

derts kennen. Über Namen und Dänentum hinaus hat er mit den Königen der dänischen Heldendichtung weiter nichts gemein.[11]

Die Rolle Horands muß aber alt sein. Sein Name, der im Deutschen eine leichte Umbildung erfahren hat, erscheint im Angelsächsischen als *Heorrenda*, im Nordischen dementsprechend *Hurrandi*. Im Anschluß an Panzer hat Frings die These verfochten,[12] es wäre einmal ein Beiname Hedins gewesen; er müßte dann wohl von Odin als dem Gott des Zauberliedes auf ihn übertragen sein. Hedin habe Hild durch Zaubersang für sich gewonnen. Indessen erweckt diese Annahme doch Bedenken, die ich nicht überwinden kann. Der Sang, der mit magischen Mitteln bei der Frau zum Ziele kommt, paßt sehr schlecht zu allem, was wir vom germanischen Heldenliede kennen und wissen. Die Belege aber, die Hjarrandi als Beinamen Hedins bezeugen sollen, sind nicht so sicher. Bei Bragi, wo er in einer von jenen skaldischen Umschreibungen, Kenninrin auftritt (Ragnarsdrapa 11), ist die Deutung auf Odin das einzig Glaubhafte,[13] als Odinsname ist er auch anderwärts unzweideutig überliefert.[14] Die ganze Last des Beweises ruht hiernach auf einem einzigen Vers (Str. 23 b) im Hattalykil des Jarls Rögnwald von den Orkaden (um 1155); hier wäre die Deutung auf Hedin wohl eher möglich, befriedigend ist sie aber keineswegs.[15] Man kann fragen, ob die Zeile in der nur fehlerhaft überlieferten Strophe vielleicht auf Odin geht; war er in dem Liede, das zugrunde liegt, nach der Art der Spätzeit unter diesem Namen als der Urheber und

[11] Vgl. A. Olrik, Danmarks Heltedigtning II, Kopenhagen 1910, S. 279 ff.

[12] PBB 54, S. 398 ff.

[13] Die Umschreibung folgt damit einem Typ, der besonders häufig ist (vgl. dazu noch G. Neckel, Walhall, Dortmund 1913, S. 28). — Eine Kenning mit dem Namen Hedins wäre in einem Erzählzusammenhang, wo Hedin selbst auftritt, sehr wunderlich, und so hat Panzer denn auch — sicher falsch und stilwidrig — die Kenning zu einer realen Angabe umdeuten wollen (S. 310). Eine Kenning mit dem Namen Odins wäre auch bei Snorri (der den Namen aber auch für den Vater Hedins braucht) im Hattatal 53 möglich (so in beiden Fällen Finnur Jónsson).

[14] Þulur jj 4.

[15] Da die erste Zeile (in der ein ganz falscher Name überliefert ist) schon auf Hedin geht, wäre es merkwürdig, wenn die Schlußfrage ihm noch einmal gelten sollte. Insbesondere aber paßt die Frage, wer zum Kampfe hetzte, auf ihn am wenigsten, von ihm geht ja gerade der Versuch zur friedlichen Beilegung aus.

Lenker des Kampfes bezeichnet?[16] In der Erzählung Snorris, die uns ins
13. Jahrhundert führt, ist der Name Hjarrandi dann dem Vater Hedins
gegeben worden, weil die alte Rolle nicht mehr paßte, und dem schließen
sich die späteren (›Gönguhrolfssaga‹ und ›Sörlu-Thattr‹) an.[17] Als Hjar-
randi-Lied wird in einer späteren Saga einmal eine anscheinend besonders
wirkungsvolle Melodie bezeichnet (›Bosasaga‹ K. 12). Wir sehen jedenfalls, daß der Name sich mit der Sangeskunst verbindet und seit alters zu
diesem Stoff gehört. Die angelsächsische Dichtung aber bringt ein Zeugnis,
das wir nicht beiseite schieben dürfen. Deors Klage, die eigenartige Elegie,
die überhaupt ein so vielseitiges Licht auf die Heldendichtung wirft, zeigt
uns Heorrenda als den liedkräftigen Gefolgschaftssänger *(scop)* am Hofe
Hedins und der Seinen (der *Heodeninga*), also in genau derselben Rolle
wie in der ›Kudrun‹,[18] und so kommen wir zwingend zu dem Schluß, daß
er seine Sangeskunst schon im alten Liede in gleicher Weise in den Dienst
seines Herrn gestellt hat, auf der Werbungsfahrt, die er für ihn unternommen hat. Dazu begegnet auch Wate *(Wada)* im angelsächsischen
›Widsith‹ dicht neben Hagen und Hedin, wenn auch durch einen Namen
getrennt; als Herrscher über die Hälsingen, deren Namen wir in Helsingör
und Helsingborg wiederfinden dürfen, wird er genannt. Es fällt schwer,
mit Frings nur einen Zufall anzunehmen, und so wird man schließen, daß
schon zu dieser Zeit die Getreuen Hedins im Liede ihre Rolle als seine
Helfer hatten wie im Epos des 13. Jahrhunderts. Vielleicht war es eine
Erweiterung der frühesten Wikingerzeit, die der Dichtung buntere Farben
brachte,[19] der gleichen Zeit, die das Lied auf den Kriegsfahrten zu den
Norwegern, auf die britischen Inseln und zu den Friesen und Nieder-
franken brachte.[20] Möglicherweise müssen wir auch schon für alte Zeiten
mit einem Nebeneinander voneinander abweichender Fassungen rechnen.

[16] Man vgl. etwa die Brawallaschlacht (in der Hedin auch eine Stelle
gegeben ist). Dem Verfasser des ›Sörlu-Thattr‹ könnte hieraus die Anregung zu seinen phantastischen Erfindungen gekommen sein. Die Rolle,
die Hjarrandi als Helfer Hedins vormals hatte, könnte die Gottesbezeich-
nung herangezogen haben.

[17] In der ›Grettissaga‹ K. 22 u. 23 begegnet der Name noch für einen
Norweger, für eine sagenhafte Gestalt bei Saxo 166.

[18] Es bleibt mir unverständlich, wie Frings (im Anschluß an Panzer,
S. 311) über diese Übereinstimmung hinweggehen kann.

[19] Vgl. dazu Helga Reuschel, Untersuchungen über Stoff und Stil der
Fornaldarsaga, Bühl in Baden 1933.

[20] Vgl. Frings, S. 393.

Der tragische Ausgang der alten Hildedichtung, in der die Ehrgesetze unerbittlich ihre Opfer forderten, der Tod Hagens im
Kampf mit Wate, ist uns noch im 12. Jahrhundert ausdrücklich
durch eine Anspielung in Lamprechts ›Alexander‹ bezeugt
(V. 1321 ff.), die in der Straßburger Bearbeitung wiederkehrt.
Wenn Hagen da durch Wate fällt, liegt die Annahme auf der Hand,
daß dies die Rache für den Tod seines Herrn war, der schon vorher
erschlagen war; wir denken an die Darstellung bei Snorri und Saxo.
Eine Spiegelung des Alten kann man noch in unserer ›Kudrun‹ fin-
den, wenn Hetel da zuerst von Hagen verwundet wird, so daß er
den Kampf verlassen muß (506; vgl. 515) und dieser dann durch
Wate in schwere Bedrängnis kommt und nur durch die Vermittlung
Hildes vor dem Tod gerettet wird (517 f.).

Der Dichter des 13. Jahrhunderts aber wollte keine Dichtung, in
der ein dunkles Schicksal herrscht und die Nächstverbundenen sich
um starrer Ehrgesetze willen gegenseitig den Tod bereiten müssen,
im ›Hildelied‹ wie im ›Nibelungenlied‹, und so hat er die Handlung umgebildet, wie es wenige Jahrzehnte vorher aus gleicher Haltung mit dem ›Hildebrandslied‹ geschehen war. Hetel wird also
nunmehr bloß verwundet, und Hilde wird für den Vater dann zur
rettenden Vermittlerin, die die Kämpfenden wirklich versöhnt und
die Feindschaft in einen Freundesbund verwandelt. Den Schlachtentod von Hetel aber und den Schauplatz, den Wülpenwert, hat der
Dichter in den dritten Teil seines Werkes übertragen, wo das
Schwergewicht auf die folgende Generation weiterrückt und das
Ende Hetels wohl einen tragischen Einschlag bildet, jedoch den
Gesamtcharakter nicht mehr bestimmt.

Erst dieser dritte Teil wächst zu voller Breite auf, so daß es
berechtigt ist, wenn die Dichtung von ihm den Namen erhalten hat.
Wir vergegenwärtigen uns die Grundlinien der Handlung. Wiederum steht eine Werbung am Anfang. Herwig von Seeland kann
Kudrun, die Tochter Hetels und Hildes, durch seine Tapferkeit als
Braut gewinnen. Von dem Normannen Hartmut aber, dessen Werbung abgewiesen war, wird sie in einem überraschenden Überfall
geraubt, als ihr Vater mit seinen Mannen fort ist, um dem Verlobten in seinem Lande gegen den Angriff eines anderen, über seine
Zurücksetzung gekränkten Nebenbuhlers, Siegfrieds von Mohrland,

beizustehen. Als Hetel und Herwig die Nachricht erhalten, schließen sie Frieden mit dem Gegner, der alsbald bereit ist, mitzutun,
nehmen einem Pilgerheer die Schiffe fort und erjagen die Räuber
noch auf einer Insel, dem Wülpensand, wo sie gerastet hatten. Dort
kommt es zur Schlacht, in der Hetel und ein großer Teil seines
Heeres fallen. Kudrun aber wird von den Normannen fortgeführt,
und in vieljähriger Gefangenschaft hält sie dem Verlobten die
Treue und weist den Bewerber zurück, in dessen Macht sie ist. Alle
Erniedrigungen und Leiden, die ihr da namentlich von Hartmuts
Mutter Gerlind gegen seine Absicht bereitet werden, nimmt sie in
heldenhafter Festigkeit auf sich, obwohl sie nach menschlichem Ermessen kaum noch auf Befreiung rechnen kann. Zur Seite steht ihr
Hildburg, die treue Freundin ihrer Jugend, die alles Schwere mit
ihr teilt. Die Kraft zu warten, bis der Tag gekommen ist (wir kennen sie aus nordischen Erzählungen), bewahren aber auch die Ihren
in der Heimat. Schließlich, als die junge Mannschaft herangewachsen ist, können Herwig, ihr Bruder Ortwin und die Getreuen der
Hegelinge sie befreien.

Den Kudrunstoff können wir nicht mit Sicherheit rückwärts verfolgen.[21] Wir haben verschiedene Anzeichen, daß der Dichter auch
hierfür eine Quelle hatte, die er sehr frei behandelte; schon der
Name Kudrun weist mit seiner Lautform auf Übernahme aus fremder Mundart von der Nordseeküste,[22] und so deutet der Stoff im
Großen wie im Einzelnen auf Herkunft vom Meer und im besonderen aus dem niederländisch-friesischen Gebiet.

Die Lamprechtstelle vom Tode Hagens erwähnt gleich darauf als
gewaltige Kämpfer *Horewich* und *Wolfwin,* und wenn man das an
sich wohl auf die Kudrunfabel deuten möchte, so läßt der tragische

---

[21] Als unglücklich betrachte ich den Versuch von W. Jungandreas, Die
Gudrunsage, eine Vorgeschichte des Epos, Göttingen 1948.

[22] Das erste Glied, in das der Oberdeutsche wie bei *Kriemhilt* für das
g ein k eingeführt hat, entspricht ja dem hd. *gund-* „Kampf" und zeigt
den Schwund des *n* (unter Dehnung des Vokals), der für das Friesische,
Altsächsische (nicht Mittelniederdeutsche) und Angelsächsische bezeichnend
ist. Man vgl. auch das nord. *Guðrún* (mit kurzem *u* im 1. Glied), das
anders zu erklären ist.

Ausgang der Hildehandlung doch kaum eine Fortführung möglich
scheinen, und so wird man denn für die Zeit Lamprechts auch noch
nicht an ein zwei Fabeln umfassendes Epos denken, das da noch
merkwürdig früh gewesen wäre. Es kommt hinzu, daß wichtige
Namen der Gudrunhandlung (Ludwig und Hartmut von Ormanie,
Hildburg) aus einer ganz anderen Heldendichtung, nämlich der
Herbortfabel, übernommen sind.[23] So muß der Ausbau, den wir
kennen, jung sein, und es ist schwerlich viel gewesen, was schon das
12. Jahrhundert dem Dichter hat bieten können. Wir müssen damit
rechnen, wie ja auch schon die Verwertung der Wülpenwertschlacht
aus der Hildedichtung zeigt, daß er den Kudrunteil mit hoher
Selbständigkeit gestaltet hat, so, wie es die Gedanken forderten,
die ihm am Herzen lagen.

Das Abrücken von der älteren Heldendichtung, das sich in der
Umformung der Hildehandlung zeigte, bleibt auch hier bezeichnend. Im ›Nibelungenliede‹ stehen Feste am Anfang, und der
Schluß ist Leid; in der ›Kudrun‹ geht der Weg durch Leid, in dem
sich der Mensch bewährt, zum Glück, und so klingt es in festlicher
Freude aus. Kudrun, die so lange, harte Prüfungen bestanden hat,
wird durch die Heimkehr zu den Ihrigen und die Vereinigung mit
dem Verlobten über alles Leid hinausgehoben. Aber auch die Vertreter der Gegenseite, soweit ihr Menschentum sich dessen wert gezeigt hat, dürfen nicht in Leid versinken. Der Versöhnungswille
des Dichters, der auch den Hildestoff so tief umgestaltet und den
Gehalt ins Gegenteil verkehrt hat, läßt alle Feindschaft überwunden werden. Eine vierfache Hochzeit bringt auch für Hartmut und
seine alte, mitleidvolle Schwester Ortrun noch die Wendung ins
Glück, dazu für Siegfried von Mohrland, den selbstlosen Helfer
der Hegelinge. Aus der Zeichnung dieses edlen Heldenritters spricht
die Gesinnung, die bereit ist, auch im Andersgläubigen und Anders-
farbigen edles Menschentum vorauszusetzen und anzuerkennen. Es
ist jene den Mitmenschen brüderlich zugewandte Denkart, die bei
Wolfram und Walther aus dem Glauben an den Schöpfer als den
Vater aller Menschen die schönste Ausbildung erfahren hat.

[23] Vgl. H. Schneider, Germanische Heldensage Bd. 1, Berlin 1928,
S 329 u. 375 f.

Der festliche Ausgang der ›Kudrun‹ läßt sich mit dem Ausgang so vieler Märchen vergleichen, und so haben wir in der dichterischen Grundhaltung eine leichte Annäherung in die Sehweise des Märchens.[24] So wie im Märchen schon beim ersten Satz der glückliche Ausgang sicher ist, und auch die höchsten Gefahren diese Gewißheit für den Hörer nicht erschüttern können, werden wir auch hier von Anfang an über alle Besorgnis hinausgehoben. Für den Dichter steht über allem das gütige und gerechte Walten Gottes, auf den der Mensch vertrauen darf; und so sollte der Weg der Dichtung durch alles Dunkel, ob es sich auch noch so finster zusammenballen mag, doch wieder ins Licht emporführen. Die Härte, mit der das menschliche Leben so oft zu kämpfen hat, kann hier im Bild der Phantasie nie solche Kraft gewinnen, daß sie den harmonischen Ausgang ernstlich gefährden könnte.

Denken wir noch einmal an den Anfang, wie Hagen da von dem Greif entführt und in wunderbarer Weise gerettet wird, weil Gott ihn schützt. Mit diesem Anfang ist auch der letzte Ausgang schon in bestimmter Weise festgelegt. Der Hörer, der so hineingeführt wird, weiß von Anbeginn, wir stehen hier in einer Welt, wo letztlich alles doch zum guten Ende führen muß. Wenn Gefahren, Not und Leid auch Raum gewinnen können, müssen sie zuletzt doch überwunden werden.

Die Einzelabschnitte haben zwar in dieser Dichtung eine gewisse Selbständigkeit; jede Lage wird für sich erlebt und ausgekostet. Der Aufbau im Großen aber zeigt feste, klare Linien. Vom leichten Eingang, der dem Märchen nahesteht, kommen wir langsam mehr in die harte irdische Wirklichkeit hinein. Der wilde Hagen des zweiten Teils und die Werbefahrt um Hilde mit allen Listen, die so glücklich das Unwahrscheinliche erreichen, haben noch etwas von dem phantasiebeschwingten Ton des Anfangs und zeigen noch die leichte Handlungsführung, bei der man nicht fest zugreifen darf. Mit der Verfolgung der Entführer und den Kämpfen wird der Ton

---

[24] Vgl. dazu Fr. Neumann, Kudrun, Verfasserlexikon des deutschen Mittelalters II, 1936, S. 961 ff. An die stoffliche Herleitung aus dem Märchen, die Panzer für die Hilde- wie für die Gudrunsage hatte erweisen wollen, glauben wir nicht mehr.

schon härter, die Farben werden wirklichkeitsnäher. Der Kudrunteil, der auch für den geistigen Gehalt das Entscheidende bringt, wird dann viel ernster und schwerer; die Farbgebung nähert sich dem Germanischen. Die Phantasie verweilt auf Kämpfen und heldischen Gefahren, in denen der Mann das Leben einsetzt. Mit dem Tode Hetels und all den schweren Blutopfern greift dunkle Tragik ein. Die Leiden, in denen Kudrun sich so heldenhaft behauptet, setzen die harten Töne fort; wenn sie zur Wäscherin erniedrigt und ihr von Gerlind angedroht wird, daß man sie an die Bettstelle binden und mit Ruten schlagen werde, so hätte eine Dichtung höfischen Stils solchen Dingen und Vorstellungen nie Raum geben können.

Indessen kann der Tod Hetels im Kudrunteil doch nur einen dunklen Schatten bringen, die Leiden aber bedeuten nur eine lange, schwere Prüfungszeit, und so steigt der Schluß wieder zu lichter Höhe an. Auch das bahnt sich jedoch allmählich an. Schon auf der Fahrt der Hegelinge wird es deutlich, daß sie unter dem Schutze Gottes steht (1136). Wenn sich dann der Hartgeprüften ein Schwan am Meeresufer nähert und ihr als Engel Gottes, wie sich alsbald herausstellt, die Botschaft von der kommenden Schicksalswende bringt, so läßt eben das Wunderhafte der Erscheinung uns empfinden: über die Bereiche einer harten, dunklen Wirklichkeit, in der den Menschen keine Hilfe sichtbar wird, geht es wieder aufwärts. Wir erfüllen uns mit dem Bewußtsein, daß eine höhere Macht die Fäden lenkt und den Treuen, in der Not Ausharrenden, nicht vergißt, und so wissen wir, daß die harten Kämpfe, die noch kommen, nur ein Durchgang sind, der keine Sorge mehr aufkommen läßt. Und so bringt der strahlende Ausgang mit einer vierfachen Hochzeit schließlich den Abschluß der Bewegung und die Rückkehr zur Anfangslage.

Es führt sicher weit von der germanischen Linie fort, wenn alle Feindschaft schließlich in einen harmonischen Freundesbund verwandelt wird, hier wie unter leichteren Bedingungen im Hildeteil. Aber gerade darin erkennen wir die tieferen Absichten des Dichters. Es ist ein Werk aus christlichem Geist, das hinter allem die Führung Gottes ahnt und mit den christlichen Forderungen Ernst machen will. Schon an der Kindheitsgeschichte Hagens wird das sichtbar; seine Rettung und Erhaltung — das wird mehrfach ausgesprochen

— ist nur dem Schutz des gütigen Gottes zu danken, der alles so wunderbar zu führen weiß (vgl. 73; 81; 95; 121). Der Dank an den waltenden Christ, der es so gut gefügt hat, steht dann auch am Abschluß der Hildegeschichte (561), die noch im 12. Jahrhundert tragischen Ausgang hatte. Im Kudrunteil aber leitet sich das Unglück der Hegelinge davon her, daß sie den frommen Pilgern nach dem Rate Wates gewaltsam ihre Schiffe wegnehmen. Auch Hetel macht sich in vollem Maße mitschuldig. Er erklärt sich mit dem Vorschlag einverstanden; es war ihm gleichgültig, heißt es, ob die Wallfahrer je ihr Ziel erreichen würden, ja, er preßt noch eine größere Zahl von ihnen für die Kriegsfahrt in seine Dienste (844): *ich wæne, got von himele ræch an in dâ selbe sinen anden,* so wird das Verhängnis, das über die Hegelinge kommen sollte, da alsbald als Vergeltung für das Unrecht angekündigt (845).

Hetel findet seinen Tod. Erst als die Hegelinge nach den unglücklichen Kämpfen auf dem Wülpenwert versuchen, ihr Unrecht wiedergutzumachen und auf der Kampfstätte ein Kloster und Spital stiften und reich ausstatten, schaffen sie damit die Voraussetzungen dafür, daß ihr Schicksal sich wieder zum Guten wenden kann (vgl. 914 u. 931 ff.). Als es dann so weit ist, daß sie schließlich die Befreiungsfahrt antreten, erbittet Hilde für sie den Beistand Christi (1115), und in den Gefahren des Meeres, als sie in dichtem Nebel in die Nähe des Magnetberges kommen, erfahren sie die schirmende Hilfe Gottes; *si engulten niht ir sünden,* ihre Schuld wurde ihnen nicht mehr angerechnet, sagt der Dichter (1136). Die treue und reine Gesinnung Kudruns, die keine Feindschaft kennt und ihr Vertrauen auf den himmlischen Helfer setzt (997), können bei Gott nicht ungesehen bleiben, und so sendet er ihr selber seinen Boten.

Der Schluß zeigt sich geradezu als Gegenbild zum ›Nibelungenliede‹, in dem das Gesetz der Rache alles andere zum Schweigen bringt. Es ist höchst reizvoll, wie der Dichter verschiedene Zeiten gegeneinanderstellt. Er will in seinem Werk darstellen, wie die Denkweise, die vormals herrschte, von der neuen, jüngeren Haltung des christlich gesinnten Menschen überwunden werden soll, und wir werden glauben dürfen, daß schmerzliche Erfahrungen, die sich noch in seinen eigenen Zeiten boten, inneren Anteil daran hatten.

Wate erscheint wie eine Reckengestalt der Vorzeit; er ist der Vertreter eines Geschlechtes, das noch bis in die Generation Hagens zurückreicht, und wird ihm in der Handlung, im Kampfspiel wie im Ernst, auch als der ihm Entsprechende und ihm Gewachsene gegenübergestellt. Schon vor der Werbefahrt ist er *der alte* (205), der der Erzieher Hetels gewesen ist, und auch er ist ganz leicht vom Mythischen umwittert; *von einem wilden wîbe* hat er wunderbare Arzneikunst gelernt (529). Mit seinen grauen Haaren und dem mächtigen Bart hebt er sich von den glatten Gesichtern der höfischen Gestalten ab. Die Haare sind ihm mit goldenen Borten durchwunden (341): es ist die Tracht einer längst verflossenen Zeit. Höfische Artigkeit edlen Frauen gegenüber ist ihm fremd (253); sein Wesen und seine Erscheinung fordern sie zu der scherzhaften Frage heraus, ob es ihm lieber sei, wenn *er bî schœnen frouwen sanfte sitzen solte, oder obe er gerner in dem herten strîte vehten wolte* (343), und anders als Totila in der ›Kaiserchronik‹ (V. 4581 ff.) entscheidet er sich ohne weiteres für den Kampf und erweckt damit das Gelächter Hildes. Dem Feinde gegenüber kennt er nur den Drang nach Vernichtung und Vergeltung. Schon als er und Hagen in der Verfolgungsschlacht des zweiten Teils aufeinander kommen, und Hilde für den Vater fürchtet, kann man den Kampfwütigen nur mit Mühe von seinem Gegner trennen (520 ff.). In den Schlußkämpfen im Normannenland trifft er auf Hartmut, und der scheint vor seiner wilden Kraft verloren. Auf Kudruns Bitte möchte ihn Herwig retten und beruft sich auf *die minniclîchen meide,* aber seine Worte finden nur entrüstete Abwehr: *Wate sprach mit zorne: „Her Herwic, nu gât hin! solt ich frouwen volgen, war tæte ich mînen sin? solte ich sparn die vînde? daz tæte ich ûf mich selben. des volge ich iu niemêre: Hartmuot muoz siner frävele engelden"* (1491). Es bleibt für Herwig keine andere Möglichkeit, als daß er sich — obwohl es der Rettung seines Feindes gilt — selbst dazwischenwirft. Wate aber ist so ergrimmt, daß er ihm einen gewaltigen Schlag versetzt. Später will er die Burg niederbrennen lassen (1534) und erklärt es für unerfindlich, warum man die Gefangenen nicht mit dem Leben büßen lasse (1558). Selbst Frauen und Kinder fallen bei der Erstürmung der Burg unter seinem Wüten, und als Irold ihm deswegen Vorwürfe macht, erwidert er: *du hâst kindes muot. die in den wigen weinent, diuhte dich daz guot, daz ich si leben lieze? solten die erwahsen, sô wolte ich in niht mêre getrouwen danne einem wilden Sahsen* (1503). Dahinter steht der Gedanke an die Rachepflicht der Sippe, die ihm etwas Selbstverständliches ist; *úlfr er i ungom syni,* ein Wolf steckt in dem jungen Sohne, so hat das altnordische Sprichwort es ausgedrückt. Dennoch hat die germanische Kampfethik daraus nicht die Folgerung gezogen; Frauen und Kinder galten als gesichert, wo nicht alle Hemmungen fielen. Als Gegensatz zu dem Standpunkt, den er selber einnimmt, hat der Dichter in Wate, dem vorhöfischen, die ältere Haltung übersteigert.

Hetel als Vertreter ritterlicher Lebensformung hat zwar nicht die Wildheit von Hagen und von Wate, ist aber auch nicht ohne harte Züge, an denen christliches Denken Anstoß nimmt; es war ja schon von seinem Vorgehen gegen die Pilger die Rede. Auch Hilde, Kudruns Mutter, der der Gatte erschlagen ist, verkörpert im Abschluß noch die ältere Denkart, die der Dichter sehr wohl nachempfinden kann. Sie weigert sich, Ortrun, die edle Schwester Hartmuts, zu küssen: *daz ich si hieze tœten, daz zæme mir vil baz. jâ habent mir ir mâge getân vil der leide* (1581). Erst dadurch wird es deutlich, daß Kudrun wirklich die Wegbereiterin einer jüngeren Ethik ist, die in eine neue Zeit hinüberführt. Auch Hilde hatte wohl zwischen dem Vater und dem Mann, dem sie gehören wollte, vermittelt; ihre Stellung hatte sie notwendig dazu gedrängt, und der Versuch war schon germanisch. Die Gedanken Kudruns aber gehen auf die Angehörigen der gegnerischen Seite, die ihr ein so hartes Schicksal bereitet hat. Wie für Ortrun verwendet sie sich auch für Hartmut. Ihr hatte er vorher schon das Leben zu verdanken, als sie Herwig aufgeboten hatte, ihn vor Wates Schwert zu retten, und so tritt sie noch bei der Mutter für ihn ein und mahnt sie mit dem Wort des Evangeliums, *si sprach „vil liebiu muoter, gedenket an daz* (*gedenket* mit zwei Hebungen eindringlich betont), *daz niemen sol mit übele deheines hazzes lônen"* (1595). Es ist der ausdrückliche Hinweis auf das Gebot, das uns gegeben ist. Von ihr gehen denn auch die ersten Schritte aus, um die Feindschaft durch die Bande der Liebe und Ehe zu überwinden. Und sie findet den Bruder und Herwig, der schon in der Schlacht die schwerste Probe seiner großzügigen Denkweise bestanden hatte, rasch bereit, während die Mutter zuerst noch widerspricht (1623); die Jüngeren, die freilich bei Frute als der Verkörperung der Klugheit und Einsicht ausdrückliche Zustimmung finden, zeigen sich als gleichgesinnte Gruppe, die bereit ist, das neue Denken im Leben zu verwirklichen. Auch Siegfried von Mohrland in seinem Edelmut ist ihnen gleichzustellen.

Auch auf der Gegenseite werden die ältere und die jüngere Generation voneinander abgesetzt, und aus diesem Einklang eben erwächst der Eindruck, daß eine neue Zeit hinaufsteigen soll. Die Mutter Hartmuts hat freilich eine Sonderstellung in ihrem Haß und in der harten Grausamkeit, bei der sie sich doch von der Liebe zum Sohne leiten läßt und Rache für die Ehrenkränkung sucht (616; 737). Sie ist als *tiuvelinne* gezeichnet, und ihr Tod ist ihr gerechtes Schicksal, wie alle Lose hier gerecht sind. Die gewaltsame Entführung Kudruns war an erster Stelle aus ihrem unablässigen Antreiben hervorgegangen. Auch der Vater, Ludwig, von dem Hetel erschlagen wird, zeigt jedoch die rauhere Art der älteren Zeit; in einem unbeherrschten Zornesausbruch über ihre abweisenden Worte kann er Kudrun bei der Ankunft im Normannenlande vom Schiff ins Meer schleudern. Hartmut springt nach, um sie zu retten, und das Bild Hartmuts ist von allem freigehalten, wogegen sich das feinere Empfinden auflehnt. Schon bei der Entführung Kudruns verhindert er, daß die Burg Hetels verbrannt wird (799), und gebietet dem Rauben Einhalt (800), und so hält er sich von jeder niedrigen Handlung fern. Wohl kann er Kudrun gegenüber einmal die Äußerung fallen lassen, sie stehe ja in seiner Macht, und niemand könne ihn zur Rechenschaft ziehen, wenn er sie zwingen wollte. Sie aber erwidert unbewegt: *daz hieze ich missetân; dar zuo ich keine sorge entriuwen nie gewan* (1030), und der entwaffnende Adel dieser Antwort läßt jeden unrechten Gedanken in ihm alsbald zu Boden sinken. Neben Hartmut aber steht seine Schwester Ortrun, die Kudrun jederzeit in mitfühlendem Verstehen begegnet; *swaz anders iemen tete, si was ir gerne bî* und suchte ihr den Aufenthalt im Lande ihres Vaters lieb zu machen, so heißt es von ihr gleich zu Anfang (983), und so bezeugt Kudrun es nachher von ihr. Sie ist die Verkörperung mitleidender christlicher Caritas.

Darin, wie die Dichtung Licht und Schatten auf beide Seiten verteilt und beiden Recht widerfahren läßt, folgt sie den besten unserer Heldendichtungen, die diese Haltung seit alten Zeiten kennen. Aus vielen Zeugnissen wissen wir es, daß der Germane, wo er in schicksalhaften Kämpfen stand, den Gegner achten konnte, um so mehr, je tüchtiger er sich zeigte. In mancher Saga kann der Mann, wenn er den Sieg erkämpft hat, und der andere erschlagen liegt, sein Bedauern äußern, es sei schade um einen solchen Mann. In solcher Stellungnahme und solcher Art zu sehen war wenigstens ein Ansatzpunkt für die christliche Haltung gegeben, deren Verwirklichung doch so schwer war oder ist.

Die beherrschende Gestalt des Werkes bleibt unbestreitbar Kudrun in ihrer Treue, ihrer Festigkeit, ihrer milden und edeln Art. Sie bildet die Mitte, von der reines Menschentum ausstrahlt. Mit dieser Zeichnung Kudruns, dazu mit der Gestalt der treuen Hildburg und dem Bild der edeln Ortrun ist auch diese Dichtung ein Zeugnis der Frauenverehrung, aber in ganz schlichter, deutscher Form. Vom Höfischen bleibt nur das rein Menschliche. Das Bild der reinen Frau wird einfach vor uns hingestellt, und ohne darüber noch weiter Worte zu machen, spricht daraus der Glaube an die menschliche Aufgabe der Frau, der es gegeben ist, daß sie uns des Besten innewerden läßt.

Nachtrag: Erst nach der Drucklegung dieses Aufsatzes ist eine Mainzer Dissertation von Magdalene Weege, Das Kudrunepos des Hochmittelalters, 1953, erschienen. Die feinsinnige, freilich, wie ich glaube, allzu feinhörige Interpretation führt die Vf. für den Gehalt und die Bedeutung, die der Generationenfolge dabei zukommt, in mancher Hinsicht zu ganz ähnlichen, noch weitergehenden Ergebnissen. In den Gestalten der Dichtung sollen wir eine seelische Entwicklung sehen, die selbst bei der Heldin erst über schuldhafte Verhärtung eine Erschütterung ihres Gottesbildes stufenweise zur abschließenden Läuterung führe. Gleichlaufenden, in Versöhnung ausgehenden Linien der inneren Handlung soll (über die stoffliche Dreistufigkeit hinweg!) ein viergliedriger symmetrischer Aufbau aus 4, 3 × 4, 3 × 4, 4 Aventüren entsprechen.

Adolf Beck: Forschung und Deutung. Hrsg. von Ulrich Fülleborn. Frankfurt/M.: Athe-
näum Verlag 1966, S. 12—45; zuerst in: Germanisch-Romanische Monatsschrift 37, 1956,
S. 305—338.

DIE RACHE ALS MOTIV UND PROBLEM
IN DER ›KUDRUN‹

Interpretation und sagengeschichtlicher Ausblick

Von ADOLF BECK

Wie immer in motiv- und problemgeschichtlicher Forschung,
kommt auch bei einem Überblick über die Fassungen und Wandlungen des Motivs und Problems der Rache besondere Bedeutung
jeweils denjenigen Punkten zu, wo sich der allgemeine, überkommene Begriff geistesgeschichtlich differenziert und lebensunmittel-
bar mit neuem Gehalt erfüllt — vor allem denjenigen, wo das
Phänomen der Rache als solches und das Recht des Individuums zu
ihrer Ausübung von einem ethischen, sozialen oder religiösen Standpunkt aus fragwürdig wird, wo ein neuer Geist, ein neues Lebensgefühl in der Dichtung Gestalt sucht. Es sind jeweils die Schwellen,
die vornehmlich den Blick des Literarhistorikers auf sich ziehen.

Die ›Kudrun‹ stellt, so scheint uns, eine solche Schwelle dar. In
ihr tritt der Rachegeist in ein fragwürdiges Licht und macht sich an
der Durchführung des Rachemotivs ein neues Ethos geltend. Zwar
gelingt es dem Dichter nicht, dieses Ethos ganz rein, vollkommen
und über alle Zeiten hinstrahlend zu verwirklichen. Er ist mit gewissen Fragen, die ihm offenbar zu schaffen machten, denkerisch
und dichterisch nicht ganz fertig geworden: vielleicht *konnte* er
nicht ganz fertig werden, weil solche Fragen mit grundlegenden
Fakten, an die er gebunden blieb, kollidierten. Jedenfalls aber —
zu diesem Ergebnis vermag wohl eine sorgsame Interpretation zu
führen — hat er versucht, den Geist der Rache, wie er ihm aus der
Heldendichtung vertraut war, in seiner Starrheit und Unerbittlichkeit zu überwinden, die germanische Auffassung der Rache vom
christlichen und ritterlichen Standpunkt aus zu mildern und zu
verwandeln, ein neues Bild vom Sein der Frau im Verhältnis zur

männlichen Tatwelt zu zeichnen und damit von dem ungebrochen heroischen, tragischen Geist der Heldendichtung in einem positiven Sinne, nicht aus Unverständnis und Unvermögen, Abstand zu gewinnen, der heroisch-tragischen die christliche Einstellung als Möglichkeit entgegenzusetzen. Ein solcher Versuch bedeutet Lichtung und Erheiterung, aber auch Verdünnung der Lebensluft, worin die Lieblingsgestalten des Dichters atmen.

Wir sehen davon ab, in einem einleitenden Kapitel das Epos an eine vorhergehende Entwicklung — soweit von einer solchen überhaupt die Rede sein kann — anzuknüpfen. Wir versuchen, die Dichtung in treuer und strenger Interpretation der Strophen, worin es — bezeichnenderweise meist in der Form des Dialoges — um die Rache als Motiv und Problem geht, zu verstehen. Einer solchen Interpretation mögen die bedeutsamsten Stellen selbst verraten, wes Geistes Kind der Mann war, der die letzte Hand an das Epos legte, was er eigentlich wollte, und was ihm nicht rein zu verwirklichen gelungen ist.

Der trilogische, generationsgebundene Aufbau des Epos erfordert Rücksicht. Das Vorspiel allerdings, von Hagens Jugend, kann außer Betracht bleiben, da in ihm die Rache keine Rolle spielt. Der erste Hauptteil, von der Entführung Hildes, erlaubt kürzere Behandlung. Da für ihn die Sagengeschichte wenigstens in den Angelpunkten feststehen dürfte, geht es hier an, die Interpretation der Dichtung und die Diskussion der sagengeschichtlichen Frage unmittelbar miteinander zu verbinden. Dagegen erfordert die Kudrun-Handlung, deren problemgeschichtliche Analyse das Hauptanliegen der Arbeit bilden soll, eine vorläufige Trennung. Zwar bewegt sich gerade hier jeder Versuch der Interpretation auf schwankem Boden: er muß immer die Möglichkeit sagengeschichtlicher Verschiebungen, entwicklungsgeschichtlicher Wandlungen und daher auch ästhetischer Verwerfungen, dichterischer Brüche und Schichten in Rechnung setzen, und stößt dabei doch Schritt für Schritt an die engen Grenzen gesicherten Wissens um die Sagen- und Entstehungsgeschichte dieses „rätselreichsten aller Heldenepen" [1]. Die vorgenommene Trennung der beiden Gesichtspunkte

[1] Hermann Schneider, ZfdA 64, 1927, S. 298.

mag streckenweise den Gang der Untersuchung etwas unsicherer und gewisse Wiederholungen notwendig machen. Anderseits aber würde gewiß die Analyse des Epos, die dieses, wie es vorliegt, trotz aller Brüche und Widersprüche doch als Einheit und abschließende Leistung eines bedeutenden Dichters nehmen zu dürfen glaubt, wesentlich mehr kompliziert und belastet, wenn in den Gang der Interpretation jeweils sofort die schwierige sagengeschichtliche Frage hineingetragen würde.

So ist es wohl zu verantworten, wenn wir zunächst, in einem ersten Teile, den Weg der ästhetischen, psychologischen und geistes-geschichtlichen Würdigung beschreiten, um darauf im zweiten Teil auf Probleme der Sagengeschichte einzugehen und dabei nach Mög-lichkeit gewisse Fragen der Entwicklung und Gestaltung des Stof-fes, die im ersten Teil noch offen bleiben oder neu sich auftun, ein Stück weit der Klärung entgegenzuführen. Die Kudrun-Forschung hat wohl ihr Augenmerk manchmal zu einseitig auf die Voraus-setzungen der Dichtung gerichtet. Dabei hat sich viel Wertvolles ergeben. Mag nun einmal der Versuch gemacht werden, die beiden Standpunkte zunächst zu trennen und die reine Interpretation dem sagengeschichtlichen Ausblick vorangehen zu lassen — gleichsam die Themen gesondert durchzuspielen und erst im Finale wieder zu vereinigen.

I. Die Entführung Hildes

Mit der Reaktion des Vaters auf die Entführung seiner Tochter scheint sich die Hilde-Handlung, die sich bis dahin in so höfisch heiteren Formen bewegt hat, unmittelbar zum Tragischen wenden zu wollen. Der 'wilde Hagen' rast ob des Betrugs und ruft nach seiner ungefügen Waffe, dem Ger, sich an den flüchtigen Gästen zu rächen (447).[2] Morungs Hohn gießt Öl ins Feuer seines Zornes (448). Sein Befehl zu sofortigem Nachsetzen wird nichtig vor dem schadhaften Zustand der Schiffe, der ihn vor Grimm außer sich bringt (454), aber nicht von der Verfolgung abhalten kann. Sein

[2] Strophenzählung und Zitate nach: Kudrun, hrsg. und erklärt von Ernst Martin, 2. verb. Aufl. Halle 1902 (Germanistische Handbibliothek 2).

Auftauchen vor Waleis läßt die Hegelingen aus ihrer Sorglosigkeit erwachen (456. 466). Hilde kennt ihren Vater:

> komt er her zu lande, maneger schoenen vrouwen
> er tuot mit sînen handen des zer welte nieman mac getrouwen.
> (491)

Hagen verwundet Hetel im Zweikampf, wird aber von dessen Gefolgsmannen von ihm getrennt und später von Wate hart bedrängt (506. 513 ff.).

Bis hieher entspricht der Verlauf dem maßlosen Grimm, worein der Trug den König versetzt hat, und dem Charakterbilde, das sich in dem Beinamen *vâlant aller künege* (168, 2. 196, 4. 516, 1) verdichtet. Hagens Wüten im Kampfe wird ausdrücklich als Rache für die Entführung der Tochter und ihrer Gefährtinnen (510), die Entführung selbst als Kränkung seiner *êre* bezeichnet (441, 3). Damit ist der aus germanischer Vorstellungswelt vertraute Kausalnexus von Ehrverletzung und Rache hergestellt. So scheint alles einem unerbittlichen Kampfe zwischen Hagen und Hetel auf Leben und Tod, einem tragischen Ausgang zuzutreiben.[3] Ein solcher träfe vor allen Hilde, die in dem Zweikampf zugleich um den Vater und den künftigen Gatten bangen muß. Fällt Hetel, dessen Werben sie doch aus Neigung Gehör geschenkt, so ist ihr Leben als Frau durch den eigenen Vater zerstört; fällt Hagen, so droht ihr Verhältnis zu dem Manne, der ihr den Vater erschlagen, verhängnisvoll vergiftet zu werden, ähnlich wie in der nächsten Generation das Kudruns zu Hartmut.

Die Sorge der Frau, die um den Grund ihres Lebens bangt, läßt es denn auch verstehen, daß im Epos, wie es vorliegt, Hilde Hetel anruft, den Kampf zwischen Hagen und Wate zu schlichten. Dagegen muß es überraschen, wie leicht sich der *vâlant aller künege* von Hetel besänftigen und versöhnen läßt. Der Dichter bemüht sich, das einleuchtend zu machen (523, 4). Hagen erfährt endlich, wer als Freier und spiritus rector hinter dem Handstreich der ver-

---

[3] Allenfalls mag eine leicht groteske Tönung, die dem Gebaren des Überlisteten mitten im grimmigen Ernst seiner Reaktion gegeben wird, für Augenblicke unsicher machen.

meintlichen Kaufleute steht, die in Wirklichkeit tapfere Helden
und 'liebe mâge' eines großen, ihm ebenbürtigen Herrn sind.[4] Damit soll für ihn das Ehrenrührige des Truges und die Notwendigkeit der Rache aus der Welt geschafft sein. Willig erkennt der Alte
die 'schoenen liste' seines Gegners an, und gerne läßt er sich von
Macht und Reichtum seines Schwiegersohnes imponieren (544. 553.
560 ff.). Eine Friedensbrücke gleichsam aus soziologischem Gerüst,
als solche nicht übel erfunden, doch immer eine Notkonstruktion,
die das Nachgeben des 'wilden Hagen' nur schwach zu motivieren,
den psychologischen Bruch nur schlecht zu heilen, die sagengeschichtliche Wendung nur dürftig zu überdecken vermag. Hilde, die
eigentliche Versöhnerin, tritt in der Szene gar nicht weiter hervor;
nicht einmal eine direkte Rede wird ihrer bangen Empfindung
vergönnt. Gleich ob Hagen nur eben diese Entführung rächen
will oder, altem Sagenmotiv gemäß, schlechthin der grausame
Brautvater ist, der sich an jedem Freier vergreift: seine rasche Sinnes-
änderung ist weder soziologisch noch psychologisch ganz befriedigend zu begründen. Die Versöhnung bedeutet einen tiefen opera-
tiven Eingriff in den Organismus der Sage — einen Eingriff, der
kompositionell und problemgeschichtlich zumal bedingt ist: kompositionell durch die damit ermöglichte Anknüpfung des Kudrun-
Schicksals an die Hilde-Handlung, problemgeschichtlich durch die
Einstellung des Dichters zur Rache und zu ihrer tragischen Auswirkung. Darüber wird nachher nochmals zu sprechen sein.

Mit Hagens Versöhnung ist die ursprüngliche Linie der Handlung, die durch das unbedingte Verlangen nach Rache zu tragischem
Ende bestimmt war, abgebogen: das hat die Sagenforschung seit

---

[4] Die Entführer haben zwar bei der Ankunft am irischen Hof ihr Verhältnis zu Hetel angedeutet, aber trügerisch entstellt, und der Dichter vermeidet es wohlweislich, sie bei der Abfahrt, die doch von einem Wortwechsel begleitet ist, den Schleier lüften zu lassen: er läßt Hagen erst da
den wahren Sachverhalt erfahren, wo dieser im Augenblick der höchsten
Spannung entscheidend, lösend zu wirken vermag. Das ist eben der dramatische Augenblick des Zweikampfes zwischen Hagen und Wate. An
diesem wie an mancherlei andern Fällen wird deutlich, wie in dem Epos
vielenorts eine weisere und weiterschauende Ökonomie waltet, als es die
Interpolationstheorie wahrhaben wollte.

langem erkannt und besonders erschlossen aus den Worten des
›Alexanderliedes‹ von dem Sturme, der

> ûf Wolfenwerde gescach,
> dâ Hilten vater tôt lach,
> zewisken Hagenen unde Waten . . .[5]

Einst also, in der — vermutlich liedhaften — Fassung der Sage
im Moselfränkischen, die Lamprecht vorlag, endete der Streit um
Hilde damit, daß Wate als Hetels Gesell Hagen im Zweikampf
erschlug.[6] Wie aber stand Wates Tat im Ablauf des Geschehens?
Denkbar sind zwei Zusammenhänge. Wate war Helfer oder Rächer Hetels: entweder trat er als Kämpfer an Hetels Stelle, dieser
blieb am Leben und frei von Blutschuld am Vater der Entführten;
„so konnte er mit dieser in Frieden weiterleben, und die Sage erhielt... einen versöhnlichen Ausgang".[7] Oder aber war Wates Tat Vergeltung: Rache des Getreuen dafür, daß der 'vâlant aller künege'
seinen Freund oder Herrn erschlagen hatte.[8] Dann läge Doppelrache
vor: der Entführer *und* der Vater fielen ihr zum Opfer, und das
Mädchen blieb allein zurück, auf den Trümmern eines zerstörten
Lebens. Der Rachegeist löste eine unerbittliche Tragik des Geschehens
aus, unbekümmert über Versöhnung und Glück hinwegschreitend.

Mag das alte Hilde-Lied, das Lamprecht kannte, seinem geschichtlichen Keime nach Gewächs der Ostseegegend und Völkerwanderungszeit[9] oder des dänischen Wikingalters[10] sein: seinem

[5] Lamprechts Alexander ... hrsg. und erklärt von Karl Kinzel, Halle
1884 (Germanistische Handbibliothek 6), Vorauer Alexander, v. 1321 ff.

[6] Das darf, wie uns scheint, nicht wegen der etwas unklaren Ausdrucksweise der Worte Lamprechts bezweifelt und durch Konjekturen verdunkelt
werden.

[7] So Ernst Martin, Einleitung S. L.

[8] So Hermann Schneider, Germanische Heldensage, 1. Bd., Berlin-
Leipzig 1928 (Grundriß der Germanischen Philologie 10), S. 381. Im
folgenden zitiert als Schneider I.

[9] So Schneider I, S. 383.

[10] So Theodor Frings, Hilde, in: Beiträge 54, 1930, S. 391 ff., der dabei
die grundlegende Stelle aus dem ›Widsith‹ um 700 umdeuten und ihren
Zeugniswert entkräften muß.

Geiste, von dem bei Lamprecht ein Hauch zu verspüren ist, dürfte diese konsequente, alles in ihren Abgrund ziehende Tragik tiefer entsprechen. Entweder mußten beide, Vater und Entführer, fallen — Ursprungsstufe der Hilde-Handlung — oder beide am Leben bleiben — Endstufe des Geschehens. Jede andere Lösung ließe einen peinlichen Rest und offene Fragen nach der Möglichkeit eines befriedeten Lebens der Zurückbleibenden. Wenn Hetel davonkam, Hagen aber von Hetels Getreuen erschlagen wurde, so war er zwar frei von unmittelbarer Blutschuld, aber — vom Gebot der Blutrache aus, das doch wohl für die Ursprungsstufe als gültig anzusetzen ist — seine Ehe mit der Tochter des Toten schwer belastet.

Das Epos entscheidet sich für die untragische Lösung. Es mildert Hetels Tod zu einer Verwundung durch Hagen ab (506) und schreitet dann über den Zweikampf zwischen diesem und Wate rasch, fast flüchtig-sorglos zu herzlicher Versöhnung, in der für die Beteiligten kein peinlicher Rest, für den Zuhörer doch wohl der Eindruck bleibt, das Gefühl gekränkter Ehre sei eigentlich ein Mißverständnis gewesen. Mit der soziologischen Rücksicht auf Hetels Würde und Herkunft siegen letztlich Verstandesgründe über den Rachewillen des Erbosten. Der grimme Hagen der Ursprungsstufe wäre wohl kaum durch eine solche Eröffnung zu besänftigen gewesen: ihm war seine 'êre' etwas Unbedingtes und darum auch unbedingt durchzusetzen. Der Kaufpreis der Versöhnung, die der Dichter entsprechend seiner geistigen Haltung will, entsprechend seinem großepischen Gesamtplane braucht, ist eben ein Nachlassen des unbedingten Ernstes in der Auffassung des Helden von seiner 'êre'.

So stehen sich in dem Liede, das Lamprecht kannte, und dem Epos zwei Marksteine der Sagenentwicklung gegenüber. Dort unerbittliche Konsequenz und Tragik im Walten des Rachegeistes, der sich in einer tödlichen Doppelrache ersättigt und das Mädchen — dem, wie einst Deianeira in den ›Trachinierinnen‹ des Sophokles, „Schönheit Leid bereitet"[11] — einsam in ein vernichtetes Leben hineinstößt. Hier Verzicht auf Rache, Versöhnung der Gegner, Findung der Möglichkeit entspannten Lebens für alle Beteiligten,

[11] Sophokles, Trachinierinnen, v. 25.

Umgehung der Tragik — damit aber auch Abschied von der großartigen Unbedingtheit der Existenz, die sich jetzt verständigen
Erwägungen bequemt, wo sie einst um jeden Preis, auch um den
des Untergangs, dem herrischen Anruf der 'êre' folgte. Das Leben
ist vernünftiger, aber auch weniger heroisch und großartig geworden.

Wer mag jenen tiefen Eingriff vorgenommen haben? Der Ku-
drun-Epiker oder schon sein Vorgänger, der österreichische Dichter
des Hilde-Epos gegen Ende des 12. Jahrhunderts?[12] Die Frage ist
nicht evident zu entscheiden, geschweige denn gordisch zu lösen, nur
behutsam abzutasten. Unter dem Gesichtspunkt der Gesamtkomposition des Epos spitzt sie sich dahin zu: hat der Kudrun-
Dichter den tragischen Ausgang hauptsächlich darum abgebogen,
weil er Hetel am Leben lassen mußte, wenn er sein besonderes
Anliegen, die Kudrun-Handlung, genealogisch anknüpfen wollte
— oder ergab sich ihm der Plan einer generationsmäßigen Verbindung daraus, daß er in seiner Vorlage schon die Tragik der Hilde-
Handlung abgewendet, die Versöhnung vollzogen fand? Dann
wäre diese wohl nicht nur die äußere Voraussetzung, sondern der
fruchtbare Keim, woraus ihm der Gedanke erwuchs, das Geschehen
um eine Generation weiterzuspinnen. Die Auffassung hat einiges
für sich. Wenn das frühere Kampfspiel zwischen Hagen und Wate
(357 ff.), wie anzunehmen, schon der Vorlage angehört, die ja „in
der Ausführung der Brautwerbungsfabel ihre Stärke suchte"[13], so
ist vielleicht gerade in der ritterlichen Achtung und heiteren Freund-
schaftlichkeit, mit der die Alten hier das Spiel beenden, ein Ansatz
zur Verständigung auch in dem ernsten Kampfe gegeben[14]. Aber
gewichtigere innere Gründe scheinen doch dafür zu sprechen, daß
das Hilde-Epos am tragischen Ausgang des Liedes festgehalten oder
doch eine Mittelstellung der Art bezogen hat, daß Hagen vor dem
Schwerte Wates, Hetel dagegen am Leben blieb.[15] Diese Lösung
könnte nur ein Kompromiß sein. Aber sie wäre geistesgeschichtlich

---

[12] S. darüber Schneider I, S. 383.
[13] Ebd.
[14] Anders Schneider I, S. 363.
[15] Vgl. Schneider I, S. 383.

von Bedeutung. Es würde der Übergang von der konsequent tragischen Ursprungs- zur untragischen Endstufe sinnfällig: in Hagen träte der alte, starre, keinen Vernunftgründen zugängliche Rachegeist noch einmal machtvoll in Erscheinung, um mit des Alten Tod aus der Wirklichkeit zu scheiden und die Welt einem biologisch und geistesgeschichtlich jüngeren, versöhnungswilligen, für befriedetes und gesichertes Leben offenen Geschlecht zu überlassen.

Gewißheit ist nicht zu gewinnen. Aber selbst wenn die volle Versöhnung schon dem Hilde-Epiker eigen gewesen sein sollte, mußte sie tief den milderen Sinn ansprechen, mit dem der komponierende Kudrun-Dichter seine großräumige Handlung aufgebaut und das Ganze seines Planes durchsetzt hat. Er hebt bewußt den unerbittlich tragischen Gang des Schicksals durch die Generationen auf, indem er den alten, unbedingten Rachegeist durch die Gestalten, die ihm am Herzen liegen, verabschieden und durch den Geist der Versöhnung überwinden läßt. Er schafft damit seinen Hauptgestalten eine andere, leichtere Möglichkeit des Bleibens im Leben, als sie ihnen im alten Liede gegeben war. Der Schluß der Hilde-Handlung steht nicht nur kompositionell, durch die Identität mehrerer personae dramatis, sondern auch dem Geiste nach in unlösbarer Verbindung mit der Art, wie im Kudrun-Teil die schwierigsten Verwicklungen gelöst werden.

II. Kudrun

A. Problemgeschichtliche Untersuchung

1. Die Idealisierung und moralische Entlastung Hartmuts

Über die Abweisung der Brautwerber Hartmuts sind Jahre dahingegangen, da begibt sich der Verschmähte unerkannt an Hetels Hof und sucht unmittelbare Verbindung mit der Umworbenen (617—629). Eine „romantisch." getönte Episode, wohl recht junger Schicht angehörig, aber zu Unrecht einst verdammt [16]: sie durch-

---

[16] Wilmanns, Die Entwicklung der Kudrundichtung, Halle 1873, S. 142:

kreuzt nicht die Grundtendenz der Dichtung, sondern hat eine wohlbedachte Funktion und soll einen bestimmten Schein über alle späteren Ereignisse werfen. Ihr Sinn dürfte allerdings nicht darin liegen, daß der Anblick der Geliebten Hartmut erst recht in Leidenschaft und tragische Verblendung stürzt.[17] Sie soll vielmehr sein

„eine der schlimmsten Partien der Dichtung, weil sie mit der Grundanlage so ganz in Widerspruch steht". Dagegen Karl Droege, ZfdA 54, 1913, S. 146, der an sich richtig der Episode die Absicht zuspricht, „besser vorzubereiten", aber dabei in falsche Richtung geht, und Hugo Rapp, Das Problem des Tragischen in der Gudrunliteratur, Diss. Köln 1928, S. 43 f., wo der Episode eine „ästhetische Berechtigung" insofern zugestanden wird, als sie „eine Entwicklungsstufe in Hartmuts Leidenschaft", nämlich den Beginn tragischer Verblendung darstelle. Auch damit scheint uns der Sinn nur ungenau erfaßt zu sein. — Eduard Sievers, Die stimmliche Gliederung des Kudruntextes, in: Beiträge 54, 1930, S. 418 ff., weist die Episode der sechsten unter den „acht von einander nach Stimmart und Personalkurve deutlich unterscheidbaren Händen" zu, die am Kudrun-Texte tätig gewesen sein sollen. Die 10. und 11. Aventiure (Str. 587—629), umfassend die erste Normannenepisode, gehören lückenlos dieser sechsten Hand.

[17] So H. Rapp, a. a. O., S. 43 f. — Darf überhaupt, wie er es tut, von „Kemenatenszene" gesprochen und aus der Erzählung ein heimliches Beisammensein unter vier Augen herausgelesen werden? Über die Episode liegt, wie uns scheint, ein seltsames, vielleicht gewolltes Zwielicht: die 'tougen ougen blicke' (624) würden zwar zu einem heimlichen Kemenatenbesuche passen, sind aber auch mit einem Zusammensein in Gesellschaft bei Hofe sehr wohl verträglich, und der folgende Ausdruck 'er enbôt ir heimlîche' widerspricht der Annnahme eines heimlichen Besuches, bei dem doch Hartmut seinen Wunsch persönlich vorgebracht hätte. (Vom Stil her gesehen, widerrät eine solche Annahme vielleicht auch das Fehlen aller direkten Rede.) Am ehesten wird man sich den Hergang so vorzustellen haben: Hartmut erscheint mit kleinem Gefolge bei Hof (621), hat hier „gesellschaftlichen Erfolg" (622), bekommt dabei Kudrun zu sehen (624, 1) und bleibt ihr seiner Erscheinung nach nicht gleichgültig (624, 2), sendet ihr heimliche Botschaft über seine Persönlichkeit und sein Anliegen (624, 3) und empfängt von ihr, wiederum durch einen Dritten, Worte der Huld, aber zugleich der Warnung. Sie gibt damit zu verstehen, daß sie die Grenze nicht zu überschreiten gedenke; für Hartmut aber liegt in ihrer Antwort der Nachdruck eben auf dem Zeichen der Huld, das ihn zum Handeln ermutigt.

gewaltsames Vorgehen entlasten und vom Anschein des Gewalt-
sinns, der Brutalität freimachen. Er scheidet, so erzählt der Dichter,
in tiefem Zwiespalt:

> Also schiet von dannen der wol gezogene gast,
> daz er über rücke truoc den grôzen last,
> wie er sich geraeche an Hetelen der leide
> und daz er doch dar under niht vlür die hulde der vil schoenen meide.
>
> (627)

Mit diesen jungen Versen ist von einem Dichter, der sich vom
Sinn des Ganzen Rechenschaft zu geben suchte und zu geben wußte,
klar ein Kernproblem des Epos formuliert. Worin besteht es, und
wie wird es durchgeführt?

Hartmut hat seinerzeit nicht gleich zum Gegenschlag ausgeholt,
sondern die Kränkung jahrelang „geschluckt" (617) und dabei doch
Kudrun nie vergessen noch aufgegeben. Eh er zur ultima ratio der
Gewalt greift, will er in eigner Person, gleichsam den Zauber seines
Wesens in die Waagschale legend, einen letzten gütlichen Versuch
machen, Kudrun für sich einzunehmen. Er gibt sich ihr heimlich zu
erkennen und empfängt von ihr ein Zeichen der Huld — doch es
besteht eben in der warnenden Bitte, seiner Sicherheit zuliebe sofort den Hof ihres Vaters zu verlassen. Ihre leise Gewogenheit
äußert sich als Sorge. Darin liegt offenbar die Begründung dafür,
daß Hartmut dann mit Heeresmacht wiederkehrt: er hofft, Kudrun, die jetzt die Grenze gezogen hat, doch als Entführte
durch die Ausstrahlung seines ritterlichen Wesens zu sich herüber-
zuziehen.

In der kurzen Episode ist die Hand eines Dichters spürbar, der
sehr vorsorglich im Motivieren, fast ängstlich um sicheren psychologischen Unterbau bemüht, auf Gerechtigkeit bedacht und zudem
von einer fast zärtlichen Zuneigung zu seinem Helden erfüllt ist,
auf dessen 'êre' und 'zuht' kein Schatten fallen soll — die Hand
eines besinnlich zarten Dichters, dem auch gelegentliche Wort- und
Klangspiele wie: 'daz muote Hartmuoten harte sêre' oder: 'tougen
ougen blicke' (623, 4. 624, 2) wohl anstehen. Dieser gerechten Über-
legsamkeit, die mit Vorliebe die inneren Motive für das spätere
Geschehen aufspürt und bereitlegt, entspricht sowohl die Andeu-

tung der Grenzlinie im Verhalten Kudruns wie die Schilderung der Empfindungen Hartmuts in der zitierten Strophe. Von seiner ritterlich-schönen Erscheinung angetan, ist Kudrun ihm 'genaedec', ohne ihm doch 'sînes willen lützel iht' zu gewähren (626). Hartmut seinerseits hat die Kränkung von einst durch Hetel nicht verwunden. Sie ruft nach Rache an dem Vater — aber diese muß so „verhalten" sein, daß sie 'die hulde' der Tochter nicht aufhebt, das Verhältnis zu ihr nicht über Maß belastet oder gar die Erfüllung seines Wunsches für immer zunichte macht. Wahrung der 'êre' gegenüber dem Vater, der 'zuht' gegen die Tochter: in dieses Dilemma fühlt sich Hartmut geraten, wenn er überhaupt handeln will. Er zeigt sich damit frei von barem Gewaltsinn; nur ist diese Freiheit auf der Kehrseite ein gewisser Mangel an Unbekümmertheit, an „Gewissenlosigkeit" des Handelns. Aber eben daß der Dichter Hartmut einen solchen Konflikt andichtet und ihn im voraus die notwendigen Grenzen seines Handelns bedenken, die möglichen Auswirkungen besorgen läßt: eben dies ist ein Zeichen dafür, wie sehr es ihm darum zu tun ist, seinen Liebling in dem Augenblicke, da er faktische Schuld auf sich zu nehmen entschlossen ist, auch schon von der inneren Schuld der Fühllosigkeit des Herzens und von der moralischen Verantwortung für die bösen Weiterungen freizusprechen. Es sei, so will er andeuten, nicht Hartmuts Schuld, wenn aus seiner Tat tragische Verwicklung entsteht, die den Rachegeist entfesselt und Versöhnung unmöglich macht.[18] Es ist teils das

---

[18] Nochmals hebt der Dichter in der folgenden Str. 628 hervor, wie Hartmuts Empfinden beim Scheiden zwischen Furcht und Hoffnung schwankt:

jâ was sîn gedinge übel unde guot,
wie er verenden kunde daz werben nâch der vrouwen.

Wenn dann die Strophe schließt mit den Worten:

dô wart nâch der stunde vil helme durch ir willen verhouwen,

so ist das nicht leeres Strophenfüllsel, sondern deutet an, daß es trotz Hartmuts bestem Willen infolge des Dazwischentretens anderer nicht nach seinem 'gedinge' gegangen ist.

Schicksal selbst, teils die Härte der Vätergeneration, wodurch dem
Königssohne das erwünschte Gleichgewicht von Ritterlichkeit und
Vergeltung gestört, eine harmonische Lösung des Konflikts ver-
eitelt wird.

Ebensosehr ist der Dichter während und nach der Gewalttat
Hartmuts bestrebt, ihn zu entlasten, ohne ihm doch die Anfälligkeit für leidenschaftliche Regungen gekränkter 'êre' zu nehmen.
Hartmut hat Hetels Abwesenheit ersehen, um, begleitet von seinem Vater, mit Heeresmacht vor die Hegelingenburg zu rücken.
Entschlossen, im Fall erneuter Abweisung zur Gewalt zu schreiten,
richtet er ultimativ eine letzte Werbung an Kudrun und ihre Mutter. Er macht dann auch seine Drohung wahr. Aber sein Verhalten
ist auch jetzt nicht eigentlich von Rachsucht bestimmt. Sobald sein
Ziel erreicht, sucht er den Rachegeist zu bannen, die entfesselten
Leidenschaften zu bändigen. So schreitet er gegen die Brand-
schatzung der Burg ein (799 f.). Die Rache an Hetel besteht für ihn
eigentlich nur darin, daß er den alten Anspruch auf Kudrun mit
Gewalt durchsetzt, ohne doch diese weiter zu entzügeln als zur
Brechung des Widerstandes notwendig. Aber dieses besonnene Maß
kommt nicht aus Stumpfheit des Herzens. Mehr als einmal wallen
Zorn, Scham und Bitterkeit in ihm auf; so, als ihm statt des guten
Bescheides der Geliebten, dessen Erwartung ihn voll Ungeduld dem
Boten entgegeneilen läßt, der bittere Hohnspruch der Burgleute
überbracht wird (774—776). An diesen fühlt er sich dann als Sieger
zu maßloser Rache versucht (796). Aber der Dichter läßt seinen
Liebling von solchen Regungen zwar berührt, doch nicht über-
mannt werden. In dem Königssohne steht so von Anfang an ein
Charakter von Maß, Zucht und Besonnenheit da: keineswegs un-
empfindlich gegen Kränkungen seiner 'êre' oder gefeit gegen düstere
Aufwallungen, wohl aber fähig, seine Leidenschaften zu zügeln und
die Ursache des Geschehens von maßloser Wirkung freizuhalten —
ein Mensch, der im rechten Augenblicke kraftvoll zu handeln weiß,
aber sich hütet, dem Gefühl der Kränkung endlose Weiterungen zu
geben. Sein Verhalten liegt durchaus auf der Linie des psychologischen „Programms" in Str. 627.

Zu Hause dann empfindet Hartmut, anders als seine Eltern,
menschlich tief und rein genug, um Kudruns Leid ob ihres „Elends"

und ihres erschlagenen Vaters zu ermessen. Er vermag ihre Verschlossenheit und „Empfindlichkeit" nachzufühlen (1001. 1016), er geduldet sich immer wieder, ja er versteht wohl gar, daß Kudrun eigentlich ihn hassen muß (1050), und erkennt im Anbruch des Rachetags das Walten gerechter Vergeltung:

> daz wir verdienet haben hie bevor,
> daz wil sich waerlîche hiute an uns erzeigen.
>
> (1456)

Wie sich Hartmut in dieser Bedrängnis als Mensch verhält, ist ein Prüfstein seiner adligen Art. Es wäre wohlverständlich, wenn angesichts der Vergeltung tiefe Bitterkeit über das vergebliche Werben und Warten, und über Kudruns trügerische Bereitschaft zur Hochzeit am Abend zuvor, in ihm losbräche und in Haß und Rachsucht gegen sie aufflammte. Nichts davon. Was bei Hartmut in seiner Lage denkbar wäre, ist auf Gerlind abgeladen, ihr Sohn aber zum Retter der meuchlerisch bedrohten Kudrun gemacht. Eindringlicher ließ sich kaum der Wunsch ausprägen, Hartmut zu entlasten und durch Idealisierung seines ritterlichen Wesens seiner Schonung und der Versöhnung vorzuarbeiten. Mit dem Blick auf Gerlind wird unten über die Szene weiter zu sprechen sein; schon jetzt läßt sich aber wohl sagen, daß hier zwei Generationen in ihrem Verhältnis zum Geist der Rache konfrontiert sind. Hartmut als der ideale männliche Vertreter des jüngeren Geschlechtes korrigiert gleichsam das Verhalten des älteren und scheidet sich von dem Rachegeist insoweit, als dieser die höfische Norm der 'zuht' gefährdet und das Böse zu entbinden droht.

Hartmut ist somit niemals Träger unbedingten Rachewillens. In seiner Gestalt verdrängt die Norm der Ritterlichkeit das Walten des Rachegeistes. Seine Tat, der Raub Kudruns, birgt wohl den Anstoß, nicht aber sein Charakter und seine Einstellung zur Wirklichkeit den Keim der tragischen Entwicklung. Diese wird im wesentlichen von außen her ausgelöst. Da ist zunächst die Gesinnung Gerlinds. Ihr Ehrgefühl als Mutter ist durch die mißglückte Werbung tiefer verwundet als das des Sohnes: wie früher die gütliche Werbung, betreibt sie jetzt besonders eifrig die Heerfahrt, die sie bewußt als Rachezug angesehen wissen will: sie wirkt eindeutig als

„Scharfmacherin" (737) [19]. — Tragisch heillos aber wird die Situation nach Kudruns Raub erst durch den Gewalttod ihres Vaters. Damit ist Versöhnung unmöglich geworden. Blut ruft nach Blut. Das Schicksal selbst macht so die gütliche Absicht Hartmuts, die Dinge in gehörigen Schranken zu halten, zunichte und drängt das Geschehen in fast zwangsläufige Bahn.[20] Aber das Werkzeug des Schicksals ist eben auch an diesem Wendepunkt nicht der Entführer selbst, sondern sein Vater. Es ist auf beiden Seiten die Vätergeneration, die den Rachegeist entfesselt, mehr noch: ihn verkörpert.

2. Der Rachegeist und die Vätergeneration

Wie wirkt sich Hetels Schlachtentod und die Niederlage auf dem Wülpensand in der Gesinnung seiner Getreuen aus? Die Befriedigung ihrer wilden Rachgier (882—885) wird durch die sinkende Nacht unterbunden; auch sind die Ausfälle zu stark, als daß man den Normannen sofort nachsetzen könnte. Am meisten erbittert dies den alten Wate, der sich vor allen andern zur Gefolgschaftsrache an Ludwig berufen fühlt (901). Der Dichter läßt ihn selbst die Niederlage als Strafe Gottes für das Vergehen an den Pilgern betrachten (931); aber der Rachegedanke wird durch diese Bußgesinnung keinen Augenblick erschüttert, ja, für den Alten ist der Entgelt für den Frevel im Grund ein Mittel, das die Schleuse der göttlichen Gnade wieder öffnen und den Erfolg des nächsten Kamp-

[19] Warum Gerlind, nach dieser Strophe, ihren Haß gerade auf Wate und Frute wirft, ist aus der Dichtung, wie sie vorliegt, nicht ersichtlich; man muß sich wohl mit der Erklärung zufrieden geben, daß sie die beiden als die maßgeblichen Berater Hetels, auch in der Frage der Werbung, ansehe.

[20] H. Rapp, a. a. O., meint, der Dichter, der ja das Geschehen auf dem Wülpensande unter christlichem Gesichtspunkt betrachtet, stelle Hetels Tod als Strafe für den Raub der Pilgerschiffe und die Pressung der Kreuzfahrer zum Heeresdienste hin. Aber es ist hier wohl subtilere Unterscheidung geboten: nicht eigentlich in Hetels Tod, sondern in der Niederlage der Hegelingen an sich liegt die Strafe für ihren Frevel. Das ergibt sich besonders aus Wates Worten an Hilde in Str. 931.

fes verbürgen soll. Die Verbindung von Rachbegier und Rachepflicht macht das Planen und Handeln ganz unkompliziert und
geradlinig. Wate sucht als Unglücksbote seine Herrin Hilde sofort
durch den Hinweis auf einen späteren Vergeltungszug aufzurichten.
In der Tat bietet ihr nun allein dieser Gedanke Halt in ihrem Leiden (928 f.). Auch Herwig stellt sein Leben unter das Gelübde der
Rache an dem Brauträuber (936). Aber im Reichsrat setzt Wate,
von Frute unterstützt, gegen die Ungeduld der Königin die realistische Auffassung durch, die Sorge um Kudrun dürfe nicht zu
überstürztem Handeln verleiten (941. 942, 4); die Fahrt könne erst
unternommen werden, wenn die Ausfälle aufgeholt seien.

> Dô sprach Wate der alte 'ez kan niht ê geschehen,
> die wir dâ hân ze kinden, unz daz wir gesehen,
> daz si sint swertmaezic, vil manec edel weise,
> sie gedenkent an ir mâge und helfent uns vil gerne zuo der reise'.
>
> (940)

Die Schlacht auf dem Wülpensande hat eine Generation gelichtet;
die Mannschaft der künftigen Heerfahrt soll vornehmlich von dem
heranwachsenden Geschlechte gestellt werden, in dem so viele
Kriegswaisen sind. Ihnen wird Rachepflicht Gefolgschaft leicht-
machen. Ihre Heerfahrt wird Blutrachezug sein.

Nach dem Reichsrat treten die Hegelingen für lange Jahre zurück hinter Kudruns Leiden und Harren. Aber wir wissen seit der
Beratung: Hilde ruht nicht (943) [21], und kaum bedarf es der an-
knüpfenden Versicherung zu Beginn der 22. Aventiure (1071).
Wieder ist es die Vätergeneration, vertreten durch Hilde und Wate,
die sich unbedingt dem Rachegeist unterstellt. Die Jüngeren entziehen sich ihm nicht, sind aber niemals gleich stark von ihm erfüllt. Deutlich zeigt sich das im Kampf um die Normannenburg.
Die Rache vollzieht sich hier in drei Aristien, deren Helden Ortwin, Herwig und Wate sind. Am wenigsten eindrucksvoll tritt der
junge Ortwin hervor, der Hartmut angreift, aber von ihm verwundet wird (1404 ff.). Dabei läuft dem Dichter das arge Ver-

---

[21] Vgl. die feinsinnigen Bemerkungen darüber von Friedrich Panzer,
Hilde-Gudrun, Halle 1901, S. 124.

sehen unter, Hartmut als Hetels Mörder bezeichnen zu lassen. Die kurze, stumpfe Szene erweckt den Eindruck, als sei sie nur angebracht, damit der Junge, der doch als erster seinem Vater zur Blutrache verpflichtet ist, nicht allzu kurz wegkomme; doch ist auch auf diese Abfindung nicht viel Mühe verwendet. Bedeutender tritt Herwig als Vollzieher der Rache an Ludwig auf (1430 ff.). In der prachtvollen Drohrede, die den Zweikampf einleitet, liegt der Nachdruck weniger auf der Erschlagung Hetels als auf dem Raube Kudruns. Das ist bei Herwig wohlbegründet, aber auffällig insofern, als er dafür den Vater Hartmuts verantwortlich macht. Auffällig ist auch, daß Herwig gerade jetzt die Möglichkeit friedlicher Schlichtung andeutet: er verlangt die Herausgabe Kudruns oder Kampf auf Leben und Tod (1435). Anscheinend soll hier auch Herwig als Vertreter des jüngeren Geschlechtes gekennzeichnet werden. Der alte Ludwig lehnt, wie zu erwarten, jedes Einlenken ab: er rühmt sich seiner Tat und bekennt sich damit zu dem Geiste der Vätergeneration. So ist der Zweikampf unvermeidlich. Herwigs Rachetat wird nun aber psychologisch eigenartig differenziert und aktualisiert in einer Art Zwischenspiel (1438 ff.). Er wird von Ludwig niedergeschlagen und nur mit Müh und Not von seinen Mannen gerettet. Als er von seinem Falle sich erhebt, gilt sein erster Gedanke Kudrun, sein erster Blick der Zinne der Burg, ob sie wohl von dort aus seine Niederlage mitangesehen habe, und ein kurzes Selbstgespräch — ein in der ›Kudrun‹ seltenes, darum hier um so bedeutsameres Stilmittel — gibt seinen Empfindungen Ausdruck. In Scham und Wut dringt er dem 'alten grîsen' nach und kommt ans Ziel der Rache. 'e hete im wol vergolten, daz er was gevallen' (1446, 3): mit diesen sarkastischen Worten schließt die eindrucksvolle Szene, worin sich düstere Wucht des Geschehens und höfische Tönung des Empfindens glücklich verbinden. Herwig rächt also nicht bloß Kudruns Raub, er stellt zugleich vor sich und ihr seine Kampfesehre wieder her.

Der Unerbittliche, der Rächer kat'exochén unter den Hegelingen ist der alte Wate. Daß Hartmut im Kampfe mit ihm mit Gefangenschaft davonkommt, darüber wird im zweiten Teil zu sprechen sein. In der Erzählung, wie sie vorliegt, wird der Sachverhalt nicht ganz klar; moralisch und psychologisch jedenfalls ist Hartmuts

Schonung kaum auf Wates Rechnung zu setzen; hat doch der soeben das Ansinnen Herwigs, Kudruns Bitte gemäß das Leben seines
ritterlichen Gegners zu schonen, mit Entrüstung als absurd und gefährlich abgeschlagen.

> Wate sprach mit zorne   'her Herwîc, nû gât hin!
> solt ich vrouwen volgen,   war taete ich mînen sin?
> solt ich sparn die vînde?   daz taete ich ûf mich selben.
> des volge ich iu nimmer.   Hartmuot muoz sîner vrevele engelden'.
>
> (1491)

Für einen Mann wie Wate ist Frauensinn und Frauenrat an sich
unvernünftig; ihm zu folgen, d. h. hier: den Geist der Versöhnung
anzuerkennen und den Feind zu schonen, wäre Torheit, Selbst-
gefährdung, da jenem — sei er persönlich, wer er sei — keine auf-
richtige Versöhnungsbereitschaft zuzutrauen ist. 'Hartmuot muoz
sîner vrevele engelden', muß für seine Vermessenheit, den Raub
Kudruns, bezahlen: Wate denkt gar nicht daran, wie es der Dichter
zu tun geneigt ist, faktische und moralische Schuld zu unterscheiden
und Hartmut von der letztern freizusprechen. Für ihn ist Schuld
Schuld, daher das Verhältnis von Schuld und Sühne unverrückbar;
die Ordnung der Welt beruht darauf, und Frauenmilde hat darin
keinen Platz. So murrt Wate auch nach dem Siege noch gegen die
milde Behandlung des Normannenfürsten.

Derselbe starre, in seiner Einseitigkeit großartige Grundsatz
äußert sich nochmals in krassester Form, wenn Wate selbst die
Kinder in der Wiege umbringt und Irolts entrüsteten Einspruch mit
der Sorge vor späterer Rache abtut:

> Dô sprach Wate der alte   'dû hâst kindes muot.
> die in den wiegen weinent,   diuhte dich daz guot,
> daz ich si leben lieze?   solten die erwahsen,
> sô wolte ich in niht mêre   getrouwen danne einem wilden Sahsen'.
>
> (1503)

Mit Gerlind vollends und der ungetreuen Hergard macht der
Alte kurzen Prozeß; kaum daß ihm Kudrun die Schonung Ortruns
und ihrer Frauen abzuringen vermag, an denen er finster vorbei-
sieht (1525 f.).

In der Art, wie Wate den Protest gegen den Kindermord und
besonders die Bitte um Schonung Hartmuts abtut, liegt etwas
Grundsätzliches, fast Programmatisches. Was der Alte im Dienst
der Rache sagt und tut, soll ihn nicht nur als Charakter kennzeichnen, sondern als Typus, als Vertreter einer bestimmten Lebens-
auffassung und -form, mit der sich der Dichter ernsthaft ausein-
andersetzt. Wate vertritt eine Welt, die nicht mehr die des Dichters
ist, an deren finsterer, graniten in sich ruhender Größe er jedoch in
einer Mischung von Respekt und Schauder emporschaut: eine harte
und starre, aber auch klare und eindeutige, eine ungebrochene und
unbeugsame Welt — eine Welt, in der die Dinge und Taten sicher
und unverrückbar dastehen, in der es keine seelischen Konflikte,
keine dämmernden Empfindungen, keine Schwankungen des Sinnes
und Willens gibt, in der Feind Feind, Schuld Schuld ist, Weichheit
als Schwäche, Milde als Torheit erscheint und der Mensch Amboß
oder Hammer sein muß. Wie kennzeichnet es diese Welt und ihren
Vertreter, wenn er die allgemeine Rührung, die sich der Helden bei
Ortwins Bericht von Kudruns Demütigung bemächtigt, mit zorni-
gen Worten hinwegfegt und zur rächenden Tat aufruft:

> Dô weinten alle mâge,   die man dâ sach.
> Wate der vil alte   zorneclîche sprach
> 'ir gebâret alten wîben   vil gelîche,
> ir enwizzet war umbe.   jâ stât ez helden niht lobelîche.
>
> Welt ir Kûdrûnen   helfen ûz der nôt,
> sô sult ir nâch der wîze   diu kleider machen rôt,
> diu dâ habent gewaschen   ir vil wîze hende.
> dâ mite sult ir ir dienen,   sô mac si komen ûz ir ellende'.
>
>   (1342 f.) [22]

Wates Beiwort ist hier bedeutsam noch gesteigert: *'der vil alte'*:
er reicht mit seiner Art in ein höheres, graueres Weltalter hinauf.
In dieser Weltzeit, wie sie in dem Alten düster wuchtig in die Ge-

---

[22] Ganz ähnlich ist die Szene nach Kudruns Entführung (824 f.): die
Hegelingen alle brechen in Tränen aus, Wate allein denkt ungerührt ans
Nächstliegende, die Geheimhaltung der Nachricht, und an die Möglichkeit
späterer Rache.

genwart hereinragt, ist der Rachegeist noch nicht auch nur von der leisesten Erschütterung berührt. Aber die harte und starre Welt, in der Wate haust, ist an sich noch nicht böse. Der Dichter arbeitet wohl eindrucksvoll Wates Unbarmherzigkeit heraus, die Unerbittlichkeit des Rachegeistes, dem er dient, doch er hält jeden Zug der Bosheit oder gar der Tücke von dem Charakterbild des grimmen Alten fern, ja, er kann diesen mit einem trockenen, sarkastischen Humor begaben, der sich gar wohl mit seiner Grausamkeit verträgt. Wate ist ein Stück uralter Natur, gleichsam ein mächtiger Felsblock von Urgestein, unverrückbar in der gepflegteren Landschaft ritterlichen und christlichen Wesens. Es zeugt von bedeutender Kraft, daß es dem Dichter gelungen ist, diese elementare Gestalt, die seinem eigenen Ethos nicht mehr entspricht, ohne Erweichung der Umrisse, ohne Verzerrung und Verfärbung zu zeichnen und, nur von leisem Hauch grotesker Fremdheit angerührt, in seine jüngere Welt zu stellen.

Anders Gerlind, die mit ihm durch die Zugehörigkeit zu einer älteren, wilderen Generation, einem dunkleren Weltalter verbunden ist. Wates Art ist naturhaft „unschuldig" und noch sein Haß gegen Gerlind fast sachlich. Es gibt in ihm keine Untiefen, keine finsteren, ungesunden Winkel der Seele, in denen das Böse brütet, stets bereit, vernichtungswütig aufzubrechen. Darin eben unterscheidet er sich von Gerlind. Wohl ist ihr Verhalten mitbestimmt durch mütterliche Liebe, die sie gegen jeden Widerstand empfindlich macht. Aber diese Liebe entbehrt der rechten Wärme, sie wird aufgesogen von brennendem Ehrgeiz für den Sohn. Dessen Kränkung kann sie nicht verwinden, sie belastet schon ihre erste Begegnung mit Kudrun. Die Freundlichkeit, mit der sie die Heimatlose empfängt und eine Zeitlang umwirbt (978 f.), kehrt sich in Tücke und Bosheit, Härte und Grausamkeit angesichts des ebenso unbeugsamen wie stillen Stolzes der Entführten. Nun wird sie „die Teufelin", das Böse gewinnt immer stärkeren, immer offneren Anteil an ihrem Wesen, und die Zähmung der Widerspenstigen tritt immer mehr zurück hinter einer Rach- und Quälsucht, die sich kleinlicher Mittel keifender Schikane bedient.

Zuletzt nur bricht offen elementar der Haß in Gerlind auf, alles Kleinliche verzehrend, nur noch böse, aber böse in großem Stil: als sie nach Ludwigs Ende die Schlacht und sich selbst verloren geben und daran verzweifeln muß, den Tod ihres Gatten in offenem Felde gerächt zu sehen, da wünscht sie wenigstens ihre Gegenspielerin mit in den Untergang hinabzureißen und dingt einen Mörder, der nur durch Hartmuts herrisches Dazwischentreten an der Meucheltat verhindert wird (1471 ff.). Man mag sich fragen, was den Dichter eigentlich zu dieser Szene bewogen haben mag: ob er mehr den elementaren Haß der Mutter zeichnen wollte oder die unerschütterliche Ritterlichkeit des Sohnes. Das letztere wird wohl der eigentliche Sinn der Szene, Gerlinds Mordversuch also nur mehr der Anlaß zur Bewährung Hartmuts sein.[23] Aber auch so bleibt dieses Aufbrechen finsterer, chaotischer Schichten in einer Seele, die, das Ende vor Augen, im Untergang noch über den Gegner und Sieger triumphieren möchte, eindrucksvoll und als Zeugnis für ahnungsvollen Einblick in Abgründe des Innern merkwürdig — mag auch die Gestaltungskraft des Dichters nicht mächtig genug gewesen sein, eine wahrhaft erschütternde Szene daraus zu machen.[24]

3. Der Rachegeist und das Sein der Frau

Wir nahen uns dem Mittelpunkt des Kreises der Gestalten, die, dem Rachegeiste folgend oder seiner Dämonie verfallend, Kudruns Schicksal mitbestimmen und zugleich tief von ihrem Wesen angerührt werden. Andere Luft weht hier uns an, in allem Leid und Streit umfängt uns Atmosphäre von Lauterkeit und Stille. Hartmut, dem normannischen Hauptvertreter des jüngeren Geschlechtes, ist das Banner der Versöhnung, das er zu tragen wohl bereit und fähig wäre, durch die Vätergeneration aus der Hand geschla-

[23] Denkbar wäre wohl außerdem, daß durch Gerlinds Mordversuch ihre eigene Tötung durch Wate als Akt der Gerechtigkeit hingestellt werden sollte. Für sie gälte dann in vollem Maße Hartmuts Einsicht (1456): 'daz wir verdienet haben hie bevor / daz wil sich waerliche hiute an uns erzeigen'.

[24] Über Ähnliches in der klassischen Menschengestaltung Schillers s.: Die Krisis des Menschen im Drama des jungen Schillers, in dem Bande: Forschung und Deutung, Nr. 4.

gen worden. Es ist das Amt der jungen Frau, es reineren, tieferen Sinnes wieder aufzunehmen.[25]

Die Kraft, aus der Kudrun duldet und handelt, entfaltet sich — und enthüllt sich dem Zuschauer — nur allmählich in der Begegnung mit ihrem Schicksal. Es ist reizvoll zu sehen, wie sie, entsprechend dem Gang des Geschehens, innerlich schrittweise aus kindlicher Geborgenheit, aus der „Unmündigkeit" heraus in den Vordergrund des Handelns tritt, wie sich das vorläufig Lineare, Flächenhafte ihrer Zeichnung zur dreidimensionalen Plastizität der Gestalt entwickelt, wie sie Persönlichkeit wird und in Stufen wach-

---

[25] Zum folgenden, wie auch zur Nachzeichnung der Gestalt Gerlinds, vgl. Annemarie Laubscher, Die Entwicklung des Frauenbildes im mittelhochdeutschen Heldenepos, Diss. Würzburg 1954. Besonders wertvoll ist darin die jeweilige besonnene „Erschließung der Ursprünge" des Wesens und Handelns der Frauengestalten. So erblickt die Vf. „die Ursache der inneren Zwiespältigkeit" in der Zeichnung Gerlinds, „die tief eingreift in den Entwurf des ganzen Epos ... im Schuldgedanken des Dichters. Dem übermächtigen Sckicksal, das zwei Sippen in tragischen Kampf miteinander verstrickt und ohne nach einer Schuld zu fragen, alle in den Abgrund reißt, konnte der christliche Dichter nicht mehr Sprache verleihen. Ihm war ein großes Geschick nur begreiflich in der kausalen Folge von Schuld und Vergeltung ... Bei dem Versuch einer Verschmelzung des tragischen Weltgefühls, wie es im germanischen Heldenlied waltet, mit dem christlichen Schuldgedanken ... gelang eine Verzahnung beider Weltverhalten, keine Synthese. Die germanische Sippenrache wurde damit in den Raum eines Gerechtigkeitsgefühls gestellt, das ihr ursprünglich fremd ist" (S. 126). Auch in der Würdigung von Kudruns Handeln und Leiden wird das christliche Element sehr sorgfältig gegen das germanische der Bindung an die Sippe — die stärker ist als die persönliche an den Verlobten — und gegen dasjenige der unbedingten Treue zu sich selbst abgewogen und dabei in der Frage der Feindesliebe und des Verzichts auf Rache das Suchen nach einem Kompromiß erkannt. Im Schluß des Epos wird „christlich-theologische Dialektik" — doch wohl treffender: christliches Ethos — „dem höfischen Harmoniewillen, der Lebensfreude und mâze dienstbar gemacht, damit germanische Tragik überwunden werden ... kann" (S. 150 f.). — Recht unergiebig ist die wohlgemeinte, doch tendenziös gefärbte Diss. von Maria Jacoba Hartsen, Die Bausteine des Gudrunepos, Diss. Bonn 1941, Amsterdam 1941, die immerhin (S. 37 f. und 85 f.) treffend auf die Bedeutung des Generationsmotivs hinweist.

send ihr Schicksal in die Hand nimmt oder vielmehr ihm entgegen-
reift. Bei Hartmuts erster Werbung ist sie nur Objekt, das nicht
gefragt wird. Ihr Selbstbewußtsein und damit ihre Kraft zu eigenem Handeln erwachen bei seinem heimlichen Besuche. Sein Ultimatum endlich beantwortet, in Abwesenheit des Vaters, nicht die
Mutter, sondern sie selbst. Damit, daß *sie* antwortet, und *wie* sie
antwortet, erweist sie, daß sie mündig, daß sie juristische Person
und sittliche Persönlichkeit geworden ist. Indem sie antwortet,
verantwortet sie ihr Schicksal, und wir ahnen: es wird keine innerlich Wehrlose treffen. Hartmut ist bei seinem heimlichen Besuche
nicht ohne Eindruck auf sie geblieben. Doch ihr Gefühl hat sich
selbst eine Grenze gezogen; so setzt sie seiner ultimativen Werbung
ihre Liebe und Treue zu dem anverlobten Mann entgegen (769 f.).
Aber das sittliche Motiv der Treue, das hier aufklingt und ihre
Haltung in den Jahren der Einsamkeit bestimmen wird, bleibt nicht
das einzige. Es wird überholt durch den Gang der Dinge. Hetels
Tod von Ludwigs Hand schafft für Kudrun eine neue, endgültige
Lage; er trennt sie für immer von dem Sohne des Täters. Zwischen
ihr und Hartmut steht nun nicht mehr nur Herwig, sondern mehr
noch der Schatten des Vaters und all der Getreuen, die auf dem
Wülpensande dort ihr Leben für sie ließen. Mit allem Nachdruck
betont sie dies, als Gerlind zur Hochzeit drängt und ihr damit
Bekenntnis abnötigt:

> Diz erhôrte Kûdrûn   diu ellende meit.
> sie sprach 'vrou Gêrlint,   ez waere iu lîhte leit
> der iuch eines nôte,   von dem ir iuwer mâge
> sô manegen vloren haetet.   jâ möhte iuch ime dienen wol betrâgen'.
>
> (989)

Kudrun macht hier keinen Unterschied zwischen dem Täter und
dem Sohne, der durch den Raub die Bluttat heraufbeschworen hat.
Der Schatten des Vaters ist gleichbedeutend mit dem Geist der
Rache, und Kudrun ist sich seines Anrufs wohl bewußt. Wie aber
reagiert sie darauf?

Theoretisch ließe sich nach Hetels Tod ein Ablauf konstruieren,
worin die Heldin, sei es aus Sippenpflicht oder Haß, dem Rachegeist verfiele, blutige Vergeltung übte und dabei, wie unvermeid-

lich, selber unterginge. Läßt man sich in eine solche Vorstellung ein, so ist der Phantasie Spielraum geboten. Am ehesten wäre denkbar, dem Racheplan zuliebe fände sich Kudrun zur Hochzeit bereit und brächte vor oder nach deren Vollzug Hartmut — und sich selber — um. Wilde Rache solcher Art wäre besonders auch dann vorstellbar, wenn Hartmut ein anderer wäre, als er ist, und sein Gedankenspiel wahrmachte, Kudrun mit Gewalt in sein Bett zu zwingen (1029). So würde der Rachegeist — sei es als unbedingte Sippentreue oder als Verlangen, tödliche Kränkung durch Vernichtung des Gegners auszutilgen — im Untergang der Heldin triumphieren, und es ergäbe sich ein Gerüst tragischer Handlung, wie es aus der Sage von germanischen Heldenfrauen vertraut ist: man denke an die Signy der ›Völsunga-Saga‹, die den Tod ihres Vaters und ihrer Brüder an dem verhaßten Gatten rächt, an die Gudrun der ›Atlakvidha‹, auch an die Gepidentochter Rosamund, die von dem Mörder ihres Vaters, dem Langobardenkönig Alboin, zur Ehe und schmachvoll zum Trunk aus dem Schädel des Erschlagenen gezwungen wird und blutige Rache dafür übt.

Kudrun geht andern Weg, den Weg des Ausharrens, des Duldens und schließlich der Versöhnung. Aber wie in der Zeichnung Hartmuts, ist der Dichter auch hier bestrebt, seine Heldin in dem Adel ihres Wesens und in der Besinnung auf ihr frauliches Selbst nicht blutarm erscheinen zu lassen. Er läßt ahnen, wie im Grund ihres Wesens ein starkes, düsteres Feuer schwelt, wie der Rachegeist auch in ihr arbeitet und wie es in ihr ringt, sein trübes Gären zu läutern. Diese innere Spannung tritt in einem der Gespräche mit Hartmut zutage, in denen sich quälend die unüberbrückbare Kluft auftut, die Hetels Tod zwischen den beiden Menschen geschaffen hat.

'Ir wizzet wol, her Hartmuot, wie ez dar umbe stât,
waz iuwer baldez ellen mir geschadet hât,
dô ir mich dort vienget und mich vuortet dannen,
waz schaden iuwer recken tâten an mînes vater mannen.

Nû ist iu wol künde (daz ist mir leit genuoc),
daz iuwer vater Ludewîc mînen vater sluoc.
ob ich ein ritter waere, er dörfte âne wâfen
zuo mir komen selten. war umbe solte ich danne bî iu slâfen?'

(1032 f.)

Auf Rache an Hartmut sinnt Kudrun nicht, aber der Groll gegen
den Vater trennt sie von dem Sohne. Ludwigs Tat ist wie ein
Schwert, das zwischen ihr und Hartmut liegt. „Wär' ich ein Mann,
er sollte sich hüten, je ohne Waffen in meine Nähe zu kommen":
ein tief aufschließendes Bekenntnis. Es läßt an ein Wort Iphigeniens
denken, die, von Pylades zu wirklichkeitsgerechtem Handeln gedrängt, sich „ein männlich Herz" wünscht, um unbekümmert den
Bereich der Tat begehen zu können — ein Herz, „das, wenn es
einen kühnen Vorsatz hegt, Vor jeder andern Stimme sich ver-
schließt" [26]. In Kudruns Wort scheint zunächst ähnliche Klage um
die der Frau gesetzten Schranken der Tatkraft zu liegen. Doch es
enthält anderes und mehr. Kudrun *will* in den Schranken frau-
lichen Seins verbleiben, sie *will* sich dem düsteren Anruf des Rachegeistes verwehren. Der Sinn und Hintergrund ihres Wortes erhellt
aus der Analogie zu andern Stellen des Epos, wo der Dichter eine
Gestalt mit bedenklichen Vorstellungen und Erwägungen, deren
Verwirklichung gar wohl in ihrer Macht läge, spielen läßt, um
eben dadurch ihr wirkliches Verhalten von der erwogenen Handlungsweise abzugrenzen. Dieses Gedankenspiel, in dem es nicht
zufällig meist um die Versuchung zur Rache geht, scheint charakteristisch für die ›Kudrun‹ zu sein. So erklärt Hartmut nach Eroberung der Hegelingenburg, man sollte nun eigentlich Hochmut
mit Hochmut vergelten und die ganze Besatzung mit Schimpf und
Schande umbringen:

> er sprach 'maget edele, ich versmâhte iu ie.
> mir und mînen vriunden solte ouch nû versmâhen,
> daz wir hie nieman viengen. wir soltens alle slahen unde hâhen'.
>
> (796)

So erklärt er Kudrun später — in demselben Gespräche, dem die
beiden Strophen angehören, von denen wir ausgegangen sind —,
daß es durchaus in seiner Macht stünde, sie als Kebse in sein Bett
zu zwingen:

> 'ir wizzet daz wol, Kûdrûn, daz mîn eigen sint
> diu lant und die bürge unde ouch al die liute.

[26] Goethe, Iphigenie, v. 1677—79.

wer hienge mich dar umbe,   ob ich iuch mir gewünne ze einer briute?'

(1029)

So versagt Hilde der jungen Ortrun zunächst jeden freundlichen
Gruß und meint, daß eigentlich Rache der rechte Empfang für sie
wäre:

'Ich sol ir niht küssen.   zwiu raetest dû mir daz?
daz ich si hieze toeten,   daz zaeme mir vil baz.
jâ habent mir ir mâge   getân vil der leide.
swaz ich hân her geweinet,   daz was ir kunden bestiu ougenweide.'

(1581)

In all diesen Fällen steht der Redende, sich selbst besinnend oder
zur Besinnung gebracht, davon ab, die Tat, mit der seine Erregung
spielt, auszuführen; vielmehr: er hat im Augenblick des Redens
schon Abstand davon, und das bittere Wort stellt nur den letzten
Wellenschlag seiner Erbitterung dar, den Abklang seines Affekts.
Das heißt aber: was der Dichter seine Gestalt sagen läßt, ist eben
das, was er sie in Wirklichkeit nicht tun lassen will, weil die Tat
ihrem edlen Selbst widerspräche. Er hebt sie so bewußt ab von
einer unedlen Haltung, die wohl versuchend nach ihr greift, aber
nicht Herr über sie zu werden vermag. Die Gestalten erweisen sich
damit gerade in der Versuchung als frei. Die Haltung aber, von
der sie sich als frei erweisen, ist diejenige, die einem höheren, wilderen Weltalter, die der Vätergeneration angemessen wäre. Es liegt
etwas ausgesprochen Demonstratives in diesen Äußerungen, ein
idealisierender Zug, der sich siegreich gerade in der Berührung der
Gestalten von Menschlich-Allzumenschlichem kundgibt.[27]
In diesem Zusammenhang ist auch das Wort Kudruns, von dem
wir ausgingen, einzureihen. Es liegt darin nicht nur, daß sie als
Frau nicht mit männlichen Waffen kämpfen *kann*, sondern zugleich,
daß sie es nicht *will*. Wenn sie sich so dem Anruf des Rachegeistes
versagt, so ist damit ihre Haltung, geistesgeschichtlich gesehen, gegen die ihrer großen Schwestern in der Heldensage abgegrenzt.
Germanischer Auffassung nach ist gar wohl auch die Frau der
heroischen Tat und der Blutrache, wenn auch nicht eben in offenem

[27] Vgl. Anm. 24.

Kampfe, fähig und öfters Trägerin abgründig-dämonischen Hasses.
Kudrun erkennt zwar mit ihren Worten das Daseinsrecht der Rache
in der Welt des Mannes an, als Frau aber enthält sie sich ihrer. Damit wird sie entschieden von dem Frauentypus abgehoben, der sich
dem Anruf der Rache gegenüber heroisch verhält und in der Welt
des Mannes lebt. Im Wesen, Reden und Handeln Kudruns sucht
der Dichter den Geist der Weibesrache zu überwinden. Er geht nicht
so weit, den Rachegeist schlechthin aus der menschlichen Welt, aus
der Geschichte zu verbannen; aber das Sein der Frau, und was sie
kraft dieses Seins zu geben hat, liegt für ihn abseits der männlichen
Tatwelt — und vermag eben dadurch besänftigend und versöhnend
auf sie einzuwirken.

Auf dieser Differenzierung von männlichem und weiblichem
Geist in der Einstellung zur Rache, zur heroischen Lebensform
überhaupt, beruht wohl vornehmlich die geistesgeschichtliche Bedeutung des Kudrun-Epos. Nicht daß heroischer Geist schlechthin
aus der Geschichte verwiesen würde; er wird jedoch in seiner Geltung eingeschränkt. Man hat immer wieder das Heroische für die
›Kudrun‹ zu retten versucht. Sie ist nicht eigentlich von heroischem
Ethos erfüllt; aber dessen Fehlen ist nicht ein „Mangel", denn es
ist nicht darin begründet, daß der Dichter nicht heroisch gestalten
kann, sondern daß er es nicht will, weil er anderes vorhat.[28] —

Im Vergleich mit altgermanischen Heldenfrauen könnte, wie
bemerkt, das in Kudrun gestaltete, vom Heroischen abgegrenzte
Bild vom Sein der Frau etwas blutlos anmuten. Diesen Eindruck zu
entkräften, gibt der Dichter seiner Heldin in die Jahre der Demütigung außer Leidensbereitschaft unbeugsamen Stolz mit. Er läßt
sie nach der Begegnung mit Herwig und Ortwin in wilden Trotz, in
der entscheidungsschwangeren Nacht darauf in unbändiges, un-
heimliches Lachen ausbrechen. Es ist mit diesem Jubel nicht un-
verträglich, wenn Kudrun am nächsten Morgen beim Anblick des
Heeres der Freunde voll Schmerz des Leides gedenkt, das ihretwegen über viele kommen wird, und darin geradezu einen Fluch
ihres Schicksals empfindet (1359). Trotzdem ist die Frage unab-

[28] Vgl. Hermann Schneider, Heldendichtung, Geistlichendichtung, Ritterdichtung, Heidelberg 1925, S. 354.

weisbar, was das Mitleid — das allgemeine, das Kudrun hier überkommt, und das besondere, aus dem sie immer mehr am Schluß der Dichtung handelt — im Ganzen ihres Wesens zu bedeuten habe.

Die Distanzierung von der männlichen Tatwelt enthält an sich nur eine negative Bestimmung ihres Wesens. Dieses kann erst dann recht erfüllt sein, wenn ergänzend eine positive Haltung hinzutritt und die Lücke schließt, die durch den Verzicht auf Rache, durch das Heraustreten aus dem Bereiche männlicher Tat entsteht. Das ist eben das Mitleid. Die Haltung des Mitleids aber wird bei Kudrun erst in der Entfaltung ihres Schicksals ausgelöst. Um seelische Entwicklung geht es nicht eigentlich; wohl aber wächst Kudrun in die Haltung des Mitleidens erst hinein dank den tröstlichen Erfahrungen, die ihr selbst in der Not zuteil werden. In der unaufdringlichen psychologischen Linienführung, die sich hier zeigt, liegt wohl einer der schönsten Züge des Epos. Kudrun gerät in der Fremde zunächst in immer größere Verlassenheit und Hoffnungslosigkeit. Sie empfindet ihr Schicksal als Fluch der Gottvergessenheit, wird fast gleichgültig dagegen (1036) und kommt in Gefahr, tödlicher Bitterkeit zu verfallen. Der Dichter tut nichts, das Dunkel, das sich über sie herabsenkt, auch nur leise durch einen Schimmer der Hoffnung aufdämmern zu lassen. Und in diese dumpfe Nacht der Gottverlassenheit fällt nun der Strahl herzlich reinen Mitgefühls von seiten Ortruns und tätigen Mitleidens von seiten Hildeburgs, die es einzurichten weiß, daß sie Kudrun zum Waschen am Strande begleiten muß oder vielmehr darf. Schon Ortruns Schwesterlichkeit, unverstellt, ganz lauter, ganz zweck- und absichtslos, lockert die Starrheit der Einsamen (1040). Noch stärker wirkt dahin die Hilfs- und Leidensbereitschaft Hildeburgs, '*dâ von diu edele Kûdrûn einen trôst gewan*' (1065). Ausdrücklich kennzeichnet die Freundin selbst ihre Haltung als Mitleid:

> 'jâ riuwet mich vil sêre   dîn grôzer ungemach.
>
> . . .
>
> ich trage mit dir die swaere gemeine.'

(1066)

Die befreiende Wirkung auf Kudrun wird mit deren eigenen Dankesworten geschildert:

Dô sprach diu ellende 'des lône dir Krist,
daz dû alsô trûrec mînes leides bist.
wiltû mit mir waschen, daz gît uns vreude guote
und kürzet uns die wîle. uns ist ouch deste baz ze muote'.

(1067)

Hildeburgs Mitleiden vermag das Los der 'gotes armen' nicht zu
wenden, wohl aber ihre Einstellung dazu zu ändern: die Erfahrung
des Mitleids — die ganz schlichte, fundamentale Erfahrung, „daß
es dies gibt" — erlöst sie von dem Gefühl der Verlassenheit —
nicht nur von dem der Menschen-, sondern auch von dem der Gottverlassenheit. Hildeburg ist für Kudrun Botin und Mittlerin einer
reineren Welt, einer Welt der Offenheit des Herzens. Sie weckt,
oder rettet, in ihr den Glauben an diese Welt, sie bricht ihr den
Panzer ums Herz auf und macht sie durch ihre Offenheit selbst
wieder offen.

Hildeburgs Mitleiden ist die notwendige Voraussetzung für Kudruns versöhnende Haltung in der Katastrophe des Normannen-
hauses. Daß der Dichter das schöne Motiv verdoppelt und schon
Ortrun ähnlich, wenn auch weniger stark, auf Kudruns Erstarrung
wirken läßt, mag eine Schwäche der Komposition sein. Ortrun
soll, darin liegt offensichtlich der Grund, ein fragloses Anrecht
darauf erhalten, sich in der Stunde der Not für die Ihren zu verwenden und Kudruns Barmherzigkeit anzurufen. Nach Ludwigs
Tod, als Hartmut trotz seiner Bedrängnis durch Wate die Geliebte
vor Meuchelmord bewahrt hat, kommt Ortrun 'mit windender
hant' (1478) in höchster Erregung vor Kudrun hingestürzt und
bittet für das Leben des Bruders. Man hat ihre Argumente fern-
liegend, ihr Schweigen von Hartmuts Rettungstat auffällig gefunden.[29] Aber eben in diesem Schweigen liegt die Würde, in dem, was
sie anführt, die Kühnheit ihrer Bitte.

Si sprach 'lâ dich erbarmen, edelez vürsten kint,
sô vil mîner mâge, die hie erstorben sint,
und gedenke, wie dir waere, dô man sluoc den vater dînen.
edele küniginne, nû hân ich hiute vloren hie den mînen.

---

[29] Ernst Martin, Erläuterung z. Str.

Nû sich, maget edele: diz ist ein grôziu nôt.
mîn vater und mîne mâge sint aller meiste tôt.
nû stât der recke Hartmuot vor Waten in grôzer vreise.
verliuse ich den bruoder, sô muoz ich immer mêre sîn ein weise.

Und lâz mich des geniezen' sprach daz edele kint:
'sô dich nieman klagete der aller, die hie sint,
dû hetest niht vriunde mêre danne mich vil eine.
swaz dir ieman taete, sô muoste ich ze allen zîten umb dich weinen'.

(1479 ff.)

Der Dichter läßt Ortrun gerade nicht zum Nächstliegenden, aber auch Billigsten greifen, nicht darum bitten, daß Kudrun Rettung mit Rettung belohne. Sie rührt zuerst an die wundeste Stelle in Kudruns Empfinden: an den sühneheischenden Tod ihres Vaters. Sie gemahnt sie an den Schmerz ob seines Verlustes und mutet ihr zu, sich über die Bitterkeit darob hinweg in die bange Lage der Bittenden zu versetzen, die nun, wenn nach dem Vater auch ihr Bruder fiele, der gleichen Verlassenheit entgegenginge, die Kudrun durchgemacht hat. Eine sehr kühne Bitte, die dem andern ein hohes Maß von Selbstentäußerung zumutet — ein Sprung ins Ungewisse, letztlich begründet in tiefem Vertrauen. Wenn sich Ortrun dann auf ihr Mitleid mit Kudrun in den Jahren der Verlassenheit beruft, so könnte dies zunächst als Abschwächung anmuten. Aber „Und" hat hier folgernden Sinn; die Strophe reiht nicht einfach ein weiteres Argument an: Ortrun hat sich bisher in Kudruns Verlassenheit hineinversetzt und bittet sie nun um das gleiche für sich. Hetels Tochter versagt sich denn auch nicht dem schwesterlich-menschlichen Anruf und tut, was sie als Frau, die nicht mit der Waffe dazwischentreten kann (1482), zu tun vermag. So offenbart sich hier, in dringlichster, entscheidungheischender Situation, eindeutig und endgültig der Abschied vom Geist der Rache.

Danach ist es fast selbstverständlich, daß die Befreite dem Mädchen und seinem Gefolge Asyl vor Wates Rachewut gewährt (1505 f. 1525). Gerlind freilich und Hergard sind nicht zu retten, doch läßt der Dichter seine Lieblingin wenigstens nichts tun, sie der gerechten Strafe zuzuführen. Mit dieser hat sich der Rachegeist ersättigt. Zwar schüttelt Wate über Hartmuts Schonung brummend den Kopf:

'Ich enweiz von welhen schulden   ez mîn neve tuot,
der im gerne naeme   lîp unde guot,
daz er den heizet vüeren   heim ze sînem lande.
wolt er, ich schüefe ez schiere,   daz er gesorgte nimmer in dem bande'.

(1558)

Doch Kudruns Bruder erklärt in seiner Antwort weiteres Morden für sinnlos (1559): die junge Generation geht an dem unversöhnlichen, mißtrauischen Vertreter des Rachegeistes vorbei in ein entspanntes Leben hinein. Nach der Dämmerung der alten Rachegötter führt ein neues Geschlecht eine hellere Welt herauf.

Einmal aber züngelt noch drohend die Rachsucht empor: beim Empfang der normannischen Geschwister durch Kudruns Mutter, die sich hier zunächst noch ganz als Angehörige der alten Generation erweist. Ihr Stolz bäumt sich dagegen auf, sich von der Tochter den Triumph der Rache aus der Hand winden zu lassen. Sie lehnt es ab, die Fremde mit dem Kuß der Freundschaft zu empfangen; sie macht sie mitverantwortlich und erklärt rundweg, Ortrun habe viel eher den Tod verdient (1581). Eine düstere Wolke von Haß beschattet so das Freudenfest der Heimkehr. In dieser letzten Krise erst läßt nun der Dichter seine Heldin ganz offenbaren, wie entschieden sie dem Geist der Rache schon abgesagt hat:

'gedenke, liebiu muoter,   waz ich des hiete schulde,
swen slüegen mîne mâge.   lâz die armen haben dîne hulde.'

(1582)

Was Kudrun hier in der hypothetischen Ich-Form, die Zeichen der Einfühlung ins fremde Schicksal ist, vertritt, hebt die alte, tragende Grundlage der Blutrache schlechthin auf. Nach dieser muß die ganze Sippe für die Tat ihrer einzelnen Glieder haften und zur Sühne herhalten. Für Kudrun ist der Grundsatz der Sippenrache hinfällig. Das Individuum tritt, sofern es schuldlos ist, aus der kollektiven Verantwortung heraus.

Nicht ohne Mühe gelingt es Kudrun, ihre Mutter dem Mädchen geneigt zu machen (1583). Und Hartmut? Wie wird Hilde dem Urheber alles Leides begegnen? Von dem offiziellen Empfang — das ist vortrefflich gemacht — bleibt er als Kriegsgefangener ausgeschlossen; nach Ortrun wird umständlich die ganze Reihe der

Getreuen willkommen geheißen und dadurch die Spannung auf das Urteil der Königin über das Schicksal des Entführers in Atem gehalten. Wieder gibt Kudrun, zusammen mit Ortrun, den Anstoß. Und diesmal setzt sie gleich die wirksamste Waffe, die letzte Reserve ein, die ihr im Dienst des Geistes der Versöhnung zu Gebote steht:

> sie sprach 'vil liebiu muoter,   gedenket an daz,
> daz nieman sol mit übele   deheines hazzes lônen.
> ir sult iuwer tugende   an dem künege Hartmouten schônen'.
>
> (1595)

Es ist, als täte sich mit diesem Wort ein bis dahin verhüllter Hintergrund auf, woraus ein Strahl der Macht hervordränge, die Kudruns Handeln bestimmt. Es ist das Gebot, Böses nicht mit Bösem zu vergelten: das christliche Ethos der Vergebung.[30] Dieses Ethos ist es letztlich, was Kudrun, und mit ihr der Dichter, über das persönliche Mitleid hinaus dem dunklen Rufe des Rachegeistes entgegensetzt. 'nieman sol...': das Gebot ist unbedingt und allgemeinverbindlich. Wenn aber Kudrun ihre Mahnung einführt mit den Worten: 'gedenket an daz', so liegt darin, daß seine Verwirklichung in der Anfälligkeit der menschlichen Natur und im Drang des Lebens auf Hindernisse stößt, die zu beheben Besinnung und Selbstüberwindung kostet. Darum appelliert Kudrun auch an die 'tugent' der Mutter. Wie dann Hartmut aus seinen Banden gelöst und zu Hofe gerufen wird, hilft der Adel seines Auftretens dazu mit, den letzten Trutzwall zu beseitigen:

> mit vollen wart versüenet   der haz, den si dâ truogen,
> daz si des gar vergâzen,   daz ir recken ê ein ander sluogen.
>
> (1602)

Christliches und ritterlich-höfisches Ethos wirken so letztlich in der Versöhnung zusammen.

---

[30] Vgl. Anton Schönbach, Das Christentum in der altdeutschen Heldendichtung, Graz 1897, S. 114, wo auf Matth. 5, 44 hingewiesen ist.

4. Ergebnis

In dem entworfenen Bilde mag öfters eine Linie stärker, als sie der Dichter gezeichnet, nachgezogen sein. Dies dürfte aber auch an der Dichtung selbst liegen. Scheint es doch der ›Kudrun‹ eigen zu sein, daß die schönen und bedeutsamen Ansätze, die das Epos erkennen läßt, nicht voll gereift sind. Der Dichter ist, wie schon gesagt, mit den Dingen, die ihn bedrängten, nicht ganz fertig geworden. Dem Problem der Rache sich stellend, das ihm als Motiv aus seinem Stoff entgegenkam, hat er zugleich dem Grundsatz der Rache und dem christlichen Gebot der Vergebung gerecht zu werden getrachtet. Aber war es möglich, zwischen beiden Ansprüchen hindurch die Handlung ganz befriedigend einem untragischen Ausgang zuzusteuern?

Was hat der Dichter gewollt? Er kontrastiert, offensichtlich bewußt, zwei Generationen. Die ältere folgt unbeirrt dem Geist der Rache, die jüngere ist dem der Versöhnung offen und setzt ihn durch. Dieses Verhältnis ist nicht selbstverständlich. Es wäre wohl denkbar, daß gerade das junge Geschlecht voll Hitze dem Ruf der Rache folgte, während das weise Alter, tief erfahren und gelassen, Vergebung und Versöhnung verträte. Wenn der Dichter die Söhne zu Trägern des Banners der Versöhnung macht, so scheint sich uns damit — sei es auch nur im Wunschbild der Dichtung — eine bestimmte Auffassung der Geschichte auszusprechen: eine optimistische Auffassung, die im Wechsel der Generationen Entwicklung, Fortschritt, Läuterung von wilden, dunklen Elementen erblicken möchte. Der Dichter arbeitet die Distanzierung der Jüngeren vom unbedingten Rachegeist, und damit zugleich von unbedingt heroischer Lebensform, eindringlich genug heraus, um uns fühlen zu lassen, er meine damit einen heilsamen Vorgang, einen Aufstieg zu reinerem Leben. Er ist weder engherzig noch fanatisch; er achtet die wuchtige Größe der alten Lebensform, doch er spricht der Frau ein eigenes Sein gegenüber der männlichen Tatwelt zu, und er sucht darüber hinaus den tragischen Heroismus durch ritterliche Lebensnorm und christliches Ethos zu überwinden.

Darin prägt sich eindrucksvoll ein Ideal des hohen Mittelalters aus. Aber: die Geister der Rache und der Vergebung, die in den beiden Generationen kontrastiert sind, setzen sich nicht wirklich auseinander. Der Ort dafür wäre wohl am ehesten die Begegnung Kudruns mit dem rasenden Wate in der Normannenburg. Die Befreite empfängt denn auch den Alten mit leisem Vorwurf; aber dabei bleibt es auch, zu einem schärferen Zusammenstoß der beiden Haltungen kommt es nicht. Es gibt überhaupt in der ›Kudrun‹ kaum dramatische Entladung heftiger, und grundsätzlicher, Spannungen. Wenn nach der Heimkehr Kudrun ihre Mutter von der Seite der Vätergeneration auf die ihrige herüberzieht, so wirkt das nicht mehr als Austrag tieferer Gegensätze; der Widerstand der Mutter ist nur das letzte Grollen eines abziehenden Gewitters. Und Wate, der Hauptvertreter des Rachegeistes, wird am Schluß nicht überwunden, nur beiseite geschoben. Dem Dichter gelingt in seiner weiblichen Heldin der Umriß eines Menschenbildes, das den alten Rachegedanken in der eigenen Brust überwunden hat und ihn zu bannen sucht; er wird jedoch nicht vollkommen aus der Geschichte verbannt.

Vielleicht war wirkliche Auseinandersetzung der Mächte, um deren Ausgleich es dem Dichter ging, nur in tragischem Geiste möglich: vielleicht hätte Kudruns Bemühen im Untergang enden müssen, um auf erschütternde Weise von der Macht, der sie dient, zu überzeugen. Aber damit wären wohl die Grenzen des Mittelalters überschritten. Kudrun ist jedenfalls keine tragische Schwellengestalt. Sie vertritt wohl ein neues Bild vom Sein der Frau in der Tatwelt des Mannes; aber sie kämpft nicht eigentlich für seine Verwirklichung, sie ist nicht Vorkämpferin einer Idee, und sie hat kaum das Bewußtsein eines Auftrags. Mit der Antigone des Sophokles ist sie daher nicht eben nahe verwandt. Unbeugsam in ihrem Willen und unbedingt in ihrer Treue sind sie beide; beide bekennen sich zu ungeschriebenen Gesetzen, jene der Pietät, diese der Vergebung. Aber Kudrun hat kaum etwas von der herrischen Art von Unbedingtheit, womit Antigone ihren Weg in stolzer Einsamkeit hingeht und selbst die Schwesterlichkeit Ismenes zurückstößt. Die tragische Heldin des Sophokles will allein sein; die Gemeinschaft mit den Toten drunten ist ihr genug. Ihre epische Halbschwester atmet auf, als sie von Hildeburg aus ihrer Einsamkeit erlöst wird, und gewinnt durch Erfahrung tätigen Mitleidens eine neue Offenheit fürs Leben.

Die ›Kudrun‹ ist untragisch, ist harmonistisch in ihrer Tendenz: eben dadurch wird vielleicht das mißliche Gefühl, das der Schluß bei allem hier sich auswirkenden Adel der Gesinnung hinterläßt, hervorgerufen. Der Dichter, der die volle Versöhnung durchführte, ist der Hauptverantwortliche für die Zwiespältigkeit, die sich darin abzeichnet. Seine ethisch-psychologischen Intentionen sind tief und rein, seine Formkraft bleibt dahinter zurück. Aber sind ihm nicht mildernde Umstände zuzubilligen? Lagen sie vielleicht in dem Stoffe, den er angriff — in dem Widerstand, die dessen Schwere dem Versuch einer Umformung entgegensetzte? War es etwa die überlieferte, vielleicht scharf geprägte Gestalt dieses Stoffes, die es ihm verwehrte, ihn ganz mit seinem Geiste zu durchdringen? Solche Fragen stehen hinter dem zweiten Teil der Betrachtung, worin das Problem der Rache von der sagengeschichtlichen Seite her zu beleuchten ist.

B. Sagengeschichtliche Untersuchung

1. Der Stand der sagengeschichtlichen Frage

Wir reden von der sagengeschichtlichen Seite des Racheproblems. Aber gibt es denn überhaupt eine Kudrun-Sage und demgemäß eine Sagengeschichte? Wo liegt ihr Ursprung, welche Wandlungen hat sie bis zum Epos durchlaufen? Ignoramus et — so ist zu fürchten — ignorabimus. Seit es Kudrun-Forschung gibt, steht ihr im Wege der ungefüge Block dieser Aporie. Da ist „kein Punkt außerhalb des ... Gedichtes (die altbezeugte Hildensage abgerechnet), von wo aus ein Hebel angesetzt werden könnte, um die Entstehung der Kudrun zu untersuchen" [31]. Es gibt kein Zeugnis einer Kudrun-Sage, keine Spur einer dichterischen Vorstufe des Epos. Und an diesem stößt jeder Versuch, auch der feingriffigste, Schichten der Entstehung abzulösen, auf das unüberwindliche Hindernis, daß der Dichter „alle Schichten zu einem undurchdringlichen einheitlichen Erdreich zusammengestampft" hat [32], daß die vielen offenkundigen

[31] Schönbach, a. a. O., S. 159.
[32] H. Schneider, ZfdA 64, 1927, S. 298.

Widersprüche „keine Kreuzung verschiedener Vorstellungsschichten, sondern Wirrnis in der Vorstellungswelt eines und desselben Mannes verraten" und „nicht ausreichen, das Dasein einer ausgedehnten älteren Dichtung zu beweisen" [33].

Dieser Einsicht folgend, hat die Kudrun-Forschung in den letzten Jahrzehnten die ausgetretenen Pfade verlassen und sich abgewandt von den forcierten Bemühungen Wilmannsscher Art, Sagenstränge auseinanderzudröseln, deren kontaminative Verflechtung die Handlung des Epos ergeben haben sollte. Friedrich Panzer tat eine neue Perspektive auf, als er auf die nahe Verwandtschaft der Kudrun-Fabel mit dem in nordischer, deutscher und spanischer Volksdichtung heimischen Typus der Ballade vom Südeli hinwies.[34] An dieser Entdeckung ist nicht zu rütteln. Die Panzersche Position wurde von Hermann Schneider ausgebaut und erweitert.[35] Die Volksballade als „Erbin des Heldenlieds" betrachtend, suchte er nachzuweisen, „daß deutsche Balladen neben dem Heldenlied schon zu Beginn des 13. Jahrhunderts am Leben", und eine solche Ballade die Vorstufe des Hauptteils der Kudrun gewesen sein muß. Dieser hat keinen

---

[33] Schneider I, S. 373.

[34] A. a. O., S. 399. — Einige Fassungen der Ballade von der wiedergefundenen Schwester in: Balladen, 2. Tl., hrsg. von John Meier, Leipzig 1936 (Deutsche Literatur in Entwicklungsreihen, Das deutsche Volkslied, Bd. 2), S. 16 ff. Meier (S. 22) lehnt sowohl die Auffassungen von Panzer, Schneider und Martha Kübel ab wie die umgekehrte Ansicht von Menéndez Pidal (Supervivencia del poema de Kudrun, in: Revista de Filologia Española 20 (1963), S. 1—59), daß die Südeliballade einen Schößling des Epos darstelle; er leugnet jeden Zusammenhang. Das geht viel zu weit. Pidal sieht im Epos eine Dichtung von den Werbern um Kudrun und der Treue des Mädchens — « el poema de la fidelidad de ésta a uno de esos pretendientes » — und sucht damit Herwig als unentbehrlichen, primären Faktor wieder in seine bestrittenen Rechte einzusetzen. Er weist Fassungen des Südelityps nach, worin *zwei* Ritter zu der Wäscherin kommen, und leitet sie von der ›Kudrun‹ ab, in der das Erscheinen eines Paares von Fremden am Strand eine „gebieterische Forderung der dichterischen Konzeption" sei.

[35] H. Schneider, Ursprung und Alter der deutschen Volksballade, in: Festschrift Ehrismann, Berlin und Leipzig 1925, S. 112 ff.; in knapper Zusammenfassung: Schneider I, S. 376.

eigenen Sagenhintergrund; eine ältere ›Hilde‹ gab es, eine ältere
›Kudrun‹ nicht: die Kudrun-Handlung ist „nur erklärlich durch die
Einarbeitung einer Ballade des Panzerschen Südelityps in die Vor-
aussetzungen der Hildegeschichte", nach deren Abzug eben „ein
Motivkomplex bleibt, der dem Südelityp sehr nahesteht". Die
Südeli-Ballade selber ist zwar schon um 1200 entstanden, aber viel
eher „eine novellistische Neuschöpfung ohne jeden wikinghaften
Hintergrund" als ein entheroisiertes Heldenlied.

Wie Panzer und Schneider sieht Martha Kübel [36], die allerdings
an einer älteren Form der ›Kudrun‹ festhält, das Südelilied als
wichtige Quelle für diese an. Dagegen ist für sie die Gottscheer
Ballade von der schönen Meererin, die Panzer als Motivquelle der
›Kudrun‹ ansah, „ein zusammengedrängtes, zersungenes Stück aus
dem Kudrunepos". Das Epos
steht als verbindendes Mittelglied zwischen Südelilied und Meererinballade, in ihm ist das Brudermotiv eben noch erkennbar und weist auf
das Südelilied als Quelle zurück; in ihm ist aber dies Motiv auch schon so
sehr zurückgedrängt und verwischt, daß bis zu seinem völligen Verschwinden in der Meererinballade nur noch ein kleiner Schritt nötig war.

Damit ergibt sich folgender Stammbaum:

Südeli

Kudrun

Meererin.

Ihn auf seine Richtigkeit zu prüfen, würde zu weit abführen; nur
im Vorübergehen sei eine Abänderung zur Diskussion gestellt:

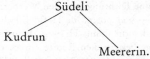

Südeli

Kudrun

Meererin.

Dabei wäre wohl der Gesichtspunkt schärfer ins Auge zu fassen,
wo der Bruder die Schwester sucht und wo er sie zufällig findet.[37]

---

[36] Das Fortleben des Kudrunepos, Leipzig 1929 (Von deutscher
Poeterey, Bd. 5).
[37] Vgl. M. Kübel, a. a. O., S. 26.

Schneider und ihm folgend Martha Kübel finden für ihre Auffassung die tragende Stütze in der entscheidenden Rolle, die in der Ballade der *Bruder* bei der Befreiung spielt und die im Epos durch den Hinzutritt des Bräutigams verdunkelt wird. Schneider argumentiert:

> Nimmt man ... an, daß ein altgermanisches Heldenlied diese Bruderfigur in den Mittelpunkt gerückt hat, ein Epos das Lied dann streckte und weitete und schließlich ein junger Balladendichter das Epos verbürgerlichte und sentimentalisierend zu einer knappen sanghaften Erzählung ausschlachtete — wie will man dann erklären, daß dieser Spätling auf genau dieselben Züge Nachdruck legte, wie der Dichter der Wikingzeit? Daß *ihm* gelungen ist, was dem Scharfsinn der Heldensagenforscher lange Zeit nicht gelang: aus der überquellenden Fülle der Personen und Vorgänge des Epos die Rettungstat des *Bruders* als das Wesentliche herauszuheben? Nein, in dem Augenblick, wo man sagt: der Kern der Kudrunfabel ist die Erlösung durch den Bruder — gibt man zu, daß die erste Südeliballade jenes Einst zugrundegelegte und nicht das uns bekannte Jetzt, d. h. das Epos.[38]

Die Erkenntnis der primären Rolle des Bruders verbindet über allen Gegensatz hinweg Hermann Schneider und Andreas Heusler.[39] Dieser erkennt dem Kudrun-Teil des Epos eine längere und eigentliche Sagengeschichte zu und kann ihn nicht als freie Komposition des Epikers gelten lassen. Für ihn ist die Kudrun-Fabel weder, wie einst für Wilmanns und heute noch für Frings, Kontamination noch, wie für Schneider, Schößling der Hilde-Sage, sondern selbständiges, „von der Hildefabel im Innersten verschiedenes Gebilde" und daher aus ihr weder durch Wandlung noch durch einmalige Schöpfung herzuleiten. Er verbannt aus dem Kudrun-Kreise das Wilmannssche Phantasma einer eigenen Herwig-Sage und stellt das Gerüst einer germanischen, vielleicht der Wikingzeit des 9./10. Jahrhunderts entstammenden Sagendichtung auf: nach langen Jahren des Leidens wird die Geraubte von ihrem Bruder nach Vollzug der Vaterrache heimgeholt. Die schwachen Motive des Epos, so meint Heusler,

[38] Festschrift Ehrismann, S. 119. Ganz ähnlich M. Kübel, a. a. O., S. 22.
[39] Artikel ›Kudrun‹ in Hoops' Reallexikon.

verschwänden bei der Hypothese: 1. des Nebenbuhlers Vater, dessen Taten
und Tod den Sohn verdunkeln, ist Zudichtung; 2. die Rache an dem
Räuber vollstreckte der Bruder der Heldin; 3. der Liebhaber fiel schon in
der Verfolgungsschlacht ... Die Sage endete mit Befreiung und Rache,
aber nicht mit Hochzeit. Die versöhnliche Lösung gewann man durch Schaffung des zweiten Entführers [Ludwigs], der den ersten [Hartmut] entlastet, doch zugleich entnervt, und durch Schonung des Liebhabers [Her-
wigs], den man nun auf Kosten des Sohnes hebt.

Theodor Frings,[40] der früher ebenfalls der Kudrun-Sage Selbständigkeit und höheres Alter zusprach und auch die Herwig-Sage
wieder zu halten suchte, setzte eine niederländisch-friesische Dichtung als erste Vorstufe des Kudrun-Teils an, deren Grundlage wiederum zwei Lieder, eins von Herwig und eins von Gudrun, seien,
und schreibt die großepische Verbindung von Hilde, die aus einem
dänischen Wikinglied des 9. Jahrhunderts stammte, und Gudrun
schon einem rheinischen Spielmann zu. Dieser
hätte dann insgesamt drei Lieder kunstvoll verknüpft und zum Epos, der
rheinischen Vorstufe unserer Gudrun, gestaltet und geweitet; ein dänisches,
ins Niederfränkische übernommenes Wikinglied, zwei Lieder des niederländischen Küstengebietes.

Die Hypothese einer besonderen Herwig-Sage hat Frings später
— wie uns scheint, mit Recht — in Übereinstimmung mit seiner
Schülerin Ingeborg Schröbler aufgegeben.[41] Diese baut die Position
ihres Lehrers intensiv und methodisch umsichtig aus; sie tritt für
eine von der Hilde-Dichtung unabhängige Gudrun-Dichtung ein,
sucht die Existenz zweier Vorstufen des Kudrun-Teiles, wie er im
Epos vorliegt, nachzuweisen und bemüht sich vorsichtig, ohne Anspruch auf Verbindlichkeit in Einzelzügen, ihre charakteristischen
Umrisse sichtbar zu machen. Es handelt sich um eine spielmännische
Stufe, aus der zweiten Hälfte des 12., und dahinter um eine wikingische, spätestens aus der 2. Hälfte des 11. Jahrhunderts. Die Vf.
neigt zu der Annahme, „daß der Spielmann, der Werbungsschema

[40] Hilde, in: Beiträge 54, 1930, S. 414.
[41] Ingeborg Schröbler, Wikingische und spielmännische Elemente im
zweiten Teile des Gudrunliedes, Halle 1934 (Rhein. Beitr., Bd. 2). (Refe-
rat über die neuerliche Stellung von Frings zur Frage der Herwig-Sage:
S. 103, Anm. 12.)

und Rückentführung einführte, die Geschichten von Hilde und Gudrun verband" (95). Die Gudrun-Dichtung des 11. Jahrhunderts muß aus einem Liede durch Bereicherung um wikingische Elemente entstanden und „ihrem Charakter nach eine Mischung von Heldendichtung und Zeitgedicht gewesen sein" (102 f.). In dem behutsamen, mehrere Grundzüge als denkbar gelten lassenden Versuche, das Handlungsschema der vorspielmännischen Stufe zu rekonstruieren, streift Ingeborg Schröbler auch die unten, unabhängig von ihr, aus dem Zusammenhang des Racheproblems zur Hypothese erhobene Möglichkeit, daß der Vater des Mädchens schon bei dem Überfall des Räubers fiel (105).[42]

Der Stand der sagengeschichtlichen Forschung ist vornehmlich bestimmt durch die gegensätzlichen Positionen Schneiders und Heuslers. Im Rahmen unseres problemgeschichtlichen Themas kann die sagengeschichtliche Frage nicht in aller Breite aufgerollt und noch weniger eine Entscheidung angestrebt werden, die mit den bis heute verfügbaren Mitteln verwegen wäre. Wir versuchen behutsam und knapp, wie weit in der Frage vom Problem der Rache aus zu kommen, und inwiefern umgekehrt dessen Fassung und Lösung im Epos vielleicht von der Sagengeschichte aus zu klären ist. Wir bequemen uns dabei — im Bewußtsein des Mangels, der darin liegt — einer weitgehenden Abstraktion: wir fragen weder nach Landschafts- und Stammesräumen, worin das zur Sage verdichtete Geschehen gespielt haben, die Dichtung entstanden sein könnte, noch nach Stufen des Wachstums im einzelnen, der Verwandlung und Entfaltung zum vorliegenden Epos.[43] Wir suchen nur etwas von der

---

[42] Dafür, daß der Spielmann des 12. Jahrhunderts, der die wikingische Dichtung eben mit spielmännischen Elementen durchsetzte, Gudruns Vater nicht mehr bei dem Überfall auf die Burg, sondern auf dem Wülpensande fallen ließ, stellt die Vf. einen wohl zu äußerlichen Grund auf (S. 106): „Um der Schlacht eine Bedeutung zu geben, wie sie des Schauplatzes, auf dem sie nun spielte, würdig war, verschob er den Tod von Gudruns Vater von jenem Überfall auf den Wülpensand." Vgl. die Ausführungen unten in Abschnitt B 2.

[43] Dazu vgl. bes. die vielsträngigen, hier nicht im einzelnen darzulegenden Untersuchungen von Wolfgang Jungandreas, Die Gudrunsage in den Ober- und Niederlanden, Eine Vorgeschichte des Epos, Göttingen 1948.

„Grundfigur", wenn man so will: von der Urform sichtbar zu machen, die keimkräftig dem Wachstum zugrunde lag.

2. Das Rachemotiv in der Quelle der Kudrun

Die Quelle des Epos teilte die entscheidende Rolle des Befreiers dem Bruder der Heldin zu: darin sind sich heute wohl die führenden Sagenforscher einig. Schon dort war ferner die Befreiung mit einer Rache verbunden, die wohl gar Angelpunkt der Handlung gewesen und strenger ausgefallen sein mag als in unserem Epos. Zusammengenommen besagen die beiden Motive: der Bruder als Protagonist war Befreier und Rächer zumal. Im Epos, wie es vorliegt, ist das Rachemotiv abgeschwächt, das Brudermotiv sehr stark verwischt: der junge Ortwin muß den Ruhm des Befreiers mit andern teilen, den des Rächers im entscheidenden Augenblick an Wate und Herwig abtreten.

Aber: was hatte der Bruder in der Vorlage zu rächen? Nur den Schimpf an seiner Schwester, oder zugleich den Tod seines Vaters? Mit andern Worten: war das Brudermotiv isoliert, oder verbunden mit dem Sohnesmotiv? In unserem Epos hat die Rache doppelten Grund. Aber wie im ersten Teil einleuchtend zu machen versucht ist, wird die durch den Frauenraub geschaffene Lage erst eigentlich durch das vergossene Blut, das nach Blut ruft, tragisch heillos. Auf der andern Seite ist mit dem Bruder- auch das Sohnesmotiv — das der Vaterrache — stark verwischt, Ortwin aus seinem Rächeramt verdrängt. Was mag den Dichter zu solcher Verdunkelung des Bruder- und des Sohnesmotivs bestimmt haben? Oder kann hier gar nicht von Verdunkelung des Sohnesmotivs die Rede sein, war dieses in der Vorlage überhaupt nicht vorhanden? Damit stehen wir vor der alten, peinlichen Frage: hat der Dichter die heillose Verwicklung, die durch den Tod des Vaters entsteht, in seiner Quelle — Südeli-Ballade oder Kudrun-Lied — vorgefunden, oder hat er damit das Endmotiv der Hilde-Sage übernommen und zum Ausgangsmotiv einer neuen Entwicklung gemacht?

In der Tat könnte die Häufung von Entführungs- und Blutrache als verdächtige Komplikation erscheinen. Dem Geist der Quelle, vollends wenn sie ein altes Heldenlied gewesen sein sollte, widerspräche es wohl kaum, wenn man annähme, daß in ihr ein wikinghaft verwegener Mädchenraub allein schon den Anlaß zu strenger Rache gegeben habe, wie in der ursprünglichen, tragischen Fassung der Hilde-Sage. Die Verletzung der 'êre' durch den Schimpf der Entführung wäre zulänglicher Grund für unerbittliches Verlangen nach Rache gewesen. Dagegen wäre es wohl verständlich, wenn unsrem Dichter die Entführung allein zur Motivation der tragischen Folgen, die aus dem Zuge Hartmuts und seines Vaters erwachsen, nicht mehr genügt hätte, zumal er ja bemüht ist, die Handlungsweise des Königssohnes von aller Roheit freizuhalten und in das ideale Licht strahlender Ritterlichkeit zu stellen. Er brauchte gleichsam ein stärkeres Reizmittel — ein Motiv, das kräftig genug war, um die Rache noch als Organ der ausgleichenden Gerechtigkeit annehmbar und selbst notwendig erscheinen zu lassen. Ein solches hätte sich ihm in dem gewaltsamen Tod des Vaters ergeben: durch diesen erst wäre für sein Empfinden das spätere Geschehen hinlänglich unterbaut. Daher die Anleihe bei der Hilde-Sage.

Das mag zunächst plausibel anmuten; jedenfalls ist die Auffassung Schneiders, die Verfolgungsschlacht mit dem Tod des Vaters sei der Hilde-Sage entnommen, wohl kaum zu erschüttern. Aber sogleich erhebt sich doch eine schwerwiegende Frage. Wo bleibt dann in der Quelle der Vater der Entführten? Hat er darin überhaupt einen sinnvollen Platz? Das ist kaum denkbar. Eine Statistenrolle wird man ihm ja nicht zumuten. Die Vatergestalt und ihr Schicksal in der Kudrun-Handlung wäre dann eine Schöpfung unsres Dichters in Anlehnung an die Hilde-Sage. Darf man sich zu dieser gewagten Annahme verstehen? Sie hätte für sich, daß mit der Ausschaltung des Vaters aus der Quelle das Brudermotiv allbeherrschend in den Vordergrund träte. Aber sie würde auch einen schweren Widerspruch mit sich bringen. Der Kudrun-Dichter hätte einerseits mit der Kreierung des Vaters und der Erfindung seines Todes durch die Entführer das Motiv der Blutrache als zwingendsten Grund des späteren Geschehens aufgebracht, anderseits aber davon abgesehen oder es nicht gewagt, diese Blutrache durch den Nächststehenden, den Sohn, vollziehen zu lassen, obwohl ihm der von seiner Quelle als Befreier und Rächer überliefert war.

Über diesen Widerspruch ist schwerlich wegzukommen. Man müßte eine bedenklich verwirrende Fülle von Voraussetzungen und Folgerungen in Kauf nehmen und geriete letztlich ins Bodenlose. Der Vater hatte schon in der Quelle seinen bedeutungsvollen Platz. Das kann aber wohl nur besagen, daß er schon dort im Zusammenhang mit der Entführung seiner Tochter fiel und die Rolle des Rächers, die nun eben durch seinen Tod einen tieferen, dunkleren Grund erhielt, seinem jungen Sohne hinterließ.

Der Vater fiel, so sagen wir, im Zusammenhang mit der Entführung seiner Tochter, im Kampfe mit den Räubern; aber muß er durchaus, wie in unsrem Epos, in einer aus dem Willen zur Rache an den Entführern entstandenen Verfolgungsschlacht gefallen sein, an deren Herkunft aus der Hilde-Sage doch kaum zu rütteln ist?

Wir wagen, entgegen Heuslers Hypothese, die folgende Vermutung. In der Quelle gab es keine Verfolgungsschlacht, überhaupt noch keine sofortige Verfolgung. Eine solche hätte wohl gar den gepreßten Rahmen einer Ballade oder eines Heldenliedes gesprengt. Zwischen dem Raub des Mädchens und dem Befreiungs- und Rachezug ihres Bruders fand gar keine größere Aktion statt. Der Vater aber war während des räuberischen Überfalls nicht, wie im Epos, auf einem Kriegszug oder sonstwie ferne: er fiel bei der Verteidigung seiner Burg und seiner Tochter. Er kam also gar nicht mehr zu dem Versuch, durch Verfolgung der Räuber die Entführte zu befreien und den Schimpf zu rächen, sondern starb als ihr Beschützer und legte damit die Pflicht der Befreiung und der Blutrache zumal auf die jungen Schultern seines Sohnes. Der Dichter der ›Kudrun‹ aber vollzog hier einen tiefen Eingriff. Er streckte und verteilte das Geschehen, vermutlich, weil er dadurch bedeutsame Vorteile gewann. Zunächst war in der Dichtung, wie sie vorliegt, das Motiv der Verteidigung der Burg unter Führung des Burgherrn selbst durch die Herwig-Episode vorweggenommen: der Dichter wollte wohl eine Wiederholung solcher Art vermeiden, zugleich aber eine Steigerung der Art schaffen, daß dem Angriff auf die Burg und dem Raub der Tochter in Abwesenheit des Königs ein härterer, entscheidender, von diesem selbst geführter Kampf folgen sollte, dessen Ausgang das Schicksal der Geraubten auf lange hin besiegelte. Mit dieser Aufteilung und Abstufung ergab sich zugleich ein anderes, im Zusammenhang mit der Gesamtintention bedeutsames Moment: der Vater, der den flüchtigen Feind durch Verfolgung in die Verteidigung drängte, wurde jetzt nicht mehr in räuberischem Angriff erschlagen, sondern in Notwehr. Wohl erstand auch daraus den Nächsten die Pflicht der Blutrache; aber die „Optik" änderte sich doch mit dieser veränderten Situation: es lag darin eine gewisse Entlastung für die Entführer, die zuerst, vor der Burg, durch ein Ultimatum ihre Bereitschaft, Blutvergießen zu meiden, kundgegeben hatten und dann erst in der Bedrängnis die Schuld am Blut des Vaters auf sich luden.

Ist diese Auffassung richtig, so zeigt sich hier schön die kluge Ökonomie, womit der Kudrun-Dichter offensichtlich an sein Werk: an die Umgestaltung und den epischen Ausbau des Handlungsgerüstes seiner Vorlage, an die motivische Auswertung der Hilde-Sage und an die ethisch-psychologische Begründung des Geschehens herangegangen ist. Die Vorlage mag, wie angedeutet, einfach einen räuberischen, wikinghaften Überfall geboten haben, dem gar nicht notwendig eine abgewiesene Werbung vorangegangen und damit ein Schein des Rechts eigen gewesen zu sein braucht. Da wurden zarte Bedenken, moralische Skrupel, psychologische Verwicklungen nicht weiter in Rücksicht genommen, die Fakten hart als solche hingestellt und ein wuchtig knappes Handlungsschema von zeitloser Einfalt ausgeführt: die Burg vom Feind überfallen, der Vater als Verteidiger erschlagen, die Tochter als Beute hinweggeführt und erst nach längerer Zeit von ihrem Bruder als Bluträcher befreit und heimgeholt. Ein solcher Ablauf, knapp und klar, sicher und herrisch, ohne Komplikationen und Verzweigungen gezeichnet, stünde, wie uns scheint, ebenso wohl einer früheren Ballade wie einem älteren Heldenliede, in erster Linie aber doch wohl einem solchen an. Offen bleibt dabei, wie die zeitliche Kluft zwischen den beiden Teilen des Geschehens erzählerisch überbrückt wurde: ob etwa der eigentliche Schwerpunkt auf der Befreiung und Blutrache lag und somit der erste Komplex — Überfall, Tod des Vaters und Entführung — in Form gedrängten Rückblicks übermittelt wurde.

Vorsichtig unbestimmt wurde bisher von dem Feind oder den Entführern gesprochen. Wer hat in der Vorlage das Mädchen geraubt, wer den Vater getötet? In der ›Kudrun‹ ist die Entführung

dem Königssohn als Werber, der tödliche Schlag seinem Vater zu-
geteilt: Hartmut wird eben nur so schwer mit Gewalttat belastet,
als es notwendig ist, wenn er nicht Statist oder Puppe seiner Eltern
bleiben soll. Er muß aktiv, darf aber nicht selbst, nicht unmittelbar
Urheber heilloser Verstrickung sein. Diese wird ihm von Ludwig
als einem typischen Vertreter der Vätergeneration abgenommen.
Der Sohn wird vom Vater entlastet, aber auch verdunkelt, jedenfalls frei für die Rolle eines Vertreters der jüngeren, dem Geist des
Maßes und der Versöhnung offenen Generation. Angesichts dieses
Sachverhalts erscheint als sehr ansprechend, fast als zwingend die
zuletzt von Heusler vertretene Hypothese, der Vater des Entführers, „dessen Taten und Tod den Sohn verdunkeln", sei Zudichtung
des Kudrun-Epikers, erfunden einer versöhnlichen Lösung zuliebe.
Der Vertreter der Vätergeneration wird mit der von der Quelle
überlieferten Blutschuld beladen, der des jüngeren Geschlechts aus
eigener Vollmacht des Dichters mit ritterlicher Idealität begabt. Der
innere Abstand der Generationen wird groß; wenn schon nicht ein
Konflikt, tut doch eine Kluft sich auf, die jedoch der Dichter nicht
als tragisch empfindet, da sie wenigstens teilweise im Geiste der
Versöhnung geschlossen werden kann und da für ihn die Haltung
des jüngeren Geschlechts eine Läuterung, einen geschichtlichen Fortschritt und Aufstieg bedeutet. In der Vorlage trug der Sohn selbst
die Verantwortung für alles und daher auch für die Folgen, war er
es allein, der als Führer einer räuberischen Schar die Burg überfiel
und wohl gar brach, das Mädchen raubte, dessen Vater erschlug und
damit die Blutrache wachrief, die denn auch später ihn ereilte.
(Offen bleibt dabei, von wem und wohin der junge Sohn des erschlagenen Burgherrn — eine Art Schicksalsbruder des Orestes, der
nach dem Mord an seinem Vater Agamemnon als Kind aus dem
Hause geflüchtet werden muß — vor dem Zugriff des Räubers
geborgen wurde, der über Schonung der Kinder des Feindes nicht
anders gedacht haben wird als im vorliegenden Epos der alte Wate.
Sofern diese Frage in dem knappen Lied überhaupt angeschnitten
wurde: sollte vielleicht eben dem alten Wate, als getreuem Eckart
oder Hildebrand, die Rolle des Retters zugefallen sein?)
    Anders als vorgezeichnet vermögen wir uns einen packenden und
knappen, dabei gattungsgerechten Handlungsverlauf, sei es in der

Ballade oder in dem Heldenlied, nicht recht vorzustellen. Des Räubers Mutter mag dann dem Mädchen schon ähnlich mitgespielt haben wie Gerlind im Epos. Vielleicht sind in diesem die Eingriffe in das Schicksal des Entführers noch an zwei Narben zu bemerken: sowohl Hetels Tod durch Ludwig (880, 4) wie die Gefangennahme Hartmuts (1493, 4) ist in nur einem Vers abgetan, ganz dürr und farblos dargestellt, mehr erwähnt als erzählt. Dabei bilden doch beide Stellen einen Höhe- und Wendepunkt der Handlung; außerdem schlägt die Schonung Hartmuts, über die der Dichter so flüchtig hinweggleitet, dem vorhergehenden Gespräch zwischen Wate und Herwig offen ins Gesicht. Darf nicht gerade die Flüchtigkeit als Spur stärkeren Eingriffs gewertet werden — als Anzeichen fast der Ratlosigkeit, ja unguten Gewissens? Der Dichter stellt die Fakta auf, wie er sie braucht, doch er gestaltet sie nicht.

Der Entführer wird als Mörder des Vaters durch einen Stellvertreter abgelöst und damit am Tage der Vergeltung fürs Leben und für die Versöhnung bewahrt: in dieser Versöhnung, in diesem Rollentausch und, mehr noch, in der damit verbundenen Versetzung des Königssohnes in eine ideale Welt des ritterlichen Ethos möchten wir den primären Eingriff des Kudrun-Dichters in seine Vorlage vermuten. Der Eingriff wurde unvermeidlich, sobald sich der Dichter zu einer untragischen Lösung entschloß, und er mußte weitere Operationen nach sich ziehen, wenn nicht der Organismus der Dichtung schwer gestört werden sollte. Dazu gehört vor allem, daß dem Sohne des Erschlagenen die Vaterrache, zu der er in der Vorlage berufen, durch die er ausgezeichnet war, als moralisch allzu schwere Last abgenommen wurde. Denn wie Hartmut soll auch Ortwin als Vertreter des jüngeren Geschlechts erscheinen, das von dem Geist der unbedingten Rache Abstand gewinnt und der Versöhnung offen wird. Die entscheidende Rachetat konnte da nicht gerade der Bruder der Heldin vollziehen, die selbst den Geist der Versöhnung verkörpert. So wird Ortwin ausersehen, dem grollenden Wate gegenüber die Schonung Hartmuts zu vertreten und weitere Rache für sinnlos zu erklären (1559). Nur bleibt dabei die Rolle des Sohnes nicht vor dem Verkümmern und Verblassen bewahrt. An ihm vorbei schiebt sich am Tage der Vergeltung die Gestalt des Anverlobten in den Vordergrund. Es war schwierig, hier

das Gleichgewicht zu treffen. Denn gerade Herwig gegenüber geriet der Dichter in heikle Lage. Er mußte einerseits den Eindruck
vermeiden, als ob jenem die Braut ohne viel eigenes Zutun durch
andere wiedererobert und -geschenkt würde, mußte ihn also das
Mädchen durch eigene Tapferkeit erringen und verdienen lassen.
Anderseits durfte Herwig, wenn Kudruns Entscheidung für ihn und
ihre Treue gerechtfertigt sein sollte, nicht blindwütig dem Rachegeiste folgen, sondern mußte ebenfalls dem Geiste der Versöhnung
offen sein. Der Dichter hilft sich in eigenartiger Weise: derselbe
Mann, der soeben den alten Ludwig erschlagen und sich bei seinem
Mißgeschick zu Beginn des Zweikampfes um sein Prestige bei Kudrun gesorgt hat, ist auf deren Bitte hin voll ritterlichen Anstands
sofort bereit, bei dem rachewütigen Wate Fürsprache für seinen
gefährdeten Nebenbuhler einzulegen. Man mag darin ein un-
sicheres Lavieren des Dichters, wohl gar ein fragwürdiges Zuge-
ständnis an Manieren des höfischen Romans empfinden: jedenfalls
erweist die Abfolge der beiden Szenen die Sorge des Dichters, die
jüngere Generation zwischen seellosem Gewaltsinn und blutloser
Versöhnungswilligkeit hindurch zu einem glücklichen Ausgang des
Konfliktes zu führen.

Die besondere, und wohl unsterbliche, Leistung des Kudrun-
Dichters ist die ethisch-psychologische Läuterung und Vertiefung
des Charakters der Heldin, die vermutlich in der Vorlage mehr
Objekt und Opfer als zentrale Person war. Er entwickelt ihr Wesen
in Richtung auf ein klassisches Ideal der „schönen Seele" und erfüllt
es mit einem Geiste, der sie nicht in bloße Passivität verfallen, nicht
bloßen Gegenstand fremder Wünsche und Leidenschaften werden,
sondern sühnend, entspannend, befriedend in die harte Welt des
Mannes hineinwirken läßt. Darin liegt von allen Eingriffen des
Dichters an Geist und Stoff, an Handlung und Figuren seiner Vorlage der erfolgreichste. Sein schwierigster Eingriff aber war doch,
wie uns scheint, der an Charakter und Schicksal des Entführers.
Kudruns Wesen konnte er entfalten, Hartmuts Wesen, in der Vorlage kantig scharf umrissen, mußte er verwandeln. Aus einem ver-
wegenen Räuber und Gewalttäter machte er eine ritterliche,
menschlich mitempfindende, von 'zuht' und 'hôhem muot' erfüllte
Idealgestalt, während das Düstere seiner Tat, das nicht aus der

Welt zu schaffen war, und ihre tragischen Folgen auf seinen Vater abgeladen wurden. Der Dichter hat zur ritterlichen Idealisierung seines männlichen Lieblings und zur ethisch-psychologischen Vorbereitung des glücklichen Schlusses das ihm Mögliche getan. Aber wie die Dinge lagen, war es nicht zu vermeiden, daß der umgeprägte Charakter des ritterlichen Entführers und das überlieferte Handlungsschema einer gewaltsamen Entführung in einen Widerspruch gerieten, den auch die sicherste Kunst und die feinste Seelenkunde nicht ganz befriedigend zu lösen vermocht hätten. Der alte Wate hat wohl nicht so ganz unrecht: Gewalttat ist und bleibt Gewalttat — auch vom ritterlichsten Manne: Hartmuts Ritterlichkeit nach dem Raube steht mit dem Raube selbst in schlechtem Einklang. Um so stärker leuchtet dann freilich der Strahl der Versöhnung auf, der von Kudrun, dem Opfer der Gewalttat, ausgeht und es als erlaubt erscheinen läßt, mutatis mutandis an Goethes Wort über ›Iphigenie‹ zu denken: „Alle menschliche Gebrechen sühnet reine Menschlichkeit."

So bestätigt sich wohl die Vermutung, die am Schluß des ersten Teils ausgesprochen wurde. Es war nicht zuletzt die überlieferte Form des Stoffes, die es dem Dichter verwehrte, das Spiel ganz mit seinem Geiste, dem Geiste der Versöhnung, zu durchdringen. Sein Versuch ist künstlerisch und psychologisch nicht völlig gelungen. Gegen seine Bedeutung in ethischer und geistesgeschichtlicher Hinsicht besagt das jedoch nichts. Geistesgeschichtlich entscheidend, und menschlich imponierend, ist die Kühnheit und Lauterkeit, womit der namenlose Dichter des hohen Mittelalters den alten Rachegeist zu bannen, den ihm aus balladen- oder heldenliedhafter, für uns im Schatten bleibender Quelle zugeflossenen Stoff durch ein Ethos der Ritterlichkeit und Menschlichkeit zu läutern bemüht ist.

Hugo Kuhn: Kleine Schriften II, Text und Theorie. Stuttgart: J. B. Metzlersche Verlags-
buchhandlung ²1969, S. 206—215 nebst Anm.

KUDRUN *

Von Hugo Kuhn

Wenn das ›Nibelungenlied‹ eine deutsche ›Ilias‹ wäre, dann wäre
die ›Kudrun‹ eine deutsche Odyssee. Sicher werden auch viele Ihrer
Aufsätze mit dem berühmten romantischen Vergleich beginnen.
Manches daran ist richtig, und die Heldensagen-Forschung kann
überhaupt an Vergleichen über Zeiten und Kulturen hinweg auch
heute wieder viel lernen. Aber meist verdeckt der Vergleich tiefgreifende Unterschiede. Nach Überlieferung und Textkritik, nach
Stil und Stoff und Stoffgeschichte ist die ›Kudrun‹ keine Odyssee,
sondern ein mittelalterliches Gedicht voll besonderer, oft unüber-
windlicher Schwierigkeiten.

Ich brauche hier nicht im einzelnen darauf einzugehen. Viele von
Ihnen werden die Auswahl in der Hand haben, die mein lieber
Kollege André Moret 1955 in der Bibliothèque de philologie germanique erscheinen ließ, und kennen die klare, besonnene Einleitung Morets. 1954 (⁴1964) erschien in Deutschland auch die Ausgabe von Symons in der Altdeutschen Textbibliothek neu bearbeitet
von Bruno Boesch, ebenfalls mit einer kenntnisreichen und nach-
denklichen Einleitung.[1]

Heute möchte ich Ihre Aufmerksamkeit nur auf zwei Punkte an
dem Werk, wie es uns aus der einen Ambraser Handschrift von

---

* Die Form des Vortrags in der Sorbonne 1956 belasse ich hier unverändert.

[1] Seither ist Karl Stackmanns Einleitung zu: Kudrun, hrsg. v. K.
Bartsch, 5. Aufl. v. K. Stackmann, 1965 (Deutsche Klassiker des Mittelalters) erschienen, die alle Probleme mit neuer methodischer Gründlichkeit
exponiert [vgl. den Auszug in diesem Band, S. 561—598]. Dazu ist zu
nennen: H. Kuhn, Minnesangs Wende, ²1967 (Hermaea N.F. I); W. Hoffmann, Kudrun, 1967 (German. Abhandl. 17) [vgl. die Zusammenfassung in
diesem Band, S. 599—620]; H. Siefken, Überindividuelle Formen und der

1514 vorliegt, lenken, zwei Punkte, die — wie ich glaube — unser Bild vom Ganzen etwas zurechtrücken können und dadurch auch manche scheinbar verzweifelte Frage.

Der eine Punkt ist der Manierismus des Kudrunliedes. Alle Heldensagen, im Mittelalter die französischen chansons de geste wie die deutschen Epen um die Nibelungen, um Dietrich von Bern usw., auch schon die sogenannten Spielmannsepen des 12. Jahrhunderts, vor allem ›König Rother‹, erzählen einschichtig und schematisch; d. h. sie erzählen nicht äußere Handlung und innere Reflexion der Helden, also zweischichtig wie die höfischen Romane vor allem, sondern nur äußere Handlung. Auch Psychologisches wird nur als Handlung gegeben, an Höhepunkten als Gebärde. Und sie erzählen diese Handlung nicht direkt als einmalig Besonderes, sondern indirekt: in Beratungen und Festen, in Kämpfen und Kriegen geht die Handlung vorwärts, am Hof und in der Schlacht, auf den Schauplatz gesehen. Es sind hier immer wiederkehrende, trotz aller Variation schematische Stationen oder Szenen, die die Handlung 'darstellen'. Das Besondere der Handlung, der einmalige Konflikt, liegt mehr im Personal, in der Konstellation der Schachfiguren und ihrer Bewegung, als im Erzählen selbst. Dieses ist wie das Schachbrett. Der gleiche Schematismus gilt für Sprache und Stil.

Die ›Kudrun‹ aber erzählt besonders schematisch, auffallend indirekt auch im Kreise dieser Heldensagen. Man fragt sich, wie über all diesen statischen Szenen, Beratungen, Botensendungen, Empfängen, Fest- und Kampfzurüstungen überhaupt noch Handlung, vor allem innere, psychologische Handlung vorwärtsgehen kann. Ebenso wie stilistisch über all den indirekten, abstrakten Aussagen (*man sach* ... oder *wart des tages dicke ze schîne*, 786, 4), den Nebensätzen als eigentlichen Handlungträgern, den ewig gleichen Adjektiven und Formeln *(guot, rîch, stolz, schœne* ...*)* — wie über all dem noch Einzel-Figuren und -Ereignisse anschaulich heraustreten können. Als Beispiel stelle ich zwei Strophen der ›Kudrun‹ (801/2), die dem Abschied beim Raub der Kudrun gelten, drei Stro-

Aufbau des Kudrunepos, 1967 (Medium Aevum 11). Forschungsbericht: Werner Hoffmann, Die Hauptprobleme der neueren ›Kudrun‹-Forschung I und II, WW 14, 1964, S. 183—196 und 233—243.

phen des ›Nibelungenliedes‹ aus einer ähnlichen Klagesituation
gegenüber: Klage über Siegfrieds Ermordung (1011—1013):

Diu burc diu was zerbrochen, diu
    stat diu was verbrant,
dô hete man gevangen die besten
    die man vant,
zwô und sehzic vrouwen, vil min-
    neclîche meide,
die vuorten si von dannen, dô was
    der edelen Hilden herzenleide.
Wie trûric sie liezen des wirtes wine
    stân!
dô îlte diu küniginne in ein venster
    gân,
daz si nâch den mageden her nider
    möhte schouwen
noch liezens in dem lande klagende
    vil manege schœne vrouwen.

Die Burg war gebrochen, die Stadt
war verbrannt, man hatte zu dieser Zeit gefangengenommen die
Vornehmsten, die man finden
konnte, nämlich zweiundsechzig
Damen, liebreizende Mädchen, die
nahmen sie gefangen mit sich fort.
Zu dieser Zeit hatte Hilde, die edle
Königin, Herzeleid.
Wie traurig ließen sie des Haus-
herrn Eheliebste zurück. Zu der
Zeit stellte sich die Königin eilends
in ein Fenster, daß sie von dort
hinab den Mädchen nachblicken
konnte. Dazu ließen sie im Heimatland noch viele schöne Damen
klagend zurück.

Ich brauche nicht zu erklären, wie abstrakt, wie indirekt hier
erzählt wird. Dagegen im ›Nibelungenlied‹ — freilich an einer alten
Kernstelle:

Diu vrouwe hiez sich wîsen dâ si
    den helt vant.
sie huop sîn schœne houbet mit ihr
    vil wîzen hant.
swie rôt ez was von bluote, sie het
    ez schiere erkant,
dô lac vil jæmerlîche der helt von
    Nibelunge lant.
Dô rief vil trûreclîche diu
    küniginne milt:
„owê mich mînes leides! nû ist dir
    dîn schilt
mit swerten niht verhouwen; du
    lîst ermorderôt,
wesse ich, wer iz het getân, ich riet
    im iemer sînen tôt!"

Die Dame ließ sich dahin führen,
wo sie den Helden auffand. Sie hob
sein schönes Haupt auf mit ihrer
weißen Hand. Es war über und über
von Blut rot, und doch hatte sie ihn
sogleich erkannt. Der da bejam-
mernswert (tot) lag, war der Held
vom Lande der Nibelunge.
Da rief in großer Trauer die freundliche Königin: „Weh über das mir
angetane Leid! Diesmal ist dir dein
Schild nicht mit Schwertern zerschlagen worden:
du liegst tot von Mörderhand!
Wüßte ich nur, wer es getan hat,
ich sorgte in alle Zukunft, daß auch

Allez ir gesinde klagete unde schrê	er stürbe."
mit ir lieben vrouwen, wand in was	Ihr ganzes Gesinde klagte und schrie
harte wê	zusammen mit seiner lieben Her-
umb ir vil edeln herren, den si dâ	rin, denn ihr Schmerz war sehr
hêten verlorn.	groß um ihren edlen Herrn, den sie
dô het gerochen Hagene harte	hier verloren hatten. Jetzt hatte
Prünhilde zorn.	Hagen den Haß der Brünhilde sehr
	gerächt.

Auch in der vergleichbarsten, der schwächeren dritten Strophe, ist doch die Ausdrucksweise nicht so indirekt, so schematisch wie die der Kudrunstrophen.

Zugleich ist aber das überzeugende Ergebnis dieser Darstellungsweise in der ›Kudrun‹ nicht hinwegzudiskutieren. Man braucht nur spätere Heldenepen wie ›Dietrichs Flucht‹ oder die Rosengärten daneben zu legen, braucht überhaupt nur Szenen wie die Befreiung der Kudrun zu lesen, dann sieht man, wie lebendig doch unter allem Manierismus Situationen, Ereignisse und Charaktere hervorschauen.

Der Manierismus der ›Kudrun‹ bezieht sich vor allem auf das ›Nibelungenlied‹ zurück. (Wie der der ›Odyssee‹ auf die ›Ilias‹.) Auch das ist seit Kettner [2] vielfach belegt für Vers- und Strophenform, Sprache und Stil, Situationen und Szenen. Nicht genug gesehen hat man jedoch meines Erachtens, daß auch die ganze Konstellation der Personen und damit der Sinn der Handlung sich ausdrücklich auf das ›Nibelungenlied‹ zurückbezieht. Und zwar als eine bewußte Entgegensetzung, als Antityp.

Gehen wir von der zentralen Handlung aus und von da zum Einzelnen weiter. Die Zentralfigur des ganzen ›Nibelungenliedes‹ ist Kriemhild: zuerst liebenswertes und sprödes Mädchen (Falkentraum), dann minniglich von Siegfried Umworbene und Heldengattin, wird sie durch Siegfrieds Ermordung in unermeßliches Leid gestürzt. Leid aber wird hier, im Raum der Nibelungen-Konstellation, seit alters sichtbar als Leidenschaft, als tragische Unbedingtheit: Kriemhild wird Schritt für Schritt zur unerbittlichen

[2] E. Kettner, Der Einfluß des Nibelungenliedes auf die Gudrun, ZfdPh 23, 1891, S. 145—217.

Vergelterin, zur *vâlandinne*. Nicht ihr Charakter, sondern diese tragische Konstellation reißt zum Schluß die politisch-rechtliche und, in Formen des 12. Jahrhunderts, höfische Ordnung der Burgunden, die Ordnung auch des Etzelreiches in den Untergang, den die Ermordung Siegfrieds, den schon die Werbung für Gunther um Brünhild, ja schon die Verbindung Siegfrieds mit den Burgunden tragisch heraufrief.

Auch Kudrun gerät — wie schon ihre Mutter Hilde — durch die um sie werbenden Männer, durch den Verlust des ihr angetrauten Helden in Leid. Auch um ihr Leid wächst tragische Leidenschaft der Rache, wächst Kampf und Tod: Hetels Tod und Ludwigs und Gerlints Tod. Doch statt eine Welt in Untergang zu reißen, stiftet sie in der Katastrophe — wie auch schon ihre Mutter Hilde — eine neue Welt der Versöhnung, der vierfachen Hochzeit, des Friedens. Ihre doppelbödige Charakterrolle — alle Helden der ›Kudrun‹ haben solch doppelte, aus Feindschaft und Liebe gemischte Charaktere, sogar die Teufelin Gerlint, der wütende Wate — auch Kudruns Rolle kennt das Aufblitzen von Zorn und heldischem Trotz, kennt sogar das Lachen, das Brünhild bei Siegfrieds Tod lacht, die Freude, die die leiderstarrte Kriemhild zeigt, als der Feind Hagen in ihre Hände kommt — berühmte Szenen aus langer Tradition —: Kudruns Lachen, als sie, in gerade umgekehrter Handlung, dem Haß der Gerlint ihr heimliches Wissen von den Befreiern und Rächern entgegensetzt. Aber ihre ganze Rolle ist umgekehrt die der Kriemhild. Sie heißt: Friede stiften aus Zerstörung. Man verzeichnet ihr Charakterbild notwendig nach der einen oder anderen Seite, wenn man diesen Anti-Typus zu Kriemhild nicht sieht. Kudrun ist nicht Dulderin, gar entsagende Märtyrerin — trotz des Engel-Vogels, der ihr die Botschaft von der Befreiung bringt, von der sie dann bei der gleich folgenden Erkennungsszene doch nichts weiß. (Doppelszenen: leichtfertige Verbindung!) Sie ist ebensowenig Heldenbraut, gar leidenschaftlich Liebende. Die Erkennungsszene am Strand, Erkennung zwischen Kudrun und ihrem Mann Herwig durch Ringe — ein altes Erzählungsmotiv, hier aber, bei direkter persönlicher Begegnung, geradezu um seine Pointe gebracht — spricht deutlich genug dagegen. Was Kudrun im Leid aufrecht erhält, ist nicht Liebe, sondern ihr Recht, sogar ihre Rache: Das

Recht der gerechten Sache, das Recht der Verlobung, das sie aus fast zuviel freundlicher Zuneigung zu all ihren Bewerbern, als Friedensstifterin zwischen Herwig und ihrem Vater selbst gesetzt hatte. Denn was ihre Gesamtrolle trägt, ist das Friedestiften.

Nicht nur Kudrun selbst, auch die anderen Personen beziehen sich typisch und antitypisch auf das ›Nibelungenlied‹ zurück. Der Hof des Königs Hetel — das ist der Hof der Burgunden, aber positiv, ins Recht gewendet. Wate ist Hagen: Ratgeber, weise, wegkundig, grausig anzusehen, so daß ihn schöne Mädchen nicht küssen mögen, grausam unbedingt in Hilfe und Rache für seinen Fürsten, bis zum Raub an den Kreuzfahrerschiffen wie Hagens Raub des Fährschiffs auf der Donau — beide tragisch entschlossen zum Schuldigwerden, das stößt, was fallen will, obwohl das für die gerechte Sache der Hegelingen, der Kudrun, ganz unpassend und störend ist. Und auch Wate hat einen Volker neben sich: Horant. Das Böse am Hof der Burgunden aber, das Dreieck Kriemhild— Brünhild—Gunther, wird hinausgesetzt auf die Gegenseite: in das Dreieck Kudrun—Gerlint—Hartmuot, mit entsprechend geänderten Verwandtschaftsbeziehungen.

Die Parallelen und Antithesen ließen sich noch weiter ausführen — manches davon ist längst gesehen. Aber man hat noch nicht erkannt, daß dann viele Kudrun-Fragen ein anderes Gesicht erhalten. Wenn die Typen, Charaktere, einzelne Züge und Situationen bei Kudrun, bei Hetel und Wate und Horant, bei Gerlint und Hartmuot sich auf das ›Nibelungenlied‹ beziehen — dann ist die ganze Handlung des ›Kudrunliedes‹ auch manieristisch, d. h. im Blick auf das ›Nibelungenlied‹ antitypisch zu deuten. Dann ist auch ihr Verhältnis zur Vorgeschichte des Stoffes viel lockerer, als man bisher annahm. Der Dichter der ›Kudrun‹ hat die Traditionen, die er sicherlich kannte und aufnahm — vor allem einen tragischen Kampf um Hilde, mit Hagen, Hedin, wohl auch schon Horant, wohl auch schon Wate, unklar aber welcher Form und Konsistenz, auch welchen Sinnes — der Kudrun-Dichter hat diese und andere Traditionen bewußt im Blick auf das ›Nibelungenlied‹ umgestaltet. Eine direkte Sagen- oder gar Lied-Entwicklung ist aus der ›Kudrun‹ nicht zu erschließen. Ebensowenig eine direkte Entwicklung der Sagen-Geographie, der Meer- und Schiffahrtsvorstellungen, des nordischen und Nordsee- und mittelmeerischen Wikingertums, der gesamten und einzelnen Motivierungen. Denn der Dichter — der Dichter unserer ›Kudrun‹ mit all ihren Nibelungenlied-Anklängen! — hat alles das und vieles andere noch bewußt umgestaltend verwendet, um dem — gattungsgeschichtlich natürlich älteren und auch tieferen — tragischen Frauenkonflikt des ›Nibelungenliedes‹ in einem auch tragischen Frauenkonflikt ein Rechts- und Friedensbild der Frau entgegenzusetzen, ganz im Sinne des mittleren 13. Jahrhunderts in Deutschland, seiner neuen spätmittelalterlichen Realitätsauffassung, wie z. B. auch Rudolf von Ems sie dem höfischen Epos entgegensetzt.[3]

Und nun der zweite Punkt, auf den ich heute Ihre Aufmerksamkeit lenken möchte. Die Handlungsschemata, mit deren Hilfe der Kudrundichter sein Bild antitypisch zum ›Nibelungenlied‹ entwirft, hat er nicht aus diesem genommen. Ich meine die sogenannte Brautwerbungsfabel, die er — fast läppisch — als einziges Handlungsschema zu kennen scheint. Die drei Brautwerbungen des ›Nibelungenliedes‹ sind anderer Art, alle drei Sonderformen des in Deutschland im 12. Jahrhundert blühenden Typs. Siegfrieds Werbung um Kriemhild trägt trotz oder wegen der künftigen Tragik die Farben des frühen Minnesangs; Gunthers Werbung um Brünhild, mit dem Kurzschluß zwischen dem Werbungshelfer Siegfried und der Braut, den der ›Tristan‹ übernommen hat, trägt hier die Züge der Burleske; Etzels Werbung um die Witwe Kriemhild ist reine Haupt- und Staatsaktion.

In der ›Kudrun‹ wird das Schema der 'gefährlichen Brautwerbung', wie man für den Typus besser sagt — ethnologische Formeln wie Brautraub, Brautkauf, Brautentführung sollten hier besser draußen bleiben —, mindestens sechsmal abgewandelt. Es trägt auch die sogenannte Drei-Generationen-Gliederung des Epos, trägt alle Darstellungssituationen, trägt sogar den oben angedeuteten Sinn, die antitypische Spiegelung des ›Nibelungenliedes‹.

Es beginnt mit den Ur-Ur-Großeltern Kudruns, Gêr und Uote, Königspaar in Irland. Ihr Sohn Sigehant wirbt, nach normaler Prinzenerziehung und nach des Vaters Tod, auf Rat der Mutter um

---

[3] Vgl. Hugo Kuhn, Minnesangs Wende, ²1967, S. 148.

die Ebenbürtigste, Königstochter von Norwegen, und erhält sie ohne Zwischenfälle — eine normale politische Heirat am Anfang. Ihr Sohn Hagen wird mit sieben Jahren bei einem höfischen Reichstag, den die Mutter als Heimatsitte einführt, vom Greifen entführt. Aus dem *ellende* dieses Sindbad-Abenteuers erlöst er die drei Mädchen mit, deren eine, Hilde von India, seine Königin wird. Gerade diese zwar ebenbürtige, aber abenteuerliche Königs-Minne-Heirat hatte das Epos von Herzog Ernst (um 1160), hier ohne Zweifel Vorbild des Dichters, noch ganz bewußt vermieden. Aber gemeinsame gefährliche Flucht und Verfolgungsschlacht war schon die Handlung des karolingischen ›Waltharius‹ (etwa auch der Ur-Hilde-Fabel?).

Ihre Tochter Hilde — von nun an bestimmt weibliche Genealogie den Zusammenhang: die ›Kudrun‹ ist ein Frauenroman, bis in erstaunliche politische Eingriffe hinein — Hilde muß zum erstenmal das ganze Schema der gefährlichen Werbung tragen, ganz wie es im ›König Rother‹ auftritt, in den 'spielmännischen' Pseudo-Legenden ›Oswald‹, ›Orendel‹, ›Salman und Morolf‹, in der Nibelungentradition (und daraus im französischen Tristan-Roman zum Artus- und Minne-Epos umgebogen), später dann vielfach zersplittert in sekundärer deutscher Heldenliteratur, besonders wie sie die ›Thidrekssaga‹ spiegelt, trotz aller Abwandlungen mit schematisch gleichem Grundriß.[4]

Es beginnt mit Neueinsatz in der 5. Aventiure an König Hetels Hof, mit seinen Paladinen. Sie raten ihm zur Minne, d. h. zur Werbung um eine so ebenbürtige wie schöne Königin. Die einzige ist Hilde von Irland. Aber — die Werbung ist gefährlich, ihr Vater bringt jeden Werber um. Hier — nur durch die zwei, auch noch verdächtigen, Nibelungen-Strophen 213 und 214 bezeichnet — ist die Stelle, die vom Schema aus gesehen die ganze Vorgeschichte Hagens aus sich entließ. Denn der 'wilde' Hagen — das ist eben der schematisch gefährliche Vater der Braut. Und daß der Dichter

---

[4] Vgl. Georg Baeseckes Zusammenstellung: Münchener Oswald, 1912 (Germ. Bibl. 2). Bericht über die neue Forschung: Michael Curschmann, Spielmannsepik. Wege und Ergebnisse der Forschung 1907—1965, DVjs. 40, 1966, S. 434—478 und 597—647; auch separat (mit Ergänzungen und Nachträgen bis 1967), 1968.

diese Wildheit, statt sonstwie sekundär zu motivieren — z. B. dadurch, daß der Vater seine Tochter wegen ihrer Schönheit selbst
heiraten will (Ortnit) —, daß also der Dichter diese Wildheit durch
das Greifen-Abenteuer 'begründet', macht ihm nur Ehre. In endlosen Beratungen der Hegelinge, in Botensendungen, Ausrüstung,
Schiffbau schleppt sich das Schema weiter fort. Zur 'Werbung',
d. h. Er-werbung der Braut, werden hier drei Helfer aufgeboten:
Fruotes List, Horands Kunst und Wates wilde Kraft. So vollzieht
sie sich auch übermotiviert: als Ankunftslist, zum Eindringen in das
gefährliche Land, dient sowohl Fruotes Kaufmanns- wie Wates
Recken-Verstellung; als Zwangslist, die eine heimliche Werbung um
die willige Schöne ermöglicht, dient Horants Orpheus-Gesang
(vgl. ›Tristan‹); als Entführungslist wieder die Kauf-Schau auf dem
Schiff und dann Wates Grimmigkeit. Es folgt Begegnung König
Hetels mit seiner Braut und dann die große Verfolgungsschlacht.
Sie gehört nicht nur zu einem älteren Typ (›Waltharius‹), der später
meist der doppelten Entführung oder anderen Abbiegungen weicht,
sondern sie ist auch die einzige Station, die unsere Handlung mit
der älteren Hilde-Tradition verbindet. Es ist falsch, wenn durchweg behauptet wird, daß der Hildeteil der ›Kudrun‹ die alte Fabel
fortführe, abgesehen vom versöhnenden Schluß der Verfolgungsschlacht, die noch Lamprechts ›Alexander‹ um 1060 als tragischen
Kampf auf dem Wulpenwert erwähnt (1321 ff.). Umgekehrt: einzig die Namen und diese überall zum Schema gehörende Schlacht
stammen aus der Hildesage — alles andere ist reinstes Schema der
gefährlichen Werbung im Stil des 12. Jahrhunderts, und zu ihm
gehört auch der Erfolg des Werbers, Friede im Besitz seiner Königin. Was der Dichter der ›Kudrun‹ als Hildefabel vorgefunden
hatte, bleibt uns völlig unbekannt, wenn nicht eher noch der Anfang des Kudrunteils mit den nordischen Sagen übereinstimmt.
Aber die verschiedenen zauberischen oder sekundären Motivierungen der tragischen Schlacht in den nordischen Zeugnissen der Hildesage vom 9. bis 13. Jahrhundert machen eine festgefügte Fabel nicht
eben wahrscheinlich. Jedenfalls stand sie als Frauenkonflikt auch
ursprünglich in der Nähe der Siegfrieds- und *nôt*-Fabeln, und
Brautwerbungszüge sind hier wie dort späteren Einschubs verdächtig, frühestens seit dem 8./9. Jahrhundert.

Die Tochter der zweiten Hilde, Kudrun — ihr Bruder Ortwin wird sogar politisch vom Dichter geradezu vergessen —, wird schließlich ganz und gar verstrickt in Werbungen. Doch sind diese nicht mehr so schematisch gebraucht wie am stärksten im Hildeteil. Der Dichter wendet sie hier, am Höhepunkt seines Themas vom Frauen-Frieden, sehr frei — nachdem schon die zweite Hilde im Rahmen des Schemas zwei Reiche befriedet und befreundet hatte, den wilderen Hof Hagens dem höfischen Heldenkreis und dem Luxus des Hegelingen-Hofes erschlossen. Der Kern der Kudrun-Handlung aber, die Hartmuot-Handlung, verrät doch das Schema der 'gefährlichen Brautwerbung' in aller Umbildung noch am stärksten.

Es geht wieder mit Neueinsatz aus vom Land des Werbers, Hartmuots Ormanieland; wieder rät ihm, wie zu Anfang Uote dem Sigebant, die Mutter zur fernen Schönsten als ebenbürtiger Königin, zu Kudrun (10. Av.). Die wenigen Strophen über die Werbung Sivrits von Môrland, die samt der kürzestmöglichen Exposition für Kudrun vorangehen (573—578; 579—586), sind kaum ein Verbindungsstück. Und das Schema ist so stark, daß es den Dichter sogar zu bedenklichen verfassungsrechtlichen Unklarheiten im Normannenreich veranlaßt, da er ja Hartmuots Eltern Ludwig und Gerlint beide noch zur Handlung braucht: wer regiert, wird nicht recht deutlich, manchmal tut es sogar Gerlint! Die Werbung ist gefährlich — darum muß jetzt der höfische Hetel den wilden Vater spielen. Dann Botensendung — ihre politisch-diplomatische Aufmachung mit gesiegelten Briefen wie die Ablehnung wegen Unebenbürtigkeit sind nur aufgesetzte Detail-Realismen —, heimliche Werbung Hartmuots selbst bei Kudrun — mit rührendem Schwanken Kudruns (Ambivalenz!), die sich offenbar nur deswegen versagen muß, weil Hartmuot zur Handlung des Anti-Typs gehört —, schließlich dritte Werbung Hartmuots, als Kudruns Vater auf Kriegszug entfernt ist, und Entführung — hier recht wikinghaft-normännisch, aber eher von der Handlung so angezogen als aus alter Tradition (trotz Snorri und Bragi).

Denn hier biegt die Handlung um: die Braut folgt nicht gern, auch die Mutter ist nicht im Bündnis, wie sonst oft im Schema, sondern wird zur Rächerin, nachdem in der wiederbenutzten Verfolgungsschlacht der tragische Tod des Vaters aus der Hildesage seinen neuen Ort gefunden hat.

Es folgen vierzehn Jahre Leid für Kudrun, mit Märchen- oder Balladenzügen für ihre Entsagung und für die Bedrückerin Gerlint, mit nichts an Handlung für Hartmuot, außer seinem Versuch, nach neun Jahren Kudrun doch zu einer Kebsen-Ehe zu gewinnen (1027—1036) — die Zeit allein, Instrument höchstens des lange währenden Rechts, geschieht. Nach vierzehn Jahren aber rollt sich in einer dramatischen Folge bildhaft und gebärdenhaft pointierter Szenen die Befreiung ab, die Kudrun als Friedensstifterin und Versöhnerin zu einer neuen Ordnung lenkt.

Die zwei anderen Werbungen um Kudrun, die Werbung Sivrits und Herwigs, dienten nur der Verwicklung der Intrige, auch die erstaunlich unmotiviert aufgeschobene Ehe mit Herwig (666/7), der wie mit Absicht völlig blaß bleibt. Das Schema wird dafür kaum aufgerollt, aber es ist doch höchst bezeichnend, daß der Dichter auch für die Intrige kein anderes Handlungselement als die gefährliche Werbung zu finden weiß — oder finden will.

Im 12. Jahrhundert könnten wir es leichter verstehen. Denn da trägt die gefährliche Werbung einen ersten Klang der höfischen Minne in die Zeit hinein: Streben nach der Einheit, der unio der irdisch-menschlichen Ergänzung, König zu Königin, Mann zu Frau; Ferne und Gefahr gehört dazu, denn dieses Streben sucht in der Frau das irdisch Höchste und Beste, das irdische *summum bonum,* und es verbindet sich hier für die Literatur noch mit einer ersten, noch ganz tatsächlichen Entdeckung des sich wagenden Mannes in irdischem Raum und irdischer Zeit. (Dies alles zwar noch real-politisch eingekleidet — wie in Frankreichs chansons de geste und in Deutschlands Mittelmeergeschichte der *translatio imperii* der kollektive christliche Heilsmythos eingekleidet ist seit Mitte des 11. Jahrhunderts: Kreuzzüge!) Wie nah dieser Sinn der gefährlichen Werbung der neuen Stoff- und Sinn-Welt des Artuskreises, der Ideologie des Minne-Rittertums steht, demonstriert wörtlich der Tristan-Roman, d. h. Eilharts von Oberg französische Quelle.

Im 13. Jahrhundert, für den Kudrundichter, war das alles längst passé. Trotzdem muß er sich in dieses Geheimnis der gefährlichen Werbung so hineingesponnen haben, daß es sein ganzes Schaffen ausfüllte. Wieder ein Manierismus, sogar nach weit älterem Vorbild diesmal als das ›Nibelungenlied‹ war — und wieder eine überraschende Selbständigkeit dieses Mannes, des Schöpfers der uns vorliegenden ›Kudrun‹ in ihren meisten Strophen.

Das ist das Ergebnis, das uns zum Schluß wieder zum Anfang zurückführt: der Manierismus der ›Kudrun‹ ist, sowohl im antitypischen Verhältnis zum ›Nibelungenlied‹ wie in der Benutzung des Schemas der gefährlichen Werbung, nicht einfach Unkunst, nicht einmal Formelstil oder Epigonenstil. Er bringt zwar Erstaunliches an metrischen Mischungen, stilistischer Indirektheit, leichtfertigen Verbindungen und Verdoppelungen, Namenswirrwarr zustande, die nicht allein auf das Konto des Abschreibers Hans Ried kommen können — fast könnte man denken, es war ein unfertiges Konzept, was in unsere einzige Heldensage gelangte. Doch steckt der Manierismus auch im Ganzen drin und verlangt so eine bessere Deutung. An umfangreichere, ausgeführte Vorstufen vermag ich nicht zu glauben.

Aus drei Bausteinen setzte der Dichter sein sehr persönliches, in dieser Hinsicht gar nicht schematisches Werk zusammen. Erstens hatte er den Willen, der Frauentragödie ›Nibelungenlied‹ eine Comedia, im mittelalterlichen Sinn, eine mit neuer, höherer Ordnung endende Geschichte um die Frau als Friedensstifterin entgegenzustellen. Vielleicht wählte er darum die Frauentragödie der Hildesage, samt ihrer Meeresluft, die, als Fabel nicht so festgelegt, sich leichter zur Comedia umformen ließ. Zweitens nahm er, als einzigen Handlungsbaustein durch vier Generationen, das Schema der gefährlichen Werbung in den Griff, dabei mit Elementen der Hildesage wie mit 'Motiv-Zitaten' spielend. Sicherlich im Sinn gleichzeitiger Heldenliteratur, wie besonders die ›Thidrekssaga‹ (Herbort) bewähren kann. Doch auch wieder mit einer so erstaunlichen Dickköpfigkeit, dazu so souverän im Zusammenfügen, daß da nicht nur alte Tradition und auch nicht nur Zeitgeist und Zeitstil sprechen, sondern wieder der Wille eines Außenseiters. Drittens umkleidete er dieses Gerüst mit einer erstaunlichen Buntheit und auch Wirrnis von geographisch-politisch-rechtlichen Vorstellungen, die im einzelnen, wenn man es genauer verfolgt, doch sehr real gesehen sind, und bei aller Indirektheit des Aussagens dem Ganzen

mehr Konsistenz geben, als sogar das ›Nibelungenlied‹ aufbringt.
Wer war dieser erstaunliche Mann, der Dichter der ›Kudrun‹? Wir
werden es nie wissen. Aber daß er ein freier, sogar, wenn auch versteckt, ein witziger und ironischer Kopf war und dazu ein wirk-
licher Dichter seiner Epoche — nicht nur der dumpfe Spielmann,
den alle in ihm sehen wollen —, das dürfen wir, glaube ich, als
wachsend sicheres Wissen erwarten.

Wirkendes Wort 12, 1962, S. 257—273. Durch die Autorin gekürzte Fassung.

ZUM AUFBAU DES KUDRUN-EPOS

Von Renate Janzen

In neuerer Zeit hat man erkannt, welche hohe Bedeutung die Zahl für die mittelalterliche Dichtung besaß, und zwar einmal als Symbol, wie es verschiedene Werke, besonders der geistlichen Literatur, selbst hervorheben, z. B. die Gedichte ›Von der Siebenzahl‹, und zum anderen als Kompositionselement, d. h. als ein Mittel, durch Berücksichtigung bestimmter Zahlen und Zahlenproportionen den äußeren Rahmen für den Gehalt einer Dichtung zu schaffen.

Ernst Robert Curtius hat mit seinen grundlegenden Untersuchungen dieser verhältnismäßig jungen Forschungsrichtung zu wichtigen Erkenntnissen verholfen.[1] Er hat darauf hingewiesen, daß die antike Zahlenmystik und Zahlensymbolik der Pythagoräer mit der christlichen Zahlensymbolik zusammenfloß.[2] Auch die Technik der „Zahlenkomposition" führt er auf das Altertum zurück und sieht von da aus eine Verbindungslinie über die mittellateinische Literatur zu der volkssprachlichen Literatur des Mittelalters.[3] Aufgrund dieser Erkenntnisse konnten in zahlreichen Abhandlungen über Dichtungen des Mittelalters aus dem Bereich der geistlichen Literatur, des höfischen Epos, des Heldenepos und des Minnesangs Zahlenproportionen und Symmetrien im äußeren Aufbau dieser Wortkunstwerke nachgewiesen oder doch wahrscheinlich gemacht werden.[4] Friedrich Maurer hat in zwei Einzeluntersuchungen den

[1] Ernst Robert Curtius, Europäische Literatur und lateinisches Mittelalter, Bern 1948, S. 493—500, Exkurs XV: Zahlenkomposition.

[2] Ernst Robert Curtius, a. a. O., S. 494.

[3] Ernst Robert Curtius, a. a. O., S. 500.

[4] Vgl. z. B. H. Eggers, Symmetrie und Proportion epischen Erzählens, Studien zur Kunstform Hartmanns von Aue, 1956; ders., Der Liebesmonolog in Eilharts Tristrant, in: Euphorion 45, 1950, S. 275—304; ders., Strukturprobleme mittelalterlicher Epik, dargestellt am Parzival Wolf-

harmonischen und symmetrischen Aufbau verschiedener Aventiuren
des ›Nibelungenliedes‹ dargestellt. Beide Abhandlungen: ›Über den
Bau der Aventiuren des Nibelungenliedes‹ [5] und ›Über die Formkunst des Dichters unseres Nibelungenliedes‹ [6] sowie ein Aufsatz
von Jean Fourquet: ›Zum Aufbau des NL und des Kudrun-Lieds‹ [7]
wurden bei der vorliegenden Untersuchung unter methodischen
Gesichtspunkten herangezogen. [8]

I. Die Gruppierung der Aventiuren

Das Thema sieht als erstes eine Betrachtung des Gesamtaufbaus
der ›Kudrun‹ vor; sie soll feststellen, ob sich bei der Gruppierung
einzelner Aventiuren bestimmte Gesetzmäßigkeiten beobachten
lassen, die darauf hindeuten, daß auch in diesem Epos die Zahl als
Kompositionselement eine Rolle spielte.

Das Kudrun-Epos ist in 32 Aventiuren eingeteilt. Die ganze Erzählung gliedert sich in ihrem Inhalt deutlich in drei Teile; denn sie
handelt von dem Schicksal dreier Generationen.

rams von Eschenbach, in: Euphorion 47, 1953, S. 260—270; ders., Vom
Formbau mhd. Epen, in: Der Deutschunterricht 11, 1959, H. 2, S. 81—97;
ders., Der Goldene Schnitt im Aufbau alt- und mittelhochdeutscher Epen,
in: WW, 10. Jg. 1960, S. 193—203; F. Tschirch, Zum symbolbestimmten
Umfang mittelalterlicher Dichtungen, in: Stil- und Formprobleme in der
Literatur. Vorträge des 7. Kongresses der Internationalen Vereinigung
für moderne Sprachen und Literaturen in Heidelberg, 1959, S. 148—156;
R. Kienast, Zur Tektonik von Wolframs Willehalm, in: Studien zur deut-
schen Philologie des Mittelalters (Festschrift für Friedr. Panzer), 1950,
S. 96—115.

[5] Festschrift für Dietrich Kralik, 1954, S. 93—98.

[6] Der Deutschunterricht, Jg. 6, 1954, Heft 5, S. 77—83 [vgl. in diesem
Band, S. 40—52].

[7] ZfdA Bd. 85, 1954, S. 137—149 [vgl. in diesem Band, S. 53—69].
Soeben ist das Buch von M. S. Batts erschienen: Die Form der Aventiuren
im Nibelungenlied, Beitr. z. dt. Phil. 29, 1961.

[8] Sie ist 1959 entstanden aus einer Zulassungsarbeit zur wissenschaft-
lichen Staatsprüfung in Saarbrücken.

Am Anfang steht eine Vor-Vorgeschichte, die vier Aventiuren zählt (1—4). Dieser erste Teil des Epos berichtet von Hagen von Irland, von seiner Abstammung, der Entführung durch einen Greifen, seiner Rettung und Rückkehr mit einem Pilgerschiff, seiner Vermählung mit Hilde von Indien und Übernahme der Herrschaft in Irland und schließlich von der Geburt seiner Tochter Hilde. Es schließt sich daran eine Vorgeschichte an, die ebenfalls vier Aventiuren umfaßt (5—8). Dies ist die Erzählung von Hilde, der Tochter Hagens. Dieser Teil des Epos stellt das Bindeglied dar zwischen der vorhergehenden Hagen-Handlung und dem sich anschließenden dritten Teil, der sich aus 24 Aventiuren aufbaut (9—32). Mit diesem dritten Teil, der eigentlichen Hauptgeschichte, die dem Epos den Namen gab, ist er aber viel enger verknüpft; denn seine Hauptgestalten erscheinen auch hier und begleiten die Kudrun-Erzählung bis zum glücklichen Ausgang.

In der Abhandlung von Jean Fourquet wird die bei dem Nibelungenlied festgestellte „Vierertechnik", d. h. die Einteilung des Epos in Aventiurengruppen, die vier oder Vielfache von vier Aventiuren umfassen, auch als Formprinzip des Kudrun-Epos angenommen.

Gerade für den Kudrun-Teil des Epos läßt sich noch eine andere Gruppierungsmöglichkeit der Aventiuren erkennen, nämlich eine Gliederung in drei Hauptteile, die sich symmetrisch gegenüberstehen. Ausgehend von dem Gedanken, daß die Leidenszeit Kudruns ja schon mit ihrer Gefangennahme in der Burg Matelâne beginnt und erst in dem Augenblick endet, als sie ihrer Befreiung gewiß ist, kann man feststellen, daß dieser zentrale Abschnitt der Erzählung sich über zwölf Aventiuren (15—26) erstreckt, während Einleitungs- und Schlußteil je sechs Aventiuren umfassen. Der Einleitungsteil, der von den Werbungen um Kudrun und dem Kampf König Hetels von Hegelingen und Herwigs von Seeland gegen Sivrit von Morland handelt, setzt sich zusammen aus den Aventiuren 9—14. Der Schlußteil bringt Kudruns Befreiung und den heiteren Ausklang der Dichtung und baut sich auf aus den Aventiuren 27—32.

Auch bei der symmetrisch eingeschlossenen Mitte lassen sich noch die beiden ersten und letzten Aventiuren 15, 16 und 25, 26 zu

Unterabschnitten zusammenfassen. Den eigentlichen Kern bilden
die Aventiuren 17—24, in denen sich Kudrun in ihrer Standhaftigkeit und Treue bewährt.

Diese Gruppierungsmöglichkeit läßt sich in einer knappen Übersicht andeuten:

I. Teil: Hagen-Teil	4 Aventiuren	1—4
II. Teil: Hilde-Teil	4 Aventiuren	5—8
III. Teil: Kudrun-Teil	24 Aventiuren	9—32

1. Die Werbungen um Kudrun und der Kampf in Seeland	6 Aventiuren	9—14
2. Kudruns Leidenszeit	12 Aventiuren	15—26
a) Die Gefangennahme und König Hetels Entschluß, die Entführung seiner Tochter zu rächen	2 Aventiuren	15—16
b) Der Tod König Hetels und Kudruns Gefangenschaft in Ormanie	8 Aventiuren	17—24
c) Ankündigung der Befreiung	2 Aventiuren	25—26
3. Die Entscheidungsschlacht und Befreiung Kudruns, Heimkehr und glücklicher Ausklang	6 Aventiuren	27—32

Diese Betrachtungen über die Gesamtstruktur lassen den Schluß
zu, daß auch bei der Gestaltung der ›Kudrun‹ bestimmte Form-
prinzipien wirksam waren, die diesem Epos eine größere innere
Geschlossenheit und Harmonie des Aufbaus gaben, als man ihm im
allgemeinen zuerkennt.

II. Inhaltliche und formale Gliederung der Aventiuren

Die zweite Aufgabe besteht darin, festzustellen, ob auch die einzelnen Aventiuren als kleinere Erzähleinheiten der Dichtung in
ihrem Aufbau Zahlenproportionen oder Symmetrien erkennen lassen. Ausgangspunkt dieser Untersuchung muß ebenso wie bei der
Betrachtung des Gesamtaufbaus eine Analyse des Inhalts sein. Nur
wenn sich Regelmäßigkeiten oder Symmetrien zwischen den verschiedenen größeren und kleineren Abschnitten der Erzählung und

ihrer zugehörigen Strophenzahlen nachweisen lassen, kann man von dem harmonischen Aufbau einer Aventiure sprechen.

Es sollen im folgenden nur die Aventiuren einzeln aufgeführt werden, deren Analyse zu einem solchen Ergebnis führte. Bei den Aventiuren 1; 4; 11; 15; 20—22 und 30—32 ließ sich kein Zahlenschema ableiten. Das ist vielleicht damit zu erklären, daß die in einer verhältnismäßig jungen Handschrift überlieferte Strophenfolge häufig gestört ist und Spuren mancher Überarbeitung aufweist, hinter denen das ursprüngliche Bild zurücktritt. Es ist auch möglich, daß sich bei den Überarbeitungen der Dichtung Verschiebungen zwischen einzelnen Aventiurengrenzen ergeben haben.

Die 2. Aventiure: *Wie Hagene von dem grîfen wart hin gevüeret*

Wie die Überschrift schon andeutet, die sich hier, wie in den meisten Fällen, nur auf den Anfang der Aventiure bezieht, wendet sich die Erzählung dem Schicksal des jungen Hagen und seinem Erlebnis mit dem Greifen zu.

Die Aventiure zeigt einen harmonischen Aufbau. Es läßt sich eine Gliederung der Handlung in drei Hauptteile feststellen, von denen die beiden äußeren Flügel sich noch in zwei weitere Abschnitte unterteilen lassen. Die großen äußeren Abschnitte unterscheiden sich in ihrer Länge um eine Strophe, so daß dadurch die Symmetrie des Aufbauplanes etwas gestört zu sein scheint:

$$18 \, (6 + 12) — 10 — 19 \, (13 + 6).$$

Friedrich Maurer erklärt jedoch in ähnlichem Zusammenhang bei der Untersuchung des Nibelungenliedes: „Es ist wohl unnötig, abschließend zu betonen, daß es bei den Analysen nicht darauf ankommt, ob der oder jener Abschnitt um eine Strophe länger oder kürzer wird. Die harmonische Ausgewogenheit, die gewollte und erreichte Harmonie der Glieder bleibt, auch wenn sich Gruppen von 27 und 28, von 20 und 19 und 21 Strophen entsprechen." [9]

[9] Friedrich Maurer, Über den Bau der Aventiuren des Nibelungenliedes, S. 98.

Der Aufbau der Aventiure läßt sich in einem schematischen
Überblick darstellen:

Die 3. Aventiure: *Wie Hagene an den kiel kom*

Im Aufbau dieser Aventiure, die sich in ihrem Inhalt unmittelbar an die vorhergehende anschließt, läßt sich ebenfalls das Prinzip der Dreiteilung feststellen. Es stehen sich zwei größere Hauptteile von 13 Strophen gegenüber, die einen kleineren Mittelteil, der
11 Strophen umfaßt, symmetrisch einschließen. Die beiden äußeren
Abschnitte sind jeweils aus zwei Gruppen von 6 und 7 Strophen
aufgebaut, während der mittlere Abschnitt sich nicht unterteilen
läßt.

Die 5. Aventiure: *Wie Wate ze îrlande vour*

Mit der umfangreichen 5. Aventiure, die von der heimlichen Werbung König Hetels von Hegelingen um Hilde von Irland handelt, beginnt die zweite Vorgeschichte des Epos. Die Aventiurenüberschrift gibt den Inhalt nur ungenau wieder.

In der Erzählung lassen sich deutlich zwei Hauptteile unterscheiden. Der Schauplatz des ersten Teiles ist Hegelingen, der zweite Teil spielt in Irland. Auffallend ist es, daß diese innere Zweiteilung der Handlung sich auch im äußeren Aufbau der Aventiure bemerkbar macht, beide Abschnitte stimmen nämlich in der Strophenzahl genau überein. Darüber hinaus läßt sich jeder der beiden Hauptteile, von seinem Inhalt her gesehen, ungezwungen in zwei weitere Abschnitte gliedern, die sich ihrerseits ganz symmetrisch gegenüberstehen.

I. Teil: König Hetel von Hegelingen will Hilde von Irland für sich gewinnnen	84 Str.	204—287
1. Der erste Teil der Beratung König Hetels mit seinen Verwandten und Landesfürsten	44 Str.	204—247
2. Der zweite Teil der Beratung und die Botenfahrt	40 Str.	248—287
II. Teil: Die Königsboten am Ziel ihrer Fahrt	84 Str.	288—371
1. Die Ankunft in Irland	40 Str.	288—327
2. Am Königshof	44 Str.	328—371

Die 6. Aventiure: *Wie suoze Hôrant sanc*

Im Aufbau dieser Aventiure, die Horant gewidmet ist, wird nun wieder eine deutliche Dreigliederung sichtbar. Gruppen von 14 — 40 — 14 Strophen reihen sich aneinander.

Der erste Hauptteil erzählt, wie Horant von Teneland mit seinem herrlichen Gesang die Königsfamilie erfreut. Die ersten fünf Strophen (386—390) des umfangreichen Mittelteiles kann man wohl als „Zwischenstück" ansehen, wie Friedrich Maurer in seiner Untersuchung über das Nibelungenlied ähnliche Strophengruppen nennt.[10] Es ist an dieser Stelle der 6. Aventiure eine Art Überleitung, die inhaltlich eng mit dem Mittelteil verbunden ist: Hilde bittet ihren Vater, Horant als Sänger an den Hof zu laden, aber König Hagen kann diesen Wunsch nicht erfüllen.

An dieses Zwischenstück schließt sich der eigentliche Mittelteil an, der den Höhepunkt der Aventiure bringt: Hilde führt die entscheidende Begegnung mit Horant ohne Wissen des Vaters herbei. Der dritte Hauptteil handelt von den Vorbereitungen zur Entführung der Königstochter.

I. Teil: Horants Gesang	14 Str.	372—385
Zwischenstück: Hildes Bitte	5 Str.	386—390
II. Teil: Die Begegnung der Königstochter mit Horant	35 Str.	391—425
III. Teil: Vorbereitung der Entführung	14 Str.	426—439

Die 7. Aventiure: *Wie die juncvrouwen diu schef schouweten und wie si hin gevüeret wurden*

Diese Aventiure ist stark überarbeitet.[11] Da die überlieferte Strophenanordnung die Erzählung nicht immer folgerichtig wiedergibt, hat man versucht, durch Umstellung einzelner Strophen den Zusammenhang wiederherzustellen.

Die Handlung gliedert sich in drei Hauptabschnitte: die Entführung — Botenbericht und Vorbereitung des Empfanges — der Empfang.

Obwohl nun die einzelnen Abschnitte bei der Überarbeitung wahrscheinlich durch interpolierte Strophen erweitert worden sind, ist trotzdem die äußere Harmonie des dreigliedrigen Aufbaus nicht beeinträchtigt worden: Es stehen sich drei Gruppen von je 16 Strophen gegenüber. Für den Inhalt der Erzählung sind der erste und

---

[10] Friedrich Maurer, Über den Bau der Aventiuren des Nibelungenliedes, S. 94 und 95.

[11] Vgl. Anm. der Textausgabe: Kudrun, hrsg. von B. Symons, 3. Aufl. von Bruno Boesch, Tübingen 1954, S. 76—79.

der dritte Abschnitt von größerer Bedeutung als der verbindende Mittelteil.

Die 8. Aventiure: *Wie Hagene vuor nâch sîner tohter*

Diese Aventiure scheint ebenfalls stark überarbeitet zu sein. Die Handlung unterscheidet zwei größere Hauptabschnitte, verbunden durch einen kleinen Mittelteil. Diese drei Abschnitte zählen 33 — 8 — 34 Strophen.

Der erste Teil berichtet von Hagens Kampf mit den Entführern seiner Tochter. Der kleinere Mittelteil handelt von dem Schlichtungsversuch König Hetels, der diesen Kampf beendet. Der dritte Teil schließlich bringt den glücklichen Ausgang dieser Episode und beendet gleichzeitig die zweite Vorgeschichte, d. h. den Hilde-Teil des Epos. Diese Gliederung könnte man vielleicht eher als eine Zweiteilung auffassen, wobei der kleine Mittelteil wiederum als eine Art Zwischenstück anzusehen wäre.

Die 9. Aventiure: *Wie Wate, Môrunc und Hôrant ze lande vuoren*

Mit dieser Aventiure beginnt der dritte Teil des Epos, d. h. die
eigentliche Kudrun-Erzählung.

Die Überschrift bezieht sich auf den ersten Teil der Aventiure,
im engeren Sinne auf die Strophe 564, die als eine jüngere Inter-
polation angesehen wird. Auch diese Aventiure ist stark überarbeitet und zudem ungenau überliefert.[12] Dennoch kann man auch
hier eine gewisse Harmonie des Aufbaus erkennen; es handelt sich
um eine Gliederung der Erzählung in drei Abschnitte, die sich auch
äußerlich in der Anordnung der Strophen widerspiegelt.

Die 24 Strophen der Aventiure setzen sich nämlich zusammen aus
zwei größeren Teilen von je 10 Strophen und einem kleineren Abschnitt von 4 Strophen, der zwischen den beiden anderen liegt.

Der erste Teil hat einleitenden Charakter, der mittlere Teil gibt
die Überleitung zu der im dritten Abschnitt einsetzenden Kudrun-
Handlung.

    I. Teil: Die Königsherrschaft Hetels
         von Hegelingen   10 Str. 563—572
    II. Teil: Ortwin und Kudrun   4 Str. 573—576
   III. Teil: Erste Werbung um Kudrun   10 Str. 577—586

Die 10. Aventiure: *Wie Hartmuot umbe Kûdrûn warp*

Die Überschrift bezieht sich hier auf den Inhalt der ganzen Aventiure. Die 30 Strophen erscheinen wieder in drei Teile gegliedert,
die ganz symmetrisch aufgebaut sind.

Den drei Hauptteilen kommt verschiedene Bedeutung zu: Nicht
der eingeschlossene größere Mittelteil trägt den gedanklichen
Höhepunkt, sondern der erste und der dritte Abschnitt sind dem
Inhalt nach wichtiger, der Entschluß zur Werbung im ersten Teil,
die Ablehnung der Werbung im dritten Teil, dazwischen liegt der
unbedeutendere Botenritt. So ergibt sich folgendes Bild der Aventiure:

---

[12] Vgl. Anm. der Textausgabe, S. 94.

Die 12. Aventiure: *Wie Herwîc herverte ûf Hetelen und im Kûdrûn gegeben wart*

Die Erzählung greift die Werbung König Herwigs um Kudrun auf, die in der vorhergehenden 11. Aventiure durch die eingeschaltete Hartmut-Episode unvermutet unterbrochen worden war.

Wie vom Herausgeber hervorgehoben wird, „leidet die âventiure, besonders ihr letzter teil, an starken unzuträglichkeiten und widersprüchen ...“ [13] Dieser Hinweis bezieht sich vermutlich auf die seltsame Wiederholung der Werbung (661 und 662), die schon wenige Strophen zuvor (656—658) ausgesprochen worden war.

Im Aufbau der Aventiure läßt sich dennoch eine erstaunliche Symmetrie im Verhältnis der einzelnen Teile der Erzählung und ihrer zugehörigen Strophenzahlen feststellen. Es handelt sich hier zum ersten und einzigen Male um die Gliederung in vier Hauptabschnitte, die sich jeweils noch weiter unterteilen lassen, so daß sich Gruppen von:

$$8 (4 + 4) — 11 (6 + 5) — 11 (5 + 6) — 8 (4 + 4)$$

Strophen aneinanderfügen.

---

[13] Vgl. Anm. der Textausgabe, S. 113.

Die 13. Aventiure

Zu dieser Aventiure fehlt die Überschrift. Sie zeigt im ganzen
einen harmonischen Aufbau. Wieder ist es das Prinzip der Dreiteiligkeit, das zu erkennen ist: drei Hauptabschnitte, die sich noch
weiter unterteilen lassen, stehen sich symmetrisch gegenüber.

Die 14. Aventiure: *Wie Hetele boten sande ûz Herwîges lande*

Die Aventiure zeigt keinen einheitlichen harmonischen Aufbau.
Die Erzählung gliedert sich nach ihrem Inhalt deutlich in zwei Abschnitte: in einen kürzeren Teil zu Beginn, der sich noch sehr eng an
die vorhergehende 13. Aventiure anschließt, und in einen längeren
Teil, der einen neuen Handlungsverlauf bringt. In der Strophenfolge dieses zweiten Teiles kann man jedoch eine Symmetrie beobachten, denn der Abschnitt setzt sich zusammen aus Gruppen von
5 — 13 — 5 Strophen. Das Bild der Aventiure ist folgendes:

Die 16. Aventiure: *Wie Hilde boten sande Hetelen und Herwîgen*

In ihrem Inhalt schließt sich diese Aventiure wieder eng an die vorhergehende 15. Aventiure an. Sie greift das Motiv der Botenaussendung auf, das schon dort in den beiden Strophen 806 und 807 angedeutet wurde, und gestaltet es weiter aus (810—818), ähnlich wie es zu Beginn der 15. Aventiure der Fall war. Auf diesen ersten Abschnitt von 9 Strophen bezieht sich auch die Überschrift. Diese Aventiure zeigt wieder einen dreiteiligen Aufbau, dem schon erwähnten ersten Teil der Erzählung folgen noch zwei weitere Abschnitte. Diese Gliederung des Inhalts in drei Hauptteile spiegelt sich wider in der kunstvollen symmetrischen Anordnung der Strophen:

$$9 \, (3+3+3) \; — \; 19 \, (3+3+7+3+3) \; — \; 9 \, (3+3+3)$$

Die 17. Aventiure: *Wie Hetele nâch sîner tohter kom ûf den Wülpensant*

Diese Aventiure verlegt das Geschehen auf einen neuen Schauplatz, den „Wülpensand", wo es zu dem entscheidenden Inselkampf zwischen den Entführern Kudruns und ihrem Vater und dessen Gefolgsleuten kommt.

Es läßt sich hier eine ganz andere Bauweise als in den vorhergehenden Aventiuren feststellen. Die Erzählung setzt sich aus zwei Hauptteilen zusammen, welche die Situation vor dem Kampf und während des Kampfes schildern. Diese beiden großen Abschnitte, die sich noch weiter gliedern lassen, sind nicht symmetrisch gebaut, wie man es bei anderen Aventiuren beobachten konnte, sondern sie stehen in einem proportionalen Verhältnis zueinander. Der zweite Hauptteil enthält genau doppelt soviel Strophen wie der erste; dieses Verhältnis trifft auch für die kleineren Zwischenabschnitte zu.

I. Teil: Die Rast auf dem Wülpensand	11 Str.	847—857
1. Die Normannen machen mit den gefangenen Frauen Rast auf dem Wülpensand	6 Str.	847—852
2. Der Wächter meldet die Ankunft feindlicher Schiffe	5 Str.	853—857
II. Teil: Die große Entscheidungsschlacht	22 Str.	858—879
1. Die Normannen sammeln sich zum Kampf, sie wollen den Feinden die Landung verwehren. Schon vor der Küste kommt es zu erbitterten Zweikämpfen	12 Str.	858—869
2. Der Kampf wird auf dem Festland fortgesetzt	10 Str.	870—879

Die 18. Aventiure: *Wie Ludewîc Hetelen sluoc und bî der naht vuor von dannen*

Die Aventiure schließt sich inhaltlich eng an die vorhergehende an. Der Aufbau läßt wiederum eine Dreigliedrigkeit beobachten.

Der erste Teil bringt eine Fortsetzung des Kampfes, der zweite Abschnitt berichtet von der Kriegslist der Normannen, und der dritte Teil schließlich handelt von der Bestattung der Gefallenen,

der Gründung eines Klosters zum Gedenken an das Geschehen auf
dem Wülpensand und der Heimfahrt der Hegelinge.

Der erste Teil umfaßt 12 Strophen und läßt sich in zwei kleinere
Abschnitte von je 6 Strophen untergliedern.

Wenn die Aventiure symmetrisch gebaut wäre, so müßte der
dritte Teil ebenfalls 12 Strophen enthalten und sollte daher eigentlich mit Strophe 907 beginnen. Diese läßt sich jedoch nicht von der
vorhergehenden Strophe 906 trennen, denn sie übernimmt den dort
anklingenden Gedanken an die traurige Botschaft, die man Königin Hilde vom Tode König Hetels und vom endgültigen Verlust
ihrer Tochter Kudrun überbringen muß. Die beiden Strophen 906
und 907 mit ihrer Klage bringen an der Stelle, an der sie überliefert sind, ein retardierendes Moment in den Handlungsverlauf.
Sie unterbrechen nämlich das schon in Strophe 905 angedeutete Motiv von der Bestattung der Gefallenen auf der Insel, das dann erst
die Strophen 908 ff. aufnehmen und weiter ausgestalten. So läßt
sich zunächst keine harmonische Übereinstimmung des inneren Aufbaus der Erzählung mit der äußeren Strophenanordnung feststellen.

Das Problem löst sich dennoch überraschend schnell, wenn man
eine Umstellung vornimmt und damit dem Vorschlag des Herausgebers folgt.[14] Die Aventiure wäre dann in dieser Reihenfolge der
Strophen zu lesen: 880 — 901, 906, 907, 902 — 905, 908 — 918.

Die Strophe 911 ebenfalls an einer anderen Stelle einzuordnen,
wie es die Anmerkungen der Textausgabe anregen, erweist sich für
diese Untersuchung nicht als notwendig. Durch die Umstellung der
beiden Strophen 906 und 907 gewinnt jedoch der Zusammenhang
der Erzählung, und es läßt sich zwischen den drei Hauptabschnitten
eine auffallende Symmetrie beobachten:

$$12 \ (6 + 6) - 15 \ (6 + 3 + 6) - 12 \ (6 + 6)$$

I. Teil: Fortsetzung des Kampfes	12 Str.	880—891
1. Der Tod König Hetels	6 Str.	880—885
2. Beendigung des Kampfes	6 Str.	886—891
II. Teil: Die Kriegslist der Normannen	15 Str.	892—901
		906, 907
		902—904

[14] Vgl. Anm. der Textausgabe, S. 154.

Die 19. Aventiure: *Wie die Hegelinge heim ze lande vuoren*

Auch diese Aventiure erscheint in ihrem Aufbau recht kunstvoll. Zwei entsprechend stark betonte Hauptabschnitte stehen sich gegenüber, sie unterscheiden sich nur um eine Strophe.

Die beiden Flügel werden verbunden durch einen kleinen Mittelteil. Zu Beginn und am Ende der Aventiure stehen je zwei einleitende und zwei abschließende Strophen.

Die 23. Aventiure: *Wie si kômen in die habe und vuoren in Ormanieland*

In dieser Aventiure reihen sich die Strophen ohne Unterbrechung folgerichtig aneinander.

Der Aufbau zeigt wieder das Prinzip der Dreigliedrigkeit: die Handlung läßt sich in drei größere Abschnitte einteilen, die dann bei näherem Zusehen noch weiter zu gliedern sind und deren Strophenzahlen ein fast symmetrisches Bild ergeben. Die beiden äußeren Abschnitte unterscheiden sich nur um eine Strophe.

Inhaltlich bedeutet der erste Abschnitt mit dem Bericht von der Landung der Hegelinge an der Küste von Ormanie eine Art Auftakt. Der symmetrisch eingeschlossene Mittelteil bringt den gedanklichen Höhepunkt, nämlich den Entschluß, durch einen Botengang Erkundigungen einzuziehen. Der dritte Abschnitt rundet die Erzählung ab; es wird nichts Entscheidendes hinzugefügt, sondern der Entschluß wird nur durch eine Besprechung der Heerführer und durch den Treueid gefestigt.

I. Teil: Die Ankunft in Ormanie		9 Str.	1142—1150
1. Heimliche Landung an der Küste von Ormanie		2 Str.	1142—1143
2. Erste Erkundung des Landes		2 Str.	1144—1145
3. Wahl der Kampfausrüstung		5 Str.	1146—1150
II. Teil: Beratung der Heerführer		6 Str.	1151—1156
1. Boten sollen ausgesandt werden, um Näheres über das Schicksal Kudruns zu erfahren		3 Str.	1151—1153
2. Ortwin und Herwig übernehmen den Botenauftrag		3 Str.	1154—1156
III. Teil: Bekräftigung des Entschlusses		8 Str.	1157—1164
1. Die beiden Fürsten halten an ihrem Plan fest		5 Str.	1157—1161
2. Die Zurückbleibenden leisten einen Treueid		2 Str.	1162—1163
3. Der Botengang wird auf den nächsten Tag verschoben		1 Str.	1164

Die 24. Aventiure: *Wie Kûdrûnen wart ir kunft kunt getân*

Im Mittelpunkt dieser umfangreichen Aventiure stehen Kudrun und ihre treue Gefährtin Hildeburg.

Der Zusammenhang der Erzählung ist im großen und ganzen gewahrt, wenn auch einzelne Strophen als jüngere Zusätze gelten.[15] Im Aufbau der Aventiure läßt sich eine Gliederung in zwei Hauptteile beobachten. Die Aventiurenüberschrift bezieht sich nur auf den Inhalt des ersten Teiles. Dieser Abschnitt enthält ein märchenhaftes Motiv: Ein geheimnisvoller Vogel verkündet mit menschlicher Stimme Kudrun und Hildeburg das Ende ihrer Leidenszeit. Der zweite Abschnitt erzählt von dem harten Los der gefangenen Königstöchter.

Es fällt auf, daß die beiden Hauptteile, wenn man von zwei einleitenden Strophen absieht, die gleiche Strophenzahl aufweisen und auch darüber hinaus ganz symmetrisch gebaut sind.

Einleitung: Während Kudrun und Hildeburg am
    Meeresstrand arbeiten, erscheint ein geheimnis-
    voller Vogel   2 Str. 1165—1166
  I. Teil: Die Botschaft des Vogels   20 Str. 1167—1186
    1. Erster Teil der Botschaft   11 Str. 1167—1177
    2. Zweiter Teil der Botschaft   9 Str. 1178—1186
 II. Teil: Kudrun und Hildeburg im Dienst
    der Königin   20 Str. 1187—1206
    1. Die Heimkehr in die Burg   9 Str. 1187—1195
    2. Neue Leiden   11 Str. 1196—1206

Die 25. Aventiure: *Wie Ortwîn und Herwîc dar kômen*

Diese Aventiure führt die Erzählung unmittelbar weiter. Obwohl in den Anmerkungen mehrfach darauf hingewiesen wird, daß diese umfangreiche Aventiure wahrscheinlich durch jüngere Zusätze erweitert worden ist,[16] läßt sich dennoch für den Gesamtaufbau ein

---

[15] Vgl. Anm. der Textausgabe, S. 203 und 207.
[16] Vgl. Anm. der Textausgabe, S. 209, 224, 226, 230, 233.

recht harmonisches Bild nachweisen. Zwei große Hauptteile, die
sich in ihrer Länge nur um eine Strophe unterscheiden, werden
durch einen kleinen Mittelteil verbunden. Sie lassen sich in weitere
Erzähleinheiten gliedern, deren Strophenzahlen ein fast symmetrisches Bild ergeben. Der kleine Mittelteil, den man vielleicht besser als ein Zwischenstück bezeichnet, bleibt ungegliedert. Dazu
kommen zu Beginn und am Ende der Aventiure je eine einleitende
und abschließende Strophengruppe. Es läßt sich also folgendes
Zahlenschema aufstellen:

$$5; 54 (26 + 17 + 11) - 9 - 55 (12 + 17 + 26) ;5$$

Einleitung: Die Ankunft der beiden Fremden	5 Str.	1207—1211
I. Teil: Die beiden Wäscherinnen im Gespräch mit Ortwin und Herwig	54 Str.	1212—1265
1. Das Gespräch	26 Str.	1212—1237
2. Die Erkennungsszene	17 Str.	1238—1254
3. Der Abschied	11 Str.	1255—1265
Zwischenstück: Nun, da sie ihrer Befreiung gewiß ist, will Kudrun nicht länger Magddienste ver- richten	9 Str.	1266—1274
II. Teil: Kudruns List	55 Str.	1275—1329
1. Ihr scheinbares Nachgeben	12 Str.	1275—1286
2. Hartmuts Freude	17 Str.	1287—1303
3. Das Fest	26 Str.	1304—1329
Schluß: Kudruns heimliche Mitteilung an ihre Gespielinnen von der Aussicht auf Befreiung	5 Str.	1330—1334

Die 26. Aventiure: *Wie Herwîc und Ortwîn wider zuo dem here
kômen*

Der Dichter weiß die Spannung zu steigern, denn die Aventiure
bringt noch nicht den Befreiungskampf, wie man nach den Schlußstrophen der vorhergehenden Aventiure vielleicht hätte erwarten
können, sondern sie führt zurück in das Lager der Hegelinge und
ihrer Verbündeten, die hier auf die Rückkehr der beiden Fürsten
warten.

Die Aventiure zeigt wieder einmal einen dreigliedrigen Aufbau:

die Rückkehr der Fürsten und die Beratung, die Ausführung der von Wate vorgeschlagenen Kriegslist und schließlich die Entdeckung des Belagerungszustandes durch die Burgbewohner.

Die beiden äußeren Teile, die sich in ihrer Länge fast entsprechen, setzen sich jeweils aus zwei weiteren Abschnitten zusammen. Auch der Mittelteil läßt sich noch weiter gliedern, so daß ein fast symmetrisches Aventiurenschema entsteht:

12 (7 + 5) — 8 (2 + 4 + 2) — 11 (5 + 6)

I. Teil: Die Rückkehr der beiden Boten — 12 Str. 1335—1346
1. Der Botenbericht — 7 Str. 1335—1341
2. Wate rät zu einer List — 5 Str. 1342—1346
II. Teil: Die nächtliche Belagerung — 8 Str. 1347—1354
1. Die Hegelinge belagern heimlich die Normannenburg — 2 Str. 1347—1348
2. Wate gibt Anweisungen für den kommenden Kampf — 4 Str. 1349—1352
3. Das Lager der Hegelinge begibt sich zur Ruhe — 2 Str. 1353—1354
III. Teil: Die Entdeckung des Belagerungszustandes — 11 Str. 1355—1365
1. Eine der gefangenen Frauen entdeckt in der frühen Morgenstunde als erste, daß die Burg von Bewaffneten umgeben ist — 5 Str. 1355—1359
2. Der Hornruf des Wächters weckt die Burgbewohner — 6 Str. 1360—1365

Die 27. Aventiure: *Wie Hartmuot Ludewîgen nante der vürsten zeichen*

Die Aventiure schließt sich inhaltlich ohne Übergang an die vorhergehende an und endet ebenso unvermittelt während der Schilderung des Zweikampfes zwischen Ludwig von Ormanie und Herwig von Seeland. Um so mehr überrascht es, daß sich bei dieser Aventiure trotzdem eine bemerkenswerte innere Geschlossenheit des Aufbaus feststellen läßt. Die Erzählung gliedert sich in zwei Hauptabschnitte, die in der Anzahl ihrer Strophen beinahe übereinstimmen. Der erste Abschnitt, der 37 Strophen umfaßt, gibt die Situation vor dem Kampf wieder. Der zweite Abschnitt berichtet von

dem Beginn des Kampfes, er umfaßt 38 Strophen. Beide Hauptteile lassen sich ganz parallel in je zwei weitere Abschnitte gliedern,
und auch diese lassen sich noch weiter unterteilen. Merkwürdiger-
weise stehen die Strophenzahlen der letzten kleinen Teilabschnitte
in einem symmetrischen Verhältnis.

Schon aus dem recht komplizierten Zahlenschema läßt sich der
kunstvolle Aufbau der Aventiure erkennen:

$$37 \, [26 \, (9 + 17) + 11 \, (4 + 7)]$$
$$— 38 \, [27 \, (17 + 10) + 11 \, (7 + 4)]$$

I. Teil: Vor der Schlacht	37 Str.	1366—1402
1. Die Burgbesatzung	26 Str.	1366—1391
a) Hartmut erklärt König Ludwig die Fahnenzeichen der Feinde	9 Str.	1366—1374
b) Die Burgbesatzung rüstet zum Kampf	17 Str.	1375—1391
2. Die Belagerer	11 Str.	1392—1402
a) Wate gibt mit dreimaligem Hornruf das Zeichen zum Kampf	4 Str.	1392—1395
b) Die Belagerer reiten gesondert vor die Burg	7 Str.	1396—1402
II. Teil: Die Schlacht um die Normannenburg	38 Str.	1403—1440
1. Der Beginn des Kampfes	27 Str.	1403—1429
a) Ortwin erwählt Harmut zum Gegner des Zweikampfes	17 Str.	1403—1419
b) Zweikampf zwischen Horant von Tene-land und Hartmut	10 Str.	1420—1429
2. Der Zweikampf zwischen Ludwig von Ormanie und Herwig von Seeland	11 Str.	1430—1440
a) Das Streitgespräch	7 Str.	1430—1436
b) Der erste Teil des Kampfes	4 Str.	1437—1440

Die 28. Aventiure: *Wie Herwîc Ludewîgen sluoc*

Im Mittelpunkt der Aventiure steht die Fortsetzung des Kampfes
um die Normannenburg.

Wie schon so oft, bezieht sich auch hier die Überschrift nur auf
einen kleinen Teilabschnitt der Erzählung, d. h. auf das Ergebnis
des Zweikampfes, der zwischen Ludwig von Ormanie und Herwig

von Seeland ausgetragen wird. Die ersten 6 Strophen berichten davon (1441—1446). In dem sich daran anschließenden Teil der Aventiure scheint die Strophenfolge gestört zu sein, denn die Darstellung ist vielfach sprunghaft.

Drei bedeutsame Ereignisse bilden den Inhalt dieser Aventiure: Es ist einmal die Fortsetzung und das Ergebnis des schon erwähnten Zweikampfes und seine Folge, d. h. die Klage Gerlinds um den toten König und ihr Mordversuch an Kudrun, dann der Rückzugsversuch Hartmuts und sein Kampf mit Wate von Sturmland und schließlich Ortruns Bitte und Herwigs Bemühen, die Kämpfenden zu trennen.

Diese drei Ereignisse sind in der Darstellung der Aventiure so miteinander verquickt, daß es zunächst nicht möglich erscheint, eine Harmonie des Aufbaus, d. h. eine Symmetrie oder ein proportionales Verhältnis zwischen den einzelnen Abschnitten der Erzählung festzustellen.

Wie der Herausgeber in den Anmerkungen hervorhebt, weist die Aventiure zahlreiche Spuren der Überarbeitung auf. Man hält es für unmöglich, die ursprüngliche Strophenfolge wiederherzustellen; es wird nur darauf hingewiesen, daß sich die Episode des Mordversuches und der Rettung (1471—1477) besser an Strophe 1448 anschlösse.[17] Inhaltlich steht diese Episode ohne Zweifel in sehr enger Beziehung zu dem Zweikampf und dem Tode König Ludwigs von Ormanie, denn sie bedeutet ja einen Racheakt der Königin, die in Kudrun die Urheberin des Unglücks sieht. Nimmt man nun diesen Hinweis auf, so kann man feststellen, daß sich nach einer Strophenumstellung eine Symmetrie zwischen den einzelnen Abschnitten der Aventiure nachweisen läßt. Die ersten 6 Strophen (1441—1446) handeln, wie schon gesagt wurde, von der Fortsetzung des Zweikampfes. Die Strophe 1447 berichtet davon, wie nach dem Tode des Normannenkönigs auch sein Heer zum großen Teil vernichtet wird. Von den Zinnen der Burg hat man den Kampf beobachtet und beklagt den Tod König Ludwigs (1448). Die Strophe endet mit den Worten: *Kûdrûn und ir gesinde stuonden dâ ze hove angestlîchen* (1448, 4). Dieser Satz war wohl ausschlaggebend für

---

[17] Vgl. Anm. der Textausgabe, S. 254 und 257.

den Vorschlag, die Episode des Mordversuches an Strophe 1448 anzuschließen.

Wenn man so verfährt, dann steht jedoch die folgende Strophe
1449 ganz losgelöst da und läßt sich an keiner anderen Stelle in
den Zusammenhang der Erzählung einordnen. Aus diesem Grund
ist es wohl sinnvoller, die Strophengruppe 1471—1477 erst an
Strophe 1449 anzuschließen. Dafür spricht außerdem, daß sich die
Strophen 1449 und 1471 in ihrem Inhalt eng berühren. Hartmut
weiß noch nichts vom Tode seines Vaters, als er während des
Kampfes plötzlich auf die Unruhe in der Burg aufmerksam wird:
dô hôrte er in der bürge lûte schrîen und angestlîche gebâren (1449,
4). Dieses Thema wird aufgenommen in der Strophe 1471, 1 und
2: *Er hôrte lûte erschrîen daz Ludewîges wîp: sîn muoter Gêrlint
klagete des alten küneges lîp.* Was dann in der Burg geschieht,
davon berichten die Strophen 1471, 3—1474: Frau Gerlind will,
um den Tod König Ludwigs zu rächen, Kudrun und ihre Gespielinnen töten lassen. Hartmut erkennt die Stimme der angstvoll
rufenden Kudrun und kann den Mord verhindern (1475—1477).
Die Strophe 1477 spricht davon, daß Hartmut, während er Kudrun
vor dem Mordanschlag rettet, beinahe selbst das Leben verloren
hätte. Daraus könnte man zunächst schließen, daß sich der ganze
Vorgang während seines Zweikampfes mit Wate abgespielt hat,
und es wäre schwierig, die Strophengruppe 1450—1470 folgerichtig in den Zusammenhang der Erzählung einzufügen. Die Worte:
dô hete der künic selbe nâch den lîp verlorn . . . (1477, 2) sagen
jedoch nichts Bestimmtes darüber aus, in welcher Kampfsituation sich
der junge Normannenkönig befand, als er Kudruns Stimme hörte.

So kann man vielleicht eher annehmen, daß Hartmut während
des allgemeinen Kampfgetümmels den Vorgang in der Burg bemerkt und Kudrun rettet, ohne auf die eigene Gefahr zu achten,
und daß er dann erst versucht, in die Burg zurückzukehren, und sich
gezwungen sieht, mit Wate zu kämpfen (1450—1470).

Daran würde sich ganz folgerichtig die Episode anschließen, in
der Ortrun Kudrun bittet, die beiden Kämpfenden zu trennen, und
Herwig von Seeland diese Aufgabe übernimmt (1478—1493). Die
Aventiure wäre dann in dieser Strophenfolge zu lesen: 1441—1449,
1471—1477, 1450—1470, 1478—1493.

So stehen sich die drei Teile der Erzählung symmetrisch gegenüber. Die beiden äußeren Abschnitte lassen sich ganz parallel in Gruppen von 6 und 10 Strophen gliedern, während der Mittelteil drei symmetrische Strophengruppen aufweist.

<table>
<tr><td>I. Teil: Der Tod Ludwigs von Ormanie
und der Mordversuch der Königin</td><td>16 Str. 1441—1449
1471—1477</td></tr>
<tr><td>1. Im Endkampf gelingt es Herwig,
König Ludwig zu schlagen</td><td>6 Str. 1441—1446</td></tr>
<tr><td>2. In der Burg beklagt man den Tod des
Königs. Frau Gerlind will aus Rache
Kudrun töten lassen. Hartmut ruft
den Mörder zurück</td><td>10 Str. 1447—1449
1471—1477</td></tr>
<tr><td>II. Teil: Hartmuts Rückzugsversuch und
sein Zweikampf mit Wate</td><td>21 Str. 1450—1470</td></tr>
<tr><td>1. Hartmut will mit seinen Leuten
in die Burg zurückkehren</td><td>6 Str. 1450—1455</td></tr>
<tr><td>2. Er erkennt, daß die Burg ringsum
von Feinden eingeschlossen ist</td><td>9 Str. 1456—1464</td></tr>
<tr><td>3. Als einziger Ausweg bleibt der
Kampf mit Wate von Sturmland</td><td>6 Str. 1465—1470</td></tr>
<tr><td>III. Teil: Ortruns Versuch, das Leben ihres
Bruders zu retten</td><td>16 Str. 1478—1493</td></tr>
<tr><td>1. Ortrun bittet Kudrun, dem Kampf
zwischen Wate und Hartmut ein Ende
zu machen</td><td>6 Str. 1478—1483</td></tr>
<tr><td>2. Herwig unternimmt es, die beiden
Kämpfenden zu trennen</td><td>10 Str. 1484—1493</td></tr>
</table>

Die 29. Aventiure: *Wie Hartmuot gevangen wart*

Die vorhergehende Aventiure endete mit der Gefangennahme Hartmuts von Ormanie. Auf dieses Ereignis kommt die neue Aventiure mit den zwei Anfangsstrophen (1494—1495) noch einmal zurück, und darauf bezieht sich auch die Überschrift. Man kann diese beiden Strophen als Einleitung für den Endkampf um die Burg Kassiâne und das Normannenreich ansehen. Wie die zahlreichen Strophenumstellungen der Textausgabe erkennen lassen, gibt die überlieferte Strophenfolge den Inhalt der Aventiure stellenweise unzusammenhängend wieder.[18] So ist auch kein streng harmonischer Aufbauplan festzustellen. Wenn man von den einleitenden Strophen absieht, so kann man nur zwei große Abschnitte der Erzählung unterscheiden, die auch in der Anzahl ihrer Strophen fast übereinstimmen.

Einleitung: Hartmuts Gefangennahme	2 Str. 1494—1495
I. Teil: Der Endkampf um die Burg und Wates Gericht	33 Str. 1496—1528
II. Teil: Die Eroberung des Normannenreiches und die Vorbereitungen zum Aufbruch	32 Str. 1529—1560

Das Ergebnis der einzelnen Gliederungsversuche zeigt, daß auch die Kudrun-Aventiuren zum großen Teil in ihrer Gestaltung bestimmte Bauprinzipien erkennen lassen.

Drei verschiedene symmetrische Bauweisen, mehr oder weniger kunstvoll durchgeführt, lassen sich unterscheiden: Es ist einmal die Gliederung in zwei Hauptteile (die Aventiuren 5 — 24 — 27 — 29), dann die Dreiteilung (die Aventiuren 2—3—6—7—9—10—13—16—18—23—26—28) und bei einer einzigen Aventiure (12) die Gliederung in vier Hauptabschnitte. Dazu kommen noch drei Aventiuren, die eine gewisse Zwischenstellung einnehmen zwischen zwei- und dreigliedrigem Aufbau (die Aventiuren 8—19—25). Auch ist ein proportionales Verhältnis zwischen den Strophengruppen einer zweigeteilten Aventiure (17) zu beobachten.

Dem dreigliedrig-symmetrischen Aufbau kommt wahrscheinlich die größte Bedeutung zu. Dieses Hervorheben der Dreizahl ist vielleicht im Zusammenhang mit dem hohen ästhetischen und symbolischen Wert zu sehen, den das Mittelalter dieser vollkommenen Zahl beimaß.

Die innere Geschlossenheit und die verschiedenartigen Bauweisen, die bei den meisten Aventiuren — auch solchen, die sich inhaltlich nahestehen (z. B. die Aventiuren 27 und 28) — zu beobachten sind, deuten doch wohl auf eine bewußte Baukunst hin, die bestimmte

---

[18] Vgl. Anm. der Textausgabe, S. 261, 263, 268.

Zahlen als Kompositionselemente verwandte, auch wenn nicht bei allen Aventiuren eine Gliederung in harmonisch aufeinander abgestimmte Abschnitte festzustellen ist.

Selbstverständlich wird man sich davor hüten, die Bedeutung dieser Zahlenverhältnisse zu überschätzen. Diese mehr formale Untersuchung ist nur *ein* Weg, eine Dichtung als Kunstwerk zu betrachten; es lassen sich natürlich nicht alle gehaltlichen Feinheiten in einem Zahlenschema erfassen. Es gilt dies sowohl für den Gesamtaufbau des Epos als auch für den Aufbau der einzelnen Aventiuren.

›Kudrun‹. Hrsg. von Barend Symons, 4. Aufl., bearb. und eingel. von Bruno Boesch
(= Altdeutsche Textbibliothek 5), Tübingen 1964. Auszüge aus ›Zur Einführung‹:
S. XXXVIII—XL, XLIII—XLVII, IL—LXVI. Mit Genehmigung des Max Niemeyer
Verlages Tübingen.

ZUR HILDE- UND KUDRUNDICHTUNG

Von Bruno Boesch

Hildedichtung

[...]

Das Verständnis der Verse 1321—1323 von Lamprechts ›Alexander‹ hängt schon an der Interpunktion.[1] Bei einem gewaltigen
Kampf zwischen Hagen und Wate hat Hildes Vater Hagen den
Tod gefunden: das scheint mir die sinnvollste Interpretation der
Stelle. Im Epos verläuft der Kampf zwischen Hagen und Wate
ohne Resultat, aus Gründen, die wir noch erörtern. Der Kampf-
platz — Wolfenwert-Wulpinwerd — ist im Kudrunteil noch festgehalten bei der Verfolgungsschlacht, die dort nun Hetel gegen den
Entführer Hartmut und dessen Vater Ludwig ausficht.

Die Dichtung, die Lamprecht bezeugt, ist aber in einem wichtigen Punkte gewandelt: Hagen fällt zwar, aber nicht durch Hetel,
wie auf der ältesten Stufe, sondern durch Wate, dessen Helfer. Ich
meine, daß diese Änderung durch jene neue Form der Dichtung
bedingt war, die eine *Fortsetzung* angefügt hatte: diese — die Kudrungeschichte — ließ es nicht zu, daß sich Hilde mit Hetel, als
dem Töter ihres Vaters, verheiratet hätte. So mußte er dieser Rolle
entbunden werden und der riesenhafte Kämpe Wate übernahm den
Waffengang. Lamprecht sagt nichts über Hetel aus; es steht nicht
im Text, daß Hetel zuvor durch Hagen den Tod gefunden und
dann durch Wate gerächt worden wäre. Auch Hetels Tod im Kudrunteil auf Wülpenwerder beweist nichts; denn dort steht Hetel in

[1] Die Literatur dazu bei Symons (Hrsg.) Kudrun, 2. Aufl. 1914, S. XLI.
Boer, ZfdPh 40, 1908, S. 207. Der Interpretation von Symons auf S. XLII
kann ich nicht beipflichten. Zur Interpretation der Alexanderstelle vgl. Fr.
Neumann, AfdA 69, 1956, S. 28. H. W. J. Kroes, Die Hildestelle in
Lamprechts Alexanderlied und die Kudrunsage, Neophilologus 39, 1955,
S. 258 ff. Dukus Horant, Tübingen 1964, S. 121.

der Rolle Hagens: *sein* Tod ist uns durch Lamprecht überliefert. Im
größern Zusammenhang unserer Stelle ist vorwiegend von Zwei-
kämpfen die Rede, wo Ebenbürtige sich begegnen. Herwîg muß von
Hause aus eine Rolle gehabt haben, die ihn mit Wolfwin zusammen-
führte: unser Dichter hat noch davon gewußt. Ins Epos ist nur mehr
Herwig eingeführt und in einen ganz neuen Zusammenhang gestellt.
Lamprecht kannte bereits eine Form der Hildedichtung, die sich mit
einer Kudrundichtung verbunden hatte, die sich aber durchaus noch
nicht völlig deckte mit dem mhd. Epos: dieses läßt den Zweikampf
zwischen Hagen und Wate ohne den Schatten der Tötung Hagens
ausgehen, ein Schatten, der für einen feineren Geschmack noch immer
die Ehe der Tochter Hilde mit Hetel belastet hätte. Erst der letzte
Epiker hat den Kudrunteil über den Kunstgriff der Wiederholung
hinaus zur eigentlichen Krönung der Dichtung ausgestaltet: hätte er
die Tötung Hagens belassen, so wäre die Wirkung der Tötung
Hetels, auf dessen Schicksal nun der Angelpunkt der Gesamterzäh-
lung ruhte, abgeschwächt worden. Wenn Wate und Hagen sich un-
entschieden trennen, so ist dies nun wie ein Vorspiel auf die Begegnung zwischen Ludwig und Hetel. Und auch hier bleibt, folgerichtig,
der Entführer selbst, Hartmut, am Leben, wie im Hildeteil Hetel,
als Wate den Hagen erschlug. Ein erster Schritt der Entfaltung des
Kudrunteils aus der Hildegeschichte ist durch Lamprecht, wenn auch
nur andeutungsweise, festgehalten worden.

[. . .]

Eine älteste Ostseedichtung von Hilde könnte als ein Heldenlied
etwa so ausgesehen haben:

Hedin, der Glommenfürst (Widsiþ) hört von Hildens Schönheit,
der Tochter Högnis, und verliebt sich in sie, ohne sie je gesehen zu
haben (Saxo). Högni, der König der Insel-Rygier (Widsiþ), ist von
starrem Sinne (Saxo); er gibt seine Tochter nur einem Fürsten, der
ebenso tapfer und kühn ist wie er selbst (Kudr.). Hedin zieht unerkannt als Recke an Högnis Hof und mißt sich mit ihm im
Kampfe: Beide sind ebenbürtig und schließen Blutsbrüderschaft
(Sǫrlaþattr; Kudr: auf Wate übertragen). Högni verlobt ihm seine
Tochter. Als er sie aber nach Hause führen will, da verweigert sie
ihm Högni, denn Hedin wurde bei ihm zu Unrecht verdächtigt: er
sei Hilde vor der Ehe zu nahe getreten (Saxo). Da entführt Hedin

mit ihrem Einverständnis Hilde, als Högni zu einer Königsversammlung ausgezogen war (Snorri, Sǫrlaþattr, Spuren Kudrun).
Högni, als er vom Unheil erfährt, segelt nach, die Winde sind ihm
günstig, und er erreicht die Flüchtigen bei der Insel Hiddensee
(Saxo; allgemein: der Inselkampf). Da begab sich Hilde zu ihrem
Vater Högni und bot ihm Versöhnung an. In einem zweiten Satze
aber sagte sie, daß Hedin bereit sei zu kämpfen und Högni von ihm
keine Schonung zu erwarten habe (Skaldskaparmal: Mit dem
Nachsatz zielt Hilde auf die Ehre des Vaters, die ihr über Liebe
und Leben ihres Geliebten steht). Da entbrennt der Kampf: Högni
fällt von der Hand Hedins. Daß Hilde danach an der Seite Hedins
weiterlebt, ist nach dem Vorausgegangenen nicht anzunehmen.

Auf der ältesten Stufe war Hetel selbst der Werber. Wate und
Horant sind erst später als Helfer dazugekommen. Genauer gesagt:
ihre Rolle, die sie im Hildeliede einnehmen, wird erst jüngere,
„wikingische" Zutat sein. Als *Namen* von Fürsten gehören sie nach
den altenglischen Zeugnissen schon dem Norden an. Die Namen
können die Rolle angeregt haben, die uns jedenfalls erst auf deutscher Stufe greifbar wird. Die Scheldemündung ist der Raum, in
dem niederländisch-englisch-wikingische Liedgemeinschaft denkbar
wird.[2]

Die Werbung durch Kaufleute wird erst spielmännisch-deutsch
sein: sie erfolgt nun ohne Hetels Mitwirkung.[3] Doch ist die alte
Erzählform in der ›Kudrun‹ nicht gänzlich untergegangen, sondern,
wie so vieles andere, im zweiten Teil gerettet: Hartmut entführt
Kudrun in Abwesenheit des Vaters durch Gewalt, nicht durch Boten. Hetel verfolgt die Fliehenden: auf einer Insel Wülpenwerder

---

[2] Nach F. Panzer, Hilde — Gudrun (1901), S. 312, ist Horant der
„Geächtete", der landflüchtige Recke. Dagegen erwägt W. Jungandreas,
Die Gudrunsage. Eine Vorgeschichte des Epos, Göttingen 1948, S. 203,
einen alten Sängernamen: der „Schnarrer", in dem der Name zu an.
hjarra f. „Türangel" gestellt wird. Die Helfer hätten dann sprechende
Namen gehabt: Wate als Wasserriese und Kenner der Wasserwege, Horant
(Hjarrandi, Heorrenda) neben dem Vertreter gewaltiger Kraft derjenige
des Witzes und der List.

[3] Über Anleihen des letzten Epikers bei Gottfrieds ›Tristan‹ (Str.
242—97) vgl. H. Schneider, Tristan u. Kudrun, ZfdA 64, 1927, 298 ff.

entbrennt der Kampf, in dem der Vater der geraubten Königstochter den Tod findet.

Einige weitere Punkte bleiben zu überdenken. Ich halte gegen Symons (S. XXVII, XLVIII) die Entführung als Einleitung der Dichtung für älteste Gestalt, nicht erst für westnordische Stufe und der Einspruch von H. Marquardt scheint mir ebensowenig zwingend: „Da nun die germanische Heldensage den ohne Grund die Tochter verweigernden Vater nicht kennt . . .“ [4] Bei einer Gattung, die wir nur aus Bruchstücken kennen, sind derartige Schlüsse nicht zulässig. Müßig erscheint, eine Sippenfehde zwischen Hagen und Hedin zu ersinnen, um dadurch das nur beiläufig verwendete Geächtetenmotiv zu erklären: hierin liegt spätere Ausschmückung von Hetels kühnem Reckentum. Besonders die deutsche Dichtung ist dank der Spielmannsphantasie nach dem Werbungsschema reich ausgeschmückt worden. Hetel geht nicht mehr selbst, sondern seine Helfer Wate und Horant leisten nun alles; er bleibt als vornehmer Fürst im Hintergrund. Horants Rolle wird ausgebaut nach dem Schema: „Liebe durch Gesang erworben.“ Dazu kommt Fruote, dem die Kaufmannslist anvertraut wird. Der *Wülpenwerder* war aus der Hildedichtung in dem Augenblick ausgeschaltet, als er zusammen mit dem blutigen Inselkampf, in welchem nun Hetel in der Rolle des früheren Hagen den Tod findet, in den zweiten, den Kudrunteil abgewandert war. Erst nachdem der Hildeteil aus einem tragischen Heldenlied in eine glücklich endende Brautraubgeschichte, deren Schwergewicht nun nicht auf dem Kampf, sondern der listigen Entführung liegt, gewandelt war, wird überhaupt eine Fortsetzung der Geschichte möglich. Der Hildeteil wird zum heiterspannenden Vorspiel, das auf den Kudrunteil hinführt, der auf einen ernsteren Grundton gestimmt ist. Mit feinem Gefühl für das nötige Achtergewicht der Dichtung sind einige, einst tragisch belastete Motive der Hildedichtung für den zweiten Teil aufgespart, wo nun die Tragik nicht einfach durch Aufschub und Erzählverlängerung hinausgeschoben, sondern von innen her überwunden wird.[5] Die Hildegeschichte der ›Kudrun‹ ist nach dem Werbungs-

[4] ZfdA 70, 6.

[5] Vgl. w. u. S. 548. Ferner H. Repp, Das Problem des Tragischen in der Gudrunliteratur, Diss. Köln 1928.

schema ausgestaltet und berührt sich damit einerseits mit der Spielmannsepik, anderseits aufs nächste auch mit der ›Fornaldarsaga‹[6].

Im Gegensatz zum deutschen Weg ist die Dichtung im Norden in die Nähe niederer Mythologie gelangt: Hilde, dürstend nach dem Blut der Toten, diese aufs neue immer wieder erweckend. Damit ist Hildens eigentliche Rolle mißverstanden. Im Liede geht Hilde zum Vater hin, um eine Versöhnung einzuleiten: da sie dem Entführer freiwillig gefolgt ist, erscheint es als ihre Pflicht, sich dem Vater als Vermittlerin zu stellen und den Entführer von der vollen Verantwortung zu entlasten. In einem Nachsatz, in dem sie durchblicken läßt, daß Hedin den Kampf mit Hagen nicht scheut, appelliert sie an die Ehre des Vaters, stellt diese über den Geliebten, denn Hagens Ehre kann nur durch den Zweikampf wiederhergestellt werden. Hilde steht so im Mittelpunkt des alten tragischen Liedes: unvermittelt bricht der Appell an die Ehre und damit die Bindung an die eigene Sippe als das Stärkere durch. Der Ausgang macht die Tragik erst ganz: Hagen wird gefällt durch den Entführer; einer Ehe mit dem Mann, dem sie folgte, stünde nichts mehr im Wege, außer ihr eigenes Herz. Sie kann nicht dem Töter des Vaters folgen, aber auch die Rückkehr in die eigene Sippe hat sie verwirkt. Ich stimme H. Marquardt durchaus zu: „Daß sie weiterlebt, ist undenkbar".[7]

Wir verstehen nun aber auch, wie leicht die Rolle Hildes mißverstanden werden konnte. Schon wegen der Namensgleichheit stellte sich im Norden die Vorstellung der Walküre ein, die zwei Heere zum Kampf reizt: das ist entschieden jüngerer nordischer Geschmack. Die deutsche Dichtung hat demgegenüber einen Weg gefunden, Hilde ein Weiterleben an der Seite Hetels zu ermög-

[6] Vgl. S. Gutenbrunner, von Hilde und Kudrun, ZfdPh 81 (1962), S. 85 ff. Mit später nordischer Einwirkung auf das Spielmannsepos des 12. Jh.s ist zu rechnen: man vgl. das Verhältnis ›Thidreksaga‹ und ältere Nibelungen Not.

[7] Das tragische Problem spielt im ›Helgilied‹ nach einer neuen Seite: es ist die Frau, die sich von den Sippenbanden losreißt, um einzig ihrem Geliebten zu leben.

lichen: wie der ›Alexander‹ Lamprechts bezeugt, ist Wate in die
Rolle Hetels eingetreten: er erschlägt Hagen.

[. . .]

Kudrundichtung

Ein Heldenlied von Kudrun, das dem zweiten Teil des Epos als
selbständige Fabel zugrunde läge, hat bis heute niemand nachweisen
können. Wohl aber sind altheldische Motive vorhanden, die dem
Kudrunteil ein besonderes Gepräge verleihen als einer Dichtung, die
nicht rein als hochmittelalterlicher Roman verstanden werden
kann. Das hohe Alter des Kudrunteils scheint uns bereits durch
Lamprecht bezeugt.[8] Der Schoß dieser Dichtung, der alles an
wesentlichen Bauformen bereithält, ist die Hildedichtung.[9] Was aus
diesen Ansätzen schließlich geworden ist, daran hat der spielmännische, in letzter und erster Linie aber der höfische Epiker den entscheidenden künstlerischen Anteil. Bevor wir auf diese Leistung zu
sprechen kommen, mag an einigen Beispielen die Schichtenbildung
der Kudrundichtung aufgezeigt werden.

Herwig[10]: der von Lamprecht schon bezeugte Name muß im
Gefolge der spielmännischen Aufschwellung der alten Fabel eingetreten sein. Teile seiner Rolle können älter sein und aus einer
eigenen, heute aber keineswegs greifbaren Herwigdichtung stammen, z. T. aber auch aus der älteren Reckenrolle Hetels im Hildeteil. Das *lîhte künne* Herwigs ist ein Anlaß zu Widersprüchen

---

[8] Vgl. S. XXXI f. [der Einführung; hier nicht abgedruckt].

[9] H. W. J. Kroes, Kudrunprobleme, Neophilologus 38 (1954) S. 11 ff.
lehnt diese Grundauffassung ab. Wir verkennen natürlich nicht, daß
Hildefabel und Kudrungeschichte tiefgreifend abweichen. Dieser Abstand offenbart gerade die innere Geschichte, welche die Dichtung vom
Lied zum Epos gegangen ist.

[10] Vgl. Jellinek, Beitr. 40, 1915, S. 446 ff. Neben Herwig, dessen Volk
nach Str. 641 *ze Galais* sitzt, ist auf dem Umweg über diesen Länder-
namen, der den Einfluß Wolframs verrät, der in seiner Rolle sehr undeutlich bleibende Held *Wigalois* dreimal erwähnt. (Aus einem Beinamen Herwigs *von Galais*? Jungandreas ZfdPh 54, S. 23.) Zur Gestalt Herwigs vgl.
W. Hoffmann, Wirkendes Wort 14, 1964, S. 236.

(vgl. Panzer a. a. O. S. 334 ff.). Angeblich kennt man ihn, trotzdem muß er Aufklärung über sein Geschlecht geben (Str. 651). Das Motiv ist Str. 656 in Scherz aufgelöst. Grundriß der Herwigwerbung ist offenbar: ein Held weist sich nicht durch seine Ahnen, die unbekannt sind, sondern als Recke durch Waffenkühnheit über seinen Adel aus. Das sind Ansätze: eine „Herwigsage", wie sie Symons a. a. O., S. LVI vertritt, dürfte kaum mehr haltbar sein. Die Figur bleibt im Ganzen eher blaß, in eine neue Rolle gestellt, zu der sie von Hause aus keine Substanz mitbringt. Nach der Schlacht auf dem Wülpenwerder zeigt Herwig sich keineswegs als Betreiber der Rache und Verfolgung. Die entscheidenden Antriebe gehen von Hilde aus. Er hingegen muß zur Rachefahrt aufgeboten werden. In der Begegnungsszene am Strand bleibt er im Schatten des stärker beleuchteten Bruders Ortwin, der aus der Sippe Hildes kommt. Auch die Tötung Ludwigs durch Herwig wird vom Dichter nicht in besonders hohem Maße gewürdigt. In einer „Herwigsage" würden wir ihn als den Rächer am Nebenbuhler Hartmut erwarten. In der Dichtung wird er aber zum Retter Hartmuts vor den Schlägen Wates: wie noch zu zeigen ist, als ein Repräsentant eines neuen Geistes, einer neuen Generation, worin er auf einer Ebene mit Kudrun, Ortrun, Ortwin und Hartmut steht. Für den Dichter zunächst kaum viel mehr als ein Name, wird er dem neuen Geiste dienstbar gemacht, der seine gültigste Verkörperung in Kudrun selbst erfahren hat.

Hartmut [11]: Seine Werbung wird durch Hetel abgelehnt und mit der Unebenbürtigkeit des Werbers begründet. Das Motiv bleibt blind, bestehen doch am Schluß keinerlei Bedenken, seine Schwester Ortrun mit Kudruns Bruder Ortwin zu verheiraten, jene zwei jungen Gestaltungen der Kudrundichtung, die schon durch ihre Namen auf ihre künftige Verbindung vorbereitet sind. Ferner ist es Hartmut selbst, der sich am Ende nach der Ebenbürtigkeit der ihm zugedachten Hildeburg erkundigt. Die Werbung Hartmuts ist reich an typischen Zügen (vgl. Orendel 2337 ff., Panzer S. 239 ff.). Die Beratungsszene entspricht weitgehend derjenigen des Hildeteils. Den werbenden Boten gegenüber zeigt Hetel den Rest einer Gesin-

---

[11] Jellinek, Beitr. 40, 1915, S. 455 ff.

nung, die aus der Rolle Hagens geborgt ist, einem älteren Bilde des tyrannischen Fürsten. Nur das Geleite Horants kann die Boten vor einer Behandlung retten, die allem Recht zuwiderliefe (Str. 607 bis 608).

In der Kemenatenszene will Hartmut, der persönlich als Werber auftritt, zuerst die Königin selber sehen. Im Widerspruch zu allem, was voraufgeht, kommt er Str. 624—626 als unbekannter Held an den Hof und gibt sich nur insgeheim bei seinem wahren Namen zu erkennen. Kudrun ist ihm günstig gesinnt, warnt aber vor der Entdeckung durch den Vater.

In Abwesenheit des Vaters raubt Hartmut dessen Tochter Kudrun, entsprechend dem Entwurf des Hildelieds. Doch erfolgt nun, im Widerspruch zum erwähnten Einverständnis Kudruns, die Entführung wider ihren Willen, da für den Dichter jetzt die neue Konzeption maßgebend ist: Kudrun ist die Verlobte Herwigs. Über ihren Gesinnungswechsel bringt das Epos nichts Eindeutiges an (vgl. Str. 763). Das Einverständnis mit dem Entführer ist ein Rest der Hildedichtung.

Auch die Verfolgungsschlacht bewahrt Älteres: einer aus dem Gefolge der Entführer erschlägt den Vater der Entführten. Mit Rücksicht auf den zweiten Teil der Geschichte war schon auf spielmännischer Stufe Wate an Stelle Hetels getreten. Entsprechend tut auch hier nicht Hartmut selbst die Tat, da er im Hinblick auf den versöhnlichen Schluß davor bewahrt bleiben muß: so führt dessen Vater und Begleiter Ludwig, wie Wate ein Vertreter der alten Generation, den tödlichen Schlag. Wenn Kudrun nun Hartmut die Einwilligung in die Ehe verweigert, so ist nicht wie auf der ältesten Hildestufe die Ehre der Sippe in erster Linie maßgebend, sondern *triuwe* zu den Ihren und zum Verlobten. Es ist auch *triuwe*, die vom Schicksal die Wiederherstellung der gestörten Ordnung durch gerechte Rache erwartet. Kudrun steht beim Zweikampf auf Wülpenwerder nicht in tragischem Konflikt zwischen Geliebtem und Vater: sie ist eine unfreiwillig Geraubte und keine Rolle kommt ihr zu, die Mahnung der Ehre zu stellen. Vielmehr ist für sie Treue zur Sippe zugleich Treue zum Geliebten: doppelte Treue fügt und steigert das Bild unerschütterlicher Standhaftigkeit, unbeugsam adligen Mutes dieser Frau, die durch ihr bloßes Sein zum uneingestandenen Mit-

telpunkt der Dichtung wird. Nicht im tragischen Entscheid, im unbeugsamen Dulden erweist sich ihr Heldentum. Das Recht hat Zeit:
wer duldet und sich nicht beugt, wird die langaufgesparte, aber um
so gründlichere Rache erleben. Rache bleibt nach wie vor das Element, das die Ordnung der Großen dieser Welt ins Blei bringt.
Aber es geht nicht allein darum, die Rache zum Siege zu führen.
Aus der Erfahrung des Leidens und des Duldens wachsen Kräfte
heran, die eine dauernde Lösung suchen: damit nicht aus Gewalt
neuerdings Gewalt hervorsprieße. Diese Lösung bedarf der äußern
Gewalt; diese wirkt aber im Sinne einer neuen Rechtsordnung,[12]
deren Dauer durch Eheschließungen am Schluß besiegelt werden
soll, die mehr bedeuten sollen als die Erfüllung rein persönlichen
Glücks. Es ist ganz wesentlich, daß auch der Feind der jüngern
Generation, Hartmut, zusammen mit seiner Schwester, in diese
neue Ordnung, in diesen neuen Frieden aufgenommen ist. Den
eigentlichen Sieg erringt in dieser Dichtung die *Mâze*.

Kudruns Leiden: Vorbilder, aus denen sich die *ganze* Geschichte
von Kudruns Leiden ableiten ließe, gibt es nicht. Der Kern auch
dieses Teils liegt in der Fabel, die der Hildedichtung entsprossen
ist. Einzelzüge sind aber zweifellos entlehnt. Nur können die Versuche, für diese Partien fremde Quellen voll verantwortlich zu
machen, nicht überzeugen. Panzer dachte an die ›Historia Apollonii
regis Tyri‹, andere vermuten eine sog. Herbortsage (nach Biterolf
6450 ff.).[13] Verwandtes findet sich im 9. Gesang des ›Orlando furioso‹ des Ariost (Grüters GRM 3, S. 138[14]), insbesondere die

---

[12] Hierzu die Beobachtungen von Droege, ZfdA 54, 1913, S. 127 ff.
Die rechtlichen Begriffe in der ›Kudrun‹ sind schärfer ausgebildet als im
›Nibelungenlied‹. Eine vertiefte Auffassung vom rex iustus hat sich der
letzte Dichter vielleicht unter dem Eindruck der Reichsgesetzgebung
Friedrichs II. angeeignet. Schon Hagen wird nach dem Vorbild des strengen, aber gerechten Herrschers umgebildet (Str. 194; vgl. Str. 288): nach
seinem älteren Bilde heißt er *Vâlant aller Künege* (Str. 196) und führt das
Beiwort *wilde* (Str. 250).
[13] Vgl. Droege, ZfdA 54, S. 162. Mit Neumann (Verf. Lex. II 977)
halte ich deren Umrisse für allzu undeutlich.
[14] Vgl. Jellinek, Festgabe f. S. Singer (1930) S. 26 ff. Die italienische
Dichtung steht jedoch, schon rein zeitlich, in der Nachfolge der deutschen.

Treue zum Verlobten, ebenso der Vorgang, daß in beiden Erzählungen angesichts kommender Erlösung und höchster Not in eine verhaßte Ehe eingewilligt wird. Es war zweifellos so, daß der spielmännische Dichter, der den Kudrunteil als eine Paraphrase des Hildeteils entworfen hat, dringend auf stoffliche Anleihen angewiesen war, um dem handlungsarmen Gerippe Fleisch und Blut zuzuführen. Der Kundschaftergang von Ortwin und Herwig sowie die Botschaft des Engelvogels mögen ein Beispiel hierfür sein. Salomosage und Schwanrittersage [15] haben Motive geliefert, nachdem von seiten der Erzählung notwendig eine Vorbereitung Kudruns auf Kommendes erfolgen mußte. Gerade aus der Vielfalt herangezogener Vorbilder, aus der Sucht, möglichst reich zu motivieren und alle Lesefrüchte unterzubringen, haben sich Unstimmigkeiten ergeben, die man seit Panzer in unserm Epos mit immer größerem Scharfsinn entdeckt hat. Nicht zu übersehen ist in diesem Zusammenhang Schönbach, der auf eine Parallele hingewiesen hat, die jederzeit naheliegen mußte: die Botschaft des Erzengels Gabriel an Maria.[16]

Man wird auch für die Motivkette „Wäscherin am Meer" deutlich zu unterscheiden haben zwischen dem roten Erzählfaden, der von Anfang an vorhanden war, und Hilfsquellen, dazu bestimmt, an ihm aufgereiht zu werden. Es ist im höchsten Maße unwahrscheinlich, daß für diese Kernpartie eine Ballade vom Typus der „Wäscherin am Meer" oder des Aschenbrödel („Südeli") Pate gestanden hat. Die in der Gottschee überlieferte „Meererin" ist sekundär aus dem Epos geflossen: dieses Ergebnis von Pidal und Kübler halte ich für schlagend.[17] Aber auch die binnenländischen

[15] A. G. Krüger, Die Quellen der Schwanritterdichtungen, Hannover 1936. Panzer S. 368 ff. Jungandreas S. 148 ff.

[16] Das Christentum in der altdeutschen Heldendichtung, Graz 1897, S. 115 ff. L. Peeters, Kudrun und die Legendendichtung, Leuvense Bijdragen 50, 1961, S. 59 ff.

[17] Vgl. B. Boesch, Kudrunepos und Ursprung der deutschen Ballade, GRM 28, 1940, S. 259 ff. mit weiterer Literatur. Ferner Peuckert u. Lauffer: Volkskunde. Quellen und Forschungen seit 1930, Bern 1951, S. 243 f. H. Rosenfeld (ZfdPh 81, S. 296) bezweifelt mit guten Gründen, ob die Meeresszenerie überhaupt ursprünglich zur Wäscherin gehört haben kann.

Typen von der Art des „Südeli" sind schwerlich Vorbild für das
Epos gewesen: vielmehr ist hier die Meeresszene sekundär durch
eine andere (Heizen des Ofens usw.) ersetzt worden, wenn überhaupt Zusammenhang mit dem Epos in irgendeiner Form angenommen werden soll, was J. Meier bestimmt ablehnt. Es liegt auch
kein Anlaß vor, sich diese Ballade aus einer liedmäßigen Vorstufe
des Epos entsprossen zu denken: Balladen sind ausgesprochene
Spätlinge, wenn auch Frühformen („entheroisierte Heldenlieder")
grundsätzlich möglich sind. So bleibt auf diesem schwankenden Boden letzten Endes nur die literarhistorische Wahrscheinlichkeit: sie
wird nicht eine Spätgattung, die Ballade, einer Quelle entsprießen
lassen, die dem wohlbezeugten Spielmannsepos schon voraufging.
Die platte Bürgerlichkeit der Südeliballaden liegt zu weit ab von
der Leidensgeschichte Kudruns, die auf einen hohen, adligen Ton
der Seele gestimmt ist.

Gerade in diesen Partien lebt Geist aus dem Hildeliede, von dem
sich noch der spielmännische Epiker inspirieren ließ; und bis zu
unserm Epos hin ist geblieben jener Zug, der Kudrun im Augenblicke tiefster Erniedrigung über ihre Gegnerin trotzig triumphieren läßt, jenes verräterische Lachen, dem Lachen Brünhilds im alten
Bruchstück (Brot) nicht unähnlich: ein Lachen, das einst über höfische Sitte weit hinausging und der Entschuldigung bedurfte. Dazu
der auffällige Widerspruch, daß Str. 1319 das Lachen der Gerlind
hinterbracht wird, das sie doch nach Str. 1320 selbst gehört hat.[18]
An solchen Nahtstellen darf man Älteres wittern. Und mit der
trotzig-heldischen Gesinnung Kudruns verbindet sich ein vergleichbares Verhalten ihres Bruders, der hier deutlich, als Angehöriger
der Hildesippe, über den farbloseren Herwig erhöht wird. Herwig
nämlich schlägt vor, die beiden Frauen kurzweg vom Strande zu
rauben und den Eignen auf den Schiffen zuzuführen, hat doch ein
gütiger Zufall sie ihnen so gefahrlos in die Hände gespielt. „Eher

H. Fromm, Das Heldenzeitlied des deutschen Hochmittelalters, Neu-
philologische Mitt. LXII, 1961, S. 94 ff.
[18] Dagegen Jellinek, Beitr. 40, 1915, S. 461 ff. Ferner Panzer, S. 115;
de Wall, Studien zum Stil der Kudrun, Diss. Königsberg 1939, S. 21.
G. Schillinger, Das Lachen in den isländischen Familiensagas und in den
Liedern der Edda, Diss. Freiburg i. Br. 1962, bes. S. 171 ff.

ließe ich mich mitsamt der Schwester in Stücke hauen" ruft Ortwin aus (Str. 1259), als so zu handeln. Noch gilt es zuerst abzurechnen mit dem Feind, um die Ehre der Sippe zu wahren. Feige wäre es, dieser Auseinandersetzung mit den Waffen auszuweichen. Auch Treulosigkeit gegenüber dem übrigen Gesinde, das zusammen mit Kudrun am Hofe leidet:Ein Zug, der gesinnungsmäßig ganz ans ›Nibelungenlied‹ erinnert, wenn wir ans Schicksal der Knappen denken. *„Ich kan dich niht von hinnen geziehen wan nâch êren"* (Str. 1261). Auf eine dieser Kernstellen war mit Nachdruck hinzuweisen. Man mag diesen Geist germanisch *und* ritterlich nennen: er ist beides zugleich. Wir dürfen um 1200 Altheldisches nur erwarten, wenn es auch den Geist des Ritterlichen noch ausmacht. Ritter waren seit je, auch in der frühmittelalterlichen Zeit, das Publikum für gehobene weltliche Literatur, erst recht auch der „Spielmannsepik" im schriftlichen Gewande. Ehre und Rache bleiben auch in christlicher Zeit wertbestimmende Faktoren im Handeln der waffentragenden Schicht.[19] Inwieweit gerade im Ritterlichen eine ältere Wertethik noch immer mitschwingt und ganz besonders in den Konfliktfällen des Handelns den Ausschlag gibt, insoweit ist das „Ritterliche" auf einen andern Ton gestimmt als das „Höfische". Verhöfischung und Verchristlichung ist auch das Ziel des Kudrundichters: aber er wie die andern Dichter von Heldendichtungen haben es mit einem in einem anderen Sinne „verbindlichen" Stoffe zu tun als die höfischen Dichter, die bretonische Fabelstoffe im christlichen und höfischen Sinn umprägen. Den germanischen Helden geht es ans Mark: hier höfisch-christlich durchzugreifen, hieße sie auch als dichterische Gestalten gefährden. Unsere Heldenepen sind und bleiben geschichtete Gebilde und insofern in einem wörtlicheren Sinne „Ausdruck" ihrer Zeit als der höfische Roman, dessen gesamte Welt ohne inneren Bruch auf Vorbild und *wân* ausgerichtet ist.

So wenig wir geneigt sind, in der ›Kudrun‹ einfach einen hochmittelalterlich-höfischen Roman zu sehen, so wenig verschließen wir uns den Zügen höfisch-christlicher Kultur, welche dichterisch Gestalt gewonnen haben. Daß diese Dichtung, wie das ›Nibelungen-

---

[19] A. Beck, Die Rache als Motiv und Problem in der „Kudrun", GRM 37, NF 6, 1956, S. 305 ff. [vgl. in diesem Band, S. 454—501].

lied‹ und wie manches höfische Epos (nur mit andern Gewichten), *Beides* vereint oder zu vereinen sucht, daß sie tief vorzeitlich und höchst modern in einem ist, das macht, dichterisch gesehen, ihr Stilproblem aus. Geistig gesehen ist diese Kunst auf einem Wege, in einem krisenhaften Umbruch, und so fehlt ihr die *eine* Voraussetzung zum Epischen: die gesicherte Ruhe, die einheitlich gefügte, vor dem Dichter ausgebreitete Welt, die selbstverständliche Rundung, die Altes und Junges, Heldisches und Höfisches zum schlackenlosen Bilde fügt. Außerordentliches in dieser Richtung hat der letzte Epiker getan: der volle künstlerische Erfolg ist ihm versagt geblieben.

Das Epos und die ritterliche Welt

Die kühne Brautraubfahrt der Urfabel ist zur ritterlichen Aventiure geworden, mit dem Ziel, dauernde, dem Bilde eines rex justus würdige menschliche Verhältnisse zu schaffen. Hetels kühnes Unterfangen der List wird durch Hartmut gewaltsam wiederholt: darin ist er noch deutlich der Sohn Ludwigs, des Kämpen der alten Art; der gefangenen Frau gegenüber tritt er auf als ein beherrschter Ritter und wird deutlich vom Gebaren der alten Gerlind abgehoben.

> swâ eines landes herre lîp unde quot
> wirbet im ze stæte, daz wert unz an daz ende
>
> (591)

Sich selbst das Recht zu schaffen, ist zunächst selbstverständliches Amt der Sippe und ihrer Gefolgsmannen: denn welche Instanz sollte sonst den mächtigen Ludwig strafen? (vgl. Str. 901, 929, 1033). Und am Schluß der Fehde ist es Hildens vordringlichste Frage: Ist Ludwig erschlagen? Ist Hetel gerächt? Erst dann fragt sie nach ihrer Tochter und dem Schicksal ihrer Gefährtinnen. Als das Mittel, alten Haß zu begraben, erscheint die Ehe.

> „Man sol den haz versüenen, den wir hân getragen.
> mit wie getânen dingen, daz wil ich dir sagen."
> alsô redete ûz Tenelant der snelle degen Fruote.
> „dâ sul wir Hildeburge gemahelen dem künec Hartmuote."
>
> (1624)

Schimmerte zu Anfang der Kudrungeschichte noch eine Form der Eheauffassung durch,[20] bei der die vom Vater streng behütete Tochter dem ersten zu folgen bereit ist, der die Kühnheit aufbringt, sie zu rauben — so ist die gleich darauf folgende Verlobung Kudruns mit Herwig anders gezeichnet: persönliche Liebe ist die Voraussetzung. Dabei bleibt es allerdings bei Andeutungen: volles Licht fällt auf die Treue, mit der Kudrun zum gegebenen Worte steht (Str. 770). Daß Kudrun gleichzeitig der Sippe und dem Verlobten die Treue halten darf, beseitigt aus ihrem Wesen jeden tragischen Stachel, der einst Hildens Wesen prägte, und begründet einen neuen Reiz dieser Frauengestalt: ihre unproblematisch-treue, verläßliche, und in dieser Verläßlichkeit doch so selbstbewußte Art. Und als die beiden Boten nach jahrelangem Leiden endlich vor ihr stehen, Bruder und Verlobter, tritt hinzu der verhaltene Ausdruck innigen Liebesgefühls, ganz in der keuschen Art der als Vorbild dienenden geistlichen Quellen.

Es spricht auch für die sichere Kunst des Dichters, den Gestalten der älteren Generation nichts zuzumuten, was ihnen seelisch unmöglich sein müßte. Damit sind nicht nur ältere Schichten der Urdichtung lebendig geblieben, markante gerade Heldenart, die aus einem starren inneren Müssen handelt und an der jeder Ratschlag zur ausgleichenden *mâze* zum vornherein abprallen muß: es sind auch noch die seelischen Möglichkeiten des hochmittelalterlichen Menschen selbst, dem das Gebot des Menschlich-Christlichen erst verpflichtend zu werden beginnt. Diese Gestalten: der tyrannische Hagen, Hetel in seiner älteren Schicht, Wate, Ludwig, Gerlind, die da wie Blöcke im Geschehen drinstehen und dem Strom des Schicksals den Weg weisen: sie verkörpern die realistische Sicht der seelisches Neuland betretenden Seelen der Stauferzeit, und es wäre falsch, das volle Gewicht, das ihnen in der Dichtung zukommt, zu schmälern.[21] Zwischen den Generationen stehen Fruote (Str. 1644, doch

[20] Vgl. o. S. XLV [der Einführung; hier nicht abgedruckt].
[21] Mergells Versuch, sogar Hagen zum höfisch-christlichen Ritter zu stempeln, ist ein Beispiel einer derartigen Tendenz, die alle Überlieferungskräfte verhöfischen will (Euphorion 45, 1950, 305 ff. [vgl. in diesem Band, S. 3—39]). Übersah man lange Zeit im Blick auf die Quellen-

vgl. 1538) und Hilde: sie läßt sich durch ihre Tochter zur Versöhnlichkeit bewegen (1623 ff.), während ein solcher Versuch gegenüber Wate, dessen Kampflust das Dämonische streift, zum vornherein aussichtslos erschiene (Str. 1510 ff.).

Daß der Frau diese Rolle zukommt, liegt ganz im Sinne auch der ritterlichen Welt. Kudrun spricht ihr erstes Wort zum Frieden bei der gewaltsamen Werbung Herwigs: das Schema dient hier einfach dazu, auch diesem Helden das Zeugnis hohen Mutes und der Tüchtigkeit auszustellen, wie sie als Fürstentugenden nun einmal unerläßlich sind. Als Kudrun genügend im Bilde ist, scheidet sie den Streit. Auch die Herwiggeschichte wandelt, als Vorläuferin der Hartmutwerbung, das alte Thema „Brautraub" ab, und das Motiv inneren Zwiespaltes zwischen Sippenstolz und Liebe ist bei Kudrun wenigstens angedeutet (Str. 654). Und viel später, als Wate und Hartmut aufeinander geraten, scheidet sie durch Herwig erneut einen Kampf. Daß sie gerade Herwig dazu bewegt, den Entführer und Rivalen vor dem sichern Tod durch Wate zu retten, zeigt den neuen Geist, der bei Herwig, dem Vertreter der jungen Generation, auf Gefolgschaft hoffen darf.[22] Und noch einmal gilt es Hartmut zu retten und ihn der Rache der Mutter zu entreißen:

> siu sprach: „vil liebiu muoter, gedenket an daz,
> daz niemen sol mit übele deheines hazzes lônen.
> ir sult iuwer tugende an dem künic Hartmuote schônen."
>
> (1595)

Hartmut hat sich diese Behandlung durch eigenen Edelmut verdient, und doch ist er nicht ganz ohne Makel gezeichnet: er läßt seine Mutter mit Wissen weitgehend gewähren.[23] Auch Kudrun sind Gedanken der Rache nicht fremd. [...] Angesichts der kommenden Befreiung hilft sie tätig mit und macht Gebrauch von Täu-

---

geschichte das Werk selbst, so scheint das Pendel nach der andern Seite auszuschlagen. Wir brauchen aber für das Heldenepos, dessen Verfasser sich als Träger eines Traditionszusammenhanges nicht einmal mit Namen nennt, die geschichtliche Dimension.

[22] Es war ein Frauendienst, der ihn hart ankam, heißt es Str. 1490; hart auch, weil Wate der Beteiligte ist.

[23] Die Versuche des Dichters, Hartmut zu entlasten, beginnen schon Str. 799 ff.

schung und List (Str. 1312, 1314): mitten im Gang der nahenden Katastrophe ist die Wahrung ihres Ansehens (der êre) durch angemessene Gewänder ihr ein ernstes Anliegen (Str. 1294 ff.). Es ist nirgends davon die Rede, daß sie sich in Gottes Hand geborgen fühlt. Das Geschick ist ungewiß und wird mit einem gewissen Fatalismus ins Auge gefaßt. Die motivgeschichtlich so vielseitige Vogelankündigung schillert auch als Symbol nach zwei Seiten: der Gestalt des Verkünders sind die Züge des schicksalsverkündenden Vogels und diejenigen des Engels eingewirkt. Das christliche Ethos der Pietas erwahrt sich in ihr in dem Augenblick, als Mut und Selbstbeherrschung Ausdruck dieser Haltung sind: weder Gerlind noch Hergart verrät sie dem Zorne Wates, stellt sich aber auch nicht, eigenes Unheil heraufbeschwörend, schützend vor sie hin, als eine andere sie Wate verrät. Achtung vor dem Leben und Achtung vor der Rache als einer vom Schicksal verordneten Macht bestimmen gleichermaßen diese Haltung, deren „Neutralität" Ausdruck einer starken Persönlichkeit ist.

In wie mancher Hinsicht unser Dichter im Schatten des ›Nibelungenliedes‹ stehen mag, mit Kudrun hat er Kriemhild gegenüber ein Gegenbild geschaffen, das aus sich selber bestehen kann. Kriemhild ergreift vermessen das Schwert der Rache, Kudrun begegnet den Gefühlen der Vergeltung mit den heilenden Seelenkräften der Liebe. Sie ist nicht innerlich aufgezehrt, sondern reich genug, nach allem Leid eine Zukunft zu gestalten. Sie führt die Rolle, die in Dietrich und Rüedeger angelegt ist, zum wirksamen, siegreichen Ende, der Gyburc Wolframs zuinnerst verwandt.[24]

Daß daneben auch ausgesprochen höfische Minne im Firnis der Dichtung zu finden ist und diese nach dem Willen des Dichters ziert und schmückt, bedarf keiner ausführlichen Erläuterung.[25] Reizvoll

[24] Zum Menschenbild vgl. nun F. Hilgers, Die Menschendarstellung in der „Kudrun", Diss. Köln. 1960. Den Gedanken der Anti-Kriemhild nimmt auf Hugo Kuhn, Kudrun, Münchner Universitätswoche ... zu Paris, hrsg. von J. Sarailh/A. Marchionini, München 1957, S. 135 ff. [vgl. in diesem Band, S. 502—514].

[25] Vgl. Strophe 1526, 4, wo das der triuwe gegenübergestellte willfährige Verhalten der Herzogin Hergart als hôhe minne bezeichnet wird.

etwa, wenn Wate im Lichte moderner höfischer Umgangsformen vor die Frauen gebracht wird [26]: ein Beispiel, wie sich aus den Schichten einer mittelalterlichen Großerzählung feine Reize der Begegnung ergeben können. Unnötig zu sagen, daß wir heute nicht mehr fähig sind, die nichtssagenden „Schneiderstrophen" der Zeit entsprechend zu würdigen. Für diesen Stil sind sie Umgangsformen zu vergleichen, von denen sich der Dichter nicht dispensieren kann, ohne ausgesprochen unhöflich, unhöfisch zu wirken. Hagens Jugendgeschichte ergibt sich folgerichtig aus der Gesamtkomposition: sie muß reichlich disponiert sein, denn an großen Menschen dieser Welt interessieren uns Einzelheiten, die für manch' andern Sterblichen belanglos wären. Zudem ist diese Geschichte nicht belanglos: die Welt des Wunders, des Kreuzzugsorients, die ungewöhnlichen Erfahrungen machen sie unterhaltsam. Es sind die spielmännischen Übertreibungen, denen man um 1240 ja kaum mehr in so naivem Glauben gefolgt ist. Aber die österreichische Hörerschaft hat dieser unbeschwerten Erzähl- und Fabulierlust, altem rheinischem Erbe, in ihrem Herzen noch jahrzehntelang ein Türchen offengehalten. Für die Erforschung dieser Welt ist nach wie vor Panzer grundlegend, insbesondere ist seine Deutung des Verhältnisses zum ›Herzog Ernst‹ im wesentlichen zutreffend (vgl. S. 364 ff.). Stoffgeschichtlich interessant ist, daß ›Rother‹ 3644 ff. offensichtlich nach ›Kudrun‹ 1141 ff. gestaltet ist: der Rother bezieht sich auf eine Vorstufe unserer Dichtung, die den Kudrunteil schon enthielt.

Die Frage zeitgeschichtlicher Bezugnahme ist sehr oft erörtert worden und bei Jungandreas gut zu übersehen; auch die Anmerkungen der Martinschen Ausgabe bieten hierzu wertvolles Material. Die Siegfriedgeschichte hat im Hinblick auf zeitgeschichtliche Entlehnung sicher das größte Anrecht darauf, ernstgenommen zu werden. Aus ihr hat sich die niederrheinische Spielmannsdichtung anregen lassen.[27] Über die Elemente wikingischer Kriegstaktik und andere verwandte Einflüsse orientiert sehr kenntnisreich das Buch

[26] K. Droege, ZfdA 62, 1925, S. 200 ff.
[27] Panzer S. 346 ff. Jungandreas S. 179 ff., doch H. Schneider, Anz. 54 (1932), S. 44. Zu „Matelane", das Jungandreas auf Mecheln deutet, vgl. Schnetz, ZNOF 8, 1932, S. 23 f.

von I. Schröbler.[28] Alle diese Beiträge sind dazu geeignet, unser Bild von der spielmännischen Vorstufe zu verlebendigen und den Sinn zu schärfen für das stilgeschichtlich Mögliche auf dieser Stufe.

Nachdem einmal der Rahmen der alten Fabel gesprengt und sich die Weite einer Fortsetzung aufgetan hatte, war es das erste Anliegen des spielmännischen Dichters, die Kudrungeschichte mit unterhaltendem Stoff anzureichern. Listethik bestimmte das Handeln, das gute Ende stand zum vornherein fest. Es war erst das Werk des ritterlichen Dichters, auf *innere* Einheit des Ganzen zu arbeiten und die Fingerzeige der Hildedichtung im Kudrunteil seelisch zu vertiefen, die Fortsetzung nicht einfach als ein additives Element fortzuspinnen, sondern sie einem wirklichen Ende auf anderer Ebene dienstbar zu machen.

Die „Aventiuren" sind Leseabschnitte und damit oft zufällige Schnitte einer epischen Konzeption. Über diese Grenzen weg runden sich aber schon dramatische Szenen, die ähnlich wie im ›Nibelungenlied‹ dem Dramatischen im Mittelalter das geben, was ihm im eigentlichen „Drama" versagt blieb. Ich komme hier zu ganz verwandten Ergebnissen wie Hugo Kuhn für das ›Nibelungenlied‹, der in dessen latenter Dramatik ebenfalls ein entscheidendes Element eines der heldenepischen Dichtung eigenen Stils sieht.[29] Eine Reihe von Szenen, wie z. B. die Wäscherinnen am Strand und die Engelserscheinung, das Erwachen Ludwigs auf der Burg mit der Schilderung der kämpfenden Schilde, Kudrun, die auf den Zinnen den Kampfauftritten folgt, Wates fürchterliches Gericht auf der Burg: dies und vieles mehr wartet geradezu darauf, im lebendigen Auftritt neu zu erscheinen.

Hält man sich dies vor Augen, so mildert dies auch den Kontrast der dicker aufgetragenen, auf reine Augen- und Ohrenwirkung angelegten spielmännischen Teile mit den sorgsam höfischen Beschrei-

---

[28] Ing. Schröbler, Wikingische und spielmännische Elemente im zweiten Teil des Gudrunliedes, Halle 1934. Kroes, Kudrunprobleme, Neophilologus 38, 1954, S. 11 ff. Für eine eigenständige wikingische Kudrundichtung reichen die Übereinstimmungen nicht aus.

[29] Über Nordische und deutsche Szenenregie, Festschrift F. Genzmer, Heidelberg 1952, S. 279 ff.

bungen, die, wenn man sich den dramatischen, auf unmittelbare Wirkungen zielenden Stil veranschaulicht, sich dann wie Bühnenanweisungen ausnehmen. Setzen wir auch diese Strophen um in schaubares Kostüm, mit aller Sorgfalt, die ihm gebührt, so gewinnt der Stil der Kudrun weit mehr Ausgeglichenheit, *mâze*, in *seiner* Art. Diese Kunst drängt nur noch viel deutlicher zum lebendigen Vortrag als der höfische Roman: wir wissen leider nichts vom Vortragstil der Zeit, um abzuschätzen, welche Möglichkeiten der Gestaltung ausgenützt wurden. Eine lebendige Rede braucht stärkere Reize als eine gelesene Kunst, in ihr ist seit alters die Hyperbolik zu Hause.[30]

Die grellen Farben der Spielmannskunst und der mattere Firnis der höfischen *mâze* übertünchen oft den großartigen Baugedanken der Dichtung: die Fabel, unverwüstlich aus alten Tagen aufsteigend und schließlich doch christlich gereift, vermenschlicht in einem. Den romanhaften, flächig bearbeiteten Bau wölbt von innen ein dramatisch ausgreifender Schwung und eine auf weite Bogen gespannte, reifende Idee. Auch für diese Art dichterischen Schauens und Bauens ist das ›Nibelungenlied‹ das Vorbild.[31]

---

[30] Leo Wolf, Der groteske und hyperbolische Stil des mhd. Volksepos, Palaestra XXV, 1903. R. v. Nieden, Über die Verfasser der mhd. Heldenepen, Diss. Bonn 1930. H. Trautmann, Das visuelle und akustische Element im mhd. Volksepos, Diss. Göttingen 1918. F. W. de Wall, Studien zum Stil der Kudrun, Diss. Königsberg 1939. R. Bostock, The structure of the "Kudrun", The Modern Language Review 53, 1958, S. 521 ff. R. Janzen, zum Aufbau des Kudrun-Epos, Wirkendes Wort 12, 1962, S. 257 ff. [vgl. in diesem Band, S. 515—541].

[31] In Ergänzung zu dieser „Einleitung" ist ein Aufsatz des Verfassers, der vor allem die Widersprüche der Erzählführung im Kudrunteil noch schärfer zu fassen sucht, zu beachten: Bruno Boesch, Zur Frage der literarischen Schichten in der Kudrundichtung, in: Festschrift Siegfried Gutenbrunner z. 65. Geburtstag, Heidelberg 1973, S. 15 ff.

Kudrun. Hrsg. von Karl Bartsch. 5. Auflage, überarbeitet und neu eingeleitet von Karl Stackmann. Wiesbaden: F. A. Brockhaus 1965, S. XV—XLII (= Auszug aus Abschnitt II ›Zur Erzählweise des 'Kudrun'-Dichters‹ und Abschnitt III ›Möglichkeiten und Grenzen der Deutung‹ aus dem 1. Kapitel der Einleitung).

AUS DER EINLEITUNG DER KUDRUN-AUSGABE [*]

Von KARL STACKMANN

II. Zur Erzählweise des ›Kudrun‹-Dichters

[. . .]

Unstimmigkeiten in der Erzählung

Wer sich auch nur ein wenig näher mit der ›Kudrun‹ befaßt, wird bald allerlei Unstimmigkeiten und Widersprüche darin entdecken. Friedrich Panzer konnte an die dreißig Seiten seines Buches über die Hilde-Gudrun-Sage, das am Anfang der modernen ›Kudrun‹-Forschung steht, mit einer Aufzählung derartiger Verstöße füllen.[1]

Einige Beispiele werden genügen. — Bemerkenswert ist die Sorglosigkeit, mit der die Zahlenangaben behandelt sind. 3000 Mann brechen zur Werbung um Hilde auf (282, 2). Etwas über 60 gehen im Reich Hagens an Land (292, 1), und wir sollen glauben, daß sich die übrigen 2940 in den Schiffen verborgen halten konnten, ohne bei irgend jemand Verdacht zu erregen. Zu Hilde selbst sagt man, 700 Recken seien nach ihr ausgefahren (408, 2), und endlich heißt es, Hetel habe nicht mehr als 1000 Mann zu diesem Unternehmen beordert (455, 3).[2]

Mit ähnlicher Nachlässigkeit verfährt der Autor bei der Schilderung räumlicher Gegebenheiten. Der Anfang des Greifenabenteuers etwa setzt voraus, daß die Höhle, in der Hagen die drei Prinzessinnen findet, nahe bei der Küste liegt (77; 88 ff.). Wenig später, die Greifengefahr ist beseitigt, heißt es, die Verschleppten hätten vierundzwanzig Tage lang

---

[*] Ein Verzeichnis der hier gekürzt zitierten Forschungsliteratur findet sich am Schluß dieses Beitrages.

[1] S. 90—120. — Vgl. auch Martin, S. XXXI—XXXIV.

[2] Panzer, S. 96.

durch dichten Urwald wandern müssen, bevor sie den Strand erreichten (108).

Endlich gibt es allerlei Unstimmigkeiten allgemeinerer Art. So werden die Schiffe des Heeres, das zu Kudruns Rückgewinnung aufbricht, ausdrücklich als gefeit gegen die Gefahren des Magnetberges eingeführt (1109), und doch erliegen sie kurz darauf eben dieser Gefahr (1126 ff.).

Keiner der bisher genannten Fälle ist, für sich allein genommen, in einem mittelalterlichen Gedicht sehr auffällig.[3] Zu solch ungenauer Angleichung zusammengehöriger Einzelangaben gibt es besonders in der Spielmannsdichtung mancherlei Verwandtes. Ungewöhnlich ist nur die Häufung von Anstößigkeiten dieser Art in der ›Kudrun‹.

Es gibt noch gröbere Unstimmigkeiten. Auch sie sind in mittelalterlicher Literatur nicht ohne Beispiel, verstärken aber den Eindruck, daß die ›Kudrun‹ in mancher Hinsicht recht sorglos gearbeitet ist. Bei der Werbung um Hilde herrscht ein Durcheinander ganz verschiedener Pläne. Einmal geben sich die Werber als Vertriebene aus, die bei Hagen Zuflucht suchen; dann wieder treten sie als Kaufleute auf; bald scheint es, als verließen sie sich auf den Erfolg der List;[4] ein andermal ist ihr Vorgehen auf die Anwendung von Gewalt abgestimmt. — Herwig, voll Zorn über die abgewiesene Werbung, greift zu den Waffen, erringt Kudrun durch einen kühnen Handstreich und läßt sich dann, als Sieger in der Burg ihres Vaters stehend, willig zu einem langen Aufschub der Hochzeit bereden. — Die Wäscherinnen am Strande, Kudrun und die treue Hildeburg, werden durch einen Abgesandten des Himmels auf die Ankunft der Retter vorbereitet. Als dann tags darauf Herwig und Ortwin wirklich mit ihrem Boot auf den Strand zufahren, ergreifen die Mädchen die Flucht. Nur mühsam sind sie zur Rückkehr zu bewegen, erst nach umständlichen Fragen kommt es zur Erkennung. Nachdem sich die Männer überzeugt haben, daß die Gesuchten gefunden sind, fahren sie davon und lassen die Mädchen in der Gewalt ihrer Peiniger zurück. — Während der Schlacht des nächsten Tages will Kudrun die Befreier um Schonung für Hartmut bitten. Von der Burg herab fragt sie, als sei sie von den Ereignissen vollkommen über-

---

[3] Vgl. dazu die bei Panzer, S. 120, genannte ältere Literatur.

[4] Sie machen sich durch viele Geschenke Freunde (297; 324 ff.). Horand bedient sich seiner Kunst, um Vorteile zu erringen. Wate tut so, als verstünde er nichts vom Fechten (357 ff.).

rascht, ob Helden aus dem Lande ihres Vaters zur Stelle seien (1483). Ihr antwortet Herwig, dem sie sich von neuem und sehr genau vorstellen muß (1486).

Der Erzähler hat es augenscheinlich immer wieder versäumt, Dinge in Übereinstimmung zu bringen, die nach unserer Vorstellung miteinander in Einklang sein sollten. Mag man solche Verstöße in mittelalterlicher Dichtung auch nachsichtig beurteilen, dennoch bleiben es Verstöße, und es lohnt sich, sie zu untersuchen. Wir lernen daraus etwas über die Arbeitsweise des Autors. Es war ihm vermutlich bis zu einem gewissen Grade gleichgültig, ob in seiner Erzählung alles genau ineinandergriff und damit das Detail in ein angemessenes Verhältnis zum Ganzen kam. Er führt die Einzelheit aus, ohne auf Vorhergehendes oder Künftiges übermäßig viel Rücksicht zu nehmen.

In günstig gelagerten Fällen läßt sich recht gut erkennen, was der Grund für die Abweichung von einmal eingeführten Voraussetzungen ist. Ein einfaches Beispiel bieten die wechselnden Angaben über die Stärke der von Hetel zur Werbung um Hilde ausgesandten Mannschaft. In der Aufbruchszene (274 ff.) handelt es sich darum, die Macht des Königs und den Glanz seiner Herrschaft ins rechte Licht zu rücken. Da ist das Heer groß und stattlich. Kurz darauf, bei der Ankunft in Irland, gilt es, die Gefahr, die Hetels Leute um ihres Königs willen auf sich nehmen, in ihrem ganzen Ausmaß darzustellen. Folglich ist die Schar der ans Land gehenden Männer im Verhältnis zur Stärke des ausgefahrenen Heeres auffällig klein, und dieses selbst scheint plötzlich verschwunden. Wieder etwas später, als die Schlacht zwischen Hagen und Hetel zu schildern ist, nennt der Erzähler eine mittlere Kopfzahl, weder so groß wie die erste noch so klein wie die zweite; denn einem allzu großen Heer würde man den Sieg nicht als Heldentat anrechnen, und einem allzu kleinen würde man ihn nicht zutrauen.[5]

In diesen Zusammenhang gehört auch eine Eigentümlichkeit, die geradezu als charakteristisch für die Gattung gelten darf. Seit Homers

---

[5] Wenn vor Hilde von 700 Recken die Rede ist (408), dann geschieht das wohl, weil einerseits so viele genannt werden müssen, daß das Mädchen ohne Bedenken in die Entführung einwilligen kann und anderseits die Grenzen des Wahrscheinlichen nicht allzu weit überschritten werden sollen.

Penelope ist Alterslosigkeit das Vorrecht des epischen Helden. In der ›Kudrun‹ kommt es vor allem der Prinzessin Hildeburg zu. Sie tritt zum erstenmal beim Greifenabenteuer auf. Von Hagen gerettet, gelangt sie ebenso wie ihre beiden Gefährtinnen nach Irland. Dort lebt sie zunächst in der Umgebung der älteren Hilde, wird dann mit der jüngeren Hilde zusammen entführt, hält sich fortan am Hofe Hetels auf, teilt dann das Los Kudruns und gibt endlich, nach vierzehnjähriger Gefangenschaft, als *maget wol getân* (1648, 2) noch eine stattliche Braut für Hartmut ab. Mindestens sechzig Jahre ist sie in diesem Augenblick alt, wenn man realistisch rechnet und die Zeitspannen addiert, die zwischen den einzelnen Abenteuern liegen müssen. Aber ihr Alter bemißt sich nicht nach der Zahl der Jahre, die in der Erzählung zurückgelegt werden, sondern nach der Aufgabe, die sie in dieser Erzählung zu erfüllen hat. Jede der drei jugendlichen Heldinnen — alte Hilde, junge Hilde, Kudrun — benötigt eine Vertraute. Natürlich wäre es nicht schwer gewesen, für jede Heldin eine eigene Freundin einzuführen. Aber das hätte nur einen rührenden Effekt verdorben, die Belohnung der vielfach bewährten Treue in den Schlußszenen der ›Kudrun‹. So bleibt es bei der einen Hildeburg, der ihre Rolle in der Umgebung der drei jugendlichen Heldinnen die ewige Jugend einträgt.[6]

Ebenso ist Wate vom Älterwerden befreit. Schon bei seinem ersten Auftritt, vor der Werbung Hetels um Hilde, erscheint er als *der alte* (223, 2), und am Ende der Geschichte, nach der Chronologie des Autors dreißig Jahre später, ist er unverändert der furchtbarste der Helden. Auch hier wird es sich um einen Akt erzählerischer Ökonomie handeln: eine so pittoreske Gestalt wie die Wates kann man nur einmal einführen, da

---

[6] Neumann betont, daß sich die Identität der Gefährtin Kudruns mit der durch Hagen befreiten *Hildeburc von Portigâl* dem Text nicht mit letzter Sicherheit entnehmen läßt. Ihm ist diese Beobachtung eines der Indizien dafür, „wie locker gefügt diese . . . Erzählung ist" (Anz., S. 36/37). Immerhin tragen aber beide Mädchen den gleichen Namen *Hildeburc* (vgl. 484/85. 804 u. ö.). Weiter ergibt sich aus Str. 1008, daß eine von Kudruns Leidensgenossinnen aus *Portigâl* stammt. Wenn man die von Bartsch herrührende Umstellung der Strophen 1008 und 1009 übernimmt, ist dies Mädchen sogar als Fürstentochter bezeichnet, und das stimmt sehr gut zu dem, was wir über die *Hildeburc* vom Hofe Hagens erfahren: sie kommt aus *küneges künne* (484). So kann man doch wohl mit einiger Zuversicht davon ausgehen, daß es in der Vorstellung des Dichters nur eine *Hildeburc* gab.

setzt man, um sie für die ganze Dauer der Handlung zur Verfügung zu haben, die Erfordernisse der äußeren Wahrscheinlichkeit beiseite.

Wieder unter einem andern Gesichtspunkt zeigt sich die Gleichgültigkeit, mit der hier die äußeren Gegebenheiten behandelt sind, wenn wir uns den Widersprüchen in der Bezeichnung räumlicher Verhältnisse zuwenden. Auch sie können, ähnlich wie die unterschiedlichen Zahlenangaben, durch wechselnde Bedürfnisse des Erzählers bedingt sein. Das Greifenabenteuer spielt so lange in unmittelbarer Nähe des Meeres, wie die Strandszenerie für den Fortgang der Handlung unentbehrlich ist: Ohne die Ausrüstung des angeschwemmten Toten könnte der Knabe nicht Herr über die drohende Gefahr werden. Sobald sie aber beseitigt ist, macht sich ein ganz anderer Gesichtspunkt geltend: Es wäre allzu wenig heroisch, wenn die Verschleppten nur vor ihrer Höhle zu warten brauchten, bis ein Schiff vorbeikommt. Also ändert der Erzähler kurzerhand die Voraussetzungen: Die drei Mädchen müssen sich mit ihrem Beschützer auf einem fast vierwöchigen Marsch durch den Urwald zur Küste durchschlagen.

Wenn eine Stadt bald unmittelbar am Wasser liegt, bald ein Stück landeinwärts,[7] so könnte auch dafür ein wechselndes Interesse des Erzählers die Ursache sein. Das eine Mal soll der sorgfältig geplante Empfang einer zu Schiff anreisenden Gesellschaft dargestellt werden. Dazu gehört eine jubelnde Menge auf beiden Seiten der Straße, über die sich der Festzug bewegt. Also liegt die Stadt dreieinhalb Meilen vom Meer entfernt (10, 4). Etwas später erhebt sich die gleiche Stadt unmittelbar am Wasser. Denn diesmal ist die überraschende Heimkehr eines Verschollenen zu schildern, und es muß in aller Eile, ohne jede Vorbereitung, eine stattliche Menge zum Empfang zusammengebracht werden (150 f.).

Herwigs Herrschaft Seeland liegt zuerst so nahe bei dem Land der Eltern Kudruns, daß es heißen kann: *Er was ir nâchgebûre und hête bî ir lant* (631, 1). Dann wieder ist Seeland weit von Hegelingen entfernt. Hetel muß, um Herwig zu helfen, der in seinem Land angegriffen worden ist, weit in die Ferne ziehen (695, 4; 702, 4; 805, 1). So haben Ludwig und Hartmut beim Überfall auf Hetels Burg Matelâne leichtes Spiel.

Kein Zweifel, daß der Dichter der ›Kudrun‹ mehr Liebe auf die Einzelheiten als auf die Zusammenfügung des Ganzen verwandt hat. Dieser Mangel an Gefühl für die Erfordernisse der Gesamtperspektive ist zugleich ein Mangel an künstlerischer Begabung,

[7] Panzer, S. 101 f.

das wird man in diesem besonderen Fall auch von einem mittelalterlichen Dichter sagen dürfen, selbst wenn man die größere Freiheit in Rechnung stellt, die sein Zeitalter dem Erzähler ließ.[8]

Anlaß zu kritischen Einwänden bieten im übrigen nicht nur Nachlässigkeiten der bisher behandelten Art. Auch sonst kann man eine auffällig geringe Konzinnität des Textes bemerken. Das gilt z. B. für die Behandlung der Sprache. Der Inhalt mancher Sätze ist nur näherungsweise festzulegen, sei es, weil die Wörter nicht präzise genug gewählt sind, sei es, weil die Konstruktion so locker ist, daß die Beziehung der Satzteile und Teilsätze unklar wird. Für den einen wie den andern Fall liefern die Erläuterungen Beispiele im Überfluß. Nicht besser steht es auf dem Gebiet der Metrik. Das Strophenschema ist oft erstaunlich ungenau eingehalten: unter- wie überfüllte An- und Abverse sind keine Seltenheit.

Variierende Wiederholung

Rechnet man zusammen, was in der ›Kudrun‹ den Eindruck der Unachtsamkeit und Planlosigkeit macht, so versteht man, daß Friedrich Neumann die Frage stellt, ob das Gedicht überhaupt in einer vom Dichter für abgeschlossen angesehenen Fassung auf uns gekommen ist.[9] Vielleicht liegt uns nur eine Art Entwurf vor. Die Möglichkeit wird man nicht ausschließen können, und es bleibt noch zu überlegen, welche Folgerungen daraus für die Textkritik zu ziehen sind.

[8] Zu der Frage, wie Mängel der gerade geschilderten Art zu beurteilen sind, hat Bowra das Nötige gesagt (S. 328—36). Sie entspringen den besonderen Lebensbedingungen einer mündlichen oder für den mündlichen Vortrag bestimmten Dichtung. Keinesfalls kann man sie benutzen, um mit ihrer Hilfe Bestände verschiedenen Alters und Ursprungs in solcher Dichtung festzustellen. Überhaupt — damit spricht Bowra eine heute wohl allgemein verbreitete Meinung aus — verfehlt die 'höhere' Kritik ihr Ziel, wenn sie an mündliche oder der mündlichen nahestehende Dichtung Anforderungen richtet, die nur an buchepische Dichtung zu stellen wären. — Vgl. auch Anm. 30.

[9] Verf. Lex., Sp. 973. 981; Anz., S. 30. Vgl. auch Kuhn, S. 143.

Aber wenn auch eine gewisse Unfertigkeit der ›Kudrun‹ nicht zu bestreiten ist, so heißt das keineswegs, daß es ihr ganz an Formung fehlt. Mancherlei wäre gegen ein solches Urteil anzuführen. Ich beschränke mich hier auf einige Bemerkungen zur Erzähltechnik. Das wird für die Zwecke dieser Einleitung genügen.

Der Erzählverlauf ist nach wenigen, unschwer erkennbaren Prinzipien gestaltet. Es handelt sich um sehr einfache Prinzipien; ihre Wirkung ist uns aus mancherlei Beispielen geläufig, wie sie namentlich die anspruchsloseren Formen der erzählenden Literatur zu bieten haben, der Spielmannsroman des Mittelalters etwa oder der Trivialroman der neueren Zeit.

Das wichtigste — für die ›Kudrun‹ wichtigste — dieser Prinzipien nennen wir mit einem von Heinz Stolte geprägten Begriff „variierende Wiederholung".[10]

Gemeint ist damit folgendes. Die ›Kudrun‹ ist, was den Inhalt angeht, nicht eben reich an Abwechslung. Schaut man die wenigen großen Handlungsabschnitte an: Hagenabenteuer, Hildewerbung, Werbung um Kudrun, Entführung und Befreiung Kudruns, so zeigt sich, daß im Grunde nur ein einziges Motiv vorhanden ist: Ein junger Fürst, unterstützt von treuen Mannen, erringt nach allerhand Abenteuern eine Frau, die ihm unter höfischen Ehren angetraut wird.

In einer einfachen Form, ohne das Beiwerk der Abenteuererzählung und ohne Verwicklungen, ist es als Geschichte von Hagens Eltern an den Anfang der ›Kudrun‹ gestellt (8—19): Sigeband empfängt den Rat, eine Frau zu nehmen. Er sendet seine *mâge* aus, damit sie eine norwegische Prinzessin für ihn gewinnen. Sie führen ihren Auftrag glücklich aus, geleiten die Braut nach Irland, und dort folgt auf einen prächtigen Empfang eine ebenso prächtige Hochzeit.

Dies Muster — Ausfahrt der Männer, Heimkehr mit dem Mädchen — ist in allen folgenden Geschichten wiederzufinden, in den Geschichten von Hagen und der älteren Hilde, von Hetel und der

[10] Eilhart und Gottfried. Studie über Motivreim und Aufbaustil. Halle 1941 (Sprache, Volkstum, Stil, Bd. 1), S. 19. — Auf eine Anwendung der feineren Unterscheidungen, die Stoltes Terminologie erlaubt, muß an dieser Stelle verzichtet werden.

jüngeren Hilde, von Sivrid, Hartmut, Herwig und Kudrun. Aber es ist nicht einfach wiederholt, sondern gleichzeitig vielfach abgewandelt. Der Erzähler entnimmt ihm, wenn man so sagen darf, nur die Formel, zu der er immer neue Möglichkeiten der Anwendung sucht, indem er die Zahl, das Alter, die Konstellation der Personen, die Zahl der Auftritte, die Schauplätze und andere Akzidenzien ändert.[11]

Ein paar Bemerkungen zur Hartmut-Handlung sollen zeigen, wie durch Verwendung der eben genannten Mittel eine Handlung entsteht, die einerseits ihren eigenen und recht originellen Gang nimmt, anderseits aber stets die Ähnlichkeit mit dem Grundmuster[12] erkennen läßt. Nicht viel anders als die Sigeband-Handlung beginnt die Hartmut-Handlung mit dem Werbungsrat der Mutter (587/88: 7/8). Die Sigeband-Handlung entwickelt sich danach geradlinig; der Erzähler begnügt sich damit, mit wenigen Worten den Verlauf zu registrieren. In der Hartmut-Handlung dagegen schafft er mit der Weigerung der Umworbenen ein Hemmnis, das es möglich macht, wesentliche Teile der im Schema vorgezeichneten Handlung mehrfach variiert vorzuführen: dreimal brechen Männer zu der fernen Schönen auf, das erste Mal Hartmuts Boten, das zweite Mal

---

[11] Vgl. dazu Kuhn, S. 139—143. Dort für die Formel das glücklich gewählte Schlagwort „gefährliche Brautwerbung". — Frings bietet „Brautwerbung", S. 4—9, eine Nomenklatur (Thema — Motiv : Handlungsschema — Handlungsformel usw.), die es bei literaturvergleichenden Arbeiten erlaubt, das „Gesamtsystem der inhaltlichen und kompositorischen Aufbaumittel" (S. 7) zu beschreiben. Obwohl für die Anwendung auf „Liedfabeln" entworfen, ließen sich diese Bezeichnungen auch für die Analyse großepischer Formen verwenden. Hier kann darauf verzichtet werden, weil die ›Kudrun‹ nur im Kreise der nächstverwandten Dichtungen aus den Grenzen der Germania behandelt werden soll (s. u. S. XLII ff. [hier nicht abgedruckt]). Reiches Vergleichsmaterial bei Frings, Brautwerbung, pass.; insbes. S. 24—74. — Auch die Arbeit Geißlers kann mit Nutzen herangezogen werden; Brautraub dort S. 161—166.

[12] Das Wort „Grundmuster" ist nicht etwa genetisch zu verstehen, als sollte gesagt werden, daß wir in der Sigeband-Handlung die Keimzelle der ›Kudrun‹ zu erblicken hätten. Sie ist stoffgeschichtlich vermutlich eine ganz junge Zutat, enthält aber die einfachsten Bestandteile einer Werbungsgeschichte.

Hartmut selbst, das dritte Mal Hartmut und Ludwig mit ihren Kriegern; dreimal hören wir, wie es den Ausgefahrenen im Lande Hetels ergeht, dreimal, wie sie nach Hause zurückkehren. Die dritte Heimfahrt ähnelt derjenigen der Boten Sigebands; denn die Männer führen die Braut mit sich. Und sie ähnelt ihr auch wieder nicht, denn diese Braut ist entschlossen, sich allen Heiratsplänen aufs äußerste zu widersetzen. Ebenso ähnlich und unähnlich zugleich ist der Schluß der Geschichte — ähnlich im feierlichen Empfang der Zurückgekehrten; unähnlich, weil der Hartmut-Handlung die Schlußszene der Sigeband-Handlung, die Hochzeit, fehlt.

Nicht nur durch solche Stauung, Ergebnis einer Änderung in den Beziehungen zwischen Werber und Umworbener, unterscheidet sich die Hartmut-Erzählung von der Sigeband-Erzählung. Ebenso wichtig ist der Unterschied im erzählerischen Duktus. Während die Sigeband-Handlung in dürren Ereignisnotizen gegeben ist, erscheint die Hartmut-Handlung als eine Folge mehr oder weniger genau ausgemalter Episoden, in denen Gefühle und Gedanken, Reden und Taten der Auftretenden mitgeteilt werden.

Das Beispiel der Hartmut-Handlung wird ausreichende Klarheit darüber geschaffen haben, was unter „variierender Wiederholung" zu verstehen ist. Bei der weiteren Erörterung genügen daher stichwortartige Hinweise. Das Material ist nach verschiedenen Gesichtspunkten geordnet. Den Anfang macht eine Übersicht nach den drei Hauptteilen:

Hagenteil: Einem jungen König raten seine Getreuen, um eine Königstochter anzuhalten, deren Vater allen Werbern den Tod angedroht hat. Boten werden ausgesandt, die die Prinzessin gewinnen sollen. Sie wagen ihr Leben, stellen ein heimliches Einvernehmen zwischen dem Mädchen und dem fernen Bewerber her, entführen es mit List und verteidigen es gegen den heranrückenden Vater.

Kudrunteil: Drei junge Könige begehren dieselbe Prinzessin, alle drei werden abgewiesen. Der erste erringt im Kampf gegen den Vater die Erlaubnis, seine Werbung vorzubringen, das Mädchen wird ihm versprochen. Der zweite greift zu den Waffen und, bevor die Ehe vollzogen ist, überfällt er den ersten, um Rache zu nehmen. Der dritte raubt das Mädchen, behauptet es gegen die Verfolger und bringt es glücklich heim. Es gelingt ihm aber nicht, das Jawort für die Heirat zu erhalten. Vierzehn Jahre später wird die Entführte durch die beiden andern Bewerber befreit. In der Heimat wird sie die Frau des ursprünglichen Verlobten.

Diese allgemeine Übersicht läßt in Umrissen erkennen, auf welche Weise das Brautwerbungsthema in der ›Kudrun‹ abgewandelt ist. Jetzt sollen die wichtigeren Rollen behandelt werden; dabei ist jeweils anzudeuten, wie sich konstante und variable Züge in der Darstellung mischen. — Die verschiedenen Teile der ›Kudrun‹ sind durch eingeklammerte römische Zahlen bezeichnet.

Die männliche Hauptrolle: Ein Knabe, dessen höfische Erziehung gerade erst begonnen hat, im Augenblick des Zusammentreffens mit drei schönen Damen ganz ohne Gedanken an Minne; die Werbung Konsequenz vorhergegangener Abenteuer (I). — Ein ritterlicher König vor dem ersten Kennenlernen in Liebe für die ferne Schöne entbrannt und als Unbekannter von ihr erhört; aus der Werbungsabsicht ergeben sich gefährliche Abenteuer für die Werbungshelfer, am Ende auch für den Werber selbst (II). — Drei ritterliche Könige von Liebe zu einer unbekannten Schönen erfüllt; keiner mit seiner Werbung erfolgreich. Alle drei greifen zu den Waffen; der erste erringt das Jawort, aber nicht das Mädchen, der dritte das Mädchen, aber nicht das Jawort; der zweite kämpft zunächst gegen den ersten, dann mit ihm zusammen gegen den dritten (III).

Die weibliche Hauptrolle: Drei Mädchen, denen Heimat und Familie durch übermenschliche Gewalt genommen sind; Rettung durch den künftigen Mann der einen; Minne schließt ein bewegtes Schicksal versöhnlich ab (I). — Ein Mädchen, unter strenger Obhut der Eltern lebend. Ein Minneangebot wird angenommen, darauf folgen gefährliche Abenteuer (II). — Ein Mädchen, unter strenger Obhut der Eltern lebend. Drei Minneangebote werden abgewiesen, darauf folgen gefährliche Abenteuer, in deren Verlauf dem Mädchen Heimat und Familie durch Menschengewalt genommen werden; Rettung durch den früher anverlobten Mann (III).

Die Eltern: Drei Elternpaaren wird die Tochter entführt, sie sehen sie nie wieder (I). Einem Elternpaar wird der Sohn entführt, er kehrt zurück (I). — Einem Elternpaar wird die Tochter entführt, der Vater kämpft mit dem Entführer und versöhnt sich dann mit ihm (II). — Einem Elternpaar wird die Tochter entführt, der Vater fällt im Kampf mit dem Entführer (III). Ein Elternpaar unterstützt den Sohn, der ein Mädchen entführt. Vater und Mutter finden bei der Befreiung des Mädchens den Tod (III).

Schließlich noch eine Zusammenstellung von *Szenen,* die im Verhältnis der variierenden Wiederholung zueinander stehen: Ungewollte Befreiung dreier Mädchen (I) — planmäßige Befreiung eines Mädchens (III); Entführung mit List (II) — Entführung mit Gewalt (III); heimliche Werbung durch Boten (II) — heimliche Werbung in eigener Sache (III: Hartmut), öffentliche Werbung in eigener Sache nach voraufgegangenem Kampf (III: Herwig).[13]

Die Erzählelemente, die mehrmals in abgewandelter Form vorkommen, treten in eine dem Verhältnis der Reimwörter eines Reimes vergleichbare Beziehung zueinander. Heinz Stolte hat dafür in Anknüpfung an Gedanken seines Lehrers Arthur Witte die Bezeichnung „Motivreim" vorgeschlagen.[14] Sie drückt den gemeinten Sachverhalt sehr präzise aus: Wie der Endreim mehrere Zeilen eines Gedichtes miteinander verbindet, so der Motivreim verschiedene im Inhalt aufeinander abgestimmte Passagen.

Die Motivreime können als kompositorische Klammern zwischen verschiedenen Abschnitten der ›Kudrun‹ angesehen werden. Es gibt sie keineswegs nur zwischen den bisher ausschließlich behandelten Hauptpersonen, Hauptszenen, Hauptmotiven, sondern auch zwischen einzelnen Episoden, Nebenpersonen, Nebenszenen:

Pilger, die zu Schiff unterwegs sind, tun Unrecht (110 f.): Pilgern, die zu Schiff unterwegs sind, geschieht Unrecht (838 ff.). — Ein Mann wirft dreißig Männer von Bord eines Schiffes ins Wasser (135): ein Mann wirft ein Mädchen von Bord eines Schiffes ins Wasser (960). — Mädchen bekommen in einer Notlage Männerkleidung angeboten und legen sie an (114): Mädchen bekommen in einer Notlage Männerkleidung angeboten und lehnen sie ab (1232 f.). — Ein Mädchen ist bei einer Schlacht am Strand in der Nähe und kann dabei das Leben des Vaters retten (521 ff.): ein Mädchen ist bei einer Schlacht am Strand in der Nähe und kann dabei das Leben des Vaters nicht retten (881). — Der Wächter einer Burg sieht Feinde nahen, sein Warnruf wird von allen Männern gehört, sie springen von den Bet-

---

[13] Hier ließe sich ein Vergleich der verschiedenen Werbungsgesandtschaften (Sigeband, Hetel, Hartmut) anschließen, jedoch werden die angeführten Beispiele genügen.

[14] In der oben genannten Arbeit (vgl. Anm. 10). Auch in diesem Fall kann von den Möglichkeiten zu weiterer Differenzierung im Terminologischen kein Gebrauch gemacht werden.

Eingehendere Untersuchungen zum Erzählstil der ‚Kudrun' wären für die Zukunft sehr erwünscht. Dabei sollte nicht nur das methodische Vorbild Stoltes beachtet werden; vor allem wäre auch an Fromms 'Rother'-Aufsatz anzuknüpfen.

ten auf (639 f.): der Wächter einer Burg sieht Feinde nahen, sein Warnruf wird nur von der Frau des Burgherrn gehört; sie kommt, hält Ausschau, läßt den König holen; der kommt, hält Ausschau, läßt den Sohn holen; beide halten Ausschau, der Sohn ruft seine Mannen, sie springen von den Betten auf (1360—76). — Eine Königin, deren Mann abwesend ist, ordnet bei plötzlichem Auftauchen eines feindlichen Heeres an, daß die Burg verschlossen bleibt und der Kampf defensiv geführt wird; die Krieger des Mannes setzen sich über diesen Befehl hinweg, die Burg fällt (779 ff.): eine Königin rät beim plötzlichen Auftauchen eines feindlichen Heeres ihrem anwesenden Mann und ihrem Sohn, die Burg verschlossen zu halten und den Kampf defensiv zu führen; die beiden setzen sich über diesen Rat hinweg, die Burg fällt (1378 ff.).

Es war ausführlich von der Technik der variierenden Wiederholung und vom Ergebnis ihrer Anwendung in der ›Kudrun‹ die Rede, nicht aber davon, wer diese Technik gehandhabt hat. Denn man kann den Verlauf der Erzählung nicht in Bausch und Bogen dem Verfasser des erhaltenen Textes als seine Erfindung zuschreiben. Er hat ältere Quellen benutzt, aber wir wissen nicht, wie diese Quellen ausgesehen haben und ob sie bereits nach dem Prinzip der variierenden Wiederholung gebaut waren. Mit dieser Möglichkeit muß man rechnen, handelt es sich doch, wie schon zu Anfang dieses Abschnitts bemerkt, um ein verbreitetes Stilmerkmal der volkstümlichen Erzählung.[15] Wir lassen daher die Frage ausdrücklich unbeantwortet, ob die bisher beschriebenen Eigenarten der ›Kudrun‹ einem einzigen, dem letzten Dichter ihre Entstehung danken oder ob er nur fortsetzte, was andere vor ihm begonnen hatten.

Motivzitate aus der älteren Literatur

Bei großzügiger Auslegung kann man unter das Stichwort „variierende Wiederholung" auch die Fälle bringen, in denen die

---

[15] Außer auf die Untersuchung Stoltes ist hier etwa auf die Arbeit Michael Curschmanns zu verweisen: Der Münchener Oswald und die deutsche spielmännische Epik. München 1964. (Münchener Texte und Untersuchungen zur deutschen Literatur des Mittelalters, Bd. 6).

eine der durch Motivreim verbundenen Stellen nicht der ›Kudrun‹ selbst, sondern einem anderen Gedicht angehört. Sie werden daher an diesem Ort in unsere Übersicht eingereiht.

Als Beispiel können die verschiedenen Werbungslisten dienen, von denen im Hildeteil die Rede ist. Es hat immer wieder das Befremden der Kritik erregt, daß der Erzähler ziemlich planlos zwischen mehreren Möglichkeiten schwankt, wenn es zu erklären gilt, wie Hilde in die Gewalt Hetels kam: einmal treten seine Boten als Vertriebene auf, dann wieder als Kaufleute, und außerdem wartet in ihrem Versteck an Bord der Schiffe eine Kriegerschar, die einen bewaffneten Überfall ins Werk setzen könnte. Vielleicht war zuerst die Vertriebenenlist da; für diese Annahme läßt sich einiges anführen.[16] Es fragt sich aber, wie dann die Kaufmannslist und die List der versteckten Helfer hinzukamen. An Interpolationen denkt man nur ungern. Ein Interpolator hätte sich doch wohl bemüht, seine Einschwärzungen in einen äußerlich befriedigenden Zusammenhang mit dem Übrigen zu bringen. Eher möchte man glauben, daß in dem unsteten Hin- und Herwechseln zwischen verschiedenen Möglichkeiten, den Knoten zu schürzen, die Absicht eines einzigen Mannes steckt. Darauf führt folgende Überlegung: Die Listen des Hildeteils sind sämtlich aus Denkmälern bekannt, die zeitlich der ›Kudrun‹ voraufliegen. Die Vertriebenenlist kennen wir aus dem ersten Teil des ›König Rother‹, die Kaufmannslist aus dem zweiten Teil des gleichen Gedichtes, aber auch aus Gotfrids ›Tristan‹.[17] Ebenfalls im ›Tristan‹ kommen die versteckten Helfer vor: Dort sind es die bösen Barone, die Tristan zur Teilnahme an der Werbungsfahrt zwingt. All das klingt in der ›Kudrun‹ an, spiegelt sich in ähnlich geformten Erzählsplittern. Der Erzähler, durch die großen Umrisse seiner Erzählung zum Einlenken in vielbegangene Bahnen der Romanliteratur genötigt, scheint durch die Aufnahme von Motivfragmenten verschiedener Herkunft seine Vorgänger und die Lösungen, die sie in vergleichbaren Situationen ausprobiert haben, zu zitieren.

[16] Dafür tritt neuerdings wieder, unter Hinweis auf den Erzählverlauf im ›Dukus Horant‹, Norman ein (S. 91). — Frings, Spielmannsepen, S. 306, verwendet den Terminus 'Geächtetenformel'.

[17] 2149 ff.: die Entführung Tristans durch die norwegischen Kaufleute.

Die Texte und Textausschnitte der älteren Dichtung, von denen
gerade die Rede war: Rother I, Rother II, Entführung Tristans,
Werbung Tristans um Isolde, sind nicht 'Quellen' des ›Kudrun‹-
Dichters in dem Sinn gewesen, daß er sich von ihnen den Gang
seiner eigenen Erzählung hätte vorschreiben lassen. Der lag vermutlich in großen Zügen fest, als er an die Arbeit ging. Um so mehr
fragt es sich aber, was der Grund für die Anbringung der Motivzitate gewesen sein mag, die nur Unklarheit und Verwirrung schaffen. Vom Standpunkt des modernen, an Klarheit und Logik der
Handlungsführung gewöhnten Lesers ist das Verfahren kaum zu
begreifen. Eine vollkommen befriedigende Antwort scheint nicht
möglich. Sicherlich spielt der Wunsch eine Rolle, fremde Erfindung
der eigenen Erzählung nutzbar zu machen und womöglich zu über-
trumpfen. Vielleicht darf man auch eine für unseren Geschmack
recht störende Hochschätzung der stofflichen Vielfalt im Hintergrund vermuten. Der Erzähler verspricht sich eine besondere Wirkung davon, wenn er von Zeit zu Zeit, wie es sich gerade ergibt,
neben der ursprünglichen eine zweite oder gar dritte Möglichkeit
andeutet, die Geschichte einer Brauterwerbung [18] zu dem erwarteten
Ende zu führen.

Ähnliche Absichten des Autors mögen im Spiel sein, wenn er den jungen
Hagen zugleich in der Wildnis und — mit Hilfe der drei vom Greifen entführten Prinzessinnen — in strenger höfischer Zucht aufwachsen läßt.
Denn das sind die beiden typischen Möglichkeiten, die Jugend eines Helden zu beschreiben: entweder lebt er als Heranwachsender fern von Hof

---

[18] Der Sammelname „Brauterwerbung" für „Brautwerbung" und
„Brautentführung" gehört zu den glücklichen terminologischen Prägungen
von Frings (Brautwerbung, S. 11), die unbedingt Eingang in die Forschung
finden sollten. — Wenn hier nur von den Beziehungen des ›Kudrun‹-Dich-
ters zu überlieferten Dichtungen des deutschen Mittelalters die Rede ist,
so hat das lediglich praktische Gründe: Diese Texte sind unmittelbarer
Nachprüfung zugänglich, außerdem hat sie der Autor nachweislich gekannt. Im Grunde stehen sie freilich nur stellvertretend für eine Fülle
spielmännischer Brauterwerbungsgedichte, deren Vorhandensein mit einiger Wahrscheinlichkeit erschlossen werden kann. Daß man darin alle
oder fast alle hier erwähnten Motive vermuten darf, haben die Arbeiten
von Frings gezeigt; vgl. im übrigen u. S. XLIII f. [hier nicht abgedruckt].

und höfischer Erziehung — so der Siegfried der Jungsiegfried-Sage, so auch Parzival —, oder er erhält eine feine höfische Bildung wie Tristan und seine literarischen Abkömmlinge.

Auf diese Weise mag man sich auch die Doppelrolle Hagens zu erklären haben. Er wird einerseits beharrlich als *vâlant aller künige* apostrophiert, als ein wahrer Teufel; anderseits erscheint er als ein sehr humaner, zu kleinen Späßen aufgelegter Gastgeber und am Ende gar als gutmütiger Schwiegervater. Beide Rollen kennen die Werbungs- und Entführungsgeschichten: den mordgierigen Vater, der seine Tochter keinem Manne gönnt, eine Gestalt, die bis ins Volksmärchen weiterlebt,[19] und auch, vor allem, wo sie in höfischer Szenerie spielen, den urbanen, heiterer Geselligkeit aufgeschlossenen Vater. Gurmun, der Vater der Isolde, sei als Vertreter für diesen andern Typus genannt.[20] Der Hagen der ›Kudrun‹ trägt Züge von beiden.

Die am Strand waschende Kudrun bekommt die himmlische Botschaft von einem Wesen überbracht, das teils als Engel, teils als Wasservogel vorgestellt wird. Beides ist an vergleichbarer Stelle der älteren Literatur zu belegen, sowohl die Vogel- als auch die Engelsbotschaft. Die Engelsbotschaft könnte obendrein, wie Schönbach gezeigt hat, nach der Verkündigung an Maria stilisiert sein.[21]

Als letztes Beispiel sei die Doppelung des Befreiungsmotivs im Kudrunteil genannt. Kudrun wird zunächst von heimlichen Boten entdeckt und gestellt, dann aber mit Heeresmacht befreit. Wieder handelt es sich um Motive, die in der älteren Literatur vorgezeichnet sind. Der ›König Rother‹ etwa und das Gedicht von ›Salman und Morolf‹ haben — in getrennten Zusammenhängen — sowohl das Motiv der heimlichen Entführung durch Boten als auch das Motiv der Befreiung durch eine große Schlacht.[22]

Bisher war wohl von der Wiederholung älterer literarischer Muster die Rede, nicht aber von der Variation, die nach unserer Vor-

---

[19] Vgl. Panzer, S. 217 f. 267. Ferner: Johannes Bolte und Georg Polívka: Anmerkungen zu den Kinder- und Hausmärchen der Brüder Grimm, Bd. 2, Leipzig 1915, S. 84; Bd. 4, 1930, S. 227 f. — Stith Thompson: Motif-Index of Folk-Literature, 6 Bde., Kopenhagen 1955—58, Q 433. 11. S 11. 4. 1. Frings, Herbort, Anm. 5. Geißler, S. 102—111.

[20] Auch der Marke der Riwalin-Geschichte kann hier angeführt werden.

[21] Vgl. Panzer, S. 377—82, und Schönbach, S. 115 ff.

[22] Boten: Rother 3104 ff. Salman 119 ff. Schlacht: Rother 4124 ff. Salman 494 ff. 752 ff.

aussetzung hinzutreten soll. Natürlich liegt in der Verknüpfung von Erzählelementen ganz verschiedener Herkunft, wie sie unsere Beispiele belegen, an sich schon ein Moment der Variation. Jedoch wird es gut sein, wenn wir abschließend ausdrücklich zeigen, daß es sich auch hier um Fälle von variierender Wiederholung handelt.

Hagen in der Wildnis, insbesondere der Hagen, der die Greifen erschlägt, wiederholt Siegfried, den Drachentöter. Als Jäger hat er zugleich Ähnlichkeit mit dem Siegfried der Jagd im Odenwald. Aber schon die Vermischung beider läßt erkennen, daß er außerdem ein Eigener sein soll. Das wird vollends deutlich, wenn man sieht, daß der gleiche Hagen auch noch nach einem ganz anderen Vorbild gearbeitet ist. In der Szene nämlich, wo er den toten Kreuzfahrer entwaffnet, gleicht er dem Parzival der Ither-Szene (155, 19 ff.), oder vielmehr, er sticht ihn aus: Parzival braucht, um dem Roten Ritter die Rüstung abzunehmen, die Hilfe Iwanets, und dabei droht nicht die geringste Gefahr; Hagen dagegen schafft das Kunststück ohne jede Hilfe, obwohl im gleichen Augenblick der Greif aus der Luft auf ihn zustößt.

Auch sonst schimmert der junge Parzival mehrfach als Muster durch die Figur des jungen Hagen hindurch.[23] Anderseits ist Hagen zuweilen auch ein neuer Tristan. Als ihm die Gefangennahme durch die Schiffsbesatzung bevorsteht, scheint er in die gleiche Lage zu geraten wie der Tristan, den die Kaufleute nach Norwegen entführen wollen. Aber anders als Tristan, dem der Himmel mit einem kräftigen Sturmwetter zur Hilfe kommen muß, vermag Hagen sich selbst zu helfen. Nicht Aussetzung an fremder Küste, sondern triumphale Heimkehr beendet sein Schiffsabenteuer.

Wenig später ist erst Wate, dann Horand Träger einer Tristan-Rolle. Wie einst Tristan wird Wate durch eine Hofintrige zur Übernahme einer lebensgefährlichen Werbungsgesandtschaft gezwungen, und wie Tristan weiß er es einzurichten, daß ihn seine Widersacher begleiten müssen. Auch sonst hat das Unternehmen eine gewisse Ähnlichkeit mit der Werbungsfahrt Tristans.[24] Mit der Ankunft am irischen Hof übernimmt der Sänger Horand die Tristan-Rolle. Seine Stellung in der Umgebung Hagens ähnelt derjenigen Tristans am Hof Markes oder auch am Hof von Develin bei den Eltern Isoldes. Hier liegt das Moment der Variation

[23] Carles, S. 153—156.
[24] Vgl. Schneider: Tristan und Kudrun. In: ZfdA 64, 1927, S. 298—300. Carles, S. 158, hält Beziehungen zum ›Tristan‹ nicht für gegeben.

schon darin, daß einzelne Züge des 'Künstlers' [25] Tristan an Reckengestalten wie Wate und Horand wiederkehren.

Als Kundschafter wiederholen Hartmut und Herwig wenigstens andeutungsweise die Rolle, die Rother bei seinem gefahrvollen Erkundungsgang an den Hof Konstantins spielt. Aber es kommt in der ›Kudrun‹ nicht wie im ›Rother‹ zur Entdeckung der Späher und damit auch nicht zu den hochdramatischen Auftritten, die sich im ›König Rother‹ anschließen.[26]

Diese Zusammenstellung sollte deutlich machen, daß der ›Kudrun‹-Dichter an einzelnen Stellen seines Gedichtes durch eine besondere Art der Handlungsführung Ähnlichkeiten mit Figuren oder Episoden aus Texten ganz anderer Stoffkreise hergestellt hat. Der Grad der Ähnlichkeit ist verschieden; er reicht von der klaren, durch wörtliche Anspielungen nachweisbaren Aufnahme eines Themas bis zur flüchtig anklingenden Erinnerung an dieses oder jenes Detail einer fremden Dichtung.[27] Der Einzelfall wird immer umstritten bleiben. Aber mag auch manche Entsprechung für sich allein genommen wenig besagen, in ihrer Gesamtheit können sie, wie ich meine, zur Begründung der hier vorgetragenen Anschauung herangezogen werden.

Überraschender Wechsel

Ein zweites Prinzip, nach dem die ›Kudrun‹ gebaut ist, wollen wir das Prinzip des überraschenden Wechsels nennen. Es ist ein Grundprinzip, dessen Wirkung man an der epischen Literatur aller Epochen und jeden Genres studieren kann. Ein Beispiel aus dem Hildeteil soll erläutern, was gemeint ist. Horand und Morung, die Boten Hetels, sind heimlich zu der jungen Hilde in die Kemenate gegangen. Obwohl eine Wache ausgestellt ist, die einer Über-

---

[25] Wolfgang Mohr: 'Tristan und Isold' als Künstlerroman. In: Euph. 53, 1959, S. 153—174.

[26] Rother 3958 ff.

[27] Am eindrucksvollsten ist die Sammlung der Nibelungenparallelen bei Kettner (s. Lit.-Verz.). Vielerlei Nachträge, namentlich über Beziehung zur ›Klage‹, bei Carles, S. 153—163. Einzelnes bei Martin, Symons und in der sonstigen, vor allem der älteren Literatur.

raschung vorbeugen soll (394), wird das Gespräch plötzlich durch das Erscheinen des Oberkämmerers unterbrochen, der freien Zutritt bei Hilde hat. In diesem Augenblick muß man das Schlimmste für die beiden Männer fürchten. Denn es ist deutlich genug davon die Rede gewesen, daß Hagen, *vâlant aller künige,* die Werbung um seine Tochter mit dem Tode ahndet.[28] Jetzt werden zwei Fremdlinge von einem hochgestellten Vertrauten des Königs bei offenkundigem Verstoß gegen den Willen eben dieses Königs angetroffen. Was anders kann die Folge sein als die sofortige Verhaftung der Männer und ein rasches Todesurteil? Daß es so gehen muß, weiß man aus Geschichten wie ›König Rother‹ oder ›Salman und Morolf‹.[29] Aber es geschieht etwas anderes als das Erwartete. Im Gespräch kommt heraus, daß der Kämmerer ein Verwandter Horands ist. Er schlägt sich rasch entschlossen auf die Seite der Werber, und, statt sie seinem königlichen Herrn auszuliefern, trägt er aus freien Stücken zum Gelingen ihres Unternehmens bei.

Das Erfinden solcher Wechselfälle gehört seit eh und je zum Handwerk des epischen Dichters; sie erst machen eine Geschichte erzählenswert. An Beispielen ist in der ›Kudrun‹ kein Mangel, sie brauchen nicht eigens registriert zu werden. Ich will nur auf ein paar Stellen hinweisen, an denen der überraschende Wechsel einem besonderen Zweck dient. Der ›Kudrun‹-Dichter hat eine gewisse Vorliebe dafür, eine gerade angesponnene Entwicklung abzubrechen, ehe noch die darin angelegten erzählerischen Möglichkeiten voll ausgeschöpft sind. Das mag Zufall sein, Ungeschick sogar, vielleicht ist aber doch eine bestimmte Absicht mit im Spiel: Die Wendung tritt ein, bevor dem Publikum, das sich auszukennen glaubt, die Zeit dafür gekommen scheint. In unserem Beispiel: Horands Sache wendet sich zum Guten, ohne daß die äußerste Gefahr, die man herannahen sieht, über ihn und Morung hereingebrochen wäre.

[28] S. 213, 228, 242/43. 411, 4.

[29] Rother 324 ff.: schon offene Werbung führt zu sofortiger Einkerkerung; das Todesurteil unterbleibt nur, weil die Boten mit Erlaubnis Konstantins gesprochen haben. 3958 ff.: Rother, Berchter und Luppolt werden im Saal entdeckt, gefesselt und zum Tode verurteilt. — Salman 258 ff.: der von Salme entdeckte Morolf soll hingerichtet werden. 411 ff.: Salman ist entdeckt, Salme besteht auf seinem Tod.

Um des Überraschungseffektes willen verzichtet der Erzähler auf die Entfaltung eines sich lohnenden Motivs. Ein derartiges Hinüberwechseln aus einem eben begonnenen in einen ganz anderen Handlungsverlauf gibt es in verschiedenen Graden der Deutlichkeit. Das sei an einigen Beispielen illustriert:

Hagenteil: Der entführte Prinz findet sich in einer Einöde wieder. Man erwartet, für eine Weile von ihm allein und seinen Abenteuern zu hören; da trifft er auf drei Prinzessinnen, die der gnädige Gott (73) vorher an diesen Ort hat bringen lassen, und schon mischt sich gesellschaftliches Leben in die Robinsonade.

Hildeteil: Wate, als gefährlichster aller Kämpfer eingeführt, stellt sich, als verstünde er nichts vom Fechten. Hagen glaubt ihm, läßt ihm Unterricht erteilen und tritt endlich selbst gegen ihn an. Zornig entdeckt er, daß ihm Wate in Wahrheit ebenbürtig ist. Nach einem Übungsgefecht heben die beiden den *fride* auf, der Ernstkampf beginnt. Der Leser ist auf alle möglichen ernsthaften Zuspitzungen gefaßt, sogar darauf, daß der König in seiner eigenen Halle erschlagen wird. Statt dessen nimmt man nach geräuschvollem Schlagwechsel wieder friedlich nebeneinander Platz, und das Ganze mündet in Hagens bescheidenes Witzwort: „Noch nie habe ich einen Lehrling so schnell lernen sehen" (370, 3).

Kudrunteil: Hartmut weilt heimlich am Hof Hetels. Er offenbart sich Kudrun. Zweierlei scheint möglich: entweder sie einigt sich mit ihm wie einst ihre Mutter mit den Boten Hetels, oder sie überantwortet ihn den Leuten ihres Vaters. Aber es geschieht weder das eine noch das andere. Sie rät ihm, den Hof eiligst zu verlassen — und er macht sich unerkannt davon. Der Botengang wird dadurch geradezu zum blinden Motiv. — Herwig ist mit der Waffe in der Hand in Hetels Burg eingedrungen. Man erwartet, daß er sich das Mädchen, das man ihm im Guten nicht geben wollte, mit Gewalt nimmt. Aber er läßt sich auf einen Disput darüber ein, ob er als ebenbürtig gelten dürfe, und dann bittet er, der Sieger im blutigen Kampf, den Besiegten um die Genehmigung, seine Werbung bei der Tochter vorzutragen. Nachdem er das Jawort seiner Dame glücklich erlangt hat, glaubt man, er werde sie unverzüglich zu seiner Frau machen. Statt dessen läßt er sich widerspruchslos auf ein ganzes Jahr fortschicken (666 f.). — Hartmut hat jahrelang darauf gewartet, daß sein Raubzug Früchte trägt und Kudrun sich zur Ehe mit ihm entschließt. Das Mädchen aber bleibt beharrlich bei seiner Ablehnung. Endlich rafft sich der Mann auf und sagt, er werde sich mit Gewalt nehmen, was er ersehne, wenn es ihm nicht gütlich gewährt werde. Dieser Schritt kommt nicht unerwartet, er liegt durchaus in der Konsequenz alles dessen, was vorhergegangen ist. Die Katastrophe scheint unabwendbar. Aber ehe Hartmut ernsthaft an die Verwirklichung seiner Absicht denken kann, läßt ihn der Erzähler in seine vorige Rolle zurückkehren. Es genügt, daß Kudrun mit dem schlechten Ruf droht, den ihm eine Gewaltanwendung eintragen müßte, und schon ist er wieder der sehnsüchtig harrende Anbeter. Die darstellerischen Möglichkeiten, die im Motiv von Hartmuts Zorn beschlossen lagen, sind damit verschenkt. Das hat seinen guten Grund: Ein grausamer Hartmut könnte an der Schlußversöhnung nicht teilnehmen. Damit ändert sich aber nichts an unserer Feststellung, daß ein Motiv nicht wirklich ausgenutzt ist; es stand ja dem Erzähler frei, ganz darauf zu verzichten. — Das Befreiungsheer ist auf dem Weg in die Normandie. Da geraten die Schiffe in die Nähe des Magnetberges. Was geschehen muß, weiß man aus Geschichten wie der Herzog-Ernst-Sage: Die Schiffe stranden, die Mitfahrenden — bis auf die Haupthelden — ertrinken im Meer. Statt dessen ändert sich nach vier Tagen das Wetter, und die Schiffe segeln wohlbehalten davon. — Die Kundschafter haben Kudrun und Hildeburg am Strand aufgefunden. Der Leser erwartet, als nächstes werde die gemeinsame Abfahrt, vielleicht auch ein Gefecht mit den Normannen geschildert. Statt dessen kehren die Mädchen wie jeden Tag auf die Burg zurück, und die Boten fahren übers Meer zu den wartenden Genossen.

Für unsere Begriffe wären manche von den Motiven, die der Autor im überraschenden Wechsel aufgibt, überhaupt zu entbehren. Denn sie bringen, weil künstlerisch nicht wirklich genutzt, nur einen quantitativ-stofflichen Zuwachs. Eben darin ist aber wohl der Grund oder einer der Gründe für ihr Vorkommen zu suchen; sie sind, wie die Motivzitate, Zeugnisse einer naiven Freude am bunten und vielgestaltigen Stoff.

Das glückliche Ende als Regelfall

Die überraschende Wende ist für gewöhnlich eine Wende zum Besseren. Selbst wenn sich etwas im Anfang schlimm anläßt, findet es am Ende seine glückliche Lösung.

Der Knabe Hagen wird seinen Eltern entführt, aber er kehrt heim und ist nun als Bezwinger der Greifen wie der heimtückischen Schiffsbesatzung schon in jungen Jahren ein weitberühmter Held. — Hagen ist zornig und unglücklich, als man ihm die Tochter entführt hat. Voller

Grimm stellt er die Entführer zum Kampf. Aber schließlich ändert er die Meinung und kommt als Lobredner des Schwiegersohnes, der sich ihm so sehr gegen seinen Willen aufgedrängt hat, nach Hause zurück. — Kudrun wird ein halbes Menschenalter fern von Heimat und Verwandten festgehalten und gepeinigt, aber auch ihr Schicksal wendet sich schließlich zum Guten, und nicht genug damit: im Umkreis ihres mühevoll errungenen Glückes enden auch die Leiden derjenigen, die allen Grund hätten, die Rache zu fürchten.

Nur ganz selten einmal läßt der Erzähler eine seiner Gestalten den Tod finden. Die eine große Ausnahme ist Hetel. Jellinek hat mit Recht gesagt, daß er geopfert werden mußte, weil sonst die lang ausgedehnte Leidenszeit Kudruns, Hauptthema des ›Kudrun‹-Dichters, nicht hinreichend hätte motiviert werden können [30]: Die lange Gefangenschaft der Tochter hat den Tod des Vaters zur Voraussetzung; denn ein lebender Vater, jedenfalls aber ein Vater, wie man ihn in der Heldendichtung zu finden erwartet, hätte sogleich etwas zur Befreiung unternehmen müssen.

Der Tod der zwei andern Hauptpersonen, Ludwigs und Gerlinds, wird zwar nicht so notwendig vom Plan der Dichtung gefordert, läßt sich aber wohl aus den Gerechtigkeitsvorstellungen einer volkstümlichen Erzählung hinreichend begründen: Die Leiden der Heldin fordern als Sühne den Tod der Hauptschuldigen.

Im übrigen geht es aber, wie düster etwas auch für den Augenblick aussehen mag, jedesmal glimpflich aus: Sigeband versöhnt sich mit dem Grafen von Garadê, Hagen mit Hetel, Hetel mit Herwig, Herwig mit Sivrid, Ortwin mit Hartmut, Hilde mit Ortrun. Die Pilger bekommen ihre Schiffe wieder, Ludwigs Mannen schonen Hetels Burg, und Herwigs Mannen schonen Ludwigs Burg.

Es läßt sich nicht mit Sicherheit ausmachen, wann sich die Tendenz, tragische Zuspitzungen zu vermeiden, bei der Gestaltung unseres Stoffes durchgesetzt hat. Ein deutsches Zeugnis aus der Mitte des 12. Jahrhunderts, das wir im zweiten Kapitel kennenlernen

---

[30] Jellinek zeigt übrigens an allerhand Beispielen, daß sachliche Unstimmigkeiten einem künstlerischen Zweck dienen können. Damit hat er der ›Kudrun‹-Forschung eine Einsicht geöffnet, die nicht wieder verlorengehen sollte.

werden, läßt noch eine Fabel erahnen, in der die Werbung Hetels um Hilde blutig endete.[31] Man darf den Geist der Versöhnlichkeit daher mit einiger Zuversicht wohl für eine Neuerung erklären, die nicht über das spätere 12. Jahrhundert zurückreicht. Es ist nicht unmöglich, daß sie auf den Einfluß der sogenannten Spielmannsepik zurückgeht; dort ist das gute Ende der Geschichte geradezu ein Gattungsgesetz.

III. Möglichkeiten und Grenzen der Deutung

Das Verhältnis von ›Kudrun‹ und ›Nibelungenlied‹ in der neueren Forschung

Die Merkmale erzähltechnischer Art, die wir in den vorigen Abschnitten besprochen haben, stellen, wie mehrfach gesagt, keine Besonderheiten der ›Kudrun‹ dar. Sie gehören zu den allgemeinen Merkmalen volkstümlicher Unterhaltungsliteratur. Es besteht also Grund zu der Frage, ob wir die ›Kudrun‹ zu diesem Genre rechnen müssen. Sollen wir annehmen, sie habe weiter nichts zum Zweck als die Zerstreuung eines anspruchslosen Publikums? Wir dürfen diese Frage wohl vorsichtig verneinen. Denn wenn auch die ›Kudrun‹ viel von der Wertschätzung, die sie im vorigen Jahrhundert genoß, eingebüßt hat und für uns keineswegs mehr gleichrangig neben dem Nibelungenlied steht, so gibt es doch Anhaltspunkte dafür, daß der Dichter durchaus nicht nur ein paar spannende und rührselige Geschichten erzählen wollte. Das ist gerade in der Forschung der letzten Jahrzehnte mehrfach betont worden.

Die neueren Deutungen gehen von der merkwürdigen Doppelgesichtigkeit der Beziehungen zwischen ›Kudrun‹ und ›Nibelungenlied‹ aus. Einerseits ist das ältere Gedicht im jüngeren bis in die Einzelheiten hinein kopiert worden,[32] andererseits ist der Geist des jüngeren ein gänzlich abweichender. Ludwig Wolff spricht vom „Versöhnungswillen" des ›Kudrun‹-Dichters und hebt ihn in seinen

---

[31] Lamprechts ›Alexander‹, s. u. S. LIII ff. [Vor. Alex. 1321—23].
[32] Vgl. den Aufsatz Kettners.

Bestrebungen deutlich gegen den Nibelungendichter ab: „Der Schluß zeigt sich geradezu als Gegenbild zum Nibelungenliede, in dem das Gesetz der Rache alles andere zum Schweigen bringt".[33] Noch konsequenter verfolgt Hugo Kuhn in seinem Pariser Vortrag von 1955 diesen Deutungsansatz. Die ›Kudrun‹ erscheint ihm „als eine bewußte Entgegensetzung, als Antityp" zum Nibelungenlied. Ihr Dichter hat dem „tragischen Frauenkonflikt ein Rechts- und Friedensbild der Frau" entgegengesetzt, wie es „ganz im Sinne des mittleren 13. Jahrhunderts" war.[34] Es unterliegt keinem Zweifel, daß mit diesen Bestimmungen Wesentliches getroffen ist. Es empfiehlt sich daher vielleicht, die ›Kudrun‹ mit Friedrich Neumann als „sentimentalen Heldenroman"[35] zu bezeichnen, um schon in der Benennung den inneren Abstand vom eigentlichen Heldengedicht, dem Nibelungenlied, anzudeuten.

Adolf Beck vertritt die These, im Kudrunteil, dem der Hildeteil nur präludiere, seien bewußt und folgerichtig zwei Generationen miteinander konfrontiert. Die ältere, so Beck, hält am Gesetz der Rache fest, die jüngere wendet sich im Geist der Versöhnung davon ab. Darin verrät sich eine zuversichtliche Auffassung vom Gang der Geschichte: Der ›Kudrun‹-Dichter sieht „im Wechsel der Generationen Entwicklung, Fortschritt, Läuterung von wilden, dunklen Elementen".[36] Diejenige, in deren Worten und Taten sich die neue, mildere Gesinnung am klarsten zeigt, ist Kudrun; sie wehrt dem Vollzug der Rache, soweit es in ihren Kräften steht. Ihr Bild ist in gewolltem Kontrast zu dem Brünhilds und Kriemhilds gehalten. Insofern eine Frau als Protagonistin unter den Angehörigen der jüngeren Generation erscheint, kann man zugleich sagen, in ihrer Gestalt solle der „Geist der Weibesrache" überwunden werden. Darauf, auf der „Differenzierung von männlichem und weiblichem Geist in der Einstellung zur Rache", beruht sogar nach Beck „vornehmlich die geistesgeschichtliche Bedeutung" der ›Kudrun‹.[37]

---

[33] S. 199 f.
[34] S. 137 und S. 139.
[35] Verf. Lex., Sp. 970.
[36] S. 327.
[37] 322/23.

Die Interpretation Becks läßt hinter der ›Kudrun‹ einen sehr eindrucksvollen Entwurf ahnen. Die Ausführung ist, auch nach Beck,
nicht restlos gelungen.[38] Man bleibt darauf angewiesen, aus dem
nur unvollkommen Geformten die wahre Absicht des Autors herauszulesen. Eben das ist aber eine Bemühung von hohem Reiz: hinter
dem, was nicht zur letzten Reife gediehen ist, den Willen zu erraten, der sich an diesem Stoff versucht hat, ohne seiner ganz Herr
zu werden. Freilich läßt der Mangel an letzter Klarheit der Linienführung dem Spiel der Vermutungen über die wahren Absichten
des Dichters weiten Raum. Die Diskussion wird vermutlich noch
für eine Weile von den Fragen beherrscht sein, die durch die Forschung des letzten Jahrzehnts aufgeworfen wurden. Wir wollen
uns in den drei nächsten Abschnitten etwas eingehender mit ihnen
befassen. Es sind die Fragen nach der Bedeutung der Figuren, der
Generationen, des Gegensatzes der ethischen Auffassungen.

Die Figuren

In der neueren ›Kudrun‹-Deutung wird den Figuren und ihrem
Anteil am Gang der Ereignisse recht viel Gewicht beigemessen, ganz
als sei, was in dem Gedicht geschieht, auf den Charakter der auftretenden Personen zurückzuführen und aus ihm zu erklären. Gewiß gibt es Gründe für eine solche Auffassung, jedoch sollte man
die Psyche der Handelnden bei der Auslegung nicht allzusehr in den
Mittelpunkt rücken. Denn darüber erfahren wir aus dem Text der
Dichtung nichts oder so gut wie nichts. Was der ›Kudrun‹-Dichter
darzustellen vermag, ist nur die Art, in der seine Personen agieren
oder reagieren. Über die Antriebe schweigt er, oder er läßt es bei
konventionellen Bemerkungen über den Einfluß der wenigen lebensbestimmenden Mächte, die der mittelhochdeutsche Heldenroman kennt: *minne, êre, triuwe* und *vröude; zorn, haz* und *râche.*

---

[38] Der Mangel liegt beim Dichter: „seine ethisch-psychologischen Intentionen sind tief und rein, seine Formkraft bleibt dahinter zurück" (S. 328).
Beck sagt das im Blick auf die große Schlußversöhnung, es ist aber wohl
sinngemäß auf das Ganze anzuwenden.

Auch die Mitteilungen über die begleitenden Gefühle sind kaum differenziert und beschränken sich auf das Übliche.

Im ganzen gewinnt man den Eindruck, daß der Autor mit seiner Gestaltung nicht bei der Einzelfigur und ihrem seelischen Habitus einsetzt, sondern bei den Begebenheiten. Die Figuren und ihre Eigenschaften sind nur so weit ausgeführt, wie es nötig ist, damit kontrastreiche und bewegte Szenen zustande kommen.

Dieser Vorbehalt gegen eine einseitig psychologisierende Deutung gilt auch für die weiblichen Hauptfiguren, für Kudrun und Gerlind. Sicherlich stechen beide deutlich von der Menge der stilisierten und typisierten Gestalten ab, mit denen die mittelalterlichen Romane bevölkert sind. Das kommt einer Interpretation, die von den Charakteren ausgeht, sehr entgegen. Aber auch hier scheint mir der Akzent nicht auf den handelnden Individuen zu liegen, sondern auf der Handlung selbst, auf dem Antagonismus der beiden Frauen, an dem nach gut mittelalterlicher Weise zwei sittliche Grundqualitäten demonstriert werden: Standhaftigkeit auf der einen, Grausamkeit auf der anderen Seite.[39]

Natürlich schließt der eine Deutungsansatz — Personen, Charaktere — den andern — Handlung, Begebenheit — nicht einfach aus. Beide haben ihre Berechtigung. Man kann nur verschiedener Meinung darüber sein, wie die einzelnen für die Interpretation wichtigen Elemente des Textes zu bewerten sind. Das soll am Beispiel der Auseinandersetzung zwischen Ludwig und Kudrun etwas näher erläutert werden.

Das Schiff der Entführer hält auf die normannische Küste zu. Ludwig bittet Kudrun in fein gedrechselten Worten, sie möge Hartmut ihre Liebe zuwenden. Er spart nicht mit höfischen und höflichen Floskeln: *sich freude nieten, genædic sîn, minnen, gemeit.* Aber sie bleibt standhaft bei ihrer Weigerung. Da packt er sie an den Haaren und wirft sie ins Meer. Der abrupte Wechsel in seinem Benehmen ist zu sorgfältig herausgearbeitet, als daß sich die Frage unterdrücken ließe, welche Absicht der Autor an dieser Stelle verfolgt. Eine mögliche Antwort wäre die, es sei ihm darauf

[39] Der Gegensatz der beiden Frauen ist nicht ungeschickt durch das Ebenbürtigkeitsmotiv begründet. Kudruns Sippe erklärt Hartmut für unebenbürtig, Kudrun hält in der Gefangenschaft an diesem Vorwurf fest. Gerlind und die Ihren behaupten demgegenüber die Ebenbürtigkeit Hartmuts (vgl. z. B. 610 f. 796. 819. 988. 1048. 1277. 1279).

angekommen, einen raschen Sinneswechsel zu schildern. Es könnte ihm
darum gegangen sein zu zeigen, wie der alte König, gereizt durch den
hochmütigen Stolz des Mädchens, von einem Augenblick zum andern das
höfische Wesen abstreift und den erbarmungslosen Kriegsmann hervor-
kehrt. Letzte Konsequenz dieser Auslegung wäre vielleicht die Meinung,
Ludwig sei als ein Mensch zu verstehen, in dessen Brust die Kultur einer
neuen und die Barbarei einer alten Zeit miteinander im Streit liegen.
Derartiges kann man tatsächlich in der Szene angelegt finden. Das wird
niemand einfach leugnen wollen. Nimmt man freilich die Nebenbemer-
kung über das *unsanfte phlegen* als einen Hinweis auf das, was den Autor
an dieser Szene interessierte, so gelangt man zu einer recht anderen Auffassung. Ihn beschäftigt in erster Linie der unerhörte Vorfall, der Akt
plötzlicher Grausamkeit gegen eine Dame, nicht die Person des Täters.
Dazu stimmt auch, was sonst über Ludwig gesagt wird. Sein Bild ist sehr
blaß gezeichnet; wo er auftritt, erscheint er als ein braver Anführer seiner
Leute, ausgerüstet mit den konventionellen Tugenden, die einem solchen
Mann im mittelalterlichen Roman zustehen. Wenn er in dem Auftritt mit
Kudrun eine etwas markantere Rolle erhält, so ist das wohl auf seine
Funktion in dieser Szene zurückzuführen, nicht auf ein besonderes In-
teresse an seinem Charakter.

Auch eine allgemeine Beobachtung zur Anlage der Szene warnt vor der
Auffassung, bei ihrer Entstehung könnte der Eigenart der beteiligten Personen eine größere Bedeutung zugekommen sein. Sie ist auf eine literarische Wirkung hin angelegt, die sich mit dieser Annahme nur schlecht
vereinbaren läßt: Der König, der sich nicht auf *schœne frouwen* versteht,
ist deutlich als Pendant zu Wate entworfen, der an einer früheren Stelle
von sich selber gesagt hat, er gehe lieber in den Kampf als zu den Damen
(344), und der unvermittelte Übergang aus höfisch-kultivierter Rede zur
Anwendung rohester Gewalt ist ein Wechsel eben nach dem Herzen dieses
Autors, der gern harte Kontraste schafft.

Durch den Wechsel entsteht übrigens ein gewisser Gleichlauf zwischen
dieser und einer früheren Schiffsszene: Wie einst auf dem Schiff, das
Hagen und seine Begleiterinnen aufgenommen hatte, die Stimmung jählings von Freundlichkeit in offene Feindschaft umschlug, so jetzt auf dem
Schiff der Normannen. Das Mädchen in der Gewalt Ludwigs erscheint als
gesteigerte Wiederholung des Knaben in der Gewalt des Grafen von
Garadê.

Natürlich soll man den Beweiswert eines solchen einzelnen Beispiels nicht
zu hoch veranschlagen. Man darf aber wohl die Einsicht daraus ableiten,
daß es sich bei der ›Kudrun‹-Interpretation empfiehlt, dem Autor nicht
vorbehaltlos die Konzeption individueller Charaktere zuzuschreiben.

Die Generationen

Der ›Kudrun‹-Autor zeichnet seine Figuren so, wie es ihre Aufgabe in der jeweiligen Szene verlangt, er arbeitet auf Überraschungseffekte hin, er weiß seine Szenen und Figuren auf mancherlei Pendants aus dem eigenen Gedicht und aus der zeitgenössischen Romanliteratur abzustimmen. Das alles kann man dem Wortlaut des Gedichts entnehmen. Aber dafür, daß er die auftretenden Personen zu bewußt handelnden Vertretern gegensätzlicher ethischer Prinzipien hätte machen wollen, bietet der Text nicht genügend Anhaltspunkte. Sie sind es nicht als einzelne und auch nicht als Angehörige ihrer Generation.

Freilich ist auch hier die prinzipielle Unsicherheit der ›Kudrun‹-Deutung zu berücksichtigen, und so sagt man wohl besser: Der Dichter hat die Gegensätze nicht so deutlich als Gegensätze zwischen individuellen oder generationsgebundenen Auffassungen des Sittlichen dargestellt, daß daneben nicht auch für andere Interpretationen Raum bliebe. Im ganzen kann es ihm jedenfalls nicht sehr darauf angekommen sein, mit dem Wechsel der Generationen einen Wechsel der Anschauungen darzustellen; das zeigt ein Blick auf die Hauptlinien des Planes, nach dem das Geschehen abläuft. Die gleichen Personen, die als junge Leute Beispiele der Friedfertigkeit und Versöhnlichkeit geben, sind im Alter Vertreter eines neuen Starrsinns, gegen den sich abermals eine junge Generation zur Wehr setzt. Der junge Hagen ist Urheber der Versöhnung seines Vaters mit dem Todfeind aus *Garadê*, ihm selbst aber muß anderthalb Jahrzehnte später die Versöhnung von Hetel auf dem Schlachtfeld abgerungen werden. Hetel und Hilde, während des Kampfes mit Hagen diejenigen, die dem Geist der Versöhnung zum Durchbruch verhelfen, geben ein paar Jahre danach, als Eltern Kudruns, manche Probe schroffer Unversöhnlichkeit: Hartmut muß heimlich vor ihrem Zorn entweichen, Herwig ihnen die Erlaubnis zur Werbung mit der Waffe in der Hand abtrotzen. An dem Entführer der Tochter will er sich nicht weniger schrecklich rächen als eine Generation vorher sein eigener Schwiegervater an ihm selbst; auf dem Rachezug büßt er das Leben ein. Hilde verharrt ein halbes Menschenalter lang bei ihrem Haß, bis endlich auch sie sich den Bitten einer neuen Jugend fügt. Das Verhalten der Menschen im Verkehr miteinander scheint also weithin als eine Funktion des Lebensalters aufgefaßt zu sein. Sie treten, was die Einstellung zum Fremden und zum Gegner angeht, in festen Rollen auf: Die Jugend ist dem Neuen zugeneigt und zur Verständigung bereit, das Alter dagegen allen Veränderungen abhold, starrköpfig, unversöhnlich.

Altes und neues Ethos

Man kann die ›Kudrun‹, wie Beck und andere gezeigt haben, als Zeugnis der Abkehr vom Ethos einer abgelaufenen Epoche betrachten. Es fragt sich, ob man diese Abkehr als Ergebnis einer produktiven Auseinandersetzung mit dem Unzeitgemäßen der alten Dichtung ansehen soll. Man hat Bedenken, einem so mittelmäßigen Autor ein Problembewußtsein zuzuschreiben, das für seine Zeit und Leute seines Schlages ganz ungewöhnlich wäre. So wird man wohl besser etwas anders akzentuieren und sagen, er habe eine alte Geschichte nach Mustern aus der zu seiner Zeit modernen Literatur neu erzählen wollen: Nachformung zeitgenössischer Modelle, nicht Neuformung des Alten aus der Gesinnung einer gewandelten Zeit ist seine Sache. Das Alte bietet ihm den Stoff, aber kein Problem. Wenn in der ›Kudrun‹ ein Geist der Versöhnlichkeit herrscht, der dem Nibelungenlied fremd ist, so wird man das nicht aus bewußter Parteinahme gegen die sittlichen Anschauungen der Vergangenheit zu erklären haben, sondern aus der Abhängigkeit des Dichters vom Vorbild untragischer Fabeln, wie sie in der Romanliteratur seit Menschengedenken das Übliche waren.

Darüber, wo die Vorbilder zu suchen sind, kann es keinen Zweifel geben. Durch Motivparallelen und durch wörtliche Entlehnungen ist gesichert, daß der ›Kudrun‹-Dichter mit der Spielmannsdichtung und dem höfischen Roman vertraut war.[40] Im Spielmannsroman ist, wie schon erwähnt, das gute Ende der verschiedenen Abenteuer geradezu obligatorisch. Der Tod trifft nur selten eine

---

[40] Neueste Zusammenfassung bei Carles, S. 139—158; vgl. z. B. auch Panzer, S. 149—152.

Hauptperson, und dann gewöhnlich eine, die ihn längst verdient hat wie Salme, die verräterische Königin aus ›Salman und Morolf‹. Auch im höfischen Roman gehört der Tod, gehört schon ein anhaltendes Unglück der Protagonisten zu den seltenen Ausnahmen. Beide, der höfische Roman wie der Spielmannsroman, berichten anderseits von einer Kette lebensgefährlicher Abenteuer. Darin liegt die Ähnlichkeit mit dem ›Kudrun‹-Stoff, die eine Angleichung im Geistigen ermöglicht hat.

Aus dem weiteren Umkreis der höfischen Literatur ist diejenige Idee entlehnt, die den größten Einfluß auf die Gestaltung des ›Kudrun‹-Stoffes gehabt hat, die Idee der höfischen Minne. Der ›Kudrun‹-Dichter deutet, literarischem Brauch der eigenen Zeit folgend, das Verhältnis des begehrenden Mannes zu dem begehrten Mädchen als ein Minneverhältnis. Das heißt aber: die der ›Kudrun‹ zugrundeliegenden Fabeln dienen in ihrer hochmittelalterlichen Erneuerung der Darstellung eines Kulturzustandes, der ihnen ursprünglich fremd war. Sie erzählen von kühnen Entführungen, sogar von den brutalen Versuchen, ein Mädchen zur Ehe zu zwingen. Das verträgt sich strenggenommen nicht mit der idealen Vorstellung von der Beziehung der Geschlechter, wie sie in der höfischen Dichtung gepflegt wird. Danach sollte der Herr durch *dienest,* durch ritterliche Bewährung zu Ehren seiner Dame, um Minne werben. Davon kann im Grunde bei keinem ›Kudrun‹-Helden die Rede sein. Am fühlbarsten tritt der Abstand zwischen den Gegebenheiten des Stoffes und den Geboten der höfischen Minne in der Hartmut-Handlung zutage: Brutal entführt eine Kriegerschar das Mädchen, nach dessen Minne sich der Anführer, wie uns erzählt wird, in leidvollen Gedanken verzehrt. Der Anlaß gefühlsbetonte Sehnsuchtsminne, die Tat eine Äußerung wikingischer Raublust: darin zeigt sich der latente Widerspruch, der sich durch die ›Kudrun‹ zieht, in seiner reinsten Form.

Eine Anpassung des ›Kudrun‹-Stoffes an den Geist der höfischen Minne war nur über allerlei Kompromisse möglich. Jeder Abstrich, jede Einschränkung war möglich, nur eines durfte nicht geschehen: Die *fröude,* Grundelement höfischen Lebens, durfte nicht zerstört werden. Ihr kommt im höfischen Roman besondere Bedeutung zu: Nur wo *fröude* herrscht, kann gesellschaftliches Leben gedeihen.

Das Glück der Minne besitzt aber nur vollständig, wer es im Kreise der Gesellschaft erfährt; so kann das Ende einer Romanhandlung, in deren Verlauf die Helden zu wahrhaftem Genuß der Minne kommen sollen, auch nur ein Ende in allgemeiner *fröude* sein. Eben diese *fröude* aller Versammelten wird aber am Ende eines jeden der drei ›Kudrun‹-Teile hergestellt. Deshalb darf man wohl wirklich von einer Nähe der ›Kudrun‹ zur höfischen Dichtung sprechen.

Die Gattungszugehörigkeit der ›Kudrun‹

Die letzten Erörterungen haben gezeigt, daß eine Ergänzung der problemgeschichtlichen Deutung durch stärker literaturgeschichtlich orientierte Überlegungen empfehlenswert ist. Dazu sollen die letzten Abschnitte dieses Kapitels einige Bemerkungen beisteuern.

Vor allem ist zu überlegen, in welche Gattungszusammenhänge die ›Kudrun‹ hineingehört. Sie hat ihre nächsten Verwandten fraglos in der Spielmannsdichtung, in Stücken wie dem ›König Rother‹ oder ›Salman und Morolf‹. Hier wie dort steht die breit ausgesponnene Brautwerbungsgeschichte, stehen Entführung und Rückentführung im Mittelpunkt der Handlung. Man kann daher die ›Kudrun‹, wenn man sie nicht von den gleichfalls vorhandenen Beziehungen zur Heldendichtung her deuten will, durchaus als Spätling im Kreise der Spielmannsromane auffassen.

Gegen die vorbehaltlose Einbeziehung der hochmittelalterlichen ›Kudrun‹ in die Gattung der Heldendichtung sprechen die schon erwähnten Gründe, die von der neueren Forschung nachdrücklich betont worden sind. Der Stoff freilich, vor allem die verhältnismäßig gut bezeugte Hildesage, scheint, soweit wir das erkennen können, ursprünglich etwas vom heroischen und tragischen Geist der echten Heldendichtung besessen zu haben. Wer von stoffgeschichtlichen Erwägungen ausgeht, wird daher die ›Kudrun‹ nach wie vor in einem, wenn auch lockeren, Zusammenhang mit der Heldendichtung behandeln.

Endlich ist noch eine dritte Gattung zu nennen, mit der die ›Kudrun‹ in Verbindung gebracht werden kann: der höfische Roman. Das ergibt sich nicht einmal so sehr aus den schon erwähnten allgemeinen Beziehungen zur höfischen Dichtung, sondern vor allem, so merkwürdig es klingt, aus der Tatsache, daß der ›Kudrun‹-Dichter dem Vorbild des Nibelungen-Dichters außerordentlich stark verpflichtet ist. Ziel dieses Mannes, des von Heusler so benannten „letzten Epikers", war, das alte Heldengedicht „in einer Umarbeitung hinzustellen, die man neben den Ritterromanen der westlichen Nachbarn zeigen dürfte". Er hat es, um noch einmal Heusler zu zitieren, „höfisch verfeinert, in der Sittenschilderung wie im Seelenleben" [41]. Die gleiche Absicht wird man unbedenklich auch dem ›Kudrun‹-Dichter zuschreiben können, nur daß er sie gründlicher verwirklicht hat als sein Vorgänger. Die drei großen Begebenheiten, von denen sein Gedicht erzählt, klingen am Ende in *fröude* aus. So darf man wohl annehmen, nach seiner eigenen Vorstellung habe er mit der ›Kudrun‹ ein Seitenstück zu den höfischen Romanen seiner Zeit geschaffen.

Natürlich gibt es erhebliche Unterschiede zwischen der ›Kudrun‹ und einem im strengen Sinne höfischen Roman. Der Held des höfischen Romans zieht nicht mit der Absicht in die Ferne, eine Dame für sich zu gewinnen, und er sendet schon gar nicht andere aus, die Werbung an seiner Statt vorzubringen. Ohne Gedanken an Vorteil überläßt er sich dem, was ihm auf der Fahrt nach *âventiure* zustößt. Minne schenkt sich ihm nicht weniger überraschend und ungewollt als die Gelegenheit zum Kampf und anderer ritterlicher Auszeichnung. Die Helden der ›Kudrun‹ dagegen handeln wie die Helden des Spielmannsromans nach einem bestimmten Plan. Ihre Anstrengung gilt dem Besitz einer Dame, deren Name von Anfang an feststeht. [42]

So gesehen ist zwar der Abstand zwischen ›Kudrun‹ und höfischem Roman groß. Er verringert sich aber nicht unbeträchtlich, wenn man gewisse Episoden vom Rande des höfischen Romans in die Betrachtung einbezieht. Da hört man schon einmal von gewaltsamem Vorgehen gegen Damen der Gesellschaft, von Herren, die

---

[41] Nibelungensage und Nibelungenlied. 5. Aufl. Darmstadt 1955, S. 50—52.

[42] Auszunehmen ist natürlich das Hagen-Abenteuer. Aber das bedeutet seines vorspielartigen Charakters wegen nicht viel.

das Land einer Dame mit Krieg überziehen, um sie für ihre Sprödigkeit zu strafen oder um ihr Jawort zu erzwingen, und was dergleichen mehr erzählt wird. Gramoflanz, einer der Gegenspieler Gawans in Wolframs ›Parzival‹, hat beispielsweise Orgeluse entführt und sie ein Jahr lang erfolglos um ihre Minne angefleht.[43]

Gewisse Durchbrechungen der höfischen Etikette, wie sie als Idealvorstellung den Gedichten des hohen Minnesangs zugrunde liegt, waren im Roman unerläßlich. Er mußte das Verhältnis von Ritter und Dame in fortschreitender Handlung entwickeln; das machte eine stärkere Bewegtheit der Beziehungen von Mann und Frau nötig, als sie der Minnesang mit seinen starren Rollen kannte. Zu den Möglichkeiten, das Verhältnis von Mann und Frau interessanter zu gestalten, gehörte natürlich die Ausnutzung von Entführungs- und Brautraubmotiven, wie sie in älterer, vorhöfischer Dichtung häufig vorkamen.

Eben um die Zeit, zu der mutmaßlich die ›Kudrun‹ entstand, erscheint das Brautraub-Motiv als eines der Hauptmotive in einem höfischen Roman. Rudolf von Ems hat es im ›Willehalm von Orlens‹ behandelt, einem Roman von betont konservativer Haltung in Fragen der höfischen Lebensart.

Der Sachverhalt ist in aller Kürze folgender: Willehalm steht seit langem in einem Minneverhältnis zu Amelie, der Tochter des englischen Königs. Während er sich auf einer Turnierfahrt in Frankreich befindet, will der Vater sie mit Avenis, dem König von Spanien, verheiraten. In der höchsten Not entschließt sich Willehalm zur Entführung der Geliebten. Das Unternehmen mißlingt, das Mädchen wird ihm nach aufregender Jagd wieder abgenommen. Er selbst gerät verwundet in die Hand seiner Feinde. Nur gegen das Versprechen einer harten Sühneleistung erlangt er die Freiheit wieder: Er muß das Land verlassen, muß die Speerspitze in der Wunde bei sich tragen, bis eine Königin sie ihm entfernt, und darf kein Wort sprechen, bevor ihm sein Frevel vergeben worden ist. Er hält sich pünktlich an diese Vorschriften und wird darüber zum wahren Märtyrer der Minne. Nach vielen Jahren des Leidens erlangt er Gnade und versöhnt sich mit dem englischen König, der nun, angesichts solcher Seelenstärke,

---

[43] Parz. 606, 5 ff. Weitere Beispiele für Übergriffe auf Damen der Gesellschaft, sämtlich aus dem ›Parzival‹, den der ›Kudrun‹-Dichter bestimmt kannte: 194, 12 ff. (Clamidê); 343, 23 ff. (Meljacanz); 525, 11 ff. (Urjans).

seinerseits einen Fußfall tut und den Ritter um Vergebung für seine Härte anfleht. Eine prunkvolle Hochzeit zwischen Willehalm und Amelie beschließt die Geschichte.

Bei Rudolf finden wir das Grundmotiv der ›Kudrun‹ in streng höfischer Durchführung.[44] Die Unterschiede sind deutlich. Hier ist die Entführte eine Jugendgeliebte des Entführers, er ihr Ritter, mit dem sie übrigens seit langem Briefe wechselt; die Entführung mißlingt, sie erscheint allen, auch dem Entführer selbst, als strafwürdige Tat. Das Beispiel zeigt aber, daß Experimente mit dem Entführungsthema selbst im engsten Bezirk des höfischen Romans angestellt wurden. Daher stehen der Ansicht, die ›Kudrun‹ müsse, wenn man die Intentionen des Dichters zum Maßstab nimmt, als höfischer Roman angesehen werden, wohl keine entscheidenden Bedenken entgegen.

Die Stellung der ›Kudrun‹ zwischen den Gattungen geht am deutlichsten aus der Art hervor, wie darin die Minne aufgefaßt ist. Sie erscheint, ganz höfischem Denken entsprechend, als höchstes Gut im Leben des Mannes. Um seinen Besitz lohnt sich jede Anstrengung, lohnt sich sogar das Wagnis des Lebens. Die Helden fahren weit übers Meer nach Minne aus, sie scheuen weder Mühsal noch Gefahr. Nichts kann sie von dem einmal gefaßten Vorsatz abbringen, so dient alles, was sich ihnen in den Weg stellt, nur einer Glorifizierung der treibenden Macht, der Minne selbst. Durch das Zusammenwirken der gegen die Minne gerichteten Kräfte ist ins Anschauliche übersetzt, was der Minnesänger als seelisches Problem erfährt: Ferne und Unnahbarkeit der *frouwe,* der die sehnsüchtigen Gedanken gelten. Unter diesem Blickwinkel gesehen kann man die ›Kudrun‹ als Zeugnis für Macht und Ubiquität der höfischen Minneidee in der ersten Hälfte des 13. Jahrhunderts verstehen.

Der Held der ›Kudrun‹ bricht aber nicht *allein* zu gefahrvoller

[44] Diese 'höfische' Führung der Handlung geht aller Wahrscheinlichkeit nach auf Rudolf zurück. In der Quelle war die Entführung erfolgreich, es schloß sich ohne Minnemartyrium die Versöhnung mit den Eltern der Entführten an; s. Victor Lüdicke: Vorgeschichte und Nachleben des Willehalm von Orlens von Rudolf von Ems, Halle 1910, spez. S. 107 und S. 111 [Hermaea, Bd. 8]. Den Hinweis auf die Angaben bei Lüdicke verdanke ich Helmut Brackert.

Fahrt in die Fremde auf, wie es der höfische Ritter tun würde. Um ihn sind seine Getreuen geschart, so werden die Kämpfe zu wahren Völkerschlachten. Darin steht die ›Kudrun‹ ganz auf seiten der alten Heldendichtung.

Die Heldendichtung wiederum kennt weder Minne als Anlaß noch den glimpflichen Ausgang solcher Schlachten. Beides teilt die ›Kudrun‹ mit dem Spielmannsroman. Dort beweisen die Mannen ihre Treue zu keinem andern Zweck als dem, ihrem Fürsten den Besitz einer fernen Schönen zu sichern: Die Fahrt nach Minne ist zugleich die Fahrt nach einer neuen Landesherrin und damit eine Angelegenheit von höchster Bedeutung für die Allgemeinheit.[45]

Die Leistung des ›Kudrun‹-Dichters

Man wird dem ›Kudrun‹-Dichter am ehesten gerecht, wenn man ihn nach der Zeichnung seiner Figuren beurteilt. Wir haben früher gesehen, daß er keine Menschen darstellt, die man im Sinne moderner Auffassungen als Individuen oder Charaktere bezeichnen könnte. Sie sind von der Szene her und für ihre Aufgabe in der Szene entworfen. Betrachtet man sie in Beschränkung auf diese vom Autor gewählte Perspektive, so wird man manches entdecken, was recht gut gelungen ist. Aus der Gruppe der Älteren muß man zumindest Gerlind und Wate nennen. Wie Gerlind, Heldin einer Reihe großer Auftritte, bei den Normannen die Szene beherrscht, so Wate bei den Hegelingen. Griesgrämig, polterig, zugleich aber ausgezeichnet durch vielfache Proben seiner Treue, kriegserfahren, eine Autorität für jedermann, repräsentiert er ganz und gar den alten Haudegen.

Gerade an dem Paar Gerlind — Wate zeigen sich freilich auch die Grenzen, die der Selbständigkeit des ›Kudrun‹-Dichters gezogen sind. Beide sind augenscheinlich nach dem Vorbild Kriemhilds

---

[45] Hugo Kuhn hebt die „politischen" Aspekte der ›Kudrun‹-Handlung mehrfach hervor (S. 139—43). — Bei Curschmann (s. Anm. 15) Grundsätzliches über die Behandlung des Minnethemas in der Spielmannsdichtung.

und Hildebrands aus dem ›Nibelungenlied‹ geformt. Wate steht erst neben Hetel, dann neben Ortwin wie der alte Waffenmeister Hildebrand neben Dietrich von Bern und weicht ihm in den Stürmen ihrer kriegerischen Abenteuer nicht von der Seite; und Gerlinds Epitheton *vâlentinne* verweist nicht nur auf den *vâlant* Hagen der ›Kudrun‹, sondern auch auf die *vâlandinne* Kriemhild des ›Nibelungenliedes‹.

Daß bei der Konzeption des Paares Gerlind—Wate wirklich die Absicht einer Nibelungen-Imitatio eine Rolle gespielt hat, ergibt sich aber vor allem vom Ende her: Gleich dem Hildebrand des ›Nibelungenliedes‹, der Kriemhild das Leben nimmt, erschlägt Wate Gerlind. Sie wird durch diese Strafe geradezu zur Verkörperung des Bösen schlechthin.[46]

In den jungen Helden manifestiert sich ideales Minnerittertum, wie es der ›Kudrun‹-Dichter eben versteht, mit seinen Attributen Schönheit, Reichtum, Kühnheit. Unter ihnen erscheint Hartmut als einzige Gestalt, die besondere Erwähnung verdient. Einerseits ist er Minnestörer, als solchem gebührt ihm in den Augen des Dichters Strafe; deshalb verliert er Eltern und Heimat. Er ist aber zugleich auch ein hervorragender Minneritter, es fehlt ihm an Wagemut so wenig wie an edlem Gefühl. Folglich findet er nach den Gerechtigkeitsvorstellungen, die hier regieren, seinen Lohn, und am Ende fällt auch ihm Minne zu.

Die interessanteste, auch die künstlerisch am besten gelungene Figur des ganzen Gedichtes ist fraglos Kudrun. Da die übrigen Mädchengestalten kaum Kontur gewinnen, hält sie als einzige den weiblichen Gegenpart zu den männlichen Idealfiguren. Wie sich an den Männern die Macht der Minne durch kühne Taten offenbart, so an dem Mädchen in der Fähigkeit zu standhaftem Leiden. Es erfährt die Minne vor allem als Bewußtsein, daß eine einmal eingegangene Bindung unauflösbar ist.

---

[46] Die Angleichung bleibt im Äußerlichen stecken. Gerlind ist, wenn man von der voraufgegangenen Darstellung ausgeht, zu sehr eifersüchtig liebende Mutter, als daß sie der Brudermörderin Kriemhild so ohne weiteres an die Seite gestellt werden könnte. In Wate steckt, nach der ganzen Schilderung dieser Figur zu urteilen, eine urtümliche Wildheit, die ihn doch nur sehr bedingt für eine Hildebrand-Rolle geeignet erscheinen läßt.

Die Bedeutung der Kudrun-Handlung läßt sich am besten darstellen, wenn man sie im Rahmen der Gesamtkomposition sieht
und das Gegenstück der Hagen-Handlung berücksichtigt. Dort
wurde gezeigt, daß dem adligen Knaben weder durch den Verlust
der Angehörigen noch durch die Entfernung aus der Gesellschaft
etwas von seiner Trefflichkeit zu nehmen war, ja, daß sie erst in
diesen außerordentlichen Umständen wirklich hervortrat. Hier, an
der Kudrun-Handlung, erweist sich unter vergleichbaren Bedingungen, zu denen erschwerend die lange Dauer der Gefangenschaft und
die Niedertracht der Peiniger hinzutreten, daß auch die höfische
Dame den härtesten Prüfungen gewachsen ist. Die Gestalt der Kudrun ist zur Verherrlichung der höfischen Kardinaltugend *stæte* entworfen: Das scheint mir die annehmbarste Lösung der Rätsel, die
uns die Figur der Sklavendienste leistenden Königstochter immer
wieder aufgibt, gleich unter welchem Blickwinkel wir sie betrachten.

Abgekürzt zitierte Literatur

BECK   Beck, Adolf, Die Rache als Motiv und Problem in der
            'Kudrun'. In: GRM 37, 1956, S. 305—338.

BOESCH   Kudrun, hrsg. von B. Symons. 3. Aufl. von Bruno Boesch.
            Tübingen 1954 (= ATB 5). Die 4. Auflage (Tübingen 1964)
            erschien, während diese Ausgabe schon im Druck war, und
            konnte nicht mehr genutzt werden. — Vgl. im übrigen das
            Stichwort Symons.

BOWRA   Bowra, C. M.: Heldendichtung. Eine vergleichende Phäno-
            menologie der heroischen Poesie aller Völker und Zeiten.
            Stuttgart 1964 (Original: Heroic Poetry. London 1952;
            ²1961).

CARLES   Carles, Jean: Le poème de Kûdrûn. Étude de sa Matière.
            Presses Universitaires de France 1963 (= Publications de la
            Faculté des Lettres et Sciences Humaines de l'Université de
            Clermont-Ferrand. Deuxième Série, Fasc. 16).

FRINGS   Spielmannsepen
            Frings, Theodor: Die Entstehung der deutschen Spielmanns-
            epen. In: Zeitschrift für deutsche Geisteswissenschaft 2, 1939/
            1940, S. 306—321.
            Herbort

—: Herbort. Studien zur Thidrekssaga I. Leipzig 1943 (= Berichte über die Verhandlungen der Sächs. Akad. d Wiss., Philol.-histor. Klasse, Bd. 95, 1943, H. 5).

Brautwerbung

— und Max Braun: Brautwerbung. 1. Teil. Leipzig 1947 (= Berichte über die Verhandlungen der Sächs. Akad. d. Wiss., Philol.-histor. Klasse, Bd. 96, 1944/48, H. 2).

FROMM   Rother
Fromm, Hans: Die Erzählkunst des Rother-Epikers. In: Euphorion 54, 1960, S. 347—379.

Heldenzeitlied

—: Das Heldenzeitlied des deutschen Hochmittelalters. In: Neuphilol. Mitt. 62, 1961, S. 94—118.

GEISSLER   Geißler, Friedmar: Brautwerbung in der Weltliteratur. Halle 1955.

HOFFMANN   Hoffmann, Werner: Die Hauptprobleme der neueren 'Kudrun'-Forschung. In: Wirkendes Wort 14, 1964, S. 183—196 und S. 233—243.

JELLINEK   Jellinek, Max H⟨ermann⟩: Kudrun. In: Festgabe für Samuel Singer. Tübingen 1930, S. 20—28.

KETTNER   Kettner, Emil: Der Einfluß des Nibelungenliedes auf die Gudrun. In: ZfdPh 23, 1891, S. 145—217.

KUHN   Kuhn, Hugo: Kudrun. In: Münchener Universitäts-Woche an der Sorbonne zu Paris, hrsg. von J. Sarrailh und A. Marchionini. München 1956, S. 135—143.

MARTIN   Kudrun, hrsg. und erklärt von Ernst Martin. 2. Aufl. Halle 1902 (= German. Handbibliothek 2).

NEUMANN   Verf. Lex.
Neumann, Friedrich: Artikel 'Kudrun'. In: Die Deutsche Literatur des Mittelalters. Verfasserlexikon. Bd. 2. Berlin 1936, Sp. 961—983.

Verf. Lex. V

—: Artikel 'Kudrun'. In: Verfasserlexikon. Bd. 5, 1955, Sp. 572—580.

Anz.

—: Rezension zu Boesch (s. o.) und Kudrun, ed. André Moret. In: AfdA 69, 1956, S. 24—39.

Reclam

—: Kudrun. Karl Simrocks Übersetzung. Eingeleitet und überarbeitet von Friedrich Neumann. Stuttgart 1958 (= Reclams Universalbibliothek, Bd. 465—467).

NORMAN   Dukus Horant, hrsg. von P. F. Ganz, F⟨rederick⟩ Norman,
            W. Schwarz. Tübingen 1964 (= ATB Ergänzungsreihe,
            Bd. 2).

PANZER   Panzer, Friedrich: Hilde — Gudrun. Eine sagen- und literar-
            geschichtliche Untersuchung. Halle 1901.

SCHÖNBACH   Schönbach, Anton Emanuel: Das Christentum in der alt-
            deutschen Heldendichtung. Graz 1897.

SCHRÖDER   1—7
            Schröder, Edward: Zur Überlieferung und Textkritik der
            Kudrun. In: Nachrichten von der Königlichen Gesellschaft
            der Wissenschaften zu Göttingen. Philologisch-historische
            Klasse. Tl. 1 im Jg. 1917, S. 21—37. Tl. 2 im Jg. 1918,
            S. 506—516. Tl. 3 und 4 im Jg. 1919, S. 38—60. Tl. 5 im
            Jg. 1919, S. 159—169. Tl. 6 und 7 im Jg. 1920, S. 285—306.

SYMONS   Kudrun, hrsg. von B. Symons. 2. Aufl. Halle 1914; vgl. auch
            das Stichwort Boesch.

WOLFF   Wolff, Ludwig: Das Kudrunlied. In: Wirkendes Wort 4,
            1953/54, S. 193—203.

DIE >KUDRUN<: EINE ANTWORT AUF
DAS NIBELUNGENLIED *

Von WERNER HOFFMANN

Ein Zugang zur >Kudrun< ist auf mehreren Wegen möglich und doch auf jedem von ihnen schwierig. Am unbefriedigendsten und unzulänglichsten ist die stoffgeschichtlich-genetische Betrachtung des Werkes — wir wissen allzu wenig von der Geschichte des >Kudrun<-Stoffes und müssen allzu häufig mit bloß erschlossenen und im einzelnen sehr unsicheren Größen (den „Vorstufen") arbeiten, von denen aus das Verständnis der Dichtung des 13. Jahrhunderts sich nur in bescheidenem Maße fördern und erhellen läßt,[1] von der prinzipiellen Problematik dieses Zugangs zum dichterischen Kunstwerk ganz abgesehen.[2] Fruchtbarer scheint es demgegenüber, die >Kud-

* Bei dem Aufsatz, den ich aufgrund einer Bitte des Herausgebers geschrieben habe, handelt es sich um eine Zusammenfassung meiner >Kudrun<-Interpretation (Kudrun. Ein Beitrag zur Deutung der nachnibelungischen Heldendichtung, 1967 [= Germanistische Abhandlungen, Bd. 17]) unter einem für diese zentralen Aspekt. Die Ausführungen zum Nibelungenlied setzen die Ergebnisse meiner beiden folgenden Untersuchungen voraus: Die Fassung *C des >Nibelungenliedes< und die >Klage<, in: Frankfurter Beiträge zur Germanistik, hrsg. von Heinz Otto Burger und Klaus von See, Bd. 1 (= Festschrift Gottfried Weber), 1967, S. 109—143; Das Nibelungenlied, 1969, 2. Aufl. 1974 (= Interpretationen zum Deutschunterricht, hrsg. von Rupert Hirschenauer und Albrecht Weber). Zur „Mittelhochdeutschen Heldendichtung" insgesamt vgl. meine so betitelte Darstellung aus dem Jahre 1974 (= Grundlagen der Germanistik, hrsg. von Hugo Moser, Bd. 14).

[1] Dies gilt auch für den derzeit letzten, an sich durchaus begrüßenswerten Versuch dieser Art, den von Leopold Peeters, Historische und literarische Studien zum dritten Teil des Kudrunepos, 1968. Vgl. dazu meine Rezension, AfdA 81, 1970, S. 36—43.

[2] Ich habe diese Frage zusammenfassend im Rahmen eines früheren

run‹ nicht gleichsam autonom-stoffgeschichtlich und zugleich isoliert zu betrachten, sondern sie als Vertreter jenes weitverbreiteten Typus populärer, stark auf die Unterhaltungsbedürfnisse des Publikums abgestellten europäischen „Heldendichtung" zu erfassen, der sich unterhalb der Gattung der alten und strengen Heroik in einer breiten und nach beiden Seiten hin bewegliche Grenzen aufweisenden Zwischenzone zwischen Heldensage und spielmännisch-novellistisch-legendärer Unterhaltungsliteratur ausdehnt.[3] Indes muß man fragen, ob eine solche Sicht der ›Kudrun‹ wirklich gerecht wird, ob man sie auf diese Weise hinreichend in ihrem Eigensein und in ihrer Eigenart zu würdigen vermag, und vor allem: ob sie nach dem Willen ihres Schöpfers nicht doch mehr sein sollte als im wesentlichen Unterhaltungsdichtung. Zwar ist es unleugbar, daß die ›Kudrun‹ vielfach an „überindividuellen Formen"[4], etwa denen der spielmännischen Tradition des 12. Jahrhunderts, partizipiert; aber daraus folgt nicht, daß der Dichter, der sein Werk höchstwahrscheinlich im vierten Jahrzehnt des 13. Jahrhunderts, aus welchen Vorlagen auch immer, geschaffen hat, nicht tiefere Intentionen mit ihm verband, als sie in der Einordnung der ›Kudrun‹ in eine bestimmte Erzähltypologie zum Ausdruck kommen. Es ist

Aufsatzes behandelt: Zur Situation der gegenwärtigen Nibelungenforschung. Probleme, Ergebnisse, Aufgaben, WW 12, 1962, S. 79—91, hier S. 85—87.

[3] Siehe hierzu vor allem die einschlägigen Arbeiten von Theodor Frings, etwa: Zur Entstehung der deutschen Spielmannsepen, ZfdG 2, 1939/40, S. 306—321. Zur Struktur- und Stoffgemeinschaft von Spielmanns- und Heldendichtung (als Brautwerbungsepik) vgl. jetzt auch die (freilich überaus problematische!) Untersuchung von Rolf Bräuer, Literatursoziologie und epische Struktur der deutschen „Spielmanns"- und Heldendichtung. Zur Frage der Verfasser, des Publikums und der typologischen Struktur des Nibelungenliedes, der Kudrun, des Ortnit-Wolfdietrich, des Buches von Bern, des Herzog Ernst, des König Rother, des Orendel, des Salman und Morolf, des St.-Oswald-Epos, des Dukus Horant und der Tristan-Dichtungen, 1970.

[4] Dazu neuerdings Hinrich Siefken, Überindividuelle Formen und der Aufbau des Kudrunepos, 1967 (= Medium Aevum. Philologische Studien, hrsg. von Friedrich Ohly, Kurt Ruh, Werner Schröder, Bd. 11).

darum berechtigt, zumindest den Versuch zu unternehmen, die ›Kudrun‹ konsequent als diese eine Dichtung des 13. Jahrhunderts zu verstehen, sie als Schöpfung ihrer Zeit zu deuten und nach dem geschichtlichen Ort zu fragen, den sie einnimmt. Auch dieser Ansatz der Interpretation, auch dieser Zugang zur Dichtung ist nicht unproblematisch: gar leicht lädt man dem Text ein Aussagegewicht auf, das er nur mühsam zu tragen imstande ist, um so mehr, als die — wohl nicht zufällig — schlechte Überlieferung manche textlichen Unsicherheiten bietet, die sich nie völlig beheben lassen werden.[5] So ist — ein Beispiel für viele — die für die Sinnerkenntnis der ›Kudrun‹ sehr bedeutsame Strophe 838 in der Überlieferung empfindlich gestört. Auf Hetels Frage, woher er Schiffe zur Verfolgung der Normannen nehmen solle, die seine Tochter entführt haben, erwidert Wate: *'sîn mac wol werden rât. / got tuot mit gewalte als ez umbe in stât'* (838, 1b/2)[6]. Karl Bartsch[7] stellte den zweiten Abvers der Strophe her als *'al daz in bestât'*, Barend Symons[8] vermutete für den Langvers *'ich bringe ez an ein ende, swie ez umb uns stât'* oder ähnlich, Friedrich Panzer[9] erwog *'got tuot ie dem manne, als ez umbe in stât'*, Günther Jungbluth[10] schließlich machte darauf aufmerksam, daß *gewalte* im Anvers (838, 2a) leicht Schreibfehler für *genâde* sein könnte. Über Wates Gottesbild ver-

---

[5] Vgl. den umfassenden Überblick über die vorgenommenen bzw. vorgeschlagenen Textverbesserungen in: Kudrun. Die Handschrift, hrsg. von Franz H. Bäuml, 1969.

[6] Ich zitiere nach folgender Ausgabe: Kudrun, hrsg. von Karl Bartsch, 5. Aufl., überarbeitet und neu eingeleitet von Karl Stackmann, 1965 (= Deutsche Klassiker des Mittelalters, begründet von Franz Pfeiffer, ohne Bd.-Nr.).

[7] Kudrun, hrsg. von Karl Bartsch, 1865 u. ö. (= Deutsche Classiker des Mittelalters, hrsg. von Franz Pfeiffer, 2. Bd.).

[8] Kudrun, hrsg. von B. Symons, 1883 u. ö., Anm. zur Stelle, S. 166.

[9] Beiträge zur Kritik und Erklärung der Gudrun: 2. Zur Kritik und Erklärung des Textes, ZfdPh 35, 1903, S. 28—46, hier S. 41.

[10] Beitr. 80 (Tübingen), 1958, S. 175. Da *gewalte* im Reim auf *alte* steht, ließe sich statt an ein bloßes Schreiberversehen auch an die bewußte Einführung eines Zäsurreims durch einen Schreiber denken — umgekehrt freilich, wenn man diesen Zäsurreim für ursprünglich hält, gerade die Richtigkeit des überlieferten *gewalte* stützen.

möchte ein einwandfreier Wortlaut gerade dieses Verses erwünschten Aufschluß zu geben, den uns die tatsächlich überlieferte Fassung indessen erschwert — erschwert, nicht verweigert. Denn derart schlecht ist die Überlieferung nicht, in diesem einen Falle und insgesamt, daß man vor der Aufgabe der Interpretation resignieren müßte. Und so wie sich der Sinn von Wates Worten im Zusammenhang einer Gestaltenanalyse und einer Untersuchung über die Bedeutung des Christentums in der ›Kudrun‹ unbeschadet des strittigen Textes fixieren läßt, so auch die Grundprobleme der Dichtung und das Grundanliegen ihres Autors in einer Gesamtinterpretation. Daß in ihr vieles eindeutiger und schärfer formuliert wird, als es in der Dichtung selbst ausgedrückt ist, ist keine Besonderheit der ›Kudrun‹-Deutung. Immer ist das Werkverständnis des Interpreten in bestimmter Hinsicht ein anderes, bewußteres und tieferes als das, das der Dichter von seiner eigenen Schöpfung hat und haben kann.

Der Versuch, zum Sinnzentrum, zum Kerngehalt der ›Kudrun‹-Dichtung vorzudringen, hat immer mehr die Erkenntnis gezeitigt, daß für diesen das Verhältnis des Werkes zum ›Nibelungenlied‹ bestimmend ist,[11] und ich habe deshalb in meiner Interpretation der ›Kudrun‹ aus dem Jahre 1967 den Gedanken in den Mittelpunkt gestellt, daß die jüngere Dichtung als eine Antwort auf das ›Nibelungenlied‹ konzipiert worden sei, wobei das ›Nibelungenlied‹ in jener Fassung gemeint ist, die durch die St. Galler Handschrift (B) am relativ besten vertreten wird. Nur vor dem Hintergrund der gehaltlichen Eigenart des ›Nibelungenliedes‹ ist es möglich, der

---

[11] Vgl. u. a. Julius Schwietering, Die deutsche Dichtung des Mittelalters, 1932 ff., unveränderter Nachdruck 1957 (= Handbuch der Literaturwissenschaft, hrsg. von Oskar Walzel), insbes. S. 209/210; Ludwig Wolff, Das Kudrunlied, WW 4, 1953/54, S. 193—203) wieder abgedruckt, in: WW, Sammelband II: Ältere deutsche Sprache und Literatur, 1963, S. 166—176; vgl. in diesem Band, S. 435—453); besonders nachdrücklich hat die Gegensatzspannung zwischen dem Nibelungenlied und der ›Kudrun‹ Hugo Kuhn betont: Kudrun, in: Münchener Universitäts-Woche an der Sorbonne zu Paris vom 13. bis 17. März 1956, 1956, S. 135 bis 143 (wieder abgedruckt in: H. K., Text und Theorie [= Kleine Schriften, Bd. 2], 1969, S. 206—215 [vgl. in diesem Band, S. 502—514]).

›Kudrun‹ gerecht zu werden. Wieviel der ›Kudrun‹-Dichter in der poetischen Technik, in der Schilderung des höfischen Lebens, im Sprachstil usw. dem ›Nibelungenlied‹ verdankt, ist altbekannt.[12] Aber nicht solche Gemeinsamkeiten sind das Wesentliche, sondern die inneren Unterschiede, und auf diese führt jeder Vergleich alsbald hin, so wenn man die Hauptgestalten der beiden Werke einander gegenüberstellt und hier namentlich Kriemhilt, auf der die Einheit des Epos von *der Nibelunge nôt* vornehmlich beruht, und Kudrun. Nicht um eine vergleichende psychologische Charakteristik handelt es sich dabei — dies wäre ein der Wesensart der Dichtung unangemessener Gesichtspunkt —, sondern den Interpreten interessieren die Gestalten, weil und insofern sie an dem Sinn- und Problemgehalt der Dichtung teilhaben, ihn mittragen und mitprägen.

Für Kriemhilt wie für Kudrun wird das Leid zur bestimmenden Erfahrung ihres Lebens. Aber unterschiedlich ist die jeweilige Folge: unbedingter Rachewille mit neuem, aus ihm erwachsendem Leid im ›Nibelungenlied‹, Vergebung und Versöhnung nach vorausgegangener begrenzter Rache in der ›Kudrun‹.[13] Kriemhilts Leben hat nach Sigfrids Ermordung nur noch den einen Sinn: Rache zu nehmen an Hagen, der ihr geraubt hat, was bis dahin den positiven Inhalt ihres Lebens ausmachte. Nun ist es freilich nicht die Rache als solche, die Kriemhilt belastet — die Praxis der Blutrache war auch

[12] Als Materialsammlung hierfür ist noch immer wichtig der Aufsatz von Emil Kettner, Der Einfluß des Nibelungenliedes auf die Gudrun, ZfdPh 23, 1891, S. 145—217.

[13] Wenn jüngst Eckart Loerzer meint, „der wesentliche Unterschied" zwischen Kriemhilt und Kudrun liege „wohl weniger darin, daß die eine Unheil, die andere Frieden stiftet; das wäre sozusagen nur ein Richtungsunterschied. Bei Gudrun liegt vielmehr der Kern im Vorbildlichen. Sie zeigt vorbildliches Verhalten" (Eheschließung und Werbung in der ›Kudrun‹ [= MTU, Bd. 37], 1971, S. 126, Anm. 61), so ist natürlich richtig, daß Kudruns Verhalten vom Dichter als vorbildlich gemeint ist. Eine Formulierung wie „Stiftung des Friedens" füllt aber den Begriff „Vorbild" inhaltlich auf. In der Kontrastierung mit Kriemhilts gegenteiligem Verhalten „nur einen Richtungsunterschied" sehen zu wollen ist darum eine befremdliche Vorstellung.

im Hochmittelalter noch keineswegs erloschen, vielmehr galt sie
nach wie vor als ein Recht, ja teilweise sogar als Pflicht, und wenn
es auch ungewöhnlich war, daß eine Frau in der Ausübung der Blutrache selbst zur Waffe griff, wie in altgermanischer Dichtung
Gudrun im ›Atlilied‹ oder Rosimund in einem uns durch Paulus
Diaconus bezeugten langobardischen Lied, so waren doch Frauen berechtigt, sie zu betreiben.[14] Kriemhilt überschreitet allerdings nicht
allein die durch die Sitte gezogene Grenze, wenn sie am Schluß
Hagen eigenhändig das Haupt abschlägt, sondern um ihr Ziel erreichen zu können, Rache an dem einen Mann zu nehmen, muß sie
Recken wie Iring und Rüedeger und Tausende von namenlosen
Menschen in den Tod jagen, muß ihre Brüder aufopfern — Gunther, mit dem sie sich dereinst versöhnt hatte, ebenso wie ihren
Lieblingsbruder Giselher —, muß ihr eigenes Kind einer Gefährdung aussetzen, die ihm das Leben kostet, worüber der Dichter des
›Nibelungenliedes‹ sich mehr, als es sachlich gerechtfertigt ist, entsetzt und entrüstet äußert (Str. 1912). Gewiß geschieht all das auch
darum, weil Hagen es dazu treibt. Gleichwohl ist nicht nur nach
seinen und vorher schon Dietrichs Worten Kriemhilt zur entmenschten *vâlandinne* geworden (2371, 4; 1748, 4), sondern auch in
der Sicht des Dichters — ihr ruhmloses Ende durch Hildebrants
Schwertstreich, den weder Etzel noch Dietrich verhindern, spricht
eine deutliche Sprache. So stehen Leid, Untergang und Klage am
Schluß des Epos von *der Nibelunge nôt,* und zumindest nach der
Meinung des ›Kudrun‹-Dichters gerade deshalb, weil die Menschen
auf beiden Seiten, die Burgunden wie Kriemhilt, nicht fähig sind,
sich selbst zu überwinden, die sie beherrschenden Leidenschaften zu
bezähmen, die für ihr Dasein maßgebenden Vorstellungen einer
Revision zu unterziehen und auf diese Weise zu einem Ausgleich
und einer Versöhnung zu gelangen. Der Anstoß zu einer solchen
Versöhnung hätte in dem zweiten Teil der Dichtung von Kriem-

[14] Über das Problem der Blutrache unterrichtet material- und kenntnisreich Rainer Zacharias, Die Blutrache im deutschen Mittelalter, besonders in und nach der Zeit des Nibelungenliedes, Diss. Kiel, 1961
[Masch.-Schr.]; eine bequemer zugängliche Zusammenfassung hat
Zacharias u. d. T.: Die Blutrache im deutschen Mittelalter, ZfdA 91, 1961/
1962, S. 167—201, gegeben.

hilt ausgehen müssen und konnte dies doch aus Gründen, die letztlich im Weltbild des ›Nibelungenliedes‹ verwurzelt sind, nicht. Kudrun ist die Unbedingtheit des Rache- und Vernichtungswillens, der Kriemhilt beseelt, fremd. Aber durchaus nicht der ›Kudrun‹-Dichtung überhaupt.[15] In einer Gestalt wie Wate ist er geradezu inkarniert. Zwei seiner Äußerungen sind in diesem Zusammenhang besonders aufschlußreich. Als Herwig auf Kudruns Bitte hin den *alten, grimmen* Wate auffordert, Hartmut zu schonen, weist er dieses Begehren zornig zurück: ʼ*her Herwîc, nu gêt hin! / solte ich nu frouwen volgen, war tæte ich mînen sin? / solte ich sparn die vînde, daz tæte ich ûf mich selben. / des volge ich iu nimmer. Hartmuot muoz sîner frevele engelden*ʼ (1491). Töricht, unklug, unsinnig wäre es, den Feind nicht vernichten zu wollen, weil dies, so wie Wate es allein zu sehen vermag, nur ihm selbst Schaden und Verderben bringen würde. Nur eine Frau kann zu etwas Derartigem raten; aber sie hat, das ist Wate selbstverständlich, in dieser Frage ihre Stimme nicht zu erheben, ihr Ansinnen ist für den Krieger ohne Belang. In der Burg Kassiane wütet Wate dann gleichermaßen gegen Schuldige und Unschuldige, und er schont sogar die Kinder in der Wiege nicht (1501, 4). Irolt, der ihm deswegen Vorhaltungen macht und ihn unter Anrufung des Namens Gottes um Erbarmen für die *armen weisen* bittet (1502), entgegnet er schroff: ʼ*du hâst kindes muot. / die in der wiegen weinent, diuhte dich daz guot, / daz ich si leben lieze? solten die erwahsen, / sô wolte ich in niht mêre getrouwen danne einem wilden Sahsen*ʼ (1503). Hat er kurz zuvor Herwigs Bitte als Frauenrat abgetan, so wirft er jetzt Irolt kindische Gesinnung vor. Für Wate gibt es nur die Unerbittlichkeit der Rache, und er vermag nicht anders als in dem Kreislauf von Tat und Vergeltung und zu erwartender Wiedervergeltung zu denken. Darum ist es folgerichtig, wenn er in den Kindern nicht Schuldlose sieht, die Schonung verdienen, sondern künftige Rächer, die man austilgt, wenn immer es möglich

[15] Vgl. hierzu die eindringliche Untersuchung von Adolf Beck, Die Rache als Motiv und Problem in der ›Kudrun‹. Interpretation und sagengeschichtlicher Ausblick, GRM 37, 1956, S. 305—338 (wieder abgedruckt in: A. Beck, Forschung und Deutung. Ausgewählte Aufsätze zur Literatur, 1966, S. 26—68; vgl. in diesem Band, S. 454—501).

ist.[16] Wates Haltung darf als prototypisch für die der älteren Generation in der ›Kudrun‹ insgesamt gelten, wenngleich der Rachewille und die mangelnde Fähigkeit nachzugeben nicht bei allen so konsequent ausgeprägt sind. Fruote etwa ist weniger starr als Wate. Er ist derjenige Vertreter der älteren Generation, der mehr als ein anderer das Wollen versteht und fördert, das die Jüngeren und zumal Kudrun leitet, ohne daß der Dichter seine Gestalt als ein geschlossenes Gegenbild zu Wate ausgeformt hätte.

Auch Kudruns Mutter Hilde ist ganz und gar vom Rachewillen erfüllt. Auf die Kunde, daß es nicht nur nicht gelungen ist, Kudrun zu befreien, sondern daß bei dem Versuch dazu auch Hetel und viele seiner Mannen ihr Leben verloren haben, bricht sie in bewegte Klagen aus (926). Doch sie verharrt nicht in der Klage: Als Wate von künftiger Vergeltung, von der Rächung ihres Leides an den Normannen spricht, macht Hilde diesen Gedanken sofort zu ihrem eigenen: *Dô sprach diu trûrende: 'hei, solte ich daz geleben! / allez daz ich hête wolte ich dar umbe geben, / daz ich errochen wurde, swie sô daz geschæhe, / daz ich vil gotes armiu mîne tohter Kûdrûn gesæhe'* (929). Und sie überläßt die Durchführung der Rache nicht anderen, sondern betreibt sie aktiv: sie befiehlt, daß Schiffe für die Fahrt ins Normannenland gebaut und ausgerüstet werden, bietet, als die Zeit für die Verwirklichung der Rache gekommen ist, das Heer auf, setzt den Tag fest, an dem die Rache anheben soll, und gibt und verspricht ihren Mannen vor der Ausfahrt reiche Belohnung für ihren Einsatz. Das ihr von Boten der siegreichen Hegelingen dann überbrachte *mære,* daß König Ludwig, der einst ihren eigenen Mann erschlagen hatte, getötet wurde, ist ihr die liebste Nachricht, die sie je erhalten hat (1563, 3/4) — nicht etwa die der Befreiung ihrer Tochter, über die sie selbstverständlich eben-

---

[16] Daß die nämliche Überlegung im ›Nibelungenlied‹ Hagen leitet, als er in einer immerhin vergleichbaren Szene den kleinen Ortlieb tötet, wird man übrigens nicht annehmen dürfen. Er will mit dieser Tat einfach Vergeltung üben für die vorausgegangene Niedermetzelung der burgundischen Knappen, will Kriemhilt und Etzel besonderes, tödliches Leid zufügen. Der Dichter des ›Nibelungenliedes‹ hat jedenfalls für Hagens Tat kein anderes Motiv genannt als dessen *mortlîchen haz* (1913, 4 [nach B]).

falls sehr glücklich ist. Hilde ist willens, sich auch noch an Ludwigs gefangenen Kindern, an Ortrun und namentlich an Hartmut, zu rächen (vgl. 1565, 3; 1596, 1—3). Indes kann sie diese Absicht nicht verwirklichen, weil Kudrun entschieden widerspricht. Den Bitten der Tochter gibt Hilde schließlich nach. Zwar stimmt sie Kudruns Zielen, zumindest zunächst, innerlich nicht zu und versteht auch Kudruns Anliegen in der Tiefe nicht, aber sie läßt sie gewähren. Und wenn sie, die Königin und Landesherrin, die in den Vermählungen zwischen Ortwin und Ortrun und zwischen Hartmut und Hildeburg manifestierte Versöhnung der beiden Völker, der Hegelingen und der Normannen, mit den Worten bekräftigt: ʻnu wil ich, [. . .] daz ez immer mit fride belibeʼ (1648, 1), dann zieht sie ihrerseits gleichsam einen Schlußstrich unter die Vergangenheit und stellt die Zukunft unter ein anderes Gesetz, als es bis dahin geherrscht hat. So weist bereits die Gestalt Hildes im Vergleich mit dem ›Nibelungenlied‹ und im Vergleich mit Kriemhilt auf eine neue Position gegenüber dem Problem von Leid und Rache, auf eine erste Stufe, die über die ältere Dichtung hinausführt.[17] Aber Hilde gelangt zu ihr nicht von sich aus, sondern nur, indem sie, zögernd und anfangs widerstrebend, den Wünschen und Bitten ihrer Tochter nachgibt. Und entscheidend für die Antwort des ›Kudrun‹-Dichters auf das ›Nibelungenlied‹ unter dem Gesichtspunkt von Leid und Rache ist nicht die Position Hildes, sondern die Kudruns.

Auch ihr sind Rachegefühle nicht schlechthin fremd (vgl. 1204, 2; 1270, 4), und sie kann auch nicht verhindern, daß die Hegelingen und zumal Wate in Ormanie schreckliche Vergeltung üben. Aber sie sucht sie doch mit Erfolg zu begrenzen, gewährt nicht

---

[17] Es ist daher eine zumindest mißverständliche Formulierung, wenn Gisela Gerhards meint: „Die deutsche Literatur des Mittelalters übernimmt das hochdramatische Motiv der rächenden Witwe aus dem germanischen Rechtsempfinden und behauptet es im Nibelungenlied und in der ›Kudrun‹ erfolgreich gegen die christliche, auf die Vergebung gerichtete Tendenz" (Das Bild der Witwe in der deutschen Literatur des Mittelalters, Diss. Bonn, 1962, S. 202). Die unübersehbaren Unterschiede, die zwischen den „rächenden Witwen" Kriemhilt und Hilde bestehen, kommen in einem Satz wie diesem nicht zum Ausdruck.

allein der schuldlosen Ortrun Schutz, sondern veranlaßt, daß Hartmut, ihr Entführer, vor dem wütenden Wate gerettet wird. Indes
beschränkt sie sich nicht darauf, die gefährdeten Geschwister und
auch andere Normannen der Rache der Hegelingen zu entziehen,
soweit sie dazu in der Lage ist, vielmehr strebt sie eine dauernde
Versöhnung zwischen den beiden Sippen und Völkern an und verwirklicht diesen Gedanken auch. Das Leid, das Kudrun während
vieler Jahre in so reichem Maße zuteil geworden ist, führt also
nicht dazu, daß sie sich im Racheverlangen verhärtet wie weithin
ihre Mutter Hilde, und vollends nicht dazu, daß sie ihre Menschlichkeit verliert wie Kriemhilt, sondern sie reift an der eigenen
Erfahrung des Leides zur Haltung des Mit-Leides (vgl. z. B. 1359)
und der Vergebung und Versöhnung denen gegenüber, die mit-
gewirkt haben, ihr Leid zu bereiten. Wie sehr sich Kudrun in ihrem
eigenen Verständnis von der Rolle und der Aufgabe der Frau von
Kriemhilt unterscheidet, ja, wie sie bewußt als Gegenbild zu dieser
konzipiert ist, erhellt aus einer bezeichnenden Einzelheit: Während
Kriemhilt, zur *vâlandinne* geworden, die Grenze mißachtet, die
die Sitte der Frau in der Ausübung der Rache setzt, und Hagen
eigenhändig das Haupt abschlägt, erklärt Kudrun in einem Gespräch mit Hartmut in der 20. Aventiure: '*ob ich ein ritter wære,
er* [Ludwig, der ihren Vater getötet hat] *dörfte âne wâfen / zuo
mir komen selten*' (1033, 3/4a) — bewußt lehnt sie es ab, als Frau
selbst jene Rachepflicht zu erfüllen, die allenfalls dem Manne vorbehalten ist: den Feind zu töten. Daß der Gedanke, man müsse den
Haß überwinden und die miteinander versöhnen, die Feinde sind,
ein Gedanke, der den Schluß der Dichtung durchzieht und ihr das
Gepräge gibt, in seiner Wurzel christlich ist, wird man nicht be-
zweifeln können. Im Zusammenhang mit Kudruns Worten an ihre
Mutter: '*gedenket an daz, / daz niemen mit übele sol deheines
hazzes lônen*' (1595, 2b/3), hat schon Anton E. Schönbach[18] auf
Matth. 5, 44 verwiesen: *benefacite his qui oderunt vos.* Freilich
darf man von einer Dichtung wie der ›Kudrun‹ weder eine uneingeschränkte, schlackenlose Verwirklichung dieses Gebots erwarten,

---

[18] Das Christentum in der altdeutschen Heldendichtung. Vier Abhandlungen, 1897, S. 114.

noch darf man übersehen, wie Kudrun bei ihrer Versöhnungspolitik gleichzeitig von der nüchtern-pragmatischen Einsicht geleitet wird, daß es für beide Völker besser sei, friedlich miteinander zu leben, statt durch eine maßlose Rache den Keim für eine Wiedervergeltung zu legen. Diese Überlegung spielt wohl gerade für das Nachgeben der Angehörigen der älteren Generation gegenüber Kudruns und ihrer Freunde Absicht eine Rolle, ist aber auch Kudrun selbst eigen, die erkannt hat, daß aus neuem tiefem Leid nur der Wille zu neuer Rache erwachsen würde, und die eben deshalb den Kreislauf von Leid und Rache und abermaligem Leid durchbricht. Nachdem Rache geübt worden ist, soweit sie notwendig war, und ihr die eigentlichen Schuldigen, nämlich Ludwig und Gerlint, zum Opfer gefallen sind, muß ihr ein Ende gesetzt werden und die Versöhnung an ihre Stelle treten. Die christliche Bereitschaft, dem Schuldigen zu verzeihen, bedeutet zugleich, daß Kudrun über das angestammte (letztlich germanische) sippengebundene Denken hinauswächst, daß sie den Einzelnen als Einzelnen wertet, der für seine persönliche Schuld bestraft werden kann, nicht bestraft werden muß, der aber nicht als Glied einer Sippe prinzipiell teilhat an der Schuld, die ein anderer Angehöriger der Sippe auf sich geladen hat, und der darum zwangsläufig und unbeschadet seiner eigenen Schuldlosigkeit Objekt der Blutrache wird. Wenn Kudrun zwar nicht von vornherein der Antityp zu Kriemhilt ist, wohl aber am Schlusse zu ihm wird, indem sie mit ihrer Haltung der *erbermde* und Versöhnung jenes christliche Ethos bewährt, das Kriemhilt nicht kennt, so ist hierfür nicht unwichtig, daß Art und Folge des Leides beider Frauen sich durchaus unterscheiden. Mit Sigfrid ist Kriemhilt der Existenzgrund genommen, aus dem sie bis dahin gelebt hat; aus seiner Zerstörung geht die Unbedingtheit und Unerbittlichkeit des Rachewillens hervor, der allein ihrem Leben noch einen Sinn zu geben vermag. Kudrun widerfährt durch die Tötung ihres Vaters, die Entführung aus ihrer Heimat und die Quälereien Gerlints gewiß ebenfalls schweres Leid. Aber der Grund, in dem sie wurzelt, bleibt ihr erhalten, auch wenn man ihn immer wieder anzutasten versucht. Und eben weil sie ihn bewahren kann, ist es psychologisch verständlich, daß sie nicht in der Rache Ziel und Inhalt ihres künftigen Lebens sieht.

Die Stellung zur Rache ist in der ›Kudrun‹ keineswegs einheitlich. Um so bedeutsamer ist die Tatsache, daß die zukunftsweisende
Überwindung der unversöhnlichen Rachegesinnung gerade den Vertretern der jüngeren Generation eignet und sich am Ende gegen die
widerstreitende Auffassung durchsetzt.[19] Von den unterschiedlichen
Einschätzungen, die der Rache in der ›Kudrun‹ zuteil werden, gibt
zuletzt Kudruns Haltung und Wirken die Dominante ab, und so
ist es möglich, das Werk insgesamt als eine bewußt im Gegensatz
zum ›Nibelungenlied‹ konzipierte Dichtung zu verstehen und zu
deuten. Gewiß darf man nicht außer acht lassen, daß die ›Kudrun‹
mit einer Strophe schließt, die von dem erreichten Frieden betont
als einem solchen wehrhafter Art spricht — wenn Ortwin und
Herwig angegriffen werden, dann werden sie hart zurückschlagen:
swelhe in schaden wolten,   daz si die beide viengen unde slüegen
(1705, 4). Das hat jedoch nichts mit einem beibehaltenen oder er-
neuerten Rachewillen zu tun, sondern gehört zu den Verpflichtungen, die der Herrscher im Interesse seines Volkes zu erfüllen hat.[19a]
Darum ist die letzte Strophe der ›Kudrun‹ kein Einwand gegen
die hier vorgetragene Deutung, wohl aber bestätigt sie noch einmal,

[19] Das unterschiedliche Verhältnis der älteren und der jüngeren Generation zur Rache, das schon in der früheren Forschung bemerkt worden
ist, hat namentlich Adolf Beck herausgearbeitet (vgl. o., Anm. 15). Kri-
tisch-einschränkend dazu jetzt Karl Stackmann in der ausgezeichneten
Einleitung zu seiner ›Kudrun‹-Ausgabe, S. XXXV [vgl. den Auszug in
diesem Band, S. 561—598]. Selbstverständlich ist Stackmanns Feststellung
richtig: „Die gleichen Personen, die als junge Leute Beispiele der Friedfertigkeit und Versöhnlichkeit geben, sind im Alter Vertreter eines neuen
Starrsinns, gegen den sich abermals eine junge Generation zur Wehr
setzt", was er an Hagen, Hetel und Hilde exemplifiziert. Aber mir scheint
nach wie vor nicht der Wandel dieser Gestalten in einem späteren, blockhaft neben den früheren gestellten Teil der Dichtung das Wesentliche
(wenngleich er gewiß nicht ohne Bedeutung ist), vielmehr die Kontrastierung der Generationen unter dem Gesichtspunkt von Rache und Versöhnung innerhalb des Kudrunteils, auf den der Dichter alles Gewicht
gelegt hat; ihm gegenüber treten der Hagen- und selbst der Hildeteil —
als Vorgeschichte — äußerlich wie innerlich zurück.
[19a] Vgl. in diesem Zusammenhang z. B. auch Rudolf von Ems, ›Der
guote Gêrhart‹ (hrsg. von John A. Asher, 2. Aufl. 1971 [= ATB, Bd. 56]),

daß der Dichter nicht beabsichtigt hat, mit seiner Erzählung etwa das Prinzip der Gewaltlosigkeit zu propagieren, das ihm selbst wie seinem Publikum überdies schlechterdings unverständlich hätte sein müssen.

Die Kontrastierung von ›Nibelungenlied‹ und ›Kudrun‹ im Hinblick auf das Motiv der Rache erschließt nur einen, freilich sehr wichtigen, Teilaspekt innerhalb eines größeren Komplexes antithetischer Beziehungen zwischen den beiden Dichtungen, mehr die psychischen, im Ethos der Menschen liegenden Triebkräfte des Handelns als die ins Weltbildliche reichenden Voraussetzungen und Folgen der Unterschiedlichkeit. Auf diese — und damit die tiefsten Aussageabsichten der Dichter — führt etwa die Strophe 2378 des ›Nibelungenliedes‹, die vorletzte der Dichtung und eine der aufschlußreichsten des ganzen Epos überhaupt: *Diu vil michel êre was dâ gelegen tôt. / die liute heten alle jâmer unde nôt. / mit leide was verendet des küniges hôhgezît, / als ie diu liebe leide z'aller jungeste gît.*[20] Das ›Nibelungenlied‹ ist eine Dichtung unausweichlichen Leides: daß alle Freude sich in Leid verkehrt, ist das visionäre Wissen seines Dichters. Freude, Glück, Harmonie, die Hochgestimmtheit und Festlichkeit des ritterlichen Daseins sind im ›Nibelungenlied‹ nur etwas Vorläufiges, Vorübergehendes oder gar Schein und Trug und tragen den Keim zur Vernichtung in sich. Auch in der ›Kudrun‹ gibt es Leid, Schmerz, Not und Klage. Aber hier sind *sie* das Vorläufige, Vorübergehende; die Freude, die ihren Ausdruck im Feste findet, Entspannung und Versöhnung geben den Schlußakkord ab. Der Nibelungenlieddichter gestaltet in seinem Werk die schmerzliche Einsicht, daß die Werte und Ideale des Rittertums der Härte der Wirklichkeit nicht standhalten können, daß sie im Hier und Jetzt sich als Illusionen erweisen. Anders in der ›Kudrun‹: So wie eine an der Erfahrung des Leides zur Friedens-

---

v. 5777 ff.: *Dar nâch sî swuoren vrides reht, / ez wære ritter oder kneht, / swer den vride bræche, / daz man ez an im ræche / mit etslîchem sêre / nâch des rehtes rehter lêre.*

[20] Das Nibelungenlied, nach der Ausgabe von Karl Bartsch hrsg. von Helmut de Boor, 18. Aufl., 1965 (= Deutsche Klassiker des Mittelalters, begründet von Franz Pfeiffer, ohne Bd.-Nr.).

stifterin reifende Frau im Mittelpunkt der Dichtung steht und nicht
eine zur *vâlandinne* entartende Rächerin, so zeigt der Dichter, daß
es möglich ist, durch Leid hindurch zu Versöhnung und Freude zu
gelangen, und er zeigt auch, daß die metaphysisch gegründeten
Werte seiner Zeit nicht notwendig dem Untergang verfallen sind.
Die Drohung totalen Leids liegt auch über der ›Kudrun‹, und sie
würde Wirklichkeit, wenn die Position von Wate, Hetel, Hilde,
Ludwig und Gerlint die einzige oder wenigstens die wirkungs-
mächtigste wäre. Da sie es jedoch nicht ist, sondern es neben und
über ihr diejenige Kudruns gibt und diese sich siegreich durchsetzen
kann, wird jene Gefahr gebannt und — in einer dichterisch nicht
immer geglückten Gestaltung — die Überwindung des Hasses und
die Versöhnung derer, die Feinde waren, der gerade konträren
These des Nibelungenlieddichters entgegengestellt. Damit hat der
Autor der ›Kudrun‹ zugleich eine Heldendichtung geschaffen, die
dem prinzipiell immer auf Freude und Harmonie zielenden höfischen Roman näher steht als dem tragischen Weltbild des Epos von
der Nibelunge nôt. Der Versuch, die heroisch-tragisch-pessimistische
Sicht des ›Nibelungenliedes‹ durch eine Sicht des Menschen und der
Welt abzulösen, in der diese dunkel-leidvollen Aspekte nur einen
begrenzten Stellenwert haben und am Ende „aufgehoben" und
überwunden werden, mußte die ›Kudrun‹ zu einer Dichtung
machen, der jene relative Einheitlichkeit und Geschlossenheit fehlt,
die dem ›Nibelungenlied‹ eignet. Es ist ja nicht nur eine gewisse
Nähe zum höfischen Roman, sondern mehr noch die zur Spielmannsdichtung, die für die ›Kudrun‹ charakteristisch ist, und dies
weit stärker als beim ›Nibelungenlied‹, in dem die Einwirkung der
vorhöfisch-spielmännischen Dichtung im ganzen peripher und überdies vornehmlich auf den ersten Teil beschränkt ist. Es bedarf kaum
eines Hinweises, daß dies zu Schwierigkeiten bei der gattungsmäßigen Einordnung der ›Kudrun‹ führt.[21] Versteht man die
›Kudrun‹ jedoch wesentlich als Antwort auf das ›Nibelungenlied‹
(was nicht bedeutet, daß sie nicht auch noch anderes wäre und

---

[21] Über die Gattungszugehörigkeit der ›Kudrun‹ hat sich neuerdings
sehr besonnen Karl Stackmann geäußert, Einleitung, S. XXXVII—XLI
[vgl. den Auszug in diesem Band, S. 561—598].

anders gesehen werden könnte), so erscheint es gerechtfertigt, sie gleich dem ›Nibelungenlied‹ als Heldendichtung zu deuten. Zum tragischen Weltbild des ›Nibelungenliedes‹, wie es die Fassung *B repräsentiert, gehört nicht nur das Wissen von der Unausweichlichkeit und Endgültigkeit des Leides als einer (oder der) Grunderfahrung des Menschen, sondern ebensosehr, daß sich Schuld und Schuldlosigkeit verschlingen, daß auch Schuldlose, wenngleich vielfach nicht ohne eigenes Dazutun, in das Verhängnis hineingezogen werden, daß die Folgen weit über die motivierenden Anlässe hinauswachsen, daß es keine Gleichung von Schuld und Sühne gibt, und schließlich, daß sich im einzelnen Menschen Größe und Verruchtheit verbinden können, weshalb der Dichter keine Schwarzweißmalerei kennt. Kriemhilt und Hagen sind geläufige Beispiele hierfür. So bewahrt — um nur einiges wenige anzudeuten — die entmenschte und zur Teufelin gewordene Kriemhilt mit der Innigkeit ihres Liebesempfindens für Sigfrid einen Bereich, der in ihr unversehrt und unangetastet geblieben ist (vgl. 2372, 3/4), und der Mörder Hagen ist in der 37. Aventiure derjenige, der Rüedeger am meisten versteht, der ihm die Möglichkeit verschafft, seine freundschaftliche Gesinnung gegenüber den Burgunden durch eine Tat zu bewähren, und der gegen ihn persönlich nicht die Waffen erhebt. Der ›Kudrun‹-Dichter neigt hingegen zu einem Schwarzweißdenken, das in erster Linie natürlich die Gestalten des Werkes geformt hat. Nichts hat er unversucht gelassen, um Gerlint als die *übele,* die Böse, zu zeichnen. Den Umstand, daß ihre schlimmen Taten an sich einem ehrenvollen Motiv entspringen, der Liebe zu ihrem Sohn, drängt der Dichter bewußt zurück und legt alles Gewicht auf ihre abgründige Bosheit, belastet sie am Ende noch mit einem niederträchtigen Mordanschlag auf Kudrun (1471, 3/4), damit sie wirklich als die *tiuvelinne* und *wülpinne* erscheine, für die der Tod die verdiente Strafe ist. Umgekehrt ist ihre Tochter Ortrun von solcher Integrität, wie es sie im ›Nibelungenlied‹ unter den einigermaßen profilierten Gestalten nicht gibt. Wie sehr der ›Kudrun‹-Dichter primär in den Kategorien von Schuld und Vergeltung, Schuld und Strafe denkt, zeigt sich besonders auch in der Partie, in der er von der Schlacht auf dem Wülpensand erzählt. Die Niederlage der Hegelingen auf dem Wülpensand ist die ver-

diente, von ihnen selbst verschuldete Strafe für das Unrecht, das
Wate und zumal der König an den Kreuzfahrern begangen haben,
indem sie ihnen ihre Schiffe wegnahmen und mehr noch: einige
hundert der *crucesignati* in das eigene Heer eingliederten, sie ihrer
eigentlichen Aufgabe also entzogen. Die Gestalten der Dichtung
selbst wissen das. Hilde stellt ausdrücklich fest: '*swer iht nimt pilgerînen, der hât des sünde starke*' (932, 3), und niemand anders
als Wate führt den Verlust der Schlacht auf sein Verhalten gegenüber denen, die im Dienste Gottes stehen, zurück: '*mîn frou Hilde,
ez ist alsô komen: / ich hân bilgerînen niun schif genomen*' (931,
1/2). Die rege Aktivität der überlebenden Hegelingen auf dem
Wülpensand — der Eifer bei der Bestattung der Toten, auch der
der Feinde (was keineswegs selbstverständlich ist, sondern im Gegenteil eine Ausnahme), die zahlreichen Messen, die für die Toten
gehalten werden, nicht zuletzt die Stiftung eines *rîchen klôsters* —
ist die Folge des Schuldbewußtseins und der Versuch, Gott wieder
zu versöhnen. Noch erhellender für die Sinnerkenntnis der Dichtung ist, daß auch der Erzähler die Niederlage der Hegelingen aus
ihrer vorausgegangenen *missetât* (914, 4) herleitet, und zwar in
Form von Vorausdeutungen: *des*[22] *starb im vil der mâge; im
selben kom ez sider ze unheile* (840, 4); *des brâhten si vil wênic ze
Hegelinge lande der gesunden* (844, 4); *Ich enweiz, ob des engulte
Hetele und sîne man, / daz ditze volc ellende daz herzenleit gewan, / daz si sich dâ muosten scheiden in den fremeden landen. /
ich wæne got von himele ræche dâ selbe sînen anden* (845). Das
den Kreuzfahrern zugefügte Unrecht ist Gott selbst angetan worden, und Gott wird es vergelten — hat es vergolten, eben dadurch,
daß den Hegelingen der Erfolg versagt blieb. Aber die Menschen
haben die Möglichkeit der Wiedergutmachung und nutzen sie. Aus
der Einsicht, daß sie unrecht gehandelt und eine schwere Sünde begangen haben, folgt indes durchaus nicht — auch dies gehört zur
weltbildlichen Eigenart der ›Kudrun‹ hinzu — wirkliche Reue und
Buße, eine innere Umkehr. Es ist überaus aufschlußreich, daß Wate
zur Wiedergutmachung des den Kreuzfahrern bereiteten Schadens

[22] *des* ist hier und im folgenden Zitat das Unrecht an den *pilgerînen*,
an dieser Stelle das Wates, Str. 844, 4 das Hetels.

mit der Begründung rät: 'ob wir mêre strîten, daz uns danne baz müge gelingen' (931, 4). Die materielle Wiedergutmachung an den Kreuzfahrern ist bei ihm (wie bei Hilde) nicht allein mit dem Gedanken an die künftige Rache an den Normannen verbunden, sondern wird beinahe von ihr aus begründet[23]: in den nächsten und entscheidenden Kampf sollen die Hegelingen nicht wieder mit einer Sünde belastet, sondern von Gottes Huld begleitet ziehen, und tatsächlich gewinnen sie diesmal die Schlacht. Auch dies läßt sich unter dem Gesichtspunkt des Gleichgewichts von Schuld und Sühne verstehen, das der Dichter intendiert: der Plünderung von Matelane durch die Normannen entspricht die von Kassiane durch die siegreichen Hegelingen, der Tötung Hetels durch Ludwig die Tötung Ludwigs durch Herwig usw. Daß sich im übrigen die für die Erzählweise der ›Kudrun‹ so charakteristische Technik der Paral-

---

[23] Das unvermittelte Nebeneinander von formaler Christlichkeit und unter Umständen eifriger Kirchlichkeit auf der einen Seite und dem tatsächlichen, unchristlichen Handeln der Menschen auf der anderen, ohne daß ihnen je die objektiv existente Diskrepanz zwischen beidem bewußt wird, ist keine Eigenheit der ›Kudrun‹, sondern begegnet in der mittelalterlichen deutschen Heldendichtung (und nicht nur in ihr) allgemein. Der Grund für das fehlende Bewußtsein des bestehenden Widerspruchs liegt darin, daß das Ethos der Gestalten — Kriemhilts, Wates und Hildes, Dietrichs im ›Buch von Bern‹ und in der ›Rabenschlacht‹, wo dieses Phänomen besonders deutlich hervortritt — in der Tiefe nicht von der Botschaft des Christentums geprägt, dieses vielmehr nur mehr oder weniger äußerlich angenommen ist, wohl kaum anders als bei so vielen Menschen aller Zeiten, auch des Mittelalters. Hinsichtlich der Gottesvorstellung, des Gottesbildes unterscheidet sich die ›Kudrun‹ gleichfalls nicht wesentlich von anderen Heldendichtungen des 13. Jahrhunderts. Wenn sie trotzdem ihnen und auch dem Nibelungenlied gegenüber eine Sonderstellung einnimmt, dann deshalb, weil in ihr das Christliche nicht ausschließlich etwas recht Äußerliches ist, Verbrämung, Formel und selbstverständliches Ingrediens des höfischen Lebens, sondern daneben sich im Ethos und im Handeln der Menschen, in Erbarmung, Verzeihung und Versöhnung, manifestiert und bewährt, weil das Christentum wenigstens bis zu einem gewissen Grade als lebensbestimmende Macht erfahren wird, gerade von Kudrun selbst. — Zum Problemkreis „Die ›Kudrun‹ und das Christentum" vgl. das so betitelte Kapitel in meiner ›Kudrun‹-Arbeit, S. 197—249.

lelen und der „variierenden Wiederholung" [24] nicht lediglich aus dem Streben des Dichters nach einem sühnenden ethischen Ausgleich der Schuld erklären läßt, bedarf keiner näheren Darlegung.

Mit dem Insistieren auf eindeutigen Wertungen und der daraus folgenden Neigung, scharf zwischen Guten und Bösen zu scheiden, hat sich der Dichter der ›Kudrun‹ von der in der Fassung *B des ›Nibelungenliedes‹ bekundeten Auffassung abgesetzt, daß Schuld und Verhängnis unauflösbar ineinandergreifen, und hat sich der Ausdeutung des ›Nibelungenliedes‹ durch den Bearbeiter der Fassung *C und den Dichter der ›Klage‹ genähert.[25] Schon die Redaktion *C des ›Nibelungenliedes‹ weist eine Tendenz zu sehr viel planeren Wertungen auf, als sie der älteren Fassung eignen; man denke etwa an die unverkennbar angestrebte Entlastung Kriemhilts und die ihr entsprechende Diskriminierung Hagens. Die ›Nibelungenklage‹ geht hierin noch weiter und ist so, zugespitzt ausgedrückt, zu einer christlich-moralischen Exempeldichtung über die Folgen menschlicher *superbia* geworden, die in Hagen, dem Urheber des unheilvollen Geschehens, inkarniert ist, der mit seinem Ende die verdiente Strafe für seine ruchlosen Handlungen erhalten hat — ähnlich wie die *übele* Gerlint in der ›Kudrun‹. Sei es nun, daß der ›Kudrun‹-Dichter aufgrund der Kenntnis dieser beiden

[24] Den von Heinz Stolte (Eilhart und Gottfried. Studie über Motivreim und Aufbaustil, 1941, S. 19) eingeführten Begriff „variierende Wiederholung" hat Karl Stackmann in der Einleitung zu seiner ›Kudrun‹-Ausgabe auf diese Dichtung übertragen und anhand guter Beispiele als eine für ihre Erzähltechnik besonders charakteristische Eigentümlichkeit hervorgehoben (S. XIX—XXIII) [vgl. den Auszug in diesem Band, S. 561—598].

[25] Daß der ›Kudrun‹-Dichter sowohl die Fassung *C des ›Nibelungenliedes‹ als auch die ›Klage‹ kannte, ist längst erwiesen. Übereinstimmungen der ›Kudrun‹ mit der *Liet*-Fassung des Nibelungenepos verzeichnet Emil Kettner in seinem genannten Aufsatz (vgl. o., Anm. 12), Zusammenfassung S. 204. Zum Verhältnis der ›Kudrun‹ zur ›Klage‹ vgl. Friedrich Panzer, Hilde — Gudrun. Eine sagen- und literargeschichtliche Untersuchung, 1901, S. 144—149, und neuerdings Jean Carles, Le poème de Kûdrûn. Étude de sa matière, 1963 (= Publications de la Faculté des Lettres et Sciences Humaines de l'Université de Clermont-Ferrand, 2e Série, Fasc. 16), S. 159—161.

Werke zu seinem vom ›Nibelungenlied‹ *B abweichenden Standort
geführt wurde, sei es, daß sie ihm nur bestätigten, was ihm längst
gewiß war: auf jeden Fall gab er mit seiner Schöpfung einem Miß-
behagen und einem Ungenügen am ›Nibelungenlied‹ Ausdruck, und
zwar in doppelter Hinsicht. Zum einen konnte er sich nicht damit
abfinden, daß das, was der Nibelungenlieddichter durch den Ge-
schehensablauf ausgesagt und in einer Strophe wie der vorletzten
des Epos zudem ausdrücklich ins Wort gefaßt hat, die letzte Wahrheit über den Menschen, den Menschen seiner Zeit, und wirklich
dessen unausweichliches Geschick sein sollte; zum andern muß es ihn
unbefriedigt gelassen haben, daß im ›Nibelungenlied‹ in der Frage
nach Schuld und Schuldlosigkeit und nach der Verschuldung des
Untergangs durch die Menschen eine eindeutige Stellungnahme so
oft fehlt oder zum mindesten zu fehlen scheint. Unter diesem
Aspekt schließen sich die drei Dichtungen, die Bearbeitung *C des
›Nibelungenliedes‹, die ›Klage‹ und die ›Kudrun‹, zu einer Gruppe
untereinander recht unterschiedlicher Werke zusammen, denen aber
gemeinsam ist, daß ihre Autoren danach streben, komplexe, ver-
schlungene Sachverhalte durch eindeutige Motivierungen und Wertungen moralischer Art zu ersetzen. Das ›Nibelungenlied‹ hat
anscheinend in seiner ursprünglichen Konzeption nicht nur Zustimmung gefunden, sondern auch Widerspruch, und zu denen, die von
der Dichtung nicht bloß beeindruckt waren und angezogen wurden,
vielmehr zugleich opponierten, gehört der ›Kudrun‹-Dichter, nicht
wie der Bearbeiter der Fassung *C und noch mehr der Dichter der
›Klage‹ in einer gehaltlichen Neu- und Uminterpretation des vorgegebenen Stoffes, sondern in der Gestaltung eines anderen.

Er hat mit ihr offensichtlich keine große Resonanz gehabt: die
Wirkung der ›Kudrun‹ auf andere Dichtungen ist erstaunlich ge-
ring,[26] und nur in einer einzigen, zudem späten Handschrift, dem
Ambraser Heldenbuch aus den Jahren 1504 bis 1515/16, ist die
›Kudrun‹ bekanntlich überhaupt bewahrt. Nun sind gewiß viele

---

[26] Nicht einmal die Benutzung der ›Kudrun‹ durch den Dichter des
›Dukus Horant‹ ist völlig sicher und unbestritten, und vollends kann wohl
nicht damit gerechnet werden, daß die Olimpiaepisode in der Ausgabe
von Ariosts ›Orlando Furioso‹ aus dem Jahre 1532 ihr Vorbild in der
›Kudrun‹ habe, wie dies manchmal behauptet wird. Das dürfte durch die

Gründe dafür denkbar, warum die ›Kudrun‹ im Mittelalter so wenig Erfolg hatte, anders als im 19. Jahrhundert, in dem sie nicht allein als gleichrangig neben das ›Nibelungenlied‹ gestellt, sondern diesem teilweise sogar vorgezogen wurde, und man wird auch immer mit Unwägbarkeiten rechnen müssen, die sich nachträglicher Bestimmung entziehen. Ausschlaggebend dürfte indes die Zwischenstellung sein, die die ›Kudrun‹ zwischen dem tragischen Nibelungenlied als dem Prototyp der neuen Heldendichtung auf der einen Seite und der späteren, wesentlich die Funktion der Unterhaltung erfüllenden sogenannten Heldendichtung des 13. Jahrhunderts[27] nach der Art des aufgeschwellten ›Wolfdietrich‹ oder der ›Virginal‹ auf der anderen Seite einnimmt. Am ›Nibelungenlied‹ wird man die so offensichtlich mit ihm in Wettstreit tretende ›Kudrun‹ zunächst gemessen und verworfen haben, weil sie gemäß der Intention ihres Dichters eben anders war, anders sein sollte, als man es in den Kreisen, die das ›Nibelungenlied‹ schätzten, erwartete, weil ihr jene Tragik und jene unerbittliche Härte fehlt, die für das ›Nibelungenlied‹, auch noch in der *Liet*-Fassung, charakteristisch ist. Und daß die ›Kudrun‹ sich in anderer Hinsicht gerade dieser zum Moralisieren neigenden Redaktion und der ›Klage‹ nähert, wurde anscheinend, sicherlich nicht zuletzt wegen der völlig anderen und der Hörerschaft wenig vertrauten stofflichen Basis der jüngeren Dichtung, kaum gewürdigt, der Versuch des ›Kudrun‹-Dichters, mit seinem Werk innerhalb der Gattung der Heldendichtung eine Antithese zum ›Nibelungenlied‹ zu schaffen, entweder nicht verstanden oder nicht anerkannt. Umgekehrt mußte die ›Kudrun‹ auch gegenüber der bunten, abenteuerlichen, fabulösen, die Grenze der Wirk-

gründliche Untersuchung von Leopold Peeters, Das Kudrunepos und die Olimpiaepisode in Ariosts ›Orlando Furioso‹, Neophil. 53, 1969, S. 273 bis 290 und S. 402—413, endgültig klargestellt worden sein.

[27] Dazu Heinz Rupp, 'Heldendichtung' als Gattung der deutschen Literatur des 13. Jahrhunderts, in: Volk, Sprache, Dichtung. Festgabe für Kurt Wagner, 1960 (= Beiträge zur deutschen Philologie, hrsg. von Ludwig Erich Schmitt. Neue Folge der Gießener Beiträge zur deutschen Philologie, Bd. 28), S. 9—25 (wieder abgedruckt in: Das deutsche Versepos, hrsg. von Walter Johannes Schröder [= Wege der Forschung, Bd. 109], 1969, S. 225—242).

lichkeit weit überspielenden Handlung in einem großen Teil der unterhaltenden „Heldendichtung" des 13. Jahrhunderts abfallen, im Vergleich mit dieser als zu wenig farbig, zu wenig phantastisch erscheinen. Kurzum: Was der ›Kudrun‹-Dichter wollte — den Ausklang in Versöhnung, Harmonie und *vröude* als der Grundgestimmtheit des höfischen Menschen und als Grundelement des höfischen Lebens —, suchten die einen nicht in einer Heldendichtung und fanden die anderen in ihrem Sinne besser in den späten Artusdichtungen ebenso wie in der späteren Dietrich- und Wolfdietrichepik.

Die von mir gegebene Deutung der ›Kudrun‹ hat sich, wie jede konsequent „ganzheitliche" Interpretation dieses Werkes, einem Einwand zu stellen, den Karl Stackmann wie folgt formuliert hat: „Man hat Bedenken, einem so mittelmäßigen Autor ein Problembewußtsein zuzuschreiben, das für seine Zeit und Leute seines Schlages ganz ungewöhnlich wäre" (Einleitung, S. XXXVI). Für eine weit ausholende grundsätzliche Erörterung dieses Problems ist hier nicht der Ort. Nur zwei Bemerkungen seien angefügt. Einmal: Daß der ›Kudrun‹-Dichter im Formalen, im Ästhetischen im engeren Sinne des Begriffs, hinsichtlich der sprachlichen und strukturellen Qualität seiner Schöpfung tatsächlich nur „ein mittelmäßiger Autor" ist, ist nicht zu bestreiten. Aber daraus folgt nicht, daß ihm nicht ein waches Problembewußtsein eigen gewesen sein kann. Seinem ethischen, welt- und menschenbildlichen Interesse entspricht nicht die Fähigkeit zu adäquater dichterischer Formung und Gestaltung.[28] Indes erlaubt formal-künstlerische Mittelmäßigkeit nicht einfachhin den Schluß auf mangelndes Problembewußtsein. Und zum andern: Die Formulierung „Leute seines Schlages" setzt eine bestimmte literarhistorische und literatursoziologische Einordnung des ›Kudrun‹-Dichters voraus, die nicht sicher ist, sondern ihrerseits erst Gegenstand der Analyse und Interpretation der Dichtung sein muß. Gegenüber der neuerdings teilweise stark hervortretenden Neigung, die ›Kudrun‹ nicht allein eng an die Spielmanns-

[28] Vgl. schon Adolf Becks Feststellung: „Seine ethisch-psychologischen Intentionen sind tief und rein, seine Formkraft bleibt dahinter zurück" (GRM 37, 1956, S. 328; Wiederabdruck in: A. Beck, Forschung und Deutung, S. 56; vgl. in diesem Band, S. 488).

dichtung heranzurücken, sondern sie dieser geradezu einzufügen,[29] darf man unübersehbare Unterschiede, eine deutliche Grenze der Gemeinsamkeit, wie sie besonders auch vom Ansatz der Interpretation der ›Kudrun‹ als einer Antwort auf das ›Nibelungenlied‹ her augenfällig wird, nicht außer acht lassen. Im übrigen ist es nicht angängig, die (zumeist sicher geistlichen) Verfasser der Spielmannsromane einheitlich als bloß fabulier- und stoffreudige, nur an der bunten Handlung interessierte Erzähler ohne tiefere Anliegen zu charakterisieren. Es gibt hier eine deutliche Abstufung, und was zum Beispiel für die Erzählung von Salman und Morolf gelten mag, gilt durchaus nicht für den ›Herzog Ernst‹.[30] Unbezweifelbare typologische Gemeinsamkeiten zwischen der ›Kudrun‹ und den Spielmannsromanen sollten den Interpreten jedenfalls nicht an der Bereitschaft hindern, dem Dichter der ›Kudrun‹ ein helles Bewußtsein von jenen Fragen und Problemen zuzusprechen, die das ›Nibelungenlied‹ in seinen beiden Hauptfassungen und die ›Nibelungenklage‹ aufgeworfen haben.

[29] So hat Karl Stackmann als *eine* Möglichkeit ihrer gattungsmäßigen Einordnung konstatiert: Die ›Kudrun‹ „hat ihre nächsten Verwandten fraglos in der Spielmannsdichtung [..]. Man kann daher die ›Kudrun‹ [...] durchaus als Spätling im Kreise der Spielmannsromane auffassen" (Einleitung, S. XXXVII). Am stärksten sind die 'spielmännischen' Einschläge innerhalb der mittelalterlichen Heldendichtung — wenn man vom ›Dukus Horant‹ absieht, den man jedoch schwerlich überhaupt der Heldendichtung zurechnen darf — zweifellos im ›Ortnit‹; ihm kommt eine Zwischenstellung zwischen diesen beiden Gattungen oder Gruppen von Dichtungen zu.

[30] Ohne daß man hierauf besonderen Nachdruck legen wird, darf in diesem Zusammenhang doch daran erinnert werden, daß der ›Kudrun‹-Dichter den ›Herzog Ernst‹ gewiß kannte und ihm eine Anzahl von Motiven entnommen hat (vgl. zuletzt Jean Carles, S. 145–148), während eine Bekanntschaft mit der Salman-und-Morolf-Dichtung nicht erweisbar und auf jeden Fall eine Beeinflussung der ›Kudrun‹ durch sie sogar unwahrscheinlich ist — ein Befund, der freilich auch unter dem Gesichtspunkt der möglichen Spätdatierung der 'niederen' Spielmannsromane gesehen werden muß.